한국철학자료집: 불교편 3

조선시대의 불교사상

서울대학교 규장각한국학연구원 한국학자료총서 4

한국철학자료집: 불교편 3

조선시대의 불교사상

초판 1쇄 발행 2020년 12월 30일

편역자 심재룡 외
펴낸이 오세정
편집 정성숙
디자인 최선아
인쇄 한영문화사

펴낸곳 서울대학교출판문화원
주소 08826 서울 관악구 관악로 1
도서주문 02-889-4424, 02-880-7995
홈페이지 www.snupress.com
페이스북 @snupress1947
인스타그램 @snupress
출판등록 제15-3호

ISBN 978-89-521-2956-7 94150
978-89-521-1026-8 (세트)

이 저서는 서울대학교 규장각한국학연구원에서 시행한 2003년도 한국학장기기초연구사업의 지원을 받아 수행된 연구 결과임(03-03-121-14: 한국철학사상연구자료집(불교편): 조선시대의 불교사상).

서울대학교 규장각한국학연구원 한국학자료총서 4

한국철학자료집: 불교편 3

조선시대의 불교사상

심재룡 외 편역

서울대학교출판문화원

Sourcebook of Korean Philosophy: Buddhism in Joseon

Translated and Edited by Shim, Jae-ryong

With

Byun, Hee-wook

Cho, Eun-su

Jung, Won-jae

Kim, Jung-hee

Ko, Seung-hak

Park, Hae-dang

Park, Jae-hyeon

Suh, Jung-hyung

(in alphabetical order)

Seoul National University Press

머리말

『한국철학자료집: 불교편 3—조선시대의 불교사상』은 조선시대에 간행된 한국의 불교문헌 중에서 철학 사상적 가치를 함축하고 있는 저술을 뽑아 번역하고 해제를 붙인 자료집이다. 이 책은 서울대학교출판문화원에서 출판된 『한국철학자료집: 불교편 1—삼국과 통일신라의 불교사상』(2005), 『한국철학자료집: 불교편 2—고려시대의 불교사상』(2006)과 함께 한국불교철학과 관련된 자료집으로 3부작을 이루게 된다.

이 자료집은 고 심재룡(沈在龍) 선생님께서 연구책임자가 되어 2003년 서울대학교 한국학장기기초 연구비 지원을 받아 수행하였던 연구 과제의 최종 결과물이다. 2004년에 완성될 예정이었으나 뜻하지 않게 선생님께서 우리 곁을 떠나심에 따라 그동안 마무리되지 못하고 있었다. 연구책임자 유고로 인하여 공동연구원 중 두 분이 2005년 봄에 연구책임자로 지정되어 마무리 책임을 맡았으나 연구의 구심점이 사라지고 난 후 그 마지막 힘을 내기가 어려웠다. 필자는 2004년 귀국 후 이 과제에 대하여 처음 알게 되었고, 뒤늦게 합류하는 것에 무척 주저했으나 누군가는 마무리 작업의 책임을 맡아 출판하는 것이 도리라는 연구팀의 권유에 결국 이 작업을 맡게 되었다.

2003년 심재룡 선생님께서는 이 책을 준비하시면서 자료집 편찬 의도를 다음과 같이 밝혔다. 연구지원 신청서에 쓰신 내용을 아래에 인용해 본다.

> 근대 이후 서구의 인문학계에서는 동아시아의 문헌들을 발굴하고 정리하여 현대어로 번역하는 노력이 나타나, 이후 탁월한 연구 성과와 자료집들이 속속 출간되고 있다. 한국사상

과 관련해서도 이미 영문 책이 출간된 바 있다. 국내에서는 그동안 개별적 혹은 공동연구로 한국학 관련 몇 가지 자료집이 시도되었으나 철학사상 분야의 자료집은 아직 발간되지 않았다. 방대한 자료를 발굴하고 선정하며 개발하는 작업이 개인적인 노력으로는 한계가 따르는 일이었기 때문이라 생각된다. 이제 국내외 학계의 동향을 고려해 볼 때 한국의 철학사상 관련 자료집의 발간은 절실한 과제이며, 그 결과물은 국내외 한국철학 관련 연구에 기여하는 바가 클 것으로 기대된다.

이때 선생님께서 염두에 두었던 것은 1992년과 1993년 미국 컬럼비아대학출판부에서 두 권으로 발간된 *The Sourcebook of Korean Civilization* 같은 앤솔로지(anthology)를 만드는 것이었던 듯하다. 이 책은 현재까지도 미국 대학의 'Korean Culture' 과목에서 교과서로 쓰이는 것이다. 서구에서 이 같은 규모의 자료집을 편찬하는 것은 개인의 노력으로는 불가능한 일이며, 시대적 사명에 공감하는 학자들의 협업 정신에 의해 이루어진 큰 역사라는 점을 강조하신 것이다. 한국불교사에서 미개척 분야로 모두 공감하는 조선시대의 불교사상에 대한 자료를 정리하여 향후 연구 발전의 기틀을 마련하겠다는 힘찬 선언이었다.

2003년 한국학지원사업의 지원이 확정됨에 따라 선생님께서 평생을 바쳐 키워 내신 기라성 같은 제자들이 속속 합류하였다. 하지만 막상 수록할 문헌을 선정하는 것부터 쉬운 일은 아니었다. 당시 조선시대 불교 문헌에 대한 번역물이 나온 것이 거의 없는 상황에서 모든 것이 처음 이루어지는 일이었다. 저본으로는 동국대학교에서 출간된 『한국불교전서』 제7-10책을 사용하였으며, 필요한 경우에는 그 내용을 『대정신수대장경(大正新脩大藏經)』 등에 실린 문헌과 대조하였다. 수록할 문헌들을 취사선택한 후에, 분량에 따라 그리고 각자 전공 분야에 따라 나누어 번역과 해제 작업을 시작하였다. 각종 문헌을 참조해 가면서 정확한 번역어를 찾기 위하여 만전을 기하였다. 하지만 조선시대 불교에 대한 연구 성과가 많지 않던 당시, 믿을 만한 번역과 해석을 산출해 내는 작업은 지난한 작업이었다. 이 책의 번역과 해제 작업에 참여해 주신 모든 분의 노고에 다시 한번 경의를 표한다.

이 책에서는 조선 초 득통(得通) 기화(己和)로부터 조선 말 초의(艸衣) 의순(意恂)에 이르는 총 28인이 남긴 저술의 핵심 부분을 발췌하여 각 인물과 자료에 상세한 해제를 붙이고 번역을 진행하였다. 아울러 독자의 편의를 위하여 원문과 국역을 대조할 수 있도록 한문 원문도 함께 실었다. 발췌한 자료 각각에 번호를 붙이고 적절한 제목, 그리고 간단한 해설도 덧붙였다. 자료 속에 등장하는 개념어 또는 그것의 사용 맥락에 대하여 설명이 필요한 경우 주석을 부기하였다. 마지막으로 자료집 전체 내용을 시대별, 주제별로 묶어 총 7장으로 나누었으며 각 장의 시작에 풍부한 해설을 담았다.

이 책은 자료집으로서의 쓰임새를 강화하기 위하여 색인 작업에 큰 비중을 두었다. 책 속에 등장하는 인명, 서명뿐만 아니라 조선시대의 불교 사상가들이 사용한 특정 개념어들을 광범위하게 추출하여 색인을 만들었다. 색인에 나와 있는 용어들의 개소를 찾아봄으로써 조선시대 사상가의 글 속에 불교 또는 유학의 개념어들이 어떤 의미로 사용되었는지를 알려주는 하나의 길잡이로 사용되기를 바라는 마음이다.

이 책이 지금의 모습으로 나오기까지에는 시간만큼이나 많은 인력과 노력이 소요되었다. 뜨거운 열정과 뛰어난 지식을 가지고 성심껏 번역과 해제를 맡아 준 편역자들에게 감사드린다. 당시 대학원생이었던 박재현 교수가 각종 행정적 처리를 맡아 수고해 주었다고 들었다. 2020년에 진행된 마무리 작업에는 다른 세대의 분들이 수고하였다. 우선 고승학 교수는 전체 원고를 점검하고 교정하여 최종 원고를 확정하는 데 큰 도움을 주었다. 박사과정 대학원생 박성일, 박수현, 곽기훈은 필자의 손발이 되어 번역자 연락, 교정, 교열, 윤문, 참고문헌 정리, 색인 추출 작업 등을 헌신적으로 도와주었다. 출판 승인 과정에서 서울대학교 규장각한국학연구원 편집간행부의 윤민경 연구원이 행정적으로 도움을 주었고, 서울대학교출판문화원의 정성숙 편집자는 꼼꼼한 손길과 정성으로 멋진 책을 만들어 주었다. 또한 장기간의 이 프로젝트를 완성하는 데 여러 기관의 재정지원이 있었다. 2003년의 원고 작성 단계에서는 서울대학교 한국학장기기초연구지원금, 출판 단계에서는 서울대학교 규장각한국학연구원의 출판지원금을 받았다. 2020년의 수정 작업과 마무리 작업은 서울대학교 철학사상연구소의 수불기금 지원으로 진행되었다. 지원을 결정해 주신 모든 분에게 감사를 드린다.

오류 없는 완벽한 결과물을 내고 싶다는 마음은 누구나 꿈꾸는 바이겠으나 처음에 품었던 의욕에 비해 결과는 부족한 점이 많으리라 생각한다. 큰 기대를 가지고 기다려 주신 여러분의 성원에 더 일찍 부응하지 못한 것을 송구하게 생각하며, 이제라도 이 귀중한 성과물이 햇빛을 보게 된 것을 조그마한 보람으로 생각한다. 한국불교사상연구의 중요성을 일깨워 주시고 방법론적 성찰에 새로운 시각을 보여 주셨던 심재룡 선생님을 추모하며 이 책을 스승님 영전에 바친다.

2020년
겨울이 다가오는 관악에서
편역자들을 대신하여 조은수 씀

차례

4. 김시습(金時習) / 89

5. 보우(普雨) / 164

| 일러두기 |

1. 수록 범위

본『한국철학자료집: 불교편 3—조선시대의 불교사상』은 한국의 철학사상 가운데 불교를 위주로 하여, 조선시대 불교사상의 전개과정을 소개하였다. 문헌자료의 저본으로는『한국불교전서(韓國佛敎全書)』(서울: 동국대학교출판부)를 위주로 하였고『대정신수대장경(大正新脩大藏經)』(東京: 大正一切經刊行會),『만속장경(卍續藏經)』(臺北: 新文豊出版社), 각종 고승전(高僧傳)과 금석문(金石文) 등에서 관련 자료를 취합하고 비교 대조하여 수록하였다.

2. 수록 내용

여기에 수록된 자료들은 철학적 의의가 있는 글을 선정하여 번역하는 것을 우선하였다. 원문은 출처와 함께 번역문 아래에 부기하였으며, 번역된 각각의 자료에 대해서는 자료가 지니는 철학적 의의를 소개하는 해제를 실었다. 그리고 선정된 자료에 대해서는 원문의 제목을 그대로 살리기보다는 철학적 주제가 드러날 수 있도록 별도의 주제어를 사용하였다.

3. 수록 체재

가. 소개와 개요

조선시대의 불교사상을 대표할 만한 인물들을 항목에 따라 구분하고, 구분한 각 항목에 대해 종합적으로 해설하여 그 사상사적 특징과 의의가 충분히 드러날 수 있도록 서술하였다.

나. 인물

먼저 인물의 생몰연대와 법명(法名), 출가 과정 등을 소개하고, 저자의 사상적 사승(師承) 관계와 교류관계, 사상 내용 및 저술과 사상의 철학사적 의의 등을 위주로 서술하였다.

다. 자료의 수록과 해제

해당 인물이 직접 저술한 자료를 우선적으로 선정하여 수록 및 해제하였다. 그리고 직접 저술한 것은 아니지만, 해당 인물의 사상이 상당 부분 반영된 것으로 판단되는 자료와 해당 인물에 대해 소개하고 있는 사적(史的) 자료 등도 일부 소개하여 철학사적 의의가 분명히 드러날 수 있도록 하였다. 특히 해제에서는 수록된 자료에서 설명하고자 하는 핵심적인 주제와 그 철학적 의의가 어디에 있는지 일목요연하게 서술함으로써 이해를 돕고자 하였다.

라. 번역문과 원문

1. 우리말 번역은 직역을 원칙으로 하되 이해를 돕기 위해 의역을 허용하였다.
2. 경어 사용이 자연스러운 경우에는 경어체로 번역하였다.
3. 원문은 각종 문장부호를 사용하여 구두점을 표시하였고, 원문의 맨 뒤에는 고딕체로 자료의 출처를 표기하였다.
4. 번역문은 국문 사용을 원칙으로 하되, 한자가 필요한 경우는 괄호 속 한자로 병기하였다.
5. 번역문에서 괄호 표기는 '( )'와 '[ ]' 두 가지를 사용하였는데, 다음과 같이 구분하였다. ① '리(理)'나 '결과(結果)' 혹은 '오법(五法)'처럼 한자어의 음을 단순 병기한 경우는 '한글(한자)' 형식을 취하였다. '이치[理]'나 '결과[果]' 혹은 '다섯 가지 법[五法]'처럼 한자어의 의미를 풀어 쓰는 경우는 '한글[한자]' 형식을 취하였다. ② 독자의 이해를 돕기 위해 원문에 없는 단어나 구문을 번역자가 임의로 보충한 경우에는 '[ ]'를 사용하여 구분하였다.

마. 주석

주석에는 다음과 같은 내용을 담았다. ① 제시된 해설 및 자료와 관련된 2차 연구 문헌의 소개, ② 불교 전문용어의 설명, ③ 원문의 내용만으로는 문맥의 파악이 어려운 경우를 위한 해설과 설명, ④ 해당 자료와 관련해서 중요하게 학계에서 제기하고 있는 문제의 소개 등.

4. 약호와 부호

한국불교전서(韓國佛教全書) 1책 100쪽 중단(中段) ⇒ 한불1:100중
대정신수대장경(大正新脩大藏經) 1책 100쪽 중단(中段) ⇒ 大正1:100중
아래에 표시된 부호 외에는 통례에 따랐다.

서명 :『 』
자료명 :〈 〉
편명 · 논문명:「 」
인용문 :“ ”
강조 :‘ ’
원문의 부호 : . , ! ?

| 제1장 |

조선시대의 불교사상

일찍이 육당(六堂) 최남선(崔南善, 1890-1957) 선생은 그의 『조선상식문답(朝鮮常識問答)』에서 불교를 "한국(당시 일제하에서는 조선)은 불교로 인하여 철학을 알게 되었고, 예술을 살찌웠으며, 문화를 윤택하게 할 수 있었다."라고 묘사하였다. 과연 삼국시대 한반도에 불교가 전래될 즈음의 한국은 불교와 접촉-동화-변화함(문화접변, cultural assimilation)을 계기로 사물을 철학적으로 보는 안목을 지니게 되고, 예술을 살찌우고, 문화 전반을 윤택하게 할 수 있었을까? 육당의 상식적 견해를 전문적으로 따져보자. 그리고 그 가운데 불교가 과연 한국인의 철학적 사유에 어떤 영향을 미쳤는지 물어보자. 우리는 이런 물음들에 답하는 원자료를 이 책에 담으려고 노력하였다.

그런데 아무리 생각해 보아도 억지춘향이라는 생각을 떨쳐 버릴 수 없다. 우선 동양 여러 나라 가운데 한국에 과연 한국만의 특색 있는 철학적 사유를 가늠할 만한 전통이 있었던가를 자문하지 않을 수 없다. 원자료라는 것들이 일차적으로 지나간 시대의 한국 문화를 지배하던 이데올로기에 오염된 부류, 예컨대 유학자나 불교학승들의 자료 아니면 중국인의 눈에 비친 한국인의 생활상과 사고방식을 기술한 역사적 기록물들로부터 추출한 것이기 때문에, '원자료'라는 말은 가당치 않다. 많은 해석학적 정제 작용을 거쳐야만 한국 불교철학의 원자료를 발견할 수 있을 것이다.

이와 같은 해석학적 작업을 위해서라도 우리는 일차적으로 가능한 한 많은 자료를—비록 오염과 왜곡의 위험을 지닌 것이라 할지라도—소중하게 다룰 필요를 절감한다. 과연 한국은 중국과 일본의 사이에 끼인 채 그 중간 다리 역할(소위 반도적 성격론) 아니면 어중간한 절충(이를 좋게 말해 '원융과 화해'의 철학 또는 문화라 하던가?)으로 과거 5천 년 역사를 살아왔던가.

1. 개괄

조선 불교는 신유교 전횡 시대의 불교이다. 고려 말 조선 초 신유학자 신료 집단은 조선 왕조의 공고화 과정을 조선의 전면적 유교 사회화 과정으로 이해하고 그에 따라 각종 정책을 집행하였다. 조선 사회의 유교화 과정에서 조선 불교는 핍박과 비관용으로 점철되는 유학자 관료 집단의 신유가(新儒家) 이데올로기적 태도에 의하여 개인적으로 말할 수 없는 고초를 겪었는가 하면, 제도적으로 승단의 감축 및 통폐합 등으로 승가 집단 전체가 사회로부터 격리되고 위축을 강요당하였다. 따라서 불승들의 사회적 지위가 격하되어 사회의 중심으로부터 멀어져 산속에 스스로 은거하거나 피동적으로 격리되는 가운데 흔히 산사(山寺)에 거하는 산승(山僧)이라 불리면서 종내에는 반상(班常)이라는 전통적 신분의 구분에도 끼지 못하는 최하층 팔천(八賤)의 하나로 전락하고, 도성에도 출입하지 못하는 등 수모를 겪었다. 흔히 조선시대를 '산승불교' 시대라고 이름하는 까닭이 여기에 있다. 그러나 조선시대는 출중한 고승대덕이 신라나 고려시대처럼 많이 출현하지 못했던 '억불시대'라는 별칭에도 불구하고, 억압받던 일반 민중의 종교적 염원을 수렴하여 오늘날 가위 '민중의 종교'라 이름할 신앙 결사 내지 실천적 불교 운동이 가능했던 시대이기도 하였다.

조선시대(1392-1897)를 두 시기로 나누어 논하겠다. 즉 유교화의 단계가 진행·완성되는 전기와 그 부분적 해체에서 완전 붕괴에 이르는 후기로 나눈다. 조선시대는 16세기 말 17세기 초 임진·병자의 양란을 겪으면서 크게 전·후기로 양분된다. 조선 전기에는 고려의 이데올로기였던 불교를 공식적으로 이단시하면서 신유학을 사회개혁의 이념으로 굳히는 시기였다. 신유학을 조선 사회의 새로운 이데올로기로서 실천하는 주체인 왕실과 신료 집단의 일부는 정책적으로 그리고 제도적으로 배불과 억불을 실천하면서도, 개인적 신앙으로는 현세의 구복과 내세의 평안을 염원하는 가운데 궁내에는 내불당을 짓고 산천의 사찰에서는 불공을 드리는 등 이중적 태도가 엿보인다. 특히 불교의 이념을 담지하는 승가의 권위가 몰락하고 그 대신 가족 가운데 남성 장자 중심의 혈연관계를 중심축으로 하는 가부장적이고 권위주의적인 사회조직이 기능하는 유교 사회가 완성된다. 지배층은 물론 향리와 상민에 이르기까지 향약을 실천하고 삼강오륜을 제도화함으로써 신유학적 이데올로기는 조선의 신분 사회를 규제하는 가장 강력한 장치로 등장하였다.

조선 후기에는 농업 중심의 산업 기반이 상공인들의 진출로 흔들리고 전통적 신분 제도에 금이 가기 시작하면서, 한편으로는 서민들의 문화적 향유가 증대되고 민중의 억압 기제로 작동하던 신유학적 이데올로기도 점차 그 세력을 잃어 내부로부터 실학(實學)이라는 실험적 정신이 살아났다. 다른 한편으로는 외부로부터 서구의 천주학과 과학사상이 유입됨으로써 기존의 봉건 질서를 대체할 새로운 이념이 필요하였다. 그러나 조선은 결국 폐쇄적 척사(斥邪)와 개방적 개화의 자율적 조절에 실패함으로써 병술년(丙戌年)의 국치를 당하고 왜곡된 근대화의 노정을 걷게 되었다. 그 가운데 불교의 승가 집단은 조선 사회 후기에 새로운 기운을 감지하지 못한 채 한편으로는 폐쇄적으로 현학적인 논의를 계속하여 그 정통성을 지키는 데 진력하였는가 하면, 다른 한편으로는 민중의 문화적 요구에 부응하여 난삽한 교리를 이야기로 풀어서 문화의 전면에 나서기보다는 그 밑바닥에 깔린 민중의 정서를 지배하는 데 만족하였다. 아마도 5백년의 억불을 이기고 살아남은 불교의 저력은 신유가에 맞서 이념적 우위를 지키기보다는 민중의 요구에 부응한 정서적 기층에 호소한 바가 있었기 때문일 것이다.

2. 조선 전기 불교

1) 개요

고려 불교는 '귀족불교'였다. 귀족불교는 일반 대중보다는 왕실·귀족에 기반을 두고 학문과 의례적 성향을 중심으로 정치적 성향까지 강하게 내포하는 것이다. 이에 비하여 조선 전기의 불교는 정치·경제권에서의 소외를 대중성과 종교 본연의 모습에 충실함으로써 나름대로 존립 기반과 대사회적 영향력을 확보해 나갔다.

조선 건국의 주류는 물론 성리학적 소양을 갖춘 지방의 중소 지주층 인사들이었다고 할 수 있다. 그들은 전대의 문벌귀족과 대비해서 신흥사대부라고 부를 수 있을 것이다. 새로운 시대의 창도자를 자처하는 그들에게 있어서는, 전왕조의 정치·경제적 특권층과 그 이념적 도구였던 불교를 구시대의 대명사로서 척결하는 것이 반대급부로 자신들의 정치·경제적 특권을 확보해내는 방법이었을 것이다. 그들은 성리학적 이념·세계관하에서 벽불(闢佛)을 주장했다고 할 수 있겠지만, 따지고 보면 그 이념·세계관이라는 것도 새로이 지배층으로 자리 잡은 그들의 이권·입지를 강화해 주는 하나의 도구에 불과했을 수도 있다.

'폐불훼석(廢佛毁釋)' 혹은 '법난'이라고 불리는 불교 탄압 시책은 조선 태종(1400-1418 재위) 때 본격화되어 세종(1418-1450 재위), 성종(1469-1495 재위)을 거치며 점점 더 강화되어 갔다. 세종대의 척불은 태종대보다 더욱 가혹했으나 세종은 말기에 불교에 관대하였고, 뒤를 이은 세조(1455-1468 재위) 역시 대표적인 신불주(信佛主)로서 다소간 배불시책이 완화되어 갔으나, 곧바로 성종대 『경국대전』의 완성(1469)과 함께 종래의 배불시책들이 법적으로 명문화되었다. 그것이 배불을 법제화하여 조선왕조 내내 억불숭유(抑佛崇儒)의 전통을 뿌리 깊게 했던 것 같다. 이제 불교는 완전히 국가의 통제하에 들어가고 승려의 신분은 천민 가운데 하나로 간주되었다.

전술한 국가적 탄압에도 불구하고 성종 때까지는 전국의 대소 사찰의 수가 9천5백 개소였으며, 승려의 수도 십여만 명에 달하였다고 한다. 이러한 현상은 승가의 해체 및 승려의 위상이 급격히 하락했음에도 불교의 승가가 나름대로 사회에 기여하고 영향력을 발휘할 여지가 있었음을 잘 보여 주는 것이다. 간혹 불교가 수행하던 사회적·종교적 기능 중 일부가 금지되거나 사라지는 일이 있었더라도 곧 그것이 복원되었음을 볼 수 있다. 그러한 복원은 불교의 승가 자체의 자구 노력의 일환이라기보다는 소수의 신불(信佛)적 경향을 띠었던 왕실의 비호에 주로 기인했다고 할 수 있다. 왕권에 철저히 복속된 불교 교단으로서는 어쩔 수 없는 한계이기도 하였지만, 허응 보우(虛應普雨, 1509-1565)나 백곡 처능(白谷處能, 1619-1680) 등의 경우에서 볼 수 있듯 나름대로 신명을 바친 승려들의 호교 활동도 중요한 역할을 했던 것이다.

2) 조선 전기 불법

조선 초기 불교 이론의 특징은 '선교일치(禪敎一致)'와 '삼교일치(三敎一致)' 또는 '이교일치(二敎一致)'로 나타난다. 선교일치를 말한다는 점에서 보면 조선 불교는 고려 불교의 연장선에 있다. 물론 불교와 승려의 사회적 지위는 전대에 비하여 판이해지기는 하였지만, 조선의 승려는 누구나 할 것 없이 고려 왕조 승려(태고 보우[太古普愚, 1301-1382] 혹은 보조 지눌[普照知訥, 1158-1210])의 제자임을 자처하였다. 그리고 선교일치로 나타나는 그들의 불교 이해는 이전의 불교 이해와 크게 다르지 않다. 기화(己和, 1376-1433)와 서산(西山, 1520-1604)의 선교에 대한 이해는 지눌의 그것과 유사하다.

하지만 기화와 서산은 삼교일치 또한 주장하였다. 이는 조선 불교를 단순히 고려 불교의 연장에 불과하다는 판단에 제동을 건다. 고려 왕조 때부터 진행된 선교일치론이 불교 내부의 문제, 즉 이론과 종교적 실천 사이의 문제를 다룬 것인 데 반하여, 삼교일치론은 기본적 세계관과 관점의 태동 배경이 상이한 불교와 유학(그리고 도교) 사이의 문제를 다룬다는 점에서 그 성격을 달리한다. 당연히 이 구도 내부의 문제는 선후와 경중의 차이가 있을지라도 기본적 세계관은 일치할 터이지만, 세계관이 전혀 다른 구도를 '일치한다'고 주장하는 태도는 검토해 볼 만한 문제이다. 즉 구도 내부에서의 비교와 구도 외부에서의 비교는 다를 수밖에 없다.

불교 우대 사회에서 내부의 문제를 다루면 전체를 다루는 셈이지만, 불교 억압 사회에서 내부의 문제만 다룬다는 것은 한낱 자위에 불과할 뿐이다. 기화와 서산의 삼교일치론은 이러한 정황에서 배태된 불교 측의 대응이다. 다시 말해 유학 중심의 사회에서 불교가 스스로의 존립 근거를 마련하기 위한 소극적 대응 방식이었던 것이다. 그 때문에 이것은 이전의 신라나 고려 시대에는 나타날 필요조차 없는 대응이었다. 물론 삼교일치론의 효시는 불교가 중국에 처음 전래되었을 때부터이고, 삼교일치론을 구체화한 인물은 남송의 영명 연수(永明延壽, 904-975)였다. 어쩌면 동아시아의 불교는 유학과의 관계(혹은 삼교 간의 관계)를 고민한 흔적일는지도 모른다.

어쨌든 조선 전기의 고승들이 조선 전체의 승려를 이론적으로 대표한다고 해도 과언이 아니다. 즉 이론적으로는 조선 후기의 불교에 대한 이해는 이 시기의 불교 이해를 넘어서지 못한다. 다만 불교의 대사회적 실천이라는 측면과 미륵신앙의 부활이라는 점에서 조선 후기, 특히 말기의 불교는 전기의 불교를 극복했다는 점이 눈에 띌 뿐이다.

조선 전기의 불법의 흐름을 살펴보는 과정에서 우리는 연속과 불연속이라는 두 가지 모습과 마주하게 된다. 어쩌면 이러한 양상은 고려와 조선의 관계에서뿐만 아니라 신라와 고려, 조선 전기와 후기, 그리고 중국 불교와 한국 불교의 관계에서도 발견되는 전통적인 범형이다. 필자는 지금까지 연속과 불연속이라는 프리즘을 고려와 조선 전기의 관계에 조감해 보았다.

조선 전기의 대표적인 고승들의 불법에 대한 이해를 통하여 드러난 특징은 전술한 것처럼 선교일치와 삼교일치였다. 선교일치가 불교 내부의 이견(異見)을 조합하는 방식이라면, 삼교일치는 불교가 그 외부의 사상을 조합하는 방식이다. 조선 전기의 불법은 이 두 가지가 혼합된 양상을 보이면서 스스로의 전통을 다듬어 나갔던 것이다. 그리고 여기서 유학이 지배적인 사회에서 그것과의 관계를 어떤 식으로든 연관시켜야만 하였던 당대 승려들의 고민의 흔적들을 읽게 된다.

조선 초기에 이루어진 한글 창제와 불경 언해 및 간행 사업이 왕권의 강화와 함께 불교의 정상화 내지는 민중의 계몽(정법불교로의 회귀)에 이바지했다는 점을 언급하지 않을 수 없다. 특히 세조대에 간경도감에서 간행하고 언해한 주요 불전들이 선과 대승 일반의 경전에 치중되어 있었다는 사실은 정법 구현만이 고려 말 불교의 폐단을 반복하지 않으면서 유학자들의 공격으로부터 피해 갈 수도 있는 유일한 방법으로 여겼다는 사실을 반영한다. 그뿐만 아니라 『석보상절』과 『월인석보』로 대표되는 석가의 일대기에 대한 관심은 부처의 모습을 새롭게 정립하고자 하였던 왕가의 열망이 반영된 것이다. 그리고 사분율에 대한 관심이 고조되었다는 사실은 기복적이고 도참적인 신앙의 형태를 지양하고 수행을 중심으로 하는 본연의 모습을 통하여 부처를 바라보겠다는 의지의 소산이었다.

그러나 왕실을 중심으로 한 불교 옹호가 나타내는 한계점도 지적하지 않을 수 없다. 이러한 사실은 강력한 왕권과 왕실이라는 일부 특권층을 기반으로 하는 불교의 한계였다. 그리고 한글의 대중화가 미약했던 만큼 불전의 언해와 간행 역시 대중성을 확보하는 데는 한계가 있을 수밖에 없었다. 따라서 왕권이 실추된 세조 이후의 조선 불교는 성종대와 연산군(1494-1506 재위) 시절의 박해를 거치면서 세조의 비였던 정희대비와 인수대비 등 여인들에 의해 밀교적 성향을 띠며 겨우 명맥을 유지하는 선에서 한동안 유지될 수밖에 없었다.

3. 조선 후기 불교

1) 개요

임란 이후 승가의 상황은 조선의 출범과 더불어 시작된 숭유억불정책에 기반한 제반 조건 속에서의 억압과 배척의 대상이 되면서 존폐의 기로에 선 승가가 나름대로 새로운 정체성을 확립해 간 과정으로 이해될 수 있다. 세종대 이후 선교 양종(禪敎兩宗) 체제로의 개편은 승가 내부의 자발적인 과정의 귀결이 아니었기 때문에 종지나 종파 면에서 뚜렷한 자기 특성을 갖지 못하고 있었다. 더욱이 성종, 연산군 이후로는 선교 양종의 제도적 구분도 없어지고 말았다. 그 후 명종(1545-1567 재위) 연간에 한때 양종이 부활되기도 했지만 곧 흐지부지되어 결국 승가는 종파도 종지도 명확하지 않은 상태가 되고 말았다.

그러나 명종 연간의 일시적인 승과의 부활을 통하여 우수한 인력이 배출되었고, 임란 이후 서산과 선수(善修, 1543-1615)의 제자들을 중심으로 승가 집단의 양적·질적 발전이 이루어진다. 이러한 발전을 이룬 승단은 그 규모나 활동 면에서 조선 초기의 모습과는 상당히 달랐다. 이론적인 면에서 교종의 몰락과 선종 중심의 선교 통합의 조류는 선종과 교종의 이론적 위상 정립을 통하여 지눌 이후의 선교겸수(禪敎兼修)라는 한국 불교의 독자적인 성격을 강화시키는 방향으로 전개되었다.

조선 후기의 승가의 자기 정체성 확립의 과정에서 우리가 주목할 수 있는 부분은 조선 선종의 법통 논의와 교과 과정인 이력(履歷) 제도의 확립과, 이판승(理判僧)과 사판승(事判僧)의 분화이다. 법통 논의는 조선 후기의 불교가 선불교 중심으로 단일화되면서 자신들의 정통성을 확보하려는 노력이었다. 법통 논의가 특히 서산 이후에 본격적으로 대두하고 있는 것은 조선 선사의 7할이 서산의 후예라는 점, 법통 논의를 문제시하고 있는 사람들이 서산의 후예들이라는 점에서 볼 때 그 논의의 초점은 서산 후예를 자처하는 이들이 서산의 법맥을 어디까지 거슬러 올라가 자리매김할 것인가라는 문제였다는 것을 알 수 있다.

승가의 교육 과정인 이력 제도의 체계적인 확립은 선종을 우위에 둔 선교 종합의 실질적인 결과물로 볼 수 있다. 교종의 몰락과 함께 경전에 대한 배타적 권리를 주장할 수 있는 각 종파가 없어지게 되면서 선의 관점에서 선과 교에 대한 입장을 정리한 것이다. 교종의 경전들을 선에 들어가는 방편으로 자리매김한 것은 선 우위의 관점에서 선과 교의 역할 분담이라는 성격을 갖고 있다.

또한 승가 내부에 간경과 참선을 맡는 이판승과 사원 경제와 대외적인 일을 맡아보는 사판승의 분화가 이루어진다. 이러한 승가 내부의 역할 분담은 깨달음의 추구라는 불교의 본질적인 측면을 담당하는 승려와 승가의 경제적 존립 근거를 마련하는 부분을 담당하는 승려로 내부적인 분화가 이루어진 것을 뜻한다. 특히 사판승의 경우 승가의 경제력을 확보하는 임무와 함께 부역, 산성 축조, 제지, 관청의 물품 제조 등과 같은 국가가 승려에게 부과하는 일들을 담당해 냄으로써 승려에 대한 억압과 비하의 상황 속에서도 대사회적인 역할을 수행하여 어떤 의미에서는 승단의 사회적 존재 근거를 마련했다고 할 수 있다. 이러한 조선 중기 이후 승가의 재정립 과정은 유가 이념이 지배하는 억불의 사회적 환경 속에서도 불교 나름의 사회적 역할과 이념적 역할을 새롭게 구축해 가는 과정이라고 할 수 있겠다.

2) 조선 후기 불법

조선조 말엽 백파 긍선(白坡亘璇, 1767-1852)은 모든 선적(禪籍)을 주의 깊게 분석한 후 『선문수경(禪門手鏡)』을 출간하여 선불교 전통을 재정립하려고 하였다. 이를 계기로 셋으로 분리된 한국 선불교 분류법이 자리 잡게 되었고, 정통 논쟁의 불씨가 당겨졌다. 조선조 전반기 유학 내에서 사단칠정을 중심으로 논쟁이 벌어졌듯이, 현재의 조사선도 백파와 그 계승자들이 150여 년에 걸쳐 토론을 거듭한 끝에 불거져 나온 것이다. 이 논쟁은 어쩌면 지나치게 형이상학적이고 현학적일 뿐이라고 비판의 도마 위에 오를 수도 있다. 하지만 이 논쟁의 초점은 과연 어떤 부류가 합법적으로 진정한 선의 정신을 계승하고 있는가를 밝히는 데 있었다. 이종선·삼종선 논쟁은 조선 불교 내부에서 그 정통성의 근거를 중국 임제종의 계승에서 찾으려는 과정에서 배태되었던 것이다.

백파는 조사선과 여래선을 격외선에 포함시키고, 의리선을 가장 열등하다고 보는 삼종선론을 주장하였다. 백파의 삼종선론은 조사선 가운데 특히 임제종을 중심으로 여타의 선불교 종파들을 포섭하려는 이론이다. 한편 초의의 이종선론은 선문 정통의 지위를 임제종에 부여하려는 백파의 삼종선론에 대한 직접적인 반론이다. 이종선론을 주장한 초의는 백파와 같이 어느 특정한 종파의 정통성을 옹호하지는 않았다. 오히려 그의 선론은 다양한 선불교 종파들이 우열 관계에 있는 것이 아니라 상호 보완적인 입장에 있다고 보았다. 조선 후기 불교 내부에서 진행된 위와 같은 논쟁은 우연이나 비생산적인 것이 아니라 조선의 불교 전통이 형성되어 가는 과정에서 필연적으로 거칠 수밖에 없는 것이었다.

한편으로 조선 후기 불교의 특징을 미륵신앙을 핵심으로 한 신앙과 개혁 운동의 결합으로 볼 수 있다. 백성들은 하루를 넘기기 힘든 삶 속에서 탈출구를 찾았고, 이들의 탈출구인 체제 저항 운동의 저변에는 미륵신앙이 있었다. 미륵은 부엇인가? “아직은 오지 않았지만 당연히 오고야 말 부처[未來佛·當來佛]”이다. 현실은 고단하지만 언젠가 좋은 세상이 올 것이라는 그들의 희망은 말법의 말(末)에 미륵이 반드시 와서 불교 이상향을 이룬다는 미륵하생 신앙과 일치한다.

조선 후기에 민중이 겪었던 수난과 민중이 힘을 발휘한 저항 운동은 역사에서 민중은 억압받기만 하는 것이 아니라 민중이 역사를 이끌 수도 있음을 보여 준 사례이다. 마찬가지로 조선 후기에 불교가 받은 억압과 중생이 되살려낸 미륵신앙은 불교가 억압받기만 한 것이 아니라 중생의 불교로서 발전하기 시작했음을 알리는 사례이다. 그렇다면 조선 후기는, 역사적으로는 지배 세력에서 민중으로 중심이 옮겨가는 전환 시기이고, 불교사적으로는 부처와 승려 중심의 불교에서 중생 중심의 불교로 넘어가는 도약기라 할 수 있다.

이상에서 살펴본 조선 후기의 불교는 교육 제도 법통의 완비, 이종선·삼종선 논쟁을 통한 불교의 정통성 확립, 그리고 『삼문직지』와 미륵신앙으로 대표되는 대중화를 이루어냈다는 점에서 고무적인 성과를 거두었다고 할 수 있을 것이다. 그러나 여기서도 나름의 문제점을 제기할 수 있을 듯싶다. 비록 승가 내에서 변화와 개혁의 몸짓이 있기는 했지만 다분히 정통성 확립을 위한 현학적(pedantic)인 작업일 수밖에 없었으며, 일반 대중은 기복적이고 내세 기원적인 미륵신앙에서 현실의 돌파구를 찾을 수밖에 없었다. 이러한 와중에서 수행(修行)이라는 선불교 본연의 모습은 간과될 수밖에 없었다. 그리고 바로 이 문제점을 지적한 사람이 경허(鏡虛, 1849-1912)였다. 그는 교학으로서는 해결할 수 없는 단절된 선맥을 잇고자 하였고, 만공(滿空, 1871-1946)과 한암(漢巖, 1876-1951) 등 근대 한국불교사의 대표적인 승려들을 배출함으로써 어느 정도 뜻을 이루었다고 하겠다.

| 제2장 |

조선 전기의 선사상과 삼교론

1. 기화(己和)
2. 『유석질의론(儒釋質疑論)』
3. 지은(智誾)
4. 김시습(金時習)
5. 보우(普雨)

1. 기화(己和)

기화(己和, 1376-1433)의 속성은 유(劉)씨이고 본향은 중원(中原)이다. 1376년(고려 우왕 2년)에 태어나서 성균관 유생으로 지내다가 1396년(조선 태조 4년)에 출가하였으며, 1433년(세종 15년)에 죽으니 세수 58세, 법랍 38세이다. 처음 출가해서는 법명을 수이(守伊), 법호를 무준(無準)이라 하였지만 1420년 법명을 기화(己和), 법호를 득통(得通)으로 바꾸었다. 함허(涵虛)는 당호이다. 그는 출가한 다음 해인 1397년(태조 5년, 22세) 봄에 회암사에서 무학 자초(無學自超, 1327-1405)로부터 가르침을 받음으로써 나옹 혜근(懶翁慧勤, 1320-1376)에서 무학 자초로 이어지는 조계종의 선맥을 잇는 선사로서 자리하게 되었다. 이 점은 기화의 선적 체험과 전체적인 불교사상을 이해하는 데에 매우 중요하다.

기화는 여말선초의 왕조 교체기에 살았다. 고려 왕조에서 조선 왕조로의 교체는 단순히 정치적인 의미만을 갖는 것이 아니었다. 고려 왕조가 불교를 국가 이념으로 채택하고 있었던 데 반하여 조선 왕조는 유교를 국가 이념으로 하였기 때문에, 왕조의 교체는 불교계에 지대한 영향을 미쳤다. 불교 내적으로는 고려 말까지 이어지고 있던 여러 종파가 강제로 통폐합되었으며, 불교 외적으로는 유교에 근거한 배불론이 강력하게 제기되었다. 이러한 상황에서 불교 승려로서 기화가 직면하였던 문제는 단순하지가 않았다.

이것은 크게 '불교 내적인 문제'와 '불교 외적인 것과 관련된 문제'로 나누어 볼 수 있다. 불교 내적인 문제도 다시 둘로 나누어 볼 수 있다. 하나는 불교 승려로서의 기본적인 지향점인 깨달음과 중생구제를 어떻게 이룰 수 있는가 하는 불교의 보편적인 문제이다. 다른 하나는 조선 불교가 강제로 통폐합되고, 결국 선종 중심으로 전개되어 가는 시대적 흐름 속에서 교학과 정토신앙 등 이전의 불교 전통을 선종의 입장에서 어떻게 받아들이고, 체계화할 것인가 하는 것이다.

불교 외적인 것과 관련된 문제 역시 둘로 나누어 볼 수 있다. 하나는 당시의 신흥사대부들이 유교 이념에 근거하여 강력하게 전개한 배불론에 대응하여 어떻게 불교의 존재 근거를 확보할 것인가 하는 것이다. 여말선초의 배불론은 그 이전의 불교 비판과 같이 승려들의 타락과 같은 현상적인 문제를 지적하는 것에 그치는 것이 아니라 불교의 진리성 자체를 부정하는 것이었다. 그러므로 이에 대응하여 불교의 진리성을 확보하는 일은 가장 시급한 일이라 할 수 있다. 다른 하나는 유교를 중심으로 하는 다른 사상과의 관계를 어떻게 정립할 것인가 하는 것이다. 고려시대까지만 해도 불교는 지배 이념으로서 우월한 지위를 누리고 있었기 때문에 유교와 같은 다른 전통과의 관계 정립은 중요한 문제가 아니었다. 그러나 고려 말에 전래된 성리학이 신흥사대부들에 의하여 받아들여지고, 급기야는 새로 들어선 조선 왕조의 국가 이념으로 채택되면서 이는 결코 외면할 수 없는 문제로 등장하였다.

여말선초의 모든 불교인이 맞닥뜨릴 수밖에 없었던 이러한 문제를 진지하게 받아들여 불교적 입장에서 나름의 답변을 제시한 이로는 기화가 유일하다. 따라서 기화를 통해서, 그리고 오직 기화를 통해서만이 우리는 커다란 전환기에 처한 한국불교가 어떻게 전통을 이어받고, 새로운 전통을 세워 나갔는가를 알 수 있다.

지금까지 남아 있는 저작들을 통하여 볼 때 기화의 불교사상은 모든 중생 속에 있는 존재론적·인식론적 근원이면서 완전한 깨달음인 반야[理]를 한 축으로 하고, 반야가 자신에게 내재해 있다는 사실을 알지 못한 채 망념(妄念)에서 벗어나지 못하고 있는 중생의 현실[事]을 또 다른 축으로 하는 이중적인 구조를 띠고 있다. 기화가 제시하고 있는 돈오점수의 수행론은 이러한 이중 구조에 근거한 것이다. 그것은 반야가 내재해 있기 때문에 자신이 부처와 다르지 않다고 하는 자각과 확신[頓悟]을 통하여 반야에 대한 무지를 제거하고, 이를 바탕으로 망념의 습기(習氣)를 제거하는 수행[漸修]으로 이루어진다. 이러한 수행을 통하여 마침내 모든 분별의식이 사라진 절대무차별의 경지에 도달함으로써 수행이 완성되고, 중생은 해탈하게 된다[證悟]. 이러한 수행론은 한국에서 돈오점수의 수행론을 처음 제창한 지눌(知訥, 1158-1210)의 사상과 다르지 않기 때문에 기화의 사상적 뿌리는 지눌에 있음을 알 수 있다.

교학 전통에 대한 논의에서 기화는 진리에 대한 가르침에는 선(禪)과 교(敎)의 차별이 없음을 말하고 있으며, 중생을 해탈의 경지로 이끌기 위한 방편으로서 교학이 가지는 기능을 적극적으로 인정하고 있다. 교학에 대한 이러한 태도는 지눌이 이룩한 '선교회통(禪敎會通)'의 정신을 이어받고 있는 것이 분명하다. 그렇지만 지눌이 궁극적으로는 '사교입선(捨敎入禪)'의 입장을 보이는 데 반하여 기화는 선이나 교라고 하는 분별적인 의식조차도 버려야 한다고 말함으로써 지눌보다 한 단계 더 나아간 모습을 보인다.

기화는 당시의 대중 신앙인 정토 신앙에 대해서도 돈오점수의 수행론에 입각한 새로운 해석을 제시하고 있다. 그는 정토 신앙을 내세 기복적인 타력 신앙이 아니라, '자신이 아미타불이고[自性彌陀]' '자기 마음이 정토[唯心淨土]'라는 인식[頓悟]을 바탕으로 이루어지는 수행의 과정[漸修]으로 보았으며, 궁극의 경지에서 볼 때 선불교와 다르지 않다고 하였다. 이는 수준 낮은 대중 신앙으로만 인식되고 있던 정토 신앙을 궁극적인 깨달음을 향한 수행이라는 높은 차원으로 끌어올려 그 가치를 적극적으로 인정한 것이며, 선불교적 입장에서 정토 신앙에 대한 새로운 해석의 길을 열어 놓은 것으로 평가할 수 있다.

기화는 여말선초의 유교 지식인들이 제기한 격렬한 배불론에 맞서 호불론을 전개하였으며, 그 과정에서 불교와 유교의 관계에 대한 논의를 진행시키고 있다. 기화는 불교가 궁극적으로 지향하는 해탈이 최고의 가치라는 전제 아래 호불론을 전개하고 하였다. 그러므로 유교의 덕목들 가운데 해탈에 도움이 되는 것은 받아들이지만, 도움이 되지 않는 것이라면 효나 예조차도 거부한다. 이처럼 유교와의 타협을 통해서가 아니라 해탈의 지향이라는 불교 본래의 입장에서 존재당위성을 역설하는 것이 기화의 호불론에 보이는 특징이다. 기화의 해탈 중심적인 입장은 불교와 유교의 관계에 대한 논의에서도 드러난다. 그는 불교와 유교가 동일한 진리에 근거한 가르침이기 때문에 본질에서는 다르지 않다고 하였다. 그렇지만 현실적으로 유교는 세간승(世間乘)으로서 중생을 교화하는 기능은 있지만 해탈로 이끌지는 못하는 낮은 가르침인 반면에, 불교는 출세간승(出世間乘)으로서 해탈로 이끄는 높은 수준의 가르침이라고 보았다. 따라서 기화의 유불 관계론은 '본질적 동일성'과 '현실적 차별성 및 불교의 우월성'이라는 이중구조로 되어 있다. 이러한 유불 관계론은 불교와 유교의 관계에 대한 본격적인 논의의 시작이면서, 불교적 입장에서 유교를 바라보는 하나의 틀을 제시하고 있다는 점에서 한국불교 사상사의 새로운 지평을 연 것으로 평가된다.

이상의 논의를 종합해 볼 때 기화는 한편으로는 지눌이 확립한 한국 선불교의 전통을 이어받으면서, 다른 한편으로는 교학과 정토 신앙에 대한 보다 진전된 해석과 유불 관계론 등을 통하여 새로운 전통을 연 것으로 평가할 수 있다.

현재 남아 있는 기화의 저술로는 『금강반야바라밀경오가해설의(金剛般若波羅蜜經五家解說誼)(흔히 『金剛經五家解說誼』라고 부름) 2권, 『금강반야바라밀경륜관(金剛般若波羅蜜經綸貫)』 1권, 『대방광원각수다라요의경설의(大方廣圓覺修多羅了義經說誼)』(흔히 『圓覺經說誼』라고 부름) 3권, 『선종영가집과주설의(禪宗永嘉集科註說誼)』 2권, 「현정론(顯正論)」 1권이 있으며, 기화의 글과 설법 등을 모아 놓은 『함허당득통화상어록(涵虛堂得通和尙語錄)』 1권이 있다. 이것들은 모두 『한국불교전서』 7권에 실려 있다. 이 가운데 『금강반야바라밀경오가해설의』와 『금강반야바라밀경륜관』, 『대방광원각수다라요의경설의』, 『선종영가집과주설의』는 경론에 대한 주석서로서 기화의 불교 내적인 사유 체계를 잘 보여 주고 있으며, 『현정론』은 유교 지식인들의 배불론에 맞서 불교를 변호하기 위한 저술로서 기화의 호불론과 유불 관계론이 어떠한 것인가를 또렷이 보여 주고 있다.

여기에서 뽑은 자료는 불교에 대한 견해와 호불론에 관한 것들이다. 불교에 대한 견해는 어느 특정한 저술에만 의존할 수가 없기 때문에 여러 저술에 흩어져 있는 부분들을 주제에 따라 편집하였다. 호불론은 「현정론」이라는 단일한 저술이 있으므로 이 가운데 주요한 부분들을 뽑았다.

| 자료 1 | 반야의 본체와 작용

> 기화는 중생의 마음의 본질을 반야로 파악한다. 반야는 실체로서 존재하는 것도 아니고, 그렇다고 없는 것도 아닌 묘한 어떤 것이다. 모든 중생이 보고 듣고 느끼고 생각할 수 있는 인식의 작용이 모두 이 반야로 말미암는다는 것이 기화의 설명이다. 아래의 글들은 이러한 반야의 본체와 작용을 보여 준다.

‘반야’라고 하는 신령한 근원은 툭 틔어 모양이 없고, 휑하니 머무는 바가 없다. 공(空)하여 있지 않고 맑아서 앎이 없다. 지금 이 경(『금강경』)은 이로써 종(宗)을 삼고 체(體)를 삼으니 앎이 없으면서도 알지 못함이 없고, 있지 않으면서도 있지 않음이 없으며, 머묾이 없으면서도 머물지 않는 바가 없고, 모양이 없으면서도 여러 모양에 장애되지 않는다. 묘유(妙有)[1]가 [반야의] 작용인 까닭이 바로 이것이다. 모든 부처가 증득한 바는 이것을 증득한 것이며, 모든 조사가 전하는 것도 이것을 전하는 것이다. 그들이 사람에게 열어 보이는 것 또한 이것으로써 한다.

般若靈源, 廓然無諸相, 曠然無所住. 空而無在, 湛而無知. 今此一經, 以此爲宗爲體, 無知而無不知, 無在而無不在, 無住而無所不住, 無相而不礙諸相. 此所以妙有爲用也. 諸佛所證, 蓋證此也, 諸祖所傳, 蓋傳此也. 其所以開示人者, 亦以此也. 『金剛經五家解說誼』, 한불7:14상

한 물건이 여기에 있으니 〈설의: 한 물건이란 어떤 존재인가? ○ 다만 이 한 물건은 소리도 없고 모양도 없어 생각과 말이 끊어졌고, 보아서는 잘 알 수 없어 있는 듯하기도 하지만 어슴푸레하여 뒤쫓을 수 없고, 흐리멍덩하여 헤아릴 수 없다. 미혹된 것도 아니고 깨달은 것도 아니어서 범부나 성인으로 부를 수 없다. 나도 아니고 남도 아니어서 나와 남으로 이름할 수 없다. 그러므로 다만 ‘한 물건’이라고 말한다. 육조대사가 말하기를, “한 물건이 있는데 머리나 꼬리도 없고 이름도 없으면서, 위로는 하늘을 받치고 아래로는 땅을 받친다. 밝기는 해와 같고 어둡기는 옻칠과 같으며, 항상 움직여 작용하는 가운데 있으나 움직여 작용하는 것 가운데 거둘 수 없다”라고 한 것이 이것이다. 그러나 비록 이렇다 하여도 한 물건이라는 이름 또한 억지로 부르는 것일 따름이다. 그러므로 남악 회양(南嶽懷讓, 677-744) 화상이 말하기를 “한 물건 같다고 말하여도 맞지 않는다”라고 하였다. “한 물건이 여기에 있으니”라고 한 것은 그 자리를 떠나지 않으면서 항상 맑기 때문에 말한 것이다.〉

이름과 모양이 끊어지고 〈설의: 쓸쓸하니 텅 비어 고요하고, 맑게 비어 있어 이름할

1 세상의 모든 존재는 공하기 때문에 불변성을 가지지 않지만, 그렇다고 존재하지 않는 것도 아니다. 다만 부단히 변해 가면서 하나의 지속적인 흐름을 형성하는 방식으로 존재하는데, 이를 묘한 존재라는 뜻에서 이렇게 부른다.

수 있는 이름이 없고, 볼 수 있는 모습이 없다.〉

과거와 현재를 관통하며 〈설의: 천겁을 지나도 오래지 않고, 만세에 이르도록 항상 현재와 같다. 바다와 산이 뒤바뀌는 세월을 많이 겪었으며, 바람과 구름처럼 [세상이] 변하는 모습을 얼마나 많이 보았겠는가?〉

하나의 티끌에 들어가고 온 우주를 둘러싼다. 〈설의: 무릇 사물들은 작은 것은 커질 수 없고, 큰 것은 작아질 수 없다. 이 한 물건은 그와 반대여서 작아져 작은 틈에도 가느다랗게 들어갈 수도 있고, 커져서 널리 법계[2]를 감쌀 수도 있다.〉

안으로는 온갖 묘함을 품고 〈설의: 체량(體量)이 넓고 넓어서 갠지스강의 모래알[3]처럼 많은 본성적인 덕(德)과 한량이 없는 묘한 작용력을 원래부터 저절로 갖추고 있다.〉

밖으로는 온갖 사태에 응한다. 〈설의: 사물이 오면 곧 응해서 감응하여 이에 통한다. 마치 밝은 거울이 받침대를 갖추어 오랑캐가 오면 오랑캐가 거울에 나타나고 한족이 오면 한족이 거울에 나타나는 것이나, 큰 종이 종 걸이에 매달려 있어 크게 치면 크게 울리고 작게 치면 작게 울리는 것과 같다.〉

삼재(三才)[4]의 주인이 되고 모든 존재의 왕이 된다. 〈설의: 하늘은 이로 인하여 덮고 있고, 땅은 이로 인하여 싣고 있으며, 사람은 이로 인하여 그 가운데 처하고 있다. 해·달·별과 풀·나무·곤충에 이르기까지 모든 모양이 있는 것들은 이것을 으뜸으로 삼아 이루어지지 않은 것이 없다.〉

넓고 넓어서 비할 바가 없으며, 높고 높아서 짝할 것이 없다. 〈설의: "넓고 넓어서" 등이라고 말하는 것은 넓고 크고 뛰어나기가 제일인 것이 이것이고, "높고 높아서" 등이라고 말하는 것은 가장 높고 끝이어서 그보다 더 높은 것이 없는 것이 이것이다. 이것은 왕이 되고 주인이 되는 형세이다.〉

'신(神)'이라 하지 않을 수 있겠는가? 굽어보고 우러러보는 사이에도 밝게 빛나지만, 보고 듣는 영역에서는 숨어 드러나지 않는다. 〈설의: 결정적으로 없음이라 한다면 본성

2 진리의 세계를 말한다. 그런데 진리의 세계는 그것을 인식하는 수준에 따라 다르게 나타난다. 따라서 무수한 법계가 존재할 수 있다. 그렇지만 완전한 깨달음에 이르러서 보면 진리의 세계는 이 세계와 다르지 않다. 즉 법계는 궁극적으로 마음의 작용까지도 포함하는 모든 존재계를 지칭한다.

3 '갠지스강의 모래알'이라는 표현은 불교에서 헤아릴 수 없이 많은 숫자를 뜻한다.

4 하늘과 땅과 사람을 말한다.

이 스스로 신해(神解)[5]를 지니고 있으며, 결정적으로 있음이라 한다면 찾아보아도 자취를 찾을 수 없다. 이 때문에 '신(神)'이라 한다.〉

'현(玄)'이라 하지 않을 수 있겠는가? 천지보다 앞서 그 시작이 없고, 천지보다 뒤져 그 마침이 없다. 〈설의: 모습이 있는 것 가운데 가장 앞서는 것은 하늘과 땅이다. 모습이 있는 것 가운데 가장 뒤서는 것 또한 하늘과 땅이다. 모습이 있는 것 가운데 가장 앞서는 것은 하늘과 땅인데, 하늘과 땅이 이로 인하여 시작되었으니, 이 물건이 시작되게 된 원인을 궁구할 수가 없다. 시작되게 된 원인을 이미 궁구할 수 없으니 끝나게 되는 원인 또한 궁구할 수가 없다. 이것이 '현'이라고 하는 이유이다.〉

공인가? 있음인가? 나는 그 까닭을 모르겠다. 〈설의: 이 사물의 본체는 매우 현묘하고 텅 비어 맑으며 영통하여 '있음'이라 하여도 결정적인 있음이 아니고, '없음'이라 하여도 결정적인 없음이 아니다. 언어의 길이 끊어지고 마음이 작용하는 자리가 없어졌기 때문에 이렇게 말한다.〉

有一物於此, 〈說誼: 一物何物? ○ 祇這一著子, 希夷焉絶情謂, 髣髴焉看似有, 鑾曶然難可追, 恍惚然難加測. 非迷非悟, 不可以凡聖稱. 無我無人, 不可以自他名. 故但云一物. 六祖云, "有一物, 無頭無尾, 無名無字, 上柱天, 下柱地. 明如日, 黑如漆, 常在動用中, 動用中收不得者," 是. 然雖如是, 一物之言, 亦强稱之而已. 故南嶽讓和尙道, "說似一物, 卽不中." "有一物於此"者, 不離當處, 常湛然故云爾.〉

絶名相, 〈說誼: 蕭焉空寂, 湛爾沖虛, 無名可名, 無相可覩故也.〉

貫古今, 〈說誼: 歷千劫而不古, 亙萬歲而長今. 多經海岳相遷, 幾見風雲變態?〉

處一塵, 圍六合. 〈說誼: 凡有事物, 小不能大, 大不能小. 此則反是, 能小而細入鄰(鄰)虛, 能大而廣包法界.〉

內含衆妙, 〈說誼: 體量恢恢, 恒沙性德, 無量妙用, 元自具足.〉

外應群機. 〈說誼: 物來卽應, 感而遂通. 如明鏡當臺, 胡來胡現, 漢來漢現, 洪鐘在虡, 大扣大鳴, 小扣小鳴.〉

主於三才, 王於萬法. 〈說誼: 天以之覆, 地以之載, 人以之處乎其中. 以至日月星辰草木

5 본성적으로 지니고 있는 지적인 능력을 말한다. 후천적으로 획득된 것이 아니기 때문에 '신해'라 한다.

昆蟲, 凡有貌像形色者, 莫不以之爲宗而得成立.〉

蕩蕩乎其無比, 巍巍乎其無倫.〈說誼: "蕩蕩"云云, 廣大勝第一者是, "巍巍"云云, 最尊極無上者是. 此所以爲王爲主之勢也.〉

不曰'神'乎? 昭昭於俯仰之間, 隱隱於視聽之際.〈說誼: 決定是無, 性自神解, 決定是有, 尋之無蹤. 此所以爲'神'也.〉

不曰'玄'乎? 先天地而無其始, 後天地而無其終.〈說誼: 有形之最先者, 天地也. 有形之最後者, 亦天地也. 有形之最先者, 天地也, 而天地以此爲始, 此物之所以始者, 不可得而窮也. 所以始者, 旣不可得而窮, 則所以終者, 亦不可得而窮也. 此所以爲'玄'也.〉

空耶? 有耶? 吾未知其所以.〈說誼: 物體深玄, 虛徹靈通, '有'不定有, '無'不定無. 言語道斷, 心行處滅, 故云爾.〉

『金剛經五家解說誼』「金剛經五家解序」, 한불7:10중-11중

| 자료 2 | 반야와 중생의 관계

기화에 따르면 반야는 모든 중생 속에 갖추어져 있지만, 중생은 이를 알지 못한 채 번뇌 망상 속에 빠져 윤회에서 벗어나지 못하고 있다. 아래의 글들은 이러한 반야와 중생의 관계를 보여 준다.

사람에게 몸이 있으니 원만하고 공적한 것이 그것이다. 사람에게 마음이 있으니 광대하고 영통한 것이 그것이다. 이 몸과 이 마음이 누구에겐들 없으리오마는, 다만 무명으로 인하여 깨치지 못한 까닭에 망령되이 사대를 자기 몸의 모습으로 인정하고 육진연영(六塵緣影)[6]을 자기 마음의 모습으로 인정한다. 이로 말미암아 몸은 원만한 체(體)로써 형체의 껍데기 속에 숨어 있으며, 마음은 영통한 작용으로써 대상적인 생각의 안에 숨어 있다. 설혹 잘못을 알지라도 또한 단견(斷見)을 이룬다. 이렇듯 두 극단에 머무

6 육진은 눈, 귀, 코, 혀, 몸, 의식의 대상이 되는 모양, 소리, 냄새, 맛, 감촉, 의식의 대상을 가리킨다. 이것들과의 접촉을 통하여 형성된 마음의 영상을 '육진연영'이라 한다

르기 때문에 원만한 체와 영통한 작용이 드러나지 못하는 것이다.[7]

人有身, 圓滿空寂者, 是. 人有心, 廣大靈通者, 是. 此身此心, 阿誰獨無, 但以無明不了, 妄認四大, 爲自身相, 六塵緣影, 爲自心相. 由是, 身以圓滿之體, 隱於形殼之中, 心以靈通之用, 匿於緣慮之內. 脫或知非, 亦成斷見. 由滯二邊, 圓滿之體, 靈通之用, 不能顯現.

『金剛經五家解說誼』, 한불7:41하)

텅 비고 밝은 체(體) 위에 홀연히 잘못된 생각이 일어나, 이에 참된 밝음과 바른 지혜를 잃어버리고서 어두운 곳으로 향하고 삿된 길로 몸을 던진다. 마치 사람이 홀연히 미혹하게 되어 남쪽을 북쪽이라 잘못 생각하고 동쪽을 서쪽이라 잘못 생각하는 것과 같다. 묘하게 밝고 참된 마음은 고요함과 비춤이 동시에 이루어지매, 비추면서도 고요한 것을 '진리의 몸'이라 하고, 고요하면서도 비추는 것을 '참된 지혜'라 한다. 참된 지혜는 생각을 떠났으며 진리의 몸은 모양이 없다. 모양이 없는 몸이 참된 몸이거늘 육체적인 몸을 자기 몸으로 생각하고, 생각을 떠난 지혜가 참된 마음이거늘 대상을 인식하는 마음을 자기 마음으로 생각한다. 대상을 인식하는 마음을 자기 마음으로 생각하므로 참된 지혜에 미혹된 것이며, 육체적인 몸을 자기 몸으로 생각하므로 진리의 몸에 미혹된 것이다. 이것은 단지 저 진리의 몸과 참된 지혜에만 미혹한 것이 아니라, 또한 육체적인 몸과 대상을 인식하는 마음이 참되지 않다는 것도 알지 못하는 것이다. 이것은 최초의 불각(不覺)[8]으로 말미암아 초래된 것이다. …… 육체적인 몸은 모양이 있으나 마침내는 흩어져 없어질 것이고, 대상을 인식하는 마음은 망령된 것이지만 대상을 따

7 다음과 같은 내용도 주목할 필요가 있다. "반야가 반야인 것은 중생의 일상 작용 밖에 있지 않으나 중생은 알지 못한다[夫般若之所以爲般若也, 不外衆生日用, 而衆生不知]."(『金剛般若波羅蜜經綸貫』, 한불7:121중); "모든 중생은 안에 일체종지(一切種智)를 지니고 있어서 부처와 다르지 않다. 다만 미혹되고 전도되어 망령되이 아상(我相)과 인상(人相)을 헤아려서 업의 구렁텅이에 빠져 반성할 줄을 모른다[一切衆生, 內含種智, 與佛無殊. 但以迷倒, 妄計我人, 淪沒業坑, 不知反省]."(『金剛經五家解說誼』, 한불7:16중); "존재에는 이것과 저것이 없으나 견해가 아상과 인상을 일으킨다. 아상과 인상으로 말미암아 업을 일으키고 죄를 짓는다. 죄업이 형성되면 깨달음에 이르는 길을 막는다. 그러므로 깨달음을 이루고자 하면 먼저 죄업을 없애야 하며, 죄업을 없애고자 하면 먼저 아상과 인상을 끊어야 한다[法無彼此, 見起我人. 因有我人, 起業造罪. 罪業相形, 障菩提路. 欲成菩提, 先除罪業, 欲除罪業, 先斷我人]."(『金剛經五家解說誼』, 한불7:72중)

8 무명에 완전히 둘러싸여 어떠한 깨달음도 아직 얻지 못함을 말한다.

라 일어났다 사라진다. 생멸하는 존재에 집착하여 참되다고 생각하므로 망령되이 윤회하며 나고 죽는 것을 본다. 이것이 불각의 잘못이며 무명의 모습이다.

夫虛明體上, 忽然起惑, 遂失眞明正慧, 向暗投邪. 如人忽迷, 惑南爲北, 惑東爲西也. 蓋妙明眞心, 寂照同時, 卽照而寂, 名爲'法身', 卽寂而照, 名爲'眞智', 眞智絶慮, 法身無相. 無相之身, 是眞身也, 認色身爲自身, 絶慮之智, 是眞心也, 因緣慮爲自心. 因緣慮爲自心, 故迷眞智也, 因色身爲自身, 故迷法身也. 此則非唯迷彼法身眞智, 亦復不知色身緣慮之爲非眞也. 此因最初不覺而致之也. …… 色身有相, 而終歸散滅, 緣心是妄, 而隨塵起滅, 由執生滅之體, 而以爲實, 故妄見輪轉生死. 此是不覺之過也, 卽無明之相也.

『圓覺經說誼』, 한불7:129중

| 자료 3 | 돈오점수의 수행론

중생에게 수행이 필요한 것은 번뇌에 사로잡혀 진리를 보지 못하기 때문이다. 따라서 수행의 가르침은 중생을 해탈로 이끌기 위한 방편이며, 그 길은 여러 가지이다. 기화는 여러 가지 수행 가운데 지눌이 정립한 돈오점수의 수행법을 따르고 있다. 아래의 글에는 수행의 필요성과 돈오점수가 필요한 이유, 신해가 곧 돈오라는 것 등이 잘 나타나 있다.[9]

9 다음 내용과 같은 맥락을 타고 있다. "리(理)는 이미 한꺼번에 깨달았다[頓悟] 할지라도 사(事)는 한꺼번에 없애기 어렵다. 만일 수행을 일으키지 않는다면 끝내 증오로 나아갈 수 없다[理旣頓悟, 事難頓除. 若不起修, 終難趣證]."(『金剛經五家解說誼』, 한불7:117상); "무릇 기름과 밝음이 서로 의지하고 눈과 발이 서로 도와주니, 밝음이 만일 기름을 얻지 못한다면 그 밝음은 반드시 끝이 있을 것이요, 발이 눈을 얻지 못한다면 나아가는 데 반드시 제한이 있을 것이다. 밝음은 기름으로 인하여 더욱 밝아져서 그 밝음이 끝이 없게 되고, 발은 눈으로 인하여 더욱 나아가니 그 나아가는 데 제한이 없다. 신해(信解)에 대한 수행(修行)의 관계는 밝음에 대한 기름의 관계와 같다. 수행에 대한 신해의 관계는 발에 대한 눈의 관계와 같다. 신해가 수행을 얻지 못한다면 그 신해는 반드시 허망할 것이요, 수행이 신해를 얻지 못한다면 그 수행은 반드시 국한될 것이다. 그러므로 수행하고자 하면 반드시 먼저 오해(悟解)하여야 하고 만일 오해하였다면 반드시 수행을 일으켜야 한다[夫膏明相賴, 目足更資, 明不得膏, 其明必窮, 足不得目, 其進必局. 明因膏而益明, 其明不窮, 足因目而益進, 其進不局. 行之於解, 猶膏之於明也. 解之於行, 猶目之於足也. 解不得行, 其解必虛, 行不得解, 其行必局. 由是, 若欲修行, 須先悟解, 若已悟解, 須復起行]."(『圓覺經說誼』, 한불7:131상-중)

방편(方便)[10]적으로 점차 닦는다는 가르침은 부처의 부득이함에서 나온 것이다. 만일 최초의 환(幻)을 떠난 자리에서 다시 정(情)이 생기지 않는다면, 이것은 곧 [현상이] 환인 줄을 알고 곧바로 [환을] 떠나고 환을 떠나서 곧바로 깨닫는 것이니, 다시 방편이 필요하지 않고 또한 점차적인 것도 없다. 이것이 보살의 바른길이며 수행의 첩경이다. 다만 중생은 지견(知見)의 더러움으로 말미암아 이와 같은 경계를 밟을 수 없기 때문에 여래로 하여금 부득이하게 방편적으로 점차 닦는다는 가르침을 내게 하기에 이르렀다.

方便漸次之訓, 出於佛之不得已也. 若於最初離幻之處, 更不生情, 則知幻卽離, 離幻卽覺, 更無方便, 亦無漸次矣. 此乃菩薩之正路, 修行之捷徑也. 衆生但爲知見之垢, 未能踏著如是境界, 致令如來不得已方便漸次之訓也. 『圓覺經說誼』, 한불7:134상

환을 떠나는 수행에는 돈(頓)과 점(漸)의 차이가 있다. 점은 마치 불이 나무로부터 나오지만 나무가 불로 인하여 타 없어져 마침내 나무와 불이 다하여 필경공(畢竟空)을 이루는 것과 같다. 이는 둔근(鈍根)[11]의 사람들이 비록 환을 떠날 수는 있지만 다시 정이 생기지 않도록 할 수는 없기 때문에 계속 이어서 정이 생겨나므로, 반드시 계속하여 환을 떠나야 비로소 원각에 돌아올 수 있다는 것을 비유한 것이다. 진실로 환을 떠나 다시는 정이 생기지 않게 할 수 있으면 마음을 쓸 것도 없이 원각이 저절로 현전한다. 그래서 [『원각경』에서] 말하기를 "환인 줄을 알고 곧바로 떠나 방편을 짓지 않고, 환을 떠나 곧바로 깨달으니 또한 점차가 없다"라고 하였다. 이것은 마치 한 줌의 실을 자르면 한 번에 모두 끊어지는 것과 같다. 따라서 '돈'이라 한다. 이는 이근(利根)[12]의 사람들에게 들어맞는 것이다.

---

10 산스크리트어 'upāya'의 번역어로서 잘 고안된 수단이라는 뜻을 지닌다. 불교에서는 궁극적으로 모든 중생을 해탈의 경지로 이끌고자 하는데, 중생의 능력과 처한 상황 등이 제각기 다르기 때문에 한 가지 방법으로 모든 중생을 이끌 수가 없다. 이에 각각의 중생에게 꼭 알맞은 가르침을 펴게 되는데 이를 '방편'이라 한다. 따라서 방편은 중생을 해탈로 이끌기 위하여 그들에 알맞게 잘 고안된 가르침이라고 할 수 있다.

11 좀 뒤떨어지는 능력을 말한다.

12 뛰어난 능력을 말한다.

離幻之中, 頓漸有異. 漸則如火因木出, 木因火滅, 木火俱盡, 成畢竟空. 此鈍根之人, 雖能離幻, 未能更不生情, 轉轉情生, 故須轉轉離幻, 方歸圓覺之比也. 苟能離幻更不生情, 則不勞心力, 覺自現前. 所以道, "知幻卽離, 不作方便, 離幻卽覺, 亦無漸次." 此則如斬一握絲, 一斬一切斷. 所以謂之頓也. 此當利根者也.

『圓覺經說誼』, 한불7:134중

비록 정변지각(正遍知覺)[13]이 원래 갖추어져 있다는 것을 돈오하였다 하여도 수행하여 증득하지 않으면, 애욕과 성냄과 어리석음이라는 시초가 없는 오랜 습기가 의식에 얽혀 이어져 잠복하였다가 다시 일어난다. 만일 이를 다스리는 방법을 모르고 연마하는 공이 없으면, 위 없는 과보의 바다에는 끝내 증득해 들어가기 어렵다. 그러므로 깨달음에 의거하여 수행을 일으키는 문을 세우는 것이다.

雖然頓悟正遍知覺元自具足, 不因修證而得, 愛欲恚痴無始習氣, 纏綿意地, 暫伏還起. 若不知對治之方, 不知鍊磨之功焉, 則無上果海, 終難證入. 故有依悟起修門也.

『金剛經五家解說誼』, 한불7:121중

| 자료 4 | 계율의 중요성

기화 수행론의 특징 가운데 하나는 계율의 강조이다. 이는 불교의 기본적인 수행론을 충실히 따르는 것으로 볼 수도 있지만, 여말선초에 강하게 제기되었던 불교 교단의 타락에 대한 비판 또한 영향을 주었을 것으로 생각된다.

무릇 수행이란 삼학(三學)을 벗어나지 않는다. 계(戒)로 인하여 선정(禪定)이 생기고, 선정으로 인하여 지혜가 생긴다. 이것이 공부하는 순서이다. 선정은 계가 아니면 이루어지지 않고, 지혜는 선정이 아니면 드러나지 않는다. …… 선정이 없으면서 관(觀)에 들어가는 것은 참된 지혜가 아니다. 계가 없으면서 선정에 들어가는 것은 참된 선정

13 모든 것을 두루 꿰뚫어 아는 깨달음을 말한다.

이 아니다. 만일 정념(正念)으로 관찰하고자 하면 먼저 반드시 선정에 들어가야 하며, 만일 선정에 들어가고자 하면 먼저 계를 지켜야 한다.

大凡修行, 不出三學. 因戒生定, 因定生慧. 此爲學之序也. 定非戒而不成, 慧非定而不發. …… 無定而入觀, 非眞慧也. 無戒而入定, 非眞定也. 若欲正念觀察, 先須入定, 若欲入定, 先持禁戒.

『圓覺經說誼』, 한불7:135중-하

무릇 죽은 사람이 살아 있을 때 승(乘)[14]은 급하게 하였으나 계는 느슨하였다면 비록 괴로운 길에 빠지는 것은 면할 수 없으나 해탈할 기약은 있다. 계는 급하게 하였으나 승은 느슨하였다면 잠시 하늘에 오르기는 하겠지만 궁극의 과보는 얻을 수 없다. 승과 계를 모두 급하게 하였다면 단번에 곧바로 여래의 경지에 들어가 부처 조사들과 손을 잡고 함께 다닌다. 승과 계가 다 느슨하였다면 오래도록 괴로움의 바다에 빠져 영원히 벗어날 기약이 없다.

大凡亡人, 在生之日, 乘急戒緩者, 雖未免沈淪苦趣, 亦有超脫之期. 戒急乘緩者, 暫得超升, 未得究竟之果. 乘戒俱急者, 一超直入如來地, 得與佛祖, 把手共行. 乘戒俱緩者, 長沈苦海, 永無出期.

『涵虛堂得通和尙語錄』「送魂下語」, 한불7:231중-하

| 자료 5 | 깨달음의 경지

기화에 의하면 궁극적인 깨달음은 무심에 의해 가능하며, 그렇게 도달한 깨달음의 경지는 우리의 일상과 다르지 않다. 요컨대 중생과 부처의 차이는 존재의 차이가 아니라 인식의 차이일 뿐이라는 것이다.[15]

14 보살승, 연각승, 성문승 등 해탈에 이르는 다양한 가르침들을 말한다.

15 다음의 내용도 참조할 수 있다. "사유는 윤회하는 마음이고, 헤아리는 것은 윤회하는 견해이다. 원각의 경계는 마음도 없고 견해도 없는 크게 고요한 바다이다. 그러니 이와 같은 마음과 견해로 이와 같은 경계에 들어가려고 하면 가능하겠는가? 그러므로 원각을 증득하고자 하면 먼저 무심(無心)을 배워야 하는 것이니, 무심

앞에서 실체가 없다고 하였으니, 존재마다 자성[16]이 없어서 안으로는 감각기관을 갖춘 몸과 밖으로는 이 세계가 모습마다 모두 허망한 것이어서 가리켜 늘어놓을 만한 것이 없다. 여기에서 허무(虛無)가 없다고 하였으니, 존재마다 제 위치에 머물러 학의 다리는 길고 오리의 다리는 짧으며, 소나무는 곧고 대추나무는 굽었으니, 모습마다 원진(元眞)이어서 참된 모습 아닌 것이 없다. 소부처·말부처·사내부처·계집부처가 서로 빌리지 않고 각자 진리의 즐거움을 누리고 있다.

言無實, 則法法無自性, 內而根身, 外而器界, 相相皆爲虛妄, 無可指陳. 此言無虛, 則法法依位住, 鶴長鳧短, 松直棘曲, 相相元眞, 無非實相. 牛佛馬佛, 男佛女佛, 不相借借, 各受法樂.

『金剛經五家解說誼』, 한불7:78상

지금 나의 육체적인 몸이 바로 늘 존재하는 몸, 진리의 몸이다. 육체적인 몸을 떠나서 따로 늘 존재하는 몸, 진리의 몸을 구할 수 없다. 만일 육체적인 몸을 떠나서 따로 늘 존재하는 몸, 진리의 몸을 구한다면 이는 미륵의 궁전 가운데서 도솔천에 태어나기를 바라는 것이고,[17] 함원전 가운데서 다시 장안을 찾는 것이다.[18] …… 만일 늘 존재하는 몸, 진리의 몸을 보고자 한다면, 바로 다니고 머물고 앉고 눕는 곳에서 볼 수 있다. 일상의 작용을 떠나서 따로 늘 존재하는 몸, 진리의 몸을 구한다면, 곧 귀신 굴에서 살아날 계책을 꾸미는 것이다.

吾今色身, 卽是常身法身. 不得離却色身, 別求常身法身. 若也離却色身, 別求常身法身, 慈氏宮中, 願生兜率, 含元殿裏, 更覓長安. …… 要見常身法身, 直須向行住坐臥處覰破始得. 離却日用, 別求常身法身, 便是鬼窟裏作活計. 『金剛經五家解說誼』, 한불7:37중-하

으로써 도에 합할 뿐 유심(有心)으로는 합하기 어렵다[思惟, 是輪廻心也, 測度, 是輪廻見也. 圓覺境界, 是無心無見大寂滅海也. 以如是心見, 入如是境界, 豈可得乎? 由是, 欲證圓覺, 先學無心, 無心合道, 有心難契].”(『圓覺經說誼』, 한불7:143상); “어떤 것이 무명인가? 법성이 그대로 무명이다. 법성 밖에 따로 무명이 없다. …… 어떤 것이 법성인가? 무명이 그대로 법성이다. 무명 밖에 따로 법성이 없다[何者無明? 法性全是無明. 法性外無別無明. …… 何者法性? 無明全是法性. 無明外別無法性].”(『禪宗永嘉集說誼』, 한불7:208하)

16 스스로 존재하는 결정적인 성질을 말한다.

17 미륵의 궁전은 도솔천에 있다.

18 함원전은 당나라의 궁전으로서 장안에 있다.

스스로 증득한 경계에는 미혹과 깨달음의 자취가 없으며 성현과 범부가 다 없어진다. 다만 중생을 보면 본래의 밝음을 모르고 등지어 윤회하기 끝이 없다. 이에 이러한 중생을 구제하여 열반 언덕에 오르게 하도록 커다란 자비를 내어 화신을 구름처럼 나타내니, 대승·소승의 가르침을 보이기도 하고, 원교(圓敎)[19]·점교(漸敎)[20]를 설하기도 한다.

自證境界, 迷悟無迹, 聖凡俱沉. 但見衆生, 迷背本明, 昇沉無際. 而欲度如是衆生, 登涅槃岸, 故興大悲而起身雲, 或現大相小相, 或說圓敎漸敎. 『禪宗永嘉集說誼』, 한불7:172중

| 자료 6 | 삼승에 대한 견해

기화는 성문승, 연각승의 이승과 보살승이 어떻게 다른지를 밝히고 있다. 그러면서도 그 다름에 머무는 것이 아니라, 그 모든 가르침이 궁극적으로 하나의 진리에 이르기 위한 가르침이기 때문에 그 다름에 사로잡혀서는 안 된다고 말한다. 요컨대 사로잡힌 마음에는 삼승이 저마다 다르지만, 자유로운 눈에는 모두 같은 것이다.[21]

삼승(三乘)[22]은 실상이 아닌데도 '삼승'이라는 이름이 있는 것은 그 이름을 임시로

---

19 궁극의 진리를 담고 있는 완전한 가르침을 말한다.

20 낮은 수준에서 높은 수준에 이르는 완전하지 못한 가르침들을 말한다.

21 다음과 같은 내용도 같은 맥락을 타고 있다. "자기만을 위하고 가르침을 위하지 않는다면 부처와 조사의 깊은 은혜를 저버리게 된다. 자기만을 위하고 남을 위하지 않는다면 이승(二乘: 성문과 연각이 되는 가르침으로서, 대승불교에서는 이들이 자신만의 깨달음을 추구할 뿐 다른 중생을 구제하려는 의지가 없다 하여 때문에 소승이라 부른다)의 경계에 떨어져 버린다[爲己不爲法, 辜負佛祖深恩. 爲己不爲人, 墮在二乘境界]."(『金剛經五家解說誼』, 한불7:107상); "중생은 유위(有爲)에 걸려 있고 이승(二乘)은 무위(無爲)에 걸려 있다. …… 이승(二乘)이 비록 이미 번뇌를 끊고 생사(生死)를 떠났다고 하나 [모든 번뇌의] 주재[자가 되는 근본무명]를 잊지 못하였기 때문에 모두 미혹과 번민으로 돌아가 깨달음의 바다에 들어가지 못한다[衆生滯於有爲, 二乘滯於無爲. …… 二乘雖已斷煩惱, 已離生死, 然主宰未忘, 故皆歸迷悶, 不入覺海]."(『圓覺經說誼』, 한불7:160하); "리(理)는 비록 한 맛이지만 가르침에는 천 가지 차별이 있다. 가르침을 시설하는 데에는 여러 가지 길이 있지만 같이 돌아가 일치한다. 근기에 대해서도 또한 그러하여, 들어가는 문은 비록 다르지만 도달하는 경지는 이에 같다[蓋理雖一味, 而敎有千差. 設敎多途, 而同歸一致. 其於機也亦然, 所入之門雖異, 所至之域則斯同]."(『圓覺經說誼』, 한불7:159상)

22 성문, 연각의 이승에 대승의 보살승을 더한 것을 말한다. 대승불교는 그 이전의 불교를 소승이라고 비판하면

빌려서 중생의 근기에 접하는 것일 뿐이다. 그러니 그 실상을 보면 어찌 삼승의 다름이 있겠는가? …… 삼승은 일승(一乘)의 밖에 있지 않으며, 일승 또한 삼승의 밖에 있지 않다. 이것이 참되게 하나로 합쳐진 모습으로서 언어적인 규정을 떠나 고요하다. 그러나 여러 범부는 그 까닭을 이해하지 못하여, '삼승'이라고 말하면 '삼승'이라는 이름을 취하고 '일승'이라고 말하면 '일승'이라는 이해만을 낸다.

三乘非實而有'三乘'之名者, 但假其名, 以接其根而已. 而其實則豈有三乘之異乎? …… 三乘不外乎一乘, 一乘亦不外乎三乘. 是眞一合相, 言詞相寂滅. 但諸凡夫人, 不解其所以, 語'三乘', 而取'三乘'之名, 語'一乘', 而生'一乘'之解. 『金剛經五家解說誼』, 한불7:98하

때로는 열어 삼승으로 하고, 때로는 합하여 일승으로 한다. 합한 일승이 바로 삼승이며, 연 삼승이 바로 일승이다. 삼승과 일승은 서로 떨어져 있기도 하고 서로 즉하고 있기도 하다. 삼승이 아니지만 삼승이며, 일승이 아니지만 일승이니, 삼승과 일승이 모두 그르며, 삼승과 일승이 모두 옳다. 이런즉 죽이고 살리는 것을 때에 맞추고 거두고 놓는 것을 자재롭게 한다.

有時開三, 有時合一. 合一卽三, 開三卽一. 三一相離, 三一相卽. 非三而三, 非一而一, 三一俱非, 三一俱是. 伊麽則殺活臨時, 收放自由. 『金剛經五家解說誼』, 한불7:99상-중

| 자료 7 | 여러 가지 수행법과 정토신앙

기화는 선종에 속하는 승려이지만 선 수행 이외에도 교학과 염불, 지계 등의 다양한 수행법을 모두 인정함으로써 그 이전의 불교전통을 모두 받아들여 이어나가려는 전통의 계승자로서의 모습을 또렷이 보여 주고 있다. 이러한 맥락에서 정토신앙도 단지 수준 낮은 대중신앙이 아니라 중생이 자신의 본질을 깨우칠 수 있는 하나의 수행법임을 밝히고 있다.

서 등장하였는데, 스스로는 '위로는 완전한 깨달음을 추구하고, 아래로는 모든 중생 구제하는 것'을 이상으로 하는 보살이 되고자 하기 때문에 '보살승'이라 하였다.

또한 경사스럽고 선하다 할 수 있는 하나의 일이 있으니, 살아 있을 때 참선을 하고 교학을 공부하거나,[23] 계를 지키고 염불을 하거나, 복을 짓고 선을 행하며 …… 이와 같이 생을 잘 마친다면, 이것은 경사스럽고 선하다 할 수 있다. 참선이나 교학 공부도 못하고 계율을 지키는 것이나 염불도 못 하며, 복을 짓거나 선을 닦는 일도 못 하고서 헛되이 다른 사람의 믿음이나 보시[24]를 받고 헛되이 시간을 보낸다면, 이것은 불쌍해하고 불쌍해할 만한 일이다. 네가 한 행위를 보니 참선이나 교학공부는 하지 못하였지만 분에 따라 계율을 지키고 염불하며, 분에 따라 복을 짓고 선을 행하였으니, 이것은 경사스러워할 만한 일이며 불쌍해할 일이 아니다.

亦有一事可慶可善, 在生之日, 或能叅禪學道, 或能持戒念佛, 或能修福作善, …… 如是善終, 是爲可慶可善. 未能叅禪學道, 未能持戒念佛, 未能修福作善, 虛沾信施, 空度光陰, 是爲可憐可恨. 觀汝所作, 雖未能參禪學道, 隨分持戒念佛, 隨分修福作善, 是爲可慶, 不是可恨.

『涵虛堂得通和尙語錄』「爲亡僧下語」, 한불7:234중–하

만일 자성미타(自性彌陀)를 보고 유심정토(唯心淨土)를 통달하였다면, 정신이 큰 경지에서 노닐어 가고 머무는 데 걸림이 없을 것은 확실하다. 비록 이와 같은 경지에 이르지 못하였다 해도 미타의 대비원력(大悲願力)을 받아 아홉 종류 연꽃[25] 가운데 공덕에 따라 왕생하리라는 것은 결단코 의심의 여지가 없다. 상암각령(上菴覺靈)이시여, 만일 정신이 큰 경지에서 노닐어 가고 머무는 데 걸림이 없게 되었다면 다시 [이 세계에] 와서 서원에 의지하여 중생을 구하고, 만일 아홉 종류 연꽃 가운데 왕생하였다면 아미타불을 뵈어 받들고 묘한 가르침을 몸소 들어 무생(無生)을 크게 깨달아 부처님의 수기를 받고, 다시 사바세계로 돌아와 바른 깨달음 이루는 모습 보이고, 커다란 가르침의 바퀴를 굴려 널리 미혹됨에 빠져 있는 [중생을] 구해 주기를 간절히 바라나이다, 간

---

23 원문에 따르면 '도를 공부하는 것[學道]'이지만, 전체적인 맥락으로 보아 그 구체적인 내용은 교학공부를 지칭하는 것으로 해석된다.

24 다른 사람에게 베푸는 것으로서 진리를 알려주는 법시(法施), 재물을 베푸는 재시(財施), 마음의 두려움을 없애 주는 무외시(無畏施)의 세 가지가 있다.

25 아미타불이 다스리는 극락세계에 태어나는 중생은 연꽃 속에 태어나게 되는데, 가장 높은 상품상생에서 가장 낮은 하품하생까지 모두 아홉 등급이 있어서 자신에게 알맞은 곳에 태어난다고 한다.

절히 바라나이다.

若也見自性彌陀, 達唯心淨土, 則神遊大方, 去留無礙, 定矣. 雖未到如斯境界, 承彌陀大悲願力, 九蓮花中, 隨功往生, 決無疑矣. 上菴覺靈, 若得神遊大方, 去留無礙, 則再出頭來, 依願度生, 若得九蓮中受生, 則面奉彌陀, 親聞妙法, 大悟無生, 蒙佛授記, 復還娑婆, 示成正覺, 轉大法輪, 廣濟迷淪, 切望切望. 『涵虛堂得通和尙語錄』「爲尙愚上菴和尙下語」, 한불7:234상

| 자료 8 | 교학에 대한 견해

기화는 중생을 구제하기 위한 다양한 방편의 하나로서 교학을 인정하고 있다. 더 나아가 진리가 언어 밖에 있지 않다고 함으로써 교학의 가치를 적극적으로 긍정하고 있다. 그러면서도 진리는 보지 못하고 언어에만 사로잡혀서는 안 된다는 점을 분명하게 밝히고 있다.[26]

26 다음과 같은 내용도 참조가 된다. "부처가 설한 가르침은 단지 도에 들어가기 위한 방편이다. 방편에 의거하여 도에 들어간다면 옳은 것이지만, 방편을 고수하여 버리지 않는다면 잘못된 것이다[佛所說法, 只是入道方便. 依方便而入道則可, 守方便而不捨則不可]."(『金剛經五家解說誼』, 한불7:42중-하); "만일 문자에 집착한다면 현상만 볼 뿐 근원에 대하여 미혹하게 되며, 만일 문자를 버린다면 근원만 볼 뿐 현상에 대하여 미혹하게 된다. 근원과 현상에 모두 미혹되지 말아야 비로소 법성의 바다에 들어갈 수 있다[若著文字, 見派迷源, 若捨文字, 望源迷派. 源派俱不迷, 方入法性海]."(『金剛經五家解說誼』, 한불7:43상); "이 일대사는 언어로 표현할 수 있는 모습도 없고 미혹되고 깨달은 모습도 없다. 원만하니 태허와 같아 모자람도 없고 남음도 없다. 다만 아직 깨닫지 못한 이들을 위하여 문자와 언사를 시설하는 것이다[此一大事, 無名字相, 無迷悟相. 圓同大虛, 無欠無餘. 只爲未了底人, 施設文字言詞]."(『金剛經五家解說誼』, 한불7:73상); "완전한 진리는 스스로 밝혀지는 것이 아니라 사람을 통해서 밝혀진다. 진실로 합당한 사람을 만난다면 글마다 진나라의 거울처럼 서로 바라보고 인드라망의 구슬처럼 이어 빛나 털끝만큼도 숨는 것이 없게 된다. 그러나 진실로 합당한 사람이 아니라면 글자와 구절이 순서를 잃고 말뜻이 모순되고 애매해지는 허물이 있게 됨을 면할 수 없다. 마치 한 맛의 물을 소가 마시면 우유를 만들고 뱀이 마시면 독을 만드는 것과 같다[圓法不自明, 明之由人. 苟得其人, 文文秦鏡互望, 帝珠聯輝, 未曾見有絲毫隱蔽. 苟非其人, 字句失次, 語意矛楯, 未免見有曖昧之愆. 如一味之水, 牛飮之而成乳, 蛇飮之而成毒]."(『金剛般若波羅蜜經綸貫』, 한불7:116하); "경(經)이란 길이다. 위와 같은 묘한 뜻을 말하여 뒷사람들에게 길을 열어 주어 다른 길로 빠지지 않도록 하여 바로 보물이 있는 곳에 도달할 수 있게 한다. …… 경이란 이와 같은 말로써 이와 같은 뜻을 말하여 그 시대에 이익을 보이고 후대에 길을 만들어 준다[經者, 徑也. 詮如上之妙旨, 開後進之徑路, 令不涉乎他途, 能直至乎寶所. …… 經者, 以如是言, 詮如是旨, 現益當世, 成轍後代也]."(『金剛經五家解說誼』, 한불7:17상); "'경'이란 경위(經緯)라는 뜻이다. '경위'는 곧 종횡이라는 뜻이다. 위와 같은 묘한 뜻을 이리저리 말하여 혹은 부수고 혹은 세워서 단어와 구절과 문장으로써 이리저리

성인의 교화 또한 그러하여 혹은 언어적인 가르침을 드러내지 않고서도 전체를 드러내 보이기도 하고, 혹은 중생의 근기를 굽어살펴 언어를 빌려 열어 보이기도 한다. 언어적인 가르침을 기다리지 않고도 깨달아 들어가는 이는 상근기이다. …… 언어적인 가르침에 의하여 비로소 깨닫는 이는 중근기이다. …… 몇 번 되풀이하여 열어 보인 뒤에야 비로소 깨닫는 이는 하근기이다. …… 사람의 근기가 날카롭고 둔한 것이 똑같지 않으므로 비록 성인의 신묘한 교화라 할지라도 어찌 한꺼번에 모두 이익 되게 하겠는가? 다만 모름지기 넓은 자비를 아끼지 않고 거듭 이끈 뒤에야 중생의 근기를 빠뜨리지 않고 대응하게 되는 것이다.

聖人之化亦然, 或不現聲敎, 而全體示現, 或俯就物機, 而假言開示. 不待聲敎而悟入者, 上根也. …… 因聲敎而方悟者, 中根也. …… 再三開示然後乃悟者, 下根也. …… 人之利鈍, 不一矣. 雖以聖人之神化, 何能使一擧而頓益乎? 要須不悋弘慈, 再三提撕然後, 庶乎待機無遺矣. 『金剛經五家解說誼』, 한불7:121상–중

처음 사제(四諦)의 가르침을 편 때로부터 이제 반야를 설하는 데에 이르기까지 설한 모든 가르침은 한 글자도 눈앞에 걸 만한 것이 없으며, 한 마디도 가슴에 새겨둘 것이 없다. 이른바 한 모습 한 맛의 궁극적인 열반의 언제나 적멸한 모습이 여기에 현전하니, 이에 부처의 지견을 깨달아 부처의 지견에 들어갈 수 있고, 이에 진정한 신심을 내어 진정한 묘한 이해를 얻을 수 있다. 어찌 언어적인 가르침에 막혀 이를 구경이라 여기며 이름과 법수(法數) 가운데 빠지겠는가?

從初轉四諦, 至今談般若, 所說諸法, 無一字可以掛在目前, 無一言可以記在胸中. 所謂一相一味究竟涅槃常寂滅相, 於是乎現, 於此可以悟佛知見, 入佛知見, 於此可以發眞正信心, 得眞正妙解也. 豈可泥言敎而爲究竟, 墮在名數之中也. 『金剛經五家解說誼』, 한불7:100중

진리는 언어 밖에 있지 않으니 언어가 바로 진리이다. 그러니 어찌 반드시 문자를

얽어서 가르침을 세워 만대의 의궤(儀軌)로 삼아 중생으로 하여금 이해를 일으키도록 하여 저 언덕에 도달하게 하는 것이다[經是經緯義. 經緯卽縱橫之義也. 如上妙旨, 橫說竪說, 或破或立, 以名句文, 錯縱成法, 以爲萬代儀軌, 開生物解, 令到彼岸]."(『圓覺經說誼』, 한불7:126중)

없애 버리고서 따로 말을 잊는 뜻을 구해야만 한단 말인가? 교학의 바다에서 커다란 해탈을 얻고 지해(知解) 위에 커다란 가르침의 깃발을 세워야만 비로소 속이 넓어 헤아릴 수가 없는 대인(大人)이라 할 수 있다.

理非言外, 卽言卽理. 何須拂去文字, 別求忘言之旨乎? 敎海裏得大解脫, 知解上建大法幢, 乃可謂寬腸沒量大人也. 『金剛經五家解說誼』, 한불7:97하

| 자료 9 | 불교가 존재해야 하는 이유

기화는 여말선초의 극렬한 불교배척론에 맞서 불교를 변호하기 위하여 『현정론(顯正論)』을 지었는데, 이 글은 그 서문에 해당한다. 여기에서 기화는 불교가 유일한 해탈의 가르침이고, 조선왕조가 지향하는 유교적인 이상사회를 이루는 데에도 도움이 된다는 점을 들어 불교의 존재 당위성을 역설하고 있다. 또한 유교를 불교의 하위체계에 편입시켜 불교와 유교의 대립을 해소하려고 하는 포괄주의적 입장이 나타나 있다.[27]

저 삼승이나 오승(五乘)[28]은 모두 정을 다스리기 위한 것이다. 인승(人乘)[29]과 천승(天乘)[30]은 더러운 때를 없애기 위한 것이며, 삼승은 깨끗한 때를 없애기 위한 것이다.

---

27 다음의 내용도 참조할 만하다. "부처가 열반에 들어가려고 하면서 그 가르침을 임금에게 맡기고 신하에게 맡긴 것은 모두 그 도로써 천하를 이끌어 세상을 다스리는 데 큰 도움이 되고자 하였기 때문이고, 모두 함께 진리를 닦는 길을 밟도록 하기 위함이었다. 우리 부처의 가르침은 세속에 남아 있는 이나 출가한 이를 막론하고 오직 사람들로 하여금 도의 작용에 어긋나지 않게 하고자 하는 것일 뿐이니, 반드시 머리를 깎고 옷을 다르게 입어야만 하는 것은 아니다. 그래서 말하기를 '방편에 따라 얽매임을 푸는 것을 삼매(三昧)라 한다'고 하였으며, 또한 '정해진 법이 없음을 아뇩보리라 한다'고 하였다. 부처의 마음이 이와 같으니 어찌 조그맣게 통하겠는가? 그러나 만일 참을 힘이 없는 이라면 티끌 속에 있으면서 더럽혀지지 않고, 세속에 있으면서 도를 이루기가 어렵다. 그러므로 사람들에게 출가하라고 가르치며 멀리 떠나는 행위를 닦도록 하는 것이다[佛之將化也, 以其法, 付之君, 付之臣, 皆欲以其道導天下, 而爲治世之大助, 而令共蹈乎修眞之路也. 吾佛之敎, 不論在家出家, 只要令人不違道用而已. 不必剪其髮, 異其服, 然後爲也. 所以云, " 隨方解縛, 假名三昧." 又云, "無有定法, 名阿耨菩提." 佛之心如此, 豈小通哉? 然若無忍力者, 則居塵不染在家成道, 難矣. 所以敎人出家, 令修遠離行也]."(『顯正論』, 한불7:218상-중)

28 성문승, 연각승, 보살승의 삼승에다 인간으로 태어나게 하는 가르침인 인승, 천상에 태어나게 하는 가르침인 천승을 더한 것을 말한다.

29 인간으로 태어나게 하는 가르침으로서 여기에서는 오계를 말한다.

더럽고 깨끗한 때가 다한 뒤에야 비로소 큰 깨달음의 경지에 몸소 나아갈 수 있다. 오계(五戒)[31]는 인간으로 나게 하는 것이며, 십선(十善)[32]은 천상(天上)에 나게 하는 것이다. 사제(四諦)[33]와 인연(因緣)[34]의 가르침은 이승을 이루게 하는 것이며, 육도(六度)[35]는 보살을 이루게 하는 것이다. 삼장(三藏)의 요체를 살펴보건대, 다만 사람들로 하여금 정을 없애고 성을 드러내게 하려는 것일 따름이다. 정이 성에서 생겨나는 것은 마치 구름이 먼 허공에서 일어나는 것과 같다. 정을 없애고 성을 드러내는 것은 구름을 젖혀 훤히 맑음을 나타내는 것과 같다. 정에는 얇은 것도 있고 두터운 것도 있다. 마치 구름에 옅은 것도 있고 짙은 것도 있는 것과 같다. 구름에 옅고 짙은 차이는 있으나 하늘빛을 가리는 것은 매한가지이다. 정에 두텁고 얇은 차이는 있으나 성의 밝음을 막는 것은 같다. 구름이 일어나면 해와 달이 빛을 거두어들여 세상이 어두워지며, 구름이 개면 빛이 세계를 덮어 우주가 분명하다. 불교를 이에 견주면 맑은 바람이 뜬구름을 걷어내는 것과 같다. 보는 바가 분명하기를 바라면서 맑은 바람을 싫어한다면 이는 미혹된 것이다. 나와 남이 모두 맑고 태평하기를 바라면서 우리의 도(道)를 싫어한다면 잘못된 것이다.

夫三乘五乘, 皆所以治其情也. 人天乘所以治其染垢, 三乘所以治其淨垢也. 染淨垢盡, 然後方親造大覺之境矣. 五戒所以生人道也, 十善所以生天道也, 諦緣所以成二乘也, 六度

---

30 천상에 태어나게 하는 가르침으로서 여기에서는 십선을 말한다.

31 불교인들이 지켜야 할 다섯 가지 계율로서 1) 살아 있는 어떠한 것들도 죽이지 말 것, 2) 자기 것이 아닌 어떠한 것도 훔치지 말 것, 3) 올바르지 않은 어떠한 성행위도 하지 말 것, 4) 헛되고 그릇된 어떠한 말도 하지 말 것, 5) 술을 마시지 말 것을 말한다.

32 열 가지 선한 행위로서 1) 살아 있는 것을 죽이지 않고, 2) 남의 물건을 훔치지 않고, 3) 올바르지 못한 성행위를 하지 않고, 4) 헛된 말을 하지 않고, 5) 한 입으로 두말을 하지 않고, 6) 남을 욕하는 말을 하지 않고, 7) 번지르르하게 꾸미는 말을 하지 않고, 8) 탐내지 않고, 9) 화내지 않고, 10) 잘못된 견해를 갖지 않는 것을 말한다.

33 불교에서 가르치는 네 가지 근본적인 진리로서 1) 세상은 괴롭다는 것과 2) 괴로움에는 반드시 원인이 있다는 것, 3) 괴로움이 사라진 경지와 4) 괴로움이 사라진 경지에 도달하는 길이라는 진리를 말한다.

34 세상의 모든 존재는 하나의 원인에 의하여 결과가 결정되거나, 우연의 흐름 속에 혹은 운명이나 전지전능한 신의 힘에 의해 존재하는 것이 아니라, 원인과 그것을 둘러싼 여러 가지 조건들의 상호작용에 의해 결과를 산출하는 방식으로 존재함을 말하며, '연기'라고도 한다.

35 보살이 완성하려고 하는 여섯 가지 수행으로서 1) 베풀고, 2) 계율을 잘 지키고, 3) 욕보임을 참고, 4) 올바른 방향으로 노력하며, 5) 명상에 들고, 6) 지혜 얻는 것을 말한다.

所以成菩薩也. 竊觀三藏指歸, 只要令人去情顯性而已. 情生於性, 猶雲起於長空, 去情顯性, 猶雲開而現大淸也. 情有薄者焉, 有厚者焉. 猶雲有淡者焉, 有濃者焉. 雲有濃淡之異, 而掩天光則一也. 情有厚薄之殊, 而礙性明則同也. 雲起也, 日月收照, 而天下暗然也. 雲開也, 光被大千, 而宇宙廓如也. 佛教比之, 則若淸風之掃浮雲也. 欲所見之廓如, 而厭淸風者, 惑矣. 欲自他之淸泰, 而厭吾道者, 失矣. 『顯正論』, 한불7:217상-중

유교는 오상(五常)으로써 도의 요체를 삼는다. 불교에서 말하는 오계가 곧 유교에서 말하는 오상이다. 죽이지 않음은 인(仁)이다. 훔치지 않음은 의(義)이다. 음란하지 않음은 예(禮)이다. 술 마시지 않음은 지(智)이다. 헛된 말 하지 않음은 신(信)이다.

그러나 유교가 사람을 가르치는 바는 덕행(德行)으로 하지 않으면 행정적인 명령이나 형벌로 한다. 그러므로 "행정적인 명령으로써 이끌고 형벌로써 다스리면 백성은 이를 면하고자 하기만 할 뿐 부끄러움을 모른다. 덕으로써 이끌고 예로써 다스리면 백성은 부끄러움도 있게 되고 진심으로 따르게 된다"고 말한다. 덕으로써 이끌고 예로써 다스리는 것은 성인이 아니면 할 수 없다. 그러므로 "침묵하되 이루고 말하지 않아도 믿음이 있게 되는 것은 덕행에 달려 있다"고 말한다. 행정적인 명령으로써 이끌고 형벌로써 다스리면 상과 벌이 있게 되는 것을 면할 수 없다. 그러므로 "상과 벌은 나라의 크게 중요한 도구이다"라고 말한다.

"침묵하되 이루고 말하지 않아도 믿음이 있게 되는 것"은 진실로 우리 부처의 교화이다. 그런데 겸하여 인과(因果)로써 보여 준다. 상벌로써 보여 주면 겉으로만 따르는 것에 지나지 않을 따름이지만, 인과로써 보여 줄 경우 복종하면 곧 마음으로 복종하는 것이다. 지금 세상에서 그러함을 볼 수 있다. 왜 그러한가?

만일 상으로써 권하고 벌로써 금한다면, 악행을 그치는 이는 그 위세를 두려워하여 그치는 것이고, 선행을 하는 이는 그 상을 이롭게 여겨 그렇게 하는 것이다. 그러므로 그들이 교화에 따르는 것은 겉으로만 따르는 것이지 마음으로 복종한 것이 아니다. 만일 사람들이 현재의 곤궁하고 영달한 까닭을 알고 싶어 할 때 전생에 뿌린 업(業)의 씨앗으로 보여 주고, 미래의 화와 복을 알고 싶어 할 때 현재의 원인으로 보여 준다면, 영달한 이는 과거에 선의 씨앗을 심은 것을 기뻐하면서 더욱 근면해질 것이고, 곤궁한 이는 과거에 닦지 않았음을 후회하면서 스스로 노력할 것이다. 또한 미래에 복 받기를 바

라는 이는 부지런히 선을 행할 것이고, 미래에 화를 피하기를 바라는 이는 악행을 삼갈 것이다. 이는 복종하지 않는다면 그만이지만, 만일 복종한다면 모두 마음으로 복종하는 것이어서 겉으로만 따르는 경우는 결코 없다.

그렇지만 어찌 사람마다 모두 마음으로 복종하게 할 수 있겠는가? 이에 마음으로 받아들이지 못하는 이에게는 짐짓 상과 벌로써 이끌어 점점 마음으로 기뻐하여 진실로 복종하게 한다. 그러므로 인과로써 보여 주는 것 이외에 또한 상과 벌의 가르침이 있다. 이른바 마땅히 거두어들일 만한 이는 거두어들이고, 마땅히 꺾어 굴복시켜야 할 이는 꺾어 굴복시킨다는 것이 이것이다. 이는 유교에 가까우니, 이 때문에 유교와 불교는 모두 없애서는 안 되는 것이다.

儒以五常而爲道樞. 佛之所謂五戒, 卽儒之所謂五常也. 不殺, 仁也. 不盜, 義也. 不婬, 禮也. 不飮酒, 智也. 不妄語, 信也. 但儒之所以敎人者, 不以德行, 卽以政刑也. 故云, "導之以政, 齊之以刑, 民免而無恥. 導之以德, 齊之以禮, 有恥且格." 夫導之以德, 齊之以禮, 非聖人不能. 故云, "黙而成之, 不言而信, 存乎德行." 導之以政, 齊之以刑, 則未免有賞罰. 故云, "賞罰, 國之大柄也." 夫"黙而成之, 不言而信," 固吾佛之化也. 而兼以因果示之. 示之以賞罰, 則或不過面從而已, 示之以因果, 則服乃心服也. 今於世上, 目睹其然也. 何則? 若勸之以賞, 禁之以罰, 則止惡者, 畏其威而止之, 爲善者, 利其賞而爲之. 故其從化也, 面從而已, 非心服也. 若人欲知今之所以窮達者, 則示之以宿種, 欲知後之禍福者, 則示之以現因, 則達者, 忻前世之種善, 而益勤, 窮者, 悔前世之不修, 而自勉. 且邀福於後世者, 則孜孜於爲善, 避禍於後世者, 則必愼於爲惡也. 此則不服則已, 服則心服, 而未嘗有面從者也. 雖然安得使人人, 皆可以心服也? 其未能心服者, 則姑以賞罰而導之, 使駸駸然心悅而誠服也, 故示之以因果之外, 亦有賞罰之訓存焉. 所謂應攝受者, 而攝受之, 應折服者, 而折服之, 是也. 此則近於儒也, 所以儒與釋, 皆不可廢也.

『顯正論』, 한불7:217중-218상

| 자료 10 | 출가가 불효라는 비판에 대한 반론

> 여기에서 기화는 효도나 충성은 어디까지나 세속적 가치로서 궁극적 가치인 해탈을 넘어설 수 없음을 분명히 밝히고 있다. 이처럼 유교적 가치에 불교적 가치를 복속시키는 것이 아니라, 불교적 가치를 가장 높은 것으로 제시하고 그 아래 유교적 가치를 편입시키는 방식으로 불교의 정당성을 옹호하는 것이 기화의 불교변호론이 지닌 가장 큰 특징인데, 이 글에 가장 잘 나타나 있다.

경(經)과 권(權)은 도를 행하는 큰 요점이다. 경이 아니면 영원한 도리를 지킬 수 없고, 권이 아니면 변화에 응할 수 없다. 경으로써 영원한 도리를 지키고 권으로써 변화에 응한 뒤에야 도가 크게 온전함을 얻을 수 있어 어디에 가든 못할 일이 없게 된다. 영원한 도리를 지킬 줄 모르면 사람의 마음을 바르게 할 방법이 없고, 변화에 응할 줄 모르면 큰일을 이룰 방법이 없다.

사람이란 부모에 의탁하여 생명을 받고 임금의 나라에 깃들어 살아가니, 집에 들어가서는 효성스럽고 집을 나와서는 충성스러운 것은 진실로 신하와 자식 된 자가 마땅히 해야 할 바이다. 또 혼인과 제사 또한 인륜의 큰 법도이다. 혼인이 아니면 낳고 낳는 이치가 끊어지고, 제사가 아니면 오래도록 추모하는 법이 없어진다. 그러나 신하와 자식으로서 충과 효를 다하기란 어렵다. 더욱이 혼인하여 종신토록 올바름을 지키며, 제사를 모시면서 마음을 다하여 가지런히 하기란 더욱 어렵다. 충을 다하고 효를 다하여 근실히 그 직책을 지키며 올바름을 지키고 마음을 가지런히 하여 종신토록 그치지 않은 뒤에야 살아서는 좋은 명성을 잃지 않고 죽어서는 인간으로 태어날 수 있다. 이것이 경으로써 영원한 도리를 지켜서 얻는 효과이다. 그러나 살아서 좋은 명성을 얻을 뿐 애욕을 끊는 일은 거의 드물며, 죽어서 인간으로 태어날 뿐 윤회를 면하기는 어렵다.

애욕은 윤회의 근본이며 태어나게 하는 인연이다. 사람이 이미 아내와 자식이라는 굴레를 면하지 못하였는데 애욕을 끊을 수 있겠는가? 진실로 애욕을 아직 끊지 못하였는데 윤회를 면할 수 있겠는가? 윤회를 면하고자 한다면 먼저 애욕을 끊어야 하며, 애욕을 끊고자 한다면 먼저 아내와 자식을 떠나야 하고, 아내와 자식을 떠나고자 한다면 반드시 세속을 떠나야 한다. 세속을 떠나지도 않고 아내와 자식을 떠나지도 않으면서 애욕을 끊어 윤회를 면하는 것은, 큰 성인께서 자비를 내려 임시적인 수단으로써 그런 모습을 보이는 경우를 제외하고, 용렬한 범부 속인으로서 가능하겠는가? 이와 같은 이는 무한히 오랜 세월 동안에도 만나기 어려우며, 무수히 많은 사람 가운데에도 얻기 어렵다. 애욕과 그 대상이란 자석과 쇠가 서로 짝하는 것과 비슷하여 참을 힘이 없는 자가 세속에 머물면 면하기가 어려운 것이다.

經權, 爲道之大要也. 非經, 無以守常, 非權, 無以應變. 經以守常, 權以應變, 然後得夫道之大全, 而無所往而不可也. 不知守常, 無以正人心, 不知應變, 無以成大事. 夫人也, 托父母而受生, 寄君國以得存, 入孝出忠, 固臣子之所當爲也. 又婚姻祭祀, 亦人倫之大經也. 非婚, 生生之理絶, 非祀, 追遠之法廢. 然爲臣子, 而盡忠孝者, 難矣. 婚姻而終身守正, 奉祀而盡心致齊者, 又其難矣. 盡忠盡孝, 而謹守其職, 守正致齊, 而終身不輟, 然後生不失善名, 死得生人道. 此經以守常之效也. 然生得善名而已, 斷愛欲者幾希, 死生人道而已, 免輪廻者難. 愛爲輪廻之本, 欲爲受生之緣. 夫人者, 旣未免妻子之累, 愛欲其可斷乎? 苟未斷於愛欲, 則輪廻其可免乎? 欲免輪廻, 先斷愛欲, 欲斷愛欲, 先去妻子, 欲去妻子, 須出塵寰. 不出塵寰, 不去妻子, 斷愛欲, 免輪廻, 大聖垂慈大權示迹之外, 庸人凡俗, 其可得乎? 夫如是者, 億億世而難遇, 萬萬人而難得. 夫愛緣, 如磁石與鐵偶相似, 無忍力者, 居塵世而難免.

『顯正論』, 한불7:218중–하

또한 부처는 세 가지 밝은 지혜[36]와 여섯 가지 신통력[37]을 모두 갖추고 네 가지 지혜[38]와 여덟 가지 해탈[39]을 원만히 갖추어, 그 덕이 온 세상의 뒤 시대의 사람들에게까지 뿌려져 온 세상의 뒤 시대 사람들로 하여금 부처의 부모를 '큰 성인의 부모'라고 칭송하게 하고, 부처의 성으로 모든 성을 지닌 자들의 성을 삼게 하여[40] 출가한 자들로 하여금 모두 '석가의 아들'이라 하게 하니, 이 어찌 큰 효가 아니겠는가? 공자(孔子)께서

36 깨달은 이가 갖추고 있는 밝은 지혜로서 1) 자신과 남이 전생에 어떻게 존재하였는가를 아는 것[天眼通], 2) 자신과 남의 태어나고 죽고 과보를 받고 하는 모습을 꿰뚫어 보는 것[宿命通], 3) 자신에게 번뇌가 다하였음을 아는 것[漏盡通]을 말한다.

37 깨달은 이가 갖추는 신통한 능력으로서 앞의 세 가지 밝은 지혜에다 1) 보통 귀로 들을 수 없는 것을 듣는 능력[天耳通], 2) 다른 사람의 마음을 꿰뚫어 보는 능력[他心通], 3) 여러 가지 모습으로 변화하거나 어디에나 마음대로 날아다니는 능력[神足通]을 더한 것이다.

말하지 않으셨는가, "몸을 세워 도를 행하여 뒤 시대에까지 이름을 드날리어 부모를 드러냄이 효의 마지막이다"라고! 그 도로써 온 세상의 뒤 시대 사람들까지 이끌어, 온 세상의 뒤 시대 사람들로 하여금 그 가르침을 듣고 그 교화를 느끼게 하여, 근기가 크고 작음에 따라 가르침을 내려 해탈케 하니, 이 어찌 커다란 자비가 아니겠는가? 공자께서 말하지 않았는가, "하루만 자기를 극복하고 예로 돌아가도 온 세상이 인으로 돌아간다"라고!

且佛者, 三明六通而悉備, 四智八解而圓具, 其德播天下後世, 而使天下後世, 稱其父母曰, '大聖人之父母', 以其姓, 姓一切姓, 使出家者, 皆稱之曰, '釋子', 豈不謂之大孝乎? 孔不云乎? "立身行道, 揚名於後世, 以現父母, 孝之終也." 以其道, 導天下後世, 而使天下後世, 聞其風, 感其化, 隨其機之大小, 稟其法而得度, 豈不謂之大慈乎? 孔不云乎? "一日克己復禮, 天下歸仁."

『顯正論』, 한불7:218하-219상

| 자료 11 | 출가는 불충이라는 비판에 대한 반론

여기에서 기화는 불교가 세속권력에 예속된 가르침이 아니라 세속을 지도하는 가르침이라는 점과 군주의 통치에 도움을 준다는 점을 들어 불교를 변호하고 있다.

---

38 깨달은 이가 갖추는 지혜로서 1) 깨끗한 거울과 같이 원만하고 분명한 지혜[大圓鏡智], 2) 모든 중생과 부처가 본대 하나의 불성으로서 차별이 없음을 아는 지혜[平等性智], 3) 세상의 모든 존재를 관찰하여 정통하고, 중생의 근기를 잘 살펴 알아 그에 맞는 가르침으로써 제도하는 지혜[妙觀察智], 4) 몸과 말과 마음으로써 여러 가지 변화를 나타내어 범부와 성문, 연각, 보살들이 깨달음을 얻고 즐거움을 얻게 하는 지혜[成所作智]를 말한다.

39 해탈에 들어가는 여덟 가지 마음작용으로서 1) 대상의 부정적인 측면을 관찰하여 탐하는 마음이 일어나지 않게 하는 것[內有色想觀外色解脫], 2) 대상의 부정적인 측면을 관찰하여 탐하지 않는 마음을 더욱 굳게 하는 것[內無色想觀外色解脫], 3) 대상의 깨끗한 모습을 관찰하여 탐하는 마음이 일어나지 않게 하는 것[淨身作證具足住解脫], 4) 허공이 가없는 경지에 이르는 것[空無邊處解脫], 5) 의식이 가없는 경지에 이르는 것[識無邊處解脫], 6) 아무것도 없는 경지에 이르는 것[無所有處解脫], 7) 생각하지 않는 것도 아니고, 생각하지 않는 것이 아닌 것도 아닌 경지에 이르는 것[非想非非想處解脫], 8) 감각작용, 표상작용 등이 일어나지 않아 무심의 경지에 이르는 것[滅受想定解脫]을 말하는데, 이를 통하여 해탈에 들어가기 때문에 이렇게 이름한다.

40 모든 불교 승려들은 '석(釋)'을 성으로 삼는다는 것을 말한다.

[불교의] 가르침 가운데 군주가 되는 이로 하여금 먼저 계율을 받아 몸과 뜻을 깨끗이 한 다음에 비로소 임금의 자리에 오르게 하며, 모든 출가자로 하여금 아침저녁으로 향 피우고 등불을 밝혀 군주를 축원하고 나라를 축원하니 충성이라고 하지 않을 수 있겠는가? 또한 군주가 벼슬과 녹봉으로써 선한 행위를 권하고 형벌로써 악한 행위를 금하는 외에, 우리 부처께서 "선한 행위를 하면 경사를 부르고 악한 행위를 하면 재앙을 부른다"는 것으로써 보이니, 이를 듣는 사람은 자연히 악한 마음을 거두어들이고 착한 뜻을 낸다. 이렇듯 우리 부처의 가르침이 벼슬과 상으로 권함과 형벌로써 위압함을 빌지 않고서도 사람들로 하여금 쓸리듯 교화를 좇게 하니 어찌 군주와 나라에 도움됨이 없겠는가?

敎中使爲君者, 先受戒品, 潔淨身意然後, 方登寶位. 又令凡出家者, 莫不朝焚夕點而祝君祝國, 可不謂之忠乎? 且君者, 爵祿以勸善, 刑罰以禁惡之外, 吾佛示之以"爲善招慶, 爲惡招殃." 人之聞者, 自然收其惡心, 發其善意. 吾佛之敎, 不假爵賞之勸, 刑罰之威, 令人靡然趨化, 豈無輔於君國乎?

『顯正論』, 한불7:219상

| 자료 12 | 불살생계를 비판하는 것에 대한 반론

여기에서 기화는 불교의 자비나 유교의 인이 '모든 생명을 자기 몸처럼 사랑하는 것'이라고 정의하고, 불교는 불살생계를 통하여 자신의 가르침을 충실히 이행하고 있는 데 반하여 유교는 살생을 금하지 않음으로써 오히려 스스로 가르침을 저버리고 있다고 비판하고 있다.

하늘이 내린 사물을 포악하게 없애는 것은 성인이 더불어 하지 않는 바이다. 하물며 하늘의 도리는 지극히 어지니, 어찌 사람으로 하여금 생명을 죽여서 자기의 목숨을 기르게 하겠는가? 『서경』에서는 "천지는 만물의 부모이며, 사람은 만물 가운데 영장이다. 진실로 총명한 자가 우두머리가 되고, 우두머리가 백성의 부모가 된다"라고 하였다. 천지가 이미 만물의 부모라면 천지 사이에 태어난 자는 모두 천지의 자식이다. 천지와 사물의 관계는 부모와 자식의 관계와 같으며, 자식 가운데 어리석고 지혜로움의 차이가 있는 것은 사람과 만물이 밝고 어두움이 있는 것과 같다. 부모는 자식에 대하여, 비록 어리석고 못났을지라도, 사랑하고 가엾이 여겨 오히려 잘 기르지 못할까를 걱정하거늘, 하물며 해치겠는가? 생명을 죽여서 자기의 목숨을 기르는 것은 같은 식구를 죽여서 자기를 기르는 것이다. 같은 식구를 죽여서 자기를 기르면 부모의 마음이 어떠하겠는가? 자식들끼리 서로 죽이는 것은 부모의 마음이 아니니다. 사람과 만물이 서로 죽이는 것이 어찌 천지의 뜻이겠는가? 인간과 만물이 이미 천지의 기(氣)를 함께 얻었으며 또한 천지의 이치를 함께 얻어서 함께 천지 사이에 살고 있다. 이미 하나의 기, 하나의 이치를 부여받았는데 어찌 남을 죽여서 자기의 목숨을 기르는 이치가 있겠는가?

暴殄天物, 聖人之所不與也. 況天道至仁, 豈令人殺生以養生哉? 『書』云, "惟天地, 萬物父母, 惟人, 萬物之靈. 亶聰明, 作元后, 元后, 作民父母." 天地既爲萬物之父母, 則生乎天地之間者, 皆天地之息也. 天地之於物也, 猶父母之於子也. 子有愚智之殊, 猶人與萬物之有明昧也. 父母之於子也, 雖愚不肖, 亦愛而愍之, 猶恐不得其養焉. 況其加害乎? 殺生養生, 如殺同息以自養也. 殺同息以自養, 則於父母之心, 爲如何哉? 子之相殺, 非父母之心也, 人物之相殘, 豈天地之意乎? 人與萬物, 既同得天地之氣, 又同得天地之理, 而同生於天地之間, 既一氣一理之所賦, 焉有殺生養生之理哉?

『顯正論』, 한불7:219중

부처께서는 큰 계율에서 '모든 살아 있는 것들을 죽이지 말 것'을 맨 앞에 두셨으며, 또한 자비로운 마음의 인연으로 고기를 먹지 않는다. 불경에서 말하기를, "부처님께서 말씀하신 바와 같이 고기를 먹는 이는 자비를 행하는 것이 가득 차지 못하므로 항상 목숨이 짧고 병이 많은 몸을 받으며, 생사윤회에 미혹되이 빠져 부처가 되지 못할 것이다"라고 하였다. 또한 불교의 가르침 가운데 항상 '물을 거르는 주머니'를 가지고 다니게 하는 까닭은 미물의 목숨이라도 해칠까 두려워해서이다. 옛날에 두 비구가 있어 같이 부처를 뵙고자 하여 광야를 지나가다가 목이 말랐는데, 벌레가 들어 있는 물을 만났다. 한 사람은 말하길, "부처를 뵐 수만 있으면 되니 마신들 무슨 죄가 있으랴?" 하고는 곧바로 물을 마셨다. 다른 사람은 말하길, "부처께서는 산목숨 죽이는 것을 경계하였는데, 만일 부처의 계율을 부순다면 부처를 뵌들 무슨 이익이 있으랴" 하고는 목마름을 참고 마시지 않았는데, 죽어서 천상에 올라가 먼저 부처를 뵙고 부처의 찬탄을 받았다.

이는 어진 사람의 참된 말, 실다운 행위로서 '천하 만물을 하나로 한다'는 말과 '근신하라'는 가르침에 은근히 들어맞는다.

佛於大戒, 而'不殺'居先, 又慈心因緣, 不食肉. 經云, "如佛所說, 食肉者, 此人行慈不滿足, 常受短命多病身, 未沒生死, 不成佛." 又教中所以教持攎囊者, 恐傷微命也. 昔有二比丘, 同欲見佛, 行於曠野, 渴遇蟲水. 一人云, "但得見佛, 飮之何罪?" 卽飮. 一人云, "佛戒殺生, 若破佛戒, 見佛何益?" 忍渴不飮. 死生天上, 先見於佛, 得佛讚嘆. 此乃仁人之眞語實行, 而冥相契於一己之言, 慥慥之訓也. 『顯正論』, 한불7:219하-220상

내가 출가하기 전에 해월(海月)이라는 승려가 있었는데, 나에게서 『논어(論語)』를 배웠다. "널리 베풀어 대중을 구제하는 것은 요임금이나 순임금도 힘들어하였다"라는 구절의 주석에서 "인이란 천지 만물을 자기와 하나로 여기는 것이다"라는 말에 이르러 책을 치워 놓고 나에게 물었다.

"맹자(孟子)는 인한 사람인가?"

"그렇다."

"그렇다면 닭, 돼지, 개, 새끼돼지는 만물인가?"

"그렇다."

"'인이란 천지 만물을 자기와 하나로 하는 것이다'라는 이 말은 참으로 이치에 맞는 말이다. 맹자가 진실로 인한 사람이고 닭, 돼지, 개, 새끼돼지가 만물이라면, 어찌하여 '닭, 돼지, 개, 새끼돼지를 기르매 그 때를 놓치지 아니하면 나이 일흔 된 이도 고기를 먹을 수 있다'고 말하는 것인가?"

나는 이에 말이 궁해져서 답하지 못하였다. 여러 경전을 살펴보았으나 산목숨을 죽이는 것이 이치에 맞는다는 이론은 없었고, 선배인 유교 지식인들에게 널리 물어보았으나 시원하게 의심을 풀어 주는 이도 없어서, 항상 이 의심을 품어 오래도록 풀지 못하였다. 병자년(丙子年) 무렵에 삼각산에 놀러갔다가 승가사(僧伽寺)에 이르러 한 늙은 선사와 밤에 대화를 나누었는데, 대화하던 차에 선사가 말하기를, "불교에는 열 가지 중요한 계율이 있는데 맨 처음이 '모든 살아 있는 것들을 죽이지 말라'는 것이다"라고 하였다. 내가 이에 얼음이 풀리듯 마음으로 받아들여 스스로 말하기를, "이는 참으

로 인한 사람의 행위이며 인의 도를 깊이 체득한 이의 말이다."라고 하였다. 이로부터 유교와 불교의 사이를 다시 의심하지 않았으며 이에 시를 지었다. 본디 유교 경전과 역사서, 정주학(程朱學)에서 비판하는 것을 듣고 불교가 옳은지 그른지 알지 못한 채 반복하여 가만히 생각한 지 이미 오래되었는데 이제 비로소 진실을 알고 귀의하네.

余未出家, 有釋曰海月者, 讀『論語』於予. 至"博施濟衆, 堯舜其猶病諸," 註云, "仁者, 以天地萬物爲一己"之言, 置卷而問予曰, "孟子, 仁者乎?" 曰, "然." "鷄豚狗彘, 萬物乎?" 曰, "然." 曰, "'仁者, 以天地萬物爲一己', 此眞稱理之談也. 孟子, 苟爲仁者, 而鷄豚狗彘, 又爲萬物, 則何以云, '鷄豚狗彘之畜, 無失其時, 七十者, 可以食肉'乎?" 予於是, 辭窮而未能答. 考諸經傳, 而無有殺生稱理之論. 博問先知, 而無有釋然決疑之者. 常蘊此疑, 久未能決. 越丙子許, 游三角山, 到僧伽寺, 與一老禪夜話. 話次, 禪云, "佛有十重大戒, 一, '不殺生'." 予於是, 釋然心服, 而自謂, "此眞仁人之行也, 而深體乎仁道之語也." 從此, 不疑於儒釋之間, 而遂有詩云, "素聞經史程朱毁, 未識浮圖是與非, 反復潛思年已遠, 始知眞實却歸依."

『顯正論』, 한불7:220상

| 자료 13 | 인과응보설로써 보시를 권하여 백성의 재물을 탕진케 한다는 비판에 대한 반론

> 여기에서 기화는 오랜 역사를 통하여 불교에서 설하는 인과응보의 가르침은 유교에서도 찾아볼 수 있는 보편적인 원리임을 주장하고 있다.

인과응보의 가르침을 살펴보자면, 이것이 어찌 유독 우리 불교에만 있는 것이겠는가? 『주역(周易)』에서도 말하기를, "선함을 쌓은 집안에는 경사가 넘치고, 악함을 쌓은 집안에는 재앙이 넘친다"라고 하였으며, 『서경』의 「홍범(洪範)」 편에서도, "사람이 지극한 도에 합하면 하늘이 다섯 가지 복[41]으로 이에 감응하고, 어긋나면 여섯 가지 흉한

41 오래 살고, 부유하고, 건강하고, 좋은 덕이 있고, 명대로 살다 편안하게 죽는 다섯 가지 복을 말한다.

일[42]로 이에 감응한다"라고 하였으니, 이것이 보응이 아닌가? 몸이 있을 때는 그 보응이 이미 이와 같고, 죽고 나서도 몸은 비록 사라져도 정신은 존재하니 선하고 악한 행위에 대한 보응이 어찌 그렇지 않겠는가? 부처가 말하기를, "가령 넉넉히 무한히 오랜 세월을 지나도 지은 바 업은 사라지지 않으며 인연이 만날 때 과보를 다시 자기가 받는다"라고 하였으니, 이 어찌 사람을 속이는 말이겠는가?

至於報應之說, 則豈獨吾敎乎? 『易』云, "積善有餘慶, 積惡有餘殃." 又如「洪範」, "人合乎皇極, 則天應之以五福, 違則應之以六極." 此非報應歟? 形存而其應已然. 及其死也, 形雖謝而神存, 善惡之應, 豈不然乎? 佛之言曰, "假饒百千劫, 所作業不亡, 因緣會遇時, 果報還自受." 豈欺人哉?

『顯正論』, 한불7:221상–중

| 자료 14 | 윤회와 삼세인과응보에 대한 비판에 대한 반론

> 여기에서 기화는 유교의 일회적 인간관 다른 불교의 윤회적 인간관과 윤회의 가르침이 지닌 교화의 효용성을 들어 윤회를 옹호하고 있다.

음양(陰陽)[43]은 진실로 사람이 의지하여 태어나는 것이다. 음양이 합하여 삶을 받고 음양이 흩어지면 죽게 된다. 하지만 본디 있는 진명(眞明)[44]의 경우는 몸을 따라 생겨나지도 않고 몸을 따라 사라지지도 않는다. 비록 천 번 변화하고 만 번 바뀔지라도 그대로 변화하지 않고 홀로 존재한다. 태어날 때 타고나는 마음에는 두 가지가 있는데 '견실심(堅實心)'과 '육단심(肉團心)'이다. 육단심은 혼백[45]으로서 기가 정미(精微)한 것이고, 견실심은 진명을 말하는 것이다. 지금 말하는 '마음'이란 진명을 말하는 것이

---

42 오래 못 살고, 병에 시달리고, 걱정이 많고, 가난하고, 악하고, 약한 여섯 가지 불길한 일을 말한다.

43 세상의 모든 사물을 이루는 두 가지 기로서, 음은 무겁고 움직이지 않으며, 양은 가볍고 움직이는 성질을 가졌다고 한다.

44 본성적인 자아로서 변하거나 없어지지 않는다고 한다.

45 혼은 양기 가운데 정미한 것이고, 백은 음기 가운데 정미한 것이다. 그렇기 때문에 사람이 죽으면 혼은 하늘로 날아올라가 흩어지고, 백은 땅에 떨어져 흩어진다고 한다.

지 육단심을 말하는 것이 아니다. 마음이란 몸의 주인이며, 몸이란 마음의 심부름꾼이다. 선하고 악한 행위 등은 임금인 마음이 명령하여 신하인 몸이 지은 것이다. 보응에 관해 말하자면, 살아 있을 때는 임금과 신하가 함께 받으며, 죽어서는 신하인 몸이 이미 사라졌으므로 임금인 마음 혼자 받는다. 『시경』에서 말하기를, "문왕(文王)[46]이 오르락내리락하며 상제(上帝)[47]의 좌우에 있네"라고 하였는데, 오르락내리락하는 이가 어찌 하늘에 있는 영혼이 아니겠는가? …… [윤회에 대한] 이러한 여러 가지 경우를 잘 살펴본다면, 영명(靈明)[48]이 몸에 따라 변하지 않음을 충분히 알 수 있으니, 사람이 죽고 나면 몸과 정신이 다 없어진다고 말하는 것이 어찌 어리석지 않겠는가?

陰陽, 固人之所賴以生者也. 陰陽合而受生, 陰陽散而就死. 若固有之眞明, 則不隨形生, 不隨形謝, 雖千變萬化, 而湛然獨存也. 天心有二, 曰'堅實心', 曰'肉團心'. 肉團心者, 魂魄之精也, 堅實心者, 眞明之謂也. 今所謂'心'者, 眞明也, 非肉團也. 夫心者, 身之主也, 形者, 心之使也. 善惡等事, 心君命之, 形臣作之. 至於報應, 生則君臣得受, 死則形臣已謝, 而心君獨受. 『詩』云, "文王陟降 在帝左右." 陟降之者, 豈非在天之靈乎? …… 觀此數事, 則足知靈明之不隨形變也. 謂之人死而形神俱滅, 豈非昧乎? 『顯正論』, 한불7:221중–하

천당[49]과 지옥[50]에 대하여 말하자면, 이는 실재로서 본래 존재하는 것이 아니라, 사람의 업이 감응하는 바이니 저절로 그러한 것이다. 공자는 일찍이 말하기를, "내가 꿈속에서 주공(周公)[51]을 다시 뵙지 못한 지가 오래되었다"라고 하였다. 대개 꿈이라는 것은 사람의 정신이 돌아다니는 것이지, 몸이 시키는 것이 아니다.

공자께서 꿈에 주공을 만나 뵐 수 있었던 것은 평소에 주공의 도를 마음에 두고 오

---

46 중국 주나라의 왕으로서 주나라가 은나라를 물리치고 중국에 대한 지배권을 장악할 수 있는 기틀을 다졌다. 아들인 무왕과 함께 성인으로 추앙되었다.

47 하늘에 있으면서 세상을 지배한다고 생각되었던 신적인 존재를 말한다.

48 신령스럽게 밝은 존재로서 앞에서 언급한 진명, 견실심을 말한다.

49 선한 행위를 한 중생이 죽고 나서 태어나는 곳으로서 선한 행위의 과보로서 즐거움을 누린다고 한다.

50 악한 행위를 저지른 중생이 다시 태어나는 곳으로서 죽기 전에 저지른 온갖 악한 행위에 대한 형벌 때문에 항상 고통을 받는다고 한다.

51 중국 주나라 무왕의 동생으로서 문왕이 죽은 뒤 어린 성왕을 잘 보필하여 주나라의 기틀을 세웠다. 아버지인 문왕, 형인 무왕과 더불어 성인으로 추앙되었다.

로지 이를 행하였기 때문에 그 정신이 저절로 서로 감응하여 그렇게 된 것이다. 사람도 또한 그러하다. 날마다 선하고 악한 일을 오로지 행한다면, 선한 사람은 꿈에 영화를 누릴 것이고, 악한 사람은 꿈에 욕됨을 당할 것이다. 그러한 까닭은 다음과 같다.

선한 사람은 부지런히 의로움만을 좇고, 악한 사람은 탐욕스럽게 오직 이익만을 구한다. 선한 사람은 오직 의로움만을 좇기 때문에 하는 일마다 마땅함에 들어맞고, 악한 사람은 오직 이익만을 구하기 때문에 하는 일마다 마땅함에 어긋난다. 선한 사람은 일마다 마땅함에 들어맞으므로 다른 사람들이 반드시 그를 선하게 여긴다. 악한 사람은 하는 일마다 마땅함에 어긋나기 때문에 다른 사람들이 그를 악하게 여긴다. 선한 사람은 사람들이 그를 선하게 여기므로 저절로 윗사람에게까지 알려져 벼슬과 녹봉을 더하게 된다.

악한 사람은 사람들이 그를 악하게 여기므로 저절로 윗사람에게까지 알려져 형벌을 더하게 된다. 그러므로 선한 사람은 너울너울 기뻐하며 그 영화가 이르게 하려 하고, 악한 사람은 놀라서 그 재앙을 피하고자 꾀하게 된다. 선하고 악한 습성과 기뻐하고 싫어하는 마음이 정신에 쌓여 있으므로 꿈에서도 또한 영화를 누리고 욕됨을 당한다. 그 정신이 가서 오지 않으면 이것이 바로 내생(來生)[52]이다. 이것이 바로 선한 사람이 천당을 감응하고, 악한 사람이 지옥을 감응하는 까닭이다.

至於天獄, 則非是實然固有, 乃人之業感, 自然如是也. 孔子嘗曰, "吾不復夢見周公, 久矣." 蓋夢者, 人之神游, 非形之使然也. 夫子之所以夢與周公見者, 蓋平日心, 存周公之道, 專而行之, 故其精神, 自然相感而然也. 人亦如是, 日於善惡, 爲之旣專, 則善者夢見其榮, 惡者夢見其辱. 所以然者, 善者, 亹亹然惟義是從, 惡者, 悻悻然惟利是求, 善者惟義是從, 故事事而適宜, 惡者惟利是求, 故事事而違義. 善者事事而適宜, 故人必善之, 惡者事事而違義, 故人必惡之. 善者人善之, 故自達於上, 而加之而爵祿, 惡者人惡之, 故自達於上, 而加之而刑罰. 由是, 善者與與忻致其榮, 惡者錯愕謀避其殃, 善惡之習, 忻厭之情, 蘊在情神, 故其於夢也, 亦見榮見辱. 其神往而不返, 則便是來生, 此善者之所以感天堂, 惡者之所以感地獄者也.

『顯正論』, 한불7:221하–222상

52 죽고 나서 다시 시작되는 삶.

| 자료 15 | 중국에만 도가 있고 오랑캐에게는 도가 없다는 비판에 대한 반론

여기에서 기화는 중국이 세계의 중심이 아니라는 것과 진리는 지역이나 사람에 구속되지 않는다는 진리의 보편성을 들어 반론을 전개하고 있다.

도가 있는 곳이 곧 사람들이 돌아가는 바이다. 오제(五帝)와 삼왕(三王)이 이미 도가 있는 곳이므로 사람들이 돌아가는 바가 되어 중국에서 왕이 되었다. 부처는 인도에서 일어나 법륜왕(法輪王)[53]이 되었으니 또한 이와 같다.

중국에서 인도를 가리켜 서쪽이라 하는 것은 인도에서 중국을 가리켜 동쪽이라 하는 것과 같다. 만일 세계의 한가운데를 정한다면, 마땅히 정오에 그림자가 생기지 않는 곳일 터인데, 인도가 바로 그러하다. 부처께서 그곳에 태어남을 보인 것은 어찌 그곳이 천하의 한가운데이기 때문이 아니겠는가? 이른바 동쪽과 서쪽의 방위는 모두 서로의 풍속에 따라 서로 부르는 것이지 그 절대적인 중심을 정하여 동쪽과 서쪽을 정한 것이 아니다.

道之所存, 是人之所歸也. 五帝三王, 旣道之所存, 故爲人之所歸, 而王於華夏也. 佛之興天竺, 而爲法輪王, 亦復如是. 華夏之指天竺爲西, 猶天竺之指華夏爲東也. 若取天下之大中, 則當午無影爲中, 天竺乃尒. 佛之所以示生於彼者, 豈非以其天下之大中也? 所謂東西者, 蓋彼此時俗之相稱尒, 非占其中而定其東西也. 『顯正論』, 한불7:223중

구태여 부처님이 오랑캐 출신이기 때문에 그 도를 따르지 않겠다고 한다면, [중국의 성인인] 순임금은 동쪽 오랑캐 지역에서 태어났고, 문왕은 서쪽 오랑캐 지역에서 태어났는데, 이들을 오랑캐라고 하여 그 도를 따르지 않을 수 있겠는가? 태어난 곳은 현상적인 자취이고, 행하는 바는 도이다. 다만 그 도가 따를 만한가와 따를 만하지 않은

---

53 '법륜'은 진리의 수레바퀴라는 뜻으로서 진리에 대한 가르침을 뜻한다. 따라서 '전륜왕'이란 진리의 수레바퀴를 굴린 왕이라는 뜻이다.

가를 살필 뿐이지, 그 태어난 곳이라고 하는 현상적 자취에 얽매여서는 안 된다. 앞에서 말하지 않았는가, 도가 있는 곳이 곧 사람들이 돌아가는 곳이라고! …… 만일 현상적으로 드러난 모습을 구하지 않고 행한 도를 구한다면 다만 오계와 십선의 도만으로도 오제와 삼왕의 도에 부끄럽지 않을 수 있는데 하물며 사제, 인연, 육도 등의 가르침이겠는가? 만일 오제와 삼왕으로 하여금 이 가르침을 만나게 하였다면 반드시 손 모으고 무릎 꿇어 듣고 받아들였을 것이다.

苟以佛爲夷, 而不遵其道, 則舜生於東夷, 文王生於西夷, 可夷其人, 而不遵其道乎? 所出迹也, 所行道也. 但觀其道之可遵不可遵也, 不可拘其所出之迹也. 前不云乎? "道之所存, 是人之所歸也." …… 如不求其迹, 而求其所行之道, 則但五戒十善之道, 可無愧於五帝三王之道矣. 況諦緣六度等法乎? 若使五帝三王遇之, 則必合掌跪膝而聽受矣.

『顯正論』, 한불7:223중-하

| 자료 16 | 승려들은 일하지 않기 때문에 사회의 해악이라는 비판에 대한 반론

여기에서 기화는 승려가 스스로 도를 닦고 중생을 교화하여 바른길로 이끄는 매우 중요한 사회적 역할을 수행한다는 점을 들어 그 정당성을 변호하고 있다.

승려의 임무는 진리의 가르침을 널리 펴고 중생을 이롭게 하는 것이다. 법을 널리 펴서 지혜의 명맥이 끊이지 않게 하고, 중생을 이롭게 하여 사람마다 스스로 선해지도록 하는 것이 승려의 임무이다. 진실로 이와 같을 수 있다면 사람들이 받드는 바가 되는 것을 부끄러워할 것이 없다. 진실로 그럴 수 없다면 이는 그 사람의 죄이지 어찌 불교의 허물이겠는가? 맹자가 말하기를, "여기에 어떤 사람이 있어 집 안에 들어가서는 효도하고 집 밖에서는 공손하며, 선왕의 도를 지켜 뒤 시대의 배우는 이를 기다리는데도 그대에게서 밥을 얻어먹을 수 없다면, 그대는 어찌하여 목수나 수레 만드는 사람은 높이면서도 인과 의를 행하는 이는 가벼이 여기는가?"라고 하였다. 이것이야말로 도를 지켜서 다른 사람을 이롭게 함으로써 다른 사람으로부터 밥을 얻어먹을 수 있다는 것이 아니겠는가?

무릇 사람의 부귀라는 것은 각자 본디 정해진 바가 있으니, 전생에 선의 씨앗을 심어놓은 이는 비록 날마다 재물을 쓴다고 하여도 남음이 있고, 전생에 악의 씨앗을 심어놓은 이는 비록 날마다 모은다고 하여도 부족하다. 세상에 어떤 사람이 있어 부처님을 보고도 예배하지 않고, 승려를 보고는 꾸짖고 욕하며, 평생토록 한 푼의 돈도 보시하지 않았는데도, 옷은 그 몸을 가리지 못하고 먹을 것은 그 입을 채우지 못하는데, 이 또한 승려들로 인하여 그렇게 되었단 말인가?

僧之任, 在弘法利生. 弘法而令慧命不斷, 利生而使人人自善, 是僧之務也. 苟能如是. 則可無愧於爲人之所奉矣. 苟不能然. 是其人之罪也, 豈佛之過歟? 『孟子』曰, "於此有人焉, 入則孝, 出則悌, 守先王之道, 以待後之學者, 不得食於子, 子何尊梓匠輪輿, 而輕爲仁義者哉?" 此豈非以守道利人而可衣食於人乎? 夫人之貧富, 各自有所分, 宿有善種者, 則雖日費而有餘, 宿無善種者, 則雖日聚而不足. 世有人焉, 見佛不禮, 見僧呵毁, 終身而不施一錢, 衣不蔽形, 食不充口, 此亦因僧而致然歟?

『顯正論』, 한불7:224상–중

| 자료 17 | 불경은 수기치인의 방도가 될 수 없다는 비판에 대한 반론

> 여기에서 기화는 불경의 가르침이 유교 경전의 가르침과 통한다는 점을 들어 하나의 가르침에만 사로잡혀 다른 전통을 부정하는 편협한 사고에서 벗어날 것을 촉구하고 있다.

유교에서 말하는 '밝은 덕'은 불교에서 말하는 '묘하고 깨끗하며 밝은 마음'이고, [유교에서 말하는] "고요하니 움직이지 않으나 감응하여 이에 통한다"라고 하는 것은 불교에서 말하는 "고요하면서도 비춘다"라는 것이다. [유교에서 말하는] "자기에게 선함이 있게 된 뒤에야 다른 사람에게 선하게 될 것을 책근(責勤)할 수 있고, 자기에게 악함이 없어진 뒤에야 다른 사람의 악함을 바로잡을 수 있다"라고 하는 것이 우리 불교에서 말하는 "악을 끊고 선을 닦아 중생을 이롭게 한다"는 것과 어찌 다르겠는가? 말하고 있는 이치가 이미 같은데, 가르치는 바의 현상적인 모습이 어찌 다르겠는가?

자기만이 전적으로 옳다 하고 남을 소홀히 하며, 이것을 옳다 하고 저것은 틀리다 하는 것은 사람의 보통 마음이다. 그러나 이치에 잘 통달한 이는 마땅함만을 따를 뿐이니, 어찌 남과 나, 저것과 이것으로써 옳고 그르다 하는 이겠는가?

사람들로 하여금 벼슬이나 상으로 권하는 것을 기다리지 않고도 쏠리듯 좇아 교화되게 하는 것은 삼교 가운데 불교만이 그럴 수 있는데, 이는 우리 부처님 큰 성인의 큰 자비가 감응하는 바이기 때문이다. 순임금은 물어보기를 좋아하였고, 가까운 데에 있는 말을 살펴 악을 감추고 선을 드러내기를 좋아하였으며, 우임금은 뛰어난 말을 들으면 절을 하였다. 만일 순임금이나 우임금으로 하여금 부처님의 교화를 만나게 하였다며 아름다이 여겨 돌아가 의지하지 않았겠는가? 그러니 자기를 닦고 남을 다스리는 방도가 되지 못한다고 생각하는 것은 또한 생각지 못한 것이다.

儒之所謂'明德', 卽佛之所謂'妙精明心'也. 所謂"寂然不動, 感而遂通," 卽佛之所謂'寂照'者也. 所謂"有善於己, 然後可以責人之善, 無惡於己, 然後可以正人之惡"者, 與吾敎所謂"斷惡修善, 饒益有情"者, 何以異乎? 所言之理旣同, 而所敎之迹, 何以異乎? 專己略人, 是此非彼, 人之常情也. 通人達士, 唯義是從, 豈以人我彼此, 而是非者乎? 使人不待爵賞之勸, 而靡然從化者, 三敎之中, 佛敎能然也. 蓋以吾佛大聖大慈之所感也. 舜好問而好察邇言, 隱惡而揚善, 禹拜昌言, 若使舜禹, 遇佛之化, 則豈不歸美乎? 而以爲不可爲修己治人之方者, 亦未之思也.

『顯正論』, 한불7:224하-225상

| 자료 18 | 불교·유교·도가의 같고 다름과 뛰어나고 뒤떨어짐에 대한 평가

여기에서 기화는 세 가지 가르침이 근본적으로 하나의 진리에 근거하고 있어 서로 통한다는 점을 밝히고 있으며, 현상적인 측면에서는 불교가 우월하다는 점을 암시적으로 말하고 있다.

노자는 말하기를, "함이 없으면서도 하지 않음이 없으니, 함이 있음에 당하여도 함이 없다"라고 하였고, 부처님께서는 말하기를, "고요하면서도 항상 비추고, 비추면서도 항상 고요하다"라고 하였으며, 공자께서는 말하기를, "저 역(易)이라는 것은 생각함이 없고 함이 없다. 고요하여 움직이지 않으나 감응하여 이에 통한다"라고 하였다. 고요한 것이 감응이 없었던 적이 없으므로 이는 "고요하면서도 항상 비춤"이다. 감응하는 것은 고요하지 않은 적이 없으므로 이는 "비추면서도 항상 고요함"이다. "함이 없으면서도 하지 않음이 없다"는 것은 곧 "고요하면서도 항상 감응한다"는 것이고, "함이 있으나 하는 바가 없다"는 것은 곧 "감응하면서도 항상 고요하다"는 것이다. 이에 근거하여 보자면 삼가(三家)[54]에서 말하는 바가 은밀히 서로 들어맞아 마치 한 입에서 나온 듯하다.

실천이 높고 낮음과 효용을 일으키는 바가 같고 다름에 대해서는, 마음의 때를 씻어내고 지혜의 눈을 맑게 한 뒤에 불교의 경전들과 유교와 도가의 여러 서적을 다 읽어보고 일상생활과 나고 죽고 화와 복을 받는 때에 잘 살펴보면 말을 기다리지 않고도 저절로 고개를 끄덕일 것이니, 내가 어찌 강변(强辯)하여 그대를 놀라게 하겠는가?

老之言曰, "無爲而無不爲, 當有爲而無爲." 釋之言曰, "寂而常照, 照而常寂." 孔之言曰, "夫易, 無思也, 無爲也. 寂然不動, 感而遂通." 夫寂然者, 未嘗無感, 卽寂而常照也. 感通者, 未嘗不寂, 卽照而常寂也. 無爲而無不爲, 卽寂而常感也. 有爲而無所爲, 卽感而常寂也. 據此, 則三家所言, 冥相符契, 而如出一口也. 若履踐之高低, 發用之同異, 則洗盡心垢, 廓淸慧目, 然後看盡大藏儒道諸書, 參於日用之間, 生死禍福之際, 則不待言而自點頭矣. 吾何强辨, 以駭君聽?

『顯正論』, 한불7:225중

2. 『유석질의론(儒釋質疑論)』

『유석질의론(儒釋質疑論)』의 저자가 누구인가에 대해서는 분명하게 알 수 없다. 현존하는 『유석질의론』의 판본은 1) 가정십육년정유세 흥덕현 소요산 연기사 개간본(嘉靖十六年丁酉歲興德縣逍遙山烟起寺開刊本: 중종 32년, 1537), 2) 만력임오오월 용인지 서봉사 개판본(萬曆壬午五月龍仁地瑞鳳寺開板本: 선조 15년, 1582), 3) 만력이십일년신묘삼월 고달산 불봉암간본(萬曆二十一年辛卯三月高達山佛峯庵刊本: 선조 24년, 1591)의 세 가지이다. 그런데 어느 이들 어느 간본에도 지은이가 밝혀져 있지 않으며, 서문과 발문도 없어서 누구의 저술인지 알 수 없다.

이처럼 저자가 분명하지 않음에도 불구하고 지금까지 학계에서는 대체로 이를 기화(己和 1376-1433)의 저작으로 단정하여 왔다.[1] 이는 『유석질의론』이 기화의 『현정론(顯正論)』과 유사한 주제를 다루고 있고, 전체적인 사상도 비슷하다고 보기 때문이다. 그렇지만 기화의 저작이 아닐 것으로 생각하게 만드는 요소들도 많이 있다. 무엇보다도 앞에서 밝힌 바와 같이 현존하는 모든 판본의 『유석질의론』에는 저자명이 밝혀져

1 『유석질의론』을 기화의 저작으로 간주하기 시작한 것은 권상로(權相老, 1879-1965)의 「불교결의(佛敎決疑)」, 『불교』 46·47합호(1928. 5)에서부터이다. 여기에서 저자는 "한국불교 승려들의 저서가 어떠한 것이 있는가"라는 조종현(趙宗泫, 1960-1989)의 질문에 대하여 "아는 대로" 답하겠다고 하면서 저서들의 목록을 나열하고 있는데, 『유석질의론』을 기화의 저작으로 소개하고 있다. 그러나 그는 여기에서 어떠한 근거에서 그렇게 단정하였는지는 전혀 밝히고 있지 않다. 그럼에도 불구하고 이 주장은 무비판적으로 수용되어 대부분 연구자들이 이를 전제로 삼고 있다.

있지 않다. 또한 기화의 「행장」에 기록되어 있는 그의 저서들 속에도 『유석질의론』은 들어 있지 않다. 이 밖에 내용을 살펴보아도 「현정론」에서는 불교의 인과응보설을 옹호하기 위하여 『주역』의 "선을 쌓은 집안에는 경사가 넘치고, 악을 쌓은 집안에는 재앙이 넘친다"라는 구절을 인용하여 설명하고 있는 것처럼 『주역』을 의리론(義理論)적인 측면에서 인용하고 있는 데 반하여 『유석질의론』에서는 역(易)과 연기를 결합하여 설명하고 있는 경우에서 보듯이 상수론(象數論)적인 측면에서 접근하고 있는 점, 오계와 오상의 대비에서 『현정론』에서는 오계가 바로 오상이라고 말하고 있는 데 반하여 『유석질의론』에서는 오계가 오상을 여는 단서라고 말하고 있는 점, 『현정론』과는 달리 유교의 천명사상에 근거하여 배불론의 부당성을 지적하는 점 등 『현정론』과 일치하지 않는 부분을 많이 발견할 수 있다.

전체적인 저술의 성격에서도 『현정론』이 배불론자들의 주장에 대응하여 불교를 변호하는 순수하게 호불론적인 성격을 띠고 있음에 반하여, 『유석질의론』은 호불론적 성격보다는 오히려 불교개론적인 성격을 더 강하게 띠고 있다. 또한 『현정론』과는 달리 『유석질의론』에서는 정도전(鄭道傳)이 『불씨잡변(佛氏雜辨)』에서 제기한 불교와 유교의 심성론적 차이에 대한 변론이 이루어지고 있는데, 이에 근거하여 보자면 『유석질의론』이 기화의 사후, 정도전의 『불씨잡변』이 유포된 뒤에 저술되었을 것으로 추정할 수 있다.[2] 이처럼 『유석질의론』이 기화의 저술이 아닐 것으로 추정할 수 있는 근거들이 많이 있다. 따라서 저자가 누구인지 분명한 증거가 없는 이상 저자 미상으로 남겨두는 것이 올바른 태도이다.

『유석질의론』은 상·하 두 권으로 되어 있다. 각 권의 머리에는 서문에 해당하는 글이 실려 있고, 뒤이어 질문과 답변의 형식으로 전개되고 있다. 먼저 상권에는 일곱 가지의 질문과 답변이 실려 있는데, 그 내용은 1) 유교와 불교에서 말하는 성의 같고 다

2 『불씨잡변』이 저술된 것은 태조 7년(1398) 무렵으로 추정되지만 공식적으로 간행되어 일반에게 유포된 것은 세조 11년(1465)이다. 정도전의 다른 저술인 『심문천답(心問天答)』, 『심기리편(心氣理篇)』도 이때 비로소 함께 유포되었다. 또한 세조 2년(1456)에 윤기견(尹起畎, ?-?)이 지은 「발문(跋文)」에 의하면 그동안 『불씨잡변』이 인몰(湮沒)되어 전하지 않다가 세종 20년(1438)에야 정도전의 족손(族孫)에 의하여 발견되었다고 한다. 그런데 기화는 세종 15년(1433)에 입적(入寂)하였다. 따라서 기화는 『불씨잡변』을 비롯한 정도전의 배불론서(排佛論書)를 접하지 못하였고, 그러므로 『현정론』에서는 이를 다루지 않았던 것으로 추정할 수 있다.

름, 2) 타락한 승려들의 환속과 부역, 3) 불교가 정치에 도움이 되지 않는다고 생각하여 유교인들이 불교를 배척한다는 것, 4) 불교는 오랑캐의 가르침이므로 받아들일 수 없다는 것, 5) 중생을 제도하는 방편, 6) 불교에 하도(河圖)와 낙서(洛書)의 가르침이 없다는 것, 7) 중국에 불교가 늦게 전래된 이유 등이다. 이어서 하권에는 열두 가지의 질문과 답변이 실려 있는데, 그 내용은 1) 우주의 시작에 대한 설명이 유교와 불교가 서로 다른 이유, 2) 하도와 낙서의 수가 성립된 원리, 3) 불교에서 천지의 운행을 설명하는 것이 역상(易象)과 다른 이유, 4) 삼세의 인과응보, 5) 악에 대한 인과응보, 6) 선과 악에 대한 보응, 7) 불교의 시식(施食), 신주(神呪), 가지(加持) 등에서 3, 7, 7×7의 수로 한정하는 이유, 8) 염주가 108개로 이루어진 이유, 9) 깨달음에 이를 수 있는가 하는 것, 10) 참화(參話)와 정혜(定慧)의 차이, 11) 깨달았다고 하는 이들의 바르고 그릇됨을 가리는 방법, 12) 고려 왕조에서 불교가 왜 풍수지리에 관여하여 수많은 재물을 들여 비보사찰(裨補寺刹)을 시었는가 하는 것 등이다. 이러한 논의 가운데 주로『주역』의 음양오행설을 끌어들여 불교를 설명하고 있는 점이 이 논의 뚜렷한 특징이라고 할 수 있다. 여기에서는 이들 가운데 각 권의 서문과 마음의 본성[心性]에 관한 논의, 삼교의 같고 다름에 관한 논의, 음양오행설과 관련된 논의, 불교의 수행법에 관한 논의, 당시 선승들에 대한 비판적 논의 등을 가려 뽑아 실었다.[3]

| 자료 1 | 삼교는 같은 진리에 근거하지만 가르침은 서로 다르다

『유석질의론』에서는 삼교가 근본적으로는 하나의 도에 근거하기 때문에 같지만, 현실적으로 나타난 가르침으로는 저마다 다른 위상과 단계가 있으며, 불교가 가장 우월하다고 하는 이중적인 구조를 보이고 있다. 아래의 글들은 이러한 사유를 잘 보여 준다.

3 『유석질의론』과 관련해서 참고할 수 있는 문헌으로 다음과 같은 것이 있다. 김영태,『한국불교 고전명저의 세계』(서울: 민족사, 1994); 김영태,「유석질의론」,『불교학보』9집(1972); 박영기,「유석질의론고」,『효성 조명기 박사 추모—불교사학 논문집』(서울: 동국대학교출판부, 1988); 한종만,「조선조 전기의 불교철학」, 한국철학회 편,『한국철학연구(중)』(서울: 동명사, 1978/1984).

도(道)에는 가까운 것이 있고 먼 것이 있으니, 언덕배기와 태산(泰山)·화산(華山)[4] 같은 것을 말함이다. 가르침에는 얕은 것이 있고 깊은 것이 있으니, 발자국에 고인 물과 강이나 바다와 같은 것을 말함이다. 그러므로 발자국에 고인 물에 걸려 멈춘 이는 곤(鯤)[5]이 붕(鵬)[6]으로 변화하는 것을 더불어 말하기 어렵고, 언덕배기에 구애되는 이는 하늘과 땅의 장관에 대하여 더불어 말하기 어렵다. 이러한 두 가지 집착을 없앤 뒤에야 비로소 성인의 큰 도에 대하여 논할 수 있다. 무릇 성인들이 서로 이어온 세상을 다스리는 큰 가르침으로서는 유교가 있고 노장사상[7]이 있고 불교가 있으니 세상에서 말하는 삼교(三教)가 이것이다. 삼교의 도는 모두 마음에 근본하고 있으나 유교는 드러난 자취를 탐구하고, 불교는 참됨에 들어맞으며, 그 둘 사이에 붙어서 두 가지를 붙여주는 것이 노장사상이다.

道有近有遠, 丘陵泰華之謂也. 教有淺有深, 蹄涔江海之謂也. 故滯於蹄涔者, 難與道鵾鵬之變化, 拘於丘陵者, 難與道乾坤之壯觀. 去斯二執, 然後可與論聖人之大道矣. 盖聖人相繼, 治世之大教, 有儒者焉, 有老者焉, 有佛者焉. 世之所謂三教者, 是也. 三教之道, 皆本乎心, 而儒者攻乎迹, 佛者契乎眞, 接於其兩間而爲之膠粘者, 老氏之道也.

『儒釋質疑論』, 한불7:252중

무엇을 '참됨'이라 하고, 무엇을 '자취'라 하는가? 밝히고 깨닫는 것을 일컬어 '참됨'이라 하고, 닦고 다스림을 일컬어 '자취'라 한다. 자취라는 것은 모습이 생긴 뒤엣것으로서 정(情)이니, 사물을 궁구하여 앎을 이루고 뜻을 성실하게 하고 마음을 바르게 하여 덕 되는 일을 닦는 것이 모두 이것이다. 닦지 않고 다스리지 않으면 몸을 닦고 집안을 다스리고 나라를 다스리고 세상을 태평하게 하는 결과를 가져올 것이 없으며, 그

4 중국에서 전통적으로 신성시한 다섯 산 가운데 포함되는 명산들이다.

5 『장자(莊子)』에 나오는 큰 물고기로서 북쪽의 큰 바다에 살며 때가 되면 붕새로 변한다고 한다.

6 『장자』에 나오는 큰 새로서 곤이 변하여 된 것이다. 때가 되면 남쪽 큰 바다를 향하여 날아가는데 9만 리 하늘 위로 올라가 6개월 동안이나 쉬지 않고 날아간다고 한다.

7 동양의 삼교를 말할 때는 대개 유교, 불교와 더불어 도교를 든다. 그런데 이 논에서는 '도(道)'라는 표현 대신에 '노(老)'라는 표현을 사용하고 있고, 또한 논의하는 내용도 철학적인 것이기 때문에 노장사상으로 보는 것이 합당하다.

런 결과가 없으면 [세상은] 어지럽게 된다. 그러므로 성인의 가르침이 이보다 급한 것이 없으니, 몸을 닦고 집안을 다스려서 온 세상이 평온해지게 하는 것이다. '참됨'이라고 하는 것은 모양 이전의 것으로서 성(性)이다. 그 체는 끝이 없고, 그 밝음은 시작이 없다. 신령하여 다함이 없으며, 묘하여 억지로 함이 없다. 삼제(三際)[8]를 끝까지 하고, 시방에 두루 미치며, 맑게 홀로 존재하는 것이다. 부처님께서는 이를 밝히고 깨달아 큰 깨달음으로써 초극하였으니 그 몸은 음성이나 모양으로 구할 수 없고, 그 마음은 생각으로 미칠 수 없다. 성인의 도가 이보다 더 큰 것이 없으니, 흐름을 거슬러 그 근원으로 돌아가게 하는 것이다. 그러므로 여러 갈래의 흐름을 모아 근원으로 향하게 하고, 마음을 거두어들여 근본으로 나아가, 하늘과 땅의 선조가 되어 모든 것에 명을 내리니 이것을 '성'이라 한다.

何謂'眞', 何謂'迹'? 明之悟之之謂'眞', 修之治之之謂'迹'. 迹也者, 形而後者也, 情也, 格物致知誠意正心, 而進修德業者, 皆是也. 不修不治, 則無以致修身齊家治國平天下之效, 無效則亂矣. 故聖人之教, 莫急於斯焉, 所以修齊而天下平者也. '眞'也者, 形而上者也, 性者. 其體無涯, 其明無始, 靈而無竭, 妙而無爲, 窮三際亙十方, 湛然而獨存者也. 佛於是也, 明之悟之, 超極於大覺, 而其身也, 不可以聲色求, 其心也, 不可以思議及. 聖人之道, 莫大於斯焉, 所以泝流而返其源者也. 其然故, 能會派以朝宗, 攝心以趍本, 爲乾坤之祖, 命於一切, 夫是謂'性'也.

『儒釋質疑論』, 한불7:252중-하

『능엄경』에서는 말하기를, "바다에서 물방울 하나가 튀어나오듯이 큰 깨달음에서 허공이 생겨난다. 유루(有漏)[9]의 티끌과 같이 많은 나라가 모두 허공에 의지하여 생겨난 것이다"라고 하였고, 『원각경』에서는 말하기를, "그 가운데에는 말할 수 없이 많은 갠지스강의 모래처럼 많은 부처님의 세계가 허공의 꽃[10]과 같이 어지러이 일어났다 어

8 과거세(過去世)·현재세(現在世)·미래세(未來世)의 '삼세(三世)'에 대한 다른 이름으로서 전제(前際)·중제(中際)·후제(後際)를 말한다.

9 불교에서는 세상의 존재를 번뇌를 낳지 않는 무루(無漏)의 존재와 번뇌를 낳는 유루(有漏)의 존재로 나누어 보는데, 여기에서 말하는 것은 번뇌를 낳는 유루의 존재이다.

10 눈에 병이 나면 아무것도 없는 허공에 마치 무엇이 있는 것처럼 보이는데, 그렇게 보이는 꽃을 가리키는 것으로서 본래 존재하지 않는 허망한 존재를 비유한다.

지러이 사라진다"고 하였는데, 이것을 말하는 것이다. 그러나 드러나 있어서 볼 수 있는 것은 자취이고, 묘하여 볼 수 없는 것은 성이다. 볼 수 없는 것은 멀고 깊으며, 볼 수 있는 것은 가깝고 얕다. 가까운 것은 먼 것에 미칠 수 없으므로 유교인들은 큰 깨달음의 경계를 더불어 말하지 않고, 먼 것은 반드시 가까운 것에서 시작하므로 석가모니가 이 세상에 태어나는 모습을 보였다. 얕은 것은 깊은 것에 이르지 못하므로 유교는 세속을 벗어난 가르침을 더불어 말하지 않고, 깊은 것은 반드시 얕은 것을 다 갖추고 있으므로 석가모니는 세 가지 업[11]에 대한 경계(警戒)를 앞세웠다. 유교인들이 더불어 말하지 않은 것은 살피지 않아서가 아니다. 또한 공자(孔子)께서 말하는바, "안과 밖이 서로 미치지 않는다"는 말이다. 얕은 것을 먼저하고 깊은 것을 뒤로하며, 가까운 것에서 시작하여 먼 것에서 끝나는 것이 가르침의 차례이다.

『楞嚴』曰, "空生大覺中, 如海一漚發, 有漏微塵國, 皆依空所生." 『圓覺』曰, "其中不可說恒河沙諸佛世界, 猶如空花, 亂起亂滅." 此之謂也. 然顯而可見者, 迹也, 妙而不可見者, 性也. 不可見者, 遠而深, 可見者, 近而淺. 近不及遠, 故儒者不與言大覺之境界, 而遠必自近, 故釋迦示降生之相. 淺不至深, 故儒者不與言出世之敎, 而深必該淺, 故釋氏先三業之戒. 儒者之不與論, 非不審也. 亦孔子之言"內外不相及"之謂也. 先淺而後深, 始近而終遠, 敎之次也.

『儒釋質疑論』, 한불7:252하

천하에 통하는 것은 하나의 도이고, 변화를 지어내는 것은 하나의 기(氣)이며, 만물에 균등한 것은 하나의 이(理)이다. 그러나 얕고 깊음이 같지 않음이 있으므로 성인의 가르침이 세 가지에 처한다. 불교에서는 '진공(眞空)'이라 말하니 성의 체를 들어 말하는 것이다. 노장사상에서는 '곡신(谷神)'이라 말하니 변화를 밝혀 말하는 것이다. 유교에서는 '대본(大本)'이라 말하니 사물에 의지하여 말하는 것이다.

지극히 커서 개별적 자아가 없고, 지극히 깊어서 억지로 함이 없고, 지극히 텅 비어 시작이 없고, 지극히 영묘하여 다함이 없으며, 온갖 묘함을 품고 고요하여 움직이지 않으나 하늘과 땅과 사람의 조상이 되고 모든 존재의 근원이 되니, 그러므로 '진공'이라

---

11 몸과 입과 마음으로 짓는 행위를 말한다.

한다. 하나의 기가 성하게 되고, 영묘함이 드러나고, 조화의 조짐이 되어 사물이 없을 수 없으니, 그러므로 '곡신'이라 한다. 사물에는 근본과 지말이 있고, 일에는 시작과 끝이 있으니, 사물을 탐구하여 앎에 이르면 만 가지 차별된 것들이 하나의 이치로 통하니, 그러므로 '대본'이라 한다.

삼교가 비록 다르지만 도는 하나이니, 비유하자면 나무를 심는 것과 같다. 땅이 품어 키우는 것과 같은 것을 '진공'이라 하고, 씨앗에서 싹이 나는 것과 같은 것을 '곡신'이라 하며, 가지와 잎이 같은 하나의 뿌리를 갖는 것과 같은 것을 '대본'이라 한다. 뿌리와 줄기가 서로 도와주어 땅에서 배양하면 꽃과 열매가 번성하고 무성하여 봄·가을에 모자람이 없을 것이다. 삼교가 서로 밑바탕을 삼아 천하를 교화하여 이룬다면 자연히 음양이 어긋나지 않고, 바람과 비가 때에 맞추게 되니 사람과 신들이 기뻐하며 조화하여 백성의 풍속이 악하지 않게 되고, 임금과 신하, 윗사람과 아랫사람이 그 본분을 잃지 않으며, 물고기와 사슴과 곤충들이 각자 그 천성을 지킨다. 이와 같으면 잘 다스려진 태평성대라 할 수 있다.

노장과 불교는 세상에 이익이 없다고 말하는 이들이 있는데, 나는 믿지 않는다. 이제 한 덩어리 뼈와 살로 이루어진 몸뚱이 같은 것도 본성의 하늘에 근원하여 오행에 바탕을 두고 아홉 개의 구멍을 열고 여섯 가지 식(識)을 갖춘 뒤에 삼강(三綱),[12] 오상(五常),[13] 임금과 신하, 아비와 자식의 도리가 있음을 알아서 몸을 닦고 집안을 다스리고, 나라를 다스리고, 천하를 평안케 하는 것이니, 모두 이로부터 점점 이루어진다. 만일 형질과 심성을 잃어버리고서 몸을 닦고 집안을 다스리고 나라를 다스리고 천하를 평안케 하고자 한다면 누가 그럴 수 있겠는가?

通天下一道也, 工變化一氣也, 均萬物一理也. 然有淺奧之不同, 故聖人之敎, 處三焉. 釋曰'眞空', 擧性體而言也. 老曰'谷神', 明變化而言也. 儒曰'大本', 依事物而言也. 至大無我, 至賾無爲, 至虛無始, 至靈無竭, 包含衆妙, 寂然不動, 爲三才之祖, 爲萬法之源, 故曰'眞空'.

12 유교에서 제정한 임금과 신하, 아비와 자식, 지아비와 지어미 사이의 도덕적 질서로서, 임금은 신하의 벼리가 되고[君爲臣綱], 아비는 자식의 벼리가 되고[父爲子綱], 지아비는 지어미의 벼리가 된다[夫爲婦綱]는 것이다. 이는 수평적인 질서가 아니라 상하 차등적인 질서로서 각각 임금, 아비, 지아비를 상대적으로 높이고 있다.

13 유교에서 말하는 다섯 가지 떳떳한 덕으로서 인(仁), 의(義), 예(禮), 지(智), 신(信)을 말한다.

一氣盛矣, 靈妙發矣, 兆於造化, 未能無物, 故曰'谷神'. 物有本末, 事有終始, 格物致知, 萬殊一理, 故曰'大本'. 三敎雖殊, 道則一也. 比猶種樹也, 如地含養之謂'眞空', 如種生芽之謂'谷神', 枝葉同根之謂'大本'. 根幹相資, 培養后土, 則有花實之繁茂, 而春秋不歉矣. 三敎相因, 而化成天下, 自然陰陽不忒, 風雨順時, 人神悅和, 民俗不惡, 君臣上下, 不失其分, 魚鹿昆虫, 各守其天. 如是則可謂治平之世矣. 有謂佛老 無益於世者, 吾不信也. 且如一塊骨肉之身, 原於性天, 質於五行, 開九竅, 具六識, 而後知有三綱五常君臣父子之道, 而修身齊家治國平天下, 自是而漸矣. 若喪其形質心性, 而欲修身齊家治國平天下, 其誰得乎?

『儒釋質疑論』, 한불7:265상-중

삼교의 성인들은 각자 그 백성의 병을 고치는 이들이다. 다만 그 점차로 하는 데에는 서로 같지 않음이 있다. 만일 수단적인 가르침을 잘 써서 교화하는 극치로써 말하자면 용(龍)이 아니라면 어찌 용이 하는 일을 알 수 있겠는가? 그렇지만 망령된 뜻으로 말해보자면 유교는 마음을 주로 하는 것이고, 노장사상은 기(氣)를 주로 하는 것이고, 불교는 성을 주로 하는 것이다.

三敎之聖者, 各醫其民之病者也. 但其漸有不同耳. 若其善權功化之極致, 則非龍也, 而焉知龍之所爲乎? 然妄意之所謂, 則儒者主乎心者也, 老者主乎氣者也, 佛者主乎性者也.

『儒釋質疑論』, 한불7:255중-하

따뜻하게 품어 낳고 구름이 일듯 이루어, 한번 펼치고 한번 베푸는 것이 조화의 이치이니, 성인의 도를 말하는 것이다. 휘날리듯 뿌리고, 빨아들이듯 거두어 한번 말아들이고 한번 펴는 것이 조화의 공용(功用)이니 성인의 가르침을 말하는 것이다. 유교를 알면서 불교가 있음을 알지 못하는 것은 봄이 있음을 알면서 가을이 있음을 알지 못하는 것이니 현명하다 할 수 있겠는가? 하늘에는 네 계절이 있어서 순환하면서 만물을 생성하고, 성인이 가르침을 시설하여 번갈아 일어나서 천하를 교화하여 이루는 것이 또한 이로 말미암을 뿐이다.

만일 먼저 선왕(先王)[14]과 주공 공자의 법으로써 형정을 밝히고 예악을 정하여 천하를 평화롭게 다스린 이후에, 나아가 [가르침의 수준을] 올려서 천하의 사람들로 하여금 나고 죽는 흐름의 밖으로 벗어나게 하여 그 근본으로 돌아가고 그 근원으로 되돌아가서 청정한 열반의 즐거움으로 나아가게 하며, 마음먹은 대로 몸을 생겨나게 하여 시방의 국토에 인연 따라 태어나서 중생을 만나 교화하여 하지 못할 것이 없게 되면, 비단 천에 꽃을 더한 것과 같아서 자기 집안의 모든 광채를 충분히 드날리는 것이라 할 수 있을 것이니, 어찌 선을 다하고 아름다움을 다한 것이 아니겠는가?

煦煦以生之, 凄凄以成之, 一張一施, 造化之理也, 聖人之道之謂也. 揚揚以播之, 吸吸以收之, 一卷一舒, 造化之功也, 聖人之敎之謂也. 知儒而不知有佛者, 知有春而不知有秋者也, 可謂賢乎? 天有四時循環, 以生成萬物, 聖人設敎迭興, 以化成天下, 亦由是而已. 若以先王周孔之法, 明刑政, 定禮樂, 平治天下, 而後, 進而昇之, 使之脫乎死生之外, 還其本返其源, 以趍淸淨涅槃之樂, 得意生身, 於十方國土, 隨緣降誕, 接化群生, 無不可者, 可謂錦上添花, 發揚自家十分光彩矣, 豈不盡善盡美也? 『儒釋質疑論』, 한불7:256상

| 자료 2 | 중국의 성인들은 모두 부처의 제자들이다

『유석질의론』에서는 『현정론』과 달리 중국에서 생겨난 이른바 '삼성화현설'을 들어 중국의 성인들이 모두 부처의 제자들이기 때문에 그들의 가르침이 모두 불교에 포섭된다는 주장을 펴고 있다.

중국에서 '성인'이라고 하는 사람들은 또한 모두 큰 방편을 지닌 보살들이 나타내어 보인 것이다. 그러므로 『수미사역경(須彌四域經)』에서는 말하기를, "응성(應聲) 보살은 복희씨(伏羲氏)[15]이고, 길상(吉祥) 보살은 여와(女媧)[16]이다"라고 하였으며, 『공적소문경(空寂所問經)』에서는 말하기를, "가섭(迦葉) 보살을 저들 [중국인들은] '노담(老

14 중국에서 성인으로 칭송받는 요, 순, 우, 탕, 문, 무 임금을 가리킨다.

15 중국 상고시대의 제왕으로서 백성에게 사냥과 농사, 목축 등을 가르쳤으며, 처음으로 팔괘를 만들었다고 한다.

16 복희씨의 여동생으로서 생황을 처음 만들고 혼인하는 예법을 정하였다고 한다.

耼)'[17]이라 부르고, 유동(儒童)보살을 저들은 '공구(孔丘)'[18]라 부른다"라고 하였으니, [하도와 낙서의] 법이 인도에서 시작되어 동쪽으로 점차 전해졌다는 것이 분명하다.

東夏之所謂聖人者, 亦皆大權菩薩之示現. 故『須彌四域經』云, "應聲菩薩爲伏羲, 吉祥菩薩爲女媧." 『空寂所問經』云, "迦葉彼稱'老耼', 儒童彼稱'孔丘'." 則其法之始於天竺, 而東漸于此, 明矣.

『儒釋質疑論』, 한불7:261중–262중

| 자료 3 | 불교의 성(性)의 가르침이 궁극적이다

『유석질의론』에서는 삼교에서 말하는 성이 이름은 같지만 그 뜻은 서로 다르며, 불교에서 말하는 성만이 궁극적인 것이라고 말하고 있다.

마음과 성에 대해서는 유교와 노장사상에서 또한 말하지 않음이 없지만, 말한 바가 지극하지 못하다. 지극한 것은 불교이다. 아직 지극하지 못하여 이미 사이가 있으니, 도가 이에 따라 멀고 가까움이 있다. 가까운 것은 귀와 눈으로 듣고 보는 것에 제한된 도이니 세간의 도이다. 먼 것은 삼세(三世)[19]를 꿰뚫고 시방을 다하는 도이다. 노장사상에서는 말하기를, "곡신(谷神)은 죽지 않으며, 현빈(玄牝)은 하늘과 땅의 뿌리이다"라고 하였으니 그 성을 말함이다. 말하기를, "'도'라고 하는 물건은 아리아리하고 아득하고 흐릿한데 그 가운데 정(精)이 있는 것이다"라고 하였으니 그 마음을 말함이다. 말하기를, "하나를 품어 전일한 기로서 멈춤을 알아서 위태롭지 않고, 억지로 하지 않아도 이루고, 성스러움을 끊고 지혜를 버린 것이다"라고 하였으니 그 도를 말함이다. 유교에서는 말하기를, "하늘의 명령을 '성'이라 하니 온갖 차별적인 것들의 하나의 근본이다"라고 하였으니 그 성을 말함이다. 말하기를, "텅 비고 영명하여 어둡지 않으니, 온갖 이치를 갖추어 모든 사태에 대응한다"라고 하였으니 그 마음을 말함이다. 말하기를, "인

---

17 노자를 말한다.

18 공자를 말한다.

19 본서 제2장 2절 주석 8 참조.

심(人心)은 위태롭고, 도심(道心)은 미약하니 정미(精微)하고 단일한 것 그 가운데를 꽉 잡으라"라고 하였으니 그 도를 말함이다. 두 기 사이에 있는 것이 오직 기이니 그 기를 해칠 수 있겠는가? 만물의 영장은 오직 마음이니, 그 마음을 흐리게 할 수 있겠는가? 하나의 기를 오롯하게 하면 어떠한 삿됨도 해칠 수가 없고, 하나의 마음을 닦으면 모든 어떠한 욕망도 공격할 수가 없다. 이것은 노장사상과 유교의 두 가르침이 몸과 마음을 급하게 하여 세상에서 오래도록 유지되는 도가 되는 것이다.

그러나 그들이 말하는 '성'이란 하늘의 명령으로서의 성일 뿐이어서, 불교에서 말하는 원만한 '큰 깨달음의 성'이 아니다. 그들이 말하는 '마음'이란 육체와 함께 생겨났다 사라지는 마음이어서, 불교에서 말하는 '진여(眞如)로서의 청정한 마음'이 아니다. 그들이 말하는 '도'란 성에 따르는 것일 뿐이어서, 불교에서 말하는 나고 죽음에서 벗어나 윤회를 면하는 묘한 도가 아니다.

'큰 깨달음의 성'이란 이미 앞에서 밝혔다. 이른바 '진여로서의 청정한 마음'이란 큰 깨달음의 성 위에 있는 묘하게 밝은 참된 지혜로서 법계에 두루하고 깨달음의 성과 동등하게 맑고 항상 고요하여 큰 작용이 장소가 따로 없다. '진여'라고 하는 것은 헛되지 않고 변하지 않음을 이르는 것이고, '청정'이라고 하는 것은 여섯 가지 인식의 대상[20]에 의해 물들지 않음을 이르는 것이다. 영가(永嘉)가 말하는바, "마음의 거울 밝게 비추어 걸림이 없고, 툭 트여 또렷하게 온 우주에 두루 꿰뚫으니, 온갖 사물들이 빽빽하게 그림자로 비추는 가운데, 한 알갱이 원만한 빛 안팎이 따로 없네"라고 한 것이 이것이다. 부처님께서 세로로 과거·현재·미래를 다하시고, 가로로 시방에 두루하며, 밝기는 해와 달을 꿰뚫어 지나고, 덕은 하늘과 땅보다 뛰어나며, 공은 조화를 뛰어넘고, 크기는 태허(太虛)를 벗어나서 삼계(三界)[21]에 있는 사생의 따뜻한 아버지가 되는 까닭이 모두 이를 얻어서일 따름이다. 그러니 이른바 세간의 '성현'이라고 하는 이들 가운데 누가 이

---

20 눈[眼]의 대상인 모양[色], 귀[耳]의 대상인 소리[聲], 코[鼻]의 대상인 냄새[香], 혀[舌]의 대상인 맛[味], 몸뚱이 살갗[身]의 대상인 닿음[觸], 정신[意]의 대상인 법(法)을 말한다.

21 중생이 깨닫지 못하고 생사 윤회를 거듭하는 현실을 세 가지 세계로 구분한 것으로서 욕계(欲界), 색계(色界), 무색계(無色界)를 말한다. 욕계는 식욕·음욕·수면욕 등의 탐욕이 넘치는 세계이다. 색계는 미세한 물질로 된 세계이며, 이 세계에 사는 이는 욕계와 같은 탐욕은 없으나 아직 탐욕의 원인이 될 수도 있는 미묘한 형상을 갖고 있다고 한다. 무색계는 비물질적인 세계로서 색계와 같은 미묘한 형상도 없고 순전히 정신적인 자취만 남아 있을 뿐이다.

를 얻어서 견줄만하겠는가?

心與性, 儒老亦莫不言之, 而其所言未至也. 至之者, 佛也. 未至既有間, 而道隨有遠近也. 近也者, 限耳目所見聞之道也, 世道也. 遠也者, 貫三世盡十方之道也. 老曰, "谷神不死, 以玄牝爲天地之根"者, 謂其性也. 其曰, "道之爲物, 惟恍惟惚, 窈兮冥兮, 其中有精"者, 謂其心也. 其曰, "抱一專氣, 知止不殆, 不爲而成, 絶聖棄智"者, 謂其道也. 儒曰, "天命之謂性, 萬殊之一本"者, 語其性也. 其曰, "虛靈不昧, 具衆理而應萬事"者, 語其心也. 其曰, "人心惟危, 道心惟微, 惟精惟一, 允執厥中"者, 語其道也. 居二氣之間者, 惟氣耳, 可以暴其氣乎? 爲萬物之靈者, 惟心耳, 可以汩於其心乎? 專一氣, 而群邪莫能殄, 修一心, 而衆欲莫能攻. 此二敎之急於身心, 而爲天下萬世之道也. 然其所謂'性,' 天命之性耳, 非佛之謂'圓滿大覺之性'也. 其所謂'心', 肉團生滅之心耳, 非佛之謂'眞如淸淨之心'也. 其所謂'道', 率性之道耳, 非佛之謂'脫生死免輪廻之妙道'也. '大覺之性', 已如前析. 所謂'眞如淸淨之心'者, 大覺性上, 妙明眞智, 周亙法界, 與覺性等, 湛然常寂, 大用無方, 其曰'眞如'者, 不妄不變之謂也, 其曰'淸淨'者, 不染六塵之謂也. 永嘉所謂, "心鏡明鑑無礙, 廓然瑩撤周沙界, 萬像森羅影現中, 一顆圓光非內外"者, 是也. 佛之所以竪窮三際, 橫遍十方, 明透日月, 德勝乾坤, 功超造化, 量越大虛, 而爲三界四生慈父者, 盖得諸此而已. 其所謂世間'聖賢'者, 誰得而比肩哉?

『儒釋質疑論』, 한불7:270상-중

[불교와 유교의] 두 전통에서 말하는 성은 이름은 같지만 내용은 다른데, 그대는 아직 변별하지 못하고 있으니 다시 그대를 위하여 풀이하여 주겠다. 『중용』에서 말하기를, "하늘의 명령을 일컬어 '성'이라 하고, 성에 따르는 것을 일컬어 '도'라 한다"고 하였고, 맹자는 "[사람은] 본성이 선하다"고 하였으며, 말할 때면 반드시 요임금과 순임금을 칭하였다. 또한 말하기를, "그 마음을 다하면 그 본성을 알고, 그 본성을 알면 그 하늘을 안다"라고 하였다. 주자(朱子=朱熹, 1130-1200)는 인의예지(仁義禮智)를 사람의 본성의 벼리로 삼았다. 그런데 이러한 것들은 마치 "불의 성질은 뜨겁고, 물의 성질은 차갑다"라고 말하는 부류의 것이어서, 불과 물이 말미암아 생겨나는 바는 끝까지 다하지 못한 것이다. 이는 하늘보다 뒤에 나오는 것으로서 사람에게 부여된 것이다.

二家之言性, 名同而實異, 子猶未辨, 更爲子析之. 『中庸』曰, "天命之謂'性', 率性之謂

'道'." 『孟子』卽道性善, 言必稱堯舜. 又曰, "盡其心者, 知其性, 知其性, 則知其天." 朱子以仁義禮智爲人性之綱等者, 如云, "火性熱, 水性凉"之類, 而未極乎水火之所由起. 是則後乎天而賊於人者也.

『儒釋質疑論』, 한불7:253중

『능엄경』에서 말하기를, "깨달음의 바다는 그 본성이 맑고 원만하다. 맑고 원만한 깨달음은 근원적이고 묘하다. 근원적인 밝음이 비추어 대상을 만들어 내는데, 대상이 생기면 비추는 성질이 없어진다. 미혹되고 망령됨으로 허공이 있게 되고, 허공에 의지하여 세계가 생겨난다. 생각이 맑아져서 국토가 이루어지고, 지각(知覺)하니 이에 중생이 있게 된다"라고 하였다. 또한 말하기를, "깨끗함이 극에 이르러 빛이 통달하고, 고요히 비추어 허공을 품는다"라고 하였는데, 하늘과 땅의 앞에 우뚝하여 사물에 따라 생겨나거나 사물에 따라 변하지 않는 것이 이것이다. 이는 선악 등의 생각이 미치지 못하는 경지이나. 꿈속의 세계를 참으로 존재하는 것으로 집작하여 밝히 깨닫지 못하면 어찌 [몸을] 닦고 [나라를] 다스리는 일이 있겠는가?

『楞嚴』曰, "覺海性澄圓, 澄圓覺元妙. 元明照生所, 所立照性亡. 迷妄有虛空, 依空立世界. 想澄成國土, 知覺乃衆生." 又曰, "淨極光通達, 寂照含虛空"等者, 卓乎天地之先, 而不隨物生, 不隨物變者, 是也. 此則善惡思議不及之地, 以其夢境, 執爲實有, 而不明悟, 則何可修治之有哉?

『儒釋質疑論』, 한불7:253중-하

| 자료 4 | 불교는 바른 통치에 도움이 된다

『유석질의론』에서는 삼세인과응보설이 백성으로 하여금 도덕적인 삶을 살게 함으로써, 현실적인 통치에 도움을 준다고 말하고 있다.

부처님께서 법을 정하시는 것은 끝까지 잘 갖추어져 있고 매우 엄하여, 살펴보는 데에는 귀신이 있고, 심문하는 데에는 명부(冥府)[22]가 있고, 헤아리는 데에는 선악의 두 장부가 있고, 따져보는 데에는 저울과 거울의 두 가지 증거가 있고, 벌을 주는 데에는 아귀[23]와 축생이 있고, 형을 내리는 데에는 지옥이 있어서 터럭 끝만 한 악이라도 도망갈 곳이 없으며, 천당으로써 상을 주고, 부귀로써 보답하고, 인륜으로써 품부하고, 극락으로써 올리니 작은 물방울이나 먼지 같은 선이라도 들지 않음이 없다. 그러므로 사람이 이를 들으면 뒤집듯이 악을 바꾸어 선에 들어가니, 오히려 악을 없애는 데에 다함이 없을까, 선을 행하는 데에 이르지 못함이 있을까 두려워한다. 그러므로 하늘과 땅과 귀신이 그 몸을 보호하고 그 행위를 지켜 주지 않음이 없게 되어 조화로운 기운이 맑아져 비가 때에 맞추어 내리고, 전쟁이 사라져 백성이 편안해지고, 나라 안이 이로써 태평스럽게 다스려지고, 임금과 신하가 이로써 경사가 있으니, 어찌 [불교가] 군더더기로서 천하에 이익이 없다 하겠는가?

佛之制法也, 極備甚嚴, 察之則有鬼神, 鞫之則有冥府, 數之則有善惡二簿, 質之則有秤鏡二證, 罰之則以鬼畜, 刑之則以泥犁, 而纖毫之惡無所逃, 賞之以天堂, 報之以富貴, 品之以人倫, 昇之以極樂, 而涓塵之善無不擧. 故人之聞之也, 翻然改其惡而入於善, 猶恐去惡之不盡, 而爲善之未至也. 故天地鬼神, 莫不保其身, 而護其行, 和氣淑而雨暘時, 兵革消而人民安, 國界以之而治平, 君臣以之而有慶, 安得謂之疣贅, 而無益於天下也哉?

『儒釋質疑論』, 한불7:253중-254중

| 자료 5 | 진정한 인의는 불교에서만 이룰 수 있다

『유석질의론』은 유교의 궁극적 덕목인 인의를 유교에서는 철저히 구현하지 못하는 데 반하여 불교에서는 불살생의 가르침 등을 통하여 완전히 구현할 수 있다고 말하면서, 이를 불교가 유교보다 우월하다는 근거로 제시하고 있다.

22 죽은 이들을 관장하는 부서를 말한다.

23 '배고픈 귀신'이라는 뜻으로서 산만한 몸뚱이에 목구멍은 빨대만하기 때문에 아무리 먹어도 항상 배고픔을 느낀다고 한다.

세상에서 말하는 '성인'이란 인의(仁義)를 지킨다고 하면서도 인의를 다하지 못하고, 도덕을 행하면서도 도덕을 다하지 못하는 이들이다. 인의와 도덕은 오직 부처님만이 다할 수 있다. 그러므로 요임금과 순임금은 널리 베푸는 것을 [해결해야 할] 근심거리로 여겼고, 탕(湯)[24]임금과 무(武)임금[25]은 부끄러워할 줄 아는 덕이 있었다. 주공(周公)[26]은 비록 성인이지만 정벌을 없애지 못하였으며, 공자는 비록 인하였으나 제사 지내는 양(羊)을 없애지 못하였다. 또한 활과 화살로써 천하에 위세를 떨치고, 그물을 만들어 사냥하고 물고기 잡는 일을 받들며, 희생을 죽여서 종묘에 제사 지내며, 날짐승·길짐승들을 사냥하여 주방에 공급하는 데 이르니 이로써 부처님의 도덕에 비교한다면 마치 하늘과 땅 만큼이나 짝할 수 없다.

부처님은 베푸는 것은 대천세계에 두루 적시고 덕은 사생을 두루 덮는다. 마군(魔軍)이 비록 포악하지만 그를 조복시키는 데 무기로써 하지 않고, 가리왕(歌利王)[27]이 비록 원한 맺힌 사람이지만 똑같은 것으로 갚지 않았다. 앙굴리말라[28]가 죽이고자 하였으나 도리어 구제하여 제도하였고, 데바닷타[29]가 비록 해치고자 하였으나 부처가 되리라는 것을 예언하여 부처가 되게 하였다. 유교와 불교의 나뉨이 진실로 이와 같다.

世之所謂聖人者, 遵仁義, 而不能盡仁義, 行道德, 而不能盡道德者也. 仁義道德, 唯佛能盡之. 故堯舜病博施, 湯武有慙德. 周公雖聖, 征伐未除, 孔子雖仁, 餼羊未去. 至夫爲弧矢, 以威其天下, 爲網罟, 以事其佃漁, 屠犧牲, 以祀其宗廟, 佃禽獸, 以供其庖廚. 以此比佛之道德, 猶霄壤之不侔也. 佛者, 施則普洽大千, 德則遍覆四生, 魔軍雖暴, 伏之不以兵, 歌王雖

---

24 중국의 상(商)왕조를 세운 이로서 성인으로 추앙받는다.

25 중국의 주(周)왕조를 세운 이로서 아버지 문왕(文王)과 더불어 성인으로 추앙받는다.

26 주나라 무임금의 동생으로서 무임금이 죽고 난 다음 어린 조카가 왕위에 오르자 이를 잘 보필하여 주나라 문물제도의 기틀을 닦아 놓았다. 아버지 문왕, 형 무왕 더불어 성인으로 추앙받는다.

27 석가모니가 전생에 인욕선인(忍辱仙人)이었을 때 그를 붙잡아다가 팔과 다리를 끊었다고 하는 포악한 왕을 가리킨다.

28 석가모니 당시의 수행자로서 스승의 잘못된 가르침으로 말미암아 수십 명의 사람을 죽여 그 손가락을 잘라 목걸이를 만들었기 때문에 '손가락 목걸이'라는 뜻의 이 이름으로 불렸으나, 뒤에 석가모니의 교화를 받고 참회하여 불교 교단에 출가하였다.

29 석가모니의 사촌 형제로서 처음에는 불교 교단에 출가하여 석가모니의 제자가 되었으나, 뒤에 교단을 장악하고자 하는 뜻을 이루지 못하자 여러 차례 석가모니를 해치려고 하였지만 모두 실패하였다고 한다. 이 때문에 불교에서 악인을 대표하는 인물이 되었다.

怨, 報之不以直, 央崛欲殺, 而返爲救度, 調達欲害, 而授記作佛. 儒佛之分, 誠若是也.

『儒釋質疑論』, 한불7:255중-256중

| 자료 6 | 오계는 오상을 여는 단서이다

『유석질의론』에서는 오계가 오상이 아니라 오상을 여는 단서라고 하여, 덕으로서의 오상과 오상을 구현하는 행위로서의 오계를 구별함으로써, 오계를 오상과 같다고 하였던 『현정론』보다 높은 차원의 성리학에 대한 인식 수준을 보여 주고 있다.

가르침이 비록 많지만 그 요체를 잡아보면 계율과 선정과 지혜일 뿐이다. 계율의 그릇이 원만히 이루어지는 것은 과거의 더러움을 바꾸는 것을 말한다. 선정(禪定)의 물이 맑게 뭉치는 것은 멈출 곳을 안다는 것을 말한다. 지혜의 달이 비로소 나타나는 것은 감응하여 이에 통한다는 것을 말한다.

계율에는 간략히 다섯 가지가 있다. 첫째는 죽이지 말라는 것이니, 인(仁)을 여는 단서이다. 둘째는 훔치지 말라는 것이니, 의(義)를 여는 단서이다. 셋째는 음란한 짓을 하지 말라는 것이니, 예(禮)를 여는 단서이다. 넷째는 망령된 짓을 하지 말라는 것이니, 신(信)을 여는 단서이다. 다섯째는 냄새나는 채소와 술을 먹지 말라는 것이니, 지(智)를 여는 단서이다. 다만 "오상이 인륜의 큰 도이다"라고만 말할 뿐 여는 단서를 보여주지 않으면 마치 집을 아름답게 지어놓고도 문을 만들어 놓지 않는 것과 같으니, 거기에 들어가는 것이 또한 어렵지 않겠는가? 부처님의 다섯 가지 계율은 오상을 열어 보이는 단서로서 어리석은 이들까지도 모두 깨달아 들어가게 할 수 있으니, 가까운 것으로부터 먼 것에 이르는 것이다.

대개 하나의 기가 이미 나뉜 뒤에 하늘과 땅 사이를 가득 채운 것이 사물이니, 만 가지로 서로 달라도 근본은 하나로 하며, 함께 묘하게 밝은 참된 성품 가운데에서 나왔으니, 비록 종류는 서로 다를지라도 본성은 하나이다. 본성이 이미 하나이니 저들이 여러 가지 모습으로 존재하는 것이 모두 나의 하나의 본성의 작용이다. 마치 사람의 몸에 사지(四肢)가 있고, 사지에 다섯 손가락과 발가락이 있는 것과 같아서 저것이 오히려 이것이고 이것이 오히려 저것이다. 그러므로 몸이라는 것으로서 동등하게 생각하면 해치지 않고, 친척이라는 것으로서 동등하게 생각하면 죽이지 않는다. 손가락이 편안하면 사지도 편안하고, 사지가 편안하면 온몸이 편안하다. 손에서 시작하여 몸을 섭수하고 마음도 섭수하는 데에 이르고, 마음을 잡는 데서부터 성품을 이루는 데에까지 이르며, 광대한 자비를 밀어 은택이 대천세계에 입혀지니 이것이 부처님의 큰 인(仁)이다. 도둑질을 끊고, 음란한 짓을 끊고, 망령된 짓을 막고, 술을 없애는 뜻도 모두 이와 같다.

유교인들은 죽이는 것에 대하여 "촘촘한 그물을 연못에 집어넣지 않으면 물고기와 자라가 다 쓸 수 없을 만큼 많게 된다"라고 말하고, 도둑질하는 것에 대해서는 "함부로 두는 것이 도둑질을 가르친다"라고 말하고, 음란한 짓에 대해서는 "아름다운 여자를 좋아하듯이 덕을 좋아하는 것을 보지 못하였다"라고 말하니 어찌 금함이 있겠는가? 이것이 이른바 얼음과 석탄처럼 서로 반대되는 것이다.

教法雖衆, 而撮其樞要, 戒定慧而已. 戒器圓成, 革其舊染之謂也. 定水凝淸, 知其所止之謂也. 慧月方現, 感而遂通之謂也. 戒之略有五. 一曰不殺, 開仁之端也. 二曰不盜, 開義之端也. 三曰不婬, 開禮之端也. 四曰不妄, 開信之端也. 五曰不茹葷飮酒, 開智之端也. 徒曰, "五常爲人倫之大道," 而不開端以示之, 則如美宮室, 而不置門戶也, 其入之不亦難乎? 佛之五戒, 所以開示五常之端, 使其愚蒙, 皆可悟入, 自近而至遠也. 盖一氣旣分之後, 盈於天地之間者, 物也. 萬殊一本, 同出於妙明眞性之中, 則品類雖殊, 而性則一也. 性是旣一, 則彼之紛揔, 皆我一性之用. 如人之身有四肢, 肢有五指也, 彼猶此也, 此猶彼也. 故等之以身而不害, 等之以親而不殺. 指寧而肢頤, 肢頤而身穩矣. 始手攝身而至於攝心, 自其撮心而至於成性, 推廣大慈而澤被大千, 此佛氏之仁也. 絶盜絶婬杜妄去酒, 意皆倣此. 儒者之於殺則曰, "數罟不入汚池, 魚鱉不可勝用也." 於盜則曰, "謾藏誨盜." 於婬則曰, "未見好德如好好色." 則何禁之有哉? 此所以氷煤而相反也. 『儒釋質疑論』, 한불7:266하-267상

| 자료 7 | 『주역』의 원리는 불교에서 나온 것이다

> 『유석질의론』의 가장 두드러진 특색은 『주역』의 상수론적 원리와 불교의 가르침을 동일시하는 것으로서, 『주역』을 의리론적 측면에서 주로 인용하여 유불일치론을 주장하는 『현정론』과 비교해 볼 때 매우 이질적인 모습으로 나타난다. 이러한 태도는 전혀 다른 가르침으로 인식되는 다양한 전통들 안에서 하나의 통일적인 원리를 찾아보고자 하는 보편적 원리에 대한 성찰을 보여 준다는 점에서 그 의의를 평가할 수도 있으나, 각 전통이 지닌 특성을 무시하고 일방적으로 왜곡하고 무리하게 배대함으로써 어느 전통에 대해서도 올바른 이해를 갖지 못하게 하는 매우 큰 위험성을 동시에 지니고 있다.

하도[30]와 낙서[31]의 뜻은 부처님께서 사람들에게 다 보여 주었지만 사람들이 스스로 살피지 못하는 것이니, 비유하자면 눈먼 이가 해가 밝음을 보지 못하는 것과 같다.

부처님께서 보여 주시는 데는 반드시 세 몸을 갖추고 있는데, 세 몸이란 법신, 보신, 화신이다. 법신의 손 모양은 왼손과 오른손을 하나로 모아 쥐니 그 체를 보여 주는 것이다. 역(易)의 무극(無極)으로부터 태극(太極)이 되는 것이 이것이다. '무극'이라는 것은 맑고 고요하고 텅 비고 밝으면서 온 우주를 감싸는 것을 말한다. 무극 가운데 극하여 영묘함이 장차 일어나려 하는 것을 '태극'이라 말한다. '태극'이라는 것은 묘한 밝음을 품어 온 우주에 가득 찬 것을 말한다.

보신의 손 모양은 열어서 왼손과 오른손을 펴고 있으니 그 상(象)을 보여 주는 것이다. 역의 태초로부터 태시(太始)가 되고, 태시로부터 태소(太素)가 되어 음양이 이미 갈라지고 사상(四象)[32]이 이미 나뉘는 때이다. 왼손은 양이 되고 오른손은 음이 되며, 사상은 팔꿈치 [위아래의] 두 마디이니 왼손과 오른손을 합하여 넷이 된다. 세간에서 사시(四時)를 '네 마디'라고 하는 것은 충분한 이유가 있다.

---

30 중국의 상고시대에 나타났다고 하는 신비한 물건 가운데 하나로서, 황하(黃河)에 나타난 용마(龍馬)의 등에 그려져 있었다는 그림을 말한다. 이후 낙서와 더불어 중국의 우주론을 형성하는 밑바탕이 되었다.

31 중국의 상고시대에 나타났다고 하는 신비한 물건으로서, 낙수(洛水)에 나타난 거북이의 등에 있었다는 글이다. 이후 하도와 함께 중국의 우주론을 구성하는 밑바탕이 되었다.

32 『주역』에서 우주의 모든 현상을 음과 양이 서로 결합하는 네 가지 경우로 나누어 설명한 것으로서 태음(太陰)·태양(太陽)·소음(少陰)·소양(少陽)을 말한다.

화신의 손 모양은 왼손은 펴고 오른손은 오므렸으니 그 작용을 보여 주는 것이다. 편 것은 양이고, 오므린 것은 음이다. 왼손 손가락은 세 개를 펴고 두 개를 굽혔으며, 오른손 손가락은 세 개를 굽히고 두 개를 폈는데, 편 것은 모두 하늘의 수이고, 굽힌 것은 모두 땅의 수이다. 두 손의 손가락이 굽히고 편 것이 서로 어긋난 것을 오행(五行)이 낳고 이루는 것으로 배대하자면, 왼손의 새끼손가락은 하늘의 1로서 물을 낳고, 무명지는 땅의 2로서 불을 낳고, 장지는 하늘의 3으로서 나무를 낳고, 검지는 땅의 4로서 쇠를 낳고, 엄지는 하늘의 5로서 흙을 낳는다. 이는 아래부터 쌓아 올라가 위에 이르는 것이다. 오른손의 새끼손가락은 땅의 6으로서 물을 이루고, 무명지는 하늘의 7로서 불을 이루며, [이러한 방식으로] 엄지손가락이 땅의 10으로서 흙을 이루는 데에 이르기까지 각자 같은 기운으로써 서로 구하는 것이다. 이것은 부처님께서 오행이 생성하는 바탕을 보여 주는 것이다.

팔괘(八卦)[33]가 상을 이루는 것으로 짝지어 보자면, 왼손의 굽힌 세 손가락이 합하여 건(乾) 괘가 되고, 편 두 손가락이 아래의 굽힌 손가락과 함께 진(震) 괘가 되고, 편 두 손가락이 가운데의 굽힌 손가락과 함께 감(坎) 괘가 되고, 편 두 손가락이 위의 굽힌 손가락과 함께 간(艮)괘가 되는데, 이것은 건, 진, 감, 간괘가 양으로서 왼손에 나타난 것이다. 오른손의 편 세 손가락이 합하여 곤(坤) 괘가 되고, 굽힌 두 손가락이 아래의 편 손가락과 함께 손(巽) 괘가 되고, 굽힌 두 손가락이 가운데의 편 손가락과 함께 리(离) 괘가 되고, 굽힌 두 손가락이 위의 편 손가락과 함께 태(兌)괘가 된다. 이것은 부처님께서 건괘, 곤괘 등의 괘상의 뿌리를 보여 주는 것이다.

기의 흐름으로 배대하자면, 한 손의 네 손가락은 각각 세 마디로서 모두 열두 마디이고, 두 손을 합하면 스물넷의 기가 된다. 이 기들이 서로 뒤섞여 오행을 낳고 이루는 것이 갖추어지는 것이다. 이것은 부처님께서 하늘과 땅의 조화의 근원을 보여 주는 것이다. 엄지손가락을 제외하는 것은 그 가운데를 비워 놓는 것이다. 네 손가락은 이미 물, 나무, 불, 쇠가 되어 사방에 자리 잡았으니, 엄지손가락은 흙이 되어 네 손가락에 합하지 않음이 없다. 이는 흙이 올바른 자리를 얻어 두루 응함에 정해진 방위가 없으며,

33 사상에 음과 양을 한 번씩 더 결합하여 이루어진 여덟 괘를 말한다.

가운데 궁전에 자리하여 이리저리 얽혀 조화하는 바이다.

이로써 살펴보면, 부처님께서 사람들에게 보여 주는 것이 매우 절실하고도 분명하니, 조화의 묘함은 자기를 지나지 않는다. 이것이 부처님께서 하늘과 땅의 조화의 으뜸이신 까닭이니, 이것에 어둡고도 밝다고 할 수 있겠는가? 유교는 사물을 관찰하지만 불교는 온몸에 다 모아 있으며, 유교는 자기 밖의 사물을 공부하지만 불교는 자기 안을 밝히니, 이것이 유교가 유교이고 불교가 불교인 까닭이다.

하도와 낙서가 불교 경전에 실리지 않은 까닭을 말하자면, 이는 인도에서 일상적으로 행해지던 불교 밖의 가르침이기 때문에 이에 이미 지푸라기 인형처럼 진부한 것이다. 그러니 여래께서 어찌 받아 익혀 끌어들이겠는가? 다만 그것이 말미암은 바를 밝힐 뿐이다.

圖書之旨, 佛之示人盡矣, 而人自不察, 比猶盲者, 而不知日之明也. 佛之示現, 必具三身, 而三身者, 法報化也. 法身之結手, 合左右爲一拳, 示其體也. 易之自無極而太極, 是也. '無極'者, 湛寂虛明, 抱括十虛之謂也. 極乎無極之中, 靈妙將發, 謂之'太極'. '太極'者, 含畜妙明, 充塞六合之謂也. 報身之結手, 闢而展左右, 示其象也. 易之自太初而爲太始, 自太始而爲太素, 陰陽已判, 四象已分之時也. 左爲陽, 右爲陰, 而四象則肘之二節也, 左右合而爲四矣. 世以四時爲'四節'者, 良有以也. 化身之結手, 左舒右縮, 示其用也. 舒者陽, 而縮者陰也. 左手之指, 三伸二屈, 右手之指, 三屈二伸, 伸者皆天數, 而屈者皆地數也. 兩手之指, 屈伸相錯, 以五行生成配之, 則左手之小指, 爲天一而生水, 無名指爲地二而生火, 長指爲天三而生木, 次指爲地四而生金, 母指爲天五而生土. 自下而積, 至于上者也. 右手之小指, 爲地六而成水, 無名指爲天七而成火, 以至母指爲地十而成土, 各以同氣相求也. 此佛之所以示五行生成之本也. 以八卦之成象配之, 則左手之三屈, 而合成乾卦. 二伸與下屈爲震, 二伸與中屈爲坎, 二伸與上屈爲艮. 此所以乾震坎艮爲陽, 而象於左手也. 右手之三伸, 合成坤卦, 而二屈與下伸爲巽, 二屈與中伸爲离, 二屈與上伸爲兌, 此佛之所以示乾坤卦象之根也. 以氣之流行配之, 則手之四指, 各爲三節, 摠爲十二, 而合二手, 則爲二十四氣也. 以是氣錯綜, 而五行之生成備矣. 此佛之所以示乾坤造化之源也. 除其母指者, 虛其中也. 四指旣爲水木火金, 而位於四方, 則大指爲土, 無有不合於四指. 此土之所以得正位, 而普應無方, 居中宮, 而錯綜造化者也. 以此觀之, 則佛之示人, 深切著明, 而造化之妙, 不過乎自己. 此佛之所以爲乾

坤造化之宗者也. 而昧此可爲明乎? 儒者觀乎物, 而佛則摠乎身, 儒者攻乎外, 而佛則明乎內, 此其所以爲儒佛也. 若圖書之不載佛書者, 是乃天竺常行外典之教, 遂爲已陳芻狗耳, 如來何襲而控之哉? 但明其所自耳. 『儒釋質疑論』, 한불7:261중-262상

'역(易)'이란 연기(緣起)[34]이니, 본성적인 깨달음에서 근원한 것으로서 대개 우리의 가르침과 서로 겉과 속을 이룬다. 이 또한 근원으로 돌아가 법에 들어가는 시작이 되는 문이니 밝히지 않을 수 없다.

역의 도는 태극에 근원하는데, 태극은 또한 무극에 근본을 두고 있다. '무극'이란 맑고 고요하고 텅 비고 밝으면서, 우주를 감싸고 있는 것을 말하니 곧 부처님의 법신이 그것이다. 무극 가운데 극에 이르러 영묘(靈妙)함이 장차 발하려고 하는 것을 일러 '태극'이라 한다. '태극'이란 하나의 참됨을 지니고 우주를 가득 채우고 있는 것을 말한다. 영묘함이 발하면 하나의 기가 성해지는 것을 일러 '태초'라 한다. 기가 움직여 도는 것을 일러 '태소'라 한다. 두 가지 기가 나뉘어 맑고 흐린 것이 나누어지는 것을 일러 '양의(兩儀)'[35]라 한다. 기가 맑아서 위로 올라가는 것을 일러 '양'이라 하고, 기가 흐려서 아래로 내려가는 것을 일러 '음'이라 하니 곧 부처님의 보신이다. 음과 양이 각각 12가지로 나뉘어 24가지의 기가 되고, 이 24가지의 기가 서로 엇갈리고 뒤섞여서 오행이 그 가운데에서 생겨난다.

마치 한 알의 씨앗이 있는데, 처음에는 마치 뒤섞여서 나누어지지 않은 듯하지만, 그러나 온갖 묘함이 모두 그 속에 있으니 곧 법신인 태극의 체이다. 싹이 돋아남에 이르러 뿌리는 아래에 서리고 싹은 위에 나니 곧 보신인 양의의 상이다. 위와 아래에서 뿌리와 가지가 나누어지고, 하나의 모습을 한 기맥(氣脈)이 엇갈리고 섞여서 가지와 잎과 꽃과 열매가 생겨나니, 곧 부처님 화신의 조화의 작용이다.

34 불교의 근본 가르침으로서 '인연(因緣)'이라고도 한다. 세상의 모든 존재는 영원하지 않고 끊임없이 변해 가는데, 그 변화는 우연적이거나 운명적인 것도 아니고, 하나의 원인에 의해 그 결과가 결정되는 결정론적 인과율에 따르는 것도 아니며, 원인[因]과 그것을 둘러싼 여러 가지 조건[緣]의 상호작용에 의해 결과[果]가 발생하는 방식으로 이루어짐을 뜻한다. 이처럼 연기의 이법은 객관적이고, 영원하며, 어떠한 예외도 없는 보편타당한 진리로서 조건성을 그 내용으로 한다.

35 음과 양의 두 기를 말한다.

24가지의 기는 입춘(立春), 우수(雨水), 경칩(驚蟄), 춘분(春分), 청명(淸明), 곡우(穀雨), 입하(立夏), 소만(小滿), 망종(芒種), 하지(夏至), 소서(小暑), 대서(大暑), 입추(立秋), 처서(處暑), 백로(白露), 추분(秋分), 한로(寒露), 상강(霜降), 입동(立冬), 소설(小雪), 대설(大雪), 동지(冬至), 소한(小寒), 대한(大寒)이다. 이 기들이 엇갈리고 뒤섞여서 변화하여 생겨난 것이 물, 불, 나무, 쇠, 흙이다. 물은 1의 기로 생겨나므로 말하기를 "하늘의 1이 물을 낳는다"고 하고, 불은 2의 기로 생겨나므로 말하기를, "땅의 2가 불을 낳는다"고 한다. [이러한 방식으로] 땅은 5의 기로 생겨나므로 말하기를, "하늘의 5가 흙을 낳는다"고 하는 데에까지 이른다. '성수(成數)'라고 이름하는 것은 오행 가운데 5인 흙으로 말미암아 이루어지지 않는 것이 없기 때문이다. 가령 1인 물이 5를 얻으면 6이 되고, 2인 불이 5를 얻으면 7이 되며, 이러한 식으로 5인 흙이 5를 얻으면 10이 되는 데에까지 이른다. 이것이 바로 흙이 바른 위치를 얻어 두루 응하여 특정한 방위가 없으며, 중궁(中宮)에 있으면서 엇갈리고 뒤섞여서 조화시키는 까닭이다.

물, 불, 나무, 쇠, 흙은 24가지의 기를 따르지만, 도리어 나무, 불, 흙, 쇠, 물을 따라 기를 움직여 그 모습을 이루고, 모양으로써 기를 운용하니, 모양과 기가 서로 짜여서 조화가 다 함이 없는 묘함이 나타난다. …… 이는 24가지의 기가 9궁에서 엉키고 뒤섞여서 오행을 낳고 이루는 수가 손바닥을 가리키듯 또렷하니, 복희씨, 문왕,[36] 주공, 공자 네 성인[37]이 발휘한 것이 다 같이 하나의 마음에서 나왔음을 충분히 볼 수 있고, 변화를 만들어 내는 낳고 낳는 묘한 이치 또한 나타나 있다.

역을 공부하는 이들은 마땅히 하나의 기가 아직 발하기 이전에 대하여 잘 참구하여 빛을 [자기 안으로] 돌려 한번 보면 곧 자기의 태극을 볼 것이고, 자기의 태극을 보면 곧 자기의 하늘과 땅을 볼 것이며, 자기의 하늘과 땅을 보면 곧 자기의 조화를 볼 것이고, 자기의 조화를 보면 곧 하늘과 땅과 더불어 참여할 수 있을 것이다.

'易'也者, 緣起, 原乎性覺之中, 盖與吾教相爲表裏. 是亦還源入法之初門, 不可不明也.

---

36 중국 주왕조의 기틀을 다진 이로서, 아들 무임금에 이르러 마침내 은나라를 무너뜨리고 주왕조를 세웠기 때문에 아들 무임과 함께 성인으로 칭송받는다.

37 전설에 의하면 복희씨가 괘(卦)를 만들고, 문왕이 괘사(卦辭)를 짓고, 주공이 효사(爻辭)를 짓고, 공자가 십익(十翼)을 지었다고 한다.

夫易之爲道, 原於大極, 而太極又本乎無極. '無極'者, 湛寂虛明, 抱括十虛之謂也. 卽佛之法身, 是也. 極乎無極之中, 靈妙將發, 謂之'太極'. '太極'者, 含畜一眞, 充塞六合之謂也. 靈妙發矣, 一氣盛矣, 謂之'太初'. 氣之轉旋, 謂之'太始'. 靈妙純眞, 謂之'太素'. 二氣判而淸濁分, 謂之'兩儀'. 氣淸而上者, 謂之'陽', 氣濁而下者, 謂之'陰', 卽佛之報身, 是也. 陰陽各分, 二六爲二十四氣. 四六錯綜, 而五行生乎其中矣. 如有一顆種子, 初若混沌未分, 然衆妙摠在裏許, 卽法身太極之體也. 及其萌動也, 根盤于下, 芽屮于上, 卽報身兩儀之象也. 上下根枝分攡, 一狀氣脉錯綜, 而枝葉花果生焉, 卽佛之化身造化之用也. 二十四氣曰, 立春, 雨水, 驚蟄, 春分, 淸明, 穀雨, 立夏, 小滿, 芒種, 夏至, 小暑, 大暑, 立秋, 處暑, 白露, 秋分, 寒露, 霜降, 立冬, 小雪, 大雪, 冬至, 小寒, 大寒. 以是氣而錯綜化生者曰, 水火木金土. 水以一氣生, 故曰"天一生水". 火以二氣生, 故曰"地二生火". 以至土以五氣生, 故曰"天五生土". 其言'成數'者, 五行無不因於五土而成也. 如一水得五則六, 二火得五則七, 以至五土得五則十也. 此其所以土得止位, 普應無方, 居中宮, 而錯綜造化者也. 水火木金土, 從二十四氣, 還從木火土金水行氣, 以成其形. 形以運其氣, 形氣相織, 而造化無窮之妙, 著矣. …… 此以二十四氣, 錯綜於九宮, 而五行生成之數, 了如指掌, 足以見羲文周孔四聖人之發揮同出一心, 造化生生之妙, 而亦現矣. 學易者, 宜善紥祥. 向一氣未發已前, 回光一覽, 便見自己太極. 見自己太極, 則便見自己乾坤. 見自己乾坤, 則便見自己造化. 見自己造化, 則可以與天地參矣.

『儒釋質疑論』, 한불7 : 268상-하

| 자료 8 | 삼세의 인과응보는 보편의 원리이다

> 유교 지식인들은 불교의 삼세인과응보설이 허황하다고 비판하였으며, 이에 맞서 불교인들은 유교 경전들을 끌어들여 삼세인과응보설이 유교의 성인들도 인정한 보편적인 원리임을 주장해 왔다. 『유석질의론』에서도 그러한 모습을 발견할 수 있다.

삼세에 걸쳐 인과를 이룸과 죄복에 보응이 있다는 것은 하늘의 도, 자연의 정해진 이치로서 푸른 하늘의 밝은 해처럼 분명하지만 사람들이 살피지 못하므로 이에 부처님께서 이를 밝혀 깨우쳐 주신 것일 뿐이다. 유교에서도 또한 어찌 말하지 않았겠는가?

다만 말하는 것에 아직 지극하지 못함이 있다.

'보응'이라는 것은 무엇인가? 복이 극에 이르는 것을 말한다. '죄복'이라는 것은 무엇인가? 선과 악을 말한다. 이는 유교의 황극(皇極)[38]의 조화에서도 분명하다. 다만 유교의 말은 삼세에 미치지 못하니, 이것이 아직 지극하지 못한 까닭이다.

만일 정신이 한 생애에만 그치고 사라져 버린다고 하면 단견(斷見)이니, 이는 낳고 낳는 이치에 어두운 것이다. 사람은 항상 사람이고 축생은 항상 축생이라고 하면 상견(常見)이니, 음양과 변역(變易)의 이치에 어두운 것이다. 단견과 상견, 이 두 견해는 부처님께서 꾸짖은 것이다. 부처님께서는 삼세인과의 가르침으로써 세간의 사람들을 열어서 깨우쳐 주시니 크고 작은 사물의 이치가 모두 그렇지 않음이 없다.

이른바 '삼세'라고 하는 것은 낮과 밤의 도이다. 낮이 반쯤 되면 음기가 이미 오시(午時) 가운데 싹이 트지만 아직 밤은 오지 않은 세 시진,[39] 이것을 일러 '인(因)'이라 한다. 이미 어두워지면 음기의 과(果)가 이른다. 밤이 반쯤 되면 양기가 이미 자시(子時) 가운데 싹이 트지만 아직 낮은 되지 않은 세 시진,[40] 이것을 일러 '인'이라 한다. 이미 날이 밝으면 양기의 과가 이른다. 이렇듯 음양과 낮밤이 인과를 벗어나지 못하니 그 가운데 있는 사물들이 어찌 홀로 인과가 없겠는가? 음양과 낮밤으로 하여금 왕복하여 끝이 없게 하는 것은 원기(元氣)가 주인이 되고, 삼세의 만물로 하여금 낳고 낳아 끊이지 않게 하는 것은 정신이 주인이 된다. 정신이 오음(五陰)[41]에 깃드는 것은 사람이 집에 있는 것과 같아 오래된 것을 버리고 새로운 것을 취하는 것이니, 어찌 의심이 있겠는가? 또한 양호(羊祜)가 일찍이 이 씨의 아들이었고, 태백(太白)이 뒤에 공보(功輔)의 몸이 되었으니, 이 또한 증험할 수 있다.

이른바 '인과'라고 하는 것은 콩을 심으면 콩을 얻고, 보리를 심으면 보리를 얻는 것을 말한다. 그러므로 말하기를, "봄에 한 알의 곡식을 심으면 가을에 만 알의 곡식을 얻듯이, 사람이 살면서 선과 악을 행하면 과보가 이와 같이 돌아온다"라고 하였다. 또한

38 하늘이나 황제의 지위를 말하기도 하고, 한쪽에 치우치지 않은 중정의 도를 말하기도 한다.

39 미시(未時), 신시(申時), 유시(酉時)를 말한다.

40 축시(丑時), 인시(寅時), 묘시(卯時)를 말한다.

41 불교에서 말하는 중생을 구성하고 있는 육체[色], 감각작용[受], 표상작용[想], 경향성[行], 의식[識]의 다섯 가지 요소로서 '오온(五蘊)'이라고도 한다.

말하기를, "전생의 원인을 알고 싶으면 이생에서 받은 것이 그것이고, 내생의 과보를 알고 싶으면 이생에서 짓는 것이 그것이다"라고 하였고, 또한 말하기를, "가령 백천 겁이 지나도 지은 업은 사라지지 않아서, 인연이 만날 때 과보를 다시 자기가 받는다"라고 하였으니, 이는 부처님께서 가르침을 보이실 때 인과를 먼저 하신 것이다. 그러므로 높은 이, 귀한 이, 영화로운 이, 부유한 이는 전생에 열심히 살았음을 다행스럽게 여겨 더욱 [착한 일을] 닦고, 가난한 이, 병든 이, 낮은 이, 괴로운 이는 전생의 잘못을 뉘우쳐서 날마다 선으로 옮아가 원망하는 마음을 쉬고, 멋대로 악을 행하는 마음을 없애니, 이것이 백성이 변하는 까닭이다. 그런데도 유교에서 [삼세의 인과응보를] 허탄하다고 하는 것은 단지 불교의 이치를 자세히 알지 못한 것일 뿐만 아니라 황극의 도조차도 모르는 것이다.

三世之爲因果, 罪福之有報應, 是乃天道自然之定理, 皎若靑天白日, 而人自不察, 佛迺明而諭之耳. 儒者亦豈不言乎? 但言之有未至也. '報應'者何? 福極之謂也. '罪福'者何? 善惡之謂也. 此則明乎儒氏之皇極造化矣. 但儒者之言, 不及乎三世, 此其所以未至也. 若言精神止一生而殄滅者, 斷見也, 是昧生生之理也. 人恒爲人, 畜恒爲畜者, 常見也, 是昧陰陽變易之理也. 斷常二見, 佛之所訶也. 佛以三世因果之說, 開諭世間, 而巨細事物之理, 無不皆然. 所謂'三世'者, 晝夜之道也. 晝之將半也, 陰氣已萌于午中, 然夜猶未至者三時, 是之謂'因'也. 旣昏則陰之果至矣. 夜之將半也, 陽氣已萌于子中, 然晝猶未至者三時, 是之謂'因'也. 旣曉則陽之果至矣. 且陰陽晝夜, 而不出乎因果, 則中而爲物者, 果獨無之乎? 使陰陽晝夜, 而往復無窮者, 元氣爲之主也. 使三世萬物, 而生生不絶者, 精神爲之主也. 精神之處五陰, 猶人之處屋宅耳, 棄故趣新, 何疑之有哉? 且如羊姑曾爲李氏之子, 太白後爲功輔之身, 斯亦可證矣. 所謂'因果'者, 種菽得菽, 種麥得麥之謂也. 故曰, "春種一粒粟, 秋收萬顆子, 人生爲善惡, 果報還如此." 又曰, "欲知前世因, 今生受者, 是. 欲知未來果, 今生作者, 是." 又曰, "假使百千劫, 所作業不亡, 因緣會遇時, 果報還自受." 是佛之示敎, 先乎因果也. 故尊者貴者榮者富者, 自幸其前烈, 而益進乎修, 貧者病者賤者苦者, 自悔其前非, 而日遷乎善. 息尤怨之心, 滅縱惡之情, 此民之所以於變也. 儒之以是爲誕者, 不惟不詳其佛理, 而不知皇極之道者矣.

『儒釋質疑論』, 한불7:272상-하

| 자료 9 | 중생의 근기가 다르기 때문에 다양한 가르침이 있다

> 이 글은 불교 안에 다양한 가르침이 존재하는 이유를 설명한 것으로서, 중생의 근기가 서로 다르기 때문에 낮은 수준에서부터 높은 수준까지 다양한 가르침을 방편으로 펼치게 되며, 그 가운데 가장 높은 선이 선불교라고 말하고 있다.

아아, 중생이 이것에 미혹된 지 오래되었다. 이에 미혹됨으로 말미암아 삼계의 불난 집에서 꿈꾸어 윤회가 끊이지 않아 많은 고뇌를 받는다. 모름지기 해탈의 길을 알아야 하므로 부처님께서 자비의 원력을 이어 시대의 상황에 따라 성스러움을 드러내어 이 법으로써 삼승(三乘)[42]을 열어 [중생을] 이끌어 모두 [윤회의 세계로부터] 벗어나게 하고자 하였다. 그 가르침의 시설(施設)에는 수단적인 가르침과 참된 가르침이 있고, 시작의 가르침과 끝의 가르침이 있고, 점차로 드러내는 가르침과 한꺼번에 드러내는 가르침이 있고, 분명히 드러나는 가르침과 은밀한 가르침이 있다. 또한 원교(圓敎)[43]의 생각할 수도 없는 가르침으로 거두어 교화함을 널리 폈으며, 마지막에는 정법안장(正法眼藏)[44]의 열반에 드는 묘한 마음으로써 가섭존자에게 맡겨 대대로 서로 전하여 교학의 가르침 밖에 따로 행하니, 모든 부처님의 가르침의 문이 갖추어지지 않음이 없으며, 중생의 근기에 마땅한 방편이 다하지 않음이 없다.

噫, 生靈之迷此也, 久矣. 由迷此, 而夢於三界火宅之中, 輪廻不已, 受諸苦惱. 須知有超脫之道, 故佛承悲願力, 應運兆聖, 欲以是法, 開導三乘, 皆令得出. 而其敎之設也, 有權有實, 有始有終, 有漸有頓, 有顯有密. 復以圓敎不思議乘, 恢張攝化, 末後以正法眼藏涅槃妙心, 付囑大龜氏, 歷代相傳, 爲敎外別行, 而諸佛之敎門, 無不備矣, 衆生之機宜, 無不盡矣.

『儒釋質疑論』, 한불7:253하

---

42 성문이 되는 가르침인 성문승과 연각이 되는 가르침인 연각승, 보살이 되는 가르침인 보살승을 일컫는다. 이 가운데 성문승과 연각승은 자기만의 깨달음을 위한 가르침이기 때문에 '소승'이라 하고, 보살승은 자신의 깨달음과 더불어 모든 중생을 구제하고자 하는 가르침이기 때문에 '대승'이라 한다.

43 모든 진리를 완전히 다 갖춘 가르침으로서 일반적으로 『화엄경』의 가르침을 말한다.

44 올바른 가르침을 포함하는 모든 것을 비추어 보는 지혜의 눈이 갈무리되어 있다는 뜻으로서 불교의 경전이나 그 경전 속에 담겨 있는 진리의 가르침을 가리킨다.

| 자료 10 | 수행에는 계율, 선정, 지혜가 필요하다

> 이것은 불교의 수행에서 계율과 선정과 지혜가 필요하다는 것을 밝히는 글로서 조선 초기에 활동하였던 기화가 그랬듯이 깨달음을 얻기 위해서는 계율과 선정 같은 구체적인 실천이 필요하다고 강조하는 점이 두드러진다. 이러한 계율과 선정의 강조는 조선 중기의 휴정에게서도 찾아볼 수 있다는 점에서 조선 불교 전반에 걸친 특징이라고 할 수 있다.

도는 땅과 같아서 가면 갈수록 더욱 멀어진다. 도는 바다와 같아서 들어가면 들어갈수록 더욱 깊어진다. 그러나 그 [들어가는] 문을 찾는 것은 계율, 선정, 지혜[45]로부터 시작한다. '계율'이라고 하는 것은 무엇인가? 도적을 붙잡는 것을 말한다. '선정'이라고 하는 것은 무엇인가? 도적을 묶는 것을 말한다. '지혜'라고 하는 것은 무엇인가? 도적을 죽이는 것을 말한다. 붙잡고서 묶지 않으면 도망가는 잘못을 범할 수 있다. 묶고서 죽이지 않으면 시기와 의심으로 곤경에 빠질 수 있다. 이 세 가지를 다 마친 뒤에야 비로소 대장부가 할 일을 다하게 된다.

또한 하물며 [중생의] 의식(意識)이 법신을 해치고 혜명(慧命)을 죽이는 것이 도적보다 더욱 심하니, 오랜 겁에 걸친 어려움과 괴로움은 참으로 이로 말미암은 것이다. 만일 이 세 가지로써 징계하고 제어하고 끊지 않으면 이른바 법신과 혜명이 온전할 수가 없기 때문에, 계율의 그릇이 원만히 이루어지고, 선정의 물이 흔들림 없고 맑아, 지혜의 달이 비로소 나타나면 도를 닦는 공이 이에 드러날 것이다. 불교를 공부하는 순서가 본디 이와 같다.

……

또한 선정이 없는 지혜를 말하자면 그 지혜는 미친 것이고, 지혜가 없는 선정을 말하자면 그 선정은 어리석은 것이다. 어리석은 선정은 근원이 없기 때문에 말라 없어져 버릴 것이니, 이른바 '그림자가 비치는 물'이 아니다. 미친 지혜는 멋대로 날아다니는 살별 같은 것이니, 이른바 '본성의 공적한 달'이 아니다. 어리석음과 미침은 이보다 더 심한 병이 없다. 그러므로 공부하는 이들은 이들에 대하여 동등하게 지님을 묘하게 여

---

45 원문은 '혜(惠)'이지만, 지혜를 뜻하는 '혜(慧)'와 통용되기 때문에 불교 교리에 비추어 '지혜'로 보아야 한다.

겨야 한다. 만일 동등하게 지닌다면 마치 수레에 두 바퀴가 있고, 새에게 두 날개가 있어서 허공을 날고 땅에 굴러가는 데 자유롭지 않음이 없는 것과 같을 것이니, 이는 불교를 공부하는 지름길이다.

道如地, 愈行而愈遠, 道如海, 愈入而愈深. 然求其門者, 自戒定惠始. '戒'者何? 捉賊之謂也. '定'者何? 縛賊之謂也. '惠'者何? 殺賊之謂也. 捉而不縛, 則或失於逋逃, 縛而不殺, 則或困於猜嫌. 能盡三者而後, 丈夫之能事, 畢矣. 且況意識之戕法身殺慧命, 尤甚於賊, 而多劫艱辛, 眞所致也. 若不以斯三者懲之制之斷之, 則所謂法身慧命, 無得而全, 故戒器圓成, 定水凝淸, 慧月方現, 而修道之功, 於是著矣. 學佛之序, 固如是也. …… 又況無定之慧, 其慧卽狂, 無慧之定, 其定卽癡. 癡定則無源死涸耳, 非所謂'影現之水'也. 狂慧則飛流彗孛耳, 非所謂'性空之月'也. 癡之與狂, 病莫甚焉. 故學者之於斯, 等持爲妙. 若能等持, 則如車之具二輪, 如鳥之有兩翼, 飛空運陸, 無不自由. 是學佛者之捷徑也.

『儒釋質疑論』, 한불7:276하-277중

| 자료 11 | 선정 지혜와 선종의 화두 참구는 다르지 않다

> 불교의 여러 가지 수행론을 다루고 있는 이 글에서는 초기불교의 선정과 지혜, 천태종의 지관, 선종의 화두 참구가 이름은 다르지만 내용은 모두 같다고 함으로써 수행법에서의 제종융합적인 태도를 보여 주고 있다.

[화두 참구와 선정 지혜는] 다르지 않다. 결과로서 있을 때는 '선정', '지혜'라고 하고, 원인으로서 있을 때는 '지관(止觀)'[46]이라 한다. '지관'이란 참화(叅話)[47]의 방법이다. '참화'라고 하는 것은 하나만을 드는 것을 첫걸음으로 하고, 전체를 드는 것을 자량(資

---

46 불교의 수행법 가운데 하나로서, 산란한 마음의 작용을 멈추고[止] 존재의 본질을 꿰뚫어 보는 것[觀]을 말한다.

47 화두(話頭)를 참구하는 선종의 간화선(看話禪)을 말한다.

糧)[48]으로 삼는다. 자량은 첫걸음의 바탕이 되고, 첫걸음은 자량의 공효가 된다. 이 두 가지가 갖추어진 뒤에야 비로소 이를 곳에 이를 수 있다. 하나만을 드는 것은 하나로써 모든 것을 제어하는 것을 말하니, 지(止)를 이르는 것이 아니겠는가? 전체를 드는 것은 의심을 일으켜서 참구하는 것을 말하니, 관(觀)을 이르는 것이 아니겠는가? 하나만을 드는 것에서 말미암아 움직임이 없음으로 극에 이르니, 곧 선정이다. 전체를 드는 것에서 말미암아 활연히 크게 깨달으니, 곧 지혜이다. 이름은 비록 다르지만 뜻은 곧 하나이다. 그러니 어찌 다름이 있겠는가?

不異也, 在果則謂之'定惠', 在因則謂之'止觀'. '止觀'者, 迺叅話之法也. '叅話'者, 以單提爲初步, 以全提爲資粮. 粮爲步之資, 步爲粮之效. 二者備而後, 能至乎其所至矣. 單提者, 以一制萬之謂也, 非止之謂乎? 全提者, 起疑叅究之謂也, 非觀之謂乎? 由單提而極於不動, 則定也. 由全提而豁然大悟, 則慧也. 名雖殊, 而義則一也. 夫何異之有哉?

『儒釋質疑論』, 한불7:277중

| 자료 12 | 깨달음이 없이는 법맥도 없다

이 글에서는 선종의 법맥이 단순히 스승에서 제자로 이어지는 인맥이 아니라, 깨달음을 전제로 한 진리의 전승임을 분명하게 밝히고 있다. 또한 깨달은 이로부터 인가받지 못한 깨달음은 진정한 깨달음이 아니라고 함으로써 선종의 인가 방식에 대해서 절대적인 지지를 보내면서, 이처럼 인가받지도 못한 이들이 행세하는 당시의 불교계에 대한 비판을 전개하고 있다.

뛰어나도다, 이 질문이여! 이는 진실로 배우는 이들의 지침이다. 말하기를, 우리 종문(宗門)[49]의 법은 가섭(迦葉)에게 따로 전한 데[50]서 시작한 뒤에 등불과 등불이 서로

48 의지할 식량이라는 뜻으로서 수행의 바탕이 되는 것을 말한다.

49 선종을 가리킨다.

50 선종의 설화에 의하면 석가모니가 대중에게 설법할 때 단지 연꽃 한 송이만을 가만히 들어 올리자 다른 사람들은 그 뜻을 몰랐는데 오직 가섭존자만이 그 뜻을 알고 빙그레 웃었다 한다. 이는 말로 표현할 수 없는 진리

이어 타오르고, 깨달음의 인가[51]와 인가가 서로 전해져 28대를 거쳐 달마대사가 동쪽으로 중국에 와서 곧바로 사람의 마음을 가리켜 그 본성을 보아 부처를 이루게 하였으며, 육조대사[52] 이후로 5파[53]로 나뉘었는데, 파는 비록 같지 않지만 도는 하나인 것이다.

이 도가 서로 전해진 것은 마치 물이나 불을 서로 주고받는 것과 같아서 그 사람을 얻으면 전하지만 그 사람을 얻지 못하면 곧 그친다. 비록 아비와 자식과 같이 가깝고, 오랜 벗처럼 친밀하며, 신통과 삼매와 덕행이 넓고 행동이 고고하다 하여도 만일 법의 요체를 꿰뚫어 보는 바른 눈을 갖추지 못하였으면 모두 아랫자리로 물리는 것은 그 도가 가장 존귀하고 가장 묘하며 크게 공정하여 사사로움이 없기 때문에 망령되이 주는 것을 감당하지 못하는 것이며, 생선 눈알과 밝은 구슬처럼 본디 서로 속일 수 없는 것이다. 구차하게 혹 서로 속인다면 다만 세상 사람들의 눈을 멀게 할 뿐만 아니라 또한 자신도 눈이 없게 되는 것이다. 이것이 바로 조사들이 인가하여 법을 전할 때에 반드시 그 사람을 기다린다는 것이다. 그러므로 옛날에 도를 배우는 이들은 스승을 찾고 도를 구하여 천 리, 만 리를 멀다 여기지 않고 강과 바다를 건너고 산과 내를 넘어, 반드시 밝은 눈을 가진 종사로서 혈맥(血脈)이 분명하고 정확한 이를 반드시 결택하여 예를 올려 스승으로 삼아, 법을 위하여 몸을 잊고서 묻고 두드리고 참구하고 청하여 진실로 한마디 말의 이익을 얻으면 나고 죽는 뿌리는 결연히 끊어 버렸다.

대혜(大慧) 선사[54]가 말하기를, "계율을 수미산처럼 많이 범할지언정 삿된 스승이 하나의 삿된 생각이라도 훈습케 하지 말라. 만일 겨자씨만큼이라도 생각 속에 들어오면기름이 국수에 들어간 것처럼 끝내 나가게 할 수 없다"라고 한 것이 이것이다. 그러니 살피지 않을 수 있겠는가?

하물며 위음왕불(威音王佛)[55]의 뒤로는 스승 없이 스스로 깨친 이는 천연외도(天然

를 마음에서 마음으로 전한 것으로서 경전에서 문자로 전하는 다르다 한다.

51 깨달은 이는 스승에게서 반드시 그 깨달음을 인증받아야 하는데, 이를 '인가(印可)'라 한다.

52 남종선(南宗禪)을 일으킨 혜능(慧能, 638-713)을 말한다.

53 혜능의 가르침을 이어받은 남종선은 뒤에 임제종(臨濟宗), 법안종(法眼宗), 위앙종(潙仰宗), 조동종(曹洞宗), 운문종(雲門宗)의 다섯 파로 나뉘었는데, 이를 가리킨다.

54 대혜(大慧, 1089-1163). 법명은 종고(宗杲)이며, 중국 송나라 때의 고승으로서 간화선을 주창하였다.

55 『법화경』에 언급된 최초로 깨달음을 얻은 부처라 한다.

外道)[56]이다. 그러므로 대도를 꿰뚫어 깨친 이는 반드시 종장(宗匠)에게 물어 삿되고 바름을 결택하여 인가를 받은 뒤에 비로소 크게 입을 열어 크게 말하고, 강령을 들어 사방에서 온 수행자들을 제접하여 사람과 하늘의 눈이 될 수 있는 것이다. 만일 그렇지 못하다면 비록 스스로 깨달은 바가 있다고 하여도 아직 감히 입 밖에 낼 수 없는 것은 아직 삿되고 바름을 결택하지 못하였기 때문이다. 세상 고금에 스스로 '종장'이라고 하는 이가 없는 것은 억지로 그렇게 시킨 것이 아니라 법이 이와 같기 때문이다.

지금의 '선사'라고 칭하는 이들은 조사의 명령을 숨기고 다만 입과 귀로 배운 것으로만 겉모양에만 의지하여 고양이만을 그리면서, 멋대로 도를 어지럽히면서 말하기를 '선을 말한다'라고 하니 그것이 무엇을 말하는 것인지 모르겠다. 이를 일컬어 '큰 지혜를 비방함'이라 하고 또한 일컬어 '무간지옥[57]에 떨어질 업'이라고 하는 것이다. 오호, 두려워하지 않을 수 있겠는가?

睿哉斯問也! 是誠學者之指南也. 曰我宗門之法, 始自迦葉別傳之後, 燈燈續焰, 印印相傳, 歷二十八代, 達摩大師, 東來此土, 直指人心, 見性成佛. 自六祖而下, 分爲五派, 派雖不同, 道則一也. 夫是道之相傳也, 如水火之相與也, 得其人則傳, 不得其人則止. 雖父子之親, 交舊之密, 神通三昧德廣行高者, 若不具頂門正眼, 則皆退下風者. 以其道之最尊最妙, 大公無私, 不堪妄授, 而魚目明珠, 固不可以相賺也. 苟或相賺, 則不唯瞎却天下人眼目, 亦自爲無眼. 此祖印之傳, 必待其人也. 故古之學道之士, 尋師訪道, 不遠千里萬里, 遊江海, 涉山川, 必須決擇明眼宗師血脈端的者, 投禮爲師, 爲法忘軀, 咨扣叅請, 苟得一言之益, 決斷生死之根. 故大惠禪師云, "寧可破戒如須彌山, 不令邪師熏一邪念. 如芥子許, 在情識中, 如油入麵, 永不可出." 是也. 可不察歟? 又況威音王之後, 無師自悟者, 天然外道, 故悟徹大道者, 必須質之宗匠, 決擇邪正, 承受印可, 而後可以開大口說大話, 提綱擧令, 接引方來, 爲人天之眼目也. 如其未然, 雖或自有悟門, 亦未敢發於口外者, 以其未決邪正也. 天下古今, 無有自許底宗師, 不是强爲, 法如是故也. 今之稱禪師者, 潛行祖令, 徒以口耳之學, 依樣畵猫兒,

---

56 불교 전통에 속하지 않는 수행자, 사상가들을 '외도'라고 하는데, '천연외도' 또는 '자연외도'는 만물이 원인 없이 자연 그대로 생겨남을 주장한다.

57 여덟 가지 뜨거운 지옥 가운데 하나로서 괴로움이 잠시 멈추는 사이도 없이 계속 이어지기 때문에 이렇게 불린다. 부모나 아라한을 죽이거나 교단의 화합을 깨뜨리거나 부처의 몸에 상처를 내거나 탑이나 절을 파괴하거나 하는 이들이 죽고 나서 이곳에 떨어진다고 한다.

恣意亂道, 謂之說禪, 未知其何謂也. 是謂之謗大般若, 亦謂之墮無間業. 嗚呼, 可不懼歟?

『儒釋質疑論』, 한불7:277하-278상

3. 지은(智誾)

지은(智誾, ?-?)에 관해서는 자세히 알 수 있는 자료가 없다. 다만 1481년 치악산 상원암(上院庵)에서 간행한 『적멸시중론(寂滅示衆論)』이라는 글이 남아 있다는 것과 효령대군(孝寧大君)과 덕원군(德源君), 정현조(鄭顯祖), 김수온(金守溫) 등 왕족과 고관들이 간행에 참여하였다는 것, 김수온과 덕원군이 말미에 남기고 있는 찬양하는 시 등을 고려해 볼 때 치악산 상원암에서 10여 년간 많은 학인을 깨우쳐 주었으며, 많은 이의 존경을 받았던 조선 초기의 선승이었던 것으로 미루어 짐작할 수 있다.

『적멸시중론』은 부처가 적멸로써 대중에게 보인 것을 설파하고 있는 글로서 서문에 해당하는 글이 먼저 나오고 뒤이어 질문과 답변의 형식으로 기록되어 있다. 또한 말미에는 「기우목동가(騎牛牧童歌)」라는 제목으로 12수의 경기체가(景幾體歌)의 시가가 실려 있다. 여기에서는 질문하고 답한 내용 가운데 깨달음과 행위의 관계를 설한 부분과 무심에 대하여 설한 부분을 뽑았다.

| 자료 1 | 행위가 없는 깨달음은 올바른 깨달음이 아니다

깨달음의 방법에 대하여 설하고 있는 부분으로서 깨달음은 반드시 자비와 서원에서 말미암은 참된 행위로 이어져야만 비로소 완전한 것이 될 수 있다고 설함으로써, 구체적인 실천을 매우 강조하고 있다.

"무엇을 가리켜 '남을 이롭게 하는 것'이라고 하는가?"

"이 마음을 곧바로 가리켜 밝게 드러내는 것이 곧 남을 이롭게 하는 것이다."

"이 마음을 밝게 드러내는 것을 어떻게 아는가?"

"만물을 요달할 때에 이 마음을 밝게 드러낸다."

"만물을 요달함을 어떻게 아는가?"

"이때는 만물을 요달하는 때이니, 이는 곧 이 마음을 밝게 드러내는 때이다."

"이 마음을 한꺼번에 깨닫고 난 다음에는 일행삼매(一行三昧)[1]를 어떻게 아는가?"

"소리와 모양의 두 경계에 대하여 보고 듣고 느끼고 아는 것이 곧바로 무심(無心)해져서 다른 것을 향하지 않으면, 이 마음이 자연 그대로 짓는 바가 없게 되니 이를 '바른 행위'라 한다. 그러므로 일행삼매이다."

"일행삼매를 한꺼번에 깨닫고 난 다음에는 만행삼매(萬行三昧)[2]를 어떻게 아는가?"

"돌아다니는 것도 또한 선(禪)이고, 머무는 것도 또한 선이고, 앉는 것도 또한 선이고 눕는 것도 또한 선이어서, 모든 어지러운 곳 모든 일, 둥글고 네모지고 길고 짧은 갖가지 알음알이[智見]에 대하여 곧바로 무심하게 되면 마음의 본체가 편안해지고 어떠한 모습도 없게 되며 걸림이 없게 되어 마음이 허공과 같아져 크게 쉬는 자리, 이것이 바로 만행삼매이다. 그러므로 알지니, 비록 한 생각 깨달았다 하여도 자비로운 서원(誓願)으로 실다운 행위를 하지 않는 이는 마치 밭은 있으나 씨앗을 뿌리지 않는 것과 같다. 비록 봄, 여름이 되어 밭이 있어도 스스로 씨앗을 뿌리지 않았으니 어찌 농사를 지을 수 있겠는가? 안타깝도다! 비록 좋은 밭이 있으나 씨앗을 심지 않았기 때문에 비록 가을이 온다고 하여도 그 밭에는 잡초만 울창하니, 잡초를 거두어들여 봐야 배고픔의 괴로움을 겪는 이들을 먹일 수 없어서 모두 죽고 만다. …… 불쌍하다! 비록 한 생각 깨달았다 하더라도 실다운 행위를 하지 않는 잘못을 범하여 구덩이 속 지옥에 떨어지고 마는구나! 그러므로 예로부터 전해 오기를, '행동과 지혜가 다 갖추어야 조사(祖師)라 한다'고 하였다. 그러므로 알지니, 적멸(寂滅)이란 모든 부처님과 보살과 조사와 많은

1 한 가지 행위를 통하여 삼매에 들어가는 것을 말한다.

2 모든 행위 속에서 삼매에 들어가는 것을 말한다.

성인이 [그것을 통하여] 나고 죽는 큰 바다[3]에서 중생을 구제하는 쇠로 만든 튼튼한 배이고, 옛 선지식(善知識)과 성문(聲聞)[4]과 연각(緣覺)[5]과 벽지불(辟支佛)[6] 등의 성현이 [그것을 통하여] 괴로움의 바다를 넘어선 돌로 만든 튼튼한 다리이며, 하늘과 땅 사이에 수행하는 이들의 화두(話頭)[7]가 되는 두 글자이다."

問曰, "何指利他?" 答云, "直指發明此心, 則利他也." 問曰, "何指發明此心?" 答云, "萬物了時, 發明此心也." 問曰, "何知萬物了時?" 答云, "此時萬物了時, 故此則發明此心也." 問曰, "頓悟此心而後, 何知一行三昧?" 答云, "聲色二邊, 見聞覺知, 直下無心, 不向異, 則此心天然無作, 曰'正行'. 故一行三昧也." 問曰, "頓悟一行而後, 何知萬行三昧?" 答云, "行亦禪, 住亦禪, 坐亦禪, 臥亦禪, 於諸亂處, 一切事事, 方圓長短, 種種知見, 直下無心, 心體安然, 無有形相, 無障無礙, 心如虛空, 大歇之處, 此卽萬行三昧也. 故知, 雖悟一念, 不行慈願行實者, 比如有田無種者, 雖逢春夏, 有田自手無種. 豈能農作也? 可惜! 雖有好田, 不植種子故, 雖來秋到, 其田雜草鬱鬱, 收諸雜草, 不喫饑苦類而皆死也. …… 可憐! 雖悟一念, 失於行實者, 墮於坑裏地獄也. 故古來傳云, '行智具備, 名之曰祖'. 故知, 寂滅者, 諸佛菩薩祖師千聖, 度諸群生生死大海之鐵舡, 古善知識聲聞緣覺辟支賢聖, 超於苦海之石橋, 乾坤衲子, 話頭二字也."

『寂滅示衆論』, 한불7:280하–281상

| 자료 2 | 생각 없음은 참된 자기 마음에 집중하는 것이다

> 생각 없음에 대하여 설하고 있는 부분으로서 생각 없음이란 참된 자기 마음에 집중하는 것을 말하는 것이지, 아무 생각 없이 허무에 빠지는 것이 아님을 말하고 있다.

---

3 윤회의 세계를 가리킨다.

4 부처의 가르침을 직접 듣고 깨달은 이를 말하는데, 대승불교에서는 소승으로 폄하한다.

5 본디는 부처의 설법을 듣지 않고 홀로 깨달은 이를 지칭하는 것이었으나 뒤에는 12연기법을 깨달은 이로 의미가 바뀌었다. 대승불교에서는 소승으로 폄하한다.

6 연각을 말한다.

7 '말'이라는 뜻으로서 자기의 마음을 확 휘어잡는 의심이 드는 말을 가리킨다. 간화선은 이 의심을 지적으로 해결하는 것이 아니라 끊임없이 바라보아 마침내 그 의심이 깨어져 나가는 것을 목표로 하는 수행법이다.

"'생각 없음'이란 무엇인가?"

"돌아다니고 머물고 앉고 눕는 모든 때 모든 곳에서 항상 진여인 자기의 마음을 생각하고 밖으로 다른 것을 생각함이 없는 것을 곧 '생각 없음'이라 이름하고, 또한 '바른 생각'이라고도 이름하며, 또한 '무생계(無生戒)'라고도 이름하고, 또한 '삿됨을 버리고 바른 것으로 돌아가 진리에 들어가는 시작이 되는 문'이라고도 한다. 그러므로 알지니, 이름은 비록 다르지만 깨달음은 하나이다."

問曰, "'無念'者何爲?" 答云, "行住坐臥, 一切時中, 一切處所, 常念眞如自心, 而外不思他念, 則是名'無念'. 亦名'正念', 亦名'無生戒', 亦名'捨邪歸正入法初門'也. 故知, 名雖不同, 悟則一也."

『寂滅示衆論』, 한불7:281중

4. 김시습(金時習)

설잠(雪岑) 김시습(金時習, 1435-1493)은 승려로 알려진 것보다는 『금오신화』나 『매월당집』을 저술한 조선 초기의 문인 김시습 혹은 생육신(生六臣)의 한 사람으로 더 유명하다. 엄격히 구분할 수는 없지만 '매월당(梅月堂)'이나 '동봉(東峰)'이라는 호가 후자로서의 그를 지칭하는 것이라면, 승려이자 은둔자로서의 그는 '설잠(雪岑)', '청한자(淸寒子)' 등의 호를 주로 사용하였다. 역사상의 인물이 후세에 알려질 때 다소 우연적인 상황에 따라 그 진면목이 가려지는 경우가 종종 있다. 설잠의 경우에는 그의 승려로서의 면모가 상대적으로 소홀히 다루어졌던 것이 사실이다. 다시 말해서 그의 출가 동기로서 당시의 정치 현실에 대한 환멸이 지나치게 부각된 나머지, 적극적인 의미에서 승려라기보다는 은둔자나 세상에 대한 냉소자로 인식되어 왔던 것이다.

그러나 그의 불교 관련 저술들을 일람해 보면 그러한 인식이 얼마나 편협하고 왜곡된 것이었는가를 금방 확인할 수 있다. 그의 불교 이해는 유교적 소양을 갖춘 조선조의 교양인이 심심 타파적으로 불경을 섭렵한 수준을 멀리 넘어서 있으며, 특히 선사로서의 그의 선기(禪機)는 일반 교학승들의 알음알이와는 비교할 수 없을 정도로 활발자재(活潑自在)한 것이었다. 즉 그는 불교의 전적을 방대하게 열람하여 교학적으로도 주체적인 이해를 확립한 바 있으며, 대중 설법이나 당시의 선지식과의 거량으로 보아 선의 본질을 꿰뚫고 있는 당대의 선사였던 것이다.

그는 3세에 이미 시를 지었고, 5세 때는 사서를 통하였다고 하다. 그의 재주가 조정에 알려져 세종으로부터 부름을 받아 지은 시는 유명하다. 1455년 그의 나이 20여 세에 세조가 왕위를 찬탈하였다는 소식을 듣고 통분하여 책을 태워 버리고 승려가 되었다고 한다. 후에 효령대군의 권고로 불경 언해를 도왔으나 일생 벼슬을 하지 않았다. 영월 육신사(六臣祠)에 제향되었으며, 시호는 청간공(淸簡公)이다.

몇몇 시문을 제외하고는 승려로서의 그의 모습을 구체적으로 전하는 행장이나 어록 등 제자나 지인들에 의해 기록된 자료가 없으므로 그의 출가수행을 전후한 사정과 사자상승 관계도 알 길이 없다. 후에 율곡(栗谷, 1536-1584)이 왕명을 받들어 저술한 『본전』에는 불교인으로서의 그의 면모가 탈색되어 있기 때문에 참고 자료로서는 한계가 있다. 『매월당집』 역시 그의 중요한 불교 관련 저작들을 거의 수록하고 있지 않을 정도로 그동안 김시습은 극히 일면만이 부각되어 온 것이다. 그러나 현존하는 것만도 5종을 헤아리는 그의 저술은 내용의 깊이와 불교사상을 꿰뚫는 통찰력으로 인해 한국불교사에 찬연하게 빛나는 보석과도 같은 것이다.[1]

오늘날 전해지는 그의 저술에는 『법화경』을 풀이한 『연경별찬(蓮經別讚)』, 『화엄경』의 대의를 약술한 『화엄경석제(華嚴經釋題)』, 의상(義湘, 625-702)의 『화엄일승법계도(華嚴一乘法界圖)』를 주석한 『일승법계도주병서(一乘法界圖註幷序)』, 화엄종장들의 십현(十玄)을 풀이한 『십현담요해(十玄談要解)』, 조동종의 선사상을 정리한 『조동오위요해(曹洞五位要解)』가 있다.

| 자료 1 | 존재 세계의 실상을 그림

> 원제는 『화엄경석제(華嚴經釋題)』이다. 약칭 『화엄경』의 원제목인 '대방광불화엄경'을 풀이하되 자구를 풀이하는 데 그치지 않고 자신의 안목으로 이해한 『화엄경』의 대의를 밝히고 있다. 비록 앞부분의 많은 문장이 측천무후(則天武后, 624-705)의 서문이나 징관(澄

1 불교사적으로 설잠의 화엄사상과 선사상의 맥은 의상과 지눌에 닿아 있다. 즉 화엄의 법계사상이나 선을 통한 체험의 장이 결국 중생의 한마음에 귀착하는 것이었다. 설잠의 선사상을 단적으로 보여 주는 시 한 수를 여기 소개한다. "보리와 열반의 길 멀지 않으니, 반나절 공부 거리나 될까? 한 마디를 꿰뚫으면 천 마디가 뚫리고, 성심(聖心)이 사라진 곳에 망심(妄心)도 사라지네. 선지식을 잇는다고 하나 내 마음의 문제. 마음의 법이란 밖에서 찾는 게 아니로다! 다만 마음만 깨어 있으면 그뿐, 복잡한 이론이야 따져서 무엇하나."

觀, 738-839)[2]의 주석서에서의 인용이긴 하지만, 뒷부분에서 후대의 화엄선의 전통을 따라 화엄을 선적으로 풀이하고 있는 것은 그 독창성에 있어 주목할 만하다. 『화엄석제』는 설잠의 『화엄경』에 대한 이해를 포괄적으로 보여 주는 중요한 자료일 뿐만 아니라, 조선조의 화엄사상의 특징의 일단을 보여 준다는 점에서 사상사적 가치가 높다.

| 자료 1-1 | 『화엄경』 경명(經名)의 축자 해석

『대방광불화엄경』이란 것은 곧 모든 부처님의 비밀스러운 창고이며 여래의 성품의 바다이다. 그것을 본 자는 돌아갈 바를 알지 못하고, 그것을 잡는 자는 그 넓이를 측량하지 못한다. 성품의 바다에 그 파란을 보태고 법계[3]의 영역을 넓히니, 대승돈교[4]는 끝없는 세계에 두루 입혀지고, 방광의 참된 통발은 모든 중생에게 멀리 갖추어졌다. 이찌 뒤의 5백 년에 홀연히 금구[5]의 말을 받든 것이며, 사바세계에서 문득 구슬 상자의 비밀을 연 것이라고 하겠는가? 일컬을 수 없는 것, 그것은 오직 법계뿐일지니!

---

2 당호(堂號)는 청량(淸涼), 속성은 하후(夏候), 자는 대휴(大休)이며, 중국 당나라의 승려로서 화엄종의 제4조이다. 11세에 출가하여 계율은 성(醒)선사와 담일(曇一)에게, 삼론종은 현벽(玄璧)에게, 『기신론』·화엄종은 법장(法藏)과 법선(法詵)에게, 천태종은 담연(湛然)에게, 남종선은 유충(惟忠)과 도흠(道欽)에게, 북종선은 혜운(慧雲)에게 배우는 등 불교의 교학과 내외의 많은 학예를 널리 연구하였다. 특히 화엄의 가르침에 관한 저술과 종의(宗義)를 밝혀 넓히기에 노력하였다. 당 정원 12년(796) 반야삼장이 40권 『화엄경』을 번역하는 데 참여하고, 그 뒤에 그 소 10권을 저술하였다. 경을 내전에서 강하매 그 묘법이 임금의 마음을 청량케 하였으므로, 덕종(德宗)이 '청량법사'라 하고 교수화상(敎授和上)으로 삼았다. 저서에 『화엄경소(華嚴經疏)』, 『화엄경수소연의초(華嚴經隨疏演義鈔)』, 『화엄경강요(華嚴經綱要)』, 『화엄현담(華嚴玄談)』, 『화엄약의(華嚴略義)』, 『법계현경(法界玄鏡)』, 『삼성원융관(三聖圓融觀)』 등 400여 권이 있다.

3 산스크리트어 'dharma-dhatu'의 번역. 화엄종에서는 『화엄경탐현기(華嚴經探玄記)』 권18(大正35:440중-441중)에 1) 성법(聖法)을 낳는 인(因), 2) 제법의 진실한 체성(體性), 3) 제법은 각각의 분제(分齊)를 보유해서 그 형상은 구별된다는 세 가지 뜻을 들어 진여(眞如) 또는 일체제법(一切諸法)을 말하고 있다. 또 보현(普賢)의 행원(行願)에 의해서 들어가는 법계에 유위법계(有爲法界)·무위법계(無爲法界)·역유위역무위법계(亦有爲亦無爲法界)·비유위비무위법계(非有爲非無爲法界)·무장애법계(無障礙法界) 등의 5문의 뜻이 있다고 한다. 또 법법계(法法界)·인법계(人法界)·인법구융법계(人法俱融法界)·인법구민법계(人法俱泯法界)·무장애법계(無障礙法界)의 5종의 구별을 주장한다. 그러나 법계의 종류가 아무리 많아도 모두 일진법계(一眞法界)에 포섭되며, 그것은 또 제불과 중생의 본원인 '청정심'이라 하고, '일심법계(一心法界)', '일진무애법계(一眞無礙法界)'라고도 한다. 그리고 앞에 있는 법계의 당체(當體)에 대해 일체 법이 서로 일체화[相卽]되고 그 기능이 서로 포섭[相入]하여, 사사무애 중중무진(事事無礙 重重無盡)의 연기(緣起)를 이루는 것을 '법계연기(法界緣起)'라 하며, 이러한 법계의 구조를 관하는 것을 '법계관(法界觀)'이라 한다.

'大方廣佛華嚴經'者, 斯乃諸佛之密藏, 如來之性海. 視之者, 莫識其旨歸, 把之者, 罕測其涯際. 添性海之波瀾, 廓法界之疆域. 大乘頓教, 普被於無窮, 方廣眞筌, 遐該於有識. 豈謂後五百歲, 忽奉金口之言, 娑婆境中, 俄啓珠函之秘? 無德而稱者, 其唯法界歟!

법계는 일체 중생의 몸과 마음의 본체이다. 본래부터 영명하고 확철하며, 광대하고 허적하여 오직 하나뿐인 참된 진리의 영역이다. 형상이 없으면서도 대천세계[6]가 즐비하고, 끝이 없으면서도 만유를 포용하고 있다. 마음과 눈 사이에 밝고 밝으나 그 형상을 볼 수 없고, 물질의 세계 안에서 밝히 드러나고 있으나 그 이치를 구분할 수가 없다. 법에 사무친 지혜의 눈이나 망념을 떠난 밝은 지혜가 아니면 자기 마음[의 본바탕]을 볼 수가 없는 것이다.

이와 같이 영통한 것이어서 세존께서 처음 정각을 이루시고 감탄하시기를, "기이하도다! 내가 지금 널리 둘러보건대, 일체 중생이 모두 여래의 지혜와 덕상을 갖추고 있으나 오직 망상과 집착으로 인해 진리를 증득하지 못하고 있도다"라고 하시고, 화엄의 종지를 열어 세 번을 반복하여 어리석음을 다하게 하시니, 이슬이 하늘 못[天池]에 떨어져 온갖 개울의 맛을 즐거이 받아들이며, 티끌을 화악(華岳)에 보태어도 그 높이를 증가시킴이 없도다.

法界者, 一切衆生之身心本體也. 從本以來, 靈明廓徹, 廣大虛寂, 唯一眞境而已. 無有形貌而森羅大千, 無有邊際而含容萬有. 昭昭於心目之間, 而相不可覩, 晃晃於色塵之內, 而

---

4 법장(法藏, 643-712)은 『화엄오교장(華嚴五教章)』 권1(大正45:481중-하)에서 5교의 체계로 모든 불교를 통섭하고자 하였다. 거기에서는 소승교·대승시교(大乘始教)·대승종교(大乘終教)·대승돈교(大乘頓教)·대승원교(大乘圓教)로 불교를 분류하여 수많은 불교 경전을 각각 이 다섯 가운데 하나에 배속시켰다. 당연히 『화엄경』이 가장 높은 대승원교의 가르침을 설한 경으로 취급된다. 대승돈교에 속하는 경전은 『유마경』이다. '돈교'란 '점교'에 맞서는 말로서 수행자가 차근차근 단계를 밟아 보다 높은 경지로 나아가는 것이 점교인 반면, 돈교는 수행의 단계를 인정하지 않는다. 따라서 앞의 소승교·대승시교·대승종교는 모두 점교에 속하며, 유마의 침묵으로 대표되는 『유마경』의 가르침은 돈교가 된다.

5 부처님의 말씀을 말한다. 부처님의 말씀은 만세에 없어지지 않는 진리이고 금강과 같으므로 '금구(金口)'라고 하고, 또 금빛 입으로 하는 말이므로 '금구'라고 한다.

6 '삼천대천세계(三千大天世界)'의 약칭으로, 세계에는 소천(小千)·중천(中千)·대천(大千)의 구별이 있는데, 즉 사대주(四大洲)의 일월과 여러 하늘을 '일세계(一世界)'라고 하고, 그 일천 세계를 '소천세계(小千世界)', 소천세계의 천배를 '중천세계(中千世界)', 중천세계의 천배를 '대천세계(大千世界)'라 한다.

理不可分. 非徹法之慧目, 離念之明智, 不能見自心. 如此之靈通也, 故世尊初成正覺, 歎曰, "奇哉! 我今普見一切衆生, 具有如來知慧德相, 但以妄想執着, 而不能證得." 開示華嚴宗旨, 三復竭愚, 露滴天池, 喜含百川之味, 塵培華岳 無增萬仞之高.

지극한 허공을 건널 수 있어 몸에 한계가 없는 것이 '대(大)'요, 다함이 없는 바다를 마실 수 있어 법문이 한량없는 것이 '방(方)'이요, 티끌 수만큼의 세상을 부수어도 셀 수 있어 작용을 헤아릴 수 없는 것이 '광(廣)'이요, 깨달음과 깨달음의 대상을 떠나 만법의 그윽하고 깊음을 밝히는 것이 '불(佛)'이요, 만행(萬行)을 향기롭게 펴서 뭇 덕을 영화롭게 빛내는 것이 '화(華)'요, 자비를 원만히 하고 덕을 행하여 십신(十身)[7]을 꾸미는 것이 '엄(嚴)'이요, 현묘하고 미묘함을 통관·포섭하여 참된 빛의 문채를 이루는 것이 '경(經)'이다.

極虛空之可度, 體無邊涯, '大'也. 竭滄溟而可飮, 法門無盡, '方'也. 碎塵刹而可數, 用無能測, '廣'也. 離覺所覺, 朗萬法之幽邃, '佛'也. 芬敷萬行, 榮輝衆德, '華'也. 圓慈行德, 飾彼十身, '嚴'也. 貫攝玄微, 以成眞光之彩, '經'也. 『華嚴釋題』, 한불7:295중-하

| 자료 1-2 | 법계(法界)의 덕상(德相)

위대하도다! 진계(眞界)의 만법이 이에 비롯함이여! 공(空)과 유(有)를 감싸고 있으나 모습이 없으며, 언어와 형상에 들어가되 자취가 없다. 묘유(妙有)는 그것을 얻어 존재하지 않고, 진공(眞空)은 그것을 얻어 공하지 않다.[8] 생멸(生滅)은 그것을 얻어 진정

---

7 『화엄경』에 의하면 2종의 십신(十身)이 있다. 먼저 융삼세간십신(融三世間十身)은 중생신(衆生身)·국토신(國土身)·업보신(業報身)·성문신(聲聞身)·독각신(獨覺身)·보살신(菩薩身)·여래신(如來身)·지신(智身)·법신(法身)·허공신(虛空身)을 말하며, 이것을 '해경(解境)의 십신(十身)'이라고도 한다. 불구십신(佛具十身)은 앞의 십신 중 제7 여래신을 10으로 나눈 것으로 보리신(菩提身)·원신(願身)·화신(化身)·역지신(力持身)·상호장엄신(相好莊嚴身)·위세신(威勢身)·의생신(意生身)·복덕신(福德身)·지신(智身)·법신(法身)이 있으며, 이를 '행경(行境)의 십신'이라고도 한다.

8 '진공묘유(眞空妙有)'는 '편공편유(偏空偏有)'의 반대로서 곧 공에도 유에도 치우치지 않는 것을 말한다. 따라서 진공과 묘유는 따로따로 개별의 것은 아니다. 모든 것[五蘊]은 여러 가지의 조건[因緣]에 의존하는 것이므로 실체가 없는 것[空]임과 동시에, 그렇기 때문에 거짓으로 존재하는 것[有]으로서 세간적 관습상의 세계에

으로 영속하고, 연기(緣起)는 그것을 얻어 서로 비춘다.

우리 부처님은 그것을 얻어 참된 깨달음을 실천하시고, 세속을 크게 정화하셨으며, 만 가지 변화를 연출하는 중에도 고요하셨고, 오롯이 비어 있는 가운데에서도 움직여 작용하셨다. 몸과 세간을 융합하여 서로 합하였고, 소리와 빛을 내어 멀리 비추셨다. 우리 부처님께서 그것을 얻어 허극(虛極)을 신령스럽게 비추셨으나 대허(大虛)가 [따로] 없으니 어찌 가없는 비춤을 펼치겠는가? 진계(眞界)가 [따로] 없으니 어찌 허공과 같은 마음을 깨끗하게 하겠는가? 모든 부처님의 마음 가운데에서 중생은 새로이 계속 부처가 되는 것이며, 중생의 마음 가운데에서 모든 부처님은 생각생각에 진리를 증득하는 것이니, 움직임은 비록 변화무쌍하나 많은 것이 아니요, 사(事)와 리(理)[9]가 교섭하여 양쪽을 잊는 것이며, 성(性)과 상(相)[10]이 융통하여 끝이 없는 것이다. 한 글자의 법문이라도 바다 같은 먹으로 써도 다하지 않는 것이요, 하나의 털끝 같은 선(善)이라도 허공계가 다하도록 [그 공덕이] 없어지지 않는 것이다.

大哉! 眞界萬法資始歟! 包空有而絶相, 入言象而無迹. 妙有得之而不有, 眞空得之而不空. 生滅得之而眞常, 緣起得之而交映. 我佛得之, 妙踐眞覺, 廓淨塵習, 寂寥於萬化之域, 動用於一虛之中. 融身刹以相合, 流聲光而遐燭. 我皇得之, 靈鑑虛極, 不有大虛, 曷展無涯之照? 不有眞界, 豈淨等空之心? 諸佛心內, 衆生新新作佛, 衆生心中, 諸佛念念證眞. 動千變而非多, 事里交涉而兩忘, 性相融通而無盡. 一字法門, 海墨書而不盡, 一毛之善, 空界盡而無窮.

「華嚴釋題」, 한불7:295하

서는 그 존재성이 인정되고 주장되는 것이다. 다시 말하자면, 비공(非空)의 공(空)을 일컫는 말로 소승에서 말하는 편집의 단공(但空)이 아닌 것을 '진공'이라 하고, 비유(非有)의 유(有)로서 범부의 망계(妄計)에 의한 실유(實有)가 아니므로 '묘유'라고 한다. 따라서 진공이기 때문에 연기의 제법이 완연하고, 묘유이기 때문에 인과의 만법이 일여(一如)함을 말한다.

9 도리(道理)와 사상(事相)이라 할 수 있으며, '리'는 원리·이치, '사'는 만유차별의 현상계를 일컫는다.

10 법상종(法相宗)에서는 성(性)은 원성실성(圓成實性)의 진여이고, 상(相)은 의타기성(依他起性)의 만법이라 한다.

| 자료 1-3 | 화엄(華嚴)의 선정(禪定)

그 정(定)을 말하자면, 무심(無心)에 그윽이 계합하는 것이니, 곧 만법이 움직이나 항상 고요하여 바다는 참된 지혜에 잠기고, 빛은 성품의 공성[性空][11]에 수용되며, 별은 법신(法身)[12]에 펼쳐지고, 그림자는 마음의 물[心水]에 떨어지는 것이다. 부처님의 원만한 법문[圓音]은 구하지 않아도 오래도록 베풀어지며, 과보의 바다[果海]는 생각을 떠나 마음으로 전해지며, 만행(萬行)은 비춤을 잊어도 가지런히 닦이는 것이니, 가고 옴에 때가 없고 움직임과 고요함이 같은 근원이니, 뭇 오묘한 진리[衆妙]를 받아들이고도 남음이 있고 말과 생각을 초월하여 멀리 벗어난 것은 그 오직 법계인가 하노라! 깊고 오묘한 실상[玄微]을 쪼개고 갈라서 마음을 밝게 넓히며, 이치를 궁구하고 본성을 다하고, 결과를 꿰고 원인을 갖추어 넓게 융합하고 광대하게 모두 다 갖춘 것은 오직 『대방광불화엄경』인가 하노라!

語其定也, 冥一如於無心, 卽萬法動而常寂, 海湛眞智, 光含性空, 星羅法身, 影落心水. 圓音非扣而長演, 果海離念而心傳, 萬行忘照而齊修, 往復無際, 動靜一源, 含衆妙而有餘, 超言思而逈出者, 其唯法界歟! 剖裂玄微, 昭廓心境, 窮理盡性, 徹果該因, 汪洋冲融, 廣大悉備者, 其唯大方廣佛華嚴經焉!

그러므로 우리 세존께서는 십신초위(十身初位)[13]를 채우시고서 정각(正覺)이 비로소 이루어지셨으며, 원행(願行)[14]을 타고 두루 미치시며, 허공을 몸체로 삼아 부유하기로는 만 가지 덕을 갖추셨고, 실오라기만한 번뇌도 없으셨다. 지혜 바다의 맑은 파랑은 만상(萬象)을 받아들이고 밝은 성품의 공성의 보름달은 수없는 강물에 떨어지나, 보리수 아래에서 일어나지 않고도 법계에 칠처(七處)를 펼치셨으며, 미래세에 거스름이

---

11 일체의 모든 법은 인연의 화합으로 생긴 것이므로 그 본성은 공(空)하다는 뜻. 따라서 모든 법의 실상을 의미한다. 십팔공(十八空)의 하나.

12 삼신(三身) 중의 하나로서 영원한 이법(理法)으로서의 불타, 본래 진실한 모습, 법 그 자체, 불타가 설한 정법(正法), 진리의 인격화 등등 많은 뜻이 있다.

13 불구십신(佛具十身) 중의 보리신(菩提身).

14 목적을 이루고자 하는 서원과 그에 따른 수행.

없으시니 처음 성도(成道)한 곳에서 이미 구회(九會)를 번창하게 하셨다.[15] 크고 넓으며 그윽한 종지를 다하시며, 생각하기 어려운 바다와 같은 모임을 입으셨도다. 원음(圓音)[16]이 쩌렁쩌렁하여 십찰(十刹)을 갖추어 단박에 두루 하시고, 주인과 손님[主伴]이 겹겹이 상대하여 시방 끝까지 함께 창성하도다. 비록 비고 비어 자취가 끊어졌으나 [십주(十住) 이상의 대승 보살이 머무는] 의천(義天)에 떠 있는 별은 찬연하고, 고요하여 말을 잊었으나 가르침의 바다에 물결은 드넓다. 그러한즉 천 가지 문에 가만히 흘러들어 뭇 경전의 넓은 근원이 되고, 만 가지 덕이 서로 돌아가 뭇 경전을 거두어 권속을 삼았다.

故我世尊, 十身初滿, 正覺始成, 乘願行以彌綸, 混虛空爲體性, 富有萬德, 蕩無纖塵. 湛智海之澄波, 虛諸萬象, 皎性空之滿月, 頓落百川, 不起樹王, 羅七處於法界, 無違後際, 暢九會於初成. 盡宏廓之幽宗, 被難思之海會. 圓音落落, 該十刹而頓周, 主伴重重, 極十方而齊唱. 雖空空絶迹, 而義天之星象燦然, 湛湛亡言, 而敎海之波瀾活汗. 若乃, 千門潛注, 與衆典爲洪源, 萬德交歸, 攝羣經爲眷屬.

「華嚴釋題」, 한불7:295하–296상

| 자료 1-4 | 『화엄경』의 의의

그 뜻이라는 것은 만 가지 변화의 영역에서 참된 본체를 어둡게 하고, 현묘한 가르침 속에서 덕을 드러내는 것이니, 작용이 번잡하게 일어나나 항상 여일하며, 지혜가 두루 비추나 항상 고요하다. 진(眞)과 망(妄)이 서로 통하니 곧 범부의 마음에 나아가 부처의 마음을 보고, 사(事)와 리(理)가 함께 닦이니 본래의 지혜에 의지해 부처의 지혜를 구한다. 리(理)는 사(事)에 따라 변화하니 하나와 여럿 간의 연기(緣起)가 한이 없고, 사(事)는 리(理)와 엉기니 천차만별의 모습으로 드나들지만 장애가 없다.

그러므로 [십현문(十玄門) 중 제법상즉자재문(諸法相卽自在門)에서 말한 것처럼]

---

15 칠처구회(七處九會)는 부처님이 『화엄경』 39품을 일곱 곳의 설법 처소와 아홉 번의 법회에서 나누어 설하신 것을 말한다.

16 모든 중생이 제각기 능력이나 소질에 따라 이해하는 원만한 부처님의 가르침. 『법화경』 모두(冒頭)에 비가 크고 작은 수목을 윤택하게 하는 비유가 나온다.

십신(十身)이 뚜렷하나 서로 성립시키며, 육위(六位)[17]가 어지럽지 않으나 다시 거두어들이는 것이다. [또한 광협자재무애문(廣狹自在無礙門)에서 말한 것처럼] 광대(廣大)한 것이 틈이 없이 좁은 곳에 들어가고, 티끌과 터럭과 같이 작은 것이 밖이 없이 큰 것을 받아들인다. [미세상용안립문(微細相容安立門)에서 말한 것처럼] 전체가 밝게 드러나는 것은 저 [미세한] 겨자들과 그것들을 담은 병과 같으며, [동시구족상응문(同時具足相應門)에서 말한] 동시에 다 갖춰져 있는 것은 바다에 흘러가는 물방울과 같다. [일다상용부동문(一多相容不同門)에서 말한] 하나와 여럿이 서로 걸림이 없는 것은 허공의 뭇 빛살과 같으며, [비밀은현구성문(秘密隱顯俱成門)에서 말한] 숨고 드러나는 것이 함께 이루어지는 것은 가을 하늘의 조각달과 같다. 겹겹이 비추는 것은 [인다라망경계문(因陀羅網境界門)에서 말한] 인드라망의 구슬을 드리운 것 같으며, [십세격법이성문(十世隔法異成門)에서 말한] 생각생각이 원융한 것은 저녁 꿈속에서 세상을 경영한 것과 같다. [탁사현법생해문(托事顯法生解門)에서 말한] 가르침이 중첩된 것은 높고 먼 하늘에 구름이 일어난 것과 같으며, [제장순잡구덕문(諸藏純雜具德門)에서 말한] 만행(萬行)이 흩어져 퍼지는 것은 꽃이 비단 위에 핀 것과 같다.

其爲旨也, 冥眞體於萬化之域, 顯德相於重玄之門, 用繁興而恒如, 智周鑑而常靜. 眞妄交徹, 卽凡心而見佛心, 事理雙修, 依本智而求佛智. 理隨事變, 則一多緣起之無邊, 事得理融, 則千差涉入而無礙. 故得十身歷然而相作, 六位不亂而更收. 廣大卽入於無間, 塵毛包納而無外. 炳然齊現, 猶彼芥缾, 具足同時, 方之海滴. 一多無礙, 等虛空之千光, 隱顯俱成, 似秋空之片月. 重重皎映, 若帝網之垂珠, 念念圓融, 類夕夢之經世. 法門重疊, 若雲起長空, 萬行芬披, 比花開錦上.

한편 [그 뜻은] 지고하여 우러러볼 수 없으니, 선행을 쌓은 보살도 용문에서 [용이 되지 못하고서] 비늘을 말릴 것이다.[18] 깊어서 살필 수가 없으니, 덕 높은 성문승도 아

---

17 십신(十信)·십주(十住)·십행(十行)·십회향(十廻向)·십지(十地)·불지(佛地)로 보살 수행의 여섯 단계를 말한다.

18 징관의 『대방광불화엄경수소연의초(大方廣佛華嚴經隨疏演義鈔)』 권2(大正36:11상)에 따르면, 무량 백천억 나유타 겁 동안 육바라밀을 닦는 등 '선행을 쌓은 보살[積行菩薩]'일지라도 『화엄경』과 같은 여래의 불가사의한 법문을 듣지 못하거나 듣더라도 믿고 이해하여 깨닫지 못한다면 진실한 보살이 되지 못하는 '거짓 이름의

름다운 법회에서 보고 듣는 것을 막을 것이다. [그러면서도] 견문(見聞)이 종자가 되어 여덟 가지 어려움에도 불구하고 십지(十地)[19]의 계위를 뛰어넘는 것이다. 이해와 실천행이 자신에게 갖추어져 있으면, 일생 동안 오랜 겁의 과보를 원만히 한다. 다른 한편으로 [그것은] 사자가 갈기를 떨치매 뭇 바다를 수풀 가운데 단박 증득하며, 코끼리왕이 맴도니 육천의 도(道)가 언하(言下)에 이루어지는 것[과 같은 것]이다. [복성(福城)] 동쪽 사당[東廟]에서 밝음을 열어 지혜가 가득 차더라도 처음 마음과 다르지 않다. 지위에 맡겨 남쪽에서 [선지식 만나기를] 구하여 인위(因位)가 원만해지더라도 털구멍을 넘지 않는다. 티끌같이 수다한 경전을 쪼개면 곧 생각마다 과보가 이루어지고, 중생의 서원을 다하면 곧 티끌마다 실천행이 차게 되는 것이다. 진실로 가히 항상된 묘한 말씀이요, 사방에 통하는 넓은 규범이며, 본성에 맞는 지극한 말이요, 일승(一乘)의 중요한 법칙이라 이를 수 있다.

若夫, 高不可仰, 則積行菩薩, 曝鰓鱗於龍門. 深不可窺, 則上德聲聞, 杜視聽於嘉會. 見聞爲重, 八難超十地之階. 解行在躬, 一生圓曠劫之果. 若夫, 獅子奮迅, 衆海頓證於林中, 象王廻旋, 六千道成於言下. 啓明東廟, 智滿不異於初心. 寄位南求, 因圓不逾於毛孔. 剖微塵之經卷, 則念念果成, 盡衆生之願門, 則塵塵行滿. 眞可謂常恒之妙說, 通方之洪規, 稱性之極談, 一乘之要軌也.

이 현묘한 뜻을 탐구하는 것이 도리어 나머지 경들을 보는 것이니, 그것은 밝은 해와 수려한 하늘이 뭇 경치의 빛을 빼앗으며, 수미산이 바다를 가로질러 여러 높은 봉우리들을 낮추는 것과 같은 것이다.

이러한 까닭에 [용수(龍樹, 150?-250?)] 보살은 용궁에서 비밀을 찾았고, [지엄(智

보살[假名菩薩]'에 지나지 않으며, 이들은 마치 물고기가 용문에 올랐지만 용이 되지 못한 채 그 아가미와 비늘을 말리고 있는 것과 같다.

19 보살이 수행 과정에서 겪지 않으면 안 되는 52위(位) 중 제41에서 제50까지의 계위이다. 보살은 이 위에 오를 적에 비로소 무루지(無漏智)를 내어 불성을 보고, 성자가 되어 불지(佛智)를 길러 보존함과 아울러 널리 중생을 지키고 육성하기 때문에 이 계위를 '지위(地位)', '십성(十聖)'이라 하고 지위에 있는 보살을 '지상(地上)의 보살', 초지(初地)에 오른 보살을 '등지(等地)의 보살', 그 이전의 보살을 '전지(前地)의 보살'이라 한다.

嚴, 350-427), 법업(法業, ?-?), 일조(日照, 614-688), 실차난타(實叉難陀, 652-710) 등] 위대한 현인들은 중국에서 드날렸다. 돌이켜 생각해 보건대, 정법시대에도 오히려 맑은 광휘가 숨겨져 있었거늘 요행히 상법(像法)시대[20] 말에 이러한 현묘한 교화를 만났고, 하물며 부처를 만나 영취산(靈鷲山)의 그윽한 종지를 생각할 수 있었으니, 어찌 기뻐 날뛰지 않겠는가? 진대(晋代)에 미묘한 말씀을 번역해 내자 두 아이가 상서로움을 보였고, 당대(唐代)에 지극한 가르침을 [다시] 번역하자 감로수가 상서로움을 드러내었다. [이에] 그윽이 호위하자 [그 감통이] 분명하였기에 친히 황제가 붓을 들었었다. [세친(世親, 4-5세기)의] 논서(『십지경론(十地經論)』)가 완성되자 서역은 곧 땅이 진동하고 빛이 흘렀으며, 그 뜻을 청량산(清涼山, 오대산)에서 사무친 [유겸지(劉謙之, 405-419)와 영변(靈辨, 477-522)은] 곧 현묘한 깨달음에 통하였다. [안풍군(安豊郡)의 왕연명(王延明, ?-?)과 중산왕(中山王) 원희(元熙, ?-520)가] 글자들을 쓰자 경전은 곧 오색으로 빛났고, [『화엄경』을 수지·독송하던 덕원(德圓, ?-?)의 정원에서는] 닥나무 향기가 사방에 퍼졌고, [등원상(鄧元爽, ?-?)이 사경(寫經)을 하자 모친의 봉분 옆에는] 겨울 해바라기가 농염한 빛을 비추었으며, [법성(法誠, ?-?)이 칠처구회상(七處九會像)을 그리고 나서는] 상서로운 새가 꽃을 머금었었다. [영휘(永徽) 연간(650-656)에 태백산에 은거한 혜오(慧悟, ?-?)는] 독송하자 아득히 허공을 밟았고, [변재(辨才, ?-?)는 『화엄경』을 3년간 정대(頂戴)하다가 깨우쳐] 환하게 거울에 임하였으며, [두순(杜順, 558-641)에게 출가한 번현지(樊玄智, ?-?)는 경전을 독송할 때마다 입에서] 매번 사리(舍利)를 품었고, [경조(京兆) 연흥사(延興寺) 승려인 원율사(苑律師, ?-?)는] 때마침 [『화엄경』을 지송(持誦)하는] 신승(神僧)을 만났다. [역시 『화엄경』을 지송하던 숭복사(崇福寺) 승려 혜우법사(慧祐法師, ?-?)는 10여 명의 보살이] 땅에서 솟아 금색의 몸을 드러내는 것을 나아가 맞았다. [우전(于闐)국 사미(沙彌) 반야미가박(般若彌伽薄)은] 하늘에 올라 아수라의 진영에 머물러 [그들을 흩어지게 하였다. 해탈화상(解脫和尙)은] 관행(觀行)으로써 무생의 진리를 증득하였으니, 게송과 찬탄이 허공에 펼

---

20 정법(正法)시대는 정(正)·상(像)·말(末) 삼시 가운데, 교법과 수행 증과(證果) 셋이 다 있어서 불법이 가장 성한 시기를 말하며 기간은 불멸 후 천년을 가리킨다. 상법(像法)시대는 정법시대와 비슷한 시기라는 뜻으로 정법시대 후 천년을 말한다.

쳐졌다. [『화엄경』에 의지하여 단비를 기원하던 도영(道英, ?-?)의 기도를] 해신(海神)은 듣고 때에 맞는 비를 내렸으며, [수나라 때 승려 영간(靈幹)이 죽기 직전에 본] 천동(天童)은 그를 맞아 큰물을 가득 차게 하였다. [구나발타라(求那跋陀羅, 394-468)가] 강의할 때는 중국어와 산스크리트어의 음운이 통하였으며, [늑나마제(勒那摩提, 477?-569?)가 설법할 때는] 사람과 천신[人天]이 함께 따랐으며, [법순(法順=杜順)은] 홍수가 끊기게 하였고, [법장(法藏)이 태어났을 때와 지엄이 거처하던 운화사를 보았을 때, 그리고 자신이 운화사에서 강의할 때] 신령한 빛이 집에 들었다.[21]

진실로 한 문장의 깊은 진리로 뜻을 포섭하여 버리는 것이 없는 것이요, 한 게송의 공덕으로 능히 지옥을 깨뜨리는 것이며, 손 씻은 물로도 오히려 중생의 목숨을 구하는 것이요, 독송하고 생각하며 닦는 공덕이 지혜를 심는 것과 같도다. 과거 생에 어떤 행운이 있어 이 글을 감응해 만날 수 있었던가? 그 지난 자취가 분명하게 드러나 있으니 전기에 갖추어져 있다.

尋斯玄旨, 却覽餘經, 其猶杲日麗天, 奪衆景之耀, 須彌橫海, 落羣峯之高. 是以菩薩搜秘於龍宮, 大賢闡揚於東夏, 願惟正法之代, 尙匿淸輝, 幸哉像季之時, 偶斯玄化, 況逢聖主, 得在靈山, 曷思幽宗, 豈無慶躍! 自晋譯微言則雙童現瑞, 唐翻至敎則甘露呈祥, 冥衛昭然, 親紆御筆. 論成西域, 則地震光流, 志撤淸凉, 則感通玄悟. 其書寫也, 則經輝五色, 緖香四達, 冬葵發艶, 瑞鳥啣花. 讀誦則渺然履空, 煥若臨鏡, 每含舍利, 適會神僧, 湧地現金色之身. 昇天止修羅之陣. 觀行無生入證, 偈讃排空. 海神聽而時雨滂流, 天童迎而大水瀰漫. 講說則華梵通韻, 人天共遵, 洪水斷流, 神光入宇. 良以一文之妙, 攝義無遺, 一偈之功, 能破地獄, 盥掌之水, 尙拯生靈, 讀誦思修, 功齊種智. 宿生何幸, 感遇斯文? 其事跡昭彰, 備於記傳.

「華嚴釋題」, 한불7:296상-하

---

21 이 단락에 인용된, 『화엄경』의 전승·수지·독송과 관련된 인물들의 이름은 징관의 『대방광불화엄경수소연의초(大方廣佛華嚴經隨疏演義鈔)』 권2(大正36:13하-14상)와 권15(大正36:113하-116중)에 의거하여 보충한 것이다.

| 자료 1-5 | 화엄원돈의 세계

산승이 자리에 올라 화엄의 대의를 제창하니, 어떤 사람이 묻기를, "끝이 없는 세상에 나와 남이 털끝만큼도 떨어져 있지 않다고 하는데, 이미 나와 남이 있는데 어찌하여 떨어져 있지 않습니까?" 하였다.

답하여 이르길, "회주(懷州)의 소가 벼를 먹으니, 익주(益州)의 말이 배불렀다" 하였다.

혹자는 묻기를, "십세(十世)[22]와 고금(古今)의 시작과 끝이 한 순간과 떨어져 있지 않다고 하는데, 이미 시작과 끝이 있는데 어찌하여 떨어져 있지 않다고 합니까?" 하였다.

답하여 이르길, "온 세상이 의원을 찾아 돼지 오른쪽 어깨에 뜸을 놓는다" 하였다.

나와서 이르길, "이 모임은 경전을 번역하여 선양하는 자리이니 수고로이 선(禪)을 설하지 마십시오. 또한 선사께서는 교학의 뜻을 바로 말씀해 주시길 바라옵니다" 하였다.

답하여 이르길, "산승이 어찌 두 개의 혀가 있겠는가?" 하였다.

혹자는 묻기를, "일진법계(一眞法界)[23]·십종현문(十種玄門)[24]은 또한 자타(自他)·시종(始終)이 있습니까, 없습니까?" 하였다.

답하여 이르길, "어떻게 이 많은 골동품이 왔는가?" 하였다.

나와서 이르길, "이미 많은 골동품이 없으니, 필경 화엄이 설하는 뜻은 무엇입니까?" 하였다.

답하여 이르길, "화엄을 설한다" 하였다.

혹자는 묻기를, "법계·현문을 물리치면 『화엄경』은 또 어디에 있는 것입니까?" 하

---

22 과거, 현재, 미래에 각각 과거, 현재, 미래가 있어 구세(九世)가 되고 이 구세가 또한 한 순간에 지나지 않으므로 구세와 한순간을 합해 '십세(十世)'라 한다.

23 오직 하나인 참된 세계, 차별이 없는 우주의 실상(實相).

24 사사무애법계(事事無礙法界)의 모습을 시간적·공간적 관계를 통하여 설명한 것으로서 현상과 현상이 서로 일체화하여[相卽] 서로 작용을 주고받아도 방해됨이 없고[相入], 그물의 코와 같이 결합되어 물건의 있는 그대로의 본성에 꼭 들어맞게 되어 있다고 하는 법계연기(法界緣起)의 깊은 의미를 나타내는 열 가지 문이라는 뜻이다. 징관이 『화엄경소초현담(華嚴經疏抄玄談)』 권6(新纂續5:782상)에서 조술한 바에 따르면, 십문은 동시구족상응문(同時具足相應門)·광협자재무애문(廣狹自在無礙門)·일다상용부동문(一多相容不同門)·제법상즉자재문(諸法相卽自在門)·은밀현료구성문(隱蜜顯了俱成門)·미세상용안립문(微細相容安立門)·인다라망경계문(因陀羅網境界門)·탁사현법생해문(託事顯法生解門)·십세격법이성문(十世隔法異成門)·주반원명구덕문(主伴圓明具德門)이다.

였다.

답하여 이르길, "지금 모든 이의 손안에 있다" 하였다.

나아와 이르길, "그렇다면 보는 자, 듣는 자, 산 자, 죽은 자가 모두 받아들여 봉행하게 될 것입니다" 하였다.

답하여 이르길, "당신에게 서 푼을 주겠으니, 짚신을 사도록 하라" 하였다.

山僧升于此座, 提唱華嚴大意, 或有問, "無邊刹鏡, 自他不隔於豪端, 旣有自他, 因甚不隔?" 答云, "懷州牛喫禾, 益州馬腹脹." 或問, "十世古今, 始終不離於當念, 旣有終始, 因甚不離?" 答云, "天下覓醫人, 灸猪左膊上." 進云, "此會翻宣敎典, 毋勞說禪. 且望禪師, 直談敎義." 答云, "山僧何曾有兩箇舌頭?" 或問, "一眞法界, 十種玄門, 還有自他終始也無?" 答云, "那得許多骨董來?" 進云, "旣無許多骨董, 畢竟華嚴所說何義?" 答云, "說華嚴." 或問, "離却法界玄門, 華嚴經還在甚處?" 答云, "現在諸人手裸." 進云, "與麽則, 見者聞者存者亡者, 皆得信受奉行去也." 答云, "贈汝三文買草鞋."

중이 예배하자 산승이 답하여 이르길, "선객은 선을 묻고, 산승에게 교의를 직접 이야기할 것을 부촉하였다. 산승은 다만 하나의 혀를 가졌는데 선객은 도리어 두 개의 귀를 가졌도다. 지금 인정(人情)에 따라 있는 그대로의 진리를 드러낼 것이니, 대중에게 일진법계를 설하여 무변세계로 모두 거두어들이고, 십종현문을 설하여 무량법문으로 모두 거두어들일 것이다.

사(事)와 리(理)가 즉(卽)하고, 성(性)과 상(相)이 즉하고, 속(俗)과 진(眞)이 즉하고, 인(因)과 과(果)가 즉하고, 주(主)와 반(伴)이 즉하고, 성(聖)과 범(凡)이 즉하고, 정보(正報)와 의보(依報)[25]가 즉하고, 다(多)와 일(一)이 즉한다. 이것은 마치 인드라망의 구슬이 겹겹이 비추고 되비추는 것과 같고, 향수해(香水海)[26]가 곳곳에 스며 있는 것과 같으니 신통력으로 그렇게 되도록 한 것이 아니고 법이 저절로 이와 같은 것이다. 그것을 미혹한 자는 길에 막히지만, 깨달은 자는 있는 그 자리에서 온전히 드러내니, 이것

25 과거세에 지은 업인(業因)에 의해 그 갚음으로 얻어진 유정(有情)의 몸을 '정보(正報)'라고 하며, 그 몸이 의지하고 있는 환경 곧 국토[器世間]를 '의보(依報)'라고 한다.

26 수미산을 둘러싸고 있는 내해(內海)는 모두 '향수해'라 하며, 이에 연화장세계 향수해와 사바세계 향수해의

이 화엄원돈(華嚴圓頓)[27]의 본성에 맞는 이야기이다."

僧禮拜, 山僧答云, "禪客問禪, 囑山僧直談敎義. 山僧只有一箇舌頭, 禪客却有兩片耳朶. 如今曲順人情擧些現成, 說話大衆一眞法界, 無邊世界以俱收, 十種玄門, 無量法門而摠攝. 卽事卽理, 卽性卽相, 卽俗卽進, 卽因卽果, 卽主卽伴, 卽聖卽凡, 卽正卽依, 卽多卽一. 如帝網珠, 重重顯現, 如香水海, 處處含容, 非神通使然, 乃法爾如是. 迷之者, 觸途成滯, 悟之者, 當處全彰. 這箇是華嚴圓頓稱性之談也." 「華嚴釋題」, 한불7:296하-297상

| 자료 1-6 | 원융문과 항포문

'화엄'이라는 것은 우리 세존이 칠처(七處)·구회(九會)에서 말씀하신 경전이다. '칠처·구회'란 최초의 보리도량(菩提道場), 두 번째 보광명전(普光明殿), 세 번째 도리천(忉利天), 네 번째 야마천(夜摩天), 다섯 번째 도솔천(兜率天), 여섯 번째 타화천(他化天), 일곱·여덟 번째 보광명전에서의 거듭된 모임, 아홉 번째는 서다림(逝多林)이다. 첫 번째 모임에선 여래의 의보(依報)·정보(正報)를, 두 번째 모임에선 십신(十信)[28]을, 세 번째 모임에선 십주(十住)[29]를, 네 번째 모임에선 십행(十行)[30]을, 다섯 번째 모임에선 십회향(十回向)[31]을, 여섯 번째 모임에선 십지(十地)를, 일곱 번째 모임에선 등각(等

두 가지가 있다고 한다.

27 원(圓)이 곧 돈(頓)이라는 화엄의 가르침.

28 보살의 수행계위 52위 가운데 처음의 십신위를 말한다. 불법의 진리를 믿어 의심이 없는 지위로서 신심(信心)·염심(念心)·정진심(精進心)·혜심(慧心)·정심(定心)·불퇴심(不退心)·호법심(護法心)·회향심(廻向心)·계심(戒心)·원심(願心)이다.

29 보살의 수행계위 52위 가운데 제11위에서 제20위까지를 일컫는다. 그 각각은 발심주(發心住)·치지주(治地住)·수행주(修行住)·생귀주(生貴住)·구족방편주(具足方便住)·정심주(正心住)·불퇴주(不退住)·동진주(童眞住)·법왕자주(法王子住)·관정주(灌頂注)이다.

30 보살이 수행하는 52위 가운데 제21위로부터 제30위까지의 보살위이다. 10주위의 마지막 관정주에서 진정한 불자임을 인가받아 확인한 뒤 더 나아가 이타행을 완수하는 지위로서 그 각각은 환희행(歡喜行)·요익행(饒益行)·무진한행(無瞋恨行)·무진행(無盡行)·이치란행(離癡亂行)·선현행(善現行)·무착행(無着行)·존중행(尊重行)·선법행(善法行)·진실행(眞實行)이다.

31 보살이 수행해 나아가는 52위 가운데 제31위부터 제40위까지를 이른다. 앞서 닦은 자리·이타의 행을 일체 중생을 위하여 널리 돌려주는 공덕으로 불과(佛果)를 향해 나아가는 지위로서 그 각각은 구호일체중생이상회향(救護一切衆生離相廻向)·불괴회향(不壞廻向)·등일체제불회향(等一切諸佛廻向)·지일체처회향(至一切

覺)·묘각(妙覺)[32]을 설하셨으니, 이상의 일곱 번의 모임은 모두 순서대로 설한 것으로 그것을 일러 '항포문(行布門)'이라 한다.

여덟 번째와 아홉 번째의 두 모임에서는 넓은 지혜의 구름이 이백문(二百問)을 일으켰으며 보현보살의 병은 이천수(二千酬)를 쏟아내었다. 무릇 한 법을 설하면 일체 법이 모두 그 속에 있게 되니, 그것을 일러 '원융법문(圓融法門)'이라고 한다. 항포문은 마치 도리꽃·오얏꽃과 같이 먼저 꽃이 핀 후에 열매가 열리는 것이고, 원융문은 연꽃처럼 꽃과 열매가 동시에 이루어진다.

'華嚴'者, 吾世尊七處九會所談之經也. '七處九會'者, 最初菩提場, 第二普光明殿, 第三忉利天, 第四夜摩天, 第五兜率天, 弟六他化天, 弟七弟八重會普光明殿, 弟九逝多林也. 弟一會說如來依報正報, 弟二會說十信, 弟三會說十住, 弟四會說十行, 弟五會說十廻向, 弟六會說十地, 弟七會說等覺妙覺. 如上七會並是次弟而說. 謂之'行布法門', 弟八及弟九兩會, 普慧雲興二百問, 普賢瓶瀉二千酬. 凡說一法, 則一切法, 摠在裸許. 謂之'圓融法門,' 行布如桃花李花先花後果, 圓融如蓮花花果同時.

원융문에는 또 두 가지 뜻이 있으니, 첫 번째는 원인이 결과의 바다를 포함하는 것이고, 두 번째는 결과가 원인의 근원에 통하는 것이다. 원인이 결과의 바다를 포함하고 있다는 것은 십신을 들었을 때, 십주·십행·십회향·십지·등각·묘각이 모두 그 속에 있는 것이요, 결과가 원인의 근원에 통한다는 것은 등각·묘각을 들었을 때, 십지·십회향·십행·십주·십신이 또한 모두 그 속에 있는 것이다.

그래서 말하기를, 항포는 곧 교상차별(敎相差別)이요 원융은 성상무애(性相無礙)이다. 상(相)은 곧 성(性)의 상인 까닭에 항포는 원융을 장애하지 않고, 성은 곧 상의 성인 까닭에 원융은 항포를 장애하지 않는 것이다. 원융이 항포를 장애하지 않는 까닭에 하나는 무량이 되고, 항포가 원융을 장애하지 않는 까닭에 무량은 하나가 된다. 무량이

處廻向)·무진공덕장회향(無盡功德藏廻向)·입일체평등선근회향(入一切平等善根廻向)·등수순일체중생회향(等隨順一切衆生廻向)·진여상회향(眞如相廻向)·무박무착해탈회향(無縛無着解脫廻向)·입법계무량회향(入法界無量廻向)이다.

32 등각은 보살 수행의 52위 가운데 제51위로서 널리 진리를 깨달아 제불과 깨달음의 내용이 동등한 것을 말하며, 묘각은 보살 수행의 최후 자리로서 번뇌를 끊고 지혜가 원만하게 갖추어진 것을 말한다.

하나가 되면 융통함이 숨게 되며, 하나가 무량이 되면 끌어들임이 거듭되니, 이와 같은 아홉 모임의 경이 모두 80권을 이룬 것이다. 그러나 이 80권은 나뉘어 사분(四分)이 되니, 그것을 일러 신(信)·해(解)·행(行)·증(證)이라 한다.

가장 처음에 있는 11권은 중생에게 신(信)의 문을 열어 주고, 다음에 있는 41권은 중생에게 해(解)의 문을 열어 주며, 또 그다음에 있는 7권은 중생에게 행(行)의 문을 열어 주며, 또 그다음에 있는 21권은 중생에게 증(證)의 문을 열어 준 것이다. 한 부의 큰 경권이라도 신·해·행·증의 사분을 벗어나지 않으며, 사분에서 펼친 뜻은 오주(五周)·육상(六相)[33]·십현문(十玄門)·사법계(四法界)[34]를 벗어나지 않는다. 믿음으로 인해 이해하며, 이해로 인해 행하며, 행으로 인해 증득하는 것이니 이것이 한 경전의 본말의 큰 뜻이다.

圓融又有二義, 一因該果海, 二果撤因. 源因該果海者, 擧十信時, 十住十行十回向十地等覺妙覺, 都在裏許. 果徹因源者, 擧等覺妙覺時, 十地十回向十行十住十信, 亦都在裸許. 所以道, 行布則教相差別, 圓融則性相無礙. 相是卽性之相故, 行布不礙圓融, 性是卽相之性故, 圓融不礙行布. 圓融不礙行布故, 則一爲無量, 行布不礙圓融故, 則無量爲一. 無量爲一, 則融通隱隱, 一爲無量, 則涉入重重, 如是九會之經, 共成八十卷也. 然此八十卷經, 分作四分, 謂之信解行證也. 最初有十一卷, 爲衆生開發信門, 其次有四十一卷, 爲衆生開發解門, 又其次有七卷, 爲衆生開發行門, 又其次有二十一卷, 爲衆生開發證門. 一部大經, 不出信解行證之四分, 四分所詮之義, 不出五周六相十玄門四法界也. 由信而解, 由解而行 由行而證, 斯一經本末之大旨也.

「華嚴釋題」, 한불7:297상–중

| 자료 1-7 | 법계는 곧 마음이다

한 경의 큰 뜻은 이미 분명해졌으나 앞에서 이른바 "그것을 미혹한 자는 길에서 막

33 화엄종에서 말하는 만유 하나하나가 가지고 있는 육종의 상(相)으로서 총상(總相)·별상(別相)·동상(同相)·이상(異相)·성상(成相)·괴상(壞相)이다.

34 화엄종의 4종 법계로서 전 우주는 일심으로 일괄할 수는 있지만 이것을 현상과 원리로 보면, 사법계(事法界)·이법계(理法界)·이사무애법계(理事無礙法界)·사사무애법계(事事無礙法界)의 네 가지가 되는 것이다.

힌다"고 하였으니, 이 뜻은 무엇인가? 이는 곧 당시에 이승(二乘)이 자리에 있어서, 귀가 있으나 원돈(圓頓)의 가르침을 듣지 못하고, 눈이 있으나 비로자나불의 몸을 보지 못하였던 것이 이것이다.

"깨달은 자는 있는 그 자리에서 온전히 드러낸다"는 것은 또 무슨 뜻인가? 이것은 곧 현전해 있는 여러 대덕이 아무개를 위하여 십종현문(十種玄門)을 가리켜 보이고 일진법계(一眞法界)를 드러내는 이것이다. 어찌 도를 보지 못하는가? 화장세계(華藏世界)[35]에 있는 티끌 하나하나 속에서 법계를 보는데, 여러분은 [그것을] 보는가? 지금 산승이 구슬을 세어 올라가니 십종현문이 열리고, 구슬을 세어 내려가니 일진법계가 드러난다.

一經大旨, 旣已昭然, 然則前所謂"迷之者觸途成滯." 此義何耶? 此卽當時, 二乘在座, 有耳不聞圓頓敎, 有眼不見舍那身者, 是也. "悟之者, 當處全彰." 此又何義耶? 此卽現前諸山大德, 爲某指示十種玄門, 顯揚一眞法界者, 是也. 豈不見道? 華藏世界所有塵, 一一塵中見法界, 諸人還見麼? 卽今山僧數珠頭上, 十種玄門開了也, 數珠下, 一眞法界現了也.

이렇게 보면, 곧 허공을 다하고 법계에 두루 가득한 끝없는 광명의 공덕을 갈무리한 몸이 지금 이곳에 있는 것을 보게 될 것이다. 불국토의 티끌 수 같은 보살의 바다와 같은 모임이 또한 이곳에 있으며, 불국토의 티끌 수 같은 모든 선지식·천룡(天龍) 팔부가 또한 이곳에 있으며, 불국토의 티끌 수 같은 보좌(寶座)·보상(寶床)·보망(寶網)·보장(寶帳)·보수(寶樹)·보련(寶蓮)·보화(寶華) 장식 구슬이 또한 이곳에 있으며, 불국토의 티끌 수 같은 향염운(香燄雲)·화염운(花燄雲)·등염운(燈燄雲)·마니운(摩尼雲)·사자당운(獅子幢雲)이 또한 이곳에 있으며, 묻는 것도 이곳에 있고 답하는 것도 이곳에 있으며, 원융도 이곳에 있고 항포도 이곳에 있으며, 신(信)도 이곳에 있고 해(解)도 이곳에 있고 행(行)도 이곳에 있고 증(證)도 이곳에 있으며, 미륵이 손가락을 튕겨 누각의 문을 연 것도 이곳에 있으며, 문수가 손을 펴 선재동자의 이마를 쓰다듬은 것도 이곳에

35 '연화장세계'의 약칭. 석가모니불의 진신(眞身)인 비로자나불의 정토. 가장 밑은 풍륜(風輪), 풍륜 위에 향수해가 있고 향수해 가운데 대연화가 있으며, 이 연화 안에 무수한 세계를 포함한다.

있으며, 나아가 오주(五周)·육상(六相)·십현문(十玄門)·사법계(四法界)가 모두 이곳에 있으니, 이 어찌 처하는 곳에서 온전히 드러내는 것이 아니겠는가?

恁麼見得, 便見盡虛空徧法界無盡光明功德藏身, 現在這裡. 佛刹微塵數菩薩海會, 亦在這裡, 佛刹微塵數諸善知識天龍八部, 亦在這裡, 佛刹微塵數寶座寶床寶網寶帳寶樹寶蓮寶華鬘纓結, 亦在這裡, 佛刹微塵數香燄雲花燄雲燈燄雲摩尼雲獅子幢雲, 亦在這裡. 問也在這裡, 答也在這裡, 圓融也在這裡, 行布也在這裡, 信也在這裡, 解也在這裡, 行也在這裡, 證也在這裡, 彌勒彈指開樓閣門也在這裡, 文殊伸手摩善財頂也在這裡, 乃至五周六相十玄門四法界, 都在這裡, 此豈不是當處全彰者哉?

내가 지금 다시 아무개를 위하여 친절하고 요긴한 곳을 향하여 총괄하여 그것을 거두어들여 성인과 범부의 경계를 끊겠다. 세존은 일곱 곳에 처하셨으나 나는 이곳 다만 한 곳에 있고, 세존은 아홉 번의 모임을 하셨으나 나는 이곳 다만 한 번의 모임을 할 뿐이고, 세존은 경을 설한 것이 80권이나 나는 이곳 다만 일구(一句)뿐이다. 또 저 '일구'라고 하는 것은 분명하게 한 물건도 없다는 것임을 보는 것이요, 또한 사람도 부처도 없음을 보는 것이다. 대천세계의 모래알 수 같은 세계의 바다에 떠 있는 거품 수와 같은 일체 성현이 번개처럼 스쳐 지나가니, 남김없이 모두 보이는 것이다. 필경에는 어느 곳에서 서로 보겠는가?

한 게송을 들어 보라. "마음을 다하고 요달해서 무심을 분명히 알면, 처한 곳 그 자리에서 온전히 드러나 뜻이 더욱 깊어질지니, 더러운 구덩이가 변하여 화장바다가 되고, 깨달음의 꽃이 피어 들꽃 숲이 무성하리라."

我今更爲某, 向親切簡要處, 摠而收之, 絶斷聖凡境界. 世尊七處, 我這裡只一處, 世尊九會, 我這裡只一會, 世尊說經八十卷, 我這裡只一句. 且道那箇是'一句', 了了見無一物, 亦無人亦無佛. 大千沙界海中漚, 一切聖賢如電拂, 其了則了矣, 畢竟向何處與某相見? 聽取一偈, "了心心了了無心, 當處全彰義轉深, 溷濆變爲華藏海, 覺華開徧雜花林."

비로화장장엄해(毗盧華藏莊嚴海)는 온 누리에 두루하고, 『대방광불화엄경』은 모든 법을 두루 갖춘다 하였으니, 화장해가 이미 일체 처에 두루하거늘, 또 말하자면, 소 우리[牛欄]·마구간[馬廐]·술청[酒肆]·사창가[婬坊]와 장검 숲[劍樹]의 지옥·칼날로 뒤덮인 산[刀山]·끓는 가마솥[鑊湯]·숯 화로[爐炭] 등 더럽고 나쁜 경계는 또 어디에 안착하겠는가? 이미 안착할 곳이 없다면, 곧 숯 화로·끓는 가마솥·칼날로 뒤덮인 산·장검 숲을 가지고 화장해라고 부를 수 있겠는가? 곧 사창가·술청·마구간·소 우리를 가지고 화장해라고 불러야 하겠는가? 만약 화장해라고 부를 수 없다면, 그것을 모든 곳에 두루 존재한다고 말할 수 없다.

『화엄경』이 이미 일체 법을 갖추었거늘, 또 말하자면, 신령이 부르는 소리[神號]·귀신의 울음소리[鬼哭]·물 소리[水響]·바람 소리[風聲]·개 짖는 소리[犬吠]·닭 울음소리[鷄啼]·나귀 울음소리[驢鳴]·말 울음소리[馬呌] 등 더럽고 싫어하는 소리는 또 어디에서 분별하겠는가? 이미 분별할 곳이 없다면, 곧 말 울음소리·나귀 울음소리·닭 울음소리·개 짖는 소리를 『화엄경』이라고 부를 수 있겠는가? 곧 바람 소리·물 소리·귀신의 울음소리·신령이 부르는 소리를 가지고 『화엄경』이라고 부를 수 있겠는가? 만약 『화엄경』이라고 부를 수 없다면 그것을 일체 법을 두루 갖추고 있다고 말할 수 없다. 영리(靈利)한 장부와 영준(英俊)한 뛰어난 선비라도 이곳을 가리킬 경우 나누어 멀어지는 것을 벗어나지 못하니, 산승이 오늘 아무개를 위하여 지적하여 준 것만 못하리라.

毗盧華藏莊嚴海, 徧在一切處, 大方廣佛華嚴經, 徧該一切法. 華藏海旣徧一切處, 且道, 牛欄馬廐酒肆婬坊, 劒樹刀山鑊湯爐炭等, 穢惡境界, 又向何處安着? 旣無安著處, 便將爐炭鑊湯刀山劒樹, 喚作華藏海得麼? 便將婬坊酒肆馬廐牛欄, 喚作華藏海得麼? 若不喚作華藏海, 則不可謂之徧在一切處也. 華嚴經旣該一切法, 且道, 神號鬼哭水響風聲, 犬吠雞啼驢鳴馬呌等, 穢惡聲音, 又向何處分別? 旣無分別處, 便將馬呌驢鳴雞啼犬吠, 喚作華嚴經得麼? 便將風聲水響鬼哭神號, 喚作華嚴經得麼? 若不喚作華嚴經, 則不可謂之徧該一切法也. 靈利丈夫, 英俊上士向這裡, 指點不出分疎, 不過山僧今日爲某指點去也.

한없이 많은 부당향수해(浮幢香水海)와 한없이 많은 세계윤위산(世界輪圍山)과 한없이 많은 보리해탈[도]량(菩提解脫[道]場)과 한없이 많은 마니보광취(摩尼寶光聚)와 한없이 많은 궁전누각운(宮殿樓閣雲), 한없이 많은 연화사자좌(蓮花獅子座)와 한없이 많은 변화장엄신(變化莊嚴身)과 한없이 많은 국성선지식(國城善知識)이 지금 산승이 구슬을 세어 올라가는 것과 동시에 나타난다. 교주이신 비로자나불이 금구(金口)로 설한 바와 보현원왕보살이 설한 바와 문수대지보살이 설한 바와 칠처·구회의 모든 보살이 모임에서 설한 바와 사십일위 법신대사(法身大士)[36]·일체대심중생(一切大心衆生)·천룡(天龍)·수라(修羅) 등이 여러 모임에서 설한 바와 지신(地神)·수신(水神)·화신(火神)·풍신(風神)·산신(山神)·임신(林神)·수신(樹神)·도량신(道場神) 등이 설한 바와 나아가서는 운대(雲臺)·보망(寶網)·진(塵)·찰(刹)·치연설(熾然說)이 금일 산승이 구슬을 세어 내려가는 것과 동시에 일어나는 것이다. 또 말해 보라. 구슬을 세는 것은 어떻게 이처럼 기특한가?

無量無數浮幢香水海, 無量無數世界輪圍山, 無量無數菩提解脫場, 無量無數摩尼寶光聚, 無量無數宮殿樓閣雲, 無量無數蓮花獅子座, 無量無數變化莊嚴身, 無量無數國城善知識, 卽今山僧數珠頭上, 同時顯露了也. 敎主遮那金口所說, 普賢願王菩薩所說, 文殊大智菩薩所說, 七處九會諸菩薩, 當會所說, 四十一位法身大士, 一切大心衆生, 天龍阿修羅等, 衆會所說, 地神說水神說火神說風神說山神林神樹神道場神等所說, 乃至雲臺說寶網說塵說刹說熾然說, 今日山僧數珠下, 同時擧揚了也. 且道, 數珠因甚, 如此奇特?

만약 다른 기특한 곳을 알게 되면 곧 다른 변화가 융통한 곳을 알게 되고, 다른 변화가 융통한 곳을 알게 되면 달리 편재한 일체 처와 다른 모든 것을 포괄하는 일체 법을 알게 되는 것이니, 이렇게 보게 되면 비로소 신령이 부르는 소리·귀신의 울음소리·물소리·바람 소리·개 짖는 소리·닭 울음소리·나귀 울음소리·말 울음소리 등이 한 법도 이 『화엄경』이 아님이 없는 것을 알게 될 것이며, 소 우리·마구간·술청·사창가와 장검숲의 지옥·칼날로 뒤덮인 산·끓는 가마솥·숯 화로 등이 한 곳도 화엄해가 아님이 없음을 알게 될 것이다.

이 마음을 요달하지 못하면 이름과 형상이 만 가지로 다를 것이고, 이 마음을 요달하였다면 체(體)와 용(用)이 일치할 것이니, 마음을 요달한 삼매는 이와 같은 것이다.

---

36 41위는 보살이 수행하여 불과에 이르는 동안의 계위로서 십주·십행·십회향·십지·묘각을 말하며, 법신대사는 한쪽의 무명을 다 끊어서 한쪽의 법성(法性)을 나타내는 보살로 초지 이상의 보살이다.

마음을 요달할 것을 사람들이 알지 못하는 것은 아니다. 끝내 부처다·조사다 하는 견해를 단박에 쓸어 없애고, 분명하게 성인과 범부라는 생각을 끊어 버려라. 마음은 실낱같은 사물도 숨기지 않으며, 묘용은 깊어서 미세한 티끌까지 모두 쓸어 없애 버리는 것이다.

若知他奇特處, 便知他變現融通處. 若知他變現融通處, 徧知他徧在一切處, 徧該一切法也. 恁麼見得, 方知神號鬼哭水響風聲犬吠雞啼驢鳴馬叫等, 無一法不是華嚴經也. 牛欄馬廐酒肆淫坊劒樹刀山鑊湯爐炭等, 無一處不是華嚴海也. 此心未了, 則名相萬殊, 此心旣了, 則體用一致, 了心三昧能如是. 不是了心人不知. 了了頓除佛祖見, 明明絶斷聖凡情. 靈臺不隱絲毫物, 妙用玄微塵掃除. 「華嚴釋題」, 한불7:297중–298중

| 자료 1-8 | 선지식은 누구인가

선지식 53인[37]이 그대의 눈썹과 눈 깜빡임 위에 있는 것이요, 『화엄경』 81권이 그대의 콧구멍과 입술 주변에 있는 것이니, 그대가 만약 눈썹과 눈 깜빡임 위에서 구한다면 천리만리를 지나가는 것이며, 당신이 만약 콧구멍과 입술 주변에서 탐구한다면 천차만차를 여의게 되는 것이니, 어찌 도를 보지 않겠는가? 큰 경권[즉 『화엄경』]은 한 티끌 가운데 있고, 한 사람의 지혜로운 이가 이 티끌을 깨뜨려 이 경전을 나오게 하였으니, 만약 이 경전을 보게 되면 저 81권은 모두 쓸모없는 옛 종이가 되는 것이니, 또 어찌 도를 보지 않겠는가?

참된 선지식은 자기 집을 떠나지 않고 도를 자기에게서 구하며 남을 따라 찾지 않으니, 만약 이 선지식을 보게 되면 저 53인은 모두 길가의 사람들이 되는 것이다. 그대가 만약 이것을 인정하지 않는다 해도, 등한히 놓아 지내지는 않을 것이다. 81권은 시작과 끝이 있으니 처음부터 읽어 가는 것이 좋고, 53인은 앞뒤가 있으니 지위를 따라 찾아보는 것이 좋다.

37 선재동자(善財童子)가 구도를 위하여 문수보살의 지도에 따라 방문한 53인의 선지식.

知識五十三員, 在你眉毛眼睫上, 大經八十一卷, 在你鼻孔口唇邊. 你若要向眉毛眼睫上求, 則千里萬里蹉過了也, 你若要向鼻孔唇邊討, 則千差萬差打失了也. 豈不見道? 有大經卷, 在一塵中, 有一智人, 破此微塵, 出大經卷. 若見得這箇大經, 那八十一卷, 都成閑故紙. 又不見道? 眞善知識, 不離自家, 道在己求, 不從他覓. 若見得這箇知識那五十三員, 摠是路傍人. 你若未能恁麽承當, 却又不許等閑放過. 八十一卷有始有終, 政好從頭讀去. 五十三員, 有前有後, 不妨逐位參來.

경전 가운데 이른바 '선지식'이라고 하는 것은 모든 선근을 자라게 하니 비유하자면 설산이 모든 약초를 자라게 하는 것과 같고, 공덕이 있는 곳이니 비유하자면 큰 바다가 여러 보물을 내는 것과 같으며, 세간법에 물들지 않으니 비유하자면 연꽃이 물에 더럽혀지지 않는 것과 같으며, 모든 악을 받아들이지 않으니 비유하자면 큰 바다가 시신을 묵히지 않는 것과 같으며, 법계를 비춰 밝히니 비유하자면 밝은 해가 사방천하를 비추는 것과 같으며, 보살의 몸을 기르니 비유하자면 부모가 아이들을 양육하는 것과 같다.

또 이르기를, "선지식을 보면 마음이 산란하지 않으며, 장애의 산을 깨뜨리며, 대비의 바다에 들어가 중생을 구호하며, 지혜의 빛을 얻어 법계를 널리 비추며, 널리 능히 시방의 부처바다를 보며, 제불이 법륜을 굴리는 것을 보게 된다"고 한다. 또 이르기를, "선지식과 친근함으로 말미암아 능히 용맹하게 일체의 지혜의 길을 힘써 닦으며, 여러 큰 서원의 바다를 신속하게 나오게 하며, 일체 중생을 대신하여 무량의 괴로움을 받으며, 하나의 티끌 가운데 설법하나 음성은 법계에 편재하며, 생각생각 가운데 구경의 보살도를 행하고 일체 지혜의 경지에 편안히 머무르며, 시방의 국토에 두루 가게 된다"고 한다. 선하도다! 선하도다! 선지식은 이와 같은 이익이 있도다!

所以經中道'善知識'者, 長諸善根, 譬如雪山, 長諸藥草. 善知識者, 是功德處, 譬如大海, 出生衆寶. 善知識者, 不染世法, 譬如蓮花, 不着於水. 善知識者, 不受諸惡, 譬如大海, 不宿死屍. 善知識者, 照明法界, 譬如盛日, 照四天下. 善知識者, 長菩薩身, 譬如父母, 養育兒子. 又云, "見善知識, 心不散亂. 見善知識, 破障礙山. 見善知識, 入大悲海救護衆生. 見善知識, 得智慧光普照法界. 見善知識, 普能覩見十方佛海. 見善知識, 得見諸佛轉於法輪." 又云, "由親近善知識, 能勇猛勤修一切智道. 由親近善知識, 能速疾出生諸大願海. 由親近善知識,能代一切衆生. 受無量苦, 由親近善知識, 能於一微塵中說法, 聲偏法界. 由親近善知識, 於念念中, 行菩薩究竟安住一切智地. 由親近善知識, 而能偏往十方國土.” 善哉善哉! 善知識者, 乃有如是之利益哉!

비록 이와 같기는 하나, 선지식을 보기 위해서는 모름지기 큰 인연이 있어야 하니, 인연이 있는 자는 천 리에 상봉하고 인연이 없는 자는 얼굴을 대하여도 지나쳐 간다. 우담바라꽃[38]은 보기가 쉬워도 큰 선지식은 가장 만나기 어려운 것이니, 이 말이 어찌 사람을 속이는 것이겠는가? 오직 이 아무개는 숙생에 큰 인연이 있어 선지식을 많이 만나 보았도다. 또 산승의 경우에는 진실로 훌륭한 점이 없으나 아무개가 일찍이 향을 바치고 도를 물으며 배우고 애써 왔으니, 지금의 사대(四大)[39]로 이루어진 허깨비 같은 몸이야 비록 이미 죽은 것이라고 말하겠지만, 그 배우고 도를 묻는 마음은 밝고 신령하며 밝고 밝게 두 눈이 두 눈을 마주하였으니, 어찌 일찍이 나고 죽음이 있었겠는가?

앞에서 이른바 참된 선지식은 자기의 집을 떠나지 않는다고 하였으니, 이미 바깥의 지식이 오는 것을 보았다면 자기 집의 지식이 떠나가는 것을 취한 것이다. 아무개는 알겠는가? 물과 연기 어린 여러 성 중에서 누가 다른 사람의 뒤를 따라가고자 하겠는가? 다리가 문을 나서지 않고도 서로 보았고, 집에 이르러도 본래 길을 거치지 않은 것이다. 견해가 다 없어지고 공덕이 이미 마쳐지면 가히 논하여 헤아릴 만한 현묘함이란 다시없는 것이다.

雖然如是, 要見善知識, 須有大因緣. 有因緣者, 千里相逢, 無因緣者, 當面蹉過. 優鉢曇花容易見, 大善知識最難逢, 此語豈欺人哉? 唯此某宿有大因緣, 多見善知識. 且如山僧固無長處, 某也曾納香問道, 求語策進來. 如今四大幻身, 雖曰已死而其求語, 問道之心, 昭昭靈靈, 明明了了, 兩眼對兩眼, 何曾有生死? 適來所謂眞善知識, 不離自家, 旣見外邊知識來, 叅取自家知識去也. 某還會麼? 茫茫烟水百餘城, 誰肯隨人背後行? 脚未跨門相見了, 到家元不涉途程. 解盡見除功已畢, 更無玄妙可論量. 「華嚴釋題」, 한불7:298중–299상

38 인도에서 전륜성왕이 나타날 때 핀다고 하는 상상의 꽃이며, 3천 년에 한 번씩 핀다고 한다.

39 지(地)·수(水)·화(火)·풍(風)을 말하며 대(大)는 원소라는 뜻이다.

| 자료 1-9 | 부처의 경계

만약 사람이 부처의 경계를 알고자 한다면, 마땅히 그 뜻을 허공처럼 하고 망상과 제취(諸趣)[40]를 멀리 떠나 마음이 향하는 바가 모두 장애가 없게 해야 한다. 어떤 것을 일러 '부처의 경계'라고 하는가? 공(空)과 유(有)가 번갈아 드러나며, 이(理)와 사(事)가 걸림이 없고, 일(一)과 다(多)가 상즉하며, 소(小)와 대(大)가 서로 포용하는 것, 무릇 이것을 일러 '부처의 경계'라고 한다.

이로써 볼 때, 한 티끌·한 털이 모두 부처의 경계이고, 모래 한 알·물 한 방울이 모두 부처의 경계이며, 하나의 사방천하·하나의 대천세계, 나아가서는 불국토의 티끌 수와 같은 화엄해가 모두 부처의 경계이다.

어찌하여 당신들 여러 사람은 손을 들어 가리키는 바와 눈을 돌려 바라보는 바 높고 덮는 것은 '하늘'이라 이르고, 낮고 싣는 것은 '땅'이라 이르며, 유행하는 것은 '해와 달'이라 이르고, 배열하여 펴져 있는 것은 '성신(星辰)'이라 이르며, 고요히 머무는 것은 '산'이라 이르고, 움직여 흐르는 것은 '물'이라 이르며, 마음이 있는 것은 '사람'이라 이르고, 마음이 없는 것은 '사물'이라 이르고, 삼라(森羅)한 것을 '만상(萬像)'이라 이르는가? 도리어 참 부처의 경계를 눈앞에 보고 있으면서도 꺼리어 피하니, 어찌 크게 가련하지 않은가!

若人欲識佛境界, 當淨其意如虛空, 遠離妄想及諸趣, 令心所向皆無礙. 何謂'佛境界也'? 空有迭彰, 理事無礙, 一多相卽, 小大互容, 夫是之謂'佛境界'也. 由是觀之, 一塵一毛, 皆佛境界, 一沙一滴, 皆佛境界, 一四天下, 一大千世界, 乃至佛刹微塵數華藏海, 皆佛境界也. 爭奈汝諸人, 擧手所指, 縱目所觀, 高而盖者, 謂之'天', 下而載者, 謂之'地', 運而行者, 謂之'日月', 列而布者, 謂之'星辰', 静而佳者, 謂之'山', 動而流者, 謂之'水', 有情者, 謂之'人', 無情者, 謂之'物', 森羅者, 謂之'萬像'? 却將眞佛境界, 當面諱却, 豈不大可憐哉!

---

40 인천(人天) 등의 오취(五趣) 혹은 지옥(地獄)·아귀(餓鬼)·축생(畜生)·아수라(阿修羅)·인간(人間)·천(天)의 육취(六趣)를 말한다.

이는 다른 것이 아니라, 다만 당신들 여러 사람의 의근(意根)[41]이 일찍이 청정하지 않았던 까닭에 여러 망상이 있게 되었으며, 이미 망상이 있으면 곧 분별이 있게 되고 이어 명상(名相)에 구속되게 되며, 이미 명상에 구속되면 이때엔 하늘을 보면 다만 하늘이고, 땅을 보면 다만 땅이며, 산수를 보면 다만 산수이고, 인물을 보면 다만 인물일 뿐이다. 또 명상 가운데 망령되이 여러 취착(取著)을 낳아 혹은 산에 취착하고, 혹은 물에 취착하며, 혹은 사람에 취착하고, 혹은 사물에 취착하게 되는 것이다. 또 취착하는 가운데 망령되이 여러 장애를 낳아 혹은 형상의 장애를 입고, 혹은 소리의 장애를 입으며, 혹은 산수(山水)·인물·삼라만상의 장애를 입게 되니, 이미 향하는 곳이 모두 막혔어도 부처의 경계를 보고자 한다면 끝내 이룰 수 없다.

비록 이와 같다고는 하나, 당신이 만약 단적으로 보고자 하는 것은 어렵지 않으니, 단지 여러 망상과 취착·장애를 가지고 몽땅 거두어 변화시키되 다만 의근 아래를 청정하기가 허공과 같이하게 하고, 정수리 위를 향하여 정안(正眼)을 활짝 열어 세간을 통연히 비추게 한 연후에는 하늘도 부처의 경계이고, 땅도 부처의 경계이며, 일월성신 역시 부처의 경계이며, 산천·인물·한 티끌·한 털·모래 한 알·물 한 방울, 나아가서는 불국토의 티끌 수 같은 세계해(世界海)[42]에 가되 부처의 경계가 아님이 없게 되는 것이다.

此無他, 只是汝諸人意根下, 不曾清淨故, 有種種妄想. 旣有妄想, 乃有分別, 乃拘名相. 旣爲名相所拘, 於是見天只是天, 見地只是地, 見山水只是山水, 見人物只是人物矣. 又於名相之中, 妄生種種取着, 或取着山, 或取着水, 或取着人, 或取着物. 又於取着之中, 妄生種種障礙, 或被色礙, 或被聲礙, 或被山水人物萬像森羅之所障礙. 旣是所向皆礙, 要見佛境界, 驢年更驢年. 雖然如是, 汝若端的要見也不難, 但將種種妄想, 種種取着, 種種障礙, 和盤掇轉, 直敎意根下, 淸淨如虛空, 向頂門上, 豁開正眼, 洞照世間然後, 天也是佛境界, 地也是佛境界, 日月星辰也是佛境界, 山川人物也是佛境界, 一塵一毛, 一沙一滴, 乃至佛刹微塵數世界海, 無往而非佛境界也.

41 육근(六根)의 하나로서, 전념(前念)의 육식(六識)이 멸하고 후념(後念)의 육식(六識)이 일어날 근거가 되는 것으로 전념의 육식을 말한다. 5식에는 5근이 있는 것 같이, 의근은 특히 제6의식의 근거가 된다.

42 화엄종에서 말하는 불토(佛土)를 구별하는 이름으로서 과분불가설(果分不可說)의 국토, 곧 깨달음의 세계를 '국토해'라고 부르는 데 대하여, 인분가설(因分可說)의 국토를 '세계해'라고 한다.

이때를 당해서는 망상과 취착과 장애가 곧바로 모두 부처의 경계인 것이다. 이와 같은 경계는 유(有)도 아니고 공(空)도 아니며, 이(理)도 아니고 사(事)도 아니며, 일(一)도 아니고 다(多)도 아니며, 소(小)도 아니고 대(大)도 아니며, 미혹한 것도 아니고 깨달은 것도 아니며, 닦는 것도 아니고 증득한 것도 아니니, 부처의 경계라고 불러도 되고 부처의 경계가 아니라고 불러도 된다.

이와 같이 미묘하여 말로 할 수 없고, 이와 같이 원융하여 말로 할 수 없으며, 이와 같이 자재하여 말로 할 수 없고, 이와 같이 무애하여 말로 할 수 없고, 이와 같이 이익이 되어 말로 할 수 없으니 이것을 '불가설 또 불가설한 부처의 경계'라고 부른다. 이러한즉 아무개가 평생 들은 바가 부처의 경계이며, 평생 본 바가 부처의 경계이며, 평생 즐긴 바가 부처의 경계이며, 평생 참구한 바가 부처의 경계이다.

當此之時, 和箇妄想取着障礙, 直下皆是佛境界也. 如是境界也, 非有也, 非空也, 非理也, 非事也, 非一也, 非多也, 非小也, 非大也, 非迷也, 非悟也, 非修也, 非證也. 喚作佛境界也得, 不喚作佛境界也得. 如是微妙不可說, 如是圓融不可說, 如是自在不可說, 如是無礙不可說, 如是利益不可說, 是名'不可說又不可說之佛境界'也. 恁麽則某平生所聞, 是佛境界, 平生所見, 是佛境界, 平生所樂, 是佛境界, 平生所叅, 是佛境界.

아무개는 부처의 경계에 일찍이 친히 도달하였는지 그렇지 않은지를 말해 보아라. 만약 아직 도달치 못하였다면 다시 들을지니, 처음부터 설파해 주겠다. 만약 사람이 부처의 경계를 알고자 한다면, 반복하되 마땅히 그 뜻을 허공처럼 하니 누가 일찍이 오염되고 더러웠었겠는가? 망상과 제취를 멀리 떠나 물결을 다스려 물을 구하며, 마음이 향하는 바가 모두 무애하게 하면 눈에 띄는 것마다 모두 청산이다. 수풀 가운데 외로운 자리가 크게 우뚝하고, 6년 세월에 비로소 고행이 아님을 알며, 들까치는 부처님의 머리에 둥지를 틀지 않고, 히말라야 산 깊은 곳에 돌연 구름이 난다.

某且道, 於佛境界, 還曾親到也無. 若也未到, 更聽, 從頭說破. 若人欲識佛境界, 頭上安頭, 當淨其意如虛空, 誰曾染汚? 遠離妄想及諸趣, 撥波求水, 令心所向皆無礙, 滿目青山. 林中孤座大巍巍, 六載方知苦行非, 野鵲不樔黃面頂, 雪山深處突雲飛.

「華嚴釋題」, 한불7:299상-하

| 자료 1-10 | 보리심

세존은 옛날 마갈타국[43]의 한적한 보리도장에서 처음 정각을 이루셨으니, 지혜는 삼세에 들어가나 모두 평등하며, 그 몸은 일체 세간에 충만하였으며, 그 음성은 시방국토에 널리 순하였으니, 비유컨대 허공이 만상을 갖추어 받아들이는 것 같았다. 제반 경계에 분별이 없으셨으니, 이는 한 입을 크게 열어 시방세계를 모두 삼킨 것이다. 또 찬탄하여 말씀하시기를, "기이하도다! 기이하도다! 내가 지금 널리 보니 일체 중생이 여래의 지혜덕상을 갖추었건만, 다만 망상집착으로 증득하지 못하고 있다" 하셨다. 이것은 또 보리도량 가운데서 증득한 바를 가지고 모든 사람에게 진정으로 분부하신 것이다.

당신들 여러 사람은 지금 보리도장 가운데 있으니, 사람마다 허공을 머리에 이고 있으며 개개의 다리는 실상의 땅[實地]을 밟고 있으나 정각을 이루지 못하는 것은 왜인가? 망상집착이 제거되지 않았고, 보리의 큰마음이 아직 발하지 않아서이다. 미혹하면 보리는 망상이 되고, 깨우치면 망상이 보리가 된다. 인도 말 '보리'는 이곳에서 번역하여 '각'이라 이르니, 정각을 이루고자 하면 모름지기 보리심을 발해야 한다.

世尊昔日, 摩竭陁國, 阿蘭若法, 菩提場中, 初成正覺. 智入三世, 悉皆平等, 其身充滿一切世間, 其音普順十方國土, 譬如虛空具諸衆像. 於諸境界無所分別, 此是大開一口, 呑盡十方世界了也. 又復歎曰, "奇哉! 我今普見一切衆生, 具有如來智慧德相, 但以妄想執着, 而不證得." 此又將菩提場中所證所得底, 盡情分付諸人了也. 汝諸人現在菩提場中, 人人頭戴虛空, 箇箇脚踏實地, 而不成正覺者, 何耶? 妄想執着未除也, 菩提大心未發也. 迷則菩提爲妄想, 悟則妄想爲菩提. 梵語'菩提', 此翻曰'覺'. 欲成正覺者, 須發菩提心.

그러므로 경에서 이르길, "보리심이라는 것은 종자와 같으니 능히 일체의 모든 불법을 생겨나게 하기 때문이며, 보리심이라는 것은 대지와 같으니 능히 일체 모든 세간을 지탱하고 있기 때문이며, 보리심이라는 것은 깨끗한 물과 같으니 능히 일체 번뇌의 때

---

43 산스크리트어 'Magadha'의 음역. 중인도의 국명으로 불교와 가장 관계가 깊은 나라이다. 석존은 이 나라의 니련선하(尼連禪河) 강가에서 성도하였고 빈비사라왕은 석존을 위하여 죽림정사(竹林精舍)를 짓고, 그의 아들 아사세왕도 불교의 외호자가 되어 제1차의 불전을 결집하였다.

를 씻기 때문이며, 보리심이라는 것은 큰바람과 같으니 널리 세간에 장애되는 바가 없기 때문이며, 보리심이라는 것은 큰 수레와 같으니 능히 여러 보살을 실어 옮길 수 있기 때문이며, 보리심이라는 것은 대도와 같으니 널리 대지혜의 성으로 들어가게 해주기 때문이며, 보리심이라는 것은 집과 같으니 일체 중생을 안온하게 해주기 때문이며, 보리심이라는 것은 동산과 수풀 같으니 그 가운데서 유희하며 법락을 받을 수 있기 때문이며, 보리심이라는 것은 자상한 아버지와 같으니 일체의 보살을 훈도하기 때문이며, 보리심이라는 것은 자애로운 어머니와 같으니 일체 보살을 생장하게 해주기 때문이며, 보리심이라는 것은 연꽃과 같으니 일체 세간법에 오염되지 않기 때문이며, 보리심이라는 것은 좋은 약과 같으니 능히 일체 번뇌의 병을 치료하기 때문이며, 보리심이라는 것은 여의주와 같으니 일체 제 빈곤·궁핍에 두루 제공해 주기 때문이며, 보리심이라는 것은 여의수와 같으니 능히 일체 장엄구를 적시기 때문이며, 보리심이라는 것은 커다란 보시의 모임 같으니 능히 일체 중생의 마음을 만족시키기 때문이며, 보리심이라는 것은 불지제(佛支提=佛塔)와 같으니 일체 세간의 응공양이 되기 때문이다. 선하도다! 보리심은 이와 같은 공덕이 있다"고 하였다.

故經云, "菩提心者猶如種子, 能生一切諸佛法故. 菩提心者, 猶如大地, 能持一切諸世間故. 菩提心者, 猶如淨水, 能洗一切煩惱垢故. 菩提心者, 猶如大風, 普於世間無所礙故. 菩提心者, 猶如大車, 普能運載諸菩薩故. 菩提心者, 猶如大道, 普令得入大智城故. 菩提心者, 猶如舍宅, 安隱一切諸衆生故. 菩提心者, 猶如園林, 於中游戲受法樂故. 菩提心者, 猶如慈父, 訓道一切諸菩薩故. 菩提心者, 猶如慈母, 生長一切諸菩薩故. 菩提心者, 猶如蓮華, 不染一切世間法故. 菩提心者, 猶如良藥, 能治一切煩惱病故. 菩提心者, 如如意珠, 周給一切諸貧乏故. 菩提心者, 如如意樹, 能雨一切莊嚴具故. 菩提心者, 如大施會, 能滿一切衆生心故. 菩提心者, 如佛支提, 一切世間應供養故. 善哉! 菩提心, 乃有如是之功德也."

「華嚴釋題」, 한불7:299하-300중

| 자료 1-11 | 보살행

이미 보리심을 발하였다면 마땅히 보리행을 닦아야 하니, 행이 만약 닦이지 않으면 마음이 헛되이 발함을 이루게 된다. 아무개는 어찌 보지 못하였던가? 선재동자는 매번 선지식을 참방할 때마다 반드시 말하길, "저는 이미 아뇩다라삼먁삼보리심[44]을 발하였으나 아직 어떻게 보살행을 배우고 보살도를 닦는지를 모르겠습니다. 제가 듣기로는 성자께서는 가르쳐 깨우쳐 주시는 것을 잘하신다고 하시니, 원컨대 저를 위하여 설하여 주십시오"라고 하였다.

이것이 선재동자의 발심 수행의 모양이다. 이것으로써 알 수 있으니 비록 많이 들었더라도 수행치 않으면, 들음이 없는 것과 같으니 마치 사람이 먹는 것을 설하더라도 끝내 배부르지 않은 것과 같은 것이다.

既發菩提心, 當修菩薩行, 行若不修, 心成虛發. 某豈不見? 善財童子, 每叅知識, 必曰, "我已先發何耨多羅三藐三菩提心, 而我未知, 云何學菩薩行修菩薩道? 我聞, 聖者善能誘誨, 願爲我說, 此乃善財發心修行之様子也." 由是而知, 雖有多聞, 若不修行, 與不聞等, 如人說食, 終不能飽.

그러므로 경에서는 이르길, "사람이 훌륭한 식사를 설하더라도 스스로는 배고프며 먹지 못하듯이 법에 수행하지 않고 들음이 많은 것도 또한 이와 같으며, 사람이 약을 처방하기를 잘하더라도 스스로는 아프고 능히 구제하지 못하듯이 법에 수행하지 않고 들음이 많은 것도 또한 이와 같으며, 사람이 다른 이의 보배를 세더라도 스스로는 반 푼도 없는 것처럼 법에 수행하지 않고 들음이 많은 것도 또한 이와 같으며, 귀머거리가 음악을 연주하여 다른 이를 기쁘게 하나 스스로는 듣지 못하듯이 법에 수행하지 않고 들음이 많은 것도 또한 이와 같으며, 맹인이 여러 형상을 모아 다른 이에게 보이되 스스로는 보지 못하듯이 법에 수행하지 않고 들음이 많은 것도 또한 이와 같으니, 비유하자면 항해사가 바다 가운데서 죽는 것처럼 법에 수행하지 않고 들음이 많은 것도 또한 이와 같다" 하였다.

삼가 생각하니 아무개는 그렇지 않아, 일생 발한 바가 모두 보리심이고, 일생 발한

---

44 '아뇩다라삼먁삼보리'는 '무상정등정각(無上正等正覺)', '무상정변지(無上正遍智)'라고 번역하는데, 불타가 불타다운 까닭인 지혜의 깨달음을 말하며, 이 깨달음이 위 없이 높고 바르고 평등·원만한 점에서 이와 같이 일컫는다. 또 이와 같은 깨달음을 얻으려고 하는 보살의 뜻을 '아뇩다라삼먁삼보리심'이라고 한다.

바가 모두 보리행이며, 망상집착을 생각생각에 멀리 떠나며, 지혜 덕상을 항상 고찰하니 내세를 당하여서는 부처의 수기를 받고 도량에 앉아서 정각을 이룰 것이다. 결코 그것(수행)이 부족할진대 하나도 얻을 것이 없을 것이다. 또 어디에 근거하고 있는가를 말해 보자면, 경에서는 "초환희지보살이 다겁 동안 수행하여 왕궁에 태어난다" 하였으니, 이것이 그 증거이다.

故經云, "如人說美饍, 自餓而不食, 於法不修行, 多聞亦如是. 如人善方藥, 自疾不能救, 於法不修行, 多聞亦如是. 如人數他寶, 自無半錢分, 於法不修行, 多聞亦如是. 如聾奏音樂, 悅彼不自聞, 於法不修行, 多聞亦如是. 如盲會衆像, 示彼不自見, 於法不修行, 多聞亦如是. 譬如海舡師, 而於海中死, 於法不修行, 多聞亦如是." 恭惟某則不然, 一生所發, 都是菩提心, 一生所發, 都是菩薩行, 妄想執着, 念念遠離, 智慧德相, 時時體究. 其於當來世中, 蒙佛授記, 坐道場成正覺. 決定少他, 一分不得. 且道, 有何憑據? 經云, "初歡喜地菩薩, 多劫修行, 生於王宮." 此證也.

「華嚴釋題」, 한불7:300중

| 자료 1-12 | 참 자기를 찾으라

화엄회를 완전히 해산하고 산승이 자리에 오르자, 혹자가 묻기를, "한 법이라도 있으면 비로자나불[45]이 범부에 떨어지고, 만법이 없다면 보현보살이 그 경계를 잃을 것이니, 필경에는 어떻게 화해하겠습니까?" 하였다.

답하여 이르길, "당신은 어디에서 그들이 서로 싸우는 것을 보았는가?" 하였다. 나아가 이르길, "앞서 이야기한 것을 어찌하겠는가?" 하니 승이 이르길, "저는 이곳에 도착하여 귀가 있어서도 벙어리처럼 되었고, 눈이 있어도 장님처럼 되었습니다" 하였다.

45 산스크리트어 'Vairocana'의 음역으로, '변일체처(遍一切處)'·'광명변조(光明遍照)'·'변조(遍照)'라 번역한다. 부처님의 진신(眞身)을 나타내는 칭호로, 부처님의 신광(身光)·지광(智光)이 이사무애(理事無礙)의 법계에 두루 비추어 원명(圓明)한 것을 의미한다. 화엄종에서는 십신구족 융삼세간(十身具足 融三世間)의 법계신운(法界身雲)을 세우고, 법신·보신·응신의 말을 쓰지 아니하므로 비로자나·노사나·석가모니를 삼신으로 보지 않고 가야(伽倻)에 출현한 석가모니불을 그대로 비로자나불의 일대법신(一大法身)으로 감견(感見)한다. 그러므로 비로자나·노사나·석가모니는 동일한 불신을 달리 일컬음에 지나지 않는다고 한다.

산승이 이르길, “다시 화해하고자 할 무언가가 있는가?” 하니 승이 이르길, “저는 이해하였습니다” 하였다. 산승이 이르길, “당신은 무엇을 이해하였는가?” 하니 승이 이르길, “성품이 공한 것이 곧 부처이니, 생각을 허용하지 않습니다” 하였다. 산승이 할(喝)하며 이르길, “30년 후 생각하는 이에게 꾸짖음이 있을 것이다” 하였다.

이어 이르길, “비로자나불의 청정한 몸이 하나의 털구멍 속에 숨어 있으며, 보현행원의 바다는 온갖 풀 위에 산재해 있다. 비록 한 털구멍에 있으나 어찌 땅을 지지하고 하늘을 지탱하지 않겠으며, 비록 온갖 풀에 있으나 필경에는 종적을 쓸어 없앤다. 소리를 낮추라! 소리를 낮추라! 비로자나불과 보현보살이 오노라. 여러 사람이여! 한 털구멍을 보고자 하는가?” 하고 [스스로] 답하여 이르길, “가로로는 시방을 건너고 세로로는 삼제(三際)[46]를 다하라. 여러 사람이여! 온갖 풀을 보려고 하는가?” 하였다.

滿散華嚴會, 山僧升座, 或問, “一法若有, 毗盧墮在凡夫, 萬法若無, 普賢失其境界, 畢竟如何和會?” 答云, “你在那裡, 見他厮鬪來?” 進云, “爭奈前話何?” 僧云, “某甲到這裡, 有耳如聾, 有眼如盲.” 山僧云, “更要和會, 箇甚麼有?” 僧云, “某甲會也.” 山僧云, “你作麼生會?” 僧云, “性空卽是佛, 不可得思量.” 山僧喝云, “三十年後思量者一喝在.” 乃云, “遮那淨法身, 藏在一毛孔裡, 普賢行願海, 散在百草頭邊. 雖在一毛孔, 爭奈拄地撑天? 雖在百草頭, 畢竟掃蹤滅跡. 低聲! 低聲! 遮那與普賢來也. 諸人! 要見一毛孔麼?” 答云, “橫亘十方, 竪窮三際. 諸人! 要見百草頭麼?”

답하여 말하였다. “전광석화는 눈 깜빡임을 허용치 않는다. 때로는 한 털구멍이 온갖 풀들을 거듭 삼켜 버리며, 때로는 온갖 풀들이 곧 하나의 털구멍이니, 곧바로 비로자나불과 보현보살이 굴러 한 조각이 되어 무변보살·대지중생으로 하여금 머리를 쳐도 집착하지 않고, 몸을 밀쳐도 들어가지 않으며, 힘을 쓰는 것으로도 도달하지 못하고, 갈고리로 다리를 걸어도 소리 내지 않아 이미 정해진 몸도 없고 또한 정해진 이름도 없다. 때로는 ‘일진법계’라 부르고, 때로는 ‘대광명장(大光明藏)’[47]이라 부르며, 때로는 ‘법보리량(法菩提場)’이라 부르고, 때로는 ‘묘장엄역(妙莊嚴域)’이라 부르며, 때로

46 본서 제2장 2절 주석 8 참조.

47 진여의 빛을 발하는 큰 지혜. 광명을 거두어 갈무리하는 것이므로 이같이 이름한다.

는 '육상의(六相義)'[48]라 부르고, 때로는 '십현문'이라 부르며, 때로는 '일심삼관(一心三觀)'[49]이라 부르고, 때로는 '직지단전(直指單傳)'이라 부르며, 때로는 '고가전지(故家田地)'라 부르고, 때로는 '향상뇌관(向上牢關)'이라 부르며, 혹은 '금강권(金剛圈)'이라 부르고, 혹은 '철산도(鋨酸餡)'라 이름하며, 혹은 '암호자(暗號子)'라 칭하고, 혹은 '본래인(本來人)'이라고 이르며, 나아가서는 그것을 쓰면 방(棒)이 되고 그것이 변하여 할(喝)[50]이 된다. 내어놓고 거두어들임이 천차만별이라서 전부 뒤집어버리고 처음부터 살펴 파하는 데에 이르나 원래는 이 하나의 자기이다.

이 자기가 하늘에 있으면 하늘과 같으며, 땅에 있으면 땅과 같고, 사람에 있으면 사람과 같으며, 사물에 있으면 사물과 같고, 자기의 위치에서는 혹 본구(本具)를 설하고 혹은 본공(本空)[51]을 설하며, 혹은 미오(迷悟)를 설하고 혹은 수증(修證)을 설한다. 허다한 한가로운 매듭을 끌어 일으키나 춘색(春色)은 높고 낮음이 없고 꽃가지는 스스로 짧고 긴 것이 아무개가 숙세의 훈습을 받아왔으나 자신을 잃어버리지 않는 것과 같다.

答云, "石火電光, 不容眨眼. 有時一毛孔, 重重呑却百草頭, 有時百草頭, 卽是一毛孔. 直得遮那普賢, 輥作一片, 使無邊開士, 大地衆生, 討頭不着, 挨身不入, 用力不到, 剳脚不牢, 旣無定體, 亦無定名. 有時喚作'一眞法界', 有時喚作'大光明藏', 有時喚作'法菩提場', 有時喚作'妙莊嚴域', 有時喚作'六相義', 有時喚作'十玄門', 有時喚作'一心三觀', 有時喚作'直指單傳', 有時喚作'故家田地', 有時喚作'向上牢關', 或號'金剛圈', 或名'鋨酸餡', 或稱'暗號子', 或曰'本來人', 乃至用之之爲棒, 變之爲喝. 放去收來, 千差萬別, 及乎盡底掀翻從頭勘破, 元來只是一箇自己. 這箇自己, 在天同天, 在地同地, 在人同人, 在物同物, 於自己分上,

48 화엄사상에서 모든 현상의 모습을 여섯 가지로 구분한 것으로서 각각의 의미는 다음과 같다. 총상(總相): 전체적인 모습, 별상(別相): 각각의 특성, 동상(同相): 각각의 모습이 어우러져 동질성을 공유하는 모습, 이상(異相): 사물의 여러 모습이 어우러져 있으면서 고유성을 잃지 않는 모습, 성상(成相): 여러 역할이 모여 이루어진 전체의 역할, 괴상(壞相): 여러 역할이 모여 전체를 이루면서도 유지되는 각각의 역할.

49 천태종의 관법의 하나로서 한 생각의 마음 가운데 공관(空觀)·가관(假觀)·중관(中觀)의 삼관(三觀)을 동시에 실현하는 것을 말한다. 삼관이란 일체를 공으로 관하고, 가로 관하고, 또 공도 가도 하나라고 관하는 것이다.

50 제일의(第一義)를 드러내 보이기 위하여 쓰는 법거량의 수단. 임제(臨濟=義玄, ?-867) 선사는 고함을 치고[喝]을, 덕산(德山=宣鑑, 780-865) 선사는 방망이[棒]를 썼다고 하는 이른바 '덕산방 임제할(德山捧 臨濟喝)'을 말한다.

51 '본구(本具)'는 일체 중생에게 여래의 지혜와 덕이 불성으로서 구비되어 있음을 뜻하며, '본공(本空)'은 모든 현상은 인연의 일시적 화합에 지나지 않으므로 불변의 실체가 없음을 뜻한다.

或說本具, 或說本空, 或說悟迷, 或說修證. 引起許多閑絡索, 春色無高下, 花枝自短長, 只如某宿有資薰, 不肯昧却自己.

그래서 일단 모태에서 나오게 되면 곧바로 스스로 신령함이 예리해지게 되는 것이니, 비록 같은 부류의 몸으로 나타나고 세간의 일을 같이 행하지만, 어둡지 않은 자는 마침내 스스로 분명하게 된다. 창고를 가리켜 금을 내놓는 것은 권하기를 기다리지 않고도 행하는 것이니, 경을 외우고 뜻을 아는 것이 어찌 가르침을 기다린 연후에야 통하는 것이겠는가?

또 능히 애절하게 생사대사를 생각하여 선문 화두를 힘써 참구하고 일용공부(日用功夫)에 마음마음 사이가 없으면, 자기 면목이 생각생각에 구명되어 목숨이 천수에 이르러 임종 시에 단정히 갈 것이다. 이미 현명한 지아비와 자식이 있어 그를 위하여 널리 불사를 일으키고, 또 효성스러운 딸과 효성스러운 사위가 있어 그를 위하여 이 경전을 펴 볼 것이니, 보현행원의 바다[52]를 향하여 그 가운데 여덟 공덕의 물을 가득 부을 것이며, 비로자나불의 깨끗한 법신 위에 나아가 만행의 인연의 꽃을 장엄할 것이니, 아무개의 자기 마음은 가히 아름답고 선한 것이다.

지금 세간을 가득 메운 사람들은 모두 자기의 마음이 있는 줄을 모르니, 그 알지 못함 때문에 믿지를 않으며 믿지 않는 까닭에 능히 행할 수 없으니, 다만 부귀·공명 가운데에서, 주색과 재물 위에서 일생을 허비하니 어찌 성취함이 있겠는가? 죽을 날은 멀지 않은데도 스스로 머리를 돌리지 않으니, 어찌 애통하지 않겠는가?

또 어떤 이가 있어 비록 자기를 믿으며, 참선을 하고 도를 배운다고 하나 마음을 쓰는 것이 절실하지 않아 능히 용맹정진하지 않으니, 입에 발린 말과 터무니없는 말로 도를 어지럽히다가, 납월 삼십일[53]이 도래하면 열 중 다섯 쌍이 헛되이 생사를 방랑하니,

---

52 『화엄경』「보현행원품(普賢行願品)」에 설해진 보살의 10종의 큰 서원으로, 모든 부처님께 예경함·여래를 찬탄함·공양을 널리 닦음·업장을 참회함·공덕을 수희(隨喜)함·법륜 굴리기를 청함·부처님께서 항상 세상에 머물기를 청함·항상 부처님을 따라 배움·항상 중생을 수순(隨順)함·모두 회향함 등이다. 이 10종의 서원은 모든 보살의 행원(行願)을 대표한 것이다. 그러므로 모든 보살의 발심수행하는 것을 보현의 원해(願海)에 들어간다고 한다.

53 임종(臨終)의 때를 이른다.

그것을 보고 아무개는 마음에 부끄러움이 없는가?

所以一出母胎, 便自靈利, 雖現如類身, 同行世間事, 其不昧者, 終自了然. 指廩捐金, 不待勸而行矣, 誦經解義, 豈待敎而通乎? 又能痛念死生大事, 力叅禪門話頭, 日用功夫, 心心不間, 自己面目, 念念究明, 壽至天年, 臨終端然而逝. 旣有賢夫賢子, 爲之廣作佛事, 又有孝女孝婿, 爲之翻閱大經, 向普賢行願海中, 滿注八功德水, 就遮那淨法身上, 莊嚴萬行因華. 某自己一著, 可謂美矣善矣. 如今滿世間人, 皆不知有自己一著, 以其不知, 故不肯信, 以其不信, 故不能行, 只有富貴功名中酒色財氣上, 乾弄一生, 有何成就去? 死日不遠, 猶自不回頭, 豈不哀哉痛哉? 又有一等, 雖信自己, 雖曰叅禪學道, 而用心不切, 不能勇猛精進也. 要口頭胡說亂道, 臘月三十日到來, 十箇有五雙虛生浪死, 其視某得無愧於心乎?

산승은 다만 마지막 법회를 거행하여 거북이 털로 만든 불자를 쥐고 화장해를 휘저어 뒤집어 효성스러운 집안의 마음을 간절히 따라 좌주의 모양을 취하고 경의 가르침을 끌어들여 근심하며 아무개에게 자기의 마음을 발양하도록 하였다. 그러나 지금 바라보니 발양은 발양함이 현저하지 못하고, 찬탄은 찬탄함이 미치지 못하니 한갓 한가하고 긴말로 땅에 가득 찬 갈등을 함부로 만들었을 뿐이다. 이제 대중으로 하여금 자기의 집에서 나와서 거두어 갈 것을 청하고자 한다.

여러 사람은 알겠는가? 선재동자가 남방 53선지식을 두루 참방하고 마지막에 보현보살을 만나 10종의 원을 내어 왕생극락토로 인도하였으니, 일생의 공부가 끝났다고 부를 수 있음을 기억하라. 크고 작은 선재동자들은 눈 없는 이를 찾아가 눈을 달리고 다리를 얻으니 종기와 근심을 지니게 되어 후인이 오랫동안 길 위에 있게 되니, 어찌 아무개가 문밖을 나서지 않고도 선지식을 두루 참방하는 것과 비슷하겠는가? 화장해를 벗어나지 않고 극락 국토를 친견하여, 왕생을 기다리지 않아 어찌 번거로이 인도하겠는가? 감히 선재동자를 보전하려 하나 흠모함이 미치지 못하는 것이니, 아무개는 알겠는가?

세간과 극락의 길은 차이가 없으며, 마음의 근원을 터득하면 함께 한집안을 이루는 것이니, 앉아서 겹겹이 [두른] 향수해(香水海)에서 금빛이 백련화를 비춤을 보노라.

山僧只擧末會, 將一把龜毛拂子, 攪翻華藏海, 曲順孝家之情, 做箇座主模樣, 牽經引敎,忉忉恒恒, 要與某發揚自己一著. 而今看來, 發揚也, 發揚不著, 贊嘆也, 贊嘆不及, 徒介閑言長語, 弄成滿地葛藤. 且請大衆出來自家收拾去也. 諸人還會麽? 記得善財童子, 叅徧南方五十三員善知識, 末後遇普賢菩薩, 敎發十種願王, 引道往生樂土, 喚作一生叅學事畢. 大小善財, 叅方無眼, 目走得脚, 生瘡帶累, 後人長年在途路. 爭似某不出門庭, 徧叅知識? 不離華藏海, 親見安養邦, 不待往生, 何煩引導? 敢保善財童子, 羨慕不及也. 某還會麽? 姿婆安養路無差, 了得心源共一家, 坐看 ロ 重香水海, 紫金光照白蓮花.

「華嚴釋題」, 한불7:300하-301중

| 자료 2 | 유가와 불가의 대화

설잠의 역사관, 세계관, 불교관을 볼 수 있는 중요한 자료이다. 특히 세간(주로 유가)과 출세간(불교)의 충돌을 해소하는 길을 나름대로 제시하고 있다는 점에서 특기할 만하다. 불교의 논서에서 보듯이 논주의 주장과 그 주장에 대한 비판자의 반론이 이어지는 문답 형식을 취하고 있다. 무사(無思), 산림(山林), 삼청(三淸) 등 불가와 유가 간에 쟁점이 될 만한 10개의 주제를 때로는 소재를 역사적 사건에서, 때로는 불교의 특징적 사유나 삶의 방식으로부터 추출하여 논의를 이어가고 있다. 그러나 논의의 흐름을 경세치민의 방편으로 귀결시킨다는 점에서 유가적 가치관의 일단을 보여 주고 있다.

| 자료 2-1 | 무사(無思)란 망령된 생각이 없는 것

청한자(김시습)가 이르길, "옛사람들이 도를 행하는 데는 항상 촌음을 아껴 일찍이 방일하지 않았으나, 지금 사람들은 아침 내내 꼼짝 않고 사려가 없으니 어느 때에 철저히 깨닫겠는가?"라고 하였다. 어떤 객(客)이 그것을 비판하여 말하길, "무릇 도란 자연스러워 사려가 없는 것이고 무릇 사려가 있는 것은 망령된 것이니, 도이고도 사려이겠는가?"라고 하였다. [청한자가] 이르길, "사려가 없다는 것은 도의 체요, 정려하여 나태하지 않은 것은 공덕을 세우는 요체이다"라고 하였다.

清寒子曰, "古人之於爲道也, 常惜寸陰, 未嘗放逸. 今之人, 終朝兀兀, 無思無慮, 何時徹悟?" 有客難之曰, "夫道自然, 無思無慮也. 凡有思慮者, 妄也. 可以道而思慮乎?" 曰, "無思無慮者, 道之體也. 精慮不怠者, 立功之要也."

항상 세간의 일을 살펴보매, 하나라도 사려를 거치지 않으면 만사가 기왓장 깨지듯 하니, 하물며 지극히 진실되고 망령됨이 없는 도에 있어서는 어찌 나태하고도 그것을 얻을 수 있겠는가? 그러므로 계문자(季文子)[54]는 '세 번 생각하라[三思]'고 하는 행이 있었고, 선성(宣聖)[55]은 '아홉 번 생각하라[九思]'고 하는 조목을 세웠고, 증자(曾子)는 '사려하여 얻음'이라는 말을 기록하였으며, 부자(夫子)에게는 '멀리 생각하라'고 하는 훈계[56]가 있었던 것이다. 스스로는 천성적으로 총명하여 열심히 노력할 필요가 없는 자가 아니라면, 누가 사려가 없을 수 있겠는가? 또 사람의 기질에는 혼미함과 밝음, 어리석음과 지혜로움의 차별이 있으니, 참으로 부지런히 힘쓰고 올곧지 않다면 어찌 성인들과 같아질 수 있겠는가? 반드시 정밀히 사려하여 날과 달을 거듭하며 연마함으로써 자득(自得)한 영역에 나아간 연후에야 가히 도를 '사려 없음'이라고 말하는 것이다.

常觀世間之事, 一不經慮, 萬事瓦裂, 況至眞無妄之道, 其可怠惰而得乎? 故季文有'三思'之行, 宣聖立'九思'之目, 曾子記'慮得'之語, 夫子有'遠慮'之戒. 自非天性聰明, 無待勉强, 孰能不思? 且人之氣質, 有昏明愚智之不同, 苟非孜孜兀兀, 安得齊於上聖乎? 必研精思慮, 日鍊月磨, 以造乎自得之域, 然後可以言道者'無思'也'無慮'也.

객(客)이 이르길, "방내(方內)[57]의 가르침에는 예의의 방법과 풍속의 규범이 찬연하

54 춘추시대 노나라의 대부 계손 행보(季孫行父)를 말한다. 그는 일을 반드시 세 번 생각하고 행하였다고 한다.

55 공자를 일컫는 것으로, 한나라 선제(宣帝) 때에 내려진 '선니(宣尼)'라는 시호와 당 개원 연간에 내려진 '문성왕(文宣王)'이라는 추시(追諡)에 기인한 것이다.

56 "사람은 먼 생각이 없으면 반드시 가까운 근심이 있다[人無遠慮 必有近憂]"는 『논어(論語)』「위령공(衛靈公)」에 나오는 공자의 말이다.

57 원래는 세상 밖을 '방외(方外)', 그에 대하여 세상 안을 '방내(方內)'라고 하는 것이나, 말의 뜻이 전성하여 유가들은 자신들의 입장, 가르침을 방내라 하고 이에 대하여 도가나 불가의 입장, 가르침을 방외라고 불렀다.

여 순서가 있으니, 삼강(三綱)·오상(五常)·팔조(八條)[58]·구경(九經)[59]은 처음부터 끝까지 조리가 장연하다. 부자로부터 군신에 이르기까지, 격물(格物)로부터 평천하(平天下)에 이르기까지, 현자를 존숭하는 것으로부터 제후를 품는 것까지, 위로는 제왕으로부터 아래로는 일반 백성에게 미치기까지 학문을 하는 데는 순서가 있는 것이니, 오늘 한 가지 일을 마치고 내일 한 가지 일을 마쳐서 날이 가고 달이 갈수록 점점 연마함으로써 성인에 이른 후 그만두는 것이다.

그러므로 『주역』에서는 정밀한 의리로 신령함에 들어가는 묘함을 찬양하였고 「전(傳)」에서는 신중하게 생각하고 밝게 분별하는 공덕을 기록하여, 천하의 일로 하여금 정연히 조리가 있고 문란하지 아니하게 한 연후에야 가히 세상에 거주하면서도 조수(鳥獸)나 이적(夷狄)과 같은 무리가 되지 않는다고 한 것이다. 방외(方外)의 선비는 앉아서 세간의 그물을 끊어 버리고 모든 사려를 다 쉬니, 위로는 왕후에게 허리를 굽히지 않고 아래로는 친척에 대한 지극한 공경을 끊으며, 조수와 더불어 함께 기뻐하고 담박한 것으로 참된 돌아감[眞歸]을 삼으니 어느 곳에 마음을 두고 어느 곳에 사려를 하겠는가?"라고 하였다.

客曰, "方內之敎, 禮術風規粲然有序, 三綱五常, 八條九經, 自始至終, 條理章然. 自父子以至君臣, 自格物以至平天下, 自尊賢以至懷諸侯, 上自帝王, 下及庶民, 爲學有序. 今日了一事, 明日了一事, 日漸月磨, 以至於聖而後已. 故『易』贊精義入神之妙, 「傳」記愼思明辨之功, 使天下之事, 章章然有條不紊, 然後可以居於世上, 而不與鳥獸夷狄同羣. 方外之士, 坐斷世網, 百慮俱閑, 上無折腰於侯王, 下絶致敬於親戚, 與鳥獸而同歡, 以淡泊爲眞歸, 何所留心乎? 何所思慮乎?"

청한자가 이르길, "방외인의 담박은 진실로 그러할 뿐이나, 아직 향상의 전지(田

58 『대학(大學)』의 여덟 조목, 즉 격물(格物)·치지(致知)·성의(誠意)·정심(正心)·수신(修身)·제가(齊家)·치국(治國)·평천하(平天下)를 이른다.

59 『중용(中庸)』에 나오는 천하·국가를 경영하는 아홉 가지 도, 즉 수신(修身)·존현(尊賢)·친친(親親)·경대신(敬大臣)·체군신(體羣臣)·자서민(子庶民)·내백공(來百工)·유원인(柔遠人)·회제후(懷諸侯)를 일컫는다.

地)[60]에 도달하지 아니하였다면 어찌 사려를 하지 않을 수 있겠는가? 무릇 세인들이 '선(禪)'이라 칭하는 것은 선정(禪定)하여 안온하게 한다는 뜻으로서, '선'이라는 글자가 사유수(思惟修)·정려(靜慮)[61]를 칭하는 것은 알지 못한다. 무릇 천지 사이에는 사람이 가장 신령하고 지혜가 만물보다 뛰어나니, 비록 드러나고 감추는 것이 서로 다르다고 하더라도 어찌 하루라도 배우지 않고 하루라도 사려를 하지 않을 수 있겠는가? 대저 배우기만 하고 생각하지 않으면 얻음이 없고, 생각하기만 하고 배우지 않으면 위태로운 것이다. 사(思)는 삿된 사(邪思)가 아니고 그것이 도(道)인 까닭을 생각하는 것이며, 려(慮) 또한 미친 려(狂慮)가 아니고 공부를 하는 까닭을 생각하는 것이다.

비록 다시 집 뜰을 배회하고 평원에서 노닐면서 눈으로는 보고 마음으로는 생각하는 것으로써 점차 함양하더라도, 일찍이 감히 배움을 폐한 적은 없었다. 그러므로 산을 오를 때는 그 높음을 배울 생각을 하고, 물에 임해서는 그 맑음을 배울 생각을 하고, 돌에 앉을 때는 그 단단함을 배울 생각을 하고, 소나무를 볼 때는 그 곧음을 배울 생각을 하고, 달을 대해서는 그 밝음을 배울 생각을 한다. 만상은 밝은 마음속에 모두 드러나나 각각 그 잘하는 바가 있어서 우리는 모두 다 그것을 배우고 그 묘함을 정밀히 연구함으로써 신령스러움에 들어가니, 나는 도를 행하는 궁극의 영역을 알지 못하겠다"라고 하였다.

淸寒子曰, "方外人之淡泊固爾已, 未得到向上田地, 其可不思乎? 夫世人稱'禪,' 是禪定, 安閑之意. 未知'禪'字, 乃思修靜慮之稱. 夫天地之間, 人爲最靈, 智超萬物. 雖顯晦殊塗, 其可一日不學乎? 其可一日不思乎? 盖學而不思則罔, 思而不學則殆. 思非邪思, 乃思其所以爲道, 慮非狂慮, 乃慮其所以爲學. 雖復彷徉戶庭, 夷猶原野, 目覩心思, 以漸頤養, 未嘗敢廢於學也. 故登山則思學其高, 臨水則思學其淸, 坐石則思學其堅, 看松則思學其貞, 對月則思學其明. 萬像齊現於瑩然方寸之間, 而各有所長, 我皆悉而學之, 精硏其妙, 以入於神, 吾不知爲道之窮域也."

『梅月堂全集』卷16「無思」, 한불7:376상-중

---

60 미혹의 경지에서 깨달음의 경지로 들어가는 것이 '향상(向上)'이고 그러한 안온한 경지를 '전지(田地)'라고 한다.

61 '사유수'·'정려' 둘 다 선정을 이르는 것으로서 마음을 한곳에 모아 사유하는 수행이다. 산스크리트어 'dhyāna(禪那)'의 구역(舊譯)이 '사유수'이고, 신역(新譯)이 '정려'이다.

| 자료 2-2 | 불자가 산림에 거하는 것은 은둔이 아니다

청한자가 이르길, "옛사람은 비록 산림에 처하여 봉우리와 시내에서 먹고 마시더라도 마음속에 반드시 규구(規矩)를 정연히 하였으므로, 세상에 나와서는 일대의 스승이 되고 움직여서는 만세의 법이 된 것이다. 지금에는 깨끗한 방은 밝으며 대나무 자리는 따뜻하고 정돈되어 있는데도, 사치하고 교만하며 나태하니 어찌 닦음에 나아가겠는가?"라고 하였다.

清寒子曰, "古人雖處山林, 飮峯啄澗, 必整規矩, 故出而爲一代師, 動而爲萬世法. 今則淨室明朗, 簟席溫整, 弛慢怠惰, 何能進修?"

객이 또 비판하여 말하길, "규구(規矩)·준승(準繩)[62]은 처세함에 있어 불변의 전범이고 방광(放曠)·산탄(散誕)은 산림의 방일한 태도이니, 어찌 시냇물을 움켜 마시고 명아주를 삶아 먹으며, 몸은 한가한 땅에 있으면서 규구와 준승을 돌아보겠는가?"라고 하였다.

客又難之曰, "規矩準繩, 處世之常典, 放曠散誕, 山林之逸態. 焉有掬溪而飮, 煮藜而食, 身在樗散之地, 而顧視規繩乎?"

청한자가 웃으며 그에게 물었다. "당신이 말하는 규구와 준승은 무엇인가?"

[객이] 말하였다. "법도이다."

[청한자가] 물었다. "법도는 무엇인가?"

[객이] 말하였다. "의관을 가지런히 하고 우러름을 존엄하게 하는 것이 마치 옥을 쥔 듯, 가득 찬 것을 받들 듯이 하는 것이니, 경외할 만한 위엄이 있는 것을 '위(威)'라고 이르고, 모범이 될 만한 거동을 '의(儀)'라고 한다. 저 산림의 선비는 베옷에 남루한 띠로 겨우 종아리와 무릎을 꾸미고, 거친 삼베 두건을 젖혀 써도 귀와 귀밑을 덮지 못하니, 어찌 띠를 두르는 긍지와 장엄이 있을 것이며, 의관의 엄연한 도리가 있겠는가?

---

62 '전승'은 평면의 경사를 측정하기 위한 먹줄로서 전하여 '규구'와 같은 뜻으로 쓰인다.

또 순록과 사슴, 물고기 새들은 규범을 세우는 무리가 아니고, 바위 골짜기는 위험하고 깊어서 걸음걸이를 정제할 수 있는 장소가 아니니, 이른바 규구를 어느 곳에서 시행하겠는가?"

清寒子笑而問之曰, "爾所謂規繩者何?" 曰, "法度也." 曰, "度者何?" 曰, "其衣冠, 尊其瞻視, 如執玉如奉盈, 有威可畏, 謂之'威', 有儀可則, 謂之'儀'. 彼山林之士, 麻衣襤縿, 僅容於踵膝, 葛巾岸倒, 不庇於鬢耳, 焉有束帶矜莊衣冠儼然之理乎? 且麋鹿魚鳥, 不是立軌之羣, 巖壑危深, 非可整步之場. 所言規矩, 何所施哉?"

청한자가 껄껄 웃으며 말하였다. "당신은 한갓 세간의 방법·표준만을 알 뿐, 출세간의 준승과 규율을 깨닫지 못하였다. 잠시 당신을 위하여 그것을 가르쳐 주도록 하겠다. 무릇 도에는 방위와 궤도가 없고 법에는 정해진 표준이 없다. 당신은 몸을 꾸미는 데 법도가 있음을 아나 대도(大道)의 표준과 격식은 알지 못하는 사람이다.

대저 선비가 지키는 것은 도(道)요, 지니는 것은 지(志)이다. 그 도를 지키면 비록 복식(服飾)이 없더라도 위의(威儀)가 드러나며, 그 뜻을 지니면 일이 규구(規矩)를 넘더라도 법도는 찬연한 것이다. 머리를 깎고 몸에 문신을 하는 것이 비록 복식에 마땅하지는 않더라도 공자가 그 덕을 칭찬하였고, 칼을 두드리고 소를 먹이는 것에 어찌 장상(將相)의 용모가 있겠는가만 제나라 환공이 중요하였으니 이것이 그 규구이다.[63]

방외의 선비가 도를 지키는 것이 돈독하지 못하고 뜻을 세우는 것이 분명하지 않으면, 기근과 곤궁함이 자신의 생명을 버리게 하기에 족하고, 궁핍함이 또한 이 삶을 허물기에 족하니, 어찌 시냇물을 움켜 마심을 삼조(三詔)[64]의 총애보다 넉넉히 여기고, 명아주를 캐어 먹는 것을 일생의 기쁨으로 여겨 만족함이 있겠는가? 반드시 볶은 쌀을 먹고 채소를 먹어도 그 헤아림은 크고, 나뭇가지 평상과 누추한 거처라도 그 뜻은 담담하여야 요순시대를 만들어 내며, 고금을 위아래로 쳐다보고 자연의 형세로 소요하며 무위의 장에서 마음이 편안하고 담담한 것이니, 몸은 규구를 기다리지 않으나 사람들

63 제환공이 소치는 사람이었던 영척(甯戚)을 등용하였던 고사를 이른다.

64 삼조(三朝). 공자가 노나라에서 세 번 벼슬한 것을 이름.

이 그것을 바라봄은 엄연하며, 자질은 초목을 가리지 않으나 뭇 사람들이 그것을 바라봄은 더욱 높아서, 물고기와 새 그리고 원숭이가 그 덕에 감동하고, 인간과 천상 그리고 모든 생명이 그 도를 사모한다. 무릇 이와 같은 까닭에 가히 일대의 스승이 되고 만세의 본보기가 되는 것이다.

淸寒子大噱曰, "子徒知在世之方準, 不悟出世之繩律也. 姑爲汝敎之. 夫道無方軌, 法無定準. 子知飾身之有度, 不知大道之標格者也. 盖士之所守者, 道也, 所操者, 志也. 守其道則, 雖無服飾, 而威儀有章. 操其志則, 事越規矩, 而法度粲然. 斷髮文身, 雖非象服之宜, 孔子稱其德. 鼓刀飯牛, 豈有將相之容? 齊桓擧爲輔, 此其規矩也. 方外之士, 守道不篤, 立志不確, 則飢困適, 足以棄吾命, 窮迫亦足以壞此生耳. 焉有掬溪而飮, 優三詔之寵, 採藜而食, 足一生之歡哉? 必也飯糗茹蔬, 而其量則廓如也, 蓽榻衡門, 而其志則泊如也, 陶鑄唐虞. 俛仰古今, 逍遙自然之勢, 恬淡無爲之場, 身不待規矩, 而人望之儼然, 資不擇草木, 而物仰之彌高, 魚鳥猿玃, 感其德, 人天衆庶, 慕其道. 夫如是故, 可以爲一代師萬世則."

객이 말하였다. "도가 있는 선비는 산림에 엎드려 인간 세계를 크게 잊어 일찍이 하나의 이득으로써 마음을 움직이지 않았으며, 하나의 영화로 절개를 어그러뜨리지 않았으니, 어찌 갑자기 일대의 스승과 만세의 본보기로써 저 방외의 선비를 의론하겠는가?"

客曰, "有道之士, 跧伏山林, 大忘人世, 未嘗以一利動其心, 以一榮虧其節. 奈何遽以一代師萬世則 議彼方外乎?"

청한자가 말하였다. "당신의 말은 아름답기는 하지만 도가 있는 자가 도가 있게 되는 까닭을 알지 못한다. 대개 도가 있는 선비가 산림에 엎드려 있는 것을 원하는 것은 아니다. 세상에 도를 행하는 것도 뜻이 원하는 바가 아니다. 가히 행할 만하면 행하고 멈출 만하면 멈추는 것이니, 토란을 굽다가 눈물을 흘리며 멀리 떠나는 자도 있으며 또한 기뻐하는 모양으로 지팡이를 끌고 산을 나서는 자도 있는 것이다.[65] 때가 된 후 움직

65 「귀거래사(歸去來辭)」 중에서 전원으로 돌아온 도연명이 지팡이를 끌고 노닐며 즐거워하는 모습.

이면 움직여도 그 도를 어그러뜨리지 않고, 믿은 다음에 말을 하면 그 조화를 어그러뜨리지 않는 것이다.

이익을 위하지 않는 까닭에 그 말은 굳고 곧으며, 명성에 애착하지 않는 까닭에 그 일은 바르고 준엄하며, 구차하게 살지 않는 까닭에 그 담박함이 족히 군왕을 감동시킬 수 있으며, 죽음을 두려워하지 않는 까닭에 그 법은 가히 세속적 기미를 경책할 수 있다. 왕후가 예로써 공경해도 높은 것이 되지 않고, 가마꾼들과 어울려 있어도 비천한 것이 되지 않는다. 이단이 백방으로 훼방하더라도 그 도는 더욱 견고해지고, 삿된 비방이 번갈아 공박하더라도 그 종지는 마모되지 않는 것이니, 무릇 이를 일러 '도가 있는 선비'라고 하는 것이요, '일대의 스승과 만세의 본보기'라고 하는 것이니, 곧 그 도덕이 비가 세차게 와 능히 덮어 가릴 수 없는 것과 같음이 있는 것일 따름이요, 스스로 자랑함으로써 영리를 구하는 것과 견줄 것이 아니다."

清寒子曰, "爾之言美則美矣, 未知有道者之爲有道也. 盖有道之士, 跧伏山林, 非所願也. 行道於世, 亦非志願也. 可以行則行, 可以止則止, 有煨芋垂涕而長往者, 亦有欣然曳杖而出山者. 時而後動動不乖其道, 信然後言, 言不戾其化. 不爲利故, 其言硬而直, 不愛名故, 其事正而嚴, 不偸生故, 其談足以動皇王, 不畏死故, 其法可以警塵機. 王侯禮敬而不爲高, 瓦合輿儓而不爲卑. 異端百毁, 而其道愈堅, 邪謗交攻, 而其宗不磨. 夫是之謂有道之士, 而一代師萬世則, 則其道德之滂沱, 有不能掩者耳, 非如自衒自媒, 以邀榮利者之比也."

『梅月堂全集』 卷16 「山林」. 한불7:376중-377중

| 자료 2-3 | 불교는 세상을 버리는 도가 아니다

객이 말하였다. "옛날에는 고승이 있었는데, 세 번 청해도 나아가지 않은 사람이 있었으며, 그림자가 산을 벗어나지 않은 사람이 있었으니, 어찌 만물을 교화함에 위배되고 홀로 자신만을 선하게 한 것이 아니겠는가? 또 세상의 어진 선비는 밭고랑이나 공사판에 숨어 지내다가 세 번 초빙되어 나아가는 자도 있고, 한 번 부름에 나아가는 자도 있었으니, 도를 행하기 위함이요 백성을 위함이요 요순보다 나은 군주를 실현시키기 위함이었다. 세속의 선비도 오히려 그러한데 하물며 앞에서 말한 고승이겠는가? 분

별 있는 사람이 들으면 보배를 품고 온 나라를 헤맨다는 꾸지람을 피할 수 없을 것인즉 어찌하면 좋겠는가?"

客曰, "古者有高僧, 有三請不赴者, 有影不出山者, 無乃違於化物而獨善其身乎? 且世之賢士, 隱於畎畝版築之間, 有三聘而出者, 有一招而赴者, 爲行道也, 爲蒼生也, 爲致君於堯舜之上也. 在俗士尙爾, 況誠如上所謂高僧乎? 若有識者聞, 則不免懷寶迷邦之譏, 則如之何?"

청한자가 말하였다. "말이 어찌 이리 편벽되고 막혀 있는가! 부처님[66]의 법은 청정(淸淨)·과욕(寡欲)하여 다른 이들과 더불어 다투지 않는 데 있는 것이므로, 산언덕에 말아 놓으면 그 도는 존귀한 것이고 인간세에 행하면 그 법은 엄한 것이다. 세상이 어지러워 따르지 않는다 해도 그 법은 근심할 것이 없으며, 시절이 평화로워 모두가 행한다 해도 그 도는 기뻐할 것이 없다. 도로써 처하는 것이니 비록 산과 들에 곤궁하게 거주하더라도 그 즐거움을 바꾸지 않는 것이요, 법으로써 나아가는 것이니 비록 임금과 경을 이야기한다 하더라도 그 뜻을 교만히 하지 않으니, 훌륭하고 여유 있으며 구속이 없는 이것이 고승의 거취이다.

어진 선비에 있어서는 그렇지 않으니, 어려서는 배우고 커서는 행하고자 한다. 불행히 세상이 어지럽고 위태한 때를 만나, 군주가 간하는 바를 따르려는 마음이 없으며 조정에서는 무자비한 자취를 주고받게 되면, 혹자는 북해의 바닷가에 낚싯대를 던지고[67] 혹자는 동문의 위에 관을 걸치니,[68] 그 뜻이 원하는 것은 군주를 복희(伏羲)의 정치에 이르게 하고 세상을 태평하고 밝은 시대로 구제하고자 할 뿐이다. 그러므로 비록 노구를 산림에 내맡기더라도 군주와 나라를 생각하는 마음을 길이 품으며, 몸을 광대에 맡기더라도 국정을 보좌하는 마음을 잊지 않으니, 몸은 비록 떠나나 마음은 조정의 위에 있고 자취는 이미 사라졌으나 뜻은 충신의 열에 있는 것이니, 이것이 사군자(士君子)가 마음을 세우는 것이다. 만약 군주가 성군이고 신하가 현인이어서 인재를 널리 구하는

---

66 '각황(覺皇)'은 부처를 이른다.

67 백이(伯夷)가 주(紂)를 피해 북해 가에서 살았다는 고사를 말한다.

68 전한 말 왕망(王莽)의 난으로 매복(梅福)이 동문에다 갓을 벗어 놓고 간 고사를 이른다.

데도 오히려 큰 소리나 고담준론만 펴고 끝내 나서지 않는다면, 사군자가 원하는 바에 어긋나는 것이니 어찌 번연히 일어나지 않을 수 있겠는가?

고승에 있어서는 그렇지 않으니, 삼유(三有)[69]로써 일가를 삼고 사생(四生)[70]으로써 일환(一幻)을 삼아 담담히 세간을 떠나고 초연히 세속을 끊어, 이미 피차(彼此)의 정을 잊었고 곤궁하든 영달하든 일체의 마음을 끊었으니, 나아가면 수레와 양산의 영화가 없고, 은거하더라도 나라를 저버리는 어그러짐이 없다. 말이 사람들을 인도할 만하면 그것을 격려·앙양하고, 세상의 도가 떠날 만하면 호연히 돌아가는 것이니, 태연하고 편안해 하는 모습이 마치 봉황의 울음과 같고 기린의 나타남과 같으며, 스스로 가고 옴이 구름과 같고 학과 같으니, 대저 무슨 관계가 있어 출현하느니 은거하느니 하는 논쟁에 참여하겠는가?"

清寒子曰, "是何言之固滯也! 覺皇之法, 在於清淨寡欲, 不與物爭故, 卷於山阿, 則其道尊, 行於人世, 則其法嚴. 世溷而不遵, 其法非可憂, 時平而盡行, 其道非可歡. 以道而處也, 雖窮居山野, 不改其樂. 以法而出也, 雖對御談經, 不驕其志. 優哉游哉! 無縛無拘, 此高僧之去就也. 在賢士則不然, 幼而學之, 壯而欲行. 不幸世亂時危, 國君無從諫之心, 朝廷交豺虺之跡, 或投竿北海之濱, 或掛冠東門之上, 而其志願, 則欲致君於羲軒, 濟世於雍熙而已. 故雖投老山林, 而長懷君國之心, 委身排優, 而不忘匡輔之懷. 身雖去矣, 而心縣魏闕之上, 迹已遁矣, 而志在藎臣之列, 此士君子之立心也. 若主聖臣賢, 旁求俊彦, 而猶大語高談, 終不出世, 乖士君子之願. 安得不幡然而起哉? 在高僧則不然, 以三有爲一家, 以四生爲一幻, 淡然離世, 翛然絶俗, 旣忘彼此之情, 又絶窮達之懷, 出無軒盖之華, 隱無負國之乖. 談話可以牖人, 則激而揚之, 世道可以去矣. 則浩然而返坦坦然怡怡然, 如鳳之鳴, 如麟之現自去自來, 如雲如鶴. 夫何關係之有而叅於現晦之論哉?"

---

69 삼계(三界)의 욕유(欲有)·색유(色有)·무색유(無色有)를 이른다. '유(有)'는 유정(有情)으로서의 존재, 생존을 뜻하는 것으로 삼계에서의 존재, 생존이 삼유가 되는 것이다.

70 생물이 태어나는 네 가지 형태로서 태생(胎生)·난생(卵生)·습생(濕生)·화생(化生)을 이른다. 태생은 모태에서 태어나는 것을, 난생은 알에서 태어나는 것을, 습생은 습기에서 태어나는 것을, 마지막으로 화생은 다른 물건에 기생하여 그것으로부터 태어나는 것이 아니고 스스로 업력에 의하여 갑자기 화성(化成)하는 것을 이른다.

[객이] 말하였다. "그렇다면 그 도는 한가롭고 담담하여 군주를 보좌하고 백성을 구제하는 방술이 결여되어 있거늘 어찌 능히 일대의 스승과 만세의 본보기가 될 수 있겠는가? 또 스승으로 삼는 바는 어떤 물건이며, 법칙으로 삼는 바는 어떤 일인가?"

曰, "然則其道恬淡, 乏輔君濟民之術, 安能爲一代師萬世則哉? 且所師者何物? 所則者何事?"

[청한자가] 말하였다. "스승으로 삼는 바는 마음이다. 무릇 마음이란 비고 밝아 통연히 비추며 출입에 때가 없어 그 향하는 바를 알지 못한다. 그것을 미혹하면 방만해서 돌아갈 바를 잊고, 그것을 깨달으면 원만하게 밝아 잃지를 않는다. 본디 뛰어난 지혜의 자질이 보통 사람을 크게 넘어서는 이가 아니라면 어렵게 알고 힘써 행하여도 오히려 도달하지 못하는 것이다.

그러나 소위 저 사람이란 곧 깊은 근원을 통찰하고 만유의 변화를 연구하고 궁리하며, 형체가 드러나기 전의 것을 잡아 지키어 무궁한 변화를 신묘하게 활용한다. 정(定)과 혜(慧)[71]가 균등하니 만법의 근원을 정밀히 탐구하고, 지(智)와 행(行)이 모두 온전하니 흐릿하고 몽롱한 시초와 그윽이 계합한다. 그 신통함을 말하자면 곧 털끝에 대천세계를 가득 채우는 것이며, 그 미묘함을 말하자면 성(性)과 상(相)[72]이 삼제(三際)에 융합한 것이며, 그 도를 말하자면 귀신이 살필 수 없는 것이며, 그 덕을 말하자면 용과 하늘이 흠모하여 바라보는 것이다.

그러한즉 그 스승의 일은 한갓 예(禮)와 정치를 물어 당시의 급무를 해결하고 의혹을 푸는 것으로 한때의 쓰임을 비는 것일 뿐인 것이 아니라, 실로 이에 다함이 없는 보물을 받아 만세에 다함이 없는 보배를 전할 따름이다. 이것으로써 위에 처하면 높으나 위태롭지 않고, 이것으로써 아래에 처하면 잘 따르나 어그러지지 않는다. 그것을 오륜

---

71 '정(定)'은 선정(禪定), '혜(慧)'는 바른 지혜를 일컫는다. 이러한 정과 혜가 균등해야 제법의 실상을 여실히 알 수 있다고 하며, 그것을 올바른 깨달음이라고 한다.

72 법상종(法相宗)에서 '성(性)'은 원성실성(圓成實性)의 진여이고 '상(相)'은 의타기(依他起) 혹은 인연소생((因緣所生)의 만법이라 한다.

에 시행하면 오륜이 그 순서를 지극히 하게 되고, 그것을 오전(五典)[73]에 제정하면 오전이 그 질서를 지극히 하게 되며, 나아가 만사를 통리(統理)하고 뭇 백성을 통솔하게 되니, 어찌 이 보배의 묘한 작용이 아님이 아니겠는가?"

曰, "所師者心也. 夫心者, 虛明洞照, 出入無時, 莫知其鄕. 迷之則狂蕩而忘返, 悟之則圓明而匪失. 自非上智之質大過人者, 困知力行, 猶且不逮. 而所謂伊人者, 則洞徹深源, 硏窮萬化, 操守未形之前, 神用無窮之變. 定慧均等, 精探萬法之根, 智行兩全, 黙契冥濛之始. 語其神也, 則毫髮充於大千, 語其妙也, 則性相融於三際, 語其道也, 則鬼神所莫窺, 語其德也, 則龍天所欽仰. 然則其師事也, 非徒問禮問政, 決當時之務, 受業解惑, 資一時之用而已, 實乃得受用無盡之寶, 傳萬世無彊之珍耳. 以此在上, 則高而不危, 以此在下, 則順而不危. 施之五倫, 則五倫極其叙, 制之五典, 則五典極其秩, 乃至統理萬事, 帥御萬夫, 何莫非此寶之妙用乎?"

『梅月堂全集』 卷16 「三請」, 한불7:377중-378상

| 자료 2-4 | 불교는 현실세계의 근본을 밝히는 가르침이다

객이 말하였다. "마음을 전하는 묘함은 진실로 이미 들었으나 세간과 출세간은 멀기가 마치 소나무와 계수나무 같은데, 가히 그것을 만물에 시행하고 나라에 행할 수 있겠는가? 그 법칙으로 삼는 바는 어떠한 일인가?"

客曰, "傳心之妙, 固已聞命, 然世與出世, 逈如松桂, 可能施之於物, 爲之於邦乎? 其所則者, 爲何事耶?"

청한자가 말하였다. "법칙으로 삼는 바는 당신이 말한 바와 같이 세상의 티끌과 때를 멀리 떠난 것이다. 또 이익을 다투고 생명을 탐하는 것은 뭇 생물들의 상정(常情)이고, 세상을 따라 분분히 경쟁하는 것은 미혹된 무리가 빠지는 바이다. 그러나 이 사람은 그렇지 않아 고원하게 행하여 세간에서 구함이 없으니, 명리를 보기를 골짜기의 메

73 오륜(五倫), 오상(五常)과 같은 뜻.

아리로 보고, 생사를 보기를 끓는 물·불꽃같이 한다. 뭇 사람들은 모두 더러워도 나는 홀로 느긋하고, 뭇 사람들은 모두 바쁘나 나는 홀로 한가하니, 도회에 노닐면 마치 빈 배가 물결을 타는 것 같고, 산림에 숨으면 마치 외로운 구름이 드문드문한 것과 같으므로 천자는 신하를 삼지 못하고 제후는 벗을 삼지 못한다. 그 마음을 보면 얼어붙은 골짜기에 옥항아리를 두고 있는 듯하며, 그 말을 들으면 커다란 폭포를 용문에 매달아 놓은 듯하여 삼가 우러러 들을 수 있게 하고 바라보게 하였으니, 저 인성을 갖춘 자 그 어느 누가 본보기로 삼고 그것을 본받기를 원치 않을 수 있겠는가? 만일 구속하여 머무르게 할 수 있다면 반드시 유교의 안연과 맹자와 같을 것이다."

清寒子曰, "所則者, 如子之言, 逈離塵染也. 且爭利貪生, 衆物之常情, 隨世紛競, 羣迷之所溺. 而此人則不然, 乃高蹈遠引無求於世, 視名利如谷響, 眄死生如湯餤. 衆皆汶汶, 而我獨陶陶, 衆皆役役, 而我獨閑閑. 遊城市則如虛舟之駕浪, 遁山林則若孤雲之蕭散. 故天子不得臣, 諸候不得友. 觀其心則置玉壺於冰壑, 聽其言則懸巨淙於龍門, 顒顒卬卬令聞令望. 彼具人性者, 孰不願則而法之乎? 如其轡勒而可駐, 必如聖門之顏孟矣."

객이 말하였다. "그런즉 출세간의 고아함은 이미 상세히 들었다. 그런데 성현의 뛰어난 교화와 신묘함을 보존하는 미묘함은 쉽게 살피고 헤아릴 수가 없으니, 만약 세상의 사람들로 하여금 점차 그 도를 연마케 하고 덕성을 도야하게 한다면, 장차 조정에서는 현명한 신하를 볼 수 없게 되고 세상에는 풍속이 없게 되며 모두가 부처의 자식이 되어 함께 멀리 떠날 뜻을 품고 청정한 행을 닦을 것이다. 그렇지만 대저 이와 같다면, 삼강(三綱)이 문란하고 구법(九法)[74]이 썩을 것이니, 감히 군주를 보우하고 백성의 생이 길이 이어지게 하는 요체를 묻고 싶다."

客曰, "然則出世之高雅, 已聞其詳. 且賢聖過化存神之妙, 未易窮測. 若使一世之人, 漸摩其道, 薰陶德性, 則將見朝無賢佐, 野無遺俗, 擧爲釋子俱懷遠逸之志, 皆蹈淸淨之行. 夫

---

74 『서경(書經)』「홍범(洪範)」에 기록되어 있는, 우임금이 정한 정치 도덕의 아홉 가지 원칙으로, 오행(五行)·오사(五事)·팔정(八政)·오기(五紀)·황극(皇極)·삼덕(三德)·계의(稽疑)·서징(庶徵)·오복(五福)·육극(六極)을 말한다.

然如是, 則三綱淪九法斁矣. 敢問, 福祐王祚, 永綏生民之要."

청한자가 말하였다. "한 모서리를 들면 나머지 셋도 뒤집을 수 있고, 여러 지나간 일들을 고하면 올 것을 알 수 있거늘, 당신은 어찌 식견이 그렇게 천하고 비루한가? 우선 태평하고 밝았던 상고시대의 군주와 현명한 신하는 그것을 두고서 논하지 않았다.

주나라가 쇠퇴한 이후 진한 이하 지금에 이르기까지, 어찌 한 시대라도 보잘것없는 이익을 다투고 작은 공을 도모하지 않았던 때가 있었던가? 진 왕실의 쇠락에 이르러선, 군웅할거하여 강자가 임금이 되고 약자가 백성이 되며, 말재주가 족하면 모사가 되고 이욕을 탐하는 자가 부림을 당하였으니, 풍속이 이미 잘못되었고 사람들은 근심에 빠졌다. 부처님의 가르침으로 그 본분에 안주시킴이 있지 않았더라면, 장차 용감한 자는 성내어 싸우고 지혜로운 자는 조용히 모략을 꾸미며, 논밭의 모든 사람이 분분히 봉기함이 나타나게 될 것이니, 어찌 보호할 수 있을 것인가?"

清寒子曰, "擧一隅可反其三, 告諸往可知其來, 子何識之淺陋也? 且如上古雍熙之世, 聖明之主, 賢哲之臣, 置之莫論. 自周衰以後, 秦漢以下, 以迄于今, 安有一世不競刀錐之利, 圖尺寸之功哉? 至如晉室陵夷, 羣雄割據, 强者爲君, 弱子爲民, 足才辯者爲謀主, 貪利欲者爲驅使, 俗既疵矣, 人既愁矣. 不有釋氏之敎, 使安其分, 則將見勇者奮而鬪, 智者靜而謀擧, 阡陌之人, 皆紛紛而蜂起矣. 如何而可保哉?"

이때 서진(西晉)에는 지둔(支遁, 314-366)[75]과 도안(道安, 314-385)[76]의 무리가 있

75 동진(東晋) 때의 승려로 자(字)는 도림(道林)이며, 섬(剡) 땅의 앙산(仰山) 석성사(石城寺) 등에서 수도하였다. 애제(哀帝)의 즉위 원년(362)에 건강(建康) 동안사(東安寺)에서 『도행반야경(道行般若經)』을 강의하였고, 『장자』의 「소요유(逍遙遊)」에 주석을 붙여 당대의 학자를 놀라게 하기도 하였다. 노장철학과 불교 교리를 결합한 청담(淸談) 불교의 실천자로서, 그의 반야공(般若空)에 대한 이해는 즉색유현의(卽色遊玄義)로 알려졌다. 왕흡(王洽), 손작(孫綽), 허순 등의 당대 명유들과 교유하였다. 저서로 『석즉색본무의(釋卽色本無義)』, 『즉심유현론(卽心遊玄論)』, 『성불변지론(聖不辨知論)』 등이 있다.

76 12세에 출가하여 불도징(佛圖澄)에게 배웠다. 대법을 널리 펼치기 위하여 문인들을 양주·촉·나부산 등지에 보내고 또 혜원(慧遠) 등 400여 인을 거느리고 양양에서 전도하였다. 진왕(秦王) 부견(苻堅)은 그의 학덕을 사모하여 장안으로 초청, 오중사(五重寺)에서 경전을 번역·강론케 하였다. 반야의 공론(空論)에 밝았다. 중국 초기의 불교는 주로 인도와 서역에서 온 승려들에 의해 개척되었는데, 도안 때부터 중국인에 의한 중국불교가 일어났다고 할 수 있다. 저서로는 『반야절의략(般若折疑略)』, 『대십이문주(大十二門註)』, 『음지입주(陰

어 왕씨(王氏)와 사씨(射氏)[77]와 더불어 유희하고, 동진(東晉)에는 혜원(慧遠, 334-416)[78]과 혜지(慧持, 337-412)의 무리가 있어 유씨(劉氏)와 뇌씨(雷氏)[79]와 더불어 은거해 있었으니, 그 청담과 준론이 사람들의 입과 귀를 감동시켜 모두 자비·과욕의 장으로 나아가게 한즉, 용감한 자는 그 분수를 지키고 지혜로운 자는 그 안온함을 얻었으며, 현명하고 빼어난 선비는 모두 그것으로써 마음을 쉬게 하였다. 그리고 숲속과 샘터에서 서로 더불어 즐기며 이르길, '인생은 나그네와 같은 것일 뿐이니 스스로 풍류에 기우는 것이요, 뜻을 얻는 일은 거의 닳아 장차 다할 것이므로 오로지 종일토록 근심하는 것이니, 당신이 한번 오면 만나 이야기함으로써 그것을 쓸어내려 하는데, 하루가 천년같이 더디다' 하였고, 혹은 이르길, '군주와 신하가 서로 의심하고, 혹과 사마귀 같은 군더더기들은 서로 이지러뜨리니, 진 왕실은 반석의 견고함이 없고 세상의 형세에는 누란지세의 위태함이 있으니, 내 어찌 관록을 위하겠는가?' 하였다. 어찌 지극한 사람의 가르침이 위태한 세상에 부딪히고 골수에 파고들어도, 무엇으로써 교화되었는지를 모를 수가 있겠는가?

그러므로 계숭(契嵩, 1007-1072)[80]은 원공(遠公)의 영당(影堂)에 써 붙이기를, '사해가 가을 색인데 신산(神山)이 가운데 우뚝 솟은 것은 혜원공의 청고(淸高)함이요, 흰 구름 붉은 골짜기에 옥나무, 옥풀은 혜원공의 사는 곳이다' 하였으니, 천만년 후에 그 풍모와 운치 듣는 자로 하여금 개연히 마음을 일으키게 하니, 그 세상을 떠받치고 백성을 돕던 자취가 대개 드러날 것이다. 그러나 부처님의 본의는 자애를 우선으로 삼으

持入註)』, 『종리중경록(綜理衆經錄)』, 『서역지(西域志)』 등 20여 부가 있었다고 한다.

77 진(晉)나라 때의 왕도(王導, 276-339)와 사안(謝安, 320-385)을 이른다.

78 중국 동진의 승려로서 여산 백련사의 개조이다. 13세에 이미 육경(六經)을 연구하였으며, 특히 노장학에 정통하였다. 21세 때 출가하여 항산정 도안(道安)을 찾아가서 수행 정진하고, 여산에 들어가 동림사에서 살았다. 30여 년 동안 여산에 있으면서 법정(法淨, ?-?)과 법령(法領, ?-?) 등을 멀리 서역에 보내 범본을 구하고 계빈국 승려 승가제바(僧伽提婆, ?-?)에게 청하여 『아비담심론(阿毘曇心論)』, 『삼법도론(三法度論)』을 다시 번역하였다. 또 담마류지(曇摩流支, ?-?)에게 부탁하여 『십송률(十誦律)』을 완전히 번역하는 등 크게 불교학계에 공헌하였다. 저서에 『대지도론요략(大智度論要略)』 20권, 『문대승중심의십팔과(問大乘中深義十八科)』 3권, 『사문불경왕자론(沙門不敬王者論)』, 『법성론(法性論)』 2권, 『사문조복론(沙門袒服論)』 1권 등이 있다.

79 동진의 고사(高士)였던 유유민(劉遺民, 352-410)과 뇌차종(雷次宗, 386-448)을 말한다.

80 운문종(雲門宗)에 속한 중국 승려로서 문장에 능하여 일찍이 『원교론(原敎論)』을 지어 유불(儒佛)이 일관하다는 것을 밝히고 한퇴지(韓退之), 곧 한유(韓愈, 768-824)의 배불론을 반박하였다. 저서에 『선종정조도(禪宗定祖圖)』, 『전법정종기(傳法正宗記)』, 『전법정종론(傳法正宗論)』, 『치평집(治平集)』 등이 있다.

니 군주로 하여금 백성을, 아비로 하여금 자식을, 남편으로 하여금 부인을 사랑하는 까닭을 알게 하는 것으로서 위로는 어그러진 정치가 없고 아래로는 시역(弑逆)의 마음을 끊게 하는 것이며, 천하 사람을 모두 평안하고 적당하게 하여 농사에 힘쓰고 처자를 양육하며, 윗사람을 윗사람으로 대하고 아랫사람을 아랫사람으로 대하게 하는 것이다.

그러므로 비록 인의(仁義)의 얘기가 없어도 불살생(不殺生)과 불투도(不偸盜)의 경계가 있어 이미 인의의 자취를 드러낸 것이니, 그 군주를 보우하고 백성의 생을 길이 이어가게 하는 공이 또한 거기에 더할 것이 없는 것이다.

于斯時, 西晉有支遁道安, 輩與王謝遊, 東晉有慧遠慧持輩, 與劉雷隱. 其淸談高論, 感人口耳, 盡趍慈悲寡欲之場, 則勇者守其分, 智者得其安, 賢哲俊彦之士, 皆得以息心. 而相與娛樂於林泉之境曰, '人生如寄, 里自頃風流, 得意事, 殆磨將盡, 唯終日戚戚, 遲君一來, 以晤言消遣之, 一日千載也.' 或曰, '君臣相疑, 贅疣相虧, 晉室無盤石之固, 物情有累卵之危, 吾何爲官祿哉?' 豈至人之敎, 激於危世, 浸於骨髓, 而有不知所以化之者乎? 故契嵩題遠公影堂曰, '四海秋色, 神山中聳, 遠公淸高也, 白雲丹壑, 玉樹瑤草, 遠公棲處也.' 使千萬載之下, 聞其風韻者, 慨然興起, 其扶世祐民之迹, 盖有見矣. 而釋氏之本意, 以慈愛爲先, 使君者知所以愛民, 父者知所以愛子, 夫者知所以愛婦, 上無悖戾之政, 下絶弑逆之懷, 使天下之人, 皆按堵妥帖, 而務農桑, 育妻子, 長長幼幼. 則雖無仁義之談, 而不殺不盜之警, 已形仁義之迹, 其福祐王祚, 永綏生民之功, 亦莫加焉. 『梅月堂全集』 卷16 「松桂」, 한불7:378상-379상

| 자료 2-5 | 불교는 세속을 순화한다

객이 말하였다. "세상을 떠받치고 백성을 돕는 설은 이미 들었다. 다만 부처님이 나라를 버리자 아비와 처가 슬퍼하였고, 양무제(梁武帝, 502-549 재위)가 사찰에 몸을 희사하자 조정이 의지할 곳을 잃었고, 위후(魏后)의 사원 경영은 구슬 방이 천 칸이었고, 수제(隋帝)[81]의 탑 건립으로 불교의 음악이 거리에 가득 차게 하여, 하늘의 도리를

81 수문제(隋文帝, 581-604 재위)를 말한다.

어그러뜨리고 어지럽혔으며 만백성을 동요시켰으니, 훌륭한 곳이 어찌 있겠으며, 네 사람의 선행이 경전에는 반하지만 도에는 합당한 권도(權道)가 있었던가? 아니면 득실에 대한 의론이 있었던가? 당신이 앞서 한 이야기와 어찌 이토록 심하게 어긋나는가?"

客曰, "扶世祐民之說, 旣聞命矣. 只如悉達之捨國, 爺妻共悲, 梁武之捨身, 朝廷失據, 魏后之營寺, 珠房千間, 隋帝之建塔, 梵樂盈路, 悖亂天常, 動擾萬姓, 勝處安在? 四者之善, 盖有反經合道之權乎? 抑有得失泥罔之論乎? 與前子之所言, 何其反之甚也?"

청한자가 말하였다. "우선 화복(禍福)과 인과응보와 육도윤회와 같은 설들은 혹 괴이함을 넘고 혹 잘못하여 거짓이 되기도 하며, 혹 통달한 인사도 자못 그것에 놀라니, 그것은 차치해 놓고 논하지 않겠다.

부처님의 일을 논하자면, 부처님은 서역 왕의 아들이다. 중국으로서 서역을 논하면 오랑캐이지만, 서역으로서 가유국(伽維國)[82]을 존중하면 곧 상국이다. 그러므로 오랑캐들은 가유국을 가리켜 '중국'이라 하고, 그 군주를 가리켜 '전륜성왕'이라 하였다. 돌궐(突厥)에선 추장을 존중하여 '가한(可汗)'이라 하며, 토번(吐藩)에선 군장(君長)을 가리켜 '찬보(贊普)'라고 하는 것과 같은 것이다.

서쪽 오랑캐 부족이 성질이 다분히 패역(悖逆)하여 혹 지위를 탐하여 그 아비를 시해하기도 하고, 혹 보배를 다투어 그 형을 해치기도 하고, 혹 여색을 탐하고, 혹 공격하여 약탈하기를 싫어하지 않고, 혹 인색하고도 부끄러워하지 않는 등 하지 못 하는 일이 없는 것은 그 땅이 중국과 멀어 예악과 문물이 미치지 못하고, 법도와 문화가 미치지 못하였기 때문이다. 또 진나라 풍속의 사나움과 정나라 음악의 음란함 같은 것을 보면, 중국도 오히려 그러하거늘 하물며 풍토와 성음(聲音)이 다르고 왕도의 교화가 적셔지지 않은 곳에서는 어떠하겠는가? 세상 관습이 존중하는 바를 싫어하고 끊어야 한다는 것을 알 수 있다.

만약 부처님이 보위를 가벼이 여기고 지극한 도를 흠모함으로써 어리석은 백성을

---

82 고대 인도의 석가족이 세운 국가인 카필라바스투(Kapilavastu, 음역은 迦毘羅婆蘇都). 석가모니의 출생지로서 흔히 카필라성(城)이라고도 한다. 기원전 6세기에 코살라국에 의해 멸망하였다. 현재의 네팔 지역이다.

경책하시지 않았더라면, 누가 눈멀고 귀먹은 자들을 인도하여 그 잘못된 마음을 바로 잡게 할 수 있었겠는가? 그러므로 군자는 백성을 교화하는 것이 많고 잃는 것이 적다면 그것을 행하고, 그 잃는 것이 크고 교화하는 것이 작으면 행하지 않는 것이다. 그러므로 순임금은 고하지 않고 장가들었고, 우임금은 자식을 만나지 않고 힘써 일하였으며, 탕임금에게도 부끄러움을 무릅쓴 일이 있고, 무왕에게는 불가피한 시해가 있었던 것이니, 대개 어쩔 수 없어 그렇게 한 것이다. 또 아비의 슬픔과 처의 원망은 비록 한때의 인륜에는 반하는 것이나 뭇 생명에게 깨달음을 열어 주는 것은 천세의 성사가 되는 것이니, 이른바 '일이 능히 그 공덕을 돕고 공덕은 능히 그 과실을 가려준다'라고 하는 것이다.

清寒子曰, "且如禍福報應昇沈輪廻之說, 或涉於怪, 或失之誕, 通人達士, 頗或驚焉, 置之莫論. 若論悉達之事, 則悉達西域王之子. 以東夏而論西域, 則胡羌也, 以西域而尊伽維, 則上國也. 故胡人指伽維爲'中國', 指其主爲'轉輪聖王'. 亦突闕尊酋長爲'可汗', 吐蕃指君長, 謂'贊普'之類. 西胡部種, 性多悖逆, 或貪位而弑其父者, 或爭寶而害其兄者, 或貪淫女色, 或攻劫不厭, 或慳悋無慚, 無所不爲者, 以其地遠於夏, 禮樂文物之所不及, 綱紀典章之所不到故也. 且如秦俗之悍, 鄭聲之淫, 中國尙爾, 況風土之異, 聲音之殊, 墳典王化之所不漸者哉? 俗尙之惡斷可知矣. 若非悉達, 輕其寶位, 慕其至道, 以警愚民, 則誰能開牖盲聾, 而使格其非心乎? 故君子其所化民者博, 其所失者小, 則爲之也, 其所失者大, 而所化者小, 則不爲也. 故舜有不告而娶, 禹有不子而勞, 湯有慚德之事, 武有蒙面之弑蓋不獲已也. 且父悲妻怨, 雖一時之反常, 開悟羣生, 乃千載之盛事. 所謂, '事能濟其功, 功能掩其過也'."

이러한 까닭에 태자는 그 기미를 꿰뚫어 보고 신명을 돌아보지 않고, 태자의 안락한 지위를 버리고 눈 덮인 산봉우리와 험한 산을 돌아다니며, 삼과 보리로 밥을 삼고 굶주림의 절박함도 꺼리지 않으며, 몸은 기린이나 학과 벗을 삼아 은애가 서로 얽혀 있음을 돌아보지 않으며, 6년을 힘써 수행해 하루아침에 활연하게 됨이 마치 달이 허공에 매달린 것 같고 연꽃이 물 위로 솟은 것과 같았다.

곧 도의 나무로 나아가 보좌에 오르고서 말씀하시기를, '아! 무릇 그 생명이 있는 것들은 각자 진실한 성품을 갖추고 있으나 다만 망상에 빠져 깨닫지 못하니, 내가 법고를 두드리고 법우를 내려 너희들의 몽매함을 열어 주겠다' 하였다. [이때] 뭇 중생이 호응하지 않음이 없었으며 이르길, '부처님은 성왕의 아들인데도 오히려 탐욕과 애착을 버리고 지극한 도를 흔연히 구하였으나, 우리는 또 어떤 사람들이었기에 이 고통의 윤회를 달게 여기는가?' 하였다. 이때 용감하고 강한 자들은 싸움을 그쳤으며, 패역자들은 찬탈을 그치었고, 지혜로운 자들은 자기 분수에 편안해 하였으며, 어진 자들은 그 마땅함을 지키게 되어 서쪽 오랑캐의 나라를 염치를 아는 나라로 변하게 하였고, 노린내 나는 오랑캐를 가르쳐 성현의 영역으로 돌아가게 하였다. 자비로 인도하고 청정으로 거느리니, 저 은혜를 배반하고 의로움을 등짐이 탕임금과 무왕이 실행한 권도와 같았다. 한 점의 잔 구름이 어찌 태허의 푸르름에 누가 되겠는가?

是故太子, 洞視其機, 不顧身命, 棄春坊安妥之位, 涉雪嶺嵯峩之境, 痲麥爲飧, 不憚飢餓之切, 身麟鶴爲友, 不顧恩愛之相纏, 六載勤修, 一旦豁然, 如桂月之懸空, 似蓮葩之出水. 卽詣道樹, 升于寶座, 乃颺言曰, '吁! 凡闕有生, 各具眞性, 但汨妄想而不了悟, 我拊法鼓, 我雨法雨用啓爾蒙.' 魚是羣生, 莫不響應而作曰, '悉達聖王之子, 猶且棄貪去愛, 欣求至道, 我亦何人, 甘此苦輪?' 於是强勇者息戰, 悖逆者息簒, 智者安於分, 賢者守其常, 變西戎爲廉恥之邦, 敎膻胡歸, 聖哲之域, 導以慈悲, 率以淸淨, 則彼割恩背義, 猶湯武施權之事, 一點殘雲何累太淸?

『梅月堂全集』 卷16 「扶世」, 한불7:379상-하

| 자료 2-6 | 군왕의 길은 패도에 있지 않다

양나라 무제의 일은 선현이 이미 그것을 비난하였다. 일찍이 양나라 무제[蕭衍]는 책략을 좋아하였고 문무에 재주가 있었는데, 제나라의 난에 편승하여 황제의 선위를 받고 나라를 차지해 천하의 군주가 되었다. 즉위하여서도 천성이 총명하고 지혜로우며 박학하고 문장에 능하였으며, 효성과 자애, 공경심과 검소함이 보통 사람보다 크게 뛰어났다. 부처의 가르침에 화복(禍福)과 보응(報應), 현생의 내생의 이로움이 있음을 보고는 부모의 은혜에 보답하고 백성을 교화하고 이롭게 하고자 하여, 부처님의 가르침을 토론하고 그 근본 취의를 궁구하였으며, 오래 재계하고 몸을 희사하는 등 이르지 않는 바가 없으니, 그 뜻이 오롯하였다. [방편에 불과한] 통발과 말발굽에 빠져 참된 의미를 궁구하지 않아 부처님이 마음을 쓰는 근원을 크게 잃음이 안타깝다!

그렇다면 부처님의 뜻은 곧 어떠한가? 큰 깨달음의 부처님께서는 세상에 응해 화생하셔서 녹야원에서 금하(金河)[83]에 이르기까지 이사(理事)[84]를 설하고 현묘(玄妙)를 설하셨는데, 다만 이 마음을 구명하고 이 이치를 밝힌 것일 뿐이다. 이 마음을 구명한다는 것은 그 천성을 다하는 것이고, 이 이치를 밝힌다는 것은 그 고유함을 온전히 하는 것이다.

그러므로 300여 모임에 단멸(斷滅)의 가르침을 설하지 않고, 49년 동안 항상 근원으로 돌아가는 묘함을 말씀하셨으니, 다만 유(有)에 집착하는 자를 위하여 공(空)을 설하고 무(無)에 집착하는 자를 위하여 유(有)를 설하여 근기의 마땅함에 따르고, 병을 보고 처방을 내려 주신 것일 뿐이다. 그러므로 남종의 혜능(慧能, 638-713)이 말하길, "불법은 세간에 있는 것이요, 세간의 깨우침을 떠난 것이 아니므로 세간을 떠나 보리를 찾는 것은 토끼의 뿔을 구하는 것과 같다" 하였다.

梁武之事, 先哲已非之矣. 昔梁公蕭衍好籌略有文武, 乘齊之亂, 受帝之禪, 奄有區宇, 爲天下主. 及其卽位, 天性聰慧, 博學能文, 孝慈恭儉, 多能過人. 觀釋敎, 有禍福報應利益幽冥之說, 擬欲追報親恩, 化利人民, 討論佛敎, 窮其宗趣, 長齋捨身, 無所不至, 其志則專矣. 惜乎, 其溺於筌蹄, 而不究眞趣, 大失覺皇用心之源也. 然則覺皇之志則如何? 大覺能仁, 應世化生, 自鹿苑至金河, 說理說事, 說賢說妙, 但究此心, 明此理而已. 究此心者, 盡其天性, 明此理者, 全其固有也. 故三百餘會, 不說斷滅之教, 四十九年, 常演還源之妙, 但爲着有者說空法, 着無者說有法, 隨順機宜, 看病施方而已. 故南能曰, "佛法在世間, 不離世間覺, 離世覓菩提, 猶如求兎角."

양나라 무제는 이미 부유하기로는 사해를 가졌고, 존귀하기로는 천자가 되었으니, 일찍이 진속이제(眞俗二諦)[85]로 태자 통(統)과 더불어 뭇 신하들에게 물어 의논하며

83 중인도 구시나국에 있는 발제하(跋提河)의 역명(譯名)으로서 이 강에서는 사금을 산출하므로 이같이 이름하였다고 한다.

84 도리(道理)와 사상(事相)이라 할 수 있으며, 이(理)는 원리·이치를, 사(事)는 만유차별의 현상계를 일컫는다.

85 '진제'는 실다운 진리, 변하지 않는 진리 또는 성자가 본 참다운 진리의 가르침을 뜻하고, '속제'는 현상계의

여러 원로에게 물어보아, 서로가 격려하고 연마하며 마땅히 속제(俗諦)를 버리지 않고 진제(眞諦)를 잊지 않았다. 진제로써 이치와 명합하고 속제로써 만 가지 기미에 응해서 마침내 억조창생으로 하여금 근본을 도탑게 하고 지말을 쉬게 하며, 그 생업에 편안해 하게 하고 영원히 무기를 거두게 하여 국경을 고수하는 것이 가할 것이었다.

그런데도 어찌 명예를 사모하고 일을 도모하기를 좋아하며, 오로지 부질없는 영화만을 숭상하여 선(善)은 도를 넓히지 못하고 덕은 사물을 이롭게 하지 못하며, 지혜를 꾸미고 어리석은 이를 놀라게 하고서 명예를 자랑하고 백성을 번민케 하는 등 이르지 않는 바가 없어 가히 논의를 다 하기가 어려우며, 또 수양(壽陽)을 습격하고 양성(梁城)을 탈취하는 데는 장수에게 출사할 것을 명하여 다투어 살해함이 무궁하였는가? [이는] 가히 탐욕이라 이를 것이나, 한편에서는 인물을 수놓는 것을 금하고 종묘에 희생하는 것을 그치게 하여 그것을 죽이는 것을 슬프게 생각하였으니 어찌 그처럼 모순인가?

이미 사물의 생명에 대한 연민이 이처럼 지극하고도 수년 동안 위나라를 공격하여 싸움이 그치질 않았고 10년 동안 방죽을 축조해 사망한 자와 주려 죽은 자가 들을 메웠으니, 탐내고 분해하는 마음이 치성하기가 마치 열렬한 불길 같았으며, 다른 사람의 죽음을 보는 것이 마치 초개와 같으니 부처님의 자비를 체득한 것과 어찌 이리 괴리가 심한가? 또 정월에는 예주를 침략하고 2월에는 팽성을 공격하며 3월에는 사찰에 몸을 희사하니, 앞의 침공이 옳다면 뒤의 몸을 희사함은 틀린 것이요, 뒤의 몸을 희사함이 옳다면 앞의 침공이 틀린 것인데, 쟁탈이 무궁하면서도 몸을 희사함이 또한 그치지 않아 세 번을 속죄한 후 돌아왔었다.

梁主旣富有四海, 尊爲天子, 曾以眞俗二諦, 與太子統, 咨議羣臣, 詢諸耆德, 互相鼓磨, 當不捨俗諦 不忘眞諦. 以眞冥如理, 以俗應萬機, 遂使兆民之衆, 敦本息末, 安其恒業, 永戢干戈, 固守封疆可也. 奈何慕名好事, 專尙浮華, 善非弘道, 德非利物, 飾智驚愚, 衒譽煩民, 無所不至, 難可殫論, 且壽陽之襲, 梁城之取, 命將出師, 爭殺無窮? 可謂貪矣, 而又禁綉人物, 罷牲宗廟, 殺之惜之, 何其反哉? 旣已哀憫物命, 至於此極, 而數年攻魏, 刀兵不息, 十載

차별의 원리 또는 세속의 진실, 범부가 알고 있는 이치 등을 말한다.

築堰, 死殍盈野, 貪憤之心, 熾如火烈, 視人之死, 如視草芥, 則體佛慈悲, 又何乖剌之甚也? 又正月侵豫州, 二月攻彭城, 三月捨身於寺. 前之侵伐是, 則後之捨身非也, 後之捨身是, 則前之侵伐非也. 爭奪無窮, 而捨身亦不已, 至於三贖而後還.

또 버리는 것은 어떤 것이고, 취한다는 것은 어떠한 일인가? 만일 버린다고 하면 나라와 처자도 오히려 아깝지 않거늘, 하물며 백성을 피곤하게 하고 다른 사람의 성을 빼앗는 것이 가하겠는가? 취하고자 한다면 하나의 털을 뽑는 것도 오히려 그렇게 하지 않는데, 하물며 천자의 지위는 성인의 큰 보배요, 종묘사직은 사람과 귀신이 의탁해 돌아갈 바인데 가벼이 버릴 수 있겠는가? 오로지 그것을 잃을까 두려워하면서도 다시 그것을 버리고자 하니, 이는 진실로 무슨 마음인가?

이른바 '부처님의 도'라는 것은 견고한 마음을 내는 것이며, 결연하고 맹렬한 의지를 일으키는 것이며, 지극한 자비로 자신을 닦는 것이고, 실상으로 사물을 기다리는 것이며, 비록 영원히 생사를 끊었더라도 항상 삶과 죽음의 자리에 처하는 것이며, 이미 번뇌를 여의었으나 항상 번뇌의 경계에 거하는 것으로, 혹은 전륜성왕이 되고, 혹은 장자가 되어 연에 따라 중생을 제도하여 이익이 무궁한 것이다.

그러므로 그 행실은 바탕이 곧아 거짓됨이 없는 것이요, 그 덕은 넓어 관용이 있는 것이니, 무릇 이러한 것을 일러 '불승(佛乘)'[86]이라 한다. 양무제는 거짓된 마음으로 선한 이름을 낚으려 하였고, 나라의 근본이 근거할 바를 잃는 것을 생각하지 않았으며, 종묘사직의 위험을 생각하지 않았으면서도, 이승(二乘)[87]의 방편문에 득의하여 여래의 크고 원만한 바다로 들어가고자 하였으니, 멀리 빗나가기가 마치 똥을 헤쳐 향을 구하고 모래를 가지고 밥을 지으려 하는 것과 같으니, 어찌 가히 얻을 수 있겠는가? 그러므로 달마를 만났을 때 안목이 움직이고, 후경(候景)[88]의 포위에는 허둥지둥하다 죽었으니, 이것이 그의 평소의 형세였던 것으로서 대저 괴이할 것이 있겠는가?

---

86 일체 중생이 모두 성불할 수 있는 길을 설하는 교법을 말하며, '일승(一乘)'을 가리키는 것이기도 하다. 일승 역시 불교의 참다운 가르침은 오직 하나로, 그 가르침에 의해서 모든 이가 고루 부처가 된다고 설하는 것이다.

87 일승·불승에 대한 것으로서 성문(聲聞)과 연각승(緣覺乘)을 말한다.

88 후경은 양무제의 총애를 받던 자이나, 무제를 배신하여 도성을 포위하고 무제를 포로로 잡았었다.

且捨者何物, 取者何事? 如欲捨之, 國城妻子, 猶且不悋, 況疲民之力, 奪人之城可乎? 如欲取之, 一毛之拔, 猶且不爲, 況天位聖人之大寶, 宗社人神之依歸, 可輕捨之乎? 惟恐失之, 復欲捨之, 是誠何心哉? 所謂'覺皇之道'者, 發堅固心, 興決烈志, 以至慈修己, 以實相待物. 雖永斷生死, 而常處生死之場, 已捨煩惱, 而常棲煩惱之境. 或爲輪王, 或爲長者, 隨緣濟物, 普利無窮. 故其行也, 質直而無僞, 其德也, 廣博而有容, 夫是之謂'佛乘'. 梁主以詐僞之心, 釣爲善之名, 不慮邦本之失據, 不思宗社之傾危, 區區於二乘一方便門, 欲入如來大圓之海, 逈如刻糞求香, 炊沙作飯, 胡可得哉? 然則達摩之逢, 眼目定動, 侯景之圍, 蒼黃殂逝, 是其常勢耳, 夫何足怪?

『梅月堂全集』 卷16 「梁武」, 한불7:379하-380중

| 자료 2-7 | 부처의 가르침을 따르는 것이 왕도이다

객이 다시 물었다. "그렇다면 후세의 군주로서 양무제와 같이 부처님께 귀의하여 정성을 다하고 부처님의 자비를 체득하였으나, 당세엔 잘못을 하지 않고 후인들의 비판을 초래하지 않으려면 어찌해야 하겠는가?"

청한자가 말하였다. "부처님을 섬기는 것은 마땅히 인애를 다하여, 백성을 편안케 하고 중생을 구제하는 것으로 근본을 삼는 것이요, 법(法)을 구하는 것은 마땅히 지혜를 배워, 일의 기미를 철저히 비추어 보는 것을 우선으로 하는 것이다.

양무제는 이미 자비가 부처님의 마음임을 알아, 희생을 금하고 채소와 과일을 먹는 데 이르렀으며, 검소함으로 스스로를 통제하고 낮춤으로 스스로를 희사하였으니, 마땅히 백성을 사랑하여 병기(兵器)를 거두어들이고 인의로 인도하며 농사를 권장하여 집집이 살림이 넉넉하고 사람마다 의식이 풍부하게 하며, 하늘은 맑고 대지는 평안하여 필부와 필부가 모두 그 원하는 바를 얻게 하였다면, 천하 사람들이 바람에 풀들이 쏠리듯 모두 성인의 백성이 되기를 소원하였을 것이다. 이에 인의로써 가르치고 충신으로 인도하여 사방에 근심이 없게 하고 인신(人神)이 모두 기뻐하게 되면, 양무제는 다만 두 손을 마주 잡고 있어도 그 자리가 존엄하기가 마치 부처님과 같았을 것인데, 어찌 반드시 성을 공격하고 땅을 약탈하여 백도(伯道=霸道)를 구부려 행한 후에야 영토가 스스로 넓어지겠는가? 바로 불경에서 말하는 것처럼, '금륜[89]이 세상에 임하면 위엄

을 떨치지 않아도 복종한다' 하니 이것이 그 징험이다."

客復問曰, "然則後世人主, 如梁武者, 歸佛盡誠, 體佛慈悲, 不作當世之泥, 不速後人之譏, 當如之何?" 淸寒子曰, "事佛當盡仁愛, 以安民濟衆爲本, 求法當學智慧, 以鑑徹事機爲先. 梁主旣知, 慈悲是佛心, 至於禁牲牢啗蔬果, 以儉制身, 以卑自捨, 當字惠小民, 載戢干戈, 導以仁義, 勸以農桑, 使家給人足, 天淸地寧, 匹夫匹婦, 皆得其所, 則天下之民, 靡然嚮風, 皆願爲聖人氓. 於是, 敎之以仁義, 導之以忠信, 使四境無虞, 人神胥說, 則梁主但拱手, 法宮尊嚴如佛耳. 何必攻城略地, 俯行伯道而後, 封疆自廣乎? 正如佛經所謂, '金輪御世, 不威而服.' 是其驗也."

이미 불살생이 부처님의 마음인 것을 알았으면, 마땅히 살리는 것을 좋아하는 덕이 민심에 스며들고, 인을 행하는 윤택함이 나라의 변방에까지 미치게 되어, 형벌은 적중하고 상은 공정하며 새와 짐승은 순하고 신인이 화합하게 되면, 곧 사해의 백성이 춘대(春臺)를 오르는 것 같고 사해의 짐승과 고기가 신령한 우리[90]에 있는 것 같아, 스스로 나며 스스로 양육하고 스스로 날며 스스로 달리게 되며, 풍우가 때에 맞고 음양엔 순서가 있게 되며, 기린을 머물게 하고 까치둥지를 잡아당길 수 있어서, 추우(騶虞)와 인지(麟趾)[91]의 교화가 팔방에 널리 차게 되니, 어찌 반드시 희생을 금하고 채소를 먹은 후에야 불살생을 말하는 것이겠는가?

이미 몸을 희사함이 부처의 가르침이라는 것을 알았으면, 마땅히 희사하는 마음을 미루어 겸손히 스스로를 기르고 아랫사람을 구제하여, 날마다 종일 삼가고 오직 쉴 때만 쉬고 쉬지를 말며, 아래 백성에게 물어서 하나의 정책에라도 해이함이 있을까를 오로지 걱정하며, 꼴 베고 땔나무 하는 사람에게 물어보더라도 오히려 하나의 덕이라도 혹 이지러지지 않을까를 근심하며, 두루 논의하고 널리 방문하여 그 미치지 못함을 구

89 금륜보(金輪寶)를 가지고 있는 전륜성왕을 '금륜왕' 또는 '금륜'이라 한다. 전륜성왕은 칠보의 하나인 금강으로 만든 윤보(輪寶, 바퀴형의 무기)가 따르는데 그 윤보를 굴리는 방향에 따라 모두가 와서 귀복(歸伏)한다고 한다.

90 원문은 '영유(靈囿)'로서 임금의 동산을 가리킨다.

91 '추우'와 '인지' 모두 『시경』에 나오는 이야기로서 추우는 생물을 먹지 않는다는 상상의 동물이고, 인지는 기린의 발이 산풀과 산벌레를 밟지 않는 어질고 후함을 말하는 것이다.

한즉 위로는 불심과 합하고 아래로는 백성의 마음을 안정되게 할 것이니, 어찌 반드시 한 사람밖에 없는 존귀한 이가 필부의 아래에서 희사한 연후에야 불도를 행한다 하겠는가?

『주역』에 이르길, '겸손은 존귀하고 빛이 나니 비천하나 넘을 수 없는 것'이라 하니, 이것이 군자의 유종(有終)이며 불법의 희사(喜捨)인 것이다. 이 마음에는 힘쓰지 않으면서 한갓 작은 선에 만족해하고, 만세의 꾸지람을 취하니 가히 선이라 이를 수 있겠는가? 그러므로 문중자(文中子)[92]는 이르길, '시서(詩書)가 성하였으나 진나라가 멸망한 것은 공자의 잘못이 아니며, 재계에 힘썼으나 양나라가 망한 것은 부처님의 잘못이 아니다'라고 하였다. 『주역』에 '진실로 그 사람이 아니면 도는 헛되이 행해지지 않는다'라고 이르고 있지 않던가? 호문정(胡文定)[93]의 논문에 이르길, '양무제는 사찰에 몸을 희사하고 밖에서는 쟁탈하는 것으로 불도를 삼았으니, 달마와 같은 사람이 또한 취하지 않았다' 하였으니, 이 말은 옳은 것이다.

既知不殺是佛心, 當好生之德, 洽于民心, 施仁之澤, 流于四表, 刑罰中賞賚公, 鳥獸若, 神人和, 則四海之黎庶, 如登春臺, 四海之禽魚, 如在靈囿, 自生自育, 自飛自走, 風雨時陰陽序, 麒麟可羈, 鵲巢可攀, 騶虞麟趾之化, 汪洋八極矣. 何必禁牲啗蔬然後, 言不殺乎? 既知捨身是佛學, 當善推其能捨之心, 謙謙自牧尊而下濟, 日愼一日, 惟休勿休, 淸問下民, 唯恐一政之或弛, 詢于蒭蕘, 尙慮一德之或虧, 周謀博訪, 以求其不逮, 則上以合佛心, 下以定民志. 何必以一人之尊, 捨匹夫之下然後, 爲佛道哉? 『易』曰, '謙尊而光, 卑而不可踰.' 此君子之所以有終, 佛法之所以喜捨也. 不務是心, 徒區區於小善, 取誚於萬世, 其可謂之善乎? 故文中子曰, '詩書盛而秦世滅, 非孔子之罪也, 齋戒修而梁國亡, 非釋迦之罪也.' 易不云乎, '苟非其人, 道不虛行?' 胡文定之論曰, '梁帝捨身於寺, 爭奪于外, 爲佛之道, 如達摩者, 亦不取也.' 斯言是夫.

옛날 진(晋)나라 석호(石虎, 344-349 재위)[94]는 일찍이 부처님을 섬겨 나라를 차지

92 수(隋)의 왕통(王通)을 이른다.

93 송(宋)의 호안국(胡安國)을 이른다.

94 서진이 붕괴될 때, 일시 동안 강북에서 조(趙)나라를 건립하여 황제라고 하였다.

하였으나 죽이고 벌주는 것이 그치지 않았는데, 스스로 부처님을 섬기나 도움이 없는 것에 의심을 품어 불도징(佛圖澄, 232-348)[95]에게 물어보았다. 불도징이 이르길, '왕자는 마땅히 마음은 대순(大順)을 체득해야 하고, 움직임은 삼보(三寶)에 합당해야 합니다. 흉악하고 완악하며 순하지 않은 자는 어찌 주살하지 않음을 얻을 수 있겠습니까마는, 다만 형벌을 줄 만하면 형벌을 주는 것이니 형벌을 벗어남이 적중하지 않는다면, 재물을 들여 부처님을 섬기더라도 무슨 이득이 있겠습니까?' 하였다.

또 송(宋)나라 문제(文帝, 424-453 재위)는 구나발마(求那跋摩, 367-431)[96]에게 이르길, '내가 국사(國事)를 좇는 데는 비록 재계하고 불살생하고자 하나 어찌 여법하게 할 수 있겠습니까?'라고 하니 발마가 이르길, '제왕은 필부와 더불어 닦는 바가 다르니, 제왕은 다만 바르게 그 말과 명령을 내어 인신으로 하여금 기쁘고 화목하게 하는 것이니, 인신이 기쁘고 화목하면 풍우가 순하고, 풍우가 순하면 만물이 그 생을 완수하는 것입니다. 이것으로써 재계를 지키는 것이며, 재계 또한 지극한 것이요, 이것으로써 불살생하는 것이며, 덕 또한 큰 것입니다. 어찌 반드시 반나절의 식사를 그만두어 한 마리 날짐승의 생명을 보전하게 하는 것으로 수도를 삼겠습니까?' 하였다. 저 두 분의 말씀은 가히 권도를 알고 능히 일의 기틀을 짐작하는 것이라고 말할 수 있다.

昔晋石虎, 嘗事佛以柄國, 殺罰不止, 自疑事佛無祐, 問於佛圖澄. 澄曰, '王者當心體大順, 動合三寶, 兇頑不順, 安得不誅? 但刑其可刑, 罰其可罰, 脫刑罰不中, 雖傾財奉佛, 何以益乎?' 又宋文帝, 謂求那跋摩曰, '孤媿身徇國事, 雖欲齋戒不殺, 安得如法也?' 跋摩曰, '帝王與匹夫, 所修當異, 帝王者, 但正其出言發令, 使人神悅和. 人神悅和則風雨順, 風雨順則萬物遂其生. 以此持齋, 齋亦至矣, 以此不殺, 德亦大矣. 何必輟半日之餐, 全一禽之命, 爲之修乎?' 彼兩公之言, 可謂知權能斟酌事機者乎!

『梅月堂全集』 卷16 「人主」, 한불7:380중-381상

95 서역 구자국 사람으로서 영가 4년(310)에 중국 낙양에 왔다. 대법(大法)을 널리 전포하기를 뜻하여 여러 가지 신이한 것을 나타내어 사람들을 교화하였다. 후조(後趙)의 석륵(石勒)과 석호 부자가 그에게 귀의하여 대전에 올라와 정사에 참여케 하였다.

96 인도 계빈국의 왕족으로 20세에 출가하여 삼장에 통달하였다. 송(宋) 원가(元嘉) 8년(431) 혜관(慧觀, 366-?) 등의 초청으로 중국에 건너가 기원사에 있으면서, 『법화경』·『십지경』을 강설하고 『보살선계경(菩薩善戒經)』과 『사분비구니갈마법(四分比丘尼羯磨法)』 등 10부 18권을 번역하였다.

| 자료 2-8 | 참된 지혜가 치국의 요체이다

위(魏)[97]나라 군주의 영녕(永寧)과 요광(瑤光)[98]의 역사도 또한 부처님의 본심은 아니다. 저 석가모니 부처님은 금륜위(金輪位)를 버리셨으며 곤룡복을 벗으시고, 6년 동안 고행을 하시면서 기아와 해로움을 싫어하지 않으셨으며, 일생 예좌(猊座)[99]에 앉아 계실 때 항상 해진 옷을 입으셨다. 처음 태자복을 벗으시며 말씀하시길, "내가 번뇌를 끊는 것 같다" 하셨고, 중생을 위하여 계를 주시며 말씀하시길, "금은과 돈을 축적하지 말고 다만 중생을 위하여 사치와 영화를 제거하고 그 본업을 돈독히 할 따름이다"라고 하셨다. 이와 같이 살펴본다면 곧 영녕과 요광의 궁실의 아름다움과 토목의 수려함, 장식한 구슬과 꿴 옥으로써 사람들의 견문을 현란케 하는 것이 어찌 부처님의 바라는 바이겠는가?

또 재물과 전곡(錢穀)은 백성의 기름을 깎은 것이고, 창고와 곳간은 백성의 피를 빼앗은 것이니, 위에서 축재하고 추렴하는 것이 후할수록 밑에서는 상자와 동이가 비게 되는 것이고, 위에서 사치와 영화가 심하면 밑에서는 의복이 완비되지 못하는 것이다. 그러므로 군왕이 복을 닦고 나라와 집안을 복되게 하고자 하면, 다만 만백성을 마치 어린아이와 같이 사랑하고, 사해를 마치 자기 한 몸처럼 부리며, 한 사람의 백성이라도 굶주리면 곧 나의 굶주림이라 말하고, 한 사람의 백성이라도 춥다면 곧 나의 추움이라고 말하여, 광활한 사해와 억조의 백성으로 하여금 다 소중히 기르고 인재를 양성하는 곳으로 들어가게 하는 것이다.

魏主永寧瑤光之役, 亦非佛之本心也. 彼釋迦佛, 捨金輪位, 脫袞龍服, 六年苦行, 不厭飢害, 一生猊座, 常被壞衣. 初脫珍御, 則曰, "如我斷煩惱." 爲衆授戒則曰, "不蓄金銀錢, 但爲衆生, 除去奢華, 敦其本業而已." 審如是, 則永寧瑤光, 宮室之美, 土木之麗, 粧珠綴玉, 炫人觀聽, 豈佛之願哉? 且財帛錢穀, 刮民之脂, 倉廩囷庾, 浚民之血, 上之蓄歛厚, 則下之箱盎斯竭, 上之奢華甚, 則下之衣褐不完. 故人君修福, 欲祚邦家, 但愛萬姓如赤子, 馭四海如一

---

97 북위(北魏)를 일컬음.

98 영녕·요광 모두 북위에서 세운 절의 이름이다.

99 부처님을 인간 중에서 가장 뛰어난 분이라고 하여 사자[猊]에 비유한다. 곧 '예좌'란 부처님이 앉는 자리라는 뜻으로 '사자좌(獅子座)'라고도 한다.

身, 一民飢則曰我之飢, 一民寒則曰我之寒, 使四海之廣 兆民之衆, 悉入煦嫗陶甄之內.

이것이 진정 복덕을 닦는 것이거늘, 어찌하여 위나라 때를 당해, 군주는 약하고 신하들은 강성하여 형세가 마치 물동이를 매달아 놓은 듯하였으며, 태후는 또 음탕하고 방자하기 이를 데 없었고, 폐행(嬖倖)[100]은 조정에 가득 찼고 정치는 여러 문중에서 나왔으며, 상벌에는 규칙이 없었으며, 기강이 크게 파괴되어 수령은 탐학하고 잔인하였고 백성은 근심하고 원망하였으며, 도적은 봉기하고 싸움은 그치지 않았으며, 조정과 재야는 원한과 분노가 가득하고 상하는 서로 의심하였으며, 왕실은 거의 쓰러져 가나 무너지지는 않았고, 나라의 변란은 장차 싹이 보이나 아직 일어나지는 않았는데도, 이것을 근심하지 않고 도리어 사치하고 영화를 누리는 데 드는 비용을 숭상하여 만백성을 어지럽게 하였던가?

또 유위(有爲)의 복은 무위(無爲)의 문에 미치지 못하는 것인데, 하물며 만백성의 비탄이 유위의 복을 넘어서는 것에 있어서이겠는가? 대저 일찍이 들으니, 부처님이 경계한 것에 열 가지가 있는데 그중 중요한 세 가지가 살생과 도둑질과 음행이라고 한다. 세 가지 악이 가득 차게 되면 부처님도 구하지 못한다. 싸움이 그치지 않는 것은 살생이 극심한 것이고, 도적이 봉기하는 것은 도적질이 극심한 것이고, 음욕이 한이 없으면 음란함이 극심한 것이다. 이 세 가지 큰 죄를 짊어지고 부처님께 귀의한다면, 부처님이 그를 받아주시겠는가? 설령 구슬 방이 천 칸이고, 황금과 벽옥이 서로 휘황찬란하다고 하여도 어찌 선에 이익이 있겠는가?

是眞修福善, 奈何當魏之時, 主弱臣强勢如懸瓴, 太后復淫恣無度, 嬖倖盈朝, 政出多門, 賞罰無章, 綱紀大壞, 守令貪殘, 黎民愁怨, 盜賊蜂起, 干戈不息, 朝野寃憤, 上下相疑, 王室幾傾而不隳, 國變將萌而未起, 又不是慮而復崇奢華之費, 以擾萬姓? 且有爲之福, 不及無爲之門, 況萬民之歎, 愈於有爲之福者乎? 盖嘗聞之, 佛之爲戒有十, 而三爲其首, 曰殺盜淫也. 三惡貫盈, 佛不能求. 干戈不息, 殺之甚也, 盜賊蜂起, 盜之甚也, 淫欲無度, 淫之甚也. 負此三大罪, 而歸依於佛, 佛其受之乎? 縱珠房千間, 金碧相耀, 奚益於善哉?

100 총애, 혹은 궁중에서 총애를 받는 사람.

[객이] 말하였다. "그렇다면 부처님에게는 인연과 복을 심는 가르침과 이전의 죄를 참회한다는 말이 있는데, 당신의 말 같으면 모두 헛된 이야기가 아닌가?"

청한자가 말하였다. "중생은 어리석음으로 인해 미혹의 그물에 빠진 채 벗어나지 못하므로, 부처님께서는 방편문을 열어 실상을 보여 주려 하셨기에 인연과 복을 심는 일을 권도로 시설하여, 오래도록 악하면서도 고치지 않는 자에게는 반성을 알게 하고, 선을 행함이 미치지 못하는 자에게는 의지하여 돌아갈 바를 알게 하였으니, 비록 백행이 그 길은 다르나 그 도달하는 곳은 악을 징벌하고 선을 좇아 신명의 보호와 도움을 얻게 하지 않는 것이 없다.

또 그 '복'이라는 것은 온갖 순조로움을 이름하는 것이니, 임금이 임금의 도를 얻으면 임금의 도가 순조롭고, 신하가 신하의 도를 얻으면 신하의 도가 순조롭다. 이것으로 말미암아 미루어 보면, 남녀와 노소가 각각 그 도를 얻으면 만물이 순조로워서 건곤이 자리를 정하여 어지럽지 않고, 음양에 순서가 있어 어그러지지 않음에 이르게 된다. 그러므로 존귀하고 비천함이 구별이 있고, 비 오고 해 돋는 것이 때에 맞아 만물이 번식하게 되니, 이것이 지극한 복이다. 혹 임금이 임금의 도를 잃고 신하가 신하의 도를 잃으며, 남녀와 노소가 각각 그 도를 잃게 되기까지 이르면 만물이 거슬러서, 더위와 추위가 평상시의 반대가 되고 음양이 질서를 잃어 요사스러운 일이 자주 출현하며, 만물이 다 병들게 되니 이것이 지극한 화(禍)이다.

曰, "然則佛有因緣種福之說, 懺懷前罪之談, 似子之言, 皆是虛談乎?" 淸寒子曰, "衆生以愚癡, 溺於惑網, 不能透出, 佛開方便門, 欲示實相, 權設因緣種福之事, 使長惡不悛者, 知所以返省, 爲善不及者, 知所以依歸. 雖百行殊塗, 其致則無非懲惡從善, 得神明之護助也. 且'福'者, 百順之名, 君得其君之道, 則君道順矣, 臣得其臣之道, 則臣道順矣. 由是以推之, 男女長幼, 各得其道, 則萬類順矣, 以至乾坤定位而不亂, 陰陽有序而不錯. 故尊卑以別, 雨暘以時萬物蕃滋, 此福之極也. 倘或君失君之道, 臣失臣之道, 以至男女長幼, 各失其道, 則萬類逆矣, 至於寒署反常, 陰陽失序, 妖孽屢現, 萬彙俱瘁, 此禍之極也.

그러므로 부처 여래께서 세상에 출현하시어 사람들에게 지혜로 그 본성을 철저히 깨달을 것을 권하시고, 각자가 자기의 도를 따르고 자기의 평상을 지키게 하셨던 것이다. 그러므로 경전에서 이르기를, '내가 지금 너에게 진실한 말로 고해 주겠다. 어떤 사람이 칠보로 항하사 같은 삼천대천세계를 가득 채워 보시하였다면, 그 복덕이 많겠는가 그렇지 않은가? 심히 많습니다. 세존이시여. 부처님이 말씀하시길, 어떤 이가 이 경전 가운데 사구(四句)를 수지하게 된다면, 이 복덕은 앞의 복덕보다 나은 것이다' 하였다.

대저 이 '경전'은 곧 『반야경』이다. '반야'라는 것은 곧 지혜이다. 진실한 지혜를 써서 어리석음을 파하면 장차 천리가 보존되고 인욕(人欲)이 막히는 것을 보게 될 것이다. 이것으로 수신(修身)하면 몸을 닦을 수 있고, 이것으로 제가(濟家)를 하면 집안을 가지런히 할 수 있으며, 이것으로 나라에 나아가고 천하에 나아간다면 다스려져 편안하지 않음이 없을 것이니, 이것을 일러 '복을 심은 것'이라고 하고, 이것을 일러 '무위의 실상'이라 하니, 진실로 그 복덕을 얻어 인천이 공경하고 우러르는 이 분이 부처님이시다.

『주역』에 이르길, '하늘로부터의 도움은 길하고 이롭지 않음이 없다'라고 하고, 공자의 「계사」에는, '[『주역』 본문의 글자] '우(祐)'는 '돕는다'는 뜻이다. 하늘이 돕는 것은 순조로운 것이며, 사람이 돕는 것은 믿음이며, 믿음을 실천하면 순조로움을 생각하고 또 그것으로써 현자를 숭상하는 것이니 이러한 까닭에 하늘로부터의 도움은 길하고 이롭지 않음이 없다'라고 하는 것이다.

故佛如來, 出現於世, 勸人以智慧, 徹了其性, 使各遵其道, 各守其常. 故經云, '我今實言告汝, 若有人以七寶滿爾所恒河沙三千大千世界, 以用布施, 得福多不? 曰, 甚多世尊, 佛言, 若人於此經中, 乃至受持四句, 而此福德, 勝前福德.' 盖此'經'者, 卽般若也, '般若'者, 卽智慧也. 用眞智以破愚闇, 則將見天理存而人欲遏矣. 以之修身, 身可修矣, 以之齊家, 家可齊矣, 以是而之國之天下, 無不治而平矣, 是之謂種福. 夫是之謂無爲實相, 苟得其福祐, 人天敬仰, 斯兩足矣. 『易』曰, '自天佑之吉無不利'. 夫子繫之辭, '祐者助也. 天之所助者順也, 人之所助者信也, 履信思乎順, 又以尙賢也, 是以自天祐之吉無不利.'

위(魏)나라 태후는 위나라의 쇠퇴기에 군주가 약하고 신하들이 문란하자 부인으로서 존귀한 자리를 밟았으니, 가히 순조로웠다고 할 수 있겠는가? 그 아비에게 태상(太上)의 지위를 주어 도리어 문후(太后)를 시해하고 그 군주에게 해가 미치었으니, 가히 신실하다고 하겠는가? 어진 신하가 간하는 것을 듣지 않아, 위망에 이르게 되었으니 가히 현자를 존숭한다고 할 수 있겠는가? 처신이 이와 같으니 하늘이 도와주겠는가? 하늘이 돕지 않는다면 복을 심는 일이 아닌 것이다.

또 '참회'란 인도의 말로는 '참마(懺摩)'이고 중국의 말로는 '회과(悔過)'이니, 상속(相續)하는 마음을 끊는 것을 이른다. 한 번 끊으면 영원히 다시 이어지지 않고, 한 번 뉘우치면 영원히 다시는 짓지 않으니 이것이 우리 부처님의 참회의 뜻이다. 태갑(太甲)[101]이 미더운 덕을 능히 마치고 위나라 무공(武公)이 시를 지어 과오를 뉘우친 일과 같은 것이다. 태후는 그 마음을 그치지 않고 간하는 것을 거부하고 자기를 자랑하였으니 가히 참회할 수 있겠으며, 인사의 잘못을 고치지 않고 가히 불법에 참회할 수 있겠는가? 그 죄가 무궁한 까닭에 마침내 도적의 난을 만나 끝내 멸망하고 말았으니, 뒷날의 왕으로서 부처님의 마음을 통달하지 못하고 방편에만 빠져 한갓 헛된 이름만을 섬기고, 바깥으로 치장하는 것에 빠지면 그로 인해 자리를 잃게 될 것이니, 이것을 본받아야 할 것이다.

魏后, 當魏之衰, 主弱臣亂, 以婦人而履尊位, 其可言順乎? 加太上於其父復弑太后, 延及其主, 其可言信乎? 不用良臣之規, 諫以至於危亡, 其可言尙賢乎? 處身如此, 天其祐乎? 天之不祐, 非所以種福也. 又'懺悔', 西言'懺摩', 華言'悔過', 謂之斷相續心. 一斷永不復續, 一悔永不復造, 此吾佛懺悔之意也. 如太甲克終允德, 衛武作詩悔過之事也. 太后不悛其心, 拒諫矜己, 其可懺乎? 不改人事之非, 其可懺於佛法乎? 其罪無窮故, 卒逢寇賊之亂, 終以滅亡, 後之人主, 不達佛心, 溺於方便, 徒事虛名, 而泥於外飾, 因以失位者, 其鑑玆哉.

『梅月堂全集』 卷16 「魏主」, 한불7:381상-382중

| 자료 2-9 | 보시바라밀은 군주의 덕목이다

수(隨)나라 문제(文帝, 581-604 재위)의 일은 비록 그것이 지극한 도의 근본과 나라

101 은(殷)의 두 번째 임금.

의 급무는 아니었지만, 또한 당시의 선한 군주로서 선을 좋아하던 시기의 하나의 성대한 일이었을 따름이다. 수문제는 이미 주나라의 선양(禪讓)을 받아들였고 명민하고 검약하였으며, 정치에 힘쓰고 재주에 따라 관직을 주었으며, 상벌은 신뢰할 수 있었으며 강남 300년의 나라를 취하는 것[102]이 손바닥을 뒤집듯 쉬웠고, 일단 천하를 통일하자 만백성이 번창하였으며, 농사를 권장하고 부역을 가볍게 하여, 개황(開皇, 581-600)과 인수(仁壽, 601-604) 지간에는 의식이 풍족하고 집집마다 살림이 넉넉하고 사람마다 의식이 넉넉하게 하였으니, 외국 오랑캐의 군주가 이마가 땅에 닿게 절하며 신하라 칭하고, 산 넘고 바다를 건너 귀순하니 대저 [하·은·주(夏殷周)] 삼대 이후엔 볼 수 없었던 군주였다.

또 정각(正覺)에 귀의하고 사해의 백성과 더불어 생각하며 보리(菩提)의 자리로 함께 나아갔다. 예악과 문물에는 이미 선왕의 법제가 있었고, 자비로 세상을 구제하는 데에는 옛 황제들의 풍모를 따랐으니, 또한 어찌 해가 되겠는가? 그러므로 부처님의 가르침이 중국에서 행해진 것은 가히 행할 만하면 그것을 행한 것이지, 반드시 그것을 행하여 해가 되는 것은 아니었으며, 가히 그만둘 만하면 그것을 그만두는 것이지, 반드시 행함을 다하여 이득이 되는 것은 아니었다. 그것을 버리고 쓰지 않는다 하여도 삼무(三武)[103]처럼 반드시 모두 없애 버려서 원천을 막아 버리는 것은 아니며, 그것을 행하여 마땅함을 얻는다 하여도 이주(二主)[104]처럼 반드시 깊이 빠져 돌아오지 못하는 것은 아닌 것이다. 치우침이 없고 기울어짐이 없으며 탐닉하지 않고 속이지 않아야 가히 성현의 군주는 그것을 행할 여력이 있다고 말할 수 있다.

隋文之事, 雖非至道之綱要, 君國之急務, 亦當時善善之主, 好善之時, 一盛事耳. 隋文帝, 旣受周禪, 明敏儉約, 勤於政治, 隨才任官, 賞罰必信, 取江南三百年之國, 易於反掌. 一統天下, 萬姓繁庶, 勸農桑, 輕賦役, 使開皇仁壽之間, 衣食豊衍, 家給人足, 外夷之君, 稽顙稱臣,

---

102 오(吳)·동진(東晉)·송(宋)·제(齊)·양(梁)·진(陳)의 300여 년에 이르렀던 나라들을 수문제가 통일한 것을 말한다.

103 북위(北魏)의 도무제(道武帝=太武帝, 386-409 재위)·북주(北周)의 무제(武帝, 560-578 재위)·당(唐)의 무종(武宗, 841-846 재위)을 일컫는 말로 그들 모두가 불교를 탄압하였다.

104 양무제·북위의 황후를 일컫는다.

梯航納款, 盖三代以後, 未有之主也. 又復歸依正覺, 思與四海之民, 同趍菩提之場. 且禮樂文物, 旣有先王之制, 慈悲濟世, 復遵古皇之風, 亦何傷哉? 故佛敎之行於中國也, 可以行則行之, 不必行之而爲害, 可以已則已之, 不必盡行而爲得也. 捨之而不用, 未必盡滅而塞源, 如三武. 行之而得宜, 未必耽溺而不返, 如二主. 無偏無側不泥不罔, 可謂聖哲之主, 有餘力而爲之也.

객이 물었다. "일찍이 단(檀)[105]을 행하는 것이 육바라밀[106]의 으뜸으로서 무량한 복을 받는다고 들었는데 그 말은 망령된 것인가?"

[청한자가] 말하였다. "아니다. 버림에는 세 가지가 있는데, 첫 번째 마음을 버리는 것은 마음속의 번뇌를 내려놓는 것을 이르고, 두 번째 몸을 버리는 것은 머리와 눈과 수족을 아끼지 않고 다른 사람에게 주는 것을 이르며, 세 번째 재산을 버린다는 것은 보배와 돈 그리고 재물을 버리는 것을 이른다.

대저 사람의 마음이 탐욕에 길들면 교만이 생겨나므로 마음을 버릴 것을 권하고, 생사에 골몰하게 되면 근심과 분함이 생기므로 몸을 버릴 것을 권하고, 재물과 보배에 탐착하면 인색함과 비루함이 자라므로 재물을 버릴 것을 권하는 것이다. 만약 능히 먼저 그 마음을 버린다면 다른 두 가지의 버림을 기다리지 않고도 저절로 때나 누가 없게 된다.

그러므로 여래는 혼미함과 미혹을 파하기 위하여 세 가지 버림의 법을 설한 것이니, 만약 마음을 버리지 않는다면, 몸과 재물을 버림이 백천만을 헤아린다고 하더라도 어찌 도에 도움이 되겠는가?"

客曰, "嘗聞行檀, 乃六度之首, 得無量福, 其言妄乎?" 曰, "非也. 捨有三捨, 一捨心, 謂放下心中煩惱, 二捨身, 謂頭目手足不悋與人, 三捨財, 謂珍寶錢物. 盖人情忸於貪欲則驕慢生, 故勸捨心. 汨於生死則憂憤生, 故勸捨身. 貪於財寶則慳鄙長, 故勸捨財. 若能先捨其心, 不期捨二, 而自無塵累. 故如來爲破昏惑, 說三捨法, 如不捨心捨身捨財, 百千萬計, 奚益於

105 산스크리트어 'dāna'의 음역으로 '보시(布施)'·'시여(施與)'라 번역한다.

106 열반에 이르기 위하여 보살이 수행하는 대행(大行)에 여섯 가지가 있다는 것으로, 보시(布施)·지계(持戒)·인욕(忍辱)·정진(精進)·선정(禪定)·지혜(智慧)바라밀을 '육바라밀'이라고 한다.

道?"

[객이] 말하였다. "당신의 말대로라면 후세의 군주와 백성으로서 부처님을 숭상하여 복을 지을 자가 아마도 적을 것이다. 당신은 마땅히 진실한 말로서 나에게 고해야 할 것이다."

[청한자가] 말하였다. "당신에게 큰 세력이 있는데, 뭇 사람들로부터 경건한 우러름을 받는다면, 당신은 그것을 허락하겠는가?"

[객이] 말하였다. "허락한다."

[청한자가] 말하였다. "여기에 어떤 사람이 있는데, [죄악의 과보를] 두려워하며 닦고 성찰하여 당신에게 귀의한다면, 당신은 그것을 허여할 것인가?"

[객이] 말하였다. "허여한다."

[청한자가] 말하였다. "여기에 어떤 사람이 있는데, 악을 가리고 선을 드러내어 이름을 팔고 이익을 자랑함으로써 당신에게 귀의한다면, 당신은 그것을 허여할 것인가?"

[객이] 말하였다. "허여하지 않는다."

[청한자가] 말하였다. "여기에 어떤 사람이 있는데, 처음에는 선하지 않음이 있었으나 과오를 참회하고 스스로 책망하여 그 예전의 잘못을 바꾸고 스스로 새로워지고자 생각함으로써 당신에게 귀의한다면, 당신은 그것을 허여할 것인가?"

[객이] 말하였다. "그것을 허여한다."

[청한자가] 말하였다. "그렇다면 당신의 마음은 또한 성인의 마음이다. 어찌 가히 과실을 숨기고 그릇된 것을 꾸며 선으로 삼아 명성을 구하는 데도 그를 받아들일 수 있겠는가?"

曰, "如子之言, 後世君民, 崇佛作福, 盖寡矣. 子當以實語告我." 淸寒子曰, "汝有大勢, 爲衆所敬仰, 汝許之乎?" 曰, "許之." 曰, "有人於此, 恐懼修省, 以依於汝, 汝許之乎?" 曰, "許之." 曰, "有人於此, 揜惡著善, 沽名衒利, 以依於汝, 汝許之乎?" 曰, "不許也." 曰, "有人於此, 始有不善, 悔過自責, 革其舊染, 擬欲自新, 以依於汝, 汝許之乎?" 曰, "許其來者." 曰, "然則汝之心, 亦聖人之心也. 烏可文過飾非, 以爲善求名, 而受之乎?"

『梅月堂全集』 卷16 「隋文」, 한불7:382중-하

| 자료 2-10 | 자비와 겸양이 치국의 방편이다

객이 기뻐하며 물었다. "부처님의 도는 이미 자비와 인애의 방편이 있으니, 장차 고승들로 하여금 국정에 참여케 함이 옳겠는가?"

[청한자가] 말하였다. "같은 짐승들이지만 순록과 사슴이 마당에 오면 사람들이 함께 그것을 괴이하게 여기고, 개와 양이 산에 거주하면 사람들이 그것에 놀라니, 그 거주하는 처소가 같지 않기 때문이다. 벗어났는데도 그를 쓰고자 한다면, 가히 머리 숙여 속박을 받아들이겠는가?

[객이] 말하였다. "송(宋)[107]의 혜림(慧琳)과 주(周)[108]의 회의(懷義)는 모두 승려나 나아가서는 장수가 되고 들어와서는 재상이 되어 조정을 더불어 의론하였으니, 다만 그 능력을 취할 뿐이지 어찌 흑백을 논하겠는가?"

[청한자가] 말하였다. "혜림은 재주와 학식이 있는 자이고, 회의는 교묘하게 생각하는 자이다. 비록 재능이 탁월하다 하여도 도를 잃음으로써 간혹 흑의(黑衣) 재상이라는 비웃음을 받기도 하고, 혹은 세력을 취하기 위하여 환관이 되었다는 꾸지람이 있게 되는 것인데, 회의는 종내 따르지 않는 말이 있게 되어 마침내 죽임을 당하게 되고 이어 삼교의 죄인이 되었으니, 어찌 고승과 동열에서 말할 수 있겠는가?"

客喜而問曰, "佛氏之道, 旣有慈悲仁愛之方, 將使高僧, 預於國政可乎?" 曰, "同是獸也, 麞鹿來傷, 則人共怪之, 犬羊居山, 則人共訝之, 以其所居之處不同故也. 脫若用之, 其可俯受韁鎖乎?" 曰, "宋之慧琳, 周之懷義, 皆僧也. 出將入相, 與議朝政, 但取其能, 何論黑白?" 曰, "慧琳才學者也, 懷義巧思者也. 雖才能卓越, 處之失道, 或有黑衣宰相之嗤, 或有取勢爲閹之譏, 而義則終有不順之言, 遂抵於死, 乃三敎之罪人, 安得與高僧同年而語哉?"

객이 말하였다. "그렇다면 그 현명한 자와 능력 있는 자를 가려내어 승복을 벗게 하고 그를 쓴다면 어떻겠는가?"

[청한자가] 말하였다. "삼군에게서 장수를 가히 탈취할 수는 있어도 필부에게서 뜻

107 동진 다음에 유유(劉裕, 363-422)가 세운 나라.

108 당나라의 측천무후(則天武后, 624-705)가 스스로를 황제라 칭하며 국호를 주(周)라 했었다.

을 탈취할 수는 없는 것이다. 허유(許由, ?-?)[109]는 일개 의지할 데 없는 백성이었지만 오히려 공훈에 굴하지 않았고, 엄광(嚴光, ?-?)[110]은 일개 세속적 선비였을 뿐이나 광무(光武)에게 출사하지 않았으니, 저 이제(二帝)의 성현도 오히려 일개 고사(高士)를 회유하지 못하였거늘 하물며 그 나머지 사람들이겠는가? 또 사람이 이 세상에 사는 것은 곤궁하면 더욱 견고하여지는 것이고, 위태로워도 절의를 지켜야 하거늘 어찌 허둥지둥하겠는가? 출사를 반복하고 승복을 벗은 자는 지극한 사람이 아니다."

[객이] 말하였다. "송나라의 양휴(楊休, 175-219)와 당나라의 낭선(浪仙=賈島, 779-843)은 모두 승복을 벗고 출사하여 당세에 등용되었으며, 또 군자는 때를 기다려 움직인다고 하였으니, 어찌 과오가 있겠는가?"

[청한자가] 말하였다. "덕은 재주의 근본이고 재주는 덕의 군더더기이니, 대저 상고 이래로 재주가 남음이 있으나 덕이 부족한 자는 처음엔 곧았으나 나중에는 더러워지는 유감스러움을 면하지 못하였다. 두 사람은 모두 문장에는 능한 재사였으나 도덕으로는 소문을 듣지 못하였다. 그러므로 가생(賈生)[111]은 '기린을 가히 묶어 둘 수는 있으나 속박시켜 두면 어찌 개나 양과 다르다고 하겠는가?'라고 말한 것이다."

客曰, "然則擇其賢者能者, 釋服而用之如何?" 曰, "三軍可奪帥, 匹夫不可奪志也. 許由一窮民, 猶能不屈於放勳, 嚴光一俗士耳, 亦且不仕於光武. 彼二帝之賢聖, 猶不能回一高士, 況其餘者乎? 且人之生斯世也, 窮且益堅, 危能守節, 豈可蒼黃? 反覆其出, 而釋服者, 非至人也." 曰, "宋之楊休, 唐之浪仙, 皆釋服而出, 用於當世, 且君子待時而動, 又何過耶?" 曰, "德者才之本, 才者德之餘事, 盖自上古以來才有餘而德不足者, 未免先貞後黷之歎. 二人皆能文而才者也, 道德則蔑聞, 故賈生曰, '使麒麟可繫而羈兮, 豈云異夫犬羊?'"

[객이] 말하였다. "당나라의 영일(靈一, 727-762)과 관휴(貫休, 832-912)와 송나라의 가구(可久, 1013-1093)와 혜홍(慧洪=覺範, 1071-1128)은 모두 고승이지만, 사대부와 더불어 왕래하여 '시로(詩老)'라고 불렸으니, 어찌 재주의 화려함이 아닌가? 당신은

109 요임금이 천하의 통치를 그에게 맡기려 하였으나 거절하였다고 함.

110 후한 광무제(25-57 재위)의 친구로서 광무제가 벼슬을 시키려 하여도 끝내 받지 않았다고 함.

111 한나라 가의(賈誼, 기원전 200-168)를 일컬음.

어째서 재능을 작은 것으로 여기는가?"

[청한자가] 말하였다. "영일은 율승(律僧)으로 깨끗하고 고상함으로써 세상으로부터 추앙을 받았고, 관휴 또한 고승으로 덕행으로써 자색의 가사를 하사받았으며, 가구에 이르면 소슬한 방에 숙연히 다른 것을 남겨두지 않았고, 혜홍은 선학과 시화(詩話)에 뛰어나 그 재주가 족히 덕과 비등하였으며 그 덕은 족히 재주를 포용하였으니, 자질구레한 무리가 한갓 화려한 문사만을 섬김으로써 한 때 빛을 내는 것과는 비교할 수 없는 것이다."

[객이] 말하였다. "옛날의 고승들은 명사들과 더불어 교류하며 서로 왕래한 자가 무려 수십 인이니, 이를테면 도안(道安), 지둔(支遁), 혜원(慧遠)이며, 당나라의 대전(大顚, 732-824)과 송나라의 요원(了元, 1032-1098)에 이르러서는 모두 세속의 선비와 더불어 유희하여 그릇됨을 얻었으니, 명사들과 사귀기를 좋아하여 불법을 통하여 세상에서 중시되고자 한 것이 아닌가?"

[청한자가] 말하였다. "아니다. 옛날 명교숭(明教崇)[112]은 광고십팔(匡阜十八)[113]을 지나가다 혜원공(慧遠公)의 장한 풍모를 칭찬하여 여섯 가지 일로써 그것을 적었으니, 그 대략을 말하자면 '육수정(陸修靜, 406-477)은 이교(異敎)의 학자였으나, 전송하여 호계(虎溪)[114]를 건너간 것은 사람 때문에 말을 버리지 않은 것이요, 도연명(陶淵明, 365-427)은 술에 빠졌으나 그와 더불어 교류한 것은 대개 사소한 일은 간략히 하고 그 통달한 것을 취한 것이다' 하였다. 또 찬녕(贊寧, 919-1001)은 이르길, '승려 노릇 하는 것은 도안만 한 이가 없으니, 습착치(習鑿齒, ?-384)와 더불어 교유하여 유자(儒者)를 존숭하였으며, 혜원만 한 이가 없으니, 육수정을 전송하여 호계를 넘어간 것은 도를 중시한 것이다' 하였다. 여타의 선덕들도 혹은 부처의 광명을 위하여 청하는 데에 나아가고, 혹은 담소하며 교유하고, 혹은 널리 어울려 상대를 조복시키며, 혹은 시와 예로써 상대를 유도하며, 혹은 의혹을 변별하여 상대를 유순하게 하며, 혹은 시식(詩式)으로 상대와 벗하니 모두가 우유부단한 이들을 길들여 도에 들어가게 하는 것이니, 어찌

112 명교대사(明教大師) 계숭(契崇)을 말함.

113 혜원이 있던 여산(廬山)을 가리킴.

114 혜원이 있던 절 밖의 시내로서 혜원은 아무리 귀한 손님을 전송할지라도 이 시내를 건너지 않았는데, 육수정과 도연명을 전송할 때는 무심코 건넜다고 한다.

같은 또래들과 더불어 방랑·질탕하여 물결이 높이 오르고 격랑하게 하는 것이었겠는가?"

曰, "唐之靈一貫休, 宋之可久慧洪, 皆高僧也, 與士大夫相往來, 呼爲詩老, 豈非才華也? 子何以才爲誚也?" 曰, "靈一律僧, 以淸高爲世所推, 貫休亦高僧, 以德行賜紫, 以至可久, 蕭然一室, 不留餘物, 慧洪優於禪學, 長於詩話, 其才足以侔德, 其德足以容才, 非如瑣瑣之徒, 徒事藻華, 以耀一時者之比也." 曰, "古之高僧, 與名士交相往來者無慮數十人, 曰道安也, 支遁也, 慧遠也. 以至唐之大顚, 宋之了元, 皆與俗士, 遊戱得非. 好交名士, 欲以釋氏取重於世," 曰, "非也. 昔明敎嵩, 過匡阜十八, 褒遠公風烈, 以六事題之, 其略曰, '陸脩靜異敎學者, 而送過虎溪, 是不以人而棄言也. 陶淵明沈湎于酒, 而與之交, 盖簡小節而取其達也.' 又贊寧曰, '爲僧莫若道安, 與習鑿齒交遊, 崇儒也. 爲僧莫若慧遠, 送陸修靜過虎溪, 重道也.' 自餘先德, 或爲佛光而赴請, 或爲談笑而交遊, 或以詼諧而伏之, 或以詩禮而誘之, 或辯惑而柔之, 或詩式而友之, 皆馴致優柔, 而入於道也. 豈與流輩, 放浪跌宕, 揚波激浪而爲哉?"

객이 말하였다. "삼대 이상은 성인과 성인이 서로 전하여 심법이 둘이 아니었으므로 다툼이 일어나지 않았었는데, 주나라의 쇠퇴에 이르러 구류(九流)[115]가 번갈아 일어나 각기 과장하고 그 능력에 교만하고 있어, 들어간 자는 그것을 주인으로 여기고 나온 자는 그것을 노예로 여기니 이것은 말류의 폐단인데, 어찌 한유(韓愈)는 스스로를 맹자에 비유하였으면서도 승려에게 옷을 남기고, 구양수(歐陽修, 1007-1072)는 바야흐로 대도를 넓히고도 승려를 만나 무릎을 꿇었는가? 원컨대 그 시말을 듣고 싶다."

客曰, "三代以上, 聖聖相傳, 心法無二爭競不作. 及乎周衰, 九流迭興, 各呈夸大, 以驕其能, 入者主之, 出者奴之, 此末流之弊. 奈何韓子, 自比孟子, 與僧留衣, 歐陽方弘大道, 遇僧屈膝乎? 願聞始末."

[청한자가] 말하였다. "한유는 이미 헌종(憲宗, 805-820 재위)의 뜻을 거역하여 조

115 유가(儒家), 도가(道家), 음양가(陰陽家), 법가(法家), 명가(名家), 종횡가(縱橫家), 묵가(墨家), 잡가(雜家), 농가(農家)를 말한다.

양(潮陽)에 귀양 가 있었는데, 패풍과 악어의 화가 헤아릴 수 없었으며 독한 안개와 매우 나쁜 기후로 괴이한 재난의 상황이었으므로 장차 여생을 보존하려고 하다가 대전(大顚)을 만나게 된 것이다. 그의 말은 족히 성리(性理)를 격양(激揚)하여 천고의 불평한 기운을 쓸어 버렸고, 그 덕은 족히 도의에 젖어 있어 일생의 근심거리를 풀어 놓았으니, 하물며 남해상의 무인지경에서 대전 같은 사람을 어찌 쉽게 만날 수 있었겠는가?

구양수는 낙중(洛中)에서 벼슬살이하던 시절 숭산(嵩山)에서 노닐고자 하여 아전을 보내고 생각대로 길을 나서 한 산사에 이르러 문으로 들어갔다. 마른 대나무가 처마를 가득 채웠으며, 서리는 푸르고 새들은 울며 풍물이 선명하였다. 구양수는 전각의 계단에서 쉬고 있었는데, 옆에서는 노승이 태연히 경전을 열람하며 말을 해도 돌아보고 대답하지 않았다.

[구양수가] 물었다. '옛날의 고승은 생사가 갈리는 때를 당해서 대개 담소하다가 입적한다고 하는데, 어떠한 도이길래 그러한 경지에 이르는 것입니까?'

[노승이] 말하였다. '정혜(定慧)의 힘일 따름이오.'

[구양수가] 또 물었다. '지금은 적막하여 아무것도 없으니 어째서입니까?'

노승이 웃으며 말하였다. '옛사람은 생각생각마다 항상 정혜에 있으니 임종 시에 어찌 어지러울 것이며, 지금 사람들은 생각생각마다 산란함에 있으니 임종 시에 어찌 안정됨을 얻겠는가?'

구양수는 매우 놀라 자기도 모르게 스스로 무릎을 꿇었다. 또 이 사람, 이 덕, 이 경지, 이 변론은 이미 이와 같이 그 존엄이 있고 이와 같이 그 우아함이 있으니, 비록 목석이나 풀이라도 어찌 신복하지 않을 수 있겠는가? 하물며 옛것을 좋아하며 학식이 많고 성품이 우아하고 성리에 통달하였던 한유나 구양수 같은 사람이겠는가?"

曰, "韓子旣忤憲宗之旨, 竄于潮陽, 颱風鱷魚, 患禍不測, 毒霧瘴氛, 怪異難狀, 將欲以保殘生, 及其遇大顚也. 其言足以激揚性理, 蕩千古不平之氣, 其德足以涵濡道義, 釋一生壹鬱之胸. 況南海之上無人之境, 如大顚者, 豈易逢哉? 歐陽宦於洛中, 欲遊嵩山, 去漢吏, 放意而行至一山寺入門. 脩竹滿軒, 霜淸鳥啼, 風物鮮明. 公休于殿陛, 旁有老僧, 閱經自若, 與語不甚顧答. 問曰, '古之高僧, 臨生死之際, 類皆談笑脫去, 何道致之耶?' 曰, '定慧力耳.' 又問曰, '今乃寂寥無有何哉?' 僧笑曰, '古之人, 念念常在定慧, 臨終安得亂, 今之人, 念念常在散亂, 臨終安得定?' 公大驚, 不自知膝之屈. 且之人也之德也之境也之辯也, 旣有如此其尊嚴, 如此其閑雅. 雖木石夔罔, 安得不信服? 況好古博雅, 通達性理, 如二公者哉?"

『梅月堂全集』 卷16 「仁愛」, 한불7:382하-383하

5. 보우(普雨)

보우(普雨, 1509-1565)[1]의 호는 허응당(虛應堂) 또는 나암(懶庵)이며, 문집에는 '원택(圓澤)'이라는 자호(自號)를 쓴 경우도 보인다.[2] 출가 이전의 보우에 대해서는 분명한 기록이 없어서 정확한 출생 연도를 알 수가 없지만, 여러 자료로 미루어 대략 1506년(중종 1년)에서 1509년 사이에 출생한 것으로 추정된다. 그는 어려서 양친을 여의고 고아가 되어 절에 들어간 것으로 보이며, 15세 무렵에 스승을 따라 금강산 마하연(摩訶衍)이라는 암자에서 삭발 수계하였다. 수계 이후 23세까지는 주로 양주 용문사에서 수행하면서 불교와 유학 서적을 널리 섭렵한 듯하다. 이후 다시 금강산으로 들어가서 6년쯤 수도한 그는 자신감을 얻어 1538년(중종 33년)에 하산한다. 그러나 이때 불교에 대한 탄압으로 용문사 주지가 옥에 갇히고 그의 친구도 체포되는 일이 벌어진다. 그는 뜻을 펴지 못하고 이듬해 다시 금강산으로 돌아와 4년 동안 머문다.

전후 10년의 금강산 수행 동안 그는 시문을 잘 짓고 뛰어난 학식을 갖춘 승려로 조금씩 이름을 얻어 상진(尙震, 1493-1564) 등의 정치가들과 교분을 맺게 되었고, 특히

---

1 보우의 생애에 대해서는 주로 다음 두 글의 내용을 따랐다. 이 글들은 모두 보우의 전기를 재구성하는 데에 그가 지은 시를 주요한 자료로 삼고 있다. 윤호진, 「보우대사의 생애」, 보우사상연구회 편, 『허응당보우대사연구』(제주: 불사리탑, 1993); 다카하시 도루(高橋亨), 「『허응당집』과 허응당 보우대사 순교비문」, 같은 책.

2 「화육언팔장(和六言八章)」(한불7:545하), 「선여술회봉정사화조계합하(禪餘述懷奉鄭使華棗溪閤下)」(한불7:546중) 등에 이러한 사례가 나타난다.

대규모의 수륙재(水陸齋)[3]를 열어 큰 성공을 거둠으로써 확고한 명성을 얻었다. 이후 그는 금강산을 떠나 당시 함경도 감사였던 정만종(鄭萬鍾, ?-?)을 찾아 함흥으로 가서 국계암(掬溪庵)이라는 암자를 짓고 머물면서 그와 막역한 사이가 된다. 또 윤춘년(尹春年, 1514-1567),[4] 송인(宋寅, 1517-1584)[5]을 비롯한 여러 유학자와도 교유하게 된다. 이렇게 조금씩 세상에 나아갈 준비를 해 오던 보우는 대략 40세 전후이던 1548년(명종 3년) 함흥을 떠나 호남으로 가다가 중도에 '병을 얻어' 태종(太宗)의 능침사(陵寢寺)인 양주 회암사(檜巖寺)에서 3개월 동안 요양한다. 그리고 12월 15일에 당시 수렴청정을 하고 있던 문정왕후(文定王后, 1501-1565)에게 발탁되어 '노환으로 물러나는' 명곡(明谷, ?-?)의 후임으로, 성종(成宗, 1469-1494 재위)의 능침사인 봉은사(奉恩寺)의 주지가 된다. 여기서 보우는 다시 2년을 기다린 끝에 마침내 1550년 12월에 문정왕후가 불교 부흥의 명령을 내리자 선교 양종의 복립에 참여하였다.

그는 이듬해 1551년 선종판사(禪宗判事)가 되어 이후 죽기 전까지 윤원형(尹元衡, 1503-1565), 상진 등과 합심하여 3백여 사찰을 국가의 공인을 받은 정찰(淨刹)로 만들었고 5천여 명의 승려에게 도첩을 주었으며, 승과(僧科)를 통하여 150여 명의 승려를 뽑았다. 1555년 선종판사직에서 물러난 뒤에 춘천 청평사(淸平寺) 주지로 있다가 1560년(명종 15년) 다시 복직하였다. 이 시기에 그가 특히 힘을 쏟은 일은 원래 고양(高陽)에 있던 중종(1506-1544 재위)의 능을 봉은사 가까이 옮기는 일이었다.[6] 1563년 명종(1545-1567 재위)의 유일한 혈육이었던 순회세자가 죽은 뒤로 보우는 다시 국왕의 장수와 왕손의 탄생을 기원하는 많은 불사를 벌였다. 그중 가장 큰 불사는 회암사 중수 공

---

3 물이나 육지에 있는 고혼(孤魂)과 아귀(餓鬼)에게 법식(法食)을 공양하는 법회. 수륙회 또는 비제회(悲濟會)라고도 함.

4 윤춘년은 윤원형의 심복이 되어 명종대 정국에서 중요한 역할을 한다.

5 송인은 중종의 부마였다.

6 이것이 현재 서울 삼성동에 있는 정릉(靖陵)이다. 이 공사는 원래의 능 자리가 길하지 못하다는 이유로 추진되었지만 실제 이유는 다른 데 있었다. 중종은 첫 왕비인 장경왕후(章敬王后, 1491-1515)와 합장되어 있었으므로 문정왕후는 중종 옆에 자신만 묻히고 싶어 하였고, 보우로서는 봉은사를 선릉(宣陵, 성종의 능)과 정릉 두 능의 능침사로 만듦으로써 선종본사의 위치를 확고히 하려 하였던 것이다. 명종 14년에 시작된 이 역사는 엄청난 인력이 소요되었고 선교 양종에서도 각각 1천 명씩의 승려가 동원되었다. 3년 만인 명종 17년에 이 공사가 끝나자 보우 스스로 "반생의 남은 힘을 다 써 버렸다[半生餘力盡消磨]"라고 말할 정도로 힘든 작업이었다(『虛應堂集』 卷下 「書懷」, 한불7:574상 참조).

사로 이 공사는 1565년(명종 20년)에 끝을 맺었다. 그러나 이 공사의 낙성식을 겸하여 성대하게 열렸던 무차대회가 끝난 직후인 4월 7일에 문정왕후가 죽었다. 보우는 6월에 제주도로 귀양 갔으며, 여기서 제주목사 변협(邊協)에 의해 죽임을 당하였다. 그가 죽은 이듬해인 1566년 선교 양종과 승과, 도첩제는 모두 폐지되었다.

보우는 조선 개국 이래 쇠퇴를 거듭하던 불교의 중흥을 본격적으로 시도한 최초의 승려였다. 그러나 그의 죽음과 함께 그가 복구한 선교 양종의 불교 교단 체제는 모두 다시 허물어지고 말았다. 문정왕후라는 한 개인에게 지나치게 의존하였던 보우의 포교 방식을 고려할 때 이는 어쩌면 처음부터 예견된 일이었는지도 모른다. 문정왕후를 중심으로 한 왕실의 재력을 빌려 많은 불사를 벌이는 대신, 그는 왕실과 그 구성원들에게 살아서는 원하는 만큼 쾌락과 장수를 누리기를,[7] 죽어서는 '즐거운 나라'에 다시 태어나기를[8] 빌어 주었다. 또 '왕이 곧 부처[王卽佛]'라는 해묵은 논법을 끄집어내어 문정왕후로 대표되는 왕실의 권위를 최대한 보증해 주었다. 그는 왕에 대한 이 같은 방식의 무조건적이고 절대적인 충성을 현실적으로 조선 승려들이 해야 할 가장 중요한 일로 보았던 것이다.

유학자들의 공격에 대한 보우의 자기 변론도 이 같은 사고의 연장선상에 있다. 보우는 유학의 핵심을 충효로 파악한다. 그리고 이 충효의 요소가 불교의 교설 체계 안에도 들어있다고 주장한다. 그는 이렇게 함으로써 '불교가 아버지도 섬길 줄 모르고 임금도 섬길 줄 모른다[無父無君]'는 유학자들의 비판을 막아낼 수 있으리라 생각한 것이다. 그러나 보우가 말하는 충이 군주에 대한 무조건적 복종을 의미하는 한, 이는 임금과 신

---

7 "때마다 백 가지 해로운 재앙이 없게 하고 날마다 천 가지 상서로운 경사가 있게 하며, 수명은 세월과 함께 끝이 없고 쾌락은 티끌과 먼지로도 다 셀 수 없게 하며, 구하는 것은 뜻한 대로 원하는 것은 마음먹은 대로 이루기를![時無百害之災, 日有千祥之慶, 壽命則歲月無窮, 快樂則塵沙莫喩, 所求如意, 所願如心!]"(『懶庵雜著』「祝聖齋疏」, 한불7:590중).

8 '즐거운 나라[樂國]'란 『무량수경(無量壽經)』, 『관무량수경(觀無量壽經)』, 『아미타경(阿彌陀經)』 등 정토삼부경(淨土三部經)에서 정토를 지칭하는 말로 쓰이는 개념이다. 보우 역시 이를 따라 '정토'란 말을 쓸 자리에는 일관되게 '즐거운 나라'란 말을 사용한다. 『나암잡저(懶庵雜著)』에 나오는 예는 다음과 같다. "承斯勝因, 生彼樂國"(「檜巖寺大藏殿尊像重修點眼法會疏」, 한불7:584하), "咸脫苦淪, 同生樂國"(「清平寺重創慶讚諸像點眼法會疏」, 한불7:585중), "大覺皇最初垂敎之玄源, 普令生靈, 咸陟乎樂國"(「世子小祥齋疏」, 한불7:590중), "永離苦倫, 俱生樂國"(「清平寺保上春秋水陸齋疏」, 한불7:593상), "使衆生咸登樂國, 令一國盡入仁鄕"(「畵成五百應眞幀及寫華嚴經點眼法會疏」, 한불7:589상), "承斯善力, 生彼樂邦"(「薦父疏」, 한불7:589중), "承斯勝緣, 登彼樂國"(「薦母疏」, 한불7:590상), "俱承勝緣, 共生樂國"(「祝聖齋疏」, 한불7:590중).

하 상호간의 의무 이행[君臣有義]에서 출발하는 신유학자들의 충 개념과는 처음부터 합치할 수 없는 것이었다. 보우는 유학의 핵심이 오히려 '지식인의 사명의식'에 있다는 사실을 간과하였다. 그리고 이 의식에 기초하여 이상사회로 나아가려 하였던 사대부 집단의 열망을 과소평가하였다. 이 점에서 보우가 그려내고 있는 유학의 상은 당대 유학자들의 의식을 충실히 반영한 것이라기보다는 문정왕후의 통치 구도에 어울리도록 짜 맞춘 것이라고 할 수 있다.

그래서 보우는 불교와 유학은 '지극한 하나의 도' 안에서는 일치하는 것이라며, '도는 적멸을 따르면서 마음은 충효를 지키는' 인간상을 너무도 '쉽게' 제시한다. 이 쉬움 때문에 보우는 유학자들의 공격에도 그다지 효과적으로 대응할 수 없었으며, 불교의 위상 자체도 단순히 왕실에 봉사하는 기복불교의 수준으로 전락시키고 말았다. 이것이 결국 보우의 활동과 입론을, 문정왕후와 그녀의 인척 몇 사람에 의하여 국가 권력이 완전히 장악되어 있던, 그래서 무수한 부패가 만연하였던 명종대 척신정치를 뒷받침하는 것이라고 볼 수밖에 없는 이유이다. 이는 사실상 유학자들이 이미 수없이 논박하였던 고려 불교의 말폐를 답습한 것이라고 할 수 있다.

이와 같은 결과는 이미 보우의 선불교적 견지에서 어느 정도 그 단초를 찾아볼 수 있다. 보우는 참마음만 단박에 깨치면[頓悟] 대상세계는 허깨비와 같은 것임을 알게 되므로, 따로 죄업을 끊으려 애쓸 필요가 없다고 잘라 말한다. 이것은 조사선의 전통에서 확립된 절대적 주체의 경지를 새삼 확인한 것이라 할 수 있다. 그는 이 절대적 주체를 세움으로써 모든 존재자와 하나가 되는[萬物一體] 체험을 할 수 있다고 말한다. 보우가 단지 평범한 선승에 불과하였다면 이 같은 체험은 그 자체로 그 개인에게는 충분히 자족적인 것이었을 것이다. 문제는 그가 불교 중흥의 기치를 내걸고 뛰어든 현실로서의 조선 사회는 허깨비의 세계, 죄업이 넘치는 세계였다는 점이다. 그러므로 그에게 정말 필요했던 것은 어쨌든 그가 상대해야 할 많은 사람이 부여잡고 있는, 그래서 현실적으로는 실재한다고 여기고 있는 이 허깨비의 세계를 개인의 절대적 주체로서 어떻게 돌파할 것인지를 고민하는 일이었을 것이다. 이는 곧 적멸과 충효를 구체적으로 어떻게 연결할 수 있을지 고민하는 일이기도 하였다.

그러나 보우에게는 이러한 고민의 흔적이 드러나지 않는다. 그는 선사로서 자신의 정신적 지향은 절대적 주체의 세계에 두면서도, 선종판사의 몸으로서 벌이는 행위는 현실의 논리를 충실히 따른다. 서로 엇갈리는 두 세계의 이 같은 단순 병렬은, 필연적으로 문정왕후가 요구하는 충의 개념을 맥없이 수용하는 태도로 나타난다. 이는 그가 조선 불교를 중흥하러 나서기 전에 가장 먼저 했어야 할 고려 불교의 실패에 대한 반성이 전혀 없었음을 의미한다. 그래서 그의 선은 조선 불교의 중흥에 아무런 이념적 기초도 제공하지 못한 채 한갓된 초월로 끝나고 만다.

물론 보우는 참마음이란 '빼어난 지각[9]으로서 텅 비었지만 환히 비춤[靈知寂照]'이라고 종밀(宗密, 780-841)의 규정을 빌려 설명하기는 한다. 그러나 그는 종밀이 이 같은 규정을 통하여 의도하였던 의식의 반성적 성격이라는 측면은 소홀히 한 채, 이 규정의 또 다른 측면인 의식의 초월성이라는 점에만 매달려 있다. 반성이 없는 초월이기에 그의 초월은 현실에 대한 강력한 비판으로도, 군주를 전륜성왕으로 인도하려는 자비의 실행으로도 기능하지 못하였다. 요컨대 그는 선사들의 최대 금기인 일상에 매몰되고 만 것이라고 할 수 있다. 선의 주체성이란 처음부터 '반성적 의식'의 다른 이름인 '부정과 초극'의 정신을 기반으로 하는 것이다. 이 부정과 초극을 거쳐야만 일상은 비로소 진정한 현실로서 긍정된다. 그러나 보우는 초월에 의해 번뇌를 희석함으로써 진정한 현실이 아닌 일상을 그대로 수용하는 길을 밟았다.

그의 실패는 그가 조사선의 정신을 말하되, 실천하지 않은 데에 가장 큰 원인이 있다. 이 점에서 보우는 그의 표명과는 달리 조사선의 전통을 계승한 것이 아니라 고려 불교의 유습을 이었다고 할 수 있다. 이 유습에 의지한 덕분에 그는 여러 불사를 일으켰지만, 이 유습에 의지한 탓에 다시 그것들 대부분을 허물었다. 그가 승과라는 제도적 틀을 통하여 서산(西山, 1520-1604)·사명당(四溟堂, 1544-1610) 등 뒤에 조선 불교를 이끌어갈 사람을 키운 것은 그나마 다행이라고 할까. 그들은 아마도 보우를 반면교사로 삼아 새로운 돌파구를 모색하는 것을 일생의 화두로 삼았을 것이다.

보우가 남긴 저술로는 『허응당집(虛應堂集)』, 『나암잡저(懶庵雜著)』, 『수월도량공화불사여환빈주몽중문답(水月道場空花佛事如幻賓主夢中問答)』, 『권념요록(勸念要錄)』 등이 있다. 이 중 『허응당집』(상·하권)은 보우의 시를 연대순으로 편집한 것으로 권말

9 자극에 대하여 반응하는 능력

에 사명당 유정의 발문이 있다. 『나암잡저』는 어록과 발문 등 통상 문집의 잡저 부분에 들어 있을 글들을 독립시킨 것이며, 몇 편의 글을 제외하면 대부분 문정왕후의 불사와 관련된 발원문이다. 『수월도량공화불사여환빈주몽중문답』[10]은 원관(圓觀)의 개념을 앞세워 불공 때의 6종 법악(六種法樂), 상향(上香) 등 제 의식의 의미를 밝힌 글로서, 문답식으로 서술하였으며 한글 토가 달려 있다. 『권념요록』은 염불의 공덕을 강조한 11편의 왕생담(往生譚)으로 구성되어 있고, 국한문 대역으로 작성되었다. 이 자료집에서는 이 중 『허응당집』과 『나암잡저』에 있는 글을 중심으로 기본적 견지, 선과 교, 불교와 국가, 불교와 유교 등의 네 항목에 걸쳐 보우의 생각을 살펴보았다.

| 자료 1 | 보우의 기본적 견지

> 보우가 제자들에게 한 법어(法語)와 선의 경지를 특히 잘 표현하고 있는 시[禪詩] 몇 편을 뽑아 옮겨서 불교, 특히 선에 대한 그의 견지를 알 수 있게 하였다. 보우는 스스로 "선 수행을 하려는 마음과 시를 쓰려는 생각이 끊임없이 서로 다툰다"고 말할 정도로 시 쓰기를 좋아하였으며 빼어난 시를 많이 남겼다. 이는 그가 많은 유학자와 교분을 쌓아 가는 데에도 큰 도움이 되었을 것으로 보인다. 여기에 실은 시들은 대체로 세계를 인식할 때 상대적인 대립의 차원을 넘어서야 한다는 주장[不二論]을 전제로 분별적 사고를 비판하고 있는 내용이 대부분이다. 이상의 자료와 함께 『화엄경』에 대하여 논한 보우의 글 한 편을 실어 경전 혹은 교종에 대한 생각을 짐작할 수 있게 하였다.

10 '수월도량공화불사여환빈주몽중문답(水月道場空花佛事如幻賓主夢中問答)'은 글자 그대로 풀이하면, "물 위에 비친 달과 같은 도량에서 벌이는 허공에 핀 꽃과 같은 불사에 대하여 허깨비 같은 주인과 손님이 꿈속 같은 문답을 하다"라는 뜻이 된다. 여기서 물 위에 비친 달, 허공에 핀 꽃, 허깨비, 꿈속은 모두 '실체가 없음'의 뜻으로 쓰였다.

| 자료 1-1 | 「제자들에게 한 법어」

보우가 자신의 선에 대한 견해를 직접적으로 진술하고 있는 거의 유일한 저술로서 제자들의 질문에 대하여 게송으로 대답하는 형식으로 되어 있다. 참마음과 거짓 마음을 구분하면서 머무름 없는 참마음[無住眞心]을 분명히 깨쳐야 한다고 말한다. 또 자신이 생각하는 참마음이란 '빼어난 지각으로서 텅 비었지만 환히 비춤[靈知寂照]'이라고 종밀의 규정을 빌려 설명한다. 『조선선교사(朝鮮禪敎史)』를 쓴 누카리야 가이텐(忽滑谷快天)은 특히 두 번째의 질의응답에 대해서 "선가에서 늘 하는 말로 새로 밝힌 점은 없지만, 정통의 사상은 잃지 않았다"고 평하는데, 이는 사실상 이 법어 전체에 해당하는 말이라 하겠다. 이 글은 원래 모두 7개의 문답으로 이루어졌는데, 여기서는 그중 5개의 문답만 발췌해서 옮긴다.

1) 어느 날 제자들이 내게 물었다. "스님께서는 늘 저희에게 '너희들의 뭇 마음은 모두 허망하고 떠 있는 마음이니, 부디 참된 것으로 생각하지 말라'고 말씀하십니다. 그렇지만 잘 모르겠습니다. 이 마음을 떠나서 따로 참마음[眞心]이 있습니까? 저희는 여러 마음과 마음이 다 참마음의 묘한 작용이며, 오직 이 마음 이외에 다시 다른 마음은 없다고 생각합니다. 이 마음을 떠나서 다시 참마음이 있다면 저희를 위해서 채찍의 그림자라도 조금 더해 주시어 제대로 가릴 수 있게 해 주십시오."

나는 곧 게송으로 가르쳐 주었다.

그대들은 비록 모든 마음을
참마음의 작용이라고 말하지만
이는 결코 참마음의 묘한 작용이 아니라
실체가 없는 그림자라네.
이 그림자에 집착하여
진실한 마음이라 생각한다면
그림자가 사라질 때
이 마음도 반드시 사라질 것이네.
어찌하여 이렇게 되는가?
그대들을 위하여 분명하게 일러 주리라.

거짓된 마음[妄心]은 저 스스로는 생겨나지 못하는데
대상세계에 의지하여 실체가 있는 것처럼 만들어지네.
꼭 거울 속에 비친 그림자 같고
물 위에 이는 물결 같으니,
물은 모른 채 물결에 집착한다면
물결이 가라앉으면서 마음도 곧 사라지고,
거울은 모른 채 그 그림자에 집착한다면
그림자가 사라질 때 마음도 곧 없어져 버리네.
물은 축축한 성질이 없어지는 법이 없고
거울의 본질은 늘 밝게 비추는 것임을 알면,
물결은 본디 공(空)한 것이며
그림자는 절로 사라지리.

一日有小師, 問於病僧曰, "和尙常示我等云, '汝等諸心, 皆是虛妄浮心, 切莫以爲眞實.' 未審, 離此心, 別有眞心否? 弟子等, 窃謂凡諸心心, 皆是眞心上之妙用, 唯此心外, 更無他心也. 若離此心, 更有眞心, 爲我等輩, 畧垂鞭影, 使有取捨." 余卽以偈示之曰,

汝雖以諸心 曰眞心上用 應非眞妙用 乃其虛影像
若執此影像 以爲眞實心 影像滅去時 此心定亦滅
何以故如斯 爲汝聊說破
妄心自無形 攬塵而成體 正如鏡中像 又如水上波
迷水若執波 波寧心卽滅 迷鏡執彼像 像滅心卽亡
知濕性不壞 了鏡體常明 波浪本自空 影像自歸寂

그러므로 알지니, 부처의 거울과 같은 지혜는
온 법계를 두루 비추고 온 허공을 두루 비추는 것임을.
그런데 보통 사람의 거짓된 마음과 몸은
그림자와 같아서
가지 끝을 붙잡고 뿌리로 알고
거짓을 참이라 여기네.

이것이 '똑똑히 알지 못하여
도적을 제 자식으로 여긴다'[11]는 것이네.
아난(阿難)[12]조차도 이 마음에 집착하여
여래께 꾸짖음 들었네.[13]
거짓된 마음이 일어날 때면
결단코 이를 따라가지 말지니
이렇게만 수행한다면
이 세상 마칠 때쯤에는 자유로워져서
하늘이든 인간세계든
원하는 대로 태어나리라.

故知佛鏡智 徧界而徧空 凡夫妄身心 如影亦如像
是執末爲本 認妄以爲眞 此所謂'不了 認賊爲其子'
阿難執此心 如來被訶斥 若妄心起時 都莫隨他去
若能如是修 臨終得自在 天上與人間 隨願而往生

2) 제자들이 또 물었다. "공부하는 이들이 큰 스승을 만나지 못해서 깨닫지 못하고 헤맬 때에 깨달음은 어디에 숨어 있습니까? 문득 좋은 벗을 만나 가르침을 받아 깨침을 얻은 뒤에는 헤맴은 어디로 갔습니까? 깨달았느냐 헤매느냐에 따라서 '얻었다'거나 '잃었다'는 말을 붙이는 것입니까?"

나는 대답하였다.

---

11 영가 현각(永嘉玄覺, 647-713)이 지은 『증도가(證道歌)』에 "배우는 이가 수행하는 법을 똑똑히 알지 못하는 것은 참으로 도적을 자식으로 여기는 짓이 된다[學人不了用修行 眞成認賊將爲子]"는 구절이 있다. 여기서 '도적을 자식으로 여긴다'는 말은 『수능엄경(首楞嚴經)』 권1(大正19:108하)에 "네가 태초부터 현재의 삶에 이르도록 도적을 자식으로 여기면서 네가 본래 가진 영원한 것을 잃어버린 까닭에 윤회를 거듭하게 된다[汝無始至于今生, 認賊爲子, 失汝元常, 故受輪轉]"라고 나온다.

12 아난은 석가의 시자(侍者)였던 제자. 더 자세한 것은 본 절의 〈자료 2-1〉의 주석 46을 볼 것.

13 『수능엄경』 권1(大正19:108하)에 나오는 이야기이다. 아난이 '추측하고 찾아보는 것이 마음'이라고 말하자, 부처가 그것은 마음이 아니라 대상세계의 허망한 모양에 대한 생각으로서 참된 본성을 어지럽히는 것이라고 가르쳐 준다. 그러고서 아난이 '분별하고 추측하여 분명히 알려 하는 성품'이 마음이라고 집착한다며 나무란다.

삼계(三界)[14]에는 원래 별다른 것이 없는데
오로지 마음이 다 만들어 내는 것이라네.[15]
모든 거짓된 대상은
다 생각을 움직여서 생겨나네.
생각이 생기지 않으면
뭇 대상들은 곧 실체가 없는 것이네.
생각을 움직이는 모습을 끝까지 돌이켜 캐어 보면
생각도 절로 텅 비어 고요해지리.
그러니 번뇌 속에 헤맨다 해서 잃었다고 할 게 없음을 알 것이며,
또 깨쳤다 해서 얻었다고 할 것도 없음을 알아야 하리.
그래서 이 머무름 없는 참마음은[16]
늘지도 줄지도 않네.
비유하자면 야즈냐닷타의 경우와 같아
그는 제 머리에 놀라 스스로 미쳐 날뛰었지만
문득 광기가 그친다 해서
머리는 제 몸 밖에서 오는 게 아니니
설사 광기가 그치지 않는다고 해도
어찌 잃어버린 것이 있었겠는가?[17]

---

14 본서 제2장 2절 주석 21 참조.

15 이 구절은 60권본 『화엄경』 「십지품(十地品)」(大正25:551하)에 나오는 유명한 "삼계는 허망한 것이니 오직 마음이 다 만들어 내는 것이다. 12연기로 생겨나는 것도 모두 마음에 의지한 것이다[三界虛妄, 但是一心作, 十二緣分, 是皆依心]"라는 말을 따온 것이다.

16 『금강경(金剛經)』 제10 「장엄정토분(莊嚴淨土分)」(大正8:749하)에 "반드시 머무르는 곳이 없게 하여 마음을 내어야 한다[應無所住而生其心]"라고 하였다.

17 이상의 여섯 구는 『수능엄경』 권4(大正19:31중)에 나오는 다음의 구절에서 인용한 것이다. "예컨대 저 성 안에 사는 야즈냐닷타가 제 머리에 놀라 돌아다닌 것은 어찌 그럴 만한 인연이 있었겠는가? 문득 광기가 사라진다고 해서 머리를 밖에서 얻는 것은 아니며, 설사 광기가 그치지 않는다 하더라도 어찌 잃어버린 것이 있었겠는가?[如彼城中, 演若達多, 豈有因緣, 自怖頭走? 忽然狂歇, 頭非外得, 縱未歇狂, 亦何遺失?]" 이 우화에 등장하는 야즈나닷타(Yajñadatta, '演若達多'로 음역)는 거울에 비친 자기의 모습에는 눈과 눈썹이 온전한 머리가 보이는데, 정작 자기의 머리에는 눈도 얼굴도 볼 수 없다고 놀란 나머지 미쳐서 돌아다녔다.

又問, “學人, 未遇宗師, 迷不覺悟之時, 悟從何隱? 忽遇善友, 開示得悟之後, 迷從何去? 以其迷悟, 而有得失之名乎?” 曰,

三界無別法 但是一心作 一切諸妄境 皆因動念生
念若不自生 諸境卽無體 返窮其動念 念亦自空寂
卽知迷無失 又知悟無得 是無住眞心 不增亦不減
譬如演若達 迷頭自狂走 忽然狂得歇 頭非因外來
縱不得歇狂 何曾有遺失

3) 또 말하였다. “스님께서는 늘 여러 대중에게 가르치시기를, ‘여러분은 어째서 한 생각도 생겨나지 않으면 곧 부처라고 할 수 있다는 것을 단박에 깨치지 못하는가? 만약 이 뜻을 깨달으면 차츰 차츰 닦는 순서를 따르지 않고도 바로 묘각(妙覺)[18]의 지위에 오를 것이다’라고 하십니다. 이 말을 듣는 이들은 모두 놀라서 저절로 거리낌을 내어 ‘박지범부(博地凡夫)[19]가 먼 과거부터 지은 업은 수미산(須彌山)[20]처럼 많은데, 어떻게 겨우 한마음만 깨달으면 곧 번뇌를 끊고 부처가 되는 과보를 얻을 수 있겠는가? 이는 정말 사람을 속이는 마귀의 말이로다’라고 생각합니다. 귀로 듣는 것도 못 견뎌 하는데, 어떻게 마음으로 믿고 받아들이겠습니까? 아예 들으러 오지도 않거나 도리어 의심하고 비난할 것이니, 다시는 이러한 말씀을 하셔서 다른 사람의 헐뜯음을 부르지 마시기 바랍니다.”

나는 대답하였다.

만약 마음과 대상이 진실한 것이라고 집착하면
사람과 사물에 대한 생각도 공(空)할 수 없나니,
설사 만 겁의 세월을 수행한다 해도
끝내 깨달음을 얻을 수 없으리라.

---

18 보살 수행의 마지막 지위로서 온갖 번뇌를 끊어 버린 부처의 자리.

19 보살 수행 단계 중 가장 낮은 지위인 십신(十信) 이하에 처한 비천한 보통 사람.

20 수미산은 불교의 세계관에서 세계의 중심에 있는 산. 주위에 7개의 산과 8개의 바다가 있으며, 물속에 잠긴 부분이 8만 유순(由旬, 1유순은 40리에 해당), 물 위에 드러난 부분이 8만 유순이 된다고 한다.

만약 무아를 단박에 깨쳐서
그것이 실체가 없음을 깊이 이해한다면
주관과 객관의 구분이 곧바로 모두 사라질 것이니,
어찌 깨닫지 못할까 근심하리오!
옛날에 어떤 두 스님이
동시에 음행과 살생을 저질렀지만
유마힐거사의 한마디 말에
윤회의 사슬을 끊는 깨달음을 함께 얻었으니,[21]
하물며 부처의 진리를 믿으면서
자기의 마음을 분명히 깨친 사람은 어떻겠는가?
업이 비록 산처럼 쌓였다 해도
태양이 눈서리 녹이듯 하리라.[22]

又曰, "和尚常示衆云, '汝等諸人, 何不頓悟, 一念不生, 卽名爲佛乎? 若悟此旨, 不從地位漸次, 便登妙覺去也.' 凡諸聞者, 無不驚愕, 自生障礙云, '博地凡夫, 無始所造業果, 大如須彌, 如何但了一心, 便斷煩惱, 卽得佛果, 此眞誑人魔說也.' 耳不堪聞, 心可信受耶? 曾不來聽, 返生疑毁, 伏望莫更此說, 以招人謗." 曰,

若執心境實 人法情不空 縱經萬劫修 終不證道果
若頓了無我 深達其物虛 能所卽俱消 何憂其不證

---

21 『유마힐소설경(維摩詰所說經)』 권1, 「제자품(弟子品)」(大正14:537중-하)에 나오는 이야기. 부처의 제자 중 계율을 가장 잘 지키는 이[持律第一]로 알려진 우바리(優婆離)가 죄를 짓고 부끄러워하는 두 비구에게 법을 설명하고 있었다. 이때 유마거사가 와서 "무아를 깨치면 분별하는 마음이 없어지며, 분별하는 마음이 없으면 이것이 계율을 가장 잘 지키는 것이다"라고 가르쳤다. 그래서 두 비구는 죄를 뉘우치는 생각이 없어지며 깨달음을 힘써 얻으려는 마음을 내게 되었다고 한다.

22 영가 현각의 『증도가(證道歌)』(大正48:396하)에 "음행과 살인 저지른 두 스님, 우바리의 반딧불 같은 말도 죄의 매듭 더할 뿐이네. 유마대사 단박에 의심 없애 주니, 빛나는 태양이 서리와 눈 녹이듯 하네[有二比丘犯淫殺 波離螢光增罪結 維摩大士頓除疑 還同赫日消霜雪]"라는 구절이 있다. 또 『경덕전등록(景德傳燈錄)』 권28(大正51:443상)에 나오는 대주 혜해(大珠慧海, ?-?)의 법어 중에도, 어떤 사람이 "일심으로 수도하면 과거의 업장이 소멸되는가?"라고 묻자, "본성을 보지 못한 이는 소멸되지 않지만 본성을 본 이는 태양이 서리를 비추는 것과 같이 된다. 또 본성을 본 이는 수미산 같이 쌓인 풀더미를 별만 한 불덩이 하나로 태울 수 있는 것과 같이 되니, 업장은 마른 풀 같고 지혜는 불같다"라고 대답하는 대목이 등장한다.

昔有二比丘 同時犯淫殺 維摩一言中 俱得悟無生
何況信佛法 諦了自心者 業雖大如山 如日消霜雪

4) 또 물었다. "그렇다면 죽이고, 훔치고, 간음하고, 거짓말하는 등의 많은 업을 닦아 끊지 않는단 말입니까?"

나는 대답하였다.

죽이고 거짓말하는 일들이
한마음에서 일어나는 것임을 똑똑히 보고 깨치면
그것들은 그 자리에서 절로 없어지리니
무엇 때문에 다시 닦아 끊는단 말인가?
그래서 한마음을 분명히 알면
자연히 대상세계는 허깨비처럼 되는 것이니
어째서 이렇게 될 수 있는 것인지
그대들에게 다시 일러 주리라.
저 모든 존재자는
모두 마음에서 생겨나는 것인데,
마음이 이미 본래부터 모양이 없으니
존재자인들 어찌 모양이 있었던 적이 있겠는가?

又問, "旣然如是, 所造殺盜淫妄一切諸業, 其不修斷乎?" 曰,
諦觀殺與妄 從一心上起 當處自便寂 何須更修斷
是以了一心 自然境如幻 何故得如斯 爲汝而更示
彼諸一切法 皆從心上生 心旣本無形 法何曾有相

5) 물었다. "우리는 늘 스님의 말씀을 듣고서 참마음이란 '빼어난 지각으로서 텅 비었지만 환히 비춤'으로 마음을 삼고,[23] '텅 비지도 않되 머무름도 없음'으로 본모습을 이루고, '허깨비를 떠난 참다운 모양새'로 모양새를 이룬다는 것을 알게 되었습니다."

……

問, “吾等每因師說, 已能得知眞心, 以靈知寂照爲心, 不空無住爲體, 離幻實相爲相矣.”

……

『懶庵雜著』「示小師法語」, 한불7:576중–577상

| 자료 1-2 | 「어떤 중이 금강산으로 가려 하기에 시를 써서 보여 줌」

이 시에서는 시끄러움과 고요함을 구분하려는 생각을 비판한다.

1) 마음이 고요하다면 왜 세상의 시끄러움 피하려 애쓰겠는가?

듣고 보는 것 모두 본래 참된 근원인 것을,

시끄러움이 싫다고 고요함을 찾으면 찾을수록 마음은 나고 없어지기를 거듭하나니,

스님께서는 아마도 모든 것을 둘로 나누어 보지 않아야 한다는 가르침을 끝내 깨치지 못하고 헤매시겠구려.

心靜何勞避世喧 色聲俱是本眞源 厭喧求靜心生滅 師必終迷不二門

2) 경전에서는 금강으로 불성을 비유하였으니[24]

나의 본성이 곧 금강임을 이로써 알겠구려.

스님께서는 이제 억지로 금강산 일천 봉우리를 찾아가시려 하니

몸속에 있는 위대한 진리의 왕[大法王][25]을 외로이 등지시는 건 아닌지.

---

23 마음에 대한 이 같은 설명 방식은 종밀이 『선원제전집도서(禪源諸詮集都序)』 권1(大正48:402하)에서 처음 제시한 것이다. “텅 비고 고요한 마음은 빼어난 지각이 있어 어둡지 않으니, 바로 이 텅 비고 고요한 지각이 너의 참된 본성이다[空寂之心, 靈知不昧, 卽此空寂之知, 是汝眞性].”

24 『금강반야바라밀경(金剛般若波羅蜜經)』을 지칭하는 것으로 보인다. 이 경전에 대한 자세한 설명은 본 절의 〈자료 3-6〉의 각주 77을 참조할 것.

25 ‘진리의 왕[法王, dharmarāja]’은 부처를 찬양하는 말이다. 따라서 몸속에 있는 위대한 진리의 왕이란 불성(부처다움) 또는 마음을 가리킨다. 부처를 법왕이라고 부르는 데 대하여 보살, 특히 문수·미륵 등의 보살은 법왕자라 부른다. 이것은 보살이 미래에 부처가 될 자리에 있기 때문이다.

經以金剛喩佛性 是知吾性卽金剛 師今强覓千峯去 孤負身中大法王

『虛應堂集』 卷上「有僧欲向金剛以詩示之」, 한불7:547상–중

| 자료 1-3 | 허깨비도 아니고 공(空)도 아닌

이 시에서 보우는 '허깨비'라든가 '공'이라는 말조차 분별적으로 이해하려는 사고를 버릴 때, 있는 그대로[眞如]의 세계가 드러난다는 점을 설파하고 있다.

'허깨비'라고 말한다 해서 어찌 허깨비가 될 것이며
'공'이라고 말한다 해서 어찌 공으로 다할 수 있겠는가.
공도 아니고 허깨비도 아닌 곳에
꽃은 절로 봄바람을 웃고 있네.

說幻寧爲幻 言空豈盡空 非空非幻處 花自笑春風

『虛應堂集』 卷下「奉和應中德軸韻」, 한불7:569상

| 자료 1-4 | 최고의 선(禪)

육조 혜능의 게송을 빌려 '마음의 움직임 그대로가 본성[作用是性]'이며, '보통 때의 마음이 곧 도의 경지[平常心是道]'라는 뜻을 읊고 있다.

마음이란 본시 텅 비었으나 훤히 비추는 것이라 먼지 끼는 법이 없는데
닦아야지 생각하는 순간 삼천 겹이나 덮이게 되네.
받침대 아닌 옛 거울은 빛이 늘 환하고
나무 없는 깨달음은 본 모습이 절로 완전한 것.[26]
은은히 굽어보고 우러르며 가고 앉는 그 속과

환하게 이야기하고 웃으며 보고 듣는 그 언저리에서
깨치지 못한 이는 정신을 불러 모으려 애쓰지만
아는 이는 도리어 그것이 최고의 선의 경지임을 아네.

心本虛明沒惹塵 纔懷修鍊隔三千 非臺古鏡光常照 無樹菩提體自圓
隱隱俯仰行坐裡 昭昭談笑視聽邊 迷人喚作精神會 識者還知寂上禪

『虛應堂集』 卷下 「示山中禪客」, 한불7:571하-572상

| 자료 1-5 | 빈 재의 빈 절집

이 시에서 보우는 몸뚱이, 자취 등 세계의 현상적 측면을 싫어하고, 고요함, 텅 빔 등을 좋아하는 선사들의 초월적 경향을 비판하고 있다.

몸뚱이를 가지고서도 그 자취 남기기는 꺼려서
빈 재에 빈 절집을 마련하였는가.
고요하게 가만히 있다고 해서 모양새가 아닌 것은 아니며
텅 비어 환히 비춘다고 해서 빛나지 않는 것은 아니네.
구름 걷히니 모든 봉우리 푸르고
꽃피어 온 숲 가득 향기 넘치네.
눈 닿는 곳 모두 비로자나불(毘盧遮那佛)[26]의 몸이라
봄바람 숨을 곳이 없구나.

26 이상의 구절은 『육조단경(六祖壇經)』(德異本)에서 전하는 신수(神秀, 606-706)와 혜능(慧能, 638-713)의 유명한 게송 경쟁을 염두에 두고 쓴 것이다. 신수가 "몸은 깨달음의 나무이며 마음은 환히 비추는 거울 받침대와 같으니, 늘 부지런히 털고 닦아 먼지와 티끌이 끼지 않게 하여라[身是菩提樹 心如明鏡臺 時時勤拂拭 勿使惹塵埃]"라고 읊자, 이에 대하여 혜능은 "깨달음은 본래 나무가 없고 환히 비추는 거울 또한 받침대가 아니니, 본래 아무것도 없는데 어디에 먼지와 티끌이 낀다는 말인가[菩提本無樹 明鏡亦非臺 本來無一物 何處惹塵埃]"라고 읊었다고 한다. 이 이야기에서 신수의 게송은 '차츰차츰 닦는다[漸修]'는 견지를, 혜능의 게송은 '단박에 깨친다[頓悟]'는 견지를 대변한다.

有形嫌有跡 空嶺設空堂 湛寂非非相 虛明不不光
雲收千嶂碧 花發萬林香 觸目毘盧體 春風沒處藏

『虛應堂集』 卷下「中臺空殿卽事」, 한불7:572중

| 자료 1-6 | 산도 나도 잊는 경지란

이 글은 한 편의 시와 그 서문으로 이루어져 있다. '나'라는 주관과 '산'이라는 외부 대상의 분별을 '잊음'으로써 개념화되지 않은 세상의 모습을 체득할 수 있으며, 이것이 모든 존재자와 내가 하나가 되는[萬物一體] 경지라고 한다. 비슷한 논지의 시로「산에서 읊네[山居雜咏]」의 제8수(한불7:534하)가 있다.

불법에 밝은 장로(長老)[27]의 역할을 하는 이로 각명(覺明)이란 사람이 있다. 비록 생김새는 볼품없고 말솜씨도 모자라지만, 겉으로 어리석은 듯 안으로 지혜로운 사람이다. 어느 날 손님방에서 내게 물었다. "제가 스승께 이런 말씀을 들었습니다. '네가 산에 머물려면 반드시 '나'의 몸을 잊어야 하며, '나'를 잊으려면 반드시 산을 잊어야 한다. 산과 나 양쪽을 다 잊으면[28] 길은 그 안에 있다.'[29] 제가 이 말을 들은 뒤부터 늘 나를 잊으려 하였지만 그러면 그럴수록 8식이 마구 대상세계를 내달리고,[30] 산을 잊으려 하면 할수록 5개의 큰 산[五岳][31]이 눈을 아찔하게 하여서, 아직 산과 나를 잊는 경지에 들어갈 수 없었습니다. 어찌 길게 탄식하지 않겠습니까? 바라옵건대 화상께서는 제가 헤매고 근심하는 것을 불쌍히 여기시고, 특별히 한 말씀 해주시어 제가 깨달을 수 있도록 해주십시오."

---

27 본서 제2장 4절 주석 45 참조.

28 '양쪽을 다 잊는다[兩忘]'는 말은 『장자』「대종사(大宗師)」의 다음 구절에서 나온 말이다. "요(堯)임금을 칭찬하면서 걸(桀)임금을 비난하는 것은 차라리 양쪽을 다 잊고 도와 동화하는 것만 못하다[與其譽堯而非桀也, 不如兩忘而化其道]."

29 아마도 『장자』의 발상을 이어받은 것으로 보이는 이 화두는 언제 누가 처음 제시하였는지 정확히 알 수는 없지만 선가에서는 널리 퍼져 있었던 듯하다. 주희의 시 중에도 이 화두를 달리 표현한 구절이 나온다. "바위 가운데 늙은 중, 하얀 머리로 푸른 산을 마주하고 있는데, 산을 본다는 생각 내지 않으니, 가을 구름만 때로

了義長老之役有覺明者, 雖形拙而語澁, 愚外而慧中者也. 一日問余於客軒曰, "吾聞於先師曰, '汝欲住山, 須忘我身, 若欲忘我, 須得忘山, 山我兩忘, 道在其中.' 吾自聞是說之後, 常欲忘我, 而八識奔境, 又欲忘山, 而五岳眩目, 未能入忘山與我之地, 其無長吁? 冀和尙, 愍吾迷惘, 特垂一說, 令我得入."

나는 그 질문이 훌륭하다고 여겨 말하였다. "너는 우선 마음을 텅 비우고 들어라. 내가 말로써 가득 채워 주리라. 보통 말하기를, '천지는 뿌리를 같이 하며, 모든 존재자와 나는 몸을 함께한다'[32]라고 한다. 그런데 알 수가 없도다. 무엇이 나이고 무엇이 산인

오고갈 뿐[巖中老釋子 白髮對青山 不作看山想 秋雲時往還]"(「구일산에 있는 석불원의 난봉헌에 부쳐[題九日山石佛院亂峯軒]」 후반부, 『朱熹集』 권2(成都: 四川教育出版社, 1996), 68쪽). 이렇게 자아와 대상세계, 주관과 객관의 구분에서 벗어남으로써 자유를 획득할 수 있다는 생각을, 신유학에서 받아들여 본격적으로 재구성한 논설로 가장 유명한 것은 정호(程顥, 1032-1085)의 「마음이 안정된다는 것에 관한 편지[定性書]」이다. "이른바 '마음이 안정된다[定]'는 것은 움직일 때도 안정되고 고요할 때도 안정되는 것이니, 따라가고 맞이함도 없고 안과 밖의 구분도 없다. 만일 바깥 사물을 외부적인 것으로 여겨 자신을 이끌고 그것을 좇는다면 이는 자신의 본성에 안팎이 있다고 여기는 것이다. …… 이미 안과 밖을 두 가지 근본으로 여긴다면 또한 어떻게 갑자기 안정됨을 말할 수 있겠는가? …… 밖은 그르고 안은 옳다고 하기보다는 차라리 안과 밖을 모두 잊는 것이 낫다. 양쪽을 다 잊으면 맑게 아무런 일도 없어질 것이다. 일이 없으면 안정되고, 안정되면 밝아지니, 밝아지면 어찌 사물에 대응하면서 얽매이는 일이 있겠는가?[所謂定者, 動亦定, 靜亦定, 無將迎, 無內外, 苟以外物爲外, 牽己而從之, 是以己性爲有內外也. …… 旣以內外爲本, 則又烏可遽語定哉? …… 與其非外而是內, 不若內外之兩忘也. 兩忘則澄然無事矣. 無事則定, 定則明, 明則尙何應物之爲累哉?]"(「장재 선생께 답하는 편지[答橫渠張子厚先生書]」, 『하남정씨문집(河南程氏文集)』 권2의 첫 번째 편지).

30 유식불교에 따르면, 제8식인 알라야식(ālayavijñāna, 阿賴耶識)은 인간의 모든 경험을 간직하고 생명을 유지하며 모든 행위를 발생시키는 근원적인 마음이다. 알라야식은 특히 '나'를 중심으로 해서 모든 것을 헤아리는 자아의식인 제7 말나식(manas, 末那識)의 작용 결과를 받아들여서 '나'를 하나의 지속적인 주체로서 규칙적으로 경험하게 된다. 그래서 이 글에서는 '나'를 잊으려 하면 할수록 내가 경험하는 모든 상황 상황에서 '나'의 존재가 더욱더 의식되는 모습을 '8식이 마구 대상세계를 내달린다'라고 표현한 것이다.

31 산동성의 태산(泰山, 東岳), 섬서성의 화산(華山, 西岳), 호남성의 형산(衡山, 南岳), 산서성의 항산(恒山, 北岳), 직례성의 숭산(嵩山, 中岳) 등 5개의 높은 산. 여기서는 모든 산을 대표하는 말로 쓰였다.

32 이 말은 본래 『장자』의 「제물론(齊物論)」에서 "천지자연은 '나'와 더불어 함께 변화해 가는 것이며 모든 존재자는 이런 천지자연의 대변화 속에서 '나'와 더불어 하나이다[天地與我竝生, 而萬物與我爲一]"라고 한 구절에서 나왔다. 노장사상의 개념을 통하여 불교를 이해하던 격의불교 시기에 승조(僧肇, 384-414)가 『조론(肇論)』의 일부를 이루는 『열반무명론(涅槃無名論)』의 제7 「묘존(妙存)」 편에서 이 말을 "천지는 나와 더불어 뿌리를 같이 하며, 모든 존재자는 나와 더불어 몸을 함께 한다[天地與我同根, 萬物與我一體]"라고 약간 바꾸어 인용하였는데, 나중에는 승조의 이 구절 자체가 『벽암록(碧巖錄)』 40거(擧)에서 보듯이 선사들의 주요한 화두로서 곧잘 논쟁의 대상이 되곤 하였다. 이 과정에서 이 구절은 "천지는 뿌리를 같이하며, 모든 존재자는 몸을 함께한다[天地同根, 萬物一體]"와 같이 줄어든 형태로 『종용록(從容錄)』 91칙(則) 등에 등장하기에 이른다. 보우의 인용은 이 같은 선사들의 어록에 나오는 말을 다시 조금 바꾼 것이다.

가? 만약 나에 집착하여 '나는 산이 아니다'라고 생각한다면, 이는 아직 무아(無我)에 이르지 못한 것이다. 또 산을 인식하여 '산은 내가 아니다'라고 생각한다면, 이 또한 아직 산을 잊지 못한 것이다. 주관과 객관이 저절로 형성되어서 상대할 수 없는 적을 대적하고 있는 형국인데, 나라는 인식기관과 산이라는 인식대상이 별개로 있다는 생각을 어떻게 쉬 잊겠는가? 결코 잊을 수 없을 것이로다!

잊고자 애써도 잊지 못하는 이유는 다른 것이 아니라, 이제 내가 설명하려는 것을 모르기 때문이다. 고요하게 아무런 형체도 없으나 천지가 뿌리를 같이 하는 그 참모습[體]은 산에 있는 것이지 산이라는 인식대상에 있는 것이 아니므로, 산은 일찍이 산인 적이 없었다. 텅 비어 있으나 훤히 비추며 모든 존재자와 내가 몸을 함께 하는 그 작용[用]은 나에게 있는 것이지 나라는 인식기관에 있는 것이 아니므로, 나는 일찍이 나인 적이 없었다. 만약 산은 산이 아니고 모든 봉우리가 다 나의 몸임을 안다면, 산은 어디에 있겠는가? 또 만약 나는 내가 아니고 나의 사지가 다 모든 산임을 안다면, 나는 어디에 있겠는가?

바깥 대상과 나의 분별이 절로 사라져 온전한 참 경지가 홀로 드러나면, 다섯 산의 우뚝우뚝함이 내 온몸의 묘한 본모습이 아님이 없고, 내 사지의 움직임이 다 온 산의 말로 표현하기 어려운 작용이 아님이 없다. 그리하여 곧바로 나에게 나아가 산을 잊고, 다시 산을 떠나지 않고도 나를 잊게 된다. 이것은 실로 잊을 것 없는 것을 잊으면서 잊을 것을 참으로 잊는 것이다. 그대는 부디 정진하기 바란다." 게송을 읊는다.

余佳其問, 而語之曰, "汝須虛懷, 余實語之. 盖聞'天地同根, 物我一體,' 不識, 何物而爲我? 何物而是山? 若執我以爲非山, 是未能無我也. 認山以爲非我, 是亦未能忘山者也. 能所自成, 敵於無敵, 而根塵其易忘乎? 無忘也耶! 其欲忘而未能忘者, 非他, 是不知. 湛寂同根之體, 在山而非塵, 山未嘗山. 虛明一體之用, 在我而非根, 我未嘗我也. 若能知山非山, 而萬峯皆吾身, 則山何所在? 知我非我, 而四體皆全山, 則我何所存? 物我自泯, 一眞獨露, 而五臺之嵯峩, 無非一身之妙體, 四體之運動, 皆是千山之神用. 直下卽我而忘山, 不復離山而忘我矣. 此實忘無所忘而眞忘其忘也. 汝其勉旃." 偈曰.

나는 산이고 산은 나여서 이치로는 간격이 없으니

무엇이 산의 모습이고 무엇이 나의 얼굴인가?
나는 산과 다르다고 집착하면 여전히 나를 붙들고 있는 것이고
산은 내가 아니라고 인식하면 산을 잊지 못하는 것이네.
단지 주객을 분별하는 데서 나오는 수많은 뜻을 내던지기만 하면
곧 인식기관과 인식대상은 한 몸임을 알리.
눈 가득 들어오는 우뚝우뚝한 산[33]이 무엇인지 아는가?
동쪽 숲[東林][34]의 푸른 봄빛이 선(禪)의 관문에 스미네.

我山山我理無間 孰是山容孰我顔 執我異山還着我 認山非我未忘山
直抛能所情多許 便得根塵軆一般 滿目嵯峩知底物 東林春翠侵禪關

『虛應堂集』 卷下 「示覺明禪人(并序)」, 한불7:571중-하

| 자료 1-7 | 「현묘한 뜻을 참구하는 선객에게」

이 글에서 보우는 생각이 없는 경지[無念]에 드는 방법으로서 양극단에 대한 집착을 떠날 것을 강조하고 있다.

현묘한 뜻을 참구할 때 귀중한 것은 생각이 없는 경지를 찾는 데 있으니
생각이 어지러이 일어나면 아마도 깨침은 더딜 것이네.
고요하고 고요하게 생각이 막 고개를 쳐들려는 곳을 돌이켜 살피고
또랑또랑하게 아직 생겨나지 않은 때로 도리어 들어가야 하네.
사악함을 없애려면 사악함을 떠나겠다는 생각을 하지 말 것이며

33 이 말은 "눈 가득 들어오는 푸른 산[滿目靑山]"이라는 선가의 유명한 화두를 바꿔서 표현한 것이다. 『종용록』 91칙(則)에 "정신을 아득한 시간 밖에 놀리면서 무엇이 있는지 묻고, 눈동자를 몸 앞에 두고서 눈 가득 들어오는 푸른 산이 묘하게 있음을 안다[游神劫外問何有, 著眼身前知妙存滿目靑山]"라고 하였다. 보우는 이 말을 빌려 분별을 넘어섬으로써 얻어지는 경지를 표현하고 있다.

34 동쪽 숲[東林]은 동진(東晋)의 혜원(慧遠)이 머물렀던 여산(廬山)의 절 이름이기도 하다. 이로부터 후대에는 '동쪽 숲'이 절을 범칭(汎稱)하는 말로 쓰였다.

바름으로 돌아가려면 바른 지혜를 터득하리라는 생각을 그쳐야 하네.
양극단을 분명히 보아서 과거·현재·미래의 존재에 대한 집착이 끊어지면
마치 거울이 예쁘고 추한 것 있는 그대로 비추듯 마음을 맡길 수 있네.

叅玄貴在求無念 當念紛飛恐覺遲 寂寂返觀纔起處 惺惺却入未生時
去邪莫作離邪想 歸正休懷得正知 了達二邊三際斷 任心如鏡照妍媸

『虛應堂集』 卷下 「示叅玄禪客」, 한불7:571중

| 자료 1-8 | 「『화엄경』 뒤에 붙인 발문」

선승으로서 보우가 가장 중시한 경전은 『화엄경』이라고 할 수 있다. 그는 이 글에서 화엄을 '뭇 가르침의 근본이며 모든 진리의 으뜸'으로 보면서, 공·맹과 노장의 가르침도 화엄에 근원을 둔 것이라고 설명한다. 여기서는 이 글의 앞부분만 번역해 실었는데, 이 부분은 사명당의 「『화엄경』의 발문[華嚴經跋]」(한불8:62)에 거의 그대로 인용되고 있어서, 『허응당집』의 발문을 쓰고 『나암잡저』를 교정하기도 한 사명당이 보우에게 상당한 영향을 받았음을 확인할 수 있다. 이 밖에도 보우는 「오백 나한의 탱화를 다 그리고 『화엄경』을 베끼고서 점안하는 법회의 소[畵成五百應眞幀及寫華嚴經點眼法會疏]」(한불7:588하-589중)에서도 일승돈교로서 화엄의 공덕을 말한다. 또 화엄의 경지를 찬탄한 4편의 연작시를 쓰기도 하였다.[35]

위대하도다, 화엄의 돈교(頓敎)[36]됨이여! 그 참모습은 본래부터 생겨난 것이 아니므

35 「화엄의 헤아릴 수 없이 묘한 참모습을 칭송함[華嚴不思議妙體頌]」·「화엄의 헤아릴 수 없이 묘한 작용을 칭송함[華嚴不思議妙用頌]」·「화엄의 헤아릴 수 없이 묘한 노랫소리를 칭송함[華嚴不思議妙唱頌]」·「화엄의 헤아릴 수 없이 묘한 참모습과 작용과 원인과 결과를 모두 칭송함[華嚴不思議體用因果摠頌]」(이상 한불7:573상-중).

36 '돈교(頓敎)'란 말 그대로는 한꺼번에 베푼 가르침이라는 뜻이다. 여기서는 중국의 제나라 이후 강남의 학승들이 돈(頓)·점(漸)·부정(不定)의 세 가지로 불교의 제 교설을 분류한 남중삼교(南中三敎)의 하나인 돈교를 지칭한다. 부처가 맨 처음 여러 보살을 위하여 『화엄경』의 깊은 의미를 한꺼번에 강설하였으며, 이는 마치 해가 뜰 때 먼저 높은 산을 비추는 것과 같다고 해서 '돈교'라고 말한다. 차츰차츰 베푼 가르침[漸敎]은 『아함경』에서 『열반경』까지 얕은 데에서 깊은 데로 차례에 따라 그 의미를 강설한 경전들이라고 생각되는 것들이다. 확정지을 수 없는 가르침[不定敎]은 『승만경』이나 『금광명경』 등처럼 돈·점에 배당할 수는 없으나, 불성

로 시작도 끝도 없고, 그 작용은 실로 사라지지 않으므로 다 완성되거나 파괴되거나 하는 일이 없으니, 뭇 가르침의 근본이며 모든 진리의 으뜸이로다. 하늘은 이로써 맑고 땅은 이로써 편안하며,[37] 해와 달과 별 셋은 이로써 빛나고, 봄·여름·가을·겨울의 네 계절은 이로써 바뀐다. 산과 내는 이로써 우뚝 솟으며 흐르고, 새와 짐승은 이로써 날고 달리며, 나아가 초목과 곤충까지도 또한 이로써 움직이고 숨쉰다. 이것이 이른바 만물의 핵심이 되어 빠뜨릴 수 없으며[38] 모든 것의 본성이 되어 어긋남이 없다는 것이다.

우리 부처님께서 펴신 말씀도 이를 말씀하신 것이고, 53선지식(善知識)[39]이 사람들에게 보여 준 것도 이를 보여 준 것이며, 복성(福城)의 동자[40]가 남쪽에서 찾으려던 것도 이를 찾았던 것이다. 또한 요임금이 사랑을 베푼 것이나 순임금이 효성스러웠던 것이나 공자와 맹자가 만세의 스승이 된 것이나 노자와 장자가 세상을 우습게 보면서 모든 사람에게 거만하게 대한 것, 나아가 임금은 사랑을 베풀고 신하는 충성하며 아버지는 자애롭고 자식은 효도하며 형은 아껴 주고 동생은 공손하며 남편은 바르게 이끌어 가고 아내는 좇아가는 것도 또한 이를 얻어서 그렇게 되지 않은 것이 없다.

이를 넓혀서 채우면[41] 곧 온갖 것들이 남김없이 비로자나불의 진실한 몸이 되고, 이

이 상주(常住)한다는 설을 밝힌 경우를 가리킨다. 『화엄경』은 이 밖에도 천태종의 교판인 화의4교(化儀四敎)에서도 부처가 깨달은 직후에 한꺼번에 대승 일불승(一佛乘)의 법을 말한 것이라고 하여 돈교로 분류된다.

37 『도덕경(道德經)』 39장에 나오는 "하늘은 하나를 얻어 맑고 땅은 하나를 얻어 편안하다[天得一以淸, 地得一以寧]"라는 구절을 원용한 표현이다.

38 『중용(中庸)』 16장의 "공자께서 말씀하셨다. '귀신의 능력은 대단하구나! 보아도 보이지 않고 들어도 들리지 않지만, 사물의 핵심이 되어 빠뜨릴 수가 없다[子曰, '鬼神之爲德, 其盛矣乎! 視之而弗見, 聽之而弗聞, 體物而不可遺]"라고 한 구절의 마지막 부분을 원용한 것이다.

39 선지식은 깨달음으로 인도해 주는 스승 혹은 주변의 좋은 인연들을 뜻한다. 53선지식은 특히 『화엄경』「입법계품(入法界品)」에서 선재동자(善財童子)가 문수보살의 법문을 듣고, 남쪽으로 찾아가서 차례로 가르침을 들은 53명의 선지식을 말한다. 선재동자는 처음 덕운비구를 만나는 것에서 시작하여 마지막에 보현보살을 만나서 10가지 대원(大願)을 듣고, 아미타불 국토에 왕생하게 된다.

40 선재동자를 가리킨다. 선재동자는 복성장자(福城長者)의 아들로서 처음에 복성의 동쪽 장엄당사라림에서 문수보살의 법문을 듣고, 남쪽으로 구도 여행을 떠났기 때문에 이렇게 부른 것이다. 위의 주석 참조.

41 『맹자』「공손추상(公孫丑上)」 6에 "사단이 나에게 있는 것을 다 넓혀서 채울 줄 알면, 마치 불이 처음 타오르며 샘물이 처음 나오는 것과 같을 것이다[凡有四端於我者, 知皆擴而充之, 若火之始然, 泉之始達]"라고 한 구절을 따온 것이다.

를 미루어 실천하면 걸음걸음마다 모두 보현보살(普賢菩薩)[42]의 말로 표현하기 어려운 발길이 된다. 그러므로 이를 듣는 사람이 있으면 부처가 되지 않음이 없을 것이며, 이를 알아듣고서 따라 기뻐할 수 있다면 곧바로 범부의 자리를 넘어설 것이니, 천하의 모든 일과 그것이 드러나는 모습이 이 경전의 크나큰 근본과 크나큰 작용이 아님이 없다.

大哉! 華嚴之爲頓敎也. 體本不生, 而無始與終, 用實非滅, 而無成且壞, 是爲衆敎之本, 而萬法之宗也. 天以之淸, 地以之寧, 三光以之而明, 四時以之而行, 山川以之而流峙, 禽獸以之而飛走, 以至草木昆虫, 亦以之而動息, 此所謂體萬物而不遺, 性一切而無忒者也. 我佛之所宣說, 盖說此也, 五十三善知識所示人, 盖示此也, 福城童子之南求, 乃求此也. 洎夫唐堯之爲仁, 虞舜之爲孝, 孔孟之爲萬世師, 老莊之爲傲物輕世, 乃至君仁臣忠, 父慈子孝, 兄愛弟恭, 夫和婦順, 亦無非得此而然也. 由是而擴而充之, 則物物盡是毘盧之眞體, 推而行之, 則步步皆爲普賢之妙行. 故若有聞者, 無不成佛, 凡能隨喜, 卽得超凡, 天下之一事一相, 無非此經之大本大用也.

『懶庵雜著』「華嚴經後跋」, 한불7:579중-하

| 자료 1-9 | 「임종 때 남긴 시」

> 보우가 죽기 전에 마지막으로 남겼다고 알려진 게송이다. 보우의 죽음은 그렇게 여유 있는 상황에서 맞이한 것이 아니었기 때문에, 이 시가 과연 보우가 직접 지은 작품인지 다소 의심스러운 점이 있다. 그러나 이 시는 보우의 생애를 상징적으로 잘 압축하고 있는 까닭에 유명한 시가 되었다.

허깨비 사람 허깨비 마을로 들어와
50여 년을 미친 짓으로 놀았네.
인간 세상의 영화롭고 욕된 일 다 희롱하다가

42 문수사리(文殊師利)보살과 함께 석가여래를 좌우에서 모시는 보살. 여래의 왼쪽에 있는 문수보살이 부처의 지혜를 상징한다면, 여래의 오른쪽에 있는 보현보살은 부처의 자비로운 행동을 상징하기 때문에 자비교주라고도 칭한다. 특히 『화엄경』의 「보현행원품(普賢行願品)」에서 그러한 상징성이 잘 나타난다.

중이라는 허수아비 껍질 벗어 던지고서 푸르디푸른 하늘[43]로 올라가네.

幻人來入幻人鄕 五十餘年作戱狂 弄盡人間榮辱事 脫僧傀儡上蒼蒼

『虛應堂集』 卷下 「臨終偈」, 한불7:575중

| 자료 2 | 선과 교

선교 대립의 문제를 다룬 글 중 2편의 시를 실었다. 이 시는 모두 보우가 1555년 선종판사직에서 잠시 물러나 춘천 청평사 주지로 있을 때 쓴 시이다. 1550년에 문정왕후에 의해 불교 교단이 선·교 양종 체제로 정비된 후 이 시기에 이르면 두 종파 사이의 내분이 우려될 정도의 상황이 되었음을 알 수 있다.

| 자료 2-1 | 「선·교 양종의 일을 맡은 이들에게」

선교 대립에 대한 보우의 기본적 입장을 볼 수 있다. 선과 교는 모두 부처의 진리를 전한다는 점에서 하나이므로 서로 다툴 필요가 없다고 한다. 그는 이를 물과 얼음의 관계로 설명한다.

지극한 도는 본래 너와 나의 구분이 없는데
어찌하여 그대들은 선과 교의 구분[44]으로 다투는가.
봉선사와 봉은사 두 절은 모두 임금님의 교화에 힘입었고[45]

43 『장자』 「소요유」에 "푸르디푸른 하늘이 진짜 그런 색깔일까? 아마도 아득히 멀고 끝 간 데가 없어서 그렇게 보이는 건 아닐까?[天之蒼蒼, 其正色邪? 其遠而無所至極邪?]"라는 구절이 있다.

44 원문의 '종능(宗能)'은 종문(宗門)과 능문(能門)을 줄인 말. 종문은 송나라 이후 선종에서 자신들의 종파에 대하여 불렀던 말이다. 능문은 '진리에 들어갈 수 있는[能入] 문'으로서 중생을 제도하여 열반의 진리에 이르게 하는 교법을 의미하며, 여기서는 교종을 지칭한다.

45 명종 6년(1551) 6월 25일에 선·교 양종이 복원되면서, 봉은사(奉恩寺)와 봉선사(奉先寺)가 각각 선종과 교종의 중심 사찰로 선정된 것을 가리킨다.

아난과 가섭은[46] 같은 스승에게 배워 부처님의 진리를 전하는 하나의 수레를 탔네.
교는 곧 선이며 선은 곧 교이니
얼음은 응당 원래 물이고 물은 원래 얼음이네.
선과 교가 참으로 둘이 아님을 알고 싶다면
수미산(須彌山) 꼭대기[47]를 엿보게나.

至道從來無彼我 奈何君輩鬪宗能 先恩兩寺皆王化 難葉同師一佛乘
敎卽是禪禪卽敎 氷應元水水元氷 欲知禪敎眞無二 看取須彌寂上層

『虛應堂集』 卷下 「示兩宗掌務」, 한불7:562하

| 자료 2-2 | 「선·교 양종 사람들이 서로 낫다는 생각 때문에 호(胡)와 월(越)[48]의 거리만큼 사이가 벌어지게 되었다는 말을 듣고」

선교 대립에 대한 보우의 견지가 집약되어 있는 장시(長詩)이다. 여기서 보우는 종밀의 말을 따라 '선은 부처님의 마음이고 교는 부처님의 말이므로' 선과 교는 둘이 아니라고 한다. 도입부와 후반부를 생략하고 번역하였다.

부처님께서는 푸른 연꽃 같은 눈동자로[49]

---

46 아난(阿難)과 가섭(迦葉)은 모두 석가모니의 10대 제자에 드는 이들. 가섭은 '염화시중(拈花示衆)'의 고사로 유명하며, 이 때문에 석가의 심인(心印)을 전해 받았다 하여 후대에 선(禪)의 개조로 추앙되었다. 이에 비하여 아난은 석가의 사촌 동생으로서 여러 제자 중에서 시자로 뽑혀 부처를 가장 가까이 모신 데다 특히 지혜가 뛰어나 부처의 설법을 가장 많이 듣고 기억하고 있던 이로 알려져 '다문제일(多聞第一)'이라는 칭호로 불린다. 그래서 그는 부처의 멸도 후 제1차 결집 때 중요한 역할을 하였다. 이러한 이유로 아난은 흔히 가섭과 대비되어 교종의 시조로 간주된다.

47 수미산 꼭대기는 도리천(忉利天)으로 한가운데 선견성(善見城)이 있어 이 성 안에 제석천(帝釋天)이 머무른다. 도리천에서는 반달의 3재일(齋日)마다 성 밖에 있는 선법당(善法堂)에 모여 법에 맞고 맞지 않는 일을 논평한다고 한다.

48 호(胡)는 중국의 북쪽 변방이며, 월(越)은 중국의 남쪽 변방 지역.

49 눈동자가 검푸른 것은 부처의 몸에 나타나는 서른두 가지 특징[三十二相] 중 하나.

대중에게 알리셨으니
선(禪)의 등불은 가섭의 마음에 켜고
교(敎)의 바다는 아난의 입에 쏟노라고.
인도의 28조사와 중국의 6조사들이
끊임없이 서로 묘한 가르침을 전하였으니,[50]
모두 다 부처님의 말씀으로
생사의 갈림길을 깨뜨리라는 것.
말에 의지하여 참된 진리를 깨달으며
법을 보고서 종지를 밝게 아니
보고 듣는 인연을 떠나고서
어찌 바깥을 향해 불법의 진수를 찾는가?

佛以青蓮眸 告大衆中報 禪燈點葉心 敎海瀉難口
四七與二三 轉轉相傳妙 皆以本師言 破除生死路
因言證道眞 見法明宗旨 豈離見聞緣 向外求佛髓

선은 부처님의 마음이고
교는 부처님의 말이니
마음과 입은 결코 어긋나지 않을 텐데[51]
선과 교가 어찌 둘이었던 적 있으랴?
다만 이름과 겉으로 나타나는 모양새는 조금씩 달라

---

50 중국 선종에서는 인도[西天]에서 선의 초조는 석가모니이고, 제2조는 가섭이며, 달마(達磨)에 이르면 28대가 된다고 한다. 또 달마는 다시 중국[東土] 선의 초조가 되며, 혜능(慧能)이 6조가 된다고 한다. 선종사의 연구자들에 따르면, 이 같은 서천 28대 동토 6대의 전등 계보설(傳燈系譜說)은 『역대법보기(歷代法寶紀)』(781년경 성립)』, 『조계대사전(曹溪大師傳)』, 돈황본 『단경(壇經)』 등의 문헌을 거쳐 『보림전(寶林傳)』(801년)에서 완성된 것이라고 한다.

51 이상의 세 구절은 종밀의 다음 진술을 원용한 것이다. “경전은 부처님의 말이며 선은 부처님의 뜻이다. 모든 부처님의 마음과 입은 결코 서로 어긋나지 않는다[經是佛語, 禪是佛意, 諸佛心口, 必不相違]”(『禪源諸詮集都序』, 大正48:400중).

가르침에 깊고 얕은 차이가 있는 것처럼 느껴지지만
이것은 성인께서 듣는 사람의 근기(根機)[52]에 맞추어 적절히 하시느라
가르침을 펴시는 데 한 가지 틀을 고집하지 않으셔서 그런 것.
훤히 깨친 스님네는 마음으로 진리에 닿을 뿐 진리를 전한 말 자체는 잊어버리고
곧바로 여러 조사들과 벗이 되니
어찌하여 똑같은 법 안에
옳은 것도 있고 그른 것도 있단 말인가?

禪是諸佛心 敎是諸佛語 心口必不違 禪敎何曾二
但隨名相差 似有深淺異 聖人對機宜 說敎乃無紀
達士契忘言 卽與諸祖友 何於一法中 有是有不是

한곳에 국한된 채 있으면 깨달을 길이 없지만
두루 터놓으면 깨닫지 못함이 없으니,
깨닫고 못하고는 사람에게 달려 있을 뿐
말로 전하느냐 마음으로 전하느냐에 따른 것이 아니라네.
한 생각만 없어진다면
마음속에 따질 구석도 없을 텐데
어째서 지금의 선교 양종 스님들께서는
똑같이 이 이치를 모르시는가?
다투어 꿈속의 생각을 내어
제 입장으로 남의 허물을 비난하니
이것이 어떻게 깨달은 이일까?
정말 속된 이들이라 하겠구나.

局之無不迷 通之無不悟 迷悟在於人 不在語默裡
若得一念亡 心亦無處討 何今兩宗僧 俱不知斯道

52 불교의 가르침을 받은 중생이 그것을 듣고 닦아서 깨달음을 얻을 수 있는 능력.

競起夢中情 以我非彼詬 此豈達人歟 可謂眞俗士

『虛應堂集』 卷下 「聞兩宗大選輩, 互起高下之情, 將作胡越之隔云, 卽賦長篇一偈以韻」, 한불7:562하-563상

| 자료 3 | 불교와 국가(왕실)

이 소절에서는 불교라는 종교 집단과 국가 질서 사이의 이상적인 관계는 어떤 것이라고 보우가 생각하고 있었는지 하는 문제에 관련된 자료를 번역하였다. 유교 국가였던 조선에서 불교 종단을 재건하려던 그가 가장 먼저 부딪쳤을 이 문제에 대하여 보우는 '충성심'이라는 해답을 제시한다. 당시 조선의 현실에서 이 해답이 지니는 구체적 의미는 무엇인지, 그리고 그 결과 그가 실현하려던 불교적 이상은 어떤 변모를 겪어야 하였는지 하는 것이 이 소절의 주요한 관심이다.

| 자료 3-1 | 「여러 곳의 절이 헐린다는 말을 듣고 나도 모르는 새 눈물 흘리며」

1538년(중종 33년)에 신륵사(神勒寺) 중이 유생을 박대하였다는 이유로 여러 절의 중들이 잡혀가고 유생들이 사찰을 불 지르는 일이 일어났다. 이때 보우는 잠시 하산하였다가 여러 곳에서 벌어진 불교 탄압상에 대하여 듣고 이 시를 지었다. 뒤에 보우가 본격적으로 벌인 불교 재건 활동이 어떤 문제의식에서 비롯된 것이었는지 이 시를 통하여 짐작해 볼 수 있다. 여기서 잘 나타나듯이, 보우는 기본적으로 불교 종단에 대한 국가질서 자체의 우위는 인정하며, 다만 이 질서 안에 불교가 편입되지 못하는 현실에 대하여 강한 안타까움을 드러낸다.

불교의 기풍 쇠락해짐이 올해 같은 때 없었으니
피눈물 흘러내려 베옷을 흠뻑 적시네.
구름 속에 산이 있기는 하지만 내 자취를 기탁할 곳 없고
티끌 같은 세상 속 어디에도 내 몸을 받아 줄 곳이 없네.

온 하늘 아래는 모두 당우(唐虞)[53]의 땅이며
온 땅 안에 사는 이 누가 요순(堯舜)의 신하가 아니겠는가만[54]
참담하게도 우리네는 복도 없어서,
이리 평안한 세상에 도리어 평안치 못한 사람들이 되고 말았으니.

釋風衰薄莫斯年 血淚潸潸滿葛巾 雲裏有山何托跡 塵中無處可容身
普天盡是唐虞地 率土誰非堯舜臣 慙愧吾儕偏尠福 大平還作不平人

『虛應堂集』 卷上 「戊戌之秋九月旣望, 警聞聖上以兼三五之德, 燒毁諸方佛寺, 不覺血淚沾巾, 憾其獨不蒙至治之澤, 泣成數律, 以示諸友云」, 한불7:536중-하

| 자료 3-2 | 「산에서 읊네」

이 시는 보우가 아직 금강산에서 수도하던 시기에 지은 시로서 불교와 국가의 관계에 대한 젊었을 때의 생각을 확인해 볼 수 있는 자료이다. 이 시의 “인간 세계의 옳고 그름 다 잊었다”는 구절이 말해 주듯 보우 역시 불교의 교리적 기저가 기본적으로는 출세간적인 것임을 전제하고 있지만, 그것은 어디까지나 국가 질서의 토대 위에서라는 것이 그의 생각이며, 따라서 두 영역 사이의 끈으로서 “충성스러운 마음만은 바뀔 수 없다”고 그는 말한다.

부처님 문하에 들어온 뒤로는
인간 세계의 옳고 그름 다 잊었지만
오직 충성스러운 마음만은 바뀐 적이 없어
임금을 축원하는 향로 위로 꼬불꼬불 올라가는 연기.[55]

---

53 ‘당(唐)’과 ‘우(虞)’는 각각 요임금과 순임금의 호.

54 『맹자』 「만장상(萬章上)」 4의 “『시경』에서 ‘온 하늘 아래가 왕의 땅이 아님이 없으며, 온 땅 안에 왕의 신하가 아닌 이가 없다’고 하였다[詩云, ‘普天之下, 莫非王土, 率土之濱, 莫非王臣’]”라고 한 구절을 원용한 표현이다. 『맹자』에 인용된 시는 현재의 『시경』에서는 「소아(小雅)」 「북산지십(北山之什)」의 ‘북산’ 편으로, 『맹자』 원문의 ‘보(普)’가 여기서는 ‘보(溥)’로 되어 있다.

自從入此空門後 忘却人間是與非 惟有忠誠曾不革 祝君爐上篆煙飛

『虛應堂集』卷上「山居雜咏」(5), 한불7:534중

| 자료 3-3 | 「청평사(淸平寺)[56]에서 임금의 장수를 빌기 위하여 거행한 수륙재의 소(疏)」

이 글은 보우가 도대선사로 있던 생애의 말년에 쓴 것이다. 원래 이 글은 임금 이하 모든 중생의 소원을 열거하고 그 성취를 비는 기복적 성격이 강한 글인데, 그중 다른 글에는 잘 보이지 않는, 보우 자신의 소원을 비는 부분이 들어 있어 여기에 뽑아 옮겼다. 이를 통해서 보우가 승려로서 그 자신의 역할을 어떻게 설정하고 있었는지 살펴볼 수 있을 것이다. 이 글에서는 특히 "내 마음의 충성심이 다하기를 기다려야만 부처됨이라는 결과[佛果]가 원만해지기를 기대할 수 있다"고 하여 왕실에 대한 충성을 불교적 이념으로 적극 뒷받침하고 있는 부분이 눈에 띈다. 그리고 '진실한 마음[眞實心]'이 본래 중국 불교의 문맥에서는 공, 진리 등을 지칭하는 데 비하여, 보우의 어법에서는 '충'을 가리키는 것으로 전이된 것도 주목할 만하다. 또한 "영원토록 성스러운 왕후를 따르기를 메아리가 소리를 좇듯이 하여, …… 국가를 편안히 하는 데 보탬이 되기만 한다면 목숨을 버리는 것도 결코 사양치 않겠다"고 하는 대목은 사실상 그의 최후를 예고하는 것이라고 할 수 있다.

부처님[57]께서 넉넉히 미묘하게도 몸을 나타내시니, 만물을 이롭게 하시는 가운데 세 가지 마음[58]을 갖추셨고, 비구인 신(臣)의 일편단심은 임금을 축원하는 것 외에는 다른

55 원문의 '전연(篆煙)'은 전자(篆字) 모양으로 꼬불꼬불 올라가는 향로의 연기를 말한다.

56 강원도의 춘천 댐 근처에 있는 절. 원래 고려 광종(949-975 재위) 때 '백암선원(白巖禪院)'으로 창건되었다가 1089년에 이자현(李資玄, 1061-1125)이 중건하면서 청평사로 고쳐 불렀다. 보우는 1555년에 봉은사 주지에서 물러난 뒤에 대략 5년 정도 청평사에서 지냈다. 그는 이 절의 경치를 무척 사랑하여 여러 편의 시를 남겼으며, 대대적인 중창 불사를 벌이기도 하였다.

57 원문의 '바가범(婆伽梵)'은 산스크리트어 'bhagavat'를 음역한 것으로서 여러 부처에게 두루 쓰이는 칭호이다. '덕 있는 이' 등의 뜻으로 풀이되며, '세존(世尊)'·'중우(衆祐)'·'파정지(破淨地)' 등으로 한역된다.

58 세 가지 마음에 대하여 『관무량수경』에서는 지성심(至誠心)·심심(深心)·회향발원심(廻向發願心)이라고 하고, 『대승기신론』에서는 직심(直心)·심심·대비심(大悲心)이라고 한다.

생각이 없습니다. 그래서 작은 선행에 기대어 크나큰 다스림을 돕고자 하는 것입니다. 엎드려 생각하면 부처님의 제자인 저는 석가의 정원에서는 외로운 나무뿌리[59]이며, 선(禪)의 수풀에선 병든 나뭇잎[60]일 뿐입니다. 그런데도 분에 넘치게도 두터운 은혜를 입어 영취산(靈鷲山)[61]에서 밝혔던 진리의 등불을 거듭 밝히게 되었고, 주제넘게도 크나큰 보살핌을 받아 절집의 높은 자리[62]에 다시 앉게 되었습니다. 그러니 예 있으나 제 있으나 마찬가지로 하나의 태양인 것이며, 멀리 있든 가까이 있든 그 태양을 좇는 해바라기의 마음도 어찌 다르겠습니까? 그러므로 온종일[63] 산에서 임금을 위하여 만세를 부르는 일[64]은 선승이든 아니든 두 경우에 모두 참으로 똑같이 행해야 할 일상적인 일일 뿐입니다. …… 또한 원하옵건대 제자인 저는 날마다 황금 향로의 향불을 더욱 보태고 때마다 산등성이에서 왕실이 끊이지 않고 오래도록 이어지기[65]를 거듭 축원하고 싶습니다. 현재부터 미래의 모든 날에 이르기까지 미나리 엮어 바치는 마음[66]은 갈수록 단

59 원문의 '근(根)'은 문맥상 '나무뿌리'와 '근기(根機)'의 이중적인 의미로 사용되고 있다. 석가의 '정원'이라는 수사적 표현에 맞추어 그 정원에 굴러다니는 외로운 나무뿌리로 자신을 비유하면서, 동시에 자신이 그 정도로 보잘것없는 낮은 근기밖에 지니지 못하였음을 암시하고 있다.

60 이 부분의 원문인 '엽(葉)' 역시 앞의 '근(根)'의 경우와 마찬가지로 '나뭇잎'과 '가섭(迦葉)'의 이중적인 의미로 사용되고 있다. 이것은 '염화시중'의 고사에 등장하는 가섭이 선불교의 개창자로 인정되기 때문이다. 여기서도 선(禪)의 '수풀'이라는 수사적 표현에 맞추어 그 숲에 떨어지는 한낱 병든 나뭇잎으로 자신을 비유하면서, 동시에 자신이 가섭의 선지를 이은 선승으로서 자처하기에는 너무도 부끄러운 지경임을 시사하고 있다.

61 영취산은 인도에 있는 산으로서 석가가 불·보살들을 모아놓고 설법한 산이라고 전해진다.

62 원문의 '경운(慶雲)'은 보통 '상서로운 오색 구름'의 뜻으로 쓰이나, 여기서는 '높은 위치, 벼슬'의 의미로 쓰였다.

63 원문의 '육시(六時)'는 불교에서 하루를 신조(晨朝)·일중(日中)·일몰(日沒)·초야(初夜)·중야(中夜)·후야(後夜)의 여섯 때로 나눈 것을 말한다. 따라서 '육시'는 곧 '하루 종일'이 된다.

64 원문의 '산호(山呼)'는 신하들이 임금을 송축하면서 크게 만세를 부르는 일을 말한다. 이 말은 한무제가 원봉(元封) 원년(110) 봄에 숭산(嵩山)을 오르자 제사를 맡은 관리들이 3차례 크게 만세를 부른 데에서 유래하였다(『한서(漢書)』「무제기(武帝紀)」). '숭호(嵩呼)'라고도 한다. 이 글에서는 보우 자신이 산에 머무르는 승려의 신분임을 전제로 하여 특히 '산에서 외친다[山呼]'라는 표현을 쓴 것이다.

65 원문의 '요도(瑤圖)'는 직역하면 '아름답고 진귀한 그림'이란 뜻이지만, 임금이 대대로 이어지는 계통[世係], 곧 임금의 족보를 가리킨다.

66 '미나리를 바친다[獻芹]'는 말과 '따스한 햇볕을 쬐다[負暄]'는 말은 『열자(列子)』「양주(楊朱)」에 나오는 다음의 이야기에서 유래한 말이다. "옛날 송(宋)나라에 한 농부가 살고 있었다. 늘 베옷이나 솜옷을 입고서 근근이 겨울을 나곤 하였다. 봄이 되어 동쪽 밭에서 일하다가 따스한 햇볕을 쬐게 되었다. 천하에 큰 저택의 따뜻한 온돌방에서 비단옷이나 가죽옷을 입고 사는 사람도 있다는 걸 농부는 모른 채 그의 아내에게 말하였다. '따스한 햇볕을 쬐는 것[負日之暄]이 얼마나 좋은지 아는 사람이 없소. 그러니 우리 임금에게 말씀드려 그리 하시게 하면 틀림없이 큰 상을 내리실 것이오.' 한 동네에 같이 사는 부잣집 사람이 그 이야기를 듣고 그에게 말하였다. '옛날에 어떤 사람이 콩잎과 나물과 미나리[莖芹]와 개구리밥을 맛있게 먹곤 하였다. 그는 마을의

단해져서 다시 태어날 때마다 늘 성스러운 왕후(聖后)[67]께서 다스리시는 태평성대에서 그 백성이 되며, 따스한 햇볕 쬐기를 권하는 정성은 더욱더 깊어져서 영원토록 성스러운 왕후를 따르기를, 메아리가 소리를 좇듯이 그림자가 몸뚱이를 좇듯이 하고 싶습니다. 그리하여 도적의 칼날 위에 있든 천둥 번개 가운데 있든 개의치 않고, 국가를 편안히 하는 데 보탬이 되기만 한다면 목숨을 버리는 것도 절대 사양치 않겠습니다. 내 마음의 충성심이 다하기를 기다려야만 부처됨이라는 결과[佛果]가 원만해지기를 기대할 수 있습니다. 그러니 저 허공과도 같은 진여(眞如)됨[68]은 꺼져 없어지는 때가 있다 하더라도, 이 진실한 마음[眞實心]만은 결단코 바뀌는 일이 없기를 원하옵니다.

婆伽梵十分玄應, 利物中具三心, 比丘臣一片丹悰, 祝君外無二念, 故憑小善, 用助洪沐. 伏念弟子, 釋苑孤根, 禪林病葉, 濫承優渥, 重明靈鷲之法燈, 猥沾洪私, 再坐慶雲之禪刹, 在彼在斯兮, 等是天日之不異, 若邇若遐兮, 豈曾葵心之有殊, 故六時萬歲之山呼, 實兩地一般之日用. …… 亦願弟子某, 日益添金爐之香火, 時復祝瑤圖於岡陵, 自從現在之時, 窮至未來之際, 獻芹心之轉固, 生生常向昭代而作臣民, 負暄情之愈幽, 世世恒隨聖后而爲影響, 或盜賊刀釼之上, 或雷電霹靂之中, 苟有利於安邦, 終不辭於捨命, 必待吾心之忠盡, 方期彼佛之果圓, 彼虛空性兮, 可有消亡, 此眞實心兮, 決無改變.

『懶庵雜著』「清平寺保上春秋水陸齋疏」, 한불7:591하–593상

부호에게 이 음식들을 칭찬하며 먹어 보라고 권하였다. 부호가 이것을 먹으니 입이 쏘고 배가 아팠다. 여러 사람이 그를 비웃으며 원망하자 그 사람은 크게 부끄러웠다. 당신은 그와 같은 경우이다.'" 이 이야기로부터 '미나리를 바친다'는 말은 선물을 보낼 때는 '변변치 못한 물건'이란 의미로, 의견을 낼 때는 '천박한 생각'이란 의미의 겸사로 쓰이게 되었다. 또 '따스한 햇볕을 쬐다'는 말은 임금을 향해 충성을 바치는 일의 전형으로 받아들여졌다. 보우의 이 글에서는 '미나리를 바친다'는 말과 '따스한 햇볕을 쬐다'는 말이 모두 충성심을 나타내는 표현으로 쓰였다.

67 문정왕후를 가리킨다.

68 원문의 '허공성(虛空性)'은 곧 진여를 말한다. 진여는 모양도 색깔도 없지만 온갖 존재를 감싸고 있으며, 어떤 곳이든 다 존재하지만 어떤 것에도 걸리지 않는 것이 마치 허공과 같다 하여 이렇게 말한다.

| 자료 3-4 | 「하늘에 비는 단(壇)에서 좋은 정치를 축원하네」

"마음과 대상 둘 다 공(空)한 곳에 임금을 축원하는 정성 절로 간절하네"라는 식으로 불교적 진리를 뛰어넘는 충을 말하고 있다. 여기서 나타나듯이 보우가 말하는 '충'은 군주에 대한 절대적이며 무조건적인 충성이고, 이 점에서 군주와 신하 사이의 '도덕적 의무'에서 출발하는 유학의 충 개념과도 다르다.

하늘에 비는 단에 서늘한 기운 깊어지고
천제께서 머무시는 은하수[69] 희고 깨끗한데,
연꽃 시계[蓮漏][70]에 경쇠 소리 차갑고
구름이 머무는 방[雲房][71]에 스님네들 말소리 그쳤구나.
마음이 생겨나면 대상도 따라 생겨나며
대상이 사라지면 마음도 다시 사라지는 법.
마음과 대상 둘 다 공(空)한 곳에
임금을 축원하는 정성 절로 간절하네.

天壇凉氣深 玉宇河皎潔 蓮漏磬聲寒 雲房僧語輟
心生境亦生 境滅心還滅 心境兩俱空 祝君誠自切

『虛應堂集』 卷下 「天壇祝釐」. 한불7:566상-중

69 원문의 '옥우하(玉宇河)'에서 '옥우'는 천제가 머무는 궁전을, '하'는 은하수를 가리킨다.

70 '연꽃 시계[蓮漏]'는 연꽃 모양으로 만든 물시계를 뜻한다. 당나라 이조(李肇, ?-?)가 쓴 『당국사보(唐國史補)』에 따르면, 혜원(慧遠)이 산속에서는 시간을 알 수 없다 하여 맨 처음 고안해서 구리로 만들었다고 한다. '연화루(蓮花漏)'라고도 한다.

71 '구름이 머무는 방[雲房]'은 구름이 낄 정도로 높은 방이란 뜻으로서 도사(道士)나 승려의 방을 가리킨다.

| 자료 3-5 | 하늘이 주신 충성

> 승려의 신분이라는 것과 임금에 대한 절대적 충성이라는 것 사이에는 어쨌든 본래적인 간극이 있을 수밖에 없지만, 이 간극을 놓고 보우가 고민한 흔적을 보여 주는 자료는 나타나지 않는다. 대신 그는 '임금-왕실-국가'에 대한 충성은 '하늘이 부여한 것'이라고 함으로써 이 문제를 슬쩍 비켜 간다.[72]

소매 떨치며 스님 따라 나선 게 열댓[73] 나이였는데
선(禪)을 닦는 마음 다시는 속세의 인연 꿈꾼 적이 없지만
하늘이 주신 충성스러운 마음만은 다하기 어려워
성군을 축원하는 맑은 향불 밤낮으로 피워 올리네.

拂袖從僧志學年 禪心無復夢塵緣 只難天賦忠肝盡 祝聖淸香日夜火燕

『虛應堂集』 卷上 「次全蓋卿韻」(4), 한불7:546중

| 자료 3-6 | 여래는 곧 대비이시며 대비께서는 곧 여래

> 보우가 말하는 절대적 충성이 결국 재래의 "왕은 곧 부처[王卽佛]"라는 사상으로 귀결됨을 보여 주는 글이다. 이 글에서는 명백하게 문정왕후를 부처와 동일시함으로써 그 권위를

72 다음의 진술을 함께 참조할 수 있다. "하늘이 만드신 뜨거운 충성심이 오직 나의 본성이니, 날마다 뛰어난 임금님의 만만세를 축원하네[天生忠烈惟吾性 日祝明君萬萬秋]."(『虛應堂集』 卷上 「述懷」, 한불7:542상); "오직 하늘이 만드신 한 조각 충성심만이 있으니 …… 언제나 임금님께서 오래오래 사시라 외치네[只有天生一片忠 …… 常呼聖上壽高崇]."(『虛應堂集』 卷下 「淸平述懷」, 한불7:559중); "하늘이 부여한 충성심은 스스로 잊지 못해 임금님을 위하여 별 앞에 절하는 천단의 달밤[天賦忠誠不自忘 爲君禮象天壇月]."(『虛應堂集』 卷下 「天壇祝釐」, 한불7:559하); "단지 하늘이 부여한 충성심은 막기 어려워 나의 지팡이는 은자의 길로 함부로 접어들지 못하네[只難禁賦天忠意 未易行藏我杖蹤]."(『虛應堂集』 卷下 「懷舊隱」, 한불7:574상)

73 원문의 '지학(志學)'이란 15세를 말한다. 이 말은 『논어』 「위정(爲政)」 4에 나오는 다음 구절에서 유래한 것이다. "공자가 말하였다. '나는 열다섯 살에 학문에 뜻을 두었다'[子曰, '吾十有五而志于學']."

보증해 주고 있다. 한편 사경의 대상으로 『장수경』·『약사경』·『금강경』·『옥추경』을 들고 있는 데에서 당시 궁중 불교의 기복적 성격이 잘 나타나는 글이기도 하다. 특히 이 중 『옥추경』은 도교의 경전이라는 점에서 주목할 만하다.[74]

[대비께서는] 솜씨 좋은 사람에게 특별히 명령하시어 왕실 창고에서 좋은 금을 내어다가 『장수경(長壽經)』[75] · 『약사경(藥師經)』[76] · 『금강경(金剛經)』[77] · 『옥추경(玉樞經)』[78] 등 몇 가지 경전을 베껴서 보배로 장식한 상자에 넣고 좋은 날을 받아 낙성식을

74 보우의 문집에는 「행천초소(行天醮疏)」(한불7:582중-하), 「축성왕초소(祝聖王醮疏)」(한불7:582하-583중) 등 문정왕후와 국왕의 수명을 천존(天尊)에게 비는 내용의 글이 들어 있어 보우가 이 당시 왕실에서 행해지던 도교의 초재에도 관여했음을 알게 한다.

75 『장수경』은 『장수멸죄경(長壽滅罪經)』이라고도 하며, 정식 명칭은 『불설장수멸죄호제동자다라니경(佛說長壽滅罪護諸童子陀羅尼經)』이다. 북인도 계빈국(罽賓國)에서 온 불타파리(佛陀波利=覺護, Buddhapala)가 당 고종(649-683 재위) 때 번역했다고 한다.

76 『약사경』은 『약사여래본원경(藥師如來本願經)』을 줄여서 부르는 말이다. 이 경전은 약사여래가 동방에 불국을 건설하여 정류리국(淨瑠璃國)이라 하고, 그 세계의 교주가 되어 열두 가지 대원(大願)을 세워 모든 중생의 질병을 치료하고, 다시 무명(無明)의 고질까지도 치료하기를 바라는 내용을 싣고 있다. 명종대에는 『약사경』을 간행하고 약사탱화(藥師幀畵)를 조성하는 등 약사불과 관련된 불사가 유난히 많았다. 이는 명종과 순회세자(順懷世子)의 건강이 나빠서 치유를 기원하기 위해서였다고 한다. 또 순회세자가 열세 살로 죽은 뒤에는 왕손이 다시 태어나기를 기원하느라 약사삼존도(藥師三尊圖)를 조성하기도 하였다고 한다(김정희, 「조선조 명종대의 불화 연구」, 『역사학보』 110호[1986] 참조). 이와 관련된 보우의 글로는 「세자의 천도를 위하여 약사여래에게 정근하고 점안하는 법석의 소[薦世子藥師精勤點眼法席疏]」(한불7:587상-하), 「작은 아들의 탄생을 위하여 약사여래와 관음보살의 탱화를 그리고 점안하는 법회의 소[爲誕生少男畵成藥師如來觀音菩薩幀點眼法會疏]」(한불7:588중-하) 등이 있다.

77 『금강경』은 『금강반야바라밀경(金剛般若波羅蜜經)』을 줄여서 부르는 말. 경의 제목을 글자 그대로 풀이하면 '금강석처럼 단단한 지혜를 완성하는 수행에 관해 논한 경전' 정도가 된다('금강'을 반야지가 아니라 번뇌에 대한 비유로 보고 '금강석처럼 단단한 번뇌도 깨뜨리는 지혜를 완성하는 수행에 관해 논한 경전'으로 풀이하기도 한다). 대승불교 초기에 성립된 경전인 까닭에 '공(空)'이라는 말 자체는 전혀 등장하지 않지만, 전체적인 내용은 철저히 공의 사상에 입각한 윤리적 실천을 주장한다. 존재하는 모든 것이 본래 무아임을 깨치면 어떤 것에도 집착하지 않을 수 있고, 이렇게 되면 모든 행위가 자연히 선(善)에 합치되어 어떠한 대립도 일으키지 않는다는 것이다.

78 『옥추경』의 정식 명칭은 『구천응원뇌성보화천존옥추보경(九天應元雷聲普化天尊玉樞寶經)』이며, 『도장(道藏)』에는 「통진부(洞眞部)」 16권으로 들어 있다. 성립 연대는 분명하지 않으나 적어도 1230년대 이후에는 유통되고 있었던 것으로 보이며, 1444년에 『도장』에 편입됨으로써 도교의 주요 경전으로서 위치를 확립하였다. 이 경은 구천보화천존(九天普化天尊)이 강설하였다고 하는 이른바 '뇌성보화천존법어(雷聲普化天尊法語)'로서 구천보화천존의 이름을 외우면 모든 악을 물리칠 수 있다는 벽사(辟邪)의 공덕을 주된 내용으로 하고 있다. 『옥추경』은 조선의 도교 및 무교 전통에서 특히 중시되었던 경전으로서 조선 후기에는 『옥추경』을 외울 수 있는지 여부가 무당의 영험함을 판가름하는 중요한 기준이었다고 할 만큼 점복과 제사, 기도 등에

하셨다. 그리하여 우리 임금께서 금강석처럼 단단한 '무아(無我)'의 큰 지혜로써[79] 장수하며 죄를 없애는 긴요한 문에 들어가셔서[80] 열두 대장[81]의 보호를 받아[82] 구천(九天)[83]이 내리는 복을 받게 하셨다.[84] 그리하여 왕비께서 감응하시도록 함으로써 씩씩한 원자(元子)를 안아 볼 수 있게 하셨다.

이러니 임금을 축원하고 나라를 지키시려는 우리 성렬(聖烈)[85] 전하의 지극한 뜻이 어찌 환자를 살리려는 의사의 간절한 마음이나 중생을 구제하려는 부처의 오롯한 서원(誓願)에 그치겠는가? 여래의 서원으로 성렬의 마음 씀을 생각해 보면 서원과 마음 씀이 다른 적이 없고, 성렬의 활동을 여래의 일과 비교해 보면 활동과 일이 같지 않았던 때가 없다. 그래서 여래는 곧 성렬이시며 성렬은 곧 여래이시다. 여래는 곧 과거의 성렬이셨고 성렬은 곧 현재의 여래이시다. 예와 지금이 서로 꼭 들어맞으며, 먼 데 일[86]과 가까운 데 일[87]이 서로 비춰 주니, 세계를 보호하시려는 크나큰 서원을 다하였다고 말할 수 있다. 오! 나라에 충성하려는 뒷날의 선비들이여, 마땅히 성렬을 본받기를 다짐한다면 나라를 지키는 데에 거의 문제 될 게 없으리라.

가장 널리 쓰이던 경전이었다.

79 『금강경』의 공덕을 설명한 것이다.

80 『장수경』의 공덕을 설명한 것이다.

81 '열두 대장'은 약사여래에게 딸린 12야차신(夜叉神)을 가리킨다. 각각 궁비라(宮毘羅, Kumbhīra)·벌절라(伐折羅, Vajra)·미기라(迷企羅, Mihira)·안저라(安底羅, Aṇḍīra)·알니라(頞儞羅, Anila)·산저라(珊底羅, Śaṇḍila)·인다라(因陀羅, Indra)·바이라(波夷羅, Pajra)·마호라(摩虎羅, Mahoraga)·진달라(眞達羅, Kinnara)·초두라(招杜羅, Catura)·비갈라(毘羯羅, Vikarāla)으로, '12신장(神將)'이라고도 한다. 이들은 약사불의 이름을 외우면서 받드는 이를 보호하여 온갖 고난에서 벗어나 모든 소원을 이루게 한다고 한다.

82 『약사경』의 공덕을 설명한 것이다.

83 '구천(九天)'은 본래 '하늘의 가장 높은 곳'을 뜻하지만, 이 글에서는 '구천보화천존(九天普化天尊)'의 준말로 보인다. 구천보화천존은 선천(先天) 양정(陽精)의 신으로서 구천의 위에서 살며 5뢰(五雷)를 관장하기 때문에 '뇌조천존(雷祖天尊)'이라고도 부른다. 이 신은 옥청천(玉清天) 가운데 칠보층대(七寶層臺)에 앉아 금광여의(金光如意)를 가지고 제천선제(諸天仙帝)를 모아 『옥추경』을 강설한다고 한다.

84 『옥추경』의 공덕을 설명한 것이다.

85 '성렬(聖烈)'은 이때 대비였던 문정왕후를 가리키는 것으로서 문정왕후의 공식 칭호인 '성렬인명대왕대비(聖烈仁明大王大妃)'를 줄여서 말한 것이다. 『실록』의 기사에 따르면, 명종 2년 정월 26일에 '성렬'의 존호를 대비인 문정왕후에게 내렸고, 같은 해 9월 21일에 '인명'의 존호를 더한 것으로 되어 있다. 보우의 글 중 「인종대왕기신재소(仁宗大王忌晨齋疏)」(한불7:583하-584중)에서 이 공식 칭호를 사용한 예를 볼 수 있다.

86 인도에서 석가모니 붓다가 행한 교화 활동을 가리킨다.

87 조선에서 문정왕후가 행한 불사를 가리킨다.

特命善手, 出帑精金, 寫成『長壽』·『藥師』·『金剛』·『玉樞』等經若干件, 寶匣以粧之, 涓吉而落之. 使我聖上, 以金剛無我之大智, 入長壽滅罪之要門, 爲十二大將之所擁護, 得九天之降祥, 以應聖母, 抱送元子之振振. 則我聖烈殿下, 祝君護國之至意, 奚啻如醫之心切於活人, 佛之願全於度生也歟? 以如來之願, 想聖烈之情, 情願未嘗有異, 以聖烈之行, 較如來之事, 行事未曾不同, 而如來卽聖烈, 聖烈卽如來也. 如來卽過去之聖烈, 聖烈卽現在之如來, 古今相符, 遠近相照, 可謂畢護世之大願也. 於戱! 後之忠國之士, 當以聖烈爲心, 則其於護國, 可庶幾云爾歟!

『懶庵雜著』「寫經跋」, 한불7:578중

| 자료 4 | 불교와 유교

보우는 유학과 다른 불교의 고유한 독자적 영역이 있음을 내세우려 하지 않고, 유불 일치, 유불 조화의 관점에서 불교적 가치의 실현이 유교적 이념과 어긋나는 것이 아님을 주장한다. 이러한 관점에서 불교와 유학의 관계에 대하여 다룬 몇 편의 글을 실었다. 이와 함께 유학자들을 상대로 지어 준 신유학적 논설 두 편을 같이 옮겼다.

| 자료 4-1 | 진리는 둘로 나눌 수 없다

유학과 불교가 본래 하나의 도에서 나왔다는 논점을 원론적인 비유로 제시하고 있다. "유학과 불교는 본디 두 영역이 아니니, 얼음이 원래 물이고 물이 원래 얼음인 것과 같네[儒佛固應無二域 如氷元水水元氷]"(『虛應堂集』 卷下 「次李上舍韻」, 한불7:552중)라는 또 다른 구절도 참조할 수 있다.

어디서 왔는지[88] 알 수 없는 것이 있는데

88 원문의 '몰파비(沒巴鼻)'에서 '파(巴)'는 '파(把)'와 같다. 원래 '파비('把鼻', '巴臂' 또는 '把臂'로도 씀)'는 소의 코뚜레를 매어 끌고 가는 것을 가리키는데, 나아가 '유래' 또는 '근거'를 의미하게 되었으므로 "어디서 왔는지"라고 번역하였다.

누가 두 쪽으로 쪼갤 수 있겠는가.
물과 물결은 원래 축축한 성질을 함께 하고
얼음과 물도 본래 차가운 성질을 같이 하네.
진리를 어찌 유교와 불교로 구분할까마는
사람들은 창과 방패[89]를 세워야 한다고 하네.
애석해라, 미친 후배들은
그림자만 보고서 다투어 쫓아 올라가니.

有物沒巴鼻 誰能析二端 水波元共濕 氷雪本同寒
道豈分儒釋 人應竪戟干 堪嗟狂後輩 認影競追攀

『虛應堂集』 卷上 「次玉師軸韻」, 한불7:540하

| 자료 4-2 | 스님네의 벗은 모두 유명한 유학자였다

개인으로서 유학자와 불승 사이에는 친분을 나누었던 예가 항상 '있어 왔음'을 강조한다. 이밖에 「화육언팔장(和六言八章)」(한불7:545하) 등의 시에서는 한유(韓愈)와 대전(大顚, ?-?)의 교분을 예로 들기도 한다.

유교와 불교가 비록 나뉘어 있으나 도는 다르지 않으니
예로부터 스님네의 벗은 모두 유명한 유학자였네.
조계(棗溪)[90] 선생께서는 끊임없이 사람을 놀라게 하는 글귀를 보내시니
원택(圓澤)[91]은 늘 받들어 야광주에 비춰 본다오.

---

89 창과 방패는 서로 대립하는 것이다. 원문의 '극간(戟干)'은 『한비자(韓非子)』 「난세(難勢)」 편에 나오는 유명한 '모순(矛盾)'의 고사성어를 같은 뜻의 글자로 바꿔 표현한 것이다.

90 '조계(棗溪)'는 정만종(鄭萬鍾, ?-?)의 호. 형조 참판과 예조 참판 등의 벼슬을 지냈으며, 보우와 특히 친분이 있었다. 이때 진위사(陳慰使)로 명에 가는 길에 보우에게 글을 보낸 듯하다.

91 '원택(圓澤)'은 보우의 자호(自號)로 보인다.

지둔(支遁)[92]과 허순(許詢)[93]이 한 침상을 쓴 일이 어찌 논의할 거리가 되겠으며

경복순(景福順) 스님[94]과 소철(蘇轍)[95]이 서로 사이좋게 지낸 것도 은근히 의기가 통하였던 것이라오.

대감께서는 손꼽히는 은자(隱者)[96]의 벗이지만

소탈하고 담담하기로 나 같은 이 있는지 없는지.

儒釋雖分道不殊 古來僧友盡名儒 棗溪不斷驚人句 圓澤常承照夜珠

支許同床何足議 順蘇相善暗親符 相公屈指煙霞友 踈淡如吾有也無

『虛應堂集』 卷上 「禪餘述懷奉鄭使華棗溪閤下」(3). 한불7:546중

| 자료 4-3 | 불교와 유교는 공동 운명체이다

유불대론에 대한 보우의 견지가 집약된 매우 긴 제목의 긴 시. 여기서 보우가 제시하는 논점은 대략 다음과 같다. 1) 유학과 불교는 모두 하나의 도에서 비롯한 것이므로 차이가 없다. 2) 역사적으로 볼 때 유학과 불교는 서로 흥망성쇠를 같이한 공동 운명체였으므로 불

---

92 본서 제2장 4절 주석 75 참조.

93 허순(?-?)은 동진 때의 고양(高陽) 사람으로서 자(字)는 현도(玄度). 황로학(黃老學)을 좋아하였고, 현학(玄學)을 잘 강론하였다고 한다. 회계(會稽)에 살면서 사안(謝安, 320-385), 왕희지(王羲之, 303-361), 지둔 등과 사귀면서 산수를 벗하여 시와 문장을 토론하였고, 벼슬길에는 나아가지 않았다. 「대나무 부채[竹扇]」라는 시가 남아 있다.

94 경복순(?-1094)은 향성산(香城山)에서 활동하였으며 서촉(西蜀) 사람이다. 1094년에 80여 세로 죽었다고 한다(『종통편년(宗統編年)』, 『불조강목(佛祖綱目)』). 경복순은 원통(圓通)에서 눌(訥, 1010-1071)에게 배웠는데, 이때 소철의 아버지 소순(蘇洵, 1009-1066)이 눌과 교유하였다. 소철이 1082년에 고안(高安)에 유배를 가자 경복순은 소순과의 인연으로 "백리 길을 멀다 않고" 찾아와 소철과 사귀게 되었다. 소철이 남긴 「증경복순장로(贈景福順長老)」(『난성집(欒城集)』 권11), 「경복순로야좌도고인휵비어(景福順老夜坐道古人搐鼻語)」(『난성집』 권13), 「향성순장로진찬(香城順長老眞贊)」(『난성후집(欒城後集)』 권5) 등의 글이 있어 두 사람의 교유 상황을 짐작하게 한다.

95 소철(1039-1112)은 북송대의 문장가로 자(字)는 자유(子由)이며, 호는 영빈유로(潁濱遺老). 아버지 소순, 형 소식(蘇軾, 1037-1101)과 함께 3소(三蘇)로 불리며, 함께 당송 8대가의 반열에 올랐다. 소철은 1080년에 고안(高安)에 유배가 있을 때 황벽 단제(黃蘗斷際=希運, ?-850)의 19세 법손인 도전(道全, 1036-1084)선사와 사귀며 참선을 하였고, 나중에 다시 순(順)과 교유하였다.

교가 없어져야 유교가 흥성하리라는 말은 틀렸다. 3) 만약 불교가 흥성해서 유학이 쇠망해졌다면 이것은 부처가 영험하다는 증거이다. 4) 흥망성쇠가 반복되는 게 자연의 이치이므로 불교를 망하게 하려면 인위적으로 자연의 이치를 바꾸어야 한다. 따라서 불교를 없앤다는 것은 불가능하다.

나는 일찍이 대장경을 모두 보았고
지금은 비 갠 날의 창가에 앉아 막 『주역』을 읽고 있네.
대장경에서 말하는 청정한 법계신(法界身)[97]과 『주역』에서 말하는 건원(乾元)[98]은
어느 쪽이 더 깊거나 얕은 것도 없고 반드시 해야 하거나 해서는 안 되거나 할 것도 없네.[99]
수레와 글은, 천하 사람들이 수레바퀴 치수와 문자를 똑같이 하여 쓰고 있는데[100]
지극한 도가 어찌 일찍이 두 개의 영역이 있단 말인가?
크게 볼 줄 알면, 겉모양과 입은 옷만으로 다르다고 여기지 않을 텐데
입술과 혀를 놀려 서로 배척하고 있네.

余曾看盡大藏經 今正晴窓坐讀易 淨法界身與乾元 無淺無深無適莫
車書天下一軌文 至道何曾有二域 大觀不以象服殊 搖唇鼓舌相排闢

96 원문의 '연하(煙霞)'는 본래 '연기와 노을' 혹은 '산수의 경치'라는 뜻이지만, 여기서는 산수를 사랑하여 은거하는 이를 가리킨다.

97 '법계신(法界身)'은 '법신(法身)'과 같다. 역사적으로 인간 세상에 출현하였던 고타마 붓다가 아닌, 우주의 참모습으로서 진리[法] 그 자체를 인격화하여 '진리의 몸[法身]' 또는 '진리의 몸으로서 부처[法身佛]'라고 한다. 따라서 현실적인 부처와는 달리 모양도 빛깔도 없지만 이것이 부처의 영원한 본래 모습[本體]이라고 말한다. '진여(眞如)', '실상(實相)', '이치[理]' 등과 실제적인 의미는 동일하다.

98 『주역』「단전(彖傳)」의 건(乾)괘 부분에서 "위대하도다, 건의 으뜸가는 덕이여! 만물이 여기에 근거하여 시작되니, 이에 하늘의 도를 거느린다[大哉乾元! 萬物資始, 乃統天]"라고 한 것을 가리킨다. 이에 비하여 「단전」의 곤(坤)괘 부분은 "지극하도다, 곤의 으뜸가는 덕이여! 만물이 여기에 근거하여 생겨나니, 이에 하늘의 뜻에 순응하여 받든다[至哉坤元! 萬物資生, 乃順承天]"라고 하였다.

99 『논어』「이인(里仁)」 10에 "공자께서 말씀하셨다. '군자는 천하의 일에 대하여, 반드시 해야 한다고 주장하는 것도 없으며 해서는 안 된다고 하는 것도 없으니, 정의를 따를 뿐이다[子曰, '君子之於天下也, 無適也, 無莫也, 義之與比']"라고 하였다.

100 『중용』 28장에 "지금 천하 사람들은 똑같은 수레바퀴 치수로 수레를 몰고 다니며, 똑같은 문자로 글을 쓰며, 똑같은 규범으로 행동을 한다[今天下, 車同軌, 書同文, 行同倫]"라고 하였다.

저쪽〈원주: 유교〉이 흥성하면 이쪽〈원주: 불교〉도 흥성하여 마치 그림자가 형체를 따라다니는 것 같으니 그 이유를 알려거든 옛날의 사적을 보시게나〈원주: 중국의 역사가 시작된 이후로 문장과 뛰어난 선비가 흥성한 때는 실로 당나라와 송나라 같은 때가 없었으며, 불교와 선승이 흥성한 때도 역시 당나라와 송나라 같은 때가 없었다. 이것을 증거로 하여 살펴보면 불교와 유교가 동시에 흥성하였음을 알 수 있다〉.

이것이 쇠망하면 저것도 쇠망하여 마치 메아리가 원래의 소리에 응하는 것 같으니, 옛날부터 지금까지의 역사를 자세히 더듬어 보면 누워서도 그 이유를 알 수 있을 것이네〈원주: 불법이 중국에 들어온 이후로 불교가 쇠망한 때는 세 사람의 '무(武)왕'[101] 때보다 더 심한 때가 없었는데, 역시 유교도 이때 흥성하였다는 이야기를 들은 적이 없다. 그 경과를 자세히 추론해 보면 불교와 유교가 동시에 쇠망하였음을 알 수 있다〉. 유교는 흥성하였는데 불교는 쇠망한 시절이란 있은 적이 없고 또 서쪽은 밝게 비추면서 동쪽은 어둡게 하는 촛불이란 없네. 무엇 때문에 흥성하고 쇠망하는 이치가 이와 같을까? 오랑캐의 도나 중국의 도나 하나의 태극에서 비롯하였기 때문이네. 그대는 말하기를, 불교가 흥성하므로 유교가 쇠망하고 유교가 흥성하면 불학이 흥성할 이유가 없다고 하네. 이 말은 지금에야 그대의 입에서 처음 나온 것이 아니라 옛날부터 늙은 유학자들이 늘 읽어 온 것이네. ……

彼〈儒道〉盛此〈佛道〉盛影隨形, 欲知其由看古跡〈自三代以下, 文章儒雅之盛, 實莫如唐宋, 而佛道禪僧之盛, 亦莫如唐宋, 迹此觀之, 可知同盛〉. 此衰彼衰嚮應聲, 細推古今猶臥識

101 북위(北魏)의 태무제(太武帝), 북주(北周)의 무제(武帝), 당(唐)의 무종(武宗)을 말한다. 북위 태무제(재위 423-452)의 불교 탄압은 재상 최호(崔浩, 381-450)가 도교의 지도자로서 신천사도(新天師道)를 창시한 구겸지(寇謙之, 363-448)를 앞세워 주도한 것이다. 태무제가 도교를 신봉하면서 시작된 불교 탄압 중 가장 극심한 것은 태평진군(太平眞君) 7년(446)의 폐불령이다. 태무제는 이때 장안의 절에서 발견된 승려의 비행에 격분하여 승려를 죽이고 불상과 경전을 모두 불태우게 하였다. 북주 무제(재위 560-578)는 유교 우위의 정책을 취하여 건덕(建德) 3년(574)에 불교와 도교의 경전, 불상을 불사르고 승려와 도사를 환속시켰으며, 모든 음사(淫祀)를 금지하였다. 회창(會昌) 2년(842)에서 5년 사이에 걸친 당 무종(재위 841-846)의 폐불은 안사(安史)의 난 이후 실추된 왕권의 권위를 회복하고 국가의 재정 수입을 늘리기 위한 것이었다. 이는 조세와 부역을 피하기 위하여 승려가 되는 사람이 늘어나고 사찰 소유의 토지가 날로 확대됨으로써 국가 재정의 위기가 심화되었던 것이 그 배경이다. 이때 파괴된 절은 4천6백여 곳, 환속한 승려는 26만 5백여 명, 몰수한 논밭이 수천만 경(頃), 일반노비로 바뀐 사원노비가 15만 명이었다고 한다. 회창 폐불 이후 왕실과 귀족의 지원에 힘입어 발전하던 중앙의 교학 불교는 거의 명맥이 끊기게 되고, 지방에서 자급자족 생활을 유지하던 선불교는 오히려 세력을 떨치는 계기가 된다.

〈自佛法入中國後, 僧道之衰, 莫愈於三武之時, 亦未聞儒道之盛也. 細推其由, 可見同衰〉. 未有儒興釋亡天, 又無西明東暗燭. 因甚盛衰理如斯? 唯夷夏元一太極. 君言佛盛故儒衰, 儒盛無由興佛學, 是說非今君口生, 從古老儒之常讀. ……

대략 불교가 서쪽에서 들어와서 지금까지 세월 지난 게 몇 천 몇 백 년이니 한·진·송·위·제·양·당나라와 진·수·원에서 명나라의 시기까지 그 사이에 훌륭한 임금과 지혜로운 임금이 얼마나 많았는가? 대학자와 이름난 신하는 또 몇 억을 헤아리는가? 그렇지만 불교를 탄압한 일로는 겨우 세 사람 '무(武)왕'의 횡포를 지목할 뿐이니, 그 밖의 시대에는 부처를 공경하고 받들지 않은 임금이 없었네. 만약에 저쪽〈원주: 불교〉이 흥성하므로 이쪽이 쇠망하는 것이라고 말한다면 고관대작들은 어떻게 하여 예나 지금이나 비슷한가? 또 이쪽이 흥성하므로〈원주: 유교〉 저쪽이 쇠망하는 것이라고 말한다면〈원주: 불교〉 '세 무왕'의 시대에는 신하들이 궁궐의 계단[102]을 얼마나 밟아 보았던가? 불교가 과연 유교의 도를 어둡게 만들었다면 부처가 영험이 있다고 말해도 놀랄 게 없겠네. ……

大都佛敎自西來, 曆世于今幾千百, 漢晋宋魏齊梁唐, 陳隋元至大明曆, 其間聖明君幾何? 鉅儒名臣又幾億? 毁佛只稱三武威, 餘代無君不敬服. 若云彼〈佛道〉盛此衰焉, 縉紳如何沸[103]今昔? 又言此興〈儒道〉彼卽亡〈佛道〉, 三武臣呑[104]幾文石? 佛果使儒道不明, 言佛有靈無可愕. ……

봄이 되면 봄바람 솔솔 불어와 온갖 꽃과 나무 모두 어여쁘다가, 드디어 가을이 되면 서리 맞은 나뭇잎 우수수 떨어질 때 상서롭고 괴상한 새들조차 모두 조용하다네. 흥성할 때가 있으면 쇠망할 때가 있는 게 세상 돌아가는 법칙이고, 성공해져서 유명해졌

---

102 원문의 '문석(文石)'은 '문석계(文石階)'의 줄임말이다. 문석계는 '무늬 있는 화려한 돌[文石]로 만든 계단'으로 궁궐의 계단을 가리킨다. 그래서 과거에 급제하여 높은 벼슬아치가 되는 것을 '문석계를 밟는다' 혹은 '문석계에 오른다'는 말로 표현한다.

103 '비(沸)'는 '불(佛)'의 오자로 보인다.

104 '탄(呑)'은 '밟을 탄[蹈]'의 뜻으로 쓴 듯하다.

는가 싫으면 물러나 쉴 때도 있는 게 인간사라네. 그래서 나는 알았노니, 불교와 유교 역시 세상의 흥망을 따라 성쇠를 함께하는 것이라네. 그대가 만약 우리 불교가 전해지지 못하게 하고 싶다면 반드시 먼저 세상천지가 흥망하는 이치부터 바꾸어야 하리. 이러한 논법은 이전 사람들이 아직 제기하지 못하였던 것이니 얕은 지식을 뽐내는 사람들이 보면 반드시 껄껄 웃을 걸세.[105]

節屬春風習習吹 羣花萬木俱綽約 律[106]當秋霜木落時 祥禽怪鳥皆寂寂 有盛有衰數之常 或擧或息人之德 是故吾知佛與儒 隨世興亡同擡溺 君欲使吾道不行 須變乾坤易消息 此論前人所未論 小知見之必大噱

『虛應堂集』卷下「有一儒士, 來自無何, 深忌兩宗之興, 兼綴長篇爲贈, 問佛通塞甚切, 余事不獲已, 把筆依韻奉酬」, 한불7:556상-하

| 자료 4-4 | 유교와 불교는 원칙[常]과 방편[權]이라는 점에서 일치한다

> 유교와 불교가 본래 하나의 도에서 비롯하였다는 주장을 발전시켜, 유교가 진리의 원칙적 의미를 논한다면 불교는 방편적 의미를 말하는 것이라고 설명한다.

공자님께서는 원칙을 말씀하셨고 부처님께서는 방편을 말씀하셨으니 똑같은 손이 손바닥과 주먹으로 나뉘는 것과 같네. 집에서는 예절이 있으니 남녀 간에 직접 주고받지 않아야 하지만, 제수가 물에 빠져도 무심히 있다면 어찌 본래의 마음이라 하리오.[107]

---

105 이 구절은『장자』「소요유」에 나오는 우화를 원용한 것이다.「소요유」편의 맨 앞에는 9만 리 하늘을 날아오르는 유명한 붕새의 이야기를 서술한 후, 매미와 비둘기가 겨우 나뭇가지 사이를 날아다니는 자신들의 능력으로 비춰 볼 때 붕새의 비상은 터무니없는 것이라고 비웃는[蜩與學鳩笑之] 우화가 나온다. 뒤이어 장자는 이 우화에 대하여 "얕은 지식을 가진 이는 깊은 지혜를 지닌 이를 이해할 수 없다[小知不及大知]"고 평한다.

106 '률(律)'은 '마침내 율(聿)'의 뜻으로 쓴 듯하다.

107 『맹자』「이루상(離婁上)」17에 "제수가 물에 빠졌는데도 건지지 않는다면 이는 승냥이와 같으니, 남녀 간에 직접 주고받지 않는 것은 예의 원칙(禮)이고, 제수가 물에 빠지면 손으로 건져내는 것은 권(權)이다[嫂溺不援, 是豺狼也. 男女授受不親, 禮也, 嫂溺, 援之以手者, 權也]"라고 하였다. 맹자가 말하는 '권'이란 현대어로는 '상황에 적합한 실행' 혹은 '원칙 적용의 융통성' 정도로 옮길 수 있다.

바름으로 간사함을 없애는 것은 금으로 그릇을 만드는 것과 같고,[108] 텅 빈 채로 거짓을 쫓아가는 것은 나뭇잎으로 돈을 대신하는 것과 같네. 두 선인(仙人)께서는 함께 진리의 수레를 밀고 계신 것이니 발 딛고 선 자리가 바뀌었다 해서 어찌 누가 앞이고 뒤라고 견준 적이 있었으리요.

孔卽言常佛卽權 如分一手掌幷拳 居家有禮非親受 在溺無心豈本然 以正去邪金作器 騎虛趕妄葉成錢 二仙具是同推轂 易地何曾較後前

『虛應堂集』 卷上 「儒釋權常一致」, 한불7:534하-535상

| 자료 4-5 | 도는 적멸을 따르면서 마음은 충효를 지키는 이에 대하여

> 보우는 유학과 불교는 결국 지극한 도에서 나온 것이며 겉으로 보기에만 다른 모습일 뿐이라는 전제로부터 이상적인 인간형은 이 지극한 도를 실천하는 인간, 곧 지극한 도의 두 양상인 유학과 불교를 아우른 사람이라고 보는 듯하다. 그래서 충효의 실천을 염두에 두지 않고 불교적 수행에만 전념하는 승려는 오히려 "헛되이 공(空)만 지키는 바보 선사나 인륜도덕을 등지는 미친 중"으로 비판된다. 그러나 여기에서도 적멸과 충효라는 서로 충돌할 가능성이 많은 두 가치를 현실 속에서 구체적으로 어떻게 병행 혹은 조화시킬 수 있을 것인가에 대하여 진지하게 고민하는 모습은 나타나지 않는다.

세상에는 노자와 부처에 푹 빠져서 임금과 아버지를 버리는 이들이 있는데, 이들은 헛되이 허무(虛無)의 경지를 일삼을 뿐, 임금과 신하, 아버지와 아들 사이의 도리가 큰 근본에서 나온 큰 작용임을 알지 못한다. 또, 공자와 맹자를 스승으로 섬기면서 인의(仁義)를 으뜸가는 가르침으로 여기는 사람들도 있는데, 이들은 단지 충서(忠恕)[109]만을 높일 뿐, 진공(眞空) 적멸(寂滅)의 이치가 큰 작용을 있게 하는 큰 근본임을 알지 못한다. 이 두 경우는 모두 도의 참모습과 작용을 망각하고 있으며, 또 성인이 불변하는

108 같은 본성이 다양한 모습으로 나타났음을 비유한 것이다.

109 『논어』 「이인」 15에 "증자가 말하였다. '우리 선생님의 도는 충서일 뿐입니다'[曾子曰, '夫子之道, 忠恕而已矣']"라는 구절이 있다.

원칙 자체를 말하기도 하고[常] 그 방편을 말하기도 하면서[權] 서로 뒤를 이어 일어나 지극히 바르고 지극히 큰, 둘로 나뉠 수 없는 크나큰 근원을 부지(扶持)하고 있는 까닭을 알지 못한다.

그리하여 둘로 나뉠 수 없는 도는 드디어 쪼개져서 하나는 유학이, 하나는 불교가 되며, 우열이 없는 성인은 앞뒤로 구분되어 한쪽은 오랑캐라고, 한쪽은 중국인이라고 이르게 된다. 이에 네모진 가사를 입은 야인[110]은 사랑하는 마음[仁]을 애착으로 여겨 원수처럼 생각하면서 각자 가로막아 금지해 버린다. 또 푸른 깃의 옷을 입은 고상한 선비[111]는 중들은 인륜을 저버렸으니 짐승과 같다고 생각하여 늘 힘껏 배척한다. 감정은 갑옷 만드는 이와 화살 만드는 이처럼 직업에 따라[112] 서로 대립하고, 법은 규정과 같고 다름에 따라 상벌이 있고 없게 된다. 그처럼 한쪽은 옳고 한쪽은 그르다고 하니, 누가 지극한 도는 본래 둘이 아님을 알겠는가?

본성은 인의를 타고나되 몸은 세속을 떠났으며, 도는 적멸을 따르면서 마음은 충효를 지키는 이는 오직 법사뿐이로다! 법사의 속성은 박씨(朴氏)이며 호남의 무주(茂州) 장수(長水) 지역 사람이다. 어려서는 집안의 가르침을 받고 유학의 이치를 두루 배웠으며, 장성해서는 구름의 거처에 올라가[113] 마음으로 조사의 도에 머물렀다. 그리고 푸른 솔과 흰 바위가 있는 냇가에 자유롭게 살면서 달빛 젖은 의자와 바람 우는 창이 있는 방에서 소요하였다. 그래서 임금에 충성하고 어른을 공경하는 큰 작용이 적멸의 도에 의해 되려 일어나며, 형상을 떠나고 이름도 여읜 큰 근본이 일마다 항상 관통하고 있음을 안다. 이 어찌 헛되이 공(空)만 지키는 바보 선사나 인륜도덕을 등지는 미친 중에 비교할 것이겠는가?

---

110 중을 가리킨다.

111 '푸른 깃의 옷'은 원래 학생이 입는 것으로, 여기서는 유학자를 가리킨다.

112 『맹자』「공손추상」 7에 "화살 만드는 사람이 어찌 갑옷 만드는 사람보다 인(仁)하지 않겠느냐만, 화살 만드는 사람은 행여 사람을 다치게 못할까 걱정하고, 갑옷 만드는 사람은 행여 사람이 다칠까 걱정하니, 무당과 장의사도 역시 그렇다. 그러므로 직업을 선택할 때는 신중하지 않으면 안 된다[矢人, 豈不仁於函人哉? 矢人惟恐不傷人, 函人惟恐傷人, 巫匠亦然, 故術不可不愼也]"라고 하였다.

113 원문의 '운거(雲居)'는 글자 그대로는 '구름이 사는 곳'의 뜻이므로, 일반적으로 높은 산꼭대기에 있는 은자의 거처를 말하며, 이 글에서는 절을 가리킨다. 세속을 초탈한 고고한 기상이 지나쳐서 건방지거나 자만하는 승려를 가리켜 '구름 위에 사는 나한[雲居羅漢]'이라고 비꼬기도 한다.

夫世有淫老佛而舍君父者, 徒事虛無, 而不知其君臣父子之道, 是大本之大用. 師孔孟而宗仁義者, 但尊忠恕, 而不知其眞空寂滅之理, 是大用之大本. 之二者, 皆迷道之體用, 而又不知聖之所以或權或常, 而接武相興, 以扶持夫至正至大無二之大源也. 肆其無二之道, 遂柝而一儒一釋, 無優劣之聖, 乃先後而曰夷曰夏. 於是方袍野客, 以有愛爲怨敵, 各自遮禁, 靑衿高士, 以無倫爲禽獸, 力常排闢. 情隨函矢而推擠, 法逐同異以有無, 一是一非, 孰知夫無二也? 性仁義而身泉石, 道寂滅而心忠孝者, 其惟法師歟! 法師俗姓朴氏, 湖南茂長人也. 小蒙庭訓, 學通儒誥, 長攀雲居, 心凝祖道, 而自在乎靑松白石之溪, 逍遙乎月榻風欞之室, 以知夫忠君弟長之大用, 由寂滅而飜興, 絶相離名之大本, 在事物而常行. 此豈比夫徒守空之痴禪, 但背義而狂釋者也?

『虛應堂集』 卷上 「次華法師軸韻序」, 한불7:538하-539상

| 자료 4-6 | 충효를 다하자는 것이 불경의 의미이다

> 불교가 교리의 측면에서도 유학과 일치한다고 주장하는 글. 부처는 유학에서 말하는 충성과 효도를 사람들이 다하도록 하기 위하여 불경에 실린 내용을 말하였다고 설명한다.

부처님께서 경전을 말씀하신 뜻을 자세히 캐어 보면, 인간의 본성에 본래부터 갖춰진 것을 말씀하셨을 뿐이지, 인간의 본성에 원래 없는 것을 말씀하신 적이 없다. 왜냐하면 '본성에 본래 갖춰진 것'이란 다른 것이 아니라, 임금과 아비의 처지에서는 사랑과 자애로움을 베풀고, 신하와 자식의 처지에서는 충성과 효도를 다하는 것이기 때문이다.[114] 인간이 이 같은 본성을 가지고 있는 것은 마치 거울이 온갖 것을 밝게 비추는 성질을 가진 것과 같아서, 네 가지 도덕적 감정[四端][115]이나 다섯 가지 윤리적 원칙[五

114 『대학』의 「전(傳)」 3장에 "임금으로서는 사랑에 머물렀고, 신하로서는 공경함에 머물렀고, 자식으로서는 효성스러움에 머물렀고, 아버지로서는 자애로움에 머물렀고, 나라 사람과 상대할 때는 미더움에 머물렀다[爲人君, 止於仁, 爲人臣, 止於敬, 爲人子, 止於孝, 爲人父, 止於慈, 與國人交, 止於信]"라고 하였다.

115 네 가지 도덕적 감정[四端]은 『맹자』 「공손추상」 6에 나오는 맹자의 다음 말에서 유래한 것이다. "측은히 여기는 마음은 사랑의 단서이며, 자신의 잘못을 부끄러이 여기고 남의 죄악을 미워하는 마음은 정의의 단서이며, 사양하는 마음은 예의의 단서이며, 옳은 것을 옳다고 여기고 그른 것을 그르다고 여기는 마음은 앎의 단

典][116]에서 온갖 사물과 사태의 법칙에 이르기까지 없는 것이 없다. 다만 기(氣)가 어둡고[117] 욕망이 들끓는 까닭에 그 본성을 흐리고 사그라지게 하여, 마땅히 해야 할 직분을 수행할 수 없게 되면, 짐승처럼 되는 길이 멀지 않은 것이다.[118] 그래서 큰 깨달음을 얻으신 자애로운 우리 부처님[大覺慈尊][119]께서 크나큰 자비의 대문을 활짝 열어 중생의 근기에 따라 갖가지 경전을 말씀하셨으니, 이는 마치 세상의 의사들이 환자의 병에 맞게 약을 쓰는 것과 같다. 그리하여 천하의 사람 사람마다 절로 본성의 힘을 알게 하여, 임금과 어버이에게 충성과 효도를 다할 수 있게 함으로써, 산 부모를 봉양하고 죽은 부모를 장사 지내며[120] 그 장례를 신중히 하고 제사를 정성스럽게 지내는 일[121]에 법도대로 하지 않음이 없게 하였다. 또 임금과 어버이에게는 살아서는 자신의 뜻을 봉양 받는[122] 광

서이다. 인간이 이 네 가지 도덕적 감정을 가지고 있다는 것은 마치 인간이라면 누구나 사지를 갖춘 것처럼 자명한 사실이다[惻隱之心, 仁之端也, 羞惡之心, 義之端也, 辭讓之心, 禮之端也, 是非之心, 知之端也. 人之有是四端也, 猶其有四體也].” 맹자는 인간의 본성이 선한 것이라는 자신의 주장[性善說]에 대한 근거로서 이 네 가지 도덕적 감정의 존재를 제시한 것이다.

116 1) 아버지는 정의[義]를, 어머니는 자애로움[慈]을, 형은 우애[友]를, 아우는 공손함[恭]을, 아들은 효성스러움[孝]을 해야 한다는 것, 2) 아버지와 아들[父子] 사이에는 친애[親]가, 임금과 신하[君臣] 사이에는 의리[義]가, 남편과 아내[夫婦] 사이에는 분별[別]이, 어른과 아이[長幼] 사이에는 차서[序]가, 벗[朋友] 사이에는 믿음[信]이 있어야 한다는 것.

117 여기서 ‘기가 어둡다’는 말은 ‘분명히 알지 못한다’는 뜻으로 사용되었다. 그래서 그 결과로 ‘본성이 흐려지게[昧] 된다’고 하는 것이다.

118 『맹자』「고자상(告子上)」8에 “밤의 서늘한 기운을 보존하지 못하면 짐승처럼 되는 길이 멀지 않다[夜氣不足以存, 則其違禽獸, 不遠矣]”라고 하였다.

119 ‘큰 깨달음을 얻으신 이’라는 뜻의 ‘대각(大覺)’과 ‘자비롭고 존귀하신 분’이라는 뜻의 ‘자존(慈尊)’은 모두 부처의 칭호이다.

120 『맹자』「이루하(離婁下)」13에 “살아 있는 부모를 봉양하는 것은 큰일이라 할 수 없고, 죽은 부모를 장사 지내는 것이라야 큰일이라고 할 만하다[養生者, 不足以當大事, 惟送死, 可以當大事]”라고 하였으며, 「양혜왕(梁惠王)」3에서는 “산 부모를 봉양하고 죽은 부모를 장사 지내는 데에 유감이 없게 하는 것이 왕도를 구현하는 시작이다[養生喪事無憾, 王道之始也]”라고 하였다.

121 『논어』「학이(學而)」9에 “장례를 신중히 하고 제사에 정성을 다하면 백성의 덕이 두터워지리라[曾子曰, ‘愼終追遠, 民德歸厚矣’]”라고 하였다.

122 ‘뜻을 봉양한다[養志]’는 말은 『맹자』「이루상」19에 나오는 증자(曾子)의 고사에서 유래한 말이다. 증자가 아버지 증석(曾皙)을 모실 때, 밥상을 치울 때면 남은 술과 고기를 누구에게 주겠는지 여쭈었고, 아버지가 남은 것이 있는지 물어 오면 반드시 ‘있다’고 대답하곤 하였다. 그런데 증자의 아들 증원(曾元)은 아버지 증자를 모시면서 누구에게 주겠는지 여쭙지도 않았고, 아버지가 남은 것이 있는지 물어도 반드시 ‘없다’고 대답하였다. 이것은 그 음식을 다시 제 아버지에게 올리려는 생각에서였다. 맹자는 이 이야기를 놓고, 증원은 아버지의 입과 배만 봉양하였으며[養口體], “증자와 같이하면 ‘뜻을 봉양한다’고 할 만하다[若曾子, 則可謂養志也]”고 평하였다.

영을 누리게 하고, 죽어서는 하늘에 다시 태어나는 천도(薦度)[123]의 은혜를 입게 하였다. 그러므로 그러한 경전의 공덕이란 바다와 같으니[德海], 어떻게 표주박으로 그 깊고 깊음을 측량할[124] 수 있겠는가?

詳原佛之說經之意, 只說人之性上之所固有, 不曾說人之性上之所本無也. 盖性之所固有者非他, 爲君父則仁與慈, 爲臣子則忠與孝也. 人之有此性, 如鏡之有明性, 其四端五典, 萬物萬事之理, 無所不周, 只緣氣昏欲熾, 昧沒其性, 而未能行職分之所當爲, 則其違禽獸不遠. 於是大覺慈尊, 開大悲門, 隨衆生機, 說種種經, 若世醫之應病說藥. 而使天下之人人, 自然知性之德, 而能忠孝其君父, 而其養生送死愼終追遠, 無所不用其極. 而使其君父, 生得享養志之榮, 死得蒙生天之薦. 厥經德海, 其可以蠡測其深深也歟?

『懶庵雜著』「薦母印經跋」, 한불7:580상-중

| 자료 4-7 | '경건함의 암자[敬庵]'[125]라는 호를 지어 주면서

〈자료 4-7〉와 〈자료 4-8〉은 유불일치론(儒佛一致論)이라기보다는 본격적인 신유학 논설에 가깝다. 이것은 두 편의 글이 모두 유학자를 상대로 그들의 호를 지어 주며 쓴 글인 데에서 연유하는 것으로 보인다. 다른 한편으로는 당시의 승려들이라면 어느 정도 유학적 소양을 갖추고 있어야 하였던 사정을 반영하는 것으로 생각해 볼 수도 있다. 어쨌든 신유학의 개념들을 폭넓게 구사하고 있는 이 글은 그 자체로 상당한 수준의 성리학 이해를 보여 주고 있다. 또한 '경건함[敬]'에 대한 제 규정 중 특히 '마음이 또랑또랑 깨어 있음'을 강조하는 것은 이 부분이 불교의 마음 수양 이론과 겹치는 곳이기 때문일 것이다.

123 죽은 이의 명복을 빌기 위하여 불·보살에게 제를 올려 영혼이 정토나 천계에 태어나도록 기원하는 불교 의식.

124 '표주박으로 측량한다[蠡測]'는 말은 '표주박으로 바닷물을 떠서 그 양을 잰다[以蠡測海]'는 말을 줄인 것이다. 이 말은 『한서(漢書)』「동방삭전(東方朔傳)」의 "대나무 대롱으로 하늘을 엿보고, 표주박으로 바닷물을 측량한다[以筦闚天, 以蠡測海]"라는 구절에서 유래하였다. 천박한 식견으로 깊은 이치를 헤아리는 것에 대한 비유로 쓰인다. '려(蠡)'를 표주박이 아니라 소라껍데기로 보는 설도 있다.

125 이 호를 가진 인물이 누구인지는 정확하게 알 수 없다. 본문에서 이 인물을 '재상(相國)'으로 부르고 있는데, 보우의 활동 시기에 재상이었던 인물 중 가장 근사한 호를 가진 인물은 경재(敬齋) 이기(李芑, 1476-1552)이다.

사람이 하늘에서 얻었으며 나에게는 본성이 되었다고 하는 그것은 본질상 빼어난 반응 능력을 갖추고 있어서 어둡지 않고, 작용이 빛나고 커서 거침이 없습니다.[126] 이는 꼭 보물 거울이 환히 비추는 것과 같아서 털끝만큼의 인위도 그 사이에 끼어드는 법이 없습니다. 움직이고 멈추거나 말하고 그치는 모든 행동이 그대로 천리(天理)의 본래 모습이니, 하늘은 사람이 아닌 적이 없고 사람은 하늘이 아닌 적이 없습니다. 그러나 기품에 구애되고 외부 대상에 대한 욕심에 가려져서[127] 거꾸로 더럽고 때가 묻게 되면, 트이고 크고 높고 밝던 것이 사이가 뜨고 막혀서 때로 어두워짐을 면치 못하다가 마침내는 어리석기 짝이 없는 지경에 이르게 되는데도, 일찍이 이를 살핀 적이 없는 것은 얼마나 슬픈 일입니까? 이것이 이른바 "한번 바깥 기운의 세례를 받고서 결국 '빼어난 반응 능력을 갖추어 늘 비추면서 텅 비지 않은' 주인공을 잃어버린다"는 것입니다. 이러한 까닭에 예로부터 본성을 회복하는 데 뜻을 둔 학자는 자신을 극복하려는[克己][128] 호를 널리 구하여 역량이 미치지 못하는 부분을 보완하려 하지 않음이 없었습니다. '바르게 함의 암자'니 '하나로 집중함의 암자'니 '극복함의 서재'니 '정성스러움의 서재'니 하는 이름들이 그런 것들입니다.

蓋人之所得乎天, 而在我爲性者, 其體靈明而不昧, 其用光大而無累. 正如寶鑑之空照, 無一毫人僞介乎其間. 而其一動一靜一語一默, 渾是天理之本然, 天未嘗不爲人, 人未嘗不爲天也. 但爲氣拘物弊, 反覆垢汚, 則闊大高明底物事, 被他隔礙了, 或未免有時而昏, 而終至於愚不肖之域, 而曾莫之省者, 何限[129]焉? 此所謂"一爲客氣之感, 而遂失'靈明常照不空'之主人公者"也. 是故凡古之有志於復性之士, 莫不博求其克己之號, 以助其不逮, 曰'正菴',

126 이 부분은 주희가 『대학장구(大學章句)』 경(經) 1장의 주석에서, 마음을 비추어 보는 능력인 명덕(明德)에 대하여 "명덕이란 사람이 하늘에서 얻은 것으로서 텅 비어 있으나 환히 비추어 보는 능력이 있으므로 어둡지 않아서 뭇 이치를 갖추고 모든 일에 대응하는 것이다[明德者, 人之所得乎天, 而虛靈不昧, 以具衆理, 而應萬事者也]"라고 정의한 것을 원용한 것이다. 여기서 '텅 비어 있음[虛]'은 개인적인 욕구에서 벗어난 공평함을, '환히 비춤[靈]'은 도덕적 반응의 능력을 의미한다.

127 이 부분 역시 주희가 『대학장구』 경 1장의 주석에서 "그러나 기품에 구애되고 인위적인 욕심에 가려지면 [명덕이] 어두워질 때가 있다[但爲氣稟所拘, 人欲所蔽, 則有時而昏]"라고 한 말을 압축한 것이다.

128 '자신을 극복한다'는 말은 『논어』 「안연(顔淵)」 1의 다음 구절에서 나온 것이다. "안연이 인(仁)에 대하여 묻자 공자께서 말씀하셨다. '자신을 극복하고 예에 돌아가는 것이 인을 실천하는 길이다'[顔淵問人, 子曰, '克己復禮爲仁']."

129 '限'은 '恨'의 오자로 보인다.

曰'一菴', 曰'克齋', 曰'誠齋', 是也.

그래서 우리 재상께서도 역시 옛사람처럼 거듭거듭 내게 호를 지어달라고 하셨는데, 나는 사양하였지만 어쩔 수 없어서 감히 '경건함[敬]의 암자'라는 것으로 크나큰 덕을 드높이고자 합니다. 엎드려 바라옵건대, 재상께서는 순임금이 천박한 말까지도 살펴보기 좋아하여서[130] 남의 지혜를 자신의 지혜로 만들었던 것을 본받아, 걷고 멈추고 앉고 눕는[131] 일상의 모든 일에 이를 실천하십시오. 이때 늘 경건함을 위주로 함으로써 다만 온 마음이 또랑또랑 깨어 있을 뿐,[132] 바깥 사물에 유혹되어 빼어난 반응 능력의 빛이 희미해지지 않도록 하십시오. 그러면 지각을 이루는 공부[致知]를 하면서도 마음이 어둡고 헷갈리고 어지럽고 들끓는 일이 없이 도덕적 의미의 귀착점을 가려낼 수 있을 것이며, 몸소 실천하는 공부[躬行]를 하면서도 게으르거나 제멋대로 하는 일이 없이 생각을 성실하게 하고[誠意] 마음의 치우침을 바르게 하는[正心][133] 알맹이를 이룰 수 있을 것입니다.[134] 임금을 섬기면서도 스스로를 속이려는 생각[135]이 몰래 싹트는 일이

130 『중용장구(中庸章句)』 경 6장에 "순임금은 묻기를 좋아하고 천박한 말까지도 살펴보기 좋아하였다[舜好問, 而好察邇言]"라고 하였다.

131 이 네 가지 행동은 인간이 일상적으로 하는 모든 동작을 대표하는 것으로, 이를 4위의(威儀)라고 한다.

132 마음을 항상 또랑또랑 깨어 있게 하는[常惺惺] 것으로 경건함을 설명한 이는 사량좌(謝良佐, 1050-1103)로 알려져 있다.

133 생각을 성실하게 함과 마음의 치우침을 바르게 함은 지각을 이루는 공부와 함께 모두 『대학』의 8조목에 들어 있다.

134 이상에서 보우는 경건함을 바탕으로 지각을 이루는 공부와 몸소 실천하는 공부를 하라고 권하는데, 이는 주희 수양론의 대강을 잘 설명한 것이라고 하겠다. 주희의 제자이자 사위인 황간(黃榦, 1152-1221)이 「주자행장(朱子行狀)」에서 스승의 학문적 핵심을 요약·정리하고 있는 다음 구절과 비교해 보면, 보우의 신유학 이해는 상당한 수준이었음을 알 수 있다. "[주희 선생이] 학문하는 데에서는 이치를 남김없이 탐구하여 지각을 이루고 몸소 반성하여 실제를 행하였으며[踐實], 경건함에 머무는 것은 처음부터 끝까지 완성을 위하여 필요한 것이었다. 말씀하시기를 '지각을 이루는 공부를 하면서 경건함으로써 하지 않으면 마음이 어둡고 헷갈리고 어지럽고 들끓어서 도덕적 의미의 귀착점을 가려낼 수 없을 것이며, 몸소 실천하는 공부를 하면서 경건함으로써 하지 않으면 게으르거나 제멋대로 하여서 도덕적 의미의 알맹이를 이룰 수 없을 것이니, 경건함을 지니는 방법은 마음을 하나로 집중하는 것[主一]보다 앞서는 것이 없다'라고 하셨다[其爲學也, 窮理以致其知, 反躬以踐其實, 居敬者, 所以成始成終也. 謂'致知不以敬, 則昏惑紛擾, 無以察義理之歸, 躬行不以敬, 則怠惰放肆, 無以致義理之實, 持敬之方, 莫先主一']." 『송계원명리학통록본집(宋季元明理學通錄本集)』 1-39左, 『증보퇴계전서(增補退溪全書) Ⅲ』(서울: 성균관대학교 대동문화연구원, 1972) 참조. 여기서 보듯이 특히 황간이 주희의 말로 전하고 있는 뒷부분의 구절은 보우의 설명과 거의 일치한다.

135 『대학장구』 경 6장에 "이른바 '생각을 성실하게 한다'는 것은 스스로를 속이지 말라는 것이다[所謂'誠其意'

없이 자신의 마음을 다하는 진심[忠]을 발휘할 수 있을 것이며, 백성을 다스리면서도 업신여기거나 오만한 마음이 없이 자신의 마음을 미루어 그들까지 미치는 배려[恕][136]를 베풀 수 있을 것입니다.

또한 나고 들고 서고 앉고 보고 듣고 말하고 움직이는 모든 행동에 이르기까지 모두 엄숙하고 조용하며 삼가고 두려워하며[137] 조심스러워하고 벌벌 떠는 듯한 마음가짐을 잃지 않고, 빼어난 인식 능력의 원천을 늘 어둡지 않게 하면, 개인적인 욕망에 사로잡히는 일 없이 하늘에서 얻은 것을 온전하게 할 수 있을 것입니다. 그러면 자연히 살아서는 나무랄 사람이 없고 죽어서는 꾸지람할 귀신이 없으므로, 넓고 너른 하늘과 땅 사이 어디를 간들 마음 뿌듯하지 않은 곳이 없을 것입니다.

이렇게 하면 몸뚱이를 지킬 수 있고 삶을 온전히 할 수 있으며 수명을 다 누릴 수 있을 것입니다. 어찌 다만 여기에 그치겠습니까? 영원토록 온 나라의 큰 사업을 경영할 수 있고 임금을 요순보다 더 높은 반열에 올려놓을 수 있을 것입니다.

명(銘)을 짓습니다.

由是我相國閣下, 亦如古人, 而求號再勤, 辭不獲已, 敢以'敬菴,' 稱揚盛德. 伏冀閣下, 以舜之好察邇言, 人之知爲知, 試於行住坐臥日用施爲. 常常以敬爲主, 而直使一心惺惺, 而不爲外誘而陷溺其靈光. 則其於致知, 無昏惑紛擾, 而能察其義理之歸, 躬行無怠惰放肆, 而能致誠正之實. 事君無欺私暗萌, 而能發其盡己之忠, 使民無輕慢在懷, 而能施其推及之恕. 以至出入起居視聽言動之際, 皆不失其齋莊靜一, 戒愼恐懼, 兢業戰慄, 而常常靈源不昧, 無所容乎人欲之私, 有以全乎所得乎天者, 則自然明無人非, 幽無鬼責, 浩然天地間, 無所往而不

者, 無自欺也]"라고 하였다.

136 『중용장구』 경 13장의 "진심을 다하여 배려하면 도와 거리가 멀지 않으니, 자신에게 맡겨지기 원하지 않는 일이라면 나 역시 남에게 시키지 말아야 한다[忠恕違道不遠, 施諸己而不願, 亦勿施於人]"라는 구절의 주석에서 주희는 진심을 다하여 배려함[忠恕]에 대하여 "자신의 마음을 다하는 것을 진심을 다한다고 하며, 자신의 마음을 미루어 남까지 미치는 것을 배려한다고 한다[盡己之心爲忠, 推己及人爲恕]"라고 정의한다. 주희의 이 정의는 "자신의 마음을 미루어 남까지 미치는 것이 배려함이다[推己及物, 恕也]"라고 보는 정호(程顥)의 견해를 수용한 것이다(『논어』「이인」 15의 주희 주 참조). 진심을 다하여 배려함에 대한 보우의 설명은 주희의 이 주석에 따른 것이다.

137 『중용장구』 경 1장에 "군자는 자신이 보지 않는 대상에도 삼가며, 자신이 듣지 않는 대상에도 두려워한다[君子, 戒愼乎其所不睹, 恐懼乎其所不聞]"라고 하였다.

自得也. 夫如是則可以保身, 可以全生, 可以盡年矣. 豈但如此而已? 又能永可以經綸一國之大經, 致君於堯舜之上矣. 銘曰,

여기에 한 암자 있네.
땅을 주춧돌 삼아 하늘까지 기둥을 받쳤으니
음과 양은 위에서 용마루가 되고
쇠와 나무, 물과 불과 흙은 아래에서 집칸으로 얽혔네.
문을 닫으면 밤이요
창문을 여니 낮이 되네.
이 집이 온갖 일에 남김없이 다 응하니
그 방에 말할 수 없는 힘이 담겨 있기 때문이라네.
뜰에는 먼지 하나 일어나지 않고
벽은 깨끗한 거울처럼 매끄럽네.
이것이 이 집의 덕이니
어떤 것도 이것과는 다툴 수 없네.
그러나 여덟 가지 바람[138]이
앞뒤로 불어오면
먼지가 어지럽게 날리고
집안은 갑자기 어두워지네.
이것을 말끔히 쓸어 내려면 요령이 있네.
경건함을 유지하면 곧 고요해지네.
어찌해야 경건해질 수 있나?
마음이 다른 데로 옮겨가지 않도록 해야 하네.

138 '여덟 가지 바람'의 비유가 지시하는 구체적인 의미는 다음과 같이 생각해 볼 수 있다. 1) 여덟 개의 방향에서 부는 바람, 2) 불교에서 사람의 마음을 휘젓는 여덟 가지로 꼽는 것. 곧, 슬픔[衰], 이익[利], 헐뜯음[毁], 추켜세움[譽], 칭찬[稱], 비판[譏], 괴로움[苦], 즐거움[樂], 3) 여덟 개의 식(識)이 만들어 내는 인간 번뇌의 총체적인 양상.

마음을 하나로 집중할 수만 있다면[139]
암자는 저절로 밝아지네.
그런 다음에는 거슬리는 일이든 아니든
모두 집 안에서 처리할 수 있네.
기뻐하고 성내고 슬퍼하고 즐거워하는 것이
모두 창으로 오고 가네.
위대하도다 경건함이여!
성인이 되는 근본이니.
이를 힘써서 게을리 말라.
요순의 경지가 멀지 않도다.

有菴於此 地礎天柱 二殊上棟 五實下宇
闔戶爲夜 闢窓爲晝 軒應萬有 房涵衆妙
庭塵不起 壁面如鏡 此其室德 物無與競
然而八風 前打後打 塵或飛揚 堂忽暗也
惟掃有要 持敬卽靜 曷爲其敬 使心無適
苟能主一 菴自明朗
然後逆順 無非室中 喜怒哀樂 盡是房櫳
大哉敬乎 作聖之本 勉旃勿倦 堯舜不遠

『懶庵雜著』「敬庵銘并序」, 한불7:580하-581중

139 경건함을 '마음을 하나로 집중하여 다른 데로 옮겨가지 않도록 하는 것[主一無適]'으로 정의한 사람은 정이(程頤, 1033-1107)이며, 주희도 이를 그대로 받아들이고 있다. "경건함이란 마음을 하나로 집중하는 것이다[敬只是主一也]."(『하남정씨유서(河南程氏遺書)』 15권 45번째 구절); "마음을 하나로 집중하여 다른 데로 옮겨가지 않도록 함으로써 경건함으로 마음 속을 곧게 하면, 곧 크고 너른 기상을 갖게 된다[主一無適, 敬以直內, 便有浩然之氣]."(『하남정씨유서』 15권 4번째 구절)

| 자료 4-8 | 「'하나[一]'와 '바름[正]'에 대하여」

> 여러 연구자에 의해 보우의 논설 중 가장 뛰어난 것으로 평가되어 온 글이다. 전체적으로 볼 때 신유학적인 천인합일론의 구도를 바탕에 깔고 있는 수양론으로서 하늘의 '성실함'이라는 덕에 걸맞은 인간의 '바른' 마음을 닦기를 촉구하는 게 주된 논지이다. 여기에서 '하나'인 하늘의 이치란 보우가 누누이 강조하는 '둘로 나뉠 수 없는 지극한 하나의 도'의 다른 표현이라고 생각해 볼 수 있으며, 인간의 '바름'이라는 덕 또한 옳은 것을 실천하고 그른 것을 비판하는 도덕적 의미의 바름이 아니라 '순수하여 다른 것이 섞이지 않은 것을 말한다'는 점에서 불교적 사고의 자취를 엿볼 수 있다.

'하나'라는 것은 둘도 아니고 셋도 아니며, 성실하여 거짓이 없음을 말하니 하늘의 이치입니다.[140] 그 이치는 아득하여 아무런 조짐도 없지만 온갖 것이 빽빽하여 어떤 것도 갖추어지지 않은 것이 없습니다.[141] 그러나 그것의 본래 모습이란 그저 '하나'일 뿐이니, 처음부터 어떤 구체적인 사물이 있어서 이것이 둘로 나누어지고 셋으로 나누어지고 하는 식이었던 것은 아닙니다.[142] 그래서 '하나'인 전체적인 기(氣)가 작용함으로써 봄에는 만물이 생겨나고 여름에는 자라나며 가을에는 거두어들여지고 겨울에는 갈무리되며, 낮은 밝고 밤은 어두운 자연의 현상들이 먼 옛날부터 오늘에 이르기까지 한 순간도 그릇된 적이 없었습니다. 천하의 큰 것, 작은 것, 높은 것, 낮은 것이나, 날아다니는 것, 헤엄치는 것, 기어다니는 것, 붙박이로 자라는 것이나, 푸른 것, 노란 것, 붉은

---

140 주희는 『중용』 20장의 "성실함이란 하늘의 도이며, 성실히 하려는 것은 사람의 도이다[誠者, 天之道也, 誠之者, 人之道也]"에 대한 주석에서 "성실함이란 진실하여 거짓됨이 없음을 말하니, 천리의 본래 모습이다[誠者, 眞實無妄之謂, 天理之本然也]"라고 설명한다. 보우의 '하나[一]'에 대한 진술은 주희의 이 설명을 원용한 것이다.

141 "아득하여 아무런 조짐도 없지만 온갖 것이 빽빽하여 이미 갖추어져 있다"는 표현은 본래 정이와 주희에 의해 리(理) 혹은 태극을 지칭하는 술어로 사용된 것이다. "아득하여 아무런 조짐도 없지만 온갖 것이 빽빽하여 이미 갖추어져 있다. 아직 대상과 관계하기 전에 존재한다고 해서 앞선 것이라고 할 수도 없고 이미 대상과 관계한 뒤라고 해서 뒤에 있는 것이라고 할 수도 없다[沖漠無朕, 萬象森然已具, 未應不是先, 已應不是後]."(『하남정씨유서』 15권 78번째 구절); "질문: '아득하여 아무런 조짐도 없다'는 구절의 의미를 묻습니다. 대답: 이것은 단지 '무극이면서 태극이다'는 주돈이(周敦頤, 1017-1073)의 말을 설명한 것이다[問, '沖漠無朕'一段. 曰, 此只是說'無極而太極']."(『주자어류(朱子語類)』 95권 81번째 구절)

142 이 구절은 『장자』 「제물론」의 다음 구절을 원용한 것이다. "처음부터 어떤 구체적인 사물이 있지는 않았다고 생각하는 이도 있었으니, 지극하고 완전한 생각이라 하겠다[有以爲未始有物者, 至矣盡矣]."

것, 흰 것이나, 네모진 것, 둥그런 것, 길쭉한 것, 짧은 것 등의 사물들이 또한 각기 '하나'를 얻어서 살아가니,[143] 털끝만큼도 어긋난 적이 없었습니다. 이것이 하늘의 이치[天理]가 늘 '하나'이면서 성실하여 거짓됨이 없는 이유입니다.

'一'者, 非二非三, 而誠實無妄之謂也, 天之理也. 其理, 冲漠無朕, 而萬象森然, 無物不具. 然其爲體, 則一而已矣, 未始有物以二之三之也. 是以一氣之行, 春生夏長, 秋實冬藏, 晝夜明暗, 亘古亘今, 未嘗有一息之謬. 天下之洪纖高下, 飛潛動植, 靑黃赤白, 方圓脩短, 亦莫不各得一以生, 而未嘗有一毫之差. 此天理之所以爲常一, 而誠實無妄者也.

'바름'이란 치우치지 않고 간사하지 않으며,[144] 순수하여 다른 것이 섞이지 않은 것을 말하니, 사람의 마음입니다. 그 마음은 고요하여 아무런 생각도 없지만[145] 천지 만물의 이치를 갖추지 않은 것이 없으며, 빼어난 반응 능력이 있으므로 어둡지 않아서[146] 천지 만물의 일에 대응하지 않음이 없습니다. 그렇지만 한 번도 자신의 개인적인 이익을 챙기려는 생각으로 치우치거나 간사하게 된 적이 없습니다. 그래서 한번 본성이 드러나면, 측은해하고 부끄러워하고 양보하려 하고 옳고 그름을 가리려는 마음[147]에서 기쁘고 노엽고 슬프고 즐거운 감정[148]에 이르기까지 여러 가지 방식으로 온갖 일에 적절히 대응하지만, 이는 마치 거울이 사물을 비추는 것과 같아서 어떤 일도 잘못 대응한 적이 없습니다. 이것이 사람의 마음이 본래 '바르고' 순수하여 다른 것이 섞이지 않는 이유입니다.

---

143 『노자』 39장에 "만물은 '하나'를 얻어서 살아간다[萬物得一以生]"라고 하였다.

144 보우가 '바름'에 대하여 내린 정의를, 주희가 '알맞음[中]'에 대하여 내린 정의와 비교해 볼 수 있겠다. "알맞음이란 치우치지도 않고 기울어지지도 않는 것이다[中者, 不偏不倚]"(『중용장구』 첫 번째 주석).

145 『주역』「계사상(繫辭上)」 10장(『주역본의(周易本義)』의 경우)에 "역을 운용함에는 의도적인 생각도 없고 작위도 없다. 고요히 움직이지 않다가 감응하여 드디어 천하의 일에 통한다[易無思也, 無爲也. 寂然不動, 感而遂通天下之故]"라고 하였다.

146 이 부분 역시 주희가 『대학장구』 경 1장의 주석에서 내린 명덕의 정의(특히 후반부)를 원용한 것으로 볼 수 있다. "명덕이란 사람이 하늘에서 얻은 것으로서 텅 비어 있으나 환히 비추어 보는 능력이 있으므로 어둡지 않아서 뭇 이치를 갖추고 모든 일에 대응하는 것이다[明德者, 人之所得乎天, 而虛靈不昧, 以具衆理, 而應萬事者也]."

147 네 가지 도덕적 감정[四端]을 가리킨다.

148 모든 감정의 총칭으로서 일곱 가지 일반적 감정[七情]을 가리킨다.

'正'者, 不偏不邪, 而純粹無雜謂也, 人之心也. 其心寂然無思, 而天地萬物之理, 無所不該, 靈然不昧, 而天地萬物之事, 無所不應, 而未曾有一念之私, 以偏之邪之也. 是故一性之發, 惻隱羞惡辭讓是非, 以至喜怒哀樂, 隨應萬事, 如鏡照物, 未曾有一事之錯, 此人心之所以爲本正, 而純粹無雜者也.

'이치'라고도 말하고 '마음'이라고도 말하여 비록 이름 붙여 부르는 것은 다르지만, 하늘과 사람의 이치나 '하나'와 '바름'의 의미는 차이가 난 적이 없습니다. 그러므로 하늘은 곧 사람이며 사람은 곧 하늘이고, '하나'는 곧 '바름'이고 '바름'은 곧 '하나'입니다. 또 사람의 몸은 곧 천지의 몸이고, 사람의 마음은 곧 천지의 마음이며, 사람을 이루고 있는 '기운[氣]'은 곧 천지를 이루고 있는 기운입니다. 천지의 상서로운 구름이나 행운의 별, 비 갠 뒤의 맑은 바람과 밝은 달[149]은 사람의 마음과 사람의 기운이 흥기한 결과가 아닌 것이 없습니다. 이것이 이른바 "천지 만물은 본래 나와 '하나'의 몸이며, 내 마음이 '바르면' 천지의 마음도 '바르고', 나의 기운이 순조로우면 천지의 기운도 역시 순조롭다"는 것입니다. '하나'와 '바름'의 뜻이 어찌 우연이겠습니까?

曰'理'曰'心', 雖有名言之有殊, 其天人之理, '一正'之義, 則未嘗有異. 故天卽人, 人卽天, 一卽正, 正卽一, 而人之體卽天地之體, 人之心卽天地之心, 人之氣卽天地之氣也. 天地之慶雲景星光風霽月, 莫非人心人氣之所興也. 是所謂"天地萬物本吾一體, 吾之心正, 則天地之心亦正, 吾之氣順, 則天地之氣亦順"者也. '一正'之意, 豈偶然哉?

우리 귀인[150]께서는 하루 24시간 가고 서고 앉고 눕는 모든 행동을 하는 동안 늘 호를 돌아보고 여기에 담긴 의미를 생각하시어, 온 마음을 항상 '바르게' 하여 뭇 욕심이 끼어들지 않게 함으로써 일에 대응하는 경우에 본성이 그대로 정으로 드러나도록 하십시오. 그리하면 자연히 재난은 쫓으려 하지 않아도 사라질 것이며, 복은 빌지 않아도 가득

---

149 모두 태평성대를 암시하는 자연현상이다.

150 이 인물 역시 누구인지 정확하게 알 수 없다. 보우의 활동 시기에 생존한 인물 중 '일정'과 가장 비슷한 호를 가진 인물은 박민헌(朴民獻, 1516-1586)이다. 박민헌의 자는 희정(希正) 또는 이정(頤正)이고 호는 정암(正菴)이다. 『명종실록』 9년 11월 1일의 기사에 실린 사신(史臣)의 논평에서는 보우와 교유한 인물로 윤춘년(尹春年, 1514-1567)과 함께 박민헌의 이름을 들고 있다.

할 것입니다. 또 수명을 다 보전할 수 있을 것이며, 자식을 훌륭히 키울 수 있을 것이고, 만세토록 지속되는[151] 태평성대 속에서 지위와 재물을 영원히 누릴 수 있을 것입니다.

惟我貴人, 常於十二時中行住坐臥之際, 顧號思義, 須使一心恒正, 而不以衆欲雜之, 於應物之處, 以渾性發之情. 則自然禍不禳而禍無不滅, 福不禱而福無不圓, 而可以能保其壽命, 可以能養其子, 而永享位錄於天長聖代之大平矣. 『懶庵雜著』「一正」, 한불7:581중-하

151 원문의 '천장(天長)'은『노자』7장에서 "하늘은 영원하고 땅도 무궁하다. 하늘과 땅이 영원무궁할 수 있는 까닭은 스스로를 살리려 하지 않기 때문이다. 그래서 영원히 살 수 있다[天長地久. 天地所以能長且久者, 以其不自生, 故能長生]"라고 한 구절에서 나온 말이다.

| 제3장 |

조선 선문의 정통성 형성과 전개

1. 휴정(休靜)
2. 선수(善修)
3. 일선(一禪)
4. 유정(惟政)
5. 경헌(敬軒)
6. 법견(法堅)
7. 태능(太能)
8. 편양(鞭羊)

1. 휴정(休靜)

휴정(休靜, 1520-1604)의 법호는 청허(淸虛), 자(字)는 현응(玄應)이다. 그 밖에 반도 서쪽 묘향산에 오래 머물렀다 해서 서산대사(西山大師)로 불리었고, 금상산 백화암에 머문 인연으로 백화도인(白華道人)이라는 이름을 얻었으며, 후에 승직을 버리고 물러나면서는 스스로 퇴은(退隱)이라고 자호하였다. 조선조 중종 15년(1520) 평안도 안주에서 향리인 완산 최씨의 자식으로 태어났다. 속명은 여신(汝信)이며, 아명을 운학(雲鶴)이라 하였다. 10세가 되기 전에 양친을 잃고, 그의 명민한 재주를 아낀 지방관의 양자가 되었다. 12세에 성균관에 입학하여 3년간 유교의 경전을 읽고 과거에 응시하였으나 낙방하였다. 그 후 과거를 단념하고 전국을 유람하였는데, 지리산 청계사에서 숭인장로(崇仁長老)의 설법을 듣고 느낀 바가 있어서 불교 경론을 숙독하였다. 그 후 영관대사(靈觀大師, 1485-1517)의 지도 아래 3년간 수행한 후 문득 깨친 바가 있어 출가를 결심하였다. 이때 그의 나이 21세였다. 삭발을 하면서 "평생을 못난 바보로 살지언정 말품 파는 문자승은 되지 않겠노라[寧作平生痴獃漢 不欲作鉛槧阿師]"고 하였다. 이는 선사로서 일생을 마친 휴정의 일생을 예견케 하는 것이다.

승려가 된 휴정은 선지식을 찾아다니며 선수행에 전념하던 중 길을 가다가 문득 낮닭 우는 소리를 듣고 대오하였다. 이때 나이 불과 서른이었다. 오도송은 다음과 같다.

머리는 세어도 마음은 세지 않는다고	髮白心非白
옛사람이 이미 일러두었네.	古人曾漏泄

오늘 닭 울음소리 들으매　　　今聞一鷄聲
대장부 할 일을 마친 듯싶네.　　　丈夫能事畢

문득 내 살림을 알고 나니　　　忽得自家底
모든 것이 오직 이뿐이로다.　　　頭頭只此爾
보배로운 대장경 또한　　　千萬金寶藏
본래 백지 한 장이어니.　　　元是一空紙

그 후 33세에 상경하여 승과에 응시하여 중선(中選)과 대선(大選)을 거쳐 선교양종판사에까지 이르렀다. 그러나 본래 명예에 뜻을 둔 것이 아니었으므로 이내 사임하고 일개 운수납자(雲水衲子)로 팔도를 편력하였다. 그러다가 선조 25년(1592) 휴정의 나이 일흔셋에 임진왜란이 일어났다. 의주로 피난한 임금을 찾아가 승군을 일으킬 것을 상주(上奏)하여 팔도십육종도총섭의 직을 명받았다. 전국의 의승병을 일으키는 데 그의 제자였던 사명(四溟=惟政=松雲, 1544-1610), 뇌묵(雷默=處英, ?-?), 영규(靈圭=騎虛, ?-1592), 그리고 해안(海眼=中觀, 1567-?) 대사 등이 큰 역할을 하였다. 당시 승군은 대략 5천여 명에 달하는 것으로 기록되어 있다. 임란이 끝나고 휴정은 다시 산승으로 돌아가 이후 금강산과 지리산, 그리고 묘향산 등지에 머물렀는데 항상 따르는 대중이 1천여 명에 이르렀다고 하며, 그의 법을 이은 제자만도 70여 명에 달한다. 선풍을 떨친 제자로는 사명 송운, 기허 영규, 뇌묵 처영, 중관 해안, 자운 선의(慈雲宣義, ?-?)가 있고, 그 외에 덕수(德守, ?-?), 수인(守仁, ?-?), 혜조(慧照, ?-?), 신열(信悅, ?-?), 의엄(義嚴, ?-?) 등이 있다. 선조 30년(1604) 휴정의 나이 여든다섯에 묘향산 원적암에서 열반에 들었다. 임종게는 다음과 같다.

천 가지 궁리, 만 가지 생각　　　千計萬思量
한갓 화로 위의 눈 한 조각이네.　　　紅爐一點雪
진흙 소가 물 위를 가고　　　泥牛水上行
대지와 허공이 갈라지네.　　　大地虛空裂

휴정의 시대는 성리학의 전성기로서 조선조 유학의 거봉인 퇴계 이황(1501-1570)과 율곡 이이(1536-1584)의 생애와 겹친다. 일반적으로 조선조 승려들의 사회적 지위는 일개 천민에 지나지 않는 것이었다. 그럼에도 불구하고 휴정의 일생은 일세를 풍미한 풍운아에 가까운 것이었다. 그가 종종 권승으로 폄하되는 것도 그 때문이다. 그러나 그의 행장과 저술로 보아 그는 전형적인 선사였으며, 다소 이례적인 그의 행적 또한 깨친 이로서 시대의 요청에 부응한 것이다. 그것은 깨침의 세계에도 머물지 않고, 그렇다고 해서 세속에 얽매이지도 않는 중도의 실현이라고 보아도 무방할 것이다. 짐작건대, 자신의 은둔적 성향과 사회적 책임감 사이에서 적지 않은 갈등을 겪었을 것이다.

휴정의 사상은 송의 종밀(780-841)과 고려의 지눌(1158-1210)의 사상을 충실하게 계승하고 있는 것으로 평가되고 있다. 17세기 이래 한국의 대표적 승려들이 대부분 휴정에게 자신의 법맥을 연결시키고 있다는 점에서 한국불교사상 그의 권위는 확고한 것이다. 그의 저술로는 『삼가귀감(三家龜鑑)』, 『선가귀감(禪家龜鑑)』, 『심법요초(心法要抄)』, 『선교석(禪教釋)』, 『선교결(禪教訣)』, 『청허집(淸虛集)』, 『설선의(設禪儀)』, 『운수단가사(雲水壇歌詞)』, 『삼로행적(三老行蹟)』 등이 있다. 이들 저술은 모두 『한국불교전서』 제7권 616상-758하에 한문 영인본으로 실려 있다. 이들 저술에 나타난 휴정 사상의 핵심은 유가, 도가, 불가의 근본 가르침이 서로 다르지 않다는 삼교일치 사상과 교학에 얽매임이 없이 선으로 직핍할 것을 권하는 사교입선(捨教入禪) 사상으로 요약될 수 있다.

| 자료 1 | 조선 불교의 명맥을 지키기 위한 노력

> 『선가귀감』을 편찬하게 된 이유를 밝히고 있는 이 글에서 휴정은 불교 밖의 세속적인 문장들에 더 관심을 두고 불교 공부를 등한시하는 당시 불교 교단의 풍조를 개탄하고, 이를 바로잡기 위하여 『선가귀감』을 짓게 되었음을 밝히고 있다. 이에 통하여 볼 때 『선가귀감』은 조선 불교의 무르익은 열매가 아니라 스러져 가는 조선 불교의 명맥을 지키고 되살리기 위한 휴정의 간절한 서원에서 나온 것임을 알 수 있다.

옛날에 불교를 공부하던 이들은 부처의 말이 아니면 말하지 않았으며, 부처의 행동이 아니면 행하지 않았다. 그러므로, 보배로 삼은 것은 오직 패엽[1]의 거룩한 문장뿐이었다. [그러나] 오늘날 불교를 공부하는 이들이 전하여 외우는 것은 사대부의 글귀이고, 얻어 지니는 것은 사대부의 시이다. 그리하여 종이를 붉고 푸르게 물들이고, 아름다운 비단으로 책을 꾸미며, 많고 많은데도 모자란다 여기면서 가장 귀한 보배로 삼기에 이르렀다.

아아, 옛날과 오늘날의 불교를 공부하는 이들이 보배로 여기는 것이 어찌하여 이렇게 다른가! 내가 비록 보잘것없으나 옛날의 학문에 뜻을 두어 패엽의 거룩한 글을 보배로 여겼다. 그러나 그 글이 너무 방대하고 대장경의 바다가 넓고 넓어서, 이 뒤로 뜻을 같이하는 이들이 나뭇잎을 따 모으는 수고로움을 면하기 어렵다.[2] 그러므로 글 가운데에서 그 요긴하고 절실한 것 수백 마디를 뽑아 종이 한 장에 적고 『선가귀감』이라 이름 붙였으니, 글을 간단하지만 뜻은 다 갖추었다 할 수 있다. 만일 이 말들을 엄한 스승으로 삼아 끝까지 닦아 묘함을 얻는다면 말귀말귀마다 살아 있는 석가모니가 있을 것이다. 그러니 힘쓸지어다!

비록 글자를 떠난 한 말귀 격외(格外)의 기이한 보배를 쓰지 않으려 함은 아니지만, 우선 이로써 특별한 근기 있는 이를 기다릴 뿐이다.

古之學佛者, 非佛之言不言, 非佛之行不行也. 故所寶者, 惟貝葉靈文而已. 今之學佛者, 傳而誦則士大夫之句, 乞而持則士大夫之詩. 至於紅綠色其紙, 美錦粧其軸, 多多不足, 以爲至寶. 吁! 何古今學佛者之不同寶也! 余雖不肖, 有志於古之學, 以貝葉靈文爲寶也. 然其文尙繁, 藏海汪洋, 後之同志者, 頗不免摘葉之勞. 故文中, 撮其要且切者數百語, 書于一紙, 名曰『禪家龜鑑』, 可謂文簡而義周也. 如以此語以爲嚴師, 而硏窮得妙, 則句句活釋迦存焉. 勉乎哉! 然雖離文字一句, 格外奇寶, 非不用也, 且將以待別機也.

『三家龜鑑』「禪家龜鑑序」, 한불7:625하

1 본래는 'pattra', 곧 나무의 잎을 뜻하지만, 불경을 여기에 기록하였기 때문에 불경을 가리키는 말로 사용된다.

2 불경을 모두 읽고 그 안에서 요긴한 가르침을 일일이 찾아 모으는 것을 말한다.

| 자료 2 | 세 가지 가르침은 궁극적으로 동일하다

『도가귀감』의 맨 뒤에 붙인 이 글에서 휴정은 불가·유가·도가의 세 가지 가르침이 궁극적으로는 하나의 진리를 가르친다고 말함으로써, 본질적인 삼교일치론의 입장을 드러내고 있다.

세 가지 가르침[3]을 따르는 무리가 저마다 다른 견해를 고집하여 함께 모이려 하지 않는 것을 내가 자주 보았다. 따라서 이제 간략하게나마 세 가지 문을 열어 이를 통하게 하려 한다. 아아! 삼교에서는 모두 '도'를 말하는데, 도란 무엇인가? ○이다. 만일 끝까지 꿰뚫어 닦는다면 불교나 유교, 도가 모두 헛된 이름이라는 것을 비로소 깨닫게 될 것이다. 설령 그렇지 않다 하여도 이 한 책 속에 세 가지 가르침을 편 성인들의 본래 모습이 또렷하게 나타나니, 치우친 견해를 쓸어 없애고 높이 올려보아 다시 어긋나지 않기를 바란다.

余多見三教之徒, 各執異見, 莫肯會同. 故今略開三門戶, 而通之爾. 噫! 三教通稱曰'道', 道是何物? ○. 若究得徹去, 方悟儒也釋也道也, 皆虛名耳. 其或未然, 此一卷中, 三教聖人面目昭昭, 請掃除邊見, 各高着眼, 更莫蹉過. 『三家龜鑑』, 한불7:634중

| 자료 3 | 선은 특별한 근기를 위한 가르침이다

『선교석』을 짓게 된 동기를 밝히고 있는 이 글에서 휴정은 선이 교학을 벗어나 있으며, 특별한 근기의 사람들을 위한 가르침임을 말하고 있다.

병든 늙은이 청허가 서산의 금선대에 있을 때였다. 하루는 행주, 유정,[4] 보정 등 세

3 불교와 유교, 도가를 말한다.

4 유정(惟政, 1544-1610)의 호는 사명당(四溟堂)·송운(松雲)·종봉(鍾峯)이고, 시호는 자통홍제존자(慈通弘濟尊者)이다. 휴정의 으뜸가는 제자로서 임진왜란 당시 승병장으로 많은 공을 세웠다.

명의 덕 있는 수행자가 『금강경오가해』[5]를 들고 와서 묻기를, "『반야경』의 가르침 가운데에도 선의 뜻이 있으니 『반야경』을 으뜸으로 따를 가르침으로 삼아도 되겠습니까?" 라고 하였다. 이 병든 늙은이가 옛말을 끌어 이렇게 답하였다.

"세존께서 정법안장[6]을 마하가섭[7]에게 맡겼다는 말을 들었을 뿐, 『금강반야경』을 마하가섭에게 맡겼다는 말은 듣지 못하였다. 저 모든 풀잎마다 살아 있는 조사의 뜻이 깃들어 있고, 꾀꼬리나 제비 같은 것에 이르기까지 언제나 참된 진리를 말하고 있으니, 하물며 우리의 『금강경』에 실린 한 말귀이겠느냐? 글자에 집착하지 않는다면 한 권 경전을 읽을 수 있을 것이다. 그러나 부처의 밝은 빛을 쐬는 것은 그에 맞는 근기가 아니면 누구도 엿볼 수 없다. 이제 너희들을 위하여 선과 교학의 두 길을 맞세워 변설하고 해석하겠는데, 이 해석은 오늘의 것이 아니라 옛것이다."

淸虛病老, 在西山金仙臺, 一日, 行珠惟政寶晶三德士, 持『金剛五家解』, 問曰, "般若敎中, 亦有禪旨, 以般若爲宗, 可乎?" 病老, 引古答曰, "只聞世尊以正法眼藏, 付囑摩訶迦葉, 不聞以金剛般若, 付囑摩訶迦葉也. 大抵百草頭上, 有活底祖師意, 至於鸎燕, 常談實相法, 況我金剛一句乎? 不著文字, 則可讀一卷經也. 然洗佛光明, 非其機, 莫能窺. 今日爲君, 禪敎二途, 對辨而釋其釋也. 乃古也, 非今也." 『禪敎釋』, 한불7:654중

| 자료 4 | 선은 교학 밖에 있다

> 선과 교학이 어떻게 다른가를 밝히고 있는 이 글에서 휴정은 이른바 '진귀조사설(眞歸祖師說)'까지 끌어들여 선이 교학을 벗어나 있음을 강변하고 있다. 이를 통하여 볼 때 휴정의 선교관은 궁극적으로 교학을 벗어나 선에 들어가는 '사교입선'의 입장임을 알 수 있다.

5 『금강경』과 혜능(慧能, 638-713), 종경(宗鏡=豫章, ?-?), 종밀, 야부(冶父=道天, ?-?), 부대사(傅大士=雙林, 497-569)의 주석을 함께 편집한 것을 말한다.

6 진리를 꿰뚫어 보는 바른 눈을 뜻한다.

7 Mahākāśyapa. '대가섭', '가섭'이라고도 한다. 석가모니의 가장 뛰어난 제자 가운데 한 사람이다. 석가모니가 열반에 든 뒤 결집을 통하여 석가모니의 가르침을 정리함으로써 불교 교단이 지속적으로 유지될 수 있는 바탕을 마련하였다. 선종에서는 선의 가르침이 석가모니에서 마하가섭에게 전해졌다고 한다.

오늘날 선을 닦는 이들은 "이것이 우리 스승의 가르침이다"라고 말하고, 오늘날 교학을 익히는 이들은 "이것이 우리 스승의 가르침이다"라고 말한다. 하나의 가르침에 대하여 같은 것을 같다 하고 다른 것을 다르다 하며 서로 말[馬]을 가지고 다투니, 아아, 누가 이를 판가름할 수 있겠는가?

그러나 선은 부처의 마음이고 교학은 부처의 말이다. 교학은 말이 있는 것에서 말이 없는 것에 이르는 것이고, 선은 말이 없는 것에서 말이 없는 것에 이르는 것이다. 말이 없는 것에서 말이 없는 것에 이른다면, 이는 누구도 이름 붙일 수 없기 때문에 억지로 '마음'이라 이름 붙인 것이다. 그런데도 세상 사람들이 그 까닭을 모르고 '배워서 알고 생각하여 얻을 수 있다'고 여기니 참으로 안쓰러운 일이다.

교학을 공부하는 이들이 말하는 "교학 안에도 선이 있다"라는 말은 성문승[8]도 아니고 연각승[9]도 아니고 보살승[10]도 아니고 불승[11]도 아닌 말에서 나온 것이다. 그러나 선가에 입문하는 이 첫 말귀는 선의 요지가 아니다.

세존께서 한 생애에 걸쳐 말씀하신 교학은 마치 나고 죽는 삼계[12]의 바다에 세 가지 자비의 그물을 펼쳐, 작은 그물로는 새우나 바지락을 잡고〈원주: 인승[13]이나 천승[14] 같은 소승[15]의 가르침〉, 가운데 크기의 그물로는 방어나 송어를 잡고〈원주: 연각승 같은 중승[16]의 가르침〉, 큰 그물로는 고래나 큰 바다거북을 잡아〈원주: 대승 같은 원돈[17]의 가르침〉 모두 열반의 언덕에 올려놓는 것과 같으니, 이것이 교학의 순서이다. 그 가운

---

8 성문이 되게 하는 가르침을 말한다.

9 연각이 되게 하는 가르침을 말한다.

10 보살이 되게 하는 가르침을 말한다.

11 부처가 되게 하는 가르침을 말한다.

12 본서 제2장 2절 주석 21 참조.

13 사람으로 태어나게 하는 가르침을 말한다.

14 하늘에 태어나게 하는 가르침을 말한다.

15 원래는 '소승'은 '대승'에 견주어 '작은 가르침'이라는 뜻으로 성문승과 연각승을 함께 가리키며, 인승이나 천승을 가리키는 말은 아니다. 그러나 여기에서는 '소승-중승-대승'이라는 독특한 분류에 따라 인승, 천승을 가리키는 말로 사용하고 있다.

16 『위서(魏書)』「석노지(釋老志)」에 이러한 분류법이 나온다. "처음 근기의 사람들은 소승으로서 사제의 법을 행하고, 중간 근기의 사람들은 중승으로서 십이연기를 받아들이며, 상근기의 사람들은 대승으로서 육바라밀을 닦는다[初根人為小乘行四諦法, 中根人為中乘受十二因緣, 上根人為大乘則修六度]."

17 모든 진리가 모두 드러난 완전한 가르침을 가리킨다.

데 지느러미는 붉게 타오르는 불꽃 같고, 발톱은 쇠창 같고, 눈에서는 햇빛을 쏘고, 입에서는 바람이나 우레를 내뿜는 어떤 것이 있는데, 한번 몸을 뒤집으면 허연 물결이 하늘까지 넘실대고, 산과 강이 흔들리고, 해와 달이 희미해지며, 세 가지 그물의 밖으로 벗어나 곧바로 푸른 하늘의 구름 끝까지 올라가서 단비를 내려 온갖 생명들을 이롭게 한다〈원주: 바로 교학 밖에 따로 전하는 조사문[18] 같은 근기이다〉. 이것이 선이 교와 다른 점이다.

이 선의 가르침은 우리 부처 세존께서 또한 진귀조사[19]로부터 따로 전해 받은 것이니, 옛 부처의 진부한 말이 아니다. 오늘날 선의 요지를 잘못 이어받은 이들이 돈점[20]의 문을 바른 법맥을 여기기도 하고, 원돈의 교학을 으뜸으로 따를 가르침으로 여기기도 하고, 외도[21]의 책을 끌어다 은밀한 뜻을 말하기도 하고, 업식을 희롱하는 것으로 본분을 삼기도 하고, 그림자를 보고 자기라고 여기기도 하며, 귀머거리나 장님처럼 멋대로 몽둥이를 놀리고 고함을 지르며 부끄러워할 줄 모르는 데에까지 이르렀으니, 이는 진실로 무슨 마음인가? 가르침을 비방하는 허물을 내가 어찌 말할 수 있겠는가?

내가 말하는 '교학 밖에 따로 전하는 것'은 배워서 알고 생각해서 얻을 수 있는 것이 아니다. 모름지기 마음의 길이 끝내 끊어진 뒤에야 비로소 알 수 있고, 모름지기 스스로 머리를 끄덕이고 난 뒤에야 비로소 얻을 수 있다.

今禪者曰, "此吾師之法也," 今教者曰, "此吾師之法也." 一法上, 同於同, 異於異, 而指馬交爭, 嗚呼, 其孰能訣之? 然禪是佛心, 教是佛語也. 教也者, 自有言, 至於無言者也. 禪也者, 自無言, 至於無言者也. 自無言, 至於無言, 則人莫得而名焉, 强名曰, '心'. 世人不知其由, 謂, '學而知, 思而得', 是可愍也. 教者曰, '教中亦有禪也'云者, 出於非聲聞乘, 非緣覺乘, 非菩薩乘, 亦非佛乘之語也. 然此禪家入門之初句, 非禪旨也. 世尊一代所說之教也, 譬如將三種慈悲網, 張三界生死之海, 以小網攡蝦蜆〈如人天小乘教〉, 以中網攡魴鱒〈如緣覺中乘教〉, 以大網攡鯨鰲〈如大乘圓頓教〉, 俱置於涅槃之岸焉, 此教之序也. 其中有一物, 鬣如朱

---

18 선종의 역대 조사들의 가르침을 뜻한다.

19 석가모니에게 조사선을 전하였다는 선승으로서 오직 우리나라 선종에서만 언급되고 있다.

20 진리를 전체적으로 한꺼번에 깨닫는 '돈오'와 마음의 번뇌를 점점 닦아 없애 나가는 '점수'를 말한다.

21 불교 이외의 가르침을 말한다.

火, 爪如鐵戟, 眼射日光, 口吐風雷者, 翻身一轉, 白浪滔天, 山河震動, 日月晦暝, 超出乎三網之外, 直上乎靑雲之端, 注甘露而益羣生焉〈正如祖門敎外別傳之機〉. 此禪之別於敎者也. 此禪之法, 吾佛世尊, 亦別傳乎眞歸祖師者也, 非古佛之陳言也. 今錯承禪旨者, 或以頓漸之門爲正脉, 或以圓頓之敎作宗乘, 或引外道書說密旨, 或以弄業識爲本分, 或以認光影爲自己者, 至於恣行盲聾棒喝, 無慙無愧者, 是誠何心哉? 其謗法之愆, 余何敢言? 吾所謂'敎外別傳'者, 非學而知思而得者也. 須窮心路絶, 然後始可知也. 須經自肯點頭, 然後始可得也.

『禪敎訣』, 한불7:657중-하

| 자료 5 | 궁극의 경지는 모든 분별을 떠난다

봉래자(蓬萊子)[22]에게 보낸 이 편지에서 휴정은 모든 분별을 떠난 궁극의 경지를 펼쳐 보이고 있으며, 이를 통하여 불교와 유교의 분별조차 벗어날 것을 넌지시 권유하고 있다.

제게 금(琴)이 하나 있어 3년 동안 타왔습니다. 비록 바람을 잡아매는 솜씨도 아니고 구름을 멈추게 하는 기술도 없지만, 한 번 튕기면 봄에도 서늘해지고 여름에도 서리가 내리며, 다시 튕기면 새가 춤추고 물고기가 뛰어오르며, 또다시 튕기면 그 소리가 하늘과 땅을 떨게 하여 바닷물이 용솟음치고 산이 흔들립니다. 이에 이르러서는 사광[23]의 코 같은 귀[24]도, 백아[25]의 가죽[26]도 그 소리를 벗어날 수 없습니다. 하늘과 땅에 둘이 없고, 유교와 불교에 둘이 없고, 슬픔과 즐거움에 둘이 없게 됩니다. 이 둘이 없는 성정이 바로 저의 지극한 즐거움입니다. 청허의 즐거움이 또한 금에 깃들었으니, 비록 손을

---

22 조선 전기의 문인이자 서예가인 양사언(楊士彦, 1517-1584)으로 추정된다.

23 사광(師曠, 기원전 572-532)은 중국 춘추시대 진나라의 음악가로서 소리를 듣고 길하고 흉함을 잘 분별하였다고 한다.

24 코로 냄새를 맡듯이 귀로 소리를 잘 분별하였다는 뜻으로 짐작된다.

25 중국 춘추전국시대에 금을 잘 탔던 음악가이다. 자기의 연주를 잘 알아주던 종자기가 죽은 뒤로 다시는 금을 타지 않은 일로 잘 알려져 있다.

26 보통은 가죽으로 만든 북 같은 악기를 뜻하는 것이지만, 여기에서는 백아가 탔던 금까지 포함하는 넓은 의미의 악기로 보는 것이 옳을 듯하다.

놀려 줄을 움직인다고 하여도 반드시 손과 줄을 잊은 뒤에야 비로소 가슴에서 스스로 움직입니다.

我有一琴, 鼓之三年. 非懸風之工, 非遏雲之術, 一彈之, 春凉夏霜, 再彈之, 鳥舞魚躍, 三彈之, 聲振天地, 海湧山搖. 到此, 師廣之耳如鼻, 伯牙之革, 亦不能逃其聲也. 天與地, 無二也. 儒與釋, 無二也. 哀與樂, 無二也. 無二之性, 是我至樂也. 淸虛之樂, 亦寓之琴, 雖云發手動絃, 而必忘手忘絃後, 自運於胸中者也. 『淸虛集』 卷3 「上蓬萊子書」, 한불7:701중-하

| 자료 6 | 마음 닦는 법

> 원준(圓俊, 1530-1619) 대사에게 준 이 글은 「조사심요(祖師心要)」라는 이름에서 알 수 있듯이, 마음 닦는 법을 밝히고 있는 글이다. 여기에서 휴정은 마음 닦기의 요체가 분별적인 앎을 벗어나는 데 있음을 강조하고 있다.

물음: 어떤 방편을 지어야 한 찰나에 기틀을 돌려 자기의 성품[27]을 바로 깨달을 수 있습니까?

대답: 다만 너 자신의 마음일 뿐이니, 다시 무슨 방편을 짓겠는가? 도는 알고 모름에 속하지 않는다. 이제 그대가 방편을 지어 다시 이해하기를 바란다면, 이는 마치 어떤 이가 자기 눈을 보지 못한다 하여 '눈이 없다'고 말하면서 다시 보고자 하는 것과 같다. 이미 자기의 눈이 있는데 어찌 다시 보겠는가? 만일 잃지 않았다는 것을 안다면 이를 일러 '눈을 봄'이라고 한다.

요새 사람들이 자기 마음이 바로 참된 부처이고, 자기의 성품이 바로 참된 진리임을 알지 못하여 부처를 찾고자 하면서도 자기 마음을 관찰하지 않는다. 만일 마음 밖에 부처가 있고, 성품 밖에 진리가 있다고 말하면서 이러한 마음을 굳게 지닌 채 불도를 얻

27 자성은 본래 '스스로 존재하는 성질'을 뜻하는 말이지만, 여기에서는 '자기의 본래 성품'이라는 뜻으로 사용되었다.

고자 하는 이가 있다면, 설령 티끌처럼 많은 겁[28]에 걸쳐 몸을 태우고 팔뚝을 지지며 갖가지 괴로운 행위를 닦는다고 하여도, 마치 모래를 쪄서 밥을 지으려는 것과 같아서, 더욱더 스스로를 힘들게만 할 뿐이다.

바른 생각이란 도 닦는 사람의 일상적인 일이니, 몸뚱이가 부서지고 목숨이 다할 때 이르기까지 바른 생각을 잃지 않으면 바로 부처를 이룬다. 모든 중생이 본래 깨달아 있으니 마땅히 다시 깨달음을 얻을 수 없다. 그대가 이제 [깨달음이라는 말을] 듣고, 깨닫고자 하는 마음을 일으켜서 하나의 마음으로 배워 부처의 경지를 취하는 것이 불도를 짓는 것이라고 여긴다면, 설령 세 아승기겁에 걸쳐 닦을지라도 다만 보신불[29]이나 화신불[30]만을 얻을 뿐이다. 그러니 그대의 본래적인 참된 성품으로서의 부처에게 무슨 변화나 영향이 있겠는가?

물음: 어떻게 하면 삼계를 벗어날 수 있습니까?

대답: 선과 악 어느 것도 헤아리지 않으면 바로 삼계를 벗어난다. 만일 그대가 '부처는 깨달음이고 중생은 망상이다'라고 말하고 이러한 견해를 짓는다면, 비록 백 겁에 걸쳐 수행하여도 육도[31]를 윤회하는 일이 그칠 때가 없다. 왜 그러한가? 본원적인 자기의 성품으로서의 부처를 비방하기 때문이다. 만일 그대가 찰나찰나 치달리며 찾고자 하는 마음을 그치기만 한다면, 바로 조사나 부처와 다르지 않게 된다. 조사와 부처를 알고 싶은가? 그대 앞에서 가르침을 듣고 있는 것이 바로 그것이다. 배우는 이들이 믿지 못하고 밖에서 치달리며 찾으니 안타깝고도 안타깝다. 설령 얻는 이가 있다 하여도 모두 문자상의 일일 뿐으로 끝내 저 살아 있는 조사의 뜻을 얻지 못한다. 지금은 깨닫지 못하여 만 겁을 윤회하지만, 한 생각 맑고 깨끗한 빛이 바로 법신불[32]이고, 한 생각 분별 없는 빛이 바로 보신불이고, 한 생각 차별 없는 빛이 바로 화신불이다. 내가 깨달은 자리에서는 앉은 자리에서 보신불 화신불의 머리를 자르고, 십지[33]를 손님인 듯 가득 채

---

28 한량없이 오랜 시간을 말한다.

29 수행의 결과로 이룬 부처를 말한다.

30 이 세상의 중생을 구제하기 위하여 나타난 역사상의 부처를 말한다.

31 중생이 윤회하면서 받게 되는 지옥, 아귀, 축생, 수라, 사람, 하늘의 여섯 가지 부류를 말한다.

32 진리 그 자체로서의 부처를 말한다.

33 보살 수행의 마지막 열 가지 경지를 말한다.

우며, 등각[34] 묘각[35]을 똥 진 귀신으로 본다.

오대산에는 문수보살이 없는데, 그대가 문수를 보고 싶은가? 다만 그대 눈앞에 작용하고 있는 바로 그 자리를 처음부터 끝까지 의심하지 않으면 이것이 살아 있는 문수이다. 보현보살이나 관음보살 또한 그러하다.

하나의 진리란 사람마다 앞에 나타나는 한 생각이다. 만일 마음을 비우고 스스로 비추어 대략 되비치는 빛을 빌면, 한 생각이란 연기적인 것으로서 본래 생겨남이 없음을 믿을 것이다. 다만 이 한 생각에 있을 뿐이니 많은 힘을 쓰지 않는다. 그러기에 말하기를, "지금 범부들의 생각에 말미암은 분별은 모두 참된 성품 속에서 일어난 것이니, 일어남은 곧 일어남이 없어 그 자리가 바로 고요하다"라고 한다. 마치 "미친 생각이 문득 그치니 머리는 밖에서 얻을 것이 아니다"라고 하는 것과 같다. 연약달다[36]의 머리가 본래 잘 있는데도 스스로 얻고 잃는다는 생각을 일으킨 것은 모두 미쳤기 때문이다. 따라서 참되고 헛되고 얻고 잃는다는 견해는 다만 스스로 [일으킨] 헛된 생각으로서 저 미친 것과 같은 것임을 알아야 한다. 마땅히 알지니, 헛됨이 있기 때문에 참됨으로 헛됨을 다스리는데, 헛됨의 본성을 따져 들어가 보면 헛됨의 본성은 본래 없으니, 얻을 수 있는 참됨이 어디에 있는가? 만일 참됨과 헛됨 어느 것도 얻을 수 없음을 알고, 얻을 수 없음 또한 얻을 수 없음을 안다면, 그동안 이름을 인식하고 모습에 집착하여 생긴 걱정은 그 자리에서 영원히 녹아 없어질 것이다.

問, "作何方便, 一念回機, 便悟自性?" 答, "只汝自心, 更作什麼方便? 道不屬知不知, 汝今若作方便, 更求解會, 譬如有人, 不見自眼, 以謂'無眼,' 更欲求見. 旣是自眼, 如何更見? 若知不失, 是謂'見眼'. 今時人, 不識自心是眞佛, 自性是眞法, 欲求佛, 而不觀己心. 若言心外有佛, 性外有法, 堅執此情, 欲求佛道者, 縱經塵劫, 燒身煉臂, 修種種苦行, 猶如蒸沙作飯, 只益自勞. 正念者, 道人日用事, 乃至解身支節, 臨命終時, 不失正念, 卽得成佛. 一切衆生, 本是菩提, 不應更得菩提. 你今若聞發菩提心, 將一箇心學取佛, 擬作佛道, 任你三祇劫

---

34 십지의 다음에 오는 수행의 경지를 말한다.

35 등각의 바로 위에 수행의 경지로서 부처의 경지 바로 아래라는 설과 부처의 경지와 같다는 설이 있다.

36 Yajñadatta. 『수능엄경』에 나오는 인물로서 거울에 비친 모습이 아닌 본래 자기 머리를 직접 보려고 하였으나 볼 수 없게 되자, 귀신이 머리를 없앴다고 생각하여 미친 듯이 뛰어다녔다고 한다.

修, 只得報化佛, 與你本源眞性佛, 有何變涉?" 問, "如何出三界?" 答, "善惡都莫思量, 卽出三界. 汝若道'佛是覺, 衆生是妄,' 若作如是見解, 雖百劫修行, 輪廻六道, 無有歇時. 何也? 以謗本源自性佛故也. 你若歇得念念馳求心, 便與祖佛不殊. 欲識祖佛麼? 你面前聽法底是, 學人信不及, 向外馳求, 可惜可惜. 設求得者, 皆是文字上事, 終不得他活底祖師意. 此時不悟, 萬劫輪回, 一念淸淨光, 是法身佛, 一念無分別光, 是報身佛, 一念無差別光, 是化身佛. 山僧見處, 坐斷報化佛頭, 十地滿如客, 作等妙覺擔糞鬼. 五臺山無文殊. 你欲識文殊麼? 只你目前用處, 始終不疑, 此是活文殊, 又普賢觀音, 亦復如是. 一法者, 人人現前一念也. 若虛懷自照, 畧借回光, 則信一念緣起無生矣. 只在一念, 不費多力也. 故曰, '現今凡夫緣慮分別, 皆從眞性中起, 起卽無起, 當處便寂也.' 如云, '忽然狂歇, 頭非外得也.' 演若達多頭本安然, 自生得失之想, 皆由發狂也. 故知眞妄得失之見, 但自妄想, 如彼發狂也. 當知爲有妄, 故將眞治妄, 推窮妄性, 妄性本無, 何有眞可得? 若知眞妄一無所得, 知無所得者, 亦無所得也, 如是, 則平昔認名執相之患, 當下永銷矣." 『淸虛集』 卷3 「祖師心要 贈圓俊大師」, 한불7:702

| 자료 7 | 염불도 마음 닦는 수행이다

재가신자인 백처사(白處士, ?-?)에게 준 이 글에서 휴정은 자칫 아미타불의 본원력(本願力)에 의지하여 구원받기만을 바라는 타력신앙으로만 인식될 수 있는 염불도 자신의 본성을 밝혀 마음을 닦는 수행의 방편이 될 수 있음을 밝히고 있다.

마음으로는 부처의 경계를 기억하여 지니며 잊지 않고, 입으로는 부처의 이름을 부르며 또렷이 어지럽지 않다. 이렇게 되면 마음과 입이 서로 들어맞아, 한 번의 염불 소리로도 팔십억 겁에 걸쳐 나고 죽으며 지은 죄를 다 없애고, 팔십억 겁에 걸쳐 짓는 빼어나고 뛰어난 공덕을 모두 이룰 수 있다. 한 번의 소리도 오히려 이러한데, 하물며 천만의 소리이겠는가? 한 번의 염불도 오히려 이러한데, 하물며 천만의 염불이겠는가? 이른바 "열 번 소리 내며 부처님을 생각하면 연꽃 연못에 가서 태어날 수 있다"는 것이 바로 이것이다.

그렇지만 입에 있으면 '읊는다'고 하고 마음에 있으면 '생각한다'고 하는데, 헛되이 읊기만 하고 생각을 잃는다면 이치에 아무런 이익이 없으니 생각하고 또 생각해야 한다. 부처께서 근기가 뛰어난 이들을 위하여 "마음이 바로 부처이고, 마음이 바로 깨끗한 땅[37]이고, 자기의 본성이 아미타불[38]이다"라고 하였으니, 이른바 "서쪽 나라[39]가 이곳에서 멀지 않다"는 것이 그것이다. 근기가 뒤떨어진 이들을 위하여 십만(열 가지 악에 대응) 팔천(여덟 가지 삿됨에 대응) 리를 말하였으니 이른바 "서쪽 나라가 이곳에서 멀다"는 것이다. 그러니 서쪽 나라의 멀고 가까움은 가르침에 있는 것이 아니라 사람에게 있고, 서쪽 나라가 드러나고 숨는 것은 뜻에 있는 것이 아니라 말에 있다. 만일 한 생각도 생겨나지 않으면 앞뒤가 끊어져 자신의 본성인 아미타불이 홀로 드러나고, 자기 마음의 깨끗한 땅이 눈앞에 나타날 것이다. 이는 한꺼번에 깨닫고 한꺼번에 닦고 한꺼번에 끊고 한꺼번에 증득하기 때문에 지위가 없다. 그러나 헛된 것을 뒤집는 행위는 하루아침 하룻저녁에 되는 것이 아니니, 겁을 지나도록 배어들게 닦아야만 한다. 그러므로 말하기를 "부처가 본래 이것이지만 부지런히 생각하고, 행위가 본래 공하지만 부지런히 끊으라"고 하는 것이다.

心則緣佛境界, 憶持不忘, 口則稱佛名號, 分明不亂. 如是心口相應. 念一聲, 則能滅八十億劫生死之罪, 成就八十億劫殊勝功德. 一聲尙爾, 何況千萬聲? 一念尙爾, 何況千萬念耶? 所謂, "十聲念佛, 往生蓮池"者, 此也. 然在口曰, '誦', 在心曰, '念', 徒誦失念, 於理無益, 思之思之. 佛爲上根人, 說"卽心卽佛, 惟心淨土, 自性彌陀," 所謂, "西方, 去此不遠," 是也. 爲下根人, 說十萬(十惡)八千(八邪)里, 所謂, "西方, 去此遠矣." 然則西方遠近, 在於人, 而不在於法也. 西方顯密, 在於語, 而不在於意也. 若人不生一念, 前後際斷, 則自性彌陀獨露, 而自心淨土現前矣. 此卽頓悟頓修, 頓斷頓證, 故無地位矣. 雖然翻妄行相, 非一朝一夕, 要假歷劫熏修, 故曰, "佛本是而勤念, 業本空而勤斷."

『淸虛集』 卷6 「念佛門-贈白處士」, 한불7:711상-중

37 극락정토를 말한다.

38 극락에서 중생을 제도하고 있는 부처를 말한다.

39 극락정토를 말한다.

| 자료 8 | 참선할 때의 마음가짐

징장로(澄長老, ?-?)에게 준 이 글에서 휴정은 간화선을 닦을 때의 마음가짐에 대하여 말하고 있는데, 늘 화두를 붙잡아 마음이 떠나지 않아야 함을 강조하고 있다.

생각이 일어나고 생각이 사라지는 것을 '태어남과 죽음'이라고 한다. 태어나고 죽는 그때를 당하여 반드시 힘을 다하여 화두[40]를 들어올려야 한다. 만일 화두가 끊어지면 나고 '죽음'이라 하고, '번뇌'라 하며, 화두가 어두워지지 않으면 바로 그 사람이고, 바로 자기 집인 것이다. 이 어둡지 않은 때를 당하여 다른 생각을 일으킨다면 결정코 그림자에 미혹되고야 말 것이다. 아직 관문을 꿰뚫지 못하였을 때는 아기가 엄마를 그리듯이, 닭이 달걀을 품듯이, 주린 이가 밥 생각하듯이, 목마른 이가 물 생각하듯이 해야 한다. 이것이 어찌 억지로 지어낸 마음이겠는가? 이처럼 촘촘하고 끊임없이 참상하여 생각하고 또 깊이 생각하면 반드시 집에 이르는 때가 있을 것이니, 힘쓰고 또 힘쓰라. 사대(四大)[41]로 된 못난 몸이 찰나찰나 썩어 문드러져 감을 아는가? 네 가지 은혜[42]가 깊고 두터움을 아는가? 사람의 목숨이 들이쉬고 내쉼에 있음을 아는가? 일어나고 앉아 편의대로 행할 때에 지옥의 괴로움을 생각하는가? 이것들은 참선하는 사람들의 일상적인 일들이니, 또한 점검하고 또 점검해야 한다.

念起念滅, 謂之'生死'. 當生死之際, 須盡力提起話頭. 若話頭有間斷. 則謂之'生死', 謂之'煩惱'. 若話頭不昧. 則正是當人. 正是自家底也. 當此不昧時, 若起他念, 則決定被影子惑矣. 其未透關, 則如兒憶母, 如雞抱卵, 如飢思食, 如渴思水. 此豈做作底心也? 如此叅詳密密綿綿, 思復深思, 則必有到家底時節, 勉之勉之. 還知四大醜身念念衰朽麼? 還知四恩深厚麼? 還知人命在呼吸麼? 起坐便宜時, 還思地獄苦麼? 此是叅禪人日用事, 亦點檢點檢.

『淸虛集』 卷6 「叅禪門-贈澄長老」, 한불7:711중

---

40 본래는 '말'을 뜻하였으나, 선종에서는 '마음에 큰 의심을 불러일으키는 말'을 가리킨다.

41 물질을 구성하는 지(地)·수(水)·화(火)·풍(風)의 네 가지 요소를 말한다.

42 부모와 임금과 중생과 삼보의 은혜, 또는 부모와 스승과 임금과 시주의 은혜를 말한다.

| 자료 9 | 간화선 수행의 요체

> 오대산의 일학(一學, ?-?) 장로에게 준 이 글에서 휴정은 간화선 수행의 요체는 늘 화두를 드는 데에 있음을 말하면서, 큰 의심을 일으켜 놓지 말 것을 당부하고 있다.

그러나 공부는 쉽지 않아서, 반드시 해마다 뉘우치고 달마다 뉘우치고 때마다 뉘우치며 충분히 정진하여 나아가고 나아가 물러나지 않는 것은 장부만이 할 수 있는 일이다. 반드시 바다 같은 믿음과 산 같은 뜻을 기다려 앞에 배웠던 것과 이해한 것과 부처에 대한 견해와 가르침에 대한 견해와 기이한 말과 묘한 말귀를 큰 바닷속에 한 번에 다 쓸어 넣어 버리고 다시 들어 집착하지 말아야 한다. 팔만 사천의 미세한 생각들을 한번에 다 잘라 버리고, 다만 하루 동안의 네 가지 몸가짐[43] 속에서 본래 참구하던 공안[44]을 잡아 일으켜, 잡고 오고 잡고 가고 의심하며 오고 의심하며 간다. 마침내 마음으로 생각하는 길이 끊어지고 의식조차 작용하지 않으며 계기[巴鼻]도 없고 맛도 없고 더듬어 찾을 것도 없는 데에 이르러 배 속이 어두울 때 공에 떨어질 것을 두려워하지 않는다면 이것이 화두에서 힘을 얻는 자리이고, 힘을 아끼는 자리이고, 나고 죽음을 놓아 버리는 자리이다.

화두가 밝고 밝아 들지 않아도 저절로 들게 되고, 의심 덩어리가 분명하고 분명하여 의심하지 않아도 의심하게 되는 때가 되면, 바로 세찬 물굽이의 달처럼 만져도 흩어지지 않고 들끓어도 없어지지 않는다. 또한 모기가 쇠소 위에 올라가 침을 꽂으려 하여도 할 수 없는 때와 같아서 팔만의 마귀 군대들이 모두 창을 거꾸로 잡고, 삼천의 옥졸들이 쇠몽둥이를 놓아 버린다. 이는 과거 현재 미래의 모든 부처의 찬탄으로도 미칠 수 없고 역대 조사들이 전해 온 것으로도 얻을 수 없으니, 바로 그 사람이고, 바로 그 사람이다. 이때에 이르러 그 사람이 만일 다른 생각을 일으킨다면 반드시 마귀의 경계에 들어가 깨달음의 씨앗을 잃을 것이니, 삼가지 않을 수 있겠는가? 놀라지 않을 수 있겠는가? 우리 스님은 진리의 눈이 밝게 트였으니, 결정코 이 경지에 빠지지 않을 것이다. 그

---

43 걷고 멈추고 앉고 눕는 일상적인 동작을 말한다.

44 화두를 말한다.

렇지만 쇠갑옷 두른 장군이 달리는 말에 채찍질한다는 말이 이를 말하는 것이니, 삿된 스님네들의 마음과 말귀로 헤아리는 것을 배우지 말고, 또한 한 해의 좋은 일이나 하루의 좋은 일을 녹여 없애지 말아야 한다.

然工夫不易, 須年悔月悔日悔時悔, 十分精進, 進進不退, 丈夫能事也. 須須信如海, 志如山, 將從前所學所解佛見法見奇言妙句, 一掃掃向大洋海裏, 更莫擧着. 把八萬四千微細念頭, 一坐坐斷, 但向二六時中, 四威儀內, 提起本叅公案, 提來提去, 疑來疑去. 至心思路絶, 意識不行, 沒巴鼻, 沒滋味, 沒模索, 肚裏悶時, 莫怕落空, 此是話頭得力處也, 省力處也, 放生死處也. 話頭明明, 不提自提, 疑團歷歷, 不疑自疑時, 正如急水灘頭月, 觸不散, 蕩不失. 又如蚊子上鐵牛下觜不得時, 八萬魔軍盡倒戈, 三千獄卒放鐵叉. 三世諸佛讚不及, 歷代祖師傳不得, 正是當人, 正是當人也. 當此時, 當人若起他念, 則必入魔境, 失菩提子, 其不可愼乎? 其不可驚乎? 吾師法眼開明, 決定不涉此境. 然鐵甲將軍, 走馬加鞭, 此之謂也, 莫學邪師輩意句商量, 亦莫銷了一年好事一日好事也.

『淸虛集』 卷7 「寄五臺山一學長老」, 한불7:727중-하

| 자료 10 | 선종의 말은 살아 있는 말이다

박학관(朴學官) 박씨의 편지에 답한 이 글에서 휴정은 선종에서 하는 말들은 죽어 버린 개념의 껍데기가 아니라 깨달음의 체험이 활발발하게 살아 있는 말들임을 밝히고 있다.

무릇 많은 이가 마음 없음을 말하기도 하고, 저절로 그러함을 말하기도 하며, 성을 말하기도 하고, 리를 말하기도 하고, 도를 말하기도 하고, 마음을 말하기도 하는 데에까지 이르지만, 이처럼 말한 것들은 모두 한 무더기 죽은 말일 뿐이다. 선가는 이와 다르다. 보여 주는 말귀 하나마다 다 마음과 성과 도와 리와 체와 용과 범과 성을 다 갖추어서, 완전히 녹아들어 걸림이 없고, 같은 때로서 앞뒤가 없으며, 글자를 떠나있다. 그렇기 때문에 '불가사의한 살아 있는 말귀'라고 한다. '하나의 말귀'라고 하는 것은 사람사람마다 다 눈앞에 드러나 있는 한 생각이고, 한 생각은 본래 깨달아 있는 나의 참된 마

음이다. 이제 "이 같은 살아 있는 말귀('개에게는 불성이 없다,' '뜰 앞의 잣나무' 등과 같은 화두)를 참상하여, 이치의 길도 사라지고 뜻의 길도 사라져서 더듬어 볼 것도 없는 것 위에서 노력하고 의심하여 칠통을 깨뜨리면[45] 천 가지 의심, 만 가지 의심이 한꺼번에 다 부서진다는" 등의 말은 다 이 때문이다. 죽은 말귀와 살아 있는 말귀는 이처럼 또렷하게 나뉜다.

大抵諸子, 或言'無心', 或言'自然', 至於或言'性', 或言'理', 或言'道', 或言'心', 云云者, 皆一段死語也. 禪家異於是. 凡所示一句, 皆具心也, 性也, 道也, 理也, 體也, 用也, 凡也, 聖也, 圓融無碍, 一時無前後, 離文離字. 故曰'不思議活句'也. 云'一句'者, 人人現前一念也, 一念者, 我本覺眞心也. 今"叅如是活句者(如'狗子佛性', '栢樹子'等話), 沒理路, 沒義路, 無摸底上用工, 疑破漆桶, 則千疑萬疑, 一時破也", 云云, 皆以此也. 死活之句, 如是分明.

『淸虛集』 卷7 「答朴學官書」, 한불7:730상-중

| 자료 11 | 조선 선불교의 법맥

스승의 스승인 지엄(智嚴=碧松, 1464-1534)의 법맥을 밝히고 있는 이 글에서 휴정은 선불교의 법맥은 사람이 아닌 깨달음에 의해 전해진다는 것과 자신에게 전해진 선불교 전통이 중국 임제종의 법맥을 잇고 있음을 밝히고 있다.

[지엄대사가] 하루는 [선지식들을] 참방하여 가르침을 받아야겠다고 생각하여, 널리 훌륭한 이들에 대한 소문을 모았다. 먼저 연희교사(衍熙敎師)를 찾아가 원돈의 가르침에 담긴 뜻을 물었고, 다음으로 정심선사(正心禪師)[46]를 찾아가 달마가 서쪽에서 온 은밀한 뜻[47]을 격발하여 현묘한 뜻을 함께 떨쳤는데, 깨달음에 이익되는 바가 많았다.

45 화두를 깨뜨리는 것을 말한다. 화두가 깨지기 전에는 큰 의심이 풀리지 않아 마치 시커먼 통을 뒤집어쓴 것처럼 마음이 답답하다 하여 이렇게 비워야 한다.

46 호는 벽계(碧溪), 별호(別號)는 등계(登階)이다. 각운(覺雲=龜谷, ?-?)의 법맥을 이었다고 하는 선승이다. 조선초 불교 탄압이 심하던 때에 환속하여 머리를 기르고 살다가 벽송 지엄에게 선을 전하였다고 한다.

47 선종의 종지를 말한다.

정덕(正德) 무진(戊辰)년[48] 가을에 금강산 묘길상에 들어가 『대혜어록(大慧語錄)』을 보다가 "개에게는 불성이 없다"는 화두에 의심을 품어 오래지 않아 칠통을 깨뜨렸다. 또한 『고봉어록(高峰語錄)』을 보다가 '바람은 다른 곳에서 불고 있다'는 말에 이르러 이전의 견해를 한꺼번에 떨구었다. 그러므로 대사가 평생 발휘한 것은 고봉[49]과 대혜[50]의 선풍이다. 대혜화상은 육조대사[51]의 17대 적손이고, 고봉화상은 임제(臨濟=義玄, ?-867) 선사의 18대 적손이다. 아아, 대사는 [중국의] 바다 밖에 있는 사람으로서 은밀하게 500년 전의 종파를 이어받아, 마치 정자(程子)나 주자(朱子)가 천년의 뒤에 태어나 멀리 공자와 맹자의 실마리를 이어받은 것과 같으니, 유교나 불교나 도를 전하는 것은 하나이다.

一日, 思欲叅稟, 遠挹風猷. 先訪衍熙教師. 問圓頓教義, 次尋正心禪師, 擊西來密旨, 俱振玄妙, 多所悟益. 正德戊辰秋, 入金剛山妙吉祥, 看『大慧語錄』, 疑着'狗子無佛性'話, 不多時日, 打破漆桶. 又看『高峯語錄』, '至颺在他方'之語, 頓落前解. 是故, 師之平生所發揮者, 乃高峰大慧之風也. 大慧和尙, 六祖十七代嫡孫也, 高峰和尙, 臨濟十八代嫡孫也. 吁, 師以海外之人, 密嗣五百年前宗派, 猶程朱輩, 生乎千載之下, 遠承孔孟之緒也. 儒也釋也, 傳道則一也.

『三老行蹟』「碧松堂大師行蹟」, 한불7:752중-753상

| 자료 12 | 나옹법통설

휴정은 지엄의 법맥을 밝히면서 멀리 대혜와 고봉을 이었다고만 하였을 뿐, 그 사이의 구체적인 인맥을 설정하지는 않았다. 그런데 이는 '스승에서 제자로 직접 전해진다'고 하는 선종의 전통적인 법맥관에 맞지 않는 것이었기 때문에 지엄 이전의 인맥을 둘러싸고 여러

48 1508년.

49 1238-1295. 원나라의 선승으로서 이름은 현묘(玄妙) 또는 원묘(原妙)이다.

50 1088-1163. 중국 송나라의 선승으로서 이름은 종호(宗杲)이다. 조동종의 묵조선을 비판하고 간화선을 제창하여 새로운 선풍을 일으켰다.

51 중국 선종 남종선의 문을 연 혜능을 말한다.

주장이 제기되었다. 그 가운데 가장 먼저 등장한 것은 허균(許筠, 1569-1618)이 주장한 나옹법통설(懶翁法統說)로서 중국 법안종의 창시자인 법안 문익의 가르침이 고려의 도봉 영소(道峰靈炤, ?-?)에서 나옹 혜근(懶翁慧勤, 1320-1376)을 거쳐 휴정에까지 이어졌다는 주장이다. 그러나 휴정 스스로 임제종이라고 규정한 한국 선불교 전통의 뿌리를 법안종에서 찾고 있고, 정심(正心=登階, ?-?) 이전의 인물들 가운데 도봉 영소와 나옹 혜근을 제외한 이들은 실제 존재 여부조차 분명하지 않은 등의 많은 문제점을 안고 있기 때문에 아무런 근거도 없이 자의적으로 인맥을 짜맞추었다는 비판을 피할 수 없다.

도봉 영소국사가 중국에 들어가 법안(法眼=文益, 885-958)과 영명(永明=延壽, 904-975)이 전하는 바를 얻었으며, 송의 건륭 연간에 본국으로 돌아와 현풍을 크게 떨쳐 말법의 중생을 구제하였다. 조사가 서쪽에서 온 뜻이 비로소 선양되어 우리나라의 승려들이 이에 임제와 조동의 선풍을 얻어 계승하였으니, 선종에 끼친 공적이 어찌 작다고 하겠는가? 국사의 정법안장은 도장 신범(道藏神範, ?-?)에게 전해졌으며, 청량 도국(淸凉道國, ?-?)과 용문 천은(龍門天隱, ?-?), 평산 숭신(平山崇信, ?-?), 묘향 회해(妙香懷瀣, ?-?), 현감 각조(玄鑑覺照, ?-?), 두류 신수(頭流信修, ?-?)의 6세를 거쳐 보제 나옹(=慧勤)을 얻게 되었다. 나옹은 오래 원나라에 머물면서 두루 여러 선지식을 참방하고 원통한 경지에 곧바로 나아가니 빛나는 선림(禪林)의 사표가 되었다. 그 법을 전해 받은 이는 남봉 수능(南峰修能, ?-?)이 적사(嫡嗣)이고, 정심 등계가 이를 이었으니, 곧 벽송 지엄의 스승이다. 벽송은 부용 영관(芙蓉靈觀, 1485-1571)에게 전해 주었으며, 그 도를 얻은 이 가운데 오직 청허노사(淸虛老師)만을 가장 뛰어나다고 말한다.

唯道峰靈炤國師, 入中原, 得法眼永明之傳, 宋建隆間, 返本國, 大闡玄風, 以救末法. 祖師西來之旨, 始有所宣揚, 而東土蒙伽黎者, 乃獲襲臨濟曺洞之風, 其有功於禪宗也, 詎淺尠哉? 師之正法眼藏, 傳于道藏神範, 歷淸凉道國, 龍門天隱, 平山崇信, 妙香懷瀣, 玄鑑覺照, 頭流信修, 凡六世, 而得普濟懶翁. 翁久在上國, 博參諸善知識, 圓通卽詣, 蔚爲禪林之師表. 傳其法者, 南峰修能爲嫡嗣, 而正心登階寔繼之, 卽碧松智嚴之師也. 碧松傳于芙蓉靈觀, 得其道者, 唯稱淸虛老師爲最杰云.

『淸虛集』 卷1 「淸虛堂集序」, 한불7:659하-660상

| 자료 13 | 태고법통설

휴정의 후손들은 허균의 나옹법통설을 비판하면서, 중국 임제종의 가르침이 고려말의 태고 보우(太古普愚, 1301-1382)를 거쳐 휴정에까지 이르렀다는 새로운 법맥을 주장하였는데, 이것이 태고법통설(太古法統說)이다. 이것이 이후 조선 불교의 정통적인 법맥으로 인식되어 오늘에까지 이르고 있지만, 여기에서 밝힌 인맥 또한 사실 여부를 둘러싸고 많은 논란을 불러일으키고 있다. 따라서 이는 역사적 사실에 근거한 법맥이라기보다는 임제종의 정통성을 확보하기 위한 이념적 법맥으로 이해하는 것이 마땅하다. 아래의 글은 편양 언기(鞭羊彦機, 1581-1644)가 지은 「금강산퇴은국일도대선사선교도총섭사자부종수교겸등계보제대사청허당행장(金剛山退隱國一都大禪師禪教都摠攝賜紫扶宗樹教兼登階普濟大師淸虛堂行狀)」에 실려 있는 내용으로서 태고법통설의 전형적인 모습을 볼 수 있다.

무릇 사람들에게 보이는 말 속에 임제종풍을 잃지 않은 데에는 본원이 있다. 우리 동방의 태고 화상이 중국의 하무산에 들어가 석옥(石屋=淸珙, 1272-1352)의 법을 이어받아 환암(幻庵=混修, 1320-1392)에게 전하였다. 환암은 구곡(龜谷=覺雲, ?-?)에게 전하였고, 구곡은 등계 정심에게 전하였다. 등계 정심은 벽송 지엄에게 전하였고, 벽송 지엄은 부용 영관에게 전하였다. 부용 영관은 서산 등계(=淸虛休靜)에게 전하였다. 석옥은 곧 임제의 적손이다.

凡示人言句, 不失臨濟宗風者, 有本有原. 吾東方太古和尙. 入中國霞霧山, 嗣石屋, 而傳之幻庵. 幻庵傳之龜谷, 龜谷傳之登階正心. 登階正心傳之碧松智嚴, 碧松智嚴傳之芙蓉靈觀. 芙蓉靈觀傳之西山登階. 石屋乃臨濟嫡孫也.

『淸虛集(補遺)』「金剛山退隱國一都大禪師禪教都摠攝賜紫扶宗樹教兼登階普濟大師淸虛堂行狀」, 한불7:735중

2. 선수(善修)

법명은 선수(善修, 1543-1615), 호는 부휴(浮休). 중종 38년(1543) 2월에 태어나, 명종 17년(1562) 20세에 지리산에 들어가 신명(信明, ?-?)에게 출가하고, 후에 부용 영관(芙蓉靈觀, 1485-1571)의 법을 이어받았다. 광해군 6년(1614년) 송광사에서 칠불암(七佛庵)으로 들어가 1615년 벽암 각성(碧巖覺性, 1575-1660)에게 법을 전하고 법랍 54세로 입적하였다. 5년 후 광해군이 홍각 등계(弘覺登階)라고 추증하였다. 휴정(休靜) 또한 부용 영관의 법을 이었으므로 선수는 휴정의 법형제이다. 하지만 휴정보다 23세 아래이므로 휴정의 제자인 유정(惟政, 1544-1610)과 교류가 많았다. 임진란 이후 조선 불교의 양대 계파의 하나를 열었다(나머지 하나의 계파는 휴정 문중).

문하에 각성, 뇌정 응묵(雷靜應黙, ?-?), 대가 희옥(待價希玉, ?-?), 송계 성현(松溪聖賢, ?-?), 환적 인문(幻寂印文, ?-?), 표허 담수(抱虛淡水, ?-?), 고한 희언(孤閑熙彦, ?-?)이 이었는데, 이 중 각성 문하가 가장 성하였다. 그의 법맥은 휴정 법맥과 함께 한국 불교 승단의 주축을 이루고 있다. 스스로 남긴 저서는 없다. 제자들이 선수의 시문과 상소문 등을 엮어 모은 문집인 『부휴당집(浮休堂集)』[1]이 전한다. 따라서 선수의 불

1 『부휴당집』은 다음과 같이 구성되어 있다. 1) 서: 1619년 7월 반환자(盤桓子)가 쓴 서(序). 2) 권1: 「증화선백(贈華禪伯)」 1, 2를 비롯한 오언절구 28편. 내용은 선적 감흥, 산 생활의 즐거움, 사대부에게 주는 시 등 크게 세 가지이다. 3) 권2: 오언율시 35편. 시의 대부분은 산 생활의 즐거움과 유정에 관한 시(「奇種峯」, 「挽松雲章」), 사대부에게 주는 시(「奉奇奇相」, 「次崔相掛弓樓韻」)이다. 4) 권3: 칠언율시 16편. 시의 대부분은 유정 관련 시 다섯 편(「挽松雲章」 등)과 사대부에게 주는 시이다. 5) 권4: 칠언소시 150편. 시의 대부분은 유정 관련

교관을 비롯한 철학 사상을 탐색하는 데는 이 『부휴당집』에 의존할 수밖에 없다.[2]

『부휴당집』에 실린 문건은 대부분 시이고, 그 외 13편의 축원문과 3편의 산문이다. 이들 시의 주제는 크게 두 가지이다. 첫 번째 내용은 선적인 깨달음과 선수행을 주제로 한 것이다. 두 번째 내용은 충정심(忠情心)과 우민의식(憂民意識)을 표현한 것이다. 첫째 내용의 선시는 돈오(頓悟)와 공관(空觀)을 철학적 기반으로 한 것이어서 전형적인 남종선의 면모를 보인다(「차산영루제(次山影樓題)」). 같은 맥락으로 선수는 선사로서의 자부심을 곳곳에서 표현하였다(「조사대부(嘲士大夫)」).

두 번째 내용의 시는 임진왜란에 따른 국가 존립 위기에 구국의식을 비추고 왕에 대한 충성심을 표현하거나 백성이 겪는 고초를 안타까이 여기는 내용이다. 선수는 같은 취지로 사명당 유정에 관한 시를 여러 편 남겼는데, 이들 시는 유정의 위국충절(爲國忠節)과 유정의 선기(禪機)를 주제로 한 것이다. 그리고 선수가 남긴 글에는 세속의 정치권력(왕과 왕소)의 안녕을 기원하는 내용이 있는데(「천전사망령소(薦戰死亡靈疏」), 이는 혜원(慧遠, 334-416)이 「사문불경왕자론(沙門不敬王者論)」에서 "왕은 세속의 현상세계를 관장하지만, 사문은 세속의 현상세계를 넘어선 세계를 지향하므로 왕에게 경배

시(「贈種峯」 등), 산 생활의 즐거움, 사대부에게 주는 시(「嘲士大夫」, 「警世」)이다. 6) 권5: 기원문[疏] 16편. 대승적 선관에 기초한 스승 추모문(「俊老師百日疏」, 「芙蓉堂大士百日疏」), 부모 추모문, 전사한 망자의 혼령을 달래는 기원문(「薦戰死亡靈疏」) 등이 포함되어 있다.

2 한편 「부휴당집」에는 그의 행장(行狀)이 수록되어 있지 않아 이 문집을 통해서는 선수의 행적을 알 수 없다. 선수의 행적을 추적할 수 있는 자료는 백곡 처능(白谷處能, 1619-1680)의 『대각등계집(大覺登階集)』 권2에 수록되어 있는 「추가홍각등계비명병서(追加弘覺登階碑銘幷序)」이다. 여기에는 다음과 같이 기록되어 있다. "임제 이후 24대의 적손에 부휴가 있다. 부휴는 호이고 법명은 선수이다. 속성은 김씨이고 옛 대방(帶方)의 오수(獒樹) 사람이다. 아버지는 적산(積山)인데 선대에는 신라의 큰 씨족 성씨였으나, 신라가 망하자 가문이 서민으로 전락하였다. 처음에 어머니 이씨가 자식이 없는 것을 안타까워 하다가 [아버지와] 서로 맹세하길, 아들을 낳으면 출가시키겠다고 하였다. 그러고 나선 곧바로 수십 일 동안 길가의 큰 돌에 게으름 피지 않고 중단 없이 기도하였다. 어느 날 저녁에 눈을 감고 [잠에 들었는데] 신통력이 있어 보이는 스님이 둥근 구슬을 주어 받아먹자 태기가 있었다. 계묘년(중종 38년, 1543년) 2월에 대사가 태어났다. 어려서 어머니가 고기를 먹이면 좋아하지 않았으며, 억지로 먹이면 젓갈 같은 옅은 맛을 살짝 맛볼 뿐이었지 기름진 고기는 먹지 않았다. 어린 나이에 부모님께 말씀드리길, '뜬구름 같은 세상은 시끄럽기만 할 뿐이니 저는 속세를 떠나려 합니다'라 하였다. [그러고는] 두류산에 들어가 신명장로(信明長老)로부터 머리를 깎고, 부용대사(芙蓉大師)에게 가르침을 받아 세상의 진리를 다 얻었다[濟後二十四世, 有嫡孫曰浮休. 浮休號也, 法名善修, 俗性金氏, 古帶方獒樹人也. 父積山, 先世爲新羅大性, 羅亡遂沒家爲庶. 初母李, 悶無胚胎, 相誓言生子, 當捨出家, 卽禱于路傍古石無竭, 彌旬不怠. 一夕合眼間, 有神僧授一圓珠, 呑之有妊. 以癸卯二月戊子生焉. 孩提時, 母飼肉, 輒不喜, 戾侑則, 蹔啖鮝鮨之薄脊. 不踏脺膂膏腴. 丱歲啓父母曰, '浮生滾冗, 吾將出世 辭入頭流山.' 從信明長老髡劕, 謁芙蓉大師, 盡得笆籬邊物]."(한불8:332상)

할 수 없다"고 한 선언과 비교하면 극명한 대비를 이룬다. 선승으로서 세속 정치권력에 대하여 경배를 표하는 태도는 사회의 혼란과 백성의 고초를 염려하는 의식과 더불어 조선 중기 불교의 한 특징이기도 하다. 즉 선수에게서 보이는 돈오, 격외선을 내용으로 한 남종선의 면모와 현실에 대한 참여의식의 공존은 조선 중기 선불교의 전형적인 모습이다.

| 자료 1 | 남종선(南宗禪)

> 이하의 시에서 부휴 선수는 임제 계열의 남종선의 정신을 유감없이 발휘하고 있으며, 선사로서의 자부심 또한 강하게 내비치고 있다.

| 자료 1-1 | 즉심즉불(卽心卽佛), 교외별전(敎外別傳)

> 마조(馬祖=道一, 709-788), 임제(臨濟=義玄, ?-867) 계열의 전형적인 면모를 보인다. "검은 제비, 흰 갈매기 원래 한 빛깔", "도는 다른 데 있지 않고 오직 나한테 있으니"라는 구절은 '일체개진(一切皆眞)', '즉심즉불(卽心卽佛)'의 마조선의 정신을 따르고 있으며, 경전은 진리를 온전히 표현하지 못한다는 구절은 '불립문자(不立文字)'의 정신에 충실하다.

「안(眼) 스님의 운에 붙여」
검은 제비, 흰 갈매기 원래 한 빛깔이고
바다에 뜬 달, 산 위에 걸친 구름 다 같이 한 길일세.
같으면서 다르고, 다르면서 같음이 지극히 묘하다지만
우리 조사(선)의 줄 없는 가야금 소리 같을쏘냐?
……
도는 다른 데 있지 않고 오직 나한테 있으니
부디 멀리서 찾거나 하늘에서 찾지를 말아라.

마음 거두고 산속 창 아래 고요히 앉아
밤이건 낮이건 언제나 조주선(趙州禪)에 들어간다.
……
소리 없고 냄새 없어 자취 찾기 어려운데
하물며 종이에 먹으로 쓴 경전으로 표현할까?
한 생각에 마음을 돌려 천지를 움직이면
고금(古今)의 성현들과 어깨 나란히 하리라.

도(道)는 본디 형체 없이 깊고 깊어 표현하기 어려운데
머리에 미혹하여 미친 사람 부질없이 경전 찾네.
한 덩어리 의심 깨뜨려 온몸에 땀 흐르면
부처님, 소사(祖師) 문중에서 마음껏 활보하리라.

玄烏白鴟元同色 海月山雲共一途 同異異同雖至妙 不如吾祖沒絃調
……
道不在他唯在我 不須求遠又求天 收心靜坐山窓下 晝夜常叅趙州禪
……
無聲無臭難尋迹 何況形容紙墨經 一念回機天地動 古今賢聖比肩行
道本虛玄難指的 迷頭狂客謾尋經 一團疑破通身汗 佛祖門中信步行

『浮休堂大師集』 卷4 「次眼師韻」, 한불8:18중

| 자료 1-2 | 임제선의 입처개진(立處皆眞), 십우도(十牛圖)

십우도의 목동과 소의 비유를 써서 부처가 자기 외부에 있는 것이 아니고 마음이 곧 부처임을 표현한다. 자기 내부에 간직한 본래청정심을 알아 스스로 부처가 되면, 세계가 온통 참임을 알 수 있음을 의미한다. 전형적인 임제선의 면모이다.

「어느 선수행인에게」

스승 찾아 도(道)를 배우는 게 별다른 게 있나.

소 타고 자기 집에 돌아가는 것[3]일 뿐이지.

백척 장대 꼭대기[4]에 올라 활보할 수 있다면

모래알처럼 많은[5] 부처조차 환상일 뿐이리.

풀숲 헤치고 바람을 우러러보는 건 별다른 뜻이 있는 게 아니라,

부모님이 낳기 전의 일을 밝히려는 것이다.

홀연히 비로[6]의 정수리를 밟을 수 있다면

눈 앞에 펼쳐진 모든 것, 격외선이라네.

尋師學道別無他 只在騎牛自到家 百尺竿頭能闊步 恒沙諸佛眼前花

撥草瞻風無別事 要明父母未生前 忽然踏着毘盧頂 觸目無非格外禪

『浮休堂大師集』 卷4 「贈某禪子」. 한불8:10중

| 자료 1-3 | 선수 선(禪)의 교학적 기반: 진성(眞性)

선수의 임종게는 그의 불교적 세계관을 압축적으로 보여 준다. 이에 따르면 현실의 세계는 "환상의 바다"이고, 삶과 죽음은 현상적인 구분일 뿐이며, 진성(眞性)이 존재의 근거이다.

---

3 선불교의 '본래청정심(本來淸淨心)'에 따른 수행 이론을 그림으로 설명한 십우도에 따르면, 어린 목동(중생)이 소(불성)를 잃고 헤매다 소를 찾은 후, 소와 자신이 하나가 되면서(자기 마음이 곧 불성) 꽃으로 치장한 아름다운 세계를 만끽한다(세계의 실상을 있는 그대로 본다). 선불교에서는 십우도의 목동과 소와의 비유를 원용하여, 본래청정심을 자각하는 수행이론을 설명하곤 한다.

4 "백척간두 진일보(百尺竿頭進一步)"에서 나온 말이다. 『경덕전등록(景德傳燈錄)』 권10 「경잠초현대사(景岑招賢大師)」 편의 다음 문장 참조. "백 길 장대 끝에 요동치 않는 이를 깨달았다 하지만 귀하지 않나니, 백길 장대 끝에서 걸어 나가야 시방세계 비로소 자기 몸이 되리라[百尺竿頭不動人 雖然得入未爲進 百尺竿頭難進步 十方世界是全身]."

5 원문의 '항사(恒沙)'는 갠지스강가의 모래알, 강가의 모래알처럼 많은 숫자를 의미한다.

6 본서 제2장 4절 주석 45 참조. 부처님의 광명이 이사무애(理事無礙)의 법계에 두루 비추어 밝음을 의미한다.

「임종게」

70여 년을 환상의 바다에 떠돌다가

오늘 아침 껍질 벗고 원래의 근원으로 돌아가네.

막힘 없는 참 성품은 애초에 걸림이 없는데

어찌 보리에 삶과 죽음의 뿌리가 있으랴.

七十餘年遊幻海 今朝脫殼返初源 廓然眞性元無礙 那有菩提生死根

『浮休堂大師集』 卷4 「臨終偈」, 한불8:18하

| 자료 1-4 | 선수와 혜능의 사구게

결구인 "거울 같은 마음에는 본래 먼지 없어라"는 혜능(慧能, 638-713)[7]의 사구게[8]를 연상시킨다.

---

7 신회(神會, 670-762)에 의해 중국 선종 6조로 추앙된 인물. 직접 쓴 저술은 없고, 제자들이 그의 설법과 대화를 수집·기록·편찬하여 『육조단경(六祖壇經)』이란 제목으로 남겼다. 이 『육조단경』에 수록된 돈오사상이 이후의 동아시아 선종의 주류를 형성하였다.

8 우리나라에서 간행된 덕이본(德異本)과 원(元)나라에서 간행된 종보본(宗寶本)에는 다음과 같이 기록되어 있다.

깨달음에 본래 나무가 없고	菩提本無樹
밝은 거울 또한 받침대가 아니네.	明鏡亦非臺
본래 한 물건도 없나니	本來無一物
어디에 티끌이 끼겠는가?	何處惹塵埃 (『육조단경』 「행유품(行由品)」)

그리고 돈황본(敦煌本)에는 다음과 같이 기록되어 있다.

깨달음에 본래 나무가 없고	菩提本無樹
밝은 거울 또한 받침대가 아니네.	明鏡亦非臺
불성은 언제나 깨끗하니	佛性常淸淨
어디에 티끌이 끼겠는가?	何處有塵埃

「'산영루'라는 제목에 운자를 맞춰 쓴 시」
시냇가 회나무 그림자 천 년이나 아득하고
한밤중 종소리 달 아래 새롭다.
아침 안개 십 리나 뻗어 바다 기운 만나는데
봄새 지저귐은 산사람 부른다.
누대 앞 물 위에 시원한 바람은 얼굴에 스치고
난간 밖 구름 짙어 이슬이 방울방울 두건을 적시는구나.
종일토록 난간에 기대니 좋은 일도 많아라
거울 같은 마음에는 본래 먼지 없어라.

千年檜影溪邊古 半夜踈鐘月下新 十里朝烟連海氣 數聲春鳥喚山人
樓前水碧風生面 檻外雲濃露滴巾 終日憑欄多勝事 胸中如鏡自無塵

『浮休堂大師集』 卷3 「次山影樓題」, 한불8:9중

| 자료 1-5 | 선사의 자부심

당시의 성리학 사회에서 '사대부를 비웃는다'는 것은 그 자체만으로도 선사의 자부심이라 하겠다.

「사대부를 조롱한다」
뜬 [구름 같은] 인간 운명 번개같이 [짧건만]
헛되이 정신 낭비하여 [죽음 향해] 북동쪽으로 달려가네.

마음은 깨달음의 나무요	心是菩提樹
몸은 밝은 거울의 받침대다.	身爲明鏡臺
밝은 거울 본래 깨끗하니	明鏡本清淨
어디에 티끌 물들겠는가?	何處染塵埃

샘 깊은 숲속에 은거하며 빈천하게 사는 것 역시 즐거움이거늘
몸뚱아리가 [세속잡사] 시비 바람에 곤궁해짐을 알지 못하는구나.

人間浮命電光中 徒費精神走北東 退隱林泉貧亦樂 不知身困是非風

『浮休堂大師集』 卷4 「嘲士大夫」, 한불8 : 18중-하

| 자료 2 | 충정(忠情)과 우민(憂民)

선수의 글은 임진왜란이 정치·경제면뿐만 아니라 불교계에도 충격을 주었음을 적극적으로 보여 준다. 선수는 임진왜란이 국가적 위기를 몰고 왔음을 직시하고 왕에 대한 충성심과 고통받는 백성에 안타까움으로 가득한 글을 여러 편 남겼다. 조선의 불교는 이제 도피안(逃彼岸)의 산중 불교만이 아니라, 현실의 힘을 구체적으로 직접 제삼하는 현실의 종교와 사상이라는 측면을 노정한다.

| 자료 2-1 | 나라와 백성을 걱정함

「여러 현인의 한많은 피난(避難)의 글에 붙여」
나라와 백성을 걱정함이 더욱 깊어짐은
집들이 전쟁으로 타 버렸기 때문이네
충정은 가슴 가득한데
두 손 모아 충정심 드러낼 길 없네.
도적 피해 산 속 깊이 거처를 삼았는데
사방에 창과 방패 더욱더 침탈하누나
서울이 함락되고 시체는 서로 베고 누었나니
뉘 적을 막아 임금의 마음 위로할꼬?
우리 성(城)은 바다 건넌 왜구에 함락되어 버렸고
두 서울은 전쟁으로 불타 버렸다.

어디에도 목숨 걸고 싸울 이 없거늘
임금 섬기는 그 충성 어디서 볼꼬?
호동(湖東)과 호북(湖北)에 연기 가득한데
동서로 파월한 지 몇 달이나 되었는고?
도적의 형세는 사방으로 불꽃과 같은데
우리 백성 어디 가서 몸둘 곳 없구나.
이 막다른 세상에 태어나 운명이 꽉 막히어
육신은 궁한 시름에 떨고 세상은 위태롭구나.
온나라 백성이 서로 베고 죽어 가니
석양에 홀로 서서 두 줄기 눈물 흘리네.

憂國憂民日益深 只緣兵火萬家侵 滿腔雖有忠情在 雙手無因露赤心
移棲避寇入山深 四境干戈日益侵 又陷京都人枕死 誰能禦敵慰天心
兇倭渡海陷諸城 兵火屠燒又兩京 中外無人效死戰 事君何處見忠誠
湖東湖北暗烟塵 播越東西幾朔旬 賊勢四方如火熾 蒼生無處可安身
生斯季運命途薄 身帶窮愁世亦危 擧國人民交枕死 斜陽獨立淚雙垂

『浮休堂大師集』 卷4 「次諸賢避亂書懷」, 한불8:15상-중

| 자료 2-2 | 선수와 유정

선수는 휴정과 같은 항렬의 법제자이었지만, 연령상으로는 휴정의 제자인 유정과 비슷하여 유정과 친분이 두터웠다. 따라서 이들 간에 서신 교류가 많았고, 특히 선수는 유정의 선적 풍격과 구국결단을 흠모하였다. 이로 보면 선수는 임진란 시기에 구국활동, 즉 사회에 대한 적극적인 활동이 선 수행에 위배하지 않는다고 생각하였던 것으로 추리할 수 있다. 선수가 유정에 대하여 쓴 시는 '기종봉(奇種峯)', '증종봉(贈鍾峯)', '만송운장(挽松雲章)'이라는 제목으로 여러 편이 있다. 이들 시의 내용은 모두 동일하다.

「송운(松雲: 유정)의 만장을 세우면서」
금강산 살구나무 아지랑이 숲속에 누워

흉악한 무리 쳐들어 왔다는 소식 듣고 깊은 산 내려왔구나.
나라 위하여 몸 바쳐 충절하고자
바다 건너 일본 오랑캐 [만나] 세상 난리 정리하였도다.
오래도록 군대에 머물렀지만 마음은 [늘] 유유자적하였고
관직에 있었어도 언제나 한가로움에 마음 두었네.
죽고 삶 거듭하여 살아 있는 자(선수)와 죽은 자(유정) 떨어져 있지만
서로 만나 오직 옛 얼굴 보기를 기약하노라.

高臥蓬萊杳靄間 聞兇入境出深山 忘身爲國輸忠節 渡海和戎濟世難
長在轅門心自適 常遊宦路意猶閑 死生有數存亡隔 相見唯期換舊顔

『浮休堂大師集』 卷3 「挽松雲章」, 한불8:9상

| 자료 2-3 | 전사한 망자의 혼령을 달래는 기원문

이 글에서는 기원문이라는 제목처럼 현실의 문제를 기도로 해결하려는 시도가 보인다. 이 기원문의 기도의 목표는 왕과 왕조의 안녕, 전사한 영혼의 원한을 풀어냄이다. 기도를 통한 구복 역시 대승불교의 한 측면이라 할 수 있는데, 선사로서 기도를 통하여 현실의 문제를 해결하려는 시도는 조선 중기 이후의 불교의 또 하나의 특징이다.

모든 부처님은 사사로움이 없어서 만물을 하나로 보시는데, 애달프게도 중생은 망념을 일으켜서 본래 모습[體]은 같은데도 각각 다른 마음을 품고 있습니다. [그리고] 남이다 나다 하는 [분별]마음이 생기자 또한 살상하는 참혹함이 있어서 서로 원수의 한을 품어 창과 방패를 찾으며, 육신으로 육신을 보복하고 목숨으로 목숨을 보복하고 있습니다. 예부터 모두 이러하여서 지금에 와서는 더욱 그러합니다. 부처님의 힘을 빌지 않으면 [중생을] 해탈시킬 수 없으니, [이에] 법회를 열어 널리 이끌기를 우러러 비옵니다. 저 위신력을 돌려서 이토록 한 맺힌 원한을 풀어 주시옵소서.

아! 우리나라의 천명이 중도에 쇠미해져 왕업이 실추되고, 거친 범과 같은 억센 적을 만났는데 칼을 쥐고도 당해내기 어렵습니다. [그리고] 몽땅 앗아가는 적군의 위력

에 산산이 무너져 버렸습니다. [적군은] 승승장구하여 거칠 것 없이 삼경(三京)[9]으로 밀고 들어왔는데, [왕은] 가마를 타고 피신하였고 백성은 도탄에 빠졌습니다. [그래서] 시신은 구렁을 메우고 피는 도성(都城)에 가득 찼습니다. 비록 전란을 피한 이가 있어도 굶어 죽음을 면치 못하여 해골이 서로를 베고 누워 들에 널브러져 있으니 보기에 처참하고 마음이 상합니다. 혼백이 맺혔으매 하늘조차 침울하고, 귀신이 모여들어 구름조차 어둑합니다. 하늘이 그 죄 없음을 불쌍히 여겨, 해골을 수습해서 들판에 묻고 재(齋)를 올려 천도하라는 높은 뜻을 내렸습니다.

이에 우리 산승들이 눈물을 흘리며 명령을 받들어 해골을 수습하여 매장하였고, 이제 원한 맺힌 혼백을 제도하고자 시주할 사람들에게 널리 권선하여 만 집을 거쳐 한 말 곡식을 거두고, 천 집을 다니며 한 치의 포목을 얻어서, 물 위에 비친 달과 같이 허망한[水月] 도량을 건립하고자 허공에 핀 꽃과 같은 헛된[空花][10] 불사를 합니다. 원컨대 자비의 거울을 드리워 어리석은 정성을 굽어살피소서. 엎드려 바라옵건대, 주상전하의 용루[11]가 만세토록 [영원하옵고] 봉각[12]이 천추(千秋)에 [떨치기를 비옵니다]. [또한 바라옵건대,] 전화(戰禍)가 영원히 사라져 국운이 거듭 나가옵기를 빕니다. 다음으로 원하옵건대, 전사한 망자의 영혼들이 속히 원한을 풀어 영원토록 윤회에서 벗어나고, 전쟁으로 인한 고통을 모두 씻어내기를 바랍니다.

惟諸佛之無私, 視萬物而爲一己, 哀衆生之起妄, 在同體而帶異心. 纔萌彼我之情, 亦有傷殺之慘, 寃恨交對, 干戈相尋, 以身報身, 以命報命. 自古皆爾, 及今尤然. 不假佛天, 無有解脫, 肆建法會, 仰丐玄扶. 回彼威神, 解斯寃結. 嗚呼! 我國天命中衰, 王綱失律, 値雄虎之勍敵, 抱劒難當. 振席卷之軍威, 望風皆潰. 乘勝長驅, 直入三京, 乘輿播遷, 生民塗炭. 屍塡委於溝壑, 血流盈於都城. 雖有避於兵戈, 又未免於餓殍, 枕骸遍野, 慘目傷心. 魂魄結兮天沉沉, 鬼神聚兮雲暗暗. 天高憫其無罪, 綸音下於山林, 拾骨野藏, 設醮薦拔. 是以山野, 垂淚奉敎, 收骨已安, 深欲濟於寃魂, 普勸緣於檀越, 歷萬家而收斗粟, 過千戶而得寸絲, 建水月

9 한성(漢城), 평양(平壤), 개성(開城).

10 '공화(空花)'는 허공에 핀 꽃이라는 뜻으로서 번뇌로 인해 발생하는 망상 또는 헛된 노력을 가리킨다.

11 '용루(龍樓)'는 궁중의 누각문 또는 태자의 궁궐을 가리킨다.

12 '봉각(鳳閣)'은 중서성(中書省)의 별칭이다.

之道場, 作空花之佛事. 願垂慈鑒, 俯察愚衷. 伏願主上殿下, 龍樓萬歲, 鳳閣千秋. 干戈永消, 國步重運. 次願戰死亡靈, 速抛寃對, 永脫輪廻, 餘波所霑, 苦類等沐.

『浮休堂大師集』 卷5 「薦戰死亡靈」. 한불8:21중-하

3. 일선(一禪)

일선(一禪, 1553-1608)은 조선 중기 서산대사의 문인 가운데 유일하게 오로지 선(禪) 수행에만 전념하였던 선사이다. 속성은 곽(郭)씨, 법명(法名)은 일선(一禪), 정관(靜觀)은 그의 자호(自號)이다. 편양(鞭羊=彦機, 1581-1644), 소요(逍遙=太能, 1562-1649)와 함께 삼파(三派)를 형성하여 선풍을 진작하는 데 힘썼다. 그리고 문하에 운곡 충휘(雲谷冲徽, ?-1613) 등의 제자들을 배출하였다. 일반적으로 조선시대의 불교가 세속과 영합하였고 적극적인 현실 참여에 비중을 두었다고 파악하고, 그 타당성을 서산이나 사명의 행적을 통하여 방증하고 있다. 이러한 시점에서 당시에 선풍의 수호와 진작에 전력하였던 일선의 행적은 다시 음미해 볼 만하다. 일선의 행적에 대한 소상한 기록은 남아 있지 않다. 다만 그의 유집인 『정관집(靜觀集)』(한불8:25-33) 서문에 기록된 그의 법손이었던 성호(性浩, ?-?)의 말을 통하여 대략 짐작할 수 있을 뿐이다.

일선은 연산(連山)에서 출생하였으며 15세경에 출가하여 당시에 널리 알려져 있던 선운(禪雲=白霞, ?-?), 수진(守眞, ?-?) 등과 사귀며 선문의 종지를 받들고자 힘썼다. 이후 승과에 응시하여 크게 이름을 날렸지만, 마침내 묘향산으로 들어가 행적을 감추고 서산대사로부터 가르침을 받으며 내심(內心)의 관법(觀法)에만 정진하였다. 그리고 만년에는 덕유산 백련사(白蓮寺)로 옮겨 들어가 선조 41년(1608) 가을에 76세를 일기로 입적하였다. 『정관집』에는 64편의 시(詩)와 13편의 잡저(雜著)가 수록되어 있다.

| 자료 1 | 사명대사에게 승풍(僧風) 진작의 필요성을 역설함

> 아래의 편지는 내용으로 미루어 보아 당시 전장(戰場)에 있었던 사명당으로부터 안부 편지를 받고 난 이후에 답장으로 쓴 것으로 추측된다. 일선은 사명당이 국가적 위기를 타개하고 있음을 보면서도 선가의 풍토를 잊지 말라는 충고를 아끼지 않고 있다. 그는 승풍(僧風)의 퇴폐와 승계(僧戒)의 문란을 염려하는 철저한 선승으로서의 일면을 보여 준다. 여기서는 그의 불교관과 당시의 국가적 혼란 상황에서 승가의 방향성에 대한 그의 입장을 살펴볼 수 있다.

아! 불법[1]이 쇠퇴하여 세상의 어지러움이 끝간 데 없으니 백성과 승려들은 마음 놓고 편히 살 수 없고, 외적들의 잔인함은 날로 더해 가니 사람들의 어려움 또한 이루 말할 수조차 없습니다. 그러나 더욱 안타까운 일은 승려가 일반 백성의 옷을 입고 말을 몰아 군대를 따르며 동서로 분주하다가 끝내 도적의 손에 죽기도 하고, 혹은 시골로 숨어들어 속세에 익어 살다가 출가의 뜻을 몽땅 잊고 계율의 몸가짐을 팽개치고 마는 일이라 하겠습니다. 그리고 헛된 명성을 좇거나 바라서 불에 뛰어들어 돌아올 줄을 모르니 결국 선풍이 사라지고 말 것임을 알 수 있는 일입니다. ……

於戱, 季法之衰, 世又難極, 民無安堵, 僧不寧居, 賊之殘害, 人之勞苦, 不可道也. 而益增悽感者, 僧依俗服, 驅使從軍, 東西奔走, 或就死於賊手, 或逃生於閭閻, 塵習依然復萌乎中, 全忘出家之志, 永廢律軌之行. 希赴虛名, 火馳不返, 禪風將息, 從可知也. ……

대사께서는 대장부이시니 틀림없이 돌처럼 굳은 마음과 송죽의 지조가 있어 물들이려고 해도 물들지 않고 갈아도 닳지 않을 것입니다. 비록 그렇긴 하지만 형산의 보석[2]도

---

1 『한국불교전서』에는 '계법(季法)'으로 표기되어 있고, 『한글대장경』을 비롯한 기타 여러 한글 번역서에서는 '계법(戒法)'으로 본다. 어쨌든 '계법(季法)'이라는 불교의 고유어는 없다. 다만, 다른 전적들에서 말법(末法)의 또 다른 표현으로 계법(季法)을 사용하고 있고, 원래 '백중숙계(伯仲叔季)'와 같이 '계'는 마지막을 의미해 왔으며, '계(季)'는 '쇠(衰)'의 뜻도 있어서 '부처의 법이 더 이상 그 효력을 발휘하지 못하는 상태', 즉 말법(末法)을 의미하는 정도로 이해할 수 있겠다.

2 '형산지옥(荊山之玉)' 혹은 '형산구(荊山璆)' 등으로도 쓰며, 형산에서 나오는 보석이라는 뜻으로 현명한 사람을 비유한다.

거친 돌에 부딪히면 깨어지고, 이룡의 구슬[3]도 파도 속에 있으면 빛나지 않는 법입니다. 그러기에 "비록 삼세의 모든 부처라 할지라도 진흙 속에 오래 묻혀 있으면 본래의 몸은 어둡게 되고 만다"고 합니다. 그래서 옛날의 성현들은 부귀 보기를 뜬구름같이 하였고, 누추한 집이라도 편히 여겨 그 즐거움을 고치려 들지 않았습니다. [예를 들어] 장양은 끼니를 잇지 못하면서도 거듭되는 상소로 벼슬을 마다하였기 때문에 신명을 보존할 수 있었지만, 소하는 사직을 안정되게 하였지만 옥에 갇혔고, 한신[4]은 큰 공을 세우고도 죽임을 당하였습니다. 그래서 이르기를 "큰 명예 아래에서는 오래 머물기 어렵다" 하였으니, 삼가지 않을 수 없습니다.

兄是大丈夫也, 想必有匪石之心, 松筠之操, 而涅不緇, 磨不磷也. 雖然荊山之寶, 觸頑石而必分, 驪龍之珠, 在波瀾而不耀. 故云, "雖三世諸佛, 久埋塵土中, 昧却本來身." 且古之聖賢, 視富貴如浮雲, 安陋巷不改樂. 留侯辟穀, 兩䟽解組[5]故, 能保其身, 蕭相國安社稷而縶獄, 韓大將建元功而被誅. 故云, "大名之下, 難以久居," 可不愼歟.

더욱이 승려의 거취는 일반 사람들과는 달라서 이러한 까닭에 육조[6]는 도를 천하에 폈으면서도 천자의 부름에 나아가지 않았고, 승조[7]는 덕이 한 세대나 높았지만 위왕의 부름을 거절하였던 것입니다. 하지만 이 두 왕은 그들의 죄를 묻지 않고 오히려 더 공경하였습니다. 대저 방외의 사람은 방내[8]의 예로 대접하지 않는 까닭이지요.

내가 듣기로 [대사께서는] "외적이 이미 물러났고 크게 공도 세웠으니 임금께 나아가 사퇴하겠다"고 한다는데 굳이 그런 절차를 따질 필요가 있겠습니까? 그냥 아무 말

---

3 흑룡(黑龍)의 턱밑에 있다는 값진 구슬, 즉 여의주(如意珠). 목숨을 걸고 구하지 않으면 얻지 못한다는 데서 '모험하여 큰 이익을 얻음'을 비유하거나 또는 값진 보옥(寶玉)을 이름한다.

4 장량(張良=留侯, 기원전 251-186), 소하(蕭何, ?-기원전 193), 한신(韓信, 기원전 231-196)은 한(漢)의 삼걸(三傑)이라고 일컬어지는 사람들로서 한(韓) 고조를 도와 진(秦)을 멸하고 중국 통일의 위업을 달성하였음.

5 여기에서 '조(組)'는 군사를 동원할 때 쓰는 발병부(發兵符)가 담긴 주머니를 묶는 인끈[印綬]을 가리키는 말로서 '해조(解組)'는 관직을 사임하는 것을 의미한다.

6 중국 선종사에서 달마를 초조(初祖)로 해서 전법된 순서를 따라 여섯 번째에 해당하는 혜능을 가리킨다. 선적(禪籍)에서 '육조'라는 표현은 대부분 선가의 종지를 담지하고 있다는 뜻으로 사용된다.

7 승조(僧稠, 480-560)는 북종선에 이론적 기반을 제공하였던 것으로 평가되는 인물이다.

8 『장자』「대종사(大宗師)」의 다음 문장 참조. "공자가 말하였다. '저 사람은 세상 밖에서 노니는 사람이고, 나는 세상 안에서 노니는 사람이다'[孔子曰. '彼, 遊方之外者也. 而丘, 遊方之內者也']."

없이 떠나오기만 하면 됩니다. 만약 물러나겠다는 뜻을 밝히면 붙잡을 것이 뻔한 노릇입니다. 아무쪼록 대장인을 풀어 부하 장군에게 맡겨 궁궐에 바치게 하고, 갑옷을 벗어 던지고 깊은 산으로 들어가 종적을 끊으시길 바랍니다.

況僧去就, 異於世俗之人, 是以六祖道播天下, 而不赴天子之詔, 僧稠德隆一世, 而現拒魏王之詔. 而二主不加罪, 而加敬焉. 盖方外之人, 不以方內之禮待之故也. 聞, 今倭賊已退, 大功已遂, 欲詣闕[9]辭退, 云何必如斯乎? 不告而逃之可也. 若告辭則, 必有難去之勢. 願須速解印綬, 封付裨將, 使致丹墀, 卽脫戎服, 還掛衲衣, 入深山絶蹤迹.

『靜觀集』「上都大將年兄」. 한불8:30하-31상

| 자료 2 | 자리(自利)에서 이타(利他)가 비롯됨

이 글은 일선이 속가의 조카이면서 전법 제자인 사람에게 '보천(普天)'이라는 법명(法名)을 내려 주면서 전한 말을 기록한 것이다. 일선은 여기서 자리(自利), 즉 스스로의 수행에 힘쓴 이후에야 이타(利他)가 가능함을 역설하고 있다.

'두루함[普]'이란 온갖 곳에 골고루 널려 있다는 뜻이고, '하늘[天]'이란 만물을 덮어 기른다는 뜻이다. 이 이름은 [수행하여] 스스로의 이익됨[10]이 성취된 이후에 미루어 남들에게까지 미친다는 뜻이니 [사실] 불교를 처음 배우는 사람에게 적합한 이름은 아니라고 할 것이다. 유가의 "천하를 겸하여 이롭게 한다"[11]는 것이나 노자의 "말이 없는 가르침을 행한다"[12]는 것, 그리고 절집에서 "널리 중생을 구제한다"는 것은 모두 자

---

9 '궐(闕)'의 속자로서 대궐을 의미한다.

10 불교에서 '스스로의 이익됨[自利]'이란 경제적인 의미에서가 아니라 수행하여 깨달음을 얻는다는 뜻이다. 다시 말해서 '스스로를 이익되게 한다'는 것은 스스로의 수행력을 증진시킨다는 것이다.

11 『맹자』「진심상(盡心上)」9의 다음 문장 참조. "옛날 사람들은 뜻을 얻으면 은택이 백성에게 더해지고 뜻을 얻지 못하면 몸을 닦아 세상에 드러냈으니, 궁하면 그 몸을 홀로 선하게 하고 영달하면 천하를 겸하여 이롭게 하였다[古之人, 得志澤加於民, 不得志修身見於世, 窮則獨善其身, 達則兼善天下]."

12 『도덕경』2의 다음 문장 참조. "세상 사람들이 모두 아름다운 것이 아름다운 줄 알지만 바로 그것이 혐오스러운 것이며, 세상 사람들이 모두 선한 것이 선한 줄 알지만 바로 이것이 선하지 않은 것이다. 따라서 있음과

신을 이롭게 하는 동시에 남도 이롭게 한다는 뜻이다. 대개 이름[名]이란 그 실제[實]에 맞춰서 빌려 온 것이며, 실제란 그 이름의 주인에 해당한다. 따라서 만일 그 실제가 없다면 어찌 이름할 수 있을 것이며, 이름이 없다면 어떻게 또 그 실제를 드러낼 수 있겠는가? 따라서 실제가 없는 이름은 헛된 이름일 뿐이며, 이름이 없는 실제는 실제가 아니라고 할 것이다. 모름지기 이름과 실제가 서로 균형이 잡힌 이후에야 비로소 옳다고 할 것이다. 지금 너는 사사롭게는 나와 숙질 관계이고 출가의 마당에서는 스승과 제자의 관계이니, 그 친함이나 아낌의 정도가 남다르다. 그래서 이름을 이렇게 지었고 그 뜻도 새겨 보여 주었으니, 너는 아무쪼록 늘 출가할 때의 마음을 돌아보고 바로잡아 이름에 걸맞은 내용을 얻을 수 있도록 하고 세속에 연연하지는 말아야 할 것이다.

'普'者, 周遍十方之謂也. '天'者, 覆育萬物之謂也. 是乃已成己利, 而推以及人之稱, 非初心學之號也. 儒所謂"兼善天下," 老所謂"行不言之教," 釋所謂"廣度衆生," 此皆自利而利他之謂也. 盖名者, 對實之賓也. 實者, 對名之主也. 若無其實, 何以立其名? 若無其名, 何以現其實乎? 故無實之名虛名, 無名之實非實也. 須名實相稱然後, 乃可爾矣. 今吾與汝, 在家爲叔姪, 出家爲師資, 其親不啻其餘人之親, 其愛不啻其餘人之愛. 故既名其名, 又釋其義以示之, 爾須顧諟, 出家之心, 得名之實, 不戀世俗. 『靜觀集』「示侍者普天禪子」, 한불8:29중

| 자료 3 | 경전 유포를 통하여 승가의 발전 도모

이 글에서는 먼저 일선이 직접 종이를 만들어 경전을 간행하면서 선풍의 진작에 힘썼음이 역력히 드러난다. 그러면서도 한편으로 '달을 가리키는 손가락만 보지 말고 달을 보라'는

없음이 서로 생겨나고, 어려움과 쉬움이 서로를 이루며, 높음과 낮음이 서로 기울며, 노래와 말소리가 서로 조화되고, 앞과 뒤가 서로 따른다. 이 때문에 성인은 인위가 없는 데에 처하며, 말하지 않는 가르침을 행한다. 만물이 이로부터 만들어지지만 말로써 내세우지 않고, 만들어 내지만 소유하지 않으며, 무엇인가를 하더라도 자랑하지 않고, 공이 이루어지더라도 거하지 않는다. 오직 머무르지 않기에 버리지도 않는 것이다[天下皆知美之爲美, 斯惡已, 皆知善之爲善, 斯不善已, 故有無相生, 難易相成, 長短相較, 高下相傾, 音聲相和, 前後相隨. 是以聖人處無爲之事, 行不言之教, 萬物作焉而不辭, 生而不有, 爲而不恃, 功成而弗居, 夫唯弗居, 是以不去]."

선가의 종지를 잊지 않고 역설하고 있다. 수행정진을 승가의 본분으로 여겼던 그의 불교관이 여기서 다시 확인된다.

이제 청원이라는 납자[13]가 나와 함께 『법화경』을 열람하다가 "만약 법(法)을 듣는 자가 있다면 단 한 사람도 성불하지 못하는 이가 없을 것이며, 경(經)을 지니는 등의 5가지 공덕[14]은 보시는 등 7종의 보배[15]보다 뛰어나다"라는 구절에 이르러 감탄하기를, "아! 여기에 오지 않았다면 어찌 경의 뛰어남을 알았겠는가? 기쁜 만남이요, 마음의 큰 경사이다"라고 하였다. 그리고 곧 좋은 것을 함께하고자 하는 마음을 일으키고 유통됨을 넓혀 누구나 볼 수 있게 하고자 하였다. 그래서 동지인 원혜·천기 등과 더불어 서로 호응하여 마음을 합쳐 힘쓰기로 하였다. 각자 스스로의 재물을 내놓고 여러 인연을 모아 약 3천 권 분량의 종이를 만들고 약 30부 정도의 경을 인쇄하여 동학들에게 나누어 주어 도를 깨닫는 바탕으로 삼게 하였다. …… 후에 이 경을 열람하는 이에게 바라는 바가 있다면, 손가락을 보다가 달을 잊는 일이 없었으면 하고, 아무쪼록 통발은 잃더라도 고기는 얻었으면 한다.[16] 다시 바라건대, 요임금의 바람과 선(禪)의 바람이 함께 불고 순임금의 해와 부처의 해가 함께 빛나서, 원컨대 모든 중생이 함께 정각[17]을 이루길 바란다.

今有衲子淸遠者, 與我相從, 覽法華經, 至"若有聞法者, 無一不成佛, 持經五種功德, 勝施七寶珍," 乃嘆曰, "吁! 若不來此, 何知經勝? 欣然所遇, 大慶于懷." 卽發兼善之志, 以弘流通之道, 而使有目者, 共覩之. 與其同志圓慧天機等, 壎篪相應, 黽勉同心. 各出己財, 兼募

13 납의(衲衣)를 입은 사람, 즉 승려를 의미한다.

14 부처의 가피력을 입거나 혹은 깨달음을 얻어 가는 과정에서 필요한 보시(布施), 지경(持經) 등 권장할 만한 다섯 가지의 마음가짐과 행동.

15 금(金)과 은(銀) 등을 비롯한 일곱 종류의 진귀한 보석. 부처의 가르침을 보석에 비유하여 그 귀함을 비유적으로 표현하는 데 사용함.

16 『장자』「외물(外物)」의 다음 문장 참조. "통발은 물고기를 잡기 위하여 쓰이니, 물고기를 얻으면 통발은 잊는 것이다. 올무는 토끼를 잡기 위하여 쓰이니, 토끼를 잡으면 올무는 잊는 것이다. 말이란 뜻을 펴기 위한 것이니, 뜻을 얻으면 말을 잊는다. 내가 어떻게 하면 말을 잊은 사람을 만나서 그와 더불어 말을 하겠는가![筌者所以在魚, 得魚而忘筌. 蹄者所以在兎, 得兎而忘蹄. 言者所以在意, 得意而忘言. 吾安得夫忘言之人而與之言哉!]"

17 '정각(頂覺)'으로도 쓰며, '최고의 깨달음'이라는 뜻이다.

諸緣, 造紙幾三千卷,[18] 印經幾三十部, 施諸同學, 以勖悟道之資也. …… 所願, 後覽斯經者, 無以徒觀指而忘月, 須忘筌而得魚, 爲至焉. 所冀, 堯風與禪風幷扇, 舜日與佛日共明, 願諸有情等, 皆同成正覺.

『靜觀集』「印經後跋」, 한불8:30상–중

| 자료 4 | '인지(仁智)'라는 도호(道號)에 담긴 의미

이 글은 속가에서 불교 수행에 힘쓰고 있었던 한 재가신도를 칭찬한 것이다. 특히 인의예지(仁義禮智)와 충효(忠孝)라는 유가의 윤리 체계를 근간으로 그 행적을 칭찬하고 평가를 하는 점이 눈에 띈다. 그리고 이 연장선에서 불가의 가르침을 논하고 있다는 점도 조선조 불교의 한 단면을 엿보게 한다.

사람은 하늘과 땅 사이에서 태어나 음양을 품부 받아 성장하나니, 사람의 형체를 가진 것은 모두 부자와 군신 간의 충효를 가진다. 그뿐만 아니라 편안함과 위험함의 기미를 알아 자신의 몸을 보존하는 방법도 가지고 있다. 대개 아들 된 자가 그 부모에게 효도하는 것이 인(仁)이요, 신하 된 자가 그 임금에게 충성하는 것이 의(義)이며, 어떤 조짐을 보고 일을 벌이되 위기를 맞지 않는 것이 지(智)이다. 지금 거사[19]가 그 부모를 섬기는 경우를 보면, 살아생전에는 예에 의거해서 섬기고 돌아가신 후에도 예에 의거해서 장사지내니, 어찌 인에 가깝지 않겠는가? 그리고 그 임금을 섬김의 경우에는 비록 천한 일을 시켜도 마다하지 않고 힘들고 어려운 일도 사양하지 않으니, 어찌 의에 가깝지 않겠는가?

[그리고 거사의] 나이가 40세에 이르러 문득 무상(無常)의 이치를 깨달아 집안일을 돌아보지 않고 오직 정토(淨土)만을 생각하고 멀리 즐거운 곳을 생각하여 힘써 나날이 새롭게 하니, 그 공덕이 또한 지(智)에 가깝지 않겠는가? 이상을 통하여 볼 때, 거사의 걸어온 바는 충효를 다하였음은 물론이고, 그 몸을 보존할 좋은 방법도 가지고 있는 것

18 '권(卷)'은 조선종이 20장을 한 묶음으로 하여 세는 단위이며, 한지 1장을 접어 책(冊)의 4면을 만든다. 단국대학교 동양학연구소, 『한국한자어사전』의 '권' 항목 참조.

19 출가하지 않은 채로 불법에 귀의하여 수행정진해 나가는 남자를 이르는 말.

이라 하겠다. 대개 범인들의 마음은 비록 도에 뜻을 두었다손 치더라도 전력하지는 못하고, 설사 외물에 마음을 두지는 않았더라도 외물의 폐단에서 벗어나지는 못하는 사람이 많은 법인데, 거사는 그렇지가 않아 …… 지금 그 행하는 바의 실제를 취하고 바라는 바의 이름에 적합하도록 '인지(仁智)거사'라 부른다. …… 원컨대 거사는 이 이름으로 인해 도를 얻고 오로지 위를 향하는[20] 한가지로 뛰어나 유마의 방 안에 바로 들어가 그와 함께 해탈의 평상에 앉는다면, '인지'라는 이름이 헛되지 않을 것이다.

人生天地間, 稟陰陽而成形者, 皆有父子君臣忠孝也, 而亦有知安危之機, 而保身之策也. 蓋爲人子而孝於父者, 仁也, 爲人臣而忠於君者, 義也, 見幾而作, 不蹈乎危機者, 智也. 今居士之事親也, 生事之以禮, 死葬之以禮, 豈不幾於仁乎? 其事君也, 雖賤使而不拒, 雖勞苦而不辭, 豈不幾於義乎? 年將四十, 頓覺無常, 不顧家業, 唯以淨土爲念, 遙想樂邦,[21] 孜孜日新, 其功亦不幾於智乎? 由是觀之, 居士之所行, 盡其忠孝之義, 而有保身之良策也. 蓋凡人之情, 雖有志於道, 而未專道力, 雖無心於物, 而未免物累者多矣. 居士則不然, …… 今取所行之實, 以稱所望之名曰, '仁智居士'焉. …… 願, 居士因名得道, 超出向上一路, 直入維摩丈室, 與淨名居士,[22] 共座解脫之床, 則此'仁智'之名, 固非虛說.

『靜觀集』「朴居士須道號 以仁智書贈」, 한불8:29하–30상

| 자료 5 | 시를 통하여 본 일선의 선미(禪味)

속세를 떠나 명산을 찾으니
흰 구름과 붉은 숲 사이로 깊이 들었네.
난초를 네거리에 심으면 오래도록 푸르기 어렵고

---

20 '상구보리 하화중생(上求菩提 下化衆生)'의 '상(上)'을 뜻한다.

21 '낙방(樂邦)'은 불교의 이상향인 서방극락세계를 가리킨다.

22 '정명(淨名)'은 유마거사의 또 다른 칭호이다. '유마'는 산스크리트어 'Vimalakīrti'의 음역인 '유마힐(維摩詰)' 혹은 '비마라힐(毘摩羅詰)'이며, 이것을 의역한 것이 '정명(淨名)' 또는 '무구칭(無垢稱)'이다. 유마거사는 부처의 속가제자로 보살행을 중심으로 깨달음을 얻었다고 전해지는 가공의 인물로서 대승불교를 그야말로 대승답게 만든 장본인이며, 『유마힐소설경(維摩詰所說經)』의 주인공이기도 하다.

계수나무 깊은 골에 살아야 오래 신령할 수 있나니.[23]

교[24]의 바다에 노닐며 진여[25]의 끝에 통하고
선문에 참구하여 조사 관문[26]을 뚫어라.
배움은 시간 아껴 잃을까 염려할 일이니
성취함이 없다면 어찌 편안하리요.

出離塵世訪名山 深入白雲紅樹間 蘭植露衢難久翠 桂生幽壑長可丹
優遊敎海通眞際 參求禪門透祖關 學惜三餘[27]猶恐失 未能成就肯安閑

『靜觀集』「示侍者普天禪子」[28], 한불8:29하

홀로 깊은 골에 있으니 늙은 병이 잇달아
멀리 생각하는 우정 기약이 어렵네.
한밤 원숭이 울음에 수심이 일고
구름 덮인 산 해저녁에 애만 끊기네.
번거로운 꿈길 멀지만 돌아오는 길은 쉬우니
넓은 바다 외로운 배 가는 길은 더디길.
서로 생각하는 뜻 은근한 소식은
그저 속히 돌아와 턱을 놓고 웃음 웃기를

23 뒤의 두 구절(蘭植露衢難久翠, 桂生幽壑長可丹)은 유정에게 충고하였던 것과 같은 맥락이다.

24 '교(敎)'는 '선(禪)'이라는 심법(心法)과 대비되는 말로서 경전에 적힌 붓다의 말을 중심으로 공부하여 깨달음을 도모하고자 하는 수행 방법을 말한다.

25 '진여(眞如)'는 깨달은 자가 본 세상의 모습 혹은 불교에서 제시하는 진리치를 뜻한다. 특히 『대승기신론』에서 상세히 설명하고 있으며 상대되는 말로는 '생멸(生滅)'이 있다.

26 '조사의 관문'이란 역대 조사들이 깨달음으로 들어가는 일종의 시험으로 제시한 "뜰 앞의 잣나무" 등 여러 가지 화두를 말한다. 이를 깨우쳐야만 비로소 선(禪)의 문안으로 들어섰다고 할 수 있는 것이다.

27 겨울은 한해의 나머지이고, 밤은 하루의 나머지이며, 음우(陰雨, 장맛비)는 그때의 나머지이다. 이 셋을 일러 '삼여(三餘)'라고 하는데, 공부하는 데는 모름지기 이 세 가지의 나머지 시간으로 족하다는 뜻이다.

28 보천(普天)에게 법명을 내려 주면서 함께 설한 게송이다. 여기서도 세간을 멀리하고 수행에 정진하라는 일선의 가르침이 나타난다.

獨在幽岩老病隨 故人遙憶杳難期 愁生夜壑猿啼處 腸斷雲山日暮時
繁夢路脩歸極易 孤帆海濶去應遲 慇勤爲報相思意 須早回來望解頤[29]

『靜觀集』「送政大將往日本」[30], 한불8:28중

평생 동안 지껄인 말 부끄러우나
끝내 요연히 백억을 넘었다.
말 있음과 없음이 모두 옳지 못하니
청컨대 모두들 스스로 깨닫기를.

平生慙愧口喃喃 末後了然超百億 有言無言俱不是 伏請諸人須自覺

『靜觀集』「臨終偈」, 한불8:27상[31]

석자의 털도 베는 칼
오래도록 북두성에 감추었다네.
구름도 개인 태허의 공중에
이제 칼끝을 내 보이겠네.

어려서 애정을 끊고 고향을 떠나
유마거사의 둘이 없는 문으로 들어왔고,
다시 조사의 관려자[32]를 빼앗았나니
노랑 머리[33]와 파란 눈[34]을 누구라서 말할 수 있을까.

---

29 '해이(解頤)'는 '대소(大笑)'를 뜻한다.

30 일선이 사명대사가 일본으로 가게 되었을 때 띄웠던 우정이 담긴 시이다.

31 이 시는 일선이 열반에 들던 때에 남긴 게송이라고 전해지며, 창수가 쓴 「정관집서(靜觀集序)」(한불8:24)에도 기록되어 있다.

32 '관려자(關捩子)'란 '향상관려자(向上關捩子)'의 준말이며, 부처님이나 조사의 방속 살림살이 혹은 조사관문의 빗장이라는 뜻이다. 말로 미치지 못하고 생각으로 알 수 없는 깨달음의 깊은 뜻을 비유한다.

33 석가세존(釋迦世尊)을 가리킴.

34 달마(達磨) 대사를 가리킴.

三尺吹毛劒 多年北斗藏 太虛雲散盡 始得露鋒鋩

髫年割愛去鄕村 得入毗倻[35]不二門 便拔祖師關棙子 黃頭碧眼孰堪論

『靜觀集』「次贈智法師韻」, 한불8:26하[36]

35 산스크리트어 'Vaiśāli'의 음역으로 '비야리(毘耶離)', '비사리(鞞舍離)', '폐사리(吠舍釐)', '유야리(維耶離)'라고도 쓰며, '광엄성(廣嚴城)'이라고 의역하기도 한다. 부처님이 자주 들렀던 중인도 지방의 지명으로서, 유마힐(維摩詰) 등을 교화하였다고 전해지는 곳이다.

36 선미(禪美)를 충분히 느낄 수 있는 시이다.

4. 유정(惟政)

유정(惟政, 1544-1610)의 속성은 풍천임씨(豊川任氏)이며 자는 이환(離幻)이고 호는 종봉(鍾峯)·송운(松雲) 또는 사명(四溟)으로 중종 39년(1544) 밀양에서 출생하였다. 14세 무렵에 직지사 신묵화상의 문하로 출가하여 18세에 봉은사 선과(禪科)에 급제하였다. 이후 뛰어난 학식이 널리 알려져 32세가 되던 해에는 선종의 주지로 추천되었으나, 사양하고 묘향산으로 들어가 3년여 동안 서산대사의 문하에서 수행에 전념하였다. 당시 서산의 가르침의 내용에 대해서는 『청허당집(淸虛堂集)』 가운데 권4의 「선교결시유정대사(禪敎訣示惟政大師)」와 『선교석(禪敎釋)』에 자세히 나와 있다. 그리고 35세에 서산의 문하를 떠난 이후로 금강산과 가야산 봉은사 등지를 돌며 수행에 전념하게 되는데, 봉은사에 머무는 동안 하곡(荷谷=許篈, 1551-1588)과 그의 동생 허균을 만나게 된다.

이후 임진왜란이 일어날 때까지 유정은 금강산에 머물렀는데, 1592년 왜군이 표훈사에 들이닥치는 것을 시작으로 그의 전장 생활은 마침내 시작되었다. 이후 관군과 의병들의 활약으로 왜군이 퇴각하면서 조선은 일본과 강화를 시도하지만 결렬되고 정유재란(선조 30년, 1597)이 다시 시작되었으며 사명당의 전장 생활은 역시 계속되었다. 그러다가 선조 37년에 유정은 서산대사의 부음을 듣고 묘향산으로 가던 도중에 선조의 명을 받아 적진 탐방을 위하여 대마도로 들어가 포로 3천여 명을 소환하였다. 이어서 일본으로까지 건너가 도쿠가와 이에야스와도 회담하는 한편, 일본인들에 선학(禪學)을 가르쳐 크게 감화를 주었다고 전한다. 그리고 1605년에 귀국하여 고향과 치악산, 가야

산 등지를 떠돌며 수행하다가 1610년 해인사 홍제암에서 67세를 일기로 입적하였다.[1]

유정의 저술과 그의 사상을 검토해 볼 수 있는 문헌은 크게 『사명집(四溟集)』과 『송운대사분충서난록(松雲大師奮忠舒難錄)』 등 둘로 나눌 수 있다.

① 『사명집』은 제자 혜구(惠球, ?-?)가 유정의 입적 후 3년 동안 여러 자료를 수집하여 광해군 4년(1612)에 7권으로 편찬하였다. 1권에는 사(辭) 6편과 고시(古詩) 8편이 수록되어 있다. 그리고 2권에는 오언율시가 19편, 3권에는 칠언율시가 42편, 4권에는 오언절구 8편과 칠언절구 85편이 각각 실려 있다. 그리고 5권은 선게(禪偈) 27편으로, 6권은 잡문 19편으로, 7권은 일본으로 건너갈 때의 느낌을 노래한 잡체시 68편으로 구성되어 있다. 그리고 끝으로 뇌묵당(雷默堂) 처영(處英, ?-?)의 발문과 문인(門人)인 성일(性一, ?-?)의 근지(謹誌)가 있다. 그리고 『사명집』이 편찬된 이후에 부록의 형식으로 추가된 제자 해안(海眼, ?-?)이 찬(撰)한 「송운대사행적」(松雲大師行蹟)과 유명한 허균의 「송운대사석장비명병서」(松雲大師石藏碑銘竝序)가 포함되어 있다.

② 『분충서난록』은 유정이 직접 기록한 전란 중의 기록인데, 많은 부분이 소실되고 남은 것을 모으고 교정을 거쳐 김중례(金仲禮, ?-?)와 신유한(申維翰, 1681-1752)이 유정의 입적 후 130년이 되는 영조 15년(1739)에 편찬한 사명당의 임진사적이다. 그 구성을 보면, 먼저 김중례의 서(序)와 어유구(魚有龜, 1675-1740)의 소서(小序)가 있고, 그리고 본문에는 3번에 걸친 「입청정영중탐정기(入淸正營中探情記)」 등 전란 당시의 각종 기록들 10여 편과 사적(事蹟) 2편이 기록되어 있다. 그리고 부록으로 20여 편의 시가 실려 있고, 끝으로 「밀양표충사송운대사영당비명(密陽表忠祠松雲大師影堂碑銘)」과 「표충사기문부록(表忠祠記文付錄)」이 있다.

1 사명당의 일대기와 그의 사상적 토대에 대해서는 신학상, 『사명당의 생애와 사상』(서울: 너른마당, 1994)에서 자세히 검토되고 있다.

| 자료 1 | 전란(戰亂)과 관련된 유정의 구세적(救世的) 입장

| 자료 1-1 | 국가 중흥을 위한 새로운 방안

「을미상소」는 유정이 남긴 글 가운데 대표적인 명문(名文)으로 꼽히는 글이다. 그는 여기에서 종교인이면서 정치가, 그리고 문장가로서의 능력을 십분 발휘하여 폐허가 된 나라를 구하기 위한 국가 중흥책은 물론, 왜구의 재침에 대비하여 긴급을 요하는 당면과제로서 자주국방 시책 등을 상세하고 장황하게 열거하고 있다.

[지금의 소위 수령이란 자들은] 백성의 살을 깎아 굶주린 호랑이와 이리 떼처럼 자기들의 배만 채우고 있습니다. 백성의 고통은 물이 더 깊어지고 불이 더 뜨거워지는 것처럼 악화되어 사방으로 굴러다니니, 누가 있어 농사를 가르치고 어느 시절에야 나라를 부강하게 하겠습니까? 신은 원컨대, 수령의 선임을 신중히 하고 척출의 법을 엄격히 하여 백성을 사랑하고 기르는 것을 급하게 하되, 재물을 탐내는 염치없는 무리가 우리 백성을 어육처럼 여기지 않게 하소서. 국가 억만년의 중흥의 근본이 다른 데 있지 않습니다. ……

신은 듣건대, 옛날에는 문벌을 논하지 않고 허위(가식)에 현혹되지 않아서 오직 그 사람의 현명함만을 염두에 두고 사람을 썼다고 합니다. 때문에 도살자일지라도 천거하였고, 세상을 피해 숨어 사는 사람이라도 발탁하였으며, 도둑이라도 천거하여 창고를 관장하게 하였습니다. 그러나 지금은 그렇지가 않아서 얼룩소의 새끼라면 비록 털빛이 붉고 뿔이 바르게 났어도 버리고, 천리마의 망아지라면 노둔하고 작아도 타고 다닙니다. …… 이름 없는 자는 우연히 하찮은 실수만 한 번 해도 그를 물리치고, 망령되이 명예만 있는 사람은 때에 맞지 않아도 영진하고 있으니, 이렇게 해서야 뜻 있는 선비가 어찌 그 포부를 펼칠 수 있겠습니까? 원컨대 성명께서는 사방 문을 열어 놓고 널리 백성의 소리를 들어 천지로써 도량(度量)을 삼으면 온 세상이 크게 다행이겠습니다. ……

신은 원컨대, 저 중들도 백성이니 따로 안전한 곳에 모아 병법을 익혀 적을 치게 하고, 늙고 병든 자는 승적을 두게 하고 양식을 베풀어 주었다가 [시국의] 완급에 따라 힘을 모아 이용토록 하고 법외의 여러 일에 침해당하는 일이 없도록 하면 국가로서도 다행한 일이 될 것입니다. ……

삼가 바라옵건대, 성명께서 사람이 [천하다 하여] 그 말[言]조차 버리는 일이 없이 조금이나마 여념을 두어 지금의 폐단을 시정하는 데 만분지일이라도 도움으로 삼는다면, 신은 비록 저녁에 죽어도 여한이 없겠나이다.

剜心頭之肉, 充虎狼之腹. 水深火熱, 轉而之四方, 訓農何人也? 生聚何時也? 臣願, 重守令之選, 嚴黜陟之法, 一切以愛養爲之急, 而勿使貪婪, 無羞恥之輩, 魚肉我遺民. 則國家億萬年, 中興之本, 不外是矣. …… 臣聞, 古之用人也, 勿論門閥, 勿惑虛僞, 惟其賢而已. 故有擧於鼓刀, 擢於考槃, 薦於盜賊 用於管庫者. 今則不然, 犁牛之子, 雖有騂角而棄之, 汗血之駒, 或用駑蹇而乘之. …… 無名者, 偶因一失而退之, 妄譽者, 不合時用而進之. 如是而有志之士, 安能展布其蘊負乎? 伏願聖明, 闢四門達四聰, 以天地爲度量, 則斯世幸甚. …… 臣願, 彼亦民也, 別加安集之方, 壯丁則習兵討賊, 老病則籍保助餉, 使彼竝力, 於緩急之變, 而勿使見侵, 於科外之役, 則國家幸甚. …… 伏乞聖明, 不以人廢言, 少留睿念, 其於時弊, 亦或有萬一之助, 而臣雖夕死無悔矣. 『松雲大師奮忠紓難錄』「乙未上疏言事」, 한불8:97하-98상

| 자료 1-2 | 승려가 국가와 백성을 위하여 살아야 하는 이유

> 여기에 열거된 다섯 가지 행복은 개개 출가승의 행복을 말하였다기보다는, 국가를 비보하고 백성을 편안히 하는 데 일조하는 것이 바로 성불과 이어진다는 유정 자신의 불교관을 뚜렷이 하기 위하여 제시된 것으로 보인다.

우리가 평생을 살아가고자 태어남에 강보를 면치 못하고 일찍 죽는 사람이 절반이나 되는데도 우리는 20여 년을 살았으니 이것이 첫 번째 행복이요, 우리는 아직 공부를 이루지 못하였는데 이렇듯 정신없는 때를 맞았음에도 마침내 몸을 잃지 않았으니 이것이 두 번째 행복이다. 그리고 오랜 과거로부터 지금까지 온갖 곳으로 떠돌아다니다가 천만다행으로 이 바른 법을 만났으니 세 번째 행복이며, 불타는 집의 하루살이처럼 물거품과 그림자처럼 세상에 태어난 몸으로 한 달이 지나도록 목젖이 보이도록 크게 웃는 사람이 몇 없건마는, 우리는 선산에 모여 살면서 법회에 함께 참석하고 얘기하고 웃

으며 더불어 노니니 이것이 네 번째 행복이다.

그리고 사람이 세상에 태어남에 장님이나 귀머거리 혹은 벙어리가 되어 그 몸을 온전히 보전하지 못하고 죽는 사람이 많은데, 우리는 귀와 눈이 맑고 밝고 남아로서의 전형을 갖추어 사람들로부터 버림을 받지 않으니 다섯 번째 행복이 바로 이것이다. 이러한 다섯 가지 행복함을 갖추었으니 금수처럼 헛되이 사는 것은 옳지 않은 일이다. 원컨대 우리 벗들은 모아 둔 것을 아끼지 말고 천지성현의 망극한 은혜를 갚을 것이며, 나라와 백성을 위하여 기도해 온 세상의 평안함을 이루고 먼 훗날에까지 영원토록 형제의 인연을 만들어야 하리라. 우리 벗들은 다시 머리를 돌려 스스로 생각해 보기를 바란다.

我輩生逢減劫, 未免襁褓, 而夭者居半, 我輩至於餘二十春秋, 其幸也一. 我輩未至于學, 而値蒼黃[2]之際, 竟不失遺體, 其幸也二. 塵墨劫[3]來, 散經諸趣, 鍼芥相投, 遇此正法, 其幸也三. 蜉蝣火宅, 泡幻身世, 一月之內, 開口而笑者無幾, 我輩同寓仙山, 同參法會, 談笑同遊, 其幸也四. 人生於世, 盲聾瘖瘂, 保遺體全而歸者幾稀, 我輩耳目聰明, 具男子之典形, 不爲人之所棄, 其幸也五. 具此五幸, 而不宜如禽獸之空死生也. 願我朋輩, 更無惜囊儲, 以報天地聖賢, 罔極之恩, 祈國祈民, 以成天下大平, 仍成無量劫, 兄兄弟弟之因也. 願我良朋, 更回首自思.

『松雲大師奮忠紓難錄』「甲會文」, 한불8:65하

| 자료 1-3 | 적진을 살핀 후 결사항전의 의지를 피력함

유정은 총 세 차례에 걸쳐(갑오년 4월과 7월, 그리고 11월) 가토 기요마사(加藤清正, 1562-1611)를 설득하기 위하여 적진으로 들어갔다. 그리고 그 협상 내용과 적의 동태를 직접 기록하여 한 통은 권율(權慄, 1537-1599)을 통하여 임금에게 보고하고, 한 통은 유독부에 바쳤다. 이 기록을 통하여 유정의 사상적인 면모를 가늠하기는 어렵지만, 당시의

2 '창황(蒼黃)' 또는 '창황(蒼惶)'은 바빠서 허둥거리는 모습을 가리킨다.

3 '진묵겁(塵墨劫)'은 '진점겁(塵點劫)'이라고도 하며, 헤아릴 수 없는 세계들을 부수어 티끌로 만든 다음 다시 그 티끌들을 가지고서 무수한 세계들을 지날 때마다 하나씩 떨어뜨려 사라지게 하고, 다시 그 지나온 세계들을 부수어 티끌을 만들 경우 이렇게 만들어진 티끌 수만큼의 무한한 시간을 가리키는 말이다.

국난에 대한 그의 입장은 짐작할 수 있다. 1차 「탐정기」의 끝부분을 통하여 유정은 일본과의 화의가 사실상 불가능하다는 판단하에 결사항전밖에 달리 방도가 없다고 보았음을 알 수 있다. 그리고 이러한 입장은 세 번째 보고가 있을 때까지도 역시 달라지지 않는다.

대저 저희들이 적장과 더불어 화해할 뜻을 타이르면서 적의 정세를 보았는데, 성곽은 견고하고 호령이 날로 새로우며 군수물자를 두루 보급하여 생계에 여유가 있었습니다. 그리고 고층 누각을 짓기도 하고 혹은 큰 집을 짓기도 하였는데, 심지어 적장인 기요마사가 거처하는 곳은 온 집안에 화려한 자리를 깔고, 금으로 된 병풍을 둘렀으며, 좋은 음식을 먹고, 한 번 부르면 백여 명이 대답하고 달려오니, 그 위엄스러운 명령이 마치 바람이 부는 듯하였습니다.

[이러한 정황으로 봐서] 오래 머물러 있을 계획이 크며, 바다를 건너 돌아갈 기세라고는 조금도 없습니다. [이들의] 사치하고 참람한 모양은 왕후의 경우보다도 심하니, 원통하고 분함을 이길 수 없습니다. 저희들은 원컨대, 중국에 들어가 위로는 천자께 아뢰고 아래로는 조정에 고하여, 중국의 군량과 군기를 몇만이라도 옮겨오고 남쪽으로 향할 병사를 많이 내어 바로 이들이 머물고 있는 곳을 두들겨 부수어 종자를 남기지 말아야 하겠사오니, 삼가 바라옵건대 하나하나 들어 아뢰어 주시면 다행일까 하나이다.

大抵矣等與賊將, 宣諭和諧之意, 仍觀賊勢, 城基牢固, 號令日新, 軍需周給, 生道有餘. 或造層閣, 或造大屋, 至於淸正所居處, 則滿堂華筵, 繞以金屛, 喫以美食, 一呼而百諾俱至, 威令生風. 大有久住之計, 小無渡海之勢. 奢侈僭濫, 有甚於王侯之狀, 不勝痛憤. 某等願入中國, 上達于天子, 下告于朝廷, 運中國糧餉鉅萬, 發南兵多數, 直擣巢穴, 使無遺類然後已也, 伏乞一一枚啓, 幸甚. 『松雲大師奮忠紓難錄』「甲午四月入淸正營中探情記」, 한불8:83하

| 자료 1-4 | 결사항전을 해야 하는 이유

전(前) 첨지중추부사(僉知中樞府事) 승인(僧人) 유정(惟政)이 상소하였는데 그 대략은 다음과 같다. "왜적이 지금 병력을 보강하여 변경에 둔을 치고 있으면서 떠나지

않고 있습니다. 강화를 할 것같이 하면서도 하지 않고 군사를 움직일 것같이 하면서도 움직이지 않은 채, 위협과 공갈을 못하는 것이 없으니, 그들의 종시 숨은 뜻은 앞으로 중국을 침범하는 데에 있습니다. ……

신의 어리석은 생각으로는 오늘날의 형세가 싸워도 위태롭고 싸우지 않아도 위태로우니, 싸우지 않아 위태롭기보다는 성을 등지고 한 번 싸움을 하여 성패를 결판 짓는 편이 더 낫겠습니다. 더구나 현재의 적병은 그 수가 만여 명에 지나지 않고 또 나이 젊고 정예한 자를 보면 모두가 우리나라의 사람이었습니다. 신이 출입하는 것을 보고는 희비(喜悲)의 표정이 얼굴에 나타나는가 하면, 더러는 우리나라 사투리로 신을 부르며 "나는 서울 아무 방(坊)에 있었고 나는 아무 도(道) 아무 고을에 있었는데 적의 위협을 받고서 이곳에 왔다"고 하였으니, 적이 우리나라의 백성을 기반으로 하여 성세(聲勢)를 삼고 있다는 것을 여기에서 알 수 있습니다. ……"

前僉知中樞府事, 僧人惟政上疏略曰. "倭賊至今蓄兵屯境, 逡巡不去. 若將講和而不和, 動兵而不動, 脅辱恐喝無所不至, 其終始微意, 只在於將犯中國. …… 臣之愚意, 今日之勢, 戰亦危, 不戰亦危, 與其不戰而危, 莫若背城一戰, 而決其成敗之爲愈也. 況今見在賊兵其數不過萬餘, 而觀其年少精銳者, 皆是我國之人. 見臣出入, 悲喜之色, 現於面目, 或有以我國方言呼臣曰, '我在京中某坊, 我在某道某邑, 爲賊所脅至此'云, 賊之藉我民爲聲勢, 據此可知矣. ……"

이번의 기회를 놓치고 도모하지 않은 채 두어 달 지연시켰다가 적의 대군이 바다를 건너와 몇 보를 진군하게 되면 토붕 와해의 형세가 목전에 와 닿게 될 것입니다. 그런데도 조야(朝野)의 상하는 그럭저럭 구차스럽게 아무 대책도 없이 날을 보내면서 강화의 일이 행여 이루어지기만을 바라고 있는가 하면, 한 번 변보(邊報)가 불순하게 되면 허둥지둥 미처 피해 달아나지 못할까 두려워하고, 한 번 변보가 다급하지 않으면 마음을 놓은 채 아무 걱정도 하지 않으니, 신은 실로 마음 아프고 절박합니다. …… 삼가 바라건대, 전하께서는 오늘날의 형세를 깊이 살피시어 혁연히 분발하여 속히 윤음(綸音)을 내리시고, 또 체찰사(體察使)·원수(元帥)·통제사(統制使) 등 여러 신하에게 하유(下諭)하여 각기 필사의 뜻을 가다듬어 한 번의 진격으로 자웅을 결정짓게 하신다면 종묘사직의 다행이며 국가의 다행이겠습니다.

如或失今不圖, 而遲延數月, 使賊之大軍渡來, 而進陣數步, 則土崩瓦解之勢, 迫在月前. 而朝野上下, 因循苟且, 袖束手度日以冀和事之或成, 一邊報之來有不順, 則惶惶汲汲, 猶恐走避之不及, 一邊報之來有不急, 則放心肆志, 不以爲虞, 臣實痛悶焉. …… 伏願殿下, 深察今日之勢, 赫然奮發, 亟下綸音, 且諭體察元帥統制諸臣, 使之各勵, 必死亟之志, 決進一戰, 則宗社幸甚, 國家幸甚.

『朝鮮王朝實錄』 23集 194, 「宣祖三十年 四月辛酉朔癸酉」

| 자료 1-5 | 유정이 도일(渡日)하게 된 정치·외교적 배경

> 정유재란 이후에 도쿠가와 이에야스(德川家康, 1543-1616)는 다치바나 도모마사(橘智正, ?-?)를 보내 누차에 걸쳐 협박성의 국교 회복을 모색하였다. 그러나 조정에서는 유정을 불러 올린 이후에도 "원수인 일본과 화친할 수 없다" 혹은 "일개 중[僧]을 사신으로 보낼 수는 없는 일이다" 등의 문제로 갑론을박하면서 5개월여를 보낸다. 그러다 마침내 통신사나 사신의 자격이 없이 적정(敵情)을 정탐하게 한다는 구실 하에 유정을 정치적으로 이용한다. 결국 유정의 도해(渡海)는 정치적 명분 싸움에서 비롯된 것이다.

비변사가 다음과 같이 밀계(密啓)하기를, 유정(惟政)을 보내지 않을 수 없다는 것으로 전교하셨습니다. 유정 등을 대마도(對馬島)에 보내는 일은 그만둘 수 없는 일입니다만, 왜적들의 정세를 정탐하는 중국 관원들이 끊임없이 나오고 있어 사기(事機)가 전과는 조금 다릅니다. 만일 우리가 먼저 신보(申報)하지 않고 차관(差官)의 신보에 의해 이번 일을 듣게 된다면 뒷날 뜻밖의 염려가 없지 않을 것입니다. 다치바나 도모마사(橘智正)가 돌아오면 진강(鎭江)에 자보(咨報)해야 할 것이니, 그 자문 끝에다 유정을 정탐차 들여보낸다는 뜻을 대략 언급하는 것이 합당할 듯합니다.

유정이 가면 일본(日本)으로 가자고 협박할 것인데, 신들도 일찍이 그런 염려를 하였었습니다. 이제 성상의 하교를 받들고 다시 헤아려 보건대, 저들이 현재 이에야스(家康)를 빙자하여 통호(通好)를 요구하고 있는 중인데, 우리나라 사람이 이미 자기네 나라에 들어가고 나면 함께 가자고 협박하는 일이 또한 없으리라고 기필할 수 없습니다.

그러나 유정은 일개 중이고 또 국서(國書)도 지니지 않았으므로 협박을 받아 가게 되더라도 조가(朝家)에서 차송(差送)한 것과는 사체가 절로 구별되니, 만일 임시하여 기미를 살펴 잘 응변(應變)한다면 대단한 해는 받지 않을 듯합니다.

만일 그들이 함께 일본으로 가자고 말하면 마땅히 "너희네 섬은 우리나라와 밀접하여 자주 성의를 보이고 있고, 나는 본디 중이어서 평소 자비(慈悲)를 마음에 두고 있다. 너희들의 섬에 있는 현소(玄蘇)라는 사람 또한 자비를 마음에 두고 있다고 하기에 피차간에 심정을 통하여 선사(先師)인 보제(普濟)의 뜻을 이루게 하고 싶었다. 그래서 바다를 건너 멀리 온 것으로 이는 너희들의 섬을 위해서일 뿐이니 일본에 대해서는 당초 가야 할 의의가 없다. 내가 가서 무엇하겠는가"고 답변하여 거절하였으면 합니다. 만일 그들이 강압적으로 위협하여 사세가 어찌할 수 없게 되면 가지 않을 수 없겠으나, 일본인들이 묻는 말이 있을 경우 또한 마땅히 "당초 들어온 뜻은 단지 대마도를 개유(開諭)하여 생령(生靈)들을 구제하려 한 것뿐이고, 이 이외의 일은 산승(山僧)이 알 바가 아니다"고 답변하여 시종 이러한 뜻으로 사세를 보며 수응(酬應)해야 할 것입니다. 그러다가 뜻밖에 협박하는 일이 있으면 다만 죽을 각오로 완강히 거절하여 국가에 치욕을 남기는 일이 없게 해야 합니다.

備邊司密啓曰, 惟政不可不送之事, 傳敎矣. 惟政等馬島不送在所不已, 而探倭唐官, 絡繹出來, 事機與前稍異. 若不自我先報, 而因差官所報, 得聞此事, 則日後不無意外之慮. 智正之回還, 當有咨報於鎭江, 此咨末端略及惟政爲偵探入送之意似當. 惟政之去, 脅往日本, 臣等亦嘗有此慮. 今承聖敎, 更爲思量, 彼方憑藉家康, 因要通好, 我國之人, 旣入其境, 則脅與俱往, 亦不可謂必無. 然惟政一僧人, 且無國書, 雖被脅往, 與朝家差送, 事體自別. 若能臨時察機, 善爲應變, 則似不至於大段所害. 彼若始以"偕往日本"爲言, 當答之曰, "爾島密邇我國, 屢致誠款, 余本山人, 素以慈悲爲心, 聞爾島有玄蘇者, 亦以慈悲爲心, 欲通彼此之情, 以成先師普濟之志. 故涉海遠來, 只爲爾島而已, 至於日本, 初無可往之義, 如往何爲?" 如是爲辭而拒之. 彼若强脅勢不可已, 則雖不得不往, 而日本之人, 若有所問, 亦當答之曰, "當初入來之意, 只有開諭馬島, 以濟生靈而已, 此外之事, 非山僧所知也," 終始以此意, 觀勢酬應. 如有意外, 脅迫之事, 但當抵死固拒, 無貽辱國之患可也.

『朝鮮王朝實錄』 24集 617.「宣祖三十七年 六月康朔辰 丁亥」

| 자료 1-6 | 승려의 참전은 살생을 막고 임금의 은혜에 보답함이다

우리 선조임금 25년에 일본의 적이 많은 군사를 일으켜 침입하였다. 임금께서는 서도로 몽진하시고 왜구의 총칼이 온 거리를 가득 메우니, 안팎으로 국록을 먹는 자들은 꿩이나 토끼처럼 도망가고 적은 드디어 마음대로 짓밟았다. 이때 송운대사 유정은 불교를 공부하고 있었는데 석장을 날리며 고성으로 들어가 적에게 사람을 죽이지 말라고 깨우치니, 적이 그의 위엄이 늠름함을 보고 즉시 공경하는 마음을 일으키고 그 부하들을 훈계하였으니, 이로 말미암아 영동 9군은 흉악무도한 지경을 면할 수 있었다. ……

얼마 후에 [송운대사는] 비분강개한 어조로 슬퍼하면서 모든 중들을 불러 놓고 말하기를, "우리가 편안히 한가롭게 지내는 것은 모두 임금의 은혜이니라. 지금 나라가 이 지경에 이르렀는데 가만히 앉아서 구하지 않으면 옳다고 하겠는가?" 하고는 수백 명의 무리를 모아 순안으로 달려갔다.

奧我昭敬大王, 在宥[4]之二十五年, 日本賊大擧兵入寇. 主上鄙在西陲, 凶鋒彌滿八路, 中外食焉者, 多雉兎逃, 賊遂肆意蹂躪. 維時松雲大師惟政, 佛者流也, 飛錫入高城, 諭賊勿嗜殺, 賊見其儀容凜然, 卽起敬戒其徒, 由是嶺東九郡, 得免屠戮之慘. …… 旣而慷慨語諸僧曰, "吾等優游飮啄, 皆聖恩也. 今國危至此, 坐視不救可乎?" 乃募衆至數百, 亟赴順安.

『松雲大師奮忠紓難錄』(附錄)「密陽表忠祠松雲大師影堂碑銘竝序」, 한불8:108하

| 자료 2 | 유정의 불교관

유감스럽게도 유정은 불교사상에 대해서 어떠한 체계적인 저술도 남긴 것이 없다. 그뿐만 아니라 불교와 관련된 몇몇 글도 그 대부분이 시(詩)나 선게(禪偈)의 형식으로 남아 있고 산문 형식을 띠고 있는 것은 아래에 제시된 자료가 거의 전부에 해당한다. 그 때문에 그의 불교관을 명확히 이해하는 데 어려움이 많다. 여기서는 불교에 대한 그의 시각이 드러나는 단편들과 시들을 모아 그의 입장을 짐작해 보기로 한다.

4 '재유(在宥)'는 '자재관유(自在寬宥)'의 준말로서 무위(無爲)로써 천하를 다스림을 의미한다.

| 자료 2-1 | 선교(禪敎)를 겸한 수행의 필요성 역설

신라 하대 이후로 정치·사회적인 이유로 선종과 교종이 뚜렷이 양분되면서, 붓다의 종지보다는 종파 간의 이익관계가 더욱 중요한 변수로 등장하였다. 때문에 오히려 불교를 제대로 이해하는 데 어려움이 가중되었고, 보조 지눌 등을 위시해서 뜻있는 승려들이 이러한 세태를 비판하고 나섰다. 유정의 입장은 이러한 사실을 염두에 두고 있다.

아! 2백 년을 지내 오면서 불교가 더욱 쇠잔하여 선과 교의 무리가 저마다 다른 의견을 내게 되었다. 교를 중심으로 하는 사람들은 오직 찌꺼기에만 맛을 들여 한갓 모래알만을 세고 있을 뿐, 교 윗자리에 마음을 곧바로 지적해서 스스로 깨닫게 함이 있음을 알지 못하고 있다. 그리고 선을 중심으로 하는 자들은 천진함만이 전부라고 여기고 닦아서 깨닫게 된다는 것을 무시하며, 문득 깨닫고 난 이후에야 비로소 마음을 일으켜 온갖 수행을 닦게 된다는 뜻도 알지 못하고 있다. [그래서] 선과 교는 서로 뒤섞여 싸우게 된 것이다. 『원각경』의 "'본래 성불'[5]이라는 말을 듣고 본래는 미혹함도 깨달음도 없는 것이라고 여겨 인과를 무시하게 되면 곧 삿된 견해를 일으키게 되느니라. '무명[6]을 닦는다'는 말을 듣고서 진실된 것이 망령된 것을 생기게 하는 것이라고 여겨 진실된 성품을 잃게 되면 이 또한 삿된 견해를 이루게 된다"는 말은 바로 이를 두고 한 말이다. …… [서산대사의 이 책은] 여러 문구가 한 줄로 이어지고 핏줄이 서로 통하여 팔만대장경의 핵심과 다섯 종파의 근원이 모두 여기에 갖추어져 있다. 말마다 이치에 부합하고 구절마다 종지에 들어맞아 편벽된 사람을 원만하게 하고 막힌 사람을 트이게 하니, 참으로 선과 교의 거울이며 깨치고 닦아가는 데 좋은 약이라고 할 것이다.

噫! 二百年來, 師法益喪, 禪敎之徒, 各生異見. 宗敎者, 唯耽糟粕, 徒自算沙, 不知敎之上, 有直指人心, 使自悟入之門. 宗禪者, 自恃天眞, 撥無修證, 不知頓悟後, 始卽發心, 修習萬行之意. 禪敎混濫, 沙金罔分. 圓覺經所謂, "聞說本來成佛, 謂本無迷悟, 撥置因果則, 便

5 깨달은 경지에서 볼 때 모든 중생은 본래 부처와 다를 바가 없다는 것.

6 중생이 부처일 수 없는, 혹은 중생이 스스로 본래 부처임을 알지 못하는 이유로 불교에서 제시된 근원적인 어리석음이다.

成邪見. 又聞修習無明, 謂眞能生妄, 失眞常性則, 亦成邪見”者是也. …… 鉤鎖連環, 血脈相通萬藏之要, 五宗之源, 極備於此. 言言見諦, 句句朝宗, 向之偏者圓之, 滯者通之, 可謂禪教之龜鑑, 解行之良藥也.

「禪家龜鑑」, 한불7:646상-중[7]

| 자료 2-2 | 화엄의 가르침은 선가의 바탕이다

이 글은 그 형식상 『화엄경』을 간행 혹은 사경(寫經)하고서 그 끝부분에 붙인 것으로 되어 있으며, 『화엄경』의 내용을 찬탄하는 내용이 주조를 이룬다. 그런데 보우에게서도 이와 같은 제목이면서 거의 동일한 내용을 담고 있는 글이 남아 있는 것으로 보아서(『懶庵雜著』, 한불7:579중-580상) 유정의 개인적인 불교관을 드러냈다기보다는 당시 『화엄경』을 찬탄하던 정형화된 글이었던 것으로 보인다. 혹은 유정의 문집을 간행하던 후학들의 실수로 보우의 글이 첨가된 것일 수도 있겠다.

크도다, 화엄의 돈교됨이여! 체[8]는 본래 생겨난 것이 아니지만 시작도 끝도 없으며, 그 작용이 끝이 없으므로 이룸도 사라짐도 없으니, 모든 가르침의 근본이 되며 온갖 법의 중심이 된다. 하늘은 이로써 맑고, 땅은 이로써 편안하며, 산천은 이로써 흐르고 씻는다. 그리고 금수는 이로써 날고 달리며, 초목과 곤충에 이르러서는 또한 이로써 움직이고 숨쉰다. 이것이 이른바 “만물의 체가 되어 잃어버리는 것이 없으며, 모든 것의 본성이 되어 어긋남이 없다”는 것이다. 부처의 말씀도 대개 이를 말한 것이며, 50여 선지식[9]이 사람들에게 보여 준 것도 대개 바로 이것이다. 그뿐만 아니라 임금은 인자하고 신하는 충성하며 아비는 자애롭고 자식은 효도하며 형은 보살피고 동생은 공손하며 남편은 부드럽고 아내는 순종하는 것도 또한 이것을 얻지 않음이 없음으로 그렇게 되는 것이다.

---

7 이 글은 『선가귀감』의 발문(跋文)으로 남아 있는 유정의 글이다.

8 ‘상(相)’이나 ‘용(用)’과 비교해서 이해할 수 있는 말이다. ‘상’과 ‘용’이 깨달음의 상태에서 밖으로 드러나 확인되는 여러 가지 현상이라고 한다면, ‘체(體)’는 이러한 현상의 근원인 동시에 이것들을 모두 포함하는 전체이다.

9 ‘선지식’은 깨달음으로 인도해 주는 스승 혹은 주변의 좋은 인연들을 뜻한다.

이것을 넓히고 확충하면 곧 온갖 것들이 모두 비로자나불[10]의 진실된 몸이 되고, 미루어 행하면 곧 보현보살[11]의 가늠하기 어려운 행이 된다. 그리고 이를 듣는 사람은 부처가 될 것이요, 이를 따라 기뻐하면 범부됨을 넘어설 것이다. 진실로 그 재주가 천종[12]을 뛰어넘고 그 지혜가 태어나면서부터 아는[13] 이상이 아니라면, 그 누가 바른 믿음을 일으키고 큰 서원을 일으켜 이 뜻을 크게 드러내겠는가?

大哉, 華嚴之爲頓敎也! 體本不生, 而無始無終, 用實非滅, 而無成無壞, 是爲衆敎之本, 而萬法之宗也. 天以之而淸, 地以之而寧, 山川以之而流峙, 禽獸以之而飛走, 以至草木昆蟲, 亦以之而動息. 此所謂"體萬物而不遺, 性一切而無忒"者也. 我佛之所宣說, 盖說此也, 五十三善知識所示人, 盖示此也, 乃至君仁臣忠, 父慈子孝, 兄愛弟恭, 夫和婦順, 亦無非得此而然也. 由是而擴而充之, 則物物毘盧之眞體, 推而行之, 則步步普賢之妙行. 聞者成佛, 隨喜超凡. 苟非才超天縱, 智過生知, 其孰能生正信發大願, 大揚斯旨乎?

『四溟堂大師集』 卷6 「華嚴經跋」, 한불8:62상-중

| 자료 2-3 | 『법화경』의 가르침도 선가의 바탕이 된다

> 이 글도 「화엄경발(華嚴經跋)」과 마찬가지로 『법화경』을 간행 혹은 사경하고서 그 말미에 붙인 형식으로 되어 있다. 다른 승려들의 저술에서는 눈에 띄지 않는 것으로 보아서 유정의 창작이라고 볼 수도 있겠지만, 이것 역시 당시의 정형화된 글이었을 가능성을 배제하기는 어렵다.

10 본서 제2장 4절 주석 35 및 45 참조.

11 보현보살은 부처의 자비로운 행동을 상징하기 때문에 '자비교주'라고도 칭한다. 특히 『화엄경』의 「보현행원품」에서 그러한 상징성이 뚜렷이 부각된다.

12 하늘이 용납하여 마음대로 하게 함. 날 때부터 훌륭함. 특히 천종지대성(天縱之大聖)은 하늘이 그 사람에게 충분히 재능을 발휘하게 한 성인이라는 뜻으로 공자(孔子)를 일컫는 말이다.

13 『논어』 「계씨(季氏)」의 다음 문장 참조. "공자가 말하였다. '태어나면서부터 아는 자가 가장 뛰어나고, 배워서 아는 자가 그다음이고, 곤경에 처하여 배우는 자가 그다음이다. 곤경에 처하여도 배우지 않는 자는 백성으로서 가장 아래다'[孔子曰, '生而知之者, 上也, 學而知之者, 次也, 困而學之, 又其次也, 困而不學, 民斯爲下矣']."

대개 맑은 거울과 탁한 쇠는 원래는 두 물건이 아니었고, 흐르는 물결과 깊이 고인 물은 하나의 근원에서 함께 나오는 것이다. [이렇게] 근본은 같지만 끝이 다르게 되는 것은 갈고 갈지 않음과 움직이고 움직이지 않음의 차이에 있을 뿐이다. 무릇 성인과 어리석은 사람의 차이도 이와 같으니 다만 미혹함과 깨달음으로 구분될 뿐, 누구라서 어리석음과 지혜로움에 종자가 있다고 할 것인가? 지독한 어리석음을 가지고 큰 깨달음을 바라는 형세에는 하늘과 땅의 차이가 있지만, 한 생각으로 기틀을 돌이키면 본래의 깨달음과 같게 된다.

그런데 기틀을 돌이키는 데는 두 가지가 있으니, 하나는 제힘으로 하는 것이요 두 번째는 남의 힘을 빌리는 것이다. '제힘으로 하는 것'은 한 생각으로 기틀을 돌이켜 본래의 깨달음과 같아지는 것이며, '남의 힘을 빌리는 것'은 인자한 아비(아미타불)에 귀의하여 열 번 생각하는 공을 이루는 것이다.

夫淸鏡濁金, 元非異物, 渾波湛水, 同出一源. 其本同而末異者, 在乎磨與不磨, 動與不動耳. 凡聖愚不肖, 性亦如是, 但以迷悟爲別, 孰云愚智有種? 以至愚望大覺, 勢絶霄壤, 及乎一念回機, 便同本覺. 然而回機有二種, 一自力, 二他力. '自力'謂一念回機, 便同本覺者也, '他力'乃歸依慈父, 十念功成者也. 『四溟堂大師集』 卷6 「圓俊長老法華經跋」, 한불8:61하-62상

| 자료 2-4 | 여래는 바로 나의 배 속에 있다

> 여기서는 무상(無常)의 도리와 연결된 깨달음에 대한 휴정의 간절함이 나타나 있다. 그뿐만 아니라 깨달음을 외재적인 것이 아니라 수행하는 자의 마음[心]에서 출발하여 이르게 되는 것임을 분명히 하고 있다.

[대사는] 병술년 봄에 옥천산의 상동암에 도착하였다. 어느 날 하룻밤 소나기가 내리고 난 후 뜰의 꽃이 모두 떨어졌다. 대사는 문득 무상의 이치를 깨닫고 제자들을 불러모아 말하였다. "어제는 꽃이 피었는데 오늘은 빈 가지만 남았다. 세상살이의 변화하고 사멸함도 또한 이와 같으니라. 덧없는 삶이 하루살이와 같거늘 광음을 허송하는 것

은 진실로 가엾은 일이다. 너희들은 제각기 신령스러운 성품을 갖추고 있는데도 어찌 돌이켜 일대사[14]를 구하려고 하지 않는가? 여래는 나의 배 속에 있는데 어찌 밖에서 구하느라 세월만 보내겠는가?" 이어서 곧 제자들을 흩어 버리고 홀로 참선하는 방으로 들어가 입을 다물고 가부좌를 틀고 앉아 열흘 동안 나오지 않았다. 사람들이 창틈을 통하여 엿보았더니 그 모습이 우뚝 앉아 있는 것이 마치 흙으로 만든 인형 같았다.

丙戌春到沃川山上東菴, 一夜驟雨庭花盡落, 師忽悟無常, 招門人語之曰, "昨日開花, 今日空枝, 人世變滅, 亦復如是. 浮生若蜉蝣, 而虛度光陰, 實爲矜悶. 汝等各具靈性, 盍反求之以了一大事乎? 如來在我肚裏, 何必走外求, 而蹉過日時耶?" 卽散門徒, 獨入禪室, 杜口結跏, 或旬日不出, 窺之則兀若塑人. 『四溟堂大師集』 卷7 「松雲大師石藏碑銘并序」, 한불8:76상

| 자료 2-5 | 선시를 통하여 본 유정의 불교관

이하에 제시된 시들은 유정이 일본으로 건너가 그곳의 승려와 세력가를 가르치기 위하여 지은 것과 국내에서 지은 선게(禪偈)로 구성되어 있다. 그의 선사상을 가늠해 볼 수 있는 계기를 제공한다.

본래 스스로 나지도 않고 없어지는 것도 아닌데
누가 방망이를 때리며 또 누구를 다스리는가.
봄은 깊어 가고 복숭아 꽃은 붉게 피나니
다시 높은 가지를 향해 눈썹 펴고 웃어라.
백억으로 나뉜 몸은 정한 대가 없는데
인연을 따라 주인이 되어 큰집을 다스리도다.
꾀꼬리는 봄바람에 오르고 내리는데
어느 곳에 귀먹은 아이 웃음을 모르는가.

14 부처가 세상에 나타난 목적, 즉 부처가 중생을 제도하기 위하여 세상에 나타나거나 혹은 중생이 수행하여 깨달음을 얻는 것과 같은 큰일.

本自無生無滅時 阿誰下捧又誰治 春深紅入桃花發 更向高枝笑展眉
百億分身無定時 隨緣作主大家治 鶬鶊上下春風外 何處聾兒不解眉

『四溟堂大師集』 卷7 「贈日本僧二」, 한불8:72중-하

이 일이 원래 칼을 희롱하는 것과 같으니
희롱할 제 삼가 칼끝을 범하지 말아라.
머뭇거리고 의심하여 알음알이의 길에 떨어지면
부모를 저버리고 고향에 가지 못하리.
뜬구름 같은 삶이 번개처럼 빠르니
굴레에서 벗어나기를 서둘러라.
철벽 끝에서 한번 뛰쳐 굴러야
바야흐로 고향 집에 돌아가리라.

此事從來弄劒刃 弄來須愼犯鋒鋩 遲疑若墮思量路 孤負爺孃隔故鄕
浮生存沒速流電 脫却籠頭早著忙 鐵壁那邊飜一轉 此時方得到家鄕

『四溟堂大師集』 卷5 「贈正凝禪子」, 한불8:60하

참선에 무슨 많은 말이 있을 것인가
다만 스스로를 묵묵히 보라.
조주의 '무'[15] 자를 잊어버리면
입 있고 말 안해도 나는 상관하지 않으리라.
우리 스승 천축의 금선씨는
헤매는 사람을 빨리 고향으로 돌아가게 하도다.
스스로 돌아가려 하지 않을 뿐 돌아가려고만 하면 문득 가리니
달이 걸린 푸른 계수나무에서 우는 원숭이.

---

15 선가(禪家)에서 제시하는 여러 공안(公案=話頭) 가운데 대표적인 것이다.

參禪不用多言語 只在尋常默自看 趙州無字如忘却 雖口無言我不干

我師天竺金仙氏 直使跉跰返故園 自是不歸歸便得 月臨青桂有啼猿

『四溟堂大師集』 卷5 「贈默山人」, 한불8:61상

| 자료 3 | 유정에 대한 지인(知人)들의 평가 자료

여기서 제시되는 자료는 사명당 유정이 직접 기록한 것은 아니지만, 그의 행적이나 사상적 토대를 가늠해 보는 데 있어서 중요하다고 생각되는 것들이다. 불교에 대한 유정의 저술이 지나치게 빈약한 관계로 여기서는 그의 불교관을 짐작해 볼 수 있는 자료들을 중심으로 소개하기로 한다.

| 자료 3-1 | 선가의 종지가 유정에게로 이어지다

이 부분은 조선의 법맥을 설정하는 데 있어서 무척 중요한 대목이다. 조선 선맥을 말하고 있는 것들 가운데는 드물게 지눌과 나옹을 선맥 속에 넣고 있기 때문이다. 특히 법맥 논쟁은 1993년 입적한 성철이 보조 지눌을 한국 조계종의 법맥에서 제외하고 태고 보우의 법맥을 인정하는 것을 계기로 학계의 이슈로 떠오른 민감한 문제이기도 하다.

불교가 동으로 삼한에 들어온 후 교와 율을 아울러 일으키고 원교와 점교[16]가 나뉘어 수천 년을 내려오는 동안 가사를 입은 사람들은 제각기 석가모니의 보배를 가졌다고 자랑하였다. 그러나 [이 가운데] 오직 목우(고려조의 지눌)와 강월(고려조의 나옹)

16 중국에서 불교의 여러 이론 체계를 판교(判敎)하는 기본으로 삼은 것 가운데 대표적인 것이 점교, 돈교, 원교이다. 점교는 점진적인 수행을 통하여 깨달음을 이루어 나가는 소승적 수행 방식이고, 돈교는 선가에서 옹호하는 단박에 깨달음의 경지에 이르는 것이며, 원교는 『화엄경』이나 『법화경』을 옹호하며 세간과 출세간을 동시에 포섭하는 것으로 이해된다. 특히 종파 불교에서는 이들 간의 우열을 논의함으로써 자기 종파의 우수성을 선양하는 데 이용하였다.

만이 황매의 종지[17]를 받아 선문의 우두머리로 우뚝하여 그 위엄[18]을 한번 떨치면 모든 사람들이 물러나게 되었으며, 열반묘심[19]과 정법안장[20]을 우리나라[21]에 비밀리에 전하였으니 어찌 기특한 일이 아니겠는가? 그리고 보제(나옹)로부터 다섯 번 전해져 부용 영관이 법통을 계승하고 [부용 영관은] 청허노사(淸虛老師, 청허당 휴정)를 입실제자[22]라 일컬었고 그 지혜로운 관찰과 오묘한 깨달음이 앞사람들보다 뛰어났으니, 이것이야말로 최근의 임제종과 조동종[23][의 법맥]이다. 그 이후로 법맥을 이은 사람이 없지 않아 있었으나 불문(佛門)에서 말하기를 사명대사가 서산대사의 법을 이었다고 하니 대체로 옳은 말이니라! ……

아, 안타깝도다! 사명대사의 삶이여! 시끄러운 시대를 만나 전쟁에 시달리면서 나라를 위하여 적을 물리치기에 바빠 불법을 선양하고 미혹한 중생을 깨우칠 여가가 없었구나! 대사를 아는 사람들 가운데는 [스님이] 뱃사공 노릇은 하지 않고 한갓 세상을 구제하기에 급급하였다고 나무란다. [그러나 이들이] 마구니를 베고 어려움을 구제하는 것이 [불교의] 큰 가르침을 따르는 자[渠家]의 공덕인 줄을 어찌 알겠는가? 유마힐은 말없이 곧장 둘이 없는 법의 문에 들어갔는데, 또 무엇하러 시끄럽게 가르침을 세우겠는가?

---

17 선종사에서 달마의 정법을 이었다고 전해지는 5조 홍인(弘忍, 601-674)이 거처하던 곳이 황매산 혹은 황매현이다. 그리고 이곳으로 혜능이 찾아들어 법을 전수받게 된다. 따라서 여기서 말하는 '황매의 종지'란 선가의 정법(正法) 정도로 이해할 수 있다.

18 '겸추(鉗鎚)'는 원래 칼과 쇠망치라는 뜻이지만 여기서는 '위엄' 혹은 '기세' 정도로 번역한다.

19 깨달음의 상태에서 나타나는 표현하기 어려운 마음.

20 선(禪)에서 '정(正)'이라는 것은 세계의 진실된 모습을 의미하며, '청정법안(淸淨法眼)'이라고도 하여 석존이 본 세상 혹은 그가 설하는 정법을 뜻한다.

21 '청구(靑丘)'는 옛날 중국에서 우리나라를 부르던 별칭이다. 하늘에 청구라는 별이 있어서 그 별이 우리나라를 지켜 주고 있다는 전설에서 붙여진 이름이다. '청(靑)'은 오색(五色)에서 동방을 나타내는 빛이고, '구(丘)'는 땅을 뜻하므로 '청구'는 동방의 세계를 뜻한다.

22 방 안에 들어가 배우는 제자라는 뜻으로서 여러 제자 가운데 스승의 측근에서 그 능력을 인정받으며 법을 전하기로 예정되어 있는 제자.

23 선종 5가 가운데 대표적인 두 개의 법맥으로 임제 의현(臨濟義玄)과 동산 양개(洞山良价)로부터 각각 이어진 것이다.

自象敎[24]之東被三韓也, 敎律竝倡, 圓漸分門, 數千年來, 蒙伽黎[25]者, 人人各自, 誇握牟尼之寶矣. 唯牧牛江月, 獨得黃梅宗旨, 蔚爲禪門之冠, 鉗鎚一震, 萬人皆廢, 俾涅槃妙心, 正法眼藏, 秘傳於靑丘之域, 豈不異哉? 普濟五傳, 爲芙蓉靈觀, 而淸虛老師, 稱入室弟子, 其慧觀妙悟, 有出於前輩, 寔近代之臨濟曺洞也. 厥後嗣法者, 不無其人, 而緇門盛推四溟大師, 謂可繼西山之傳, 或庶幾乎哉! …… 嗚呼! 師之生, 當俶擾[26]之代, 逼側戎馬間, 與國家捍强賊, 其於宣揚法室, 振刷迷徒, 盖未之暇淺之乎! 知師者, 或病其乏津筏, 而徒區區救世爲夫. 豈知誅魔濟難, 是渠家功德? 而摩詰無言, 直入不二法門, 又奚用嘵嘵[27]立訓乎?

『四溟堂大師集』 卷7 「有明朝鮮國慈通弘濟尊者四溟松雲大師石藏碑銘并序」(許筠), 한불8:75중-77상

| 자료 3-2 | 불교의 가르침이 유가의 그것과 다를 바 없다

> 이 글은 유학자인 신유한이 유정과의 인연으로 말미암아 『분충서란록』의 발문을 집필하는 과정에서 토로한 그의 불교관이다. 그는 유정으로 말미암아 비로소 불교가 세상과 유리된 종교가 아니며 부처의 가르침 역시 그러하다는 사실을 알게 되었다고 말하고 있다. 불교의 이론을 지나치게 유가적인 입장에서 견강부회한 면이 없지 않아 있지만, 불교가 유정을 통하여 어느 정도나마 세상과의 의사소통 가능성이 열렸다는 점만은 의미 있게 받아들일 만하다.

불교는 정혜[28]로써 한마음을 다스리고 자비심으로 만물을 제도하는데, 그 책은 [유가의] 육경과 다르고 그 행실은 오륜과 다르며 그 풍속은 일반 백성과 달라 산자락의 구름처럼 살다가 들판의 불길처럼 사라지니, 유가에서는 이를 배격하여 마지않았다. 그러나 시험 삼아 불교인들에 대하여 공부하면서 이 『분충서란록』을 읽고 송운의 풍모

24 붓다의 열반 이후 불상을 받들어 가르친 것을 '상교(象敎)'라고 일컬으며, '명교(名敎)'의 반대말이다. '상교(像敎)'라고도 쓴다.

25 '승가려(僧伽黎, saṃghāṭi)'의 약칭으로 9조(條) 이상으로 된 승복을 가리킨다.

26 '숙요지대(俶擾之代)'는 처음 어지러워진 시대를 의미한다.

27 '효효(嘵嘵)'는 두려워하는 모양을 뜻한다.

28 참선하여 삼매에 들어가는 선정(禪定)의 단계에서 드러나는 지혜.

를 공경하게 되었다.

그 행적[29]을 보게 되면, 근왕(勤王)하여 죽을 곳에 나가더라도 7척의 몸을 돌보지 않고 산더미 같은 칼과 나무처럼 서 있는 칼을 평지처럼 여기니 곧 선정[30]이 아니겠는가? [그리고] 지성으로 임금의 은혜에 보답하는 면을 보게 되면, 원수 갚기를 하늘에 맹세하고 종사를 걱정하고 중생을 근심하여 중흥의 대책을 힘써 강구한 것은 진실로 지혜가 아니겠는가? [그리고] 조그만 배를 타고 바다를 건너는 것을 보게 되면, 민왕을 설복시켜 수천 명의 떠도는 백성을 고래의 입에서 벗어나게 하였으니 곧 자비심이 아니겠는가?

이것들은 무상보리[31]의 반야종법[32]이 되며, 천둥과 번개도 이길 수 있고, 쇠와 돌도 뚫을 수 있으며, 쇠로 된 이마를 가진 치우[33]도 감히 더불어 강함을 다툴 수 없는 것이 모두 이 물건이라. 이를 따르면 천당에 오르고 이를 어기면 지옥으로 떨어지나니, 외를 심으면 외가 나고 종을 치면 종소리가 들리는 것처럼 한 생각의 인과로 부처가 되기도 하고 중생이 되기도 하는 것이다. 그러므로 그 법이 오륜과 무엇이 다르며, 그 마음이 백성과 무엇이 다를 것인가?

佛氏之敎, 以定慧治一心, 以慈悲濟萬物, 其書與六經異, 其行與五倫異, 其俗與百姓異, 生如峀雲, 沒爲野火, 儒家輒力排之不休. 然試使學佛之徒, 讀是錄而慕松雲之風. 觀其隻手勤王出萬死, 不知七尺之軀, 視刀山劍樹如平地, 卽非禪定乎? 觀其至誠報主, 誓天復讐, 憂宗社恤生靈, 力贊中興之策, 卽非眞慧乎? 觀其一帆滄海, 歷詆蠻王, 脫數千俘氓於鯨鱷之口, 卽非大慈悲乎? 其斯爲無上菩提般若宗法, 而雷霆可犯, 金石可貫, 鐵額蚩尤, 莫敢與爭强者, 皆是物也. 由是而升天堂, 反是而墮地獄, 種瓜得瓜, 鼓鐘聞鐘, 一念因果, 爲佛爲衆. 卽其法與五倫奚異, 其心與百姓奚異?

『松雲大師奮忠舒難錄』(附錄) 「松雲大師奮忠舒難錄跋」(申維翰), 한불8:108중

29 '척수(隻手)'란 원래 '한쪽 손'이라는 뜻으로 '쌍수(雙手)'의 상대어에 해당한다. 여기서는 유정이 하였던 '행동' 혹은 그의 '발자취'나 '행적'이라는 뜻으로 풀었다.

30 참선하여 깊은 삼매(三昧)의 경지에 들어가 있는 상태.

31 더 이상 윗자리가 없는 최고의 깨달음 상태.

32 깊은 깨달음의 상태에서 표출되어 나오는 지혜.

33 황제(黃帝) 시대 제후의 호(號). 병란(兵難)을 좋아하였기 때문에 황제에게 주륙(誅戮)되었다.

| 자료 3-3 | 불가와 유가의 윤리는 하나이다

> 이 글 역시 유학자였던 김중례가 유정과의 각별한 인연으로 해서 『분충서란록』의 서문을 쓰면서 토로한 그의 불교관이다. 불교 그 자체보다는 유정의 인간적인 면모를 기술하는데 충실하고 있다. 그러면서도 그도 역시 유정을 통하여 불교를 다시 이해하게 되었다는 점을 말하고 있다.

석가를 따르는 사람들은 임금과 어버이를 버리고 인간 세상으로부터 벗어나 전례를 무시하고 공적(空寂)을 귀하게 여기니, 그 가르침이 정밀해질수록 우리의 도와는 어긋남도 심해져 유가에서는 힘써 배척하는 바이다. 그러나 송운대사는 왜구가 날뛰던 때에 일개 승려로 삼림에서 몸을 일으켜 법을 일으켜 적을 쳤으며, 또 비밀리에 조정의 뜻을 받들어 적진 중에 들어가 그 허실을 살펴보았다. 난이 겨우 진정되면서 마침 임금의 명을 받들고 바다를 건너가 손뼉을 치며 말하여 그 교만한 적을 굴복시키고 마음을 고쳐 이웃과 화평하게 하고 나라를 평안케 하였으니, 충성스러운 공적이 어찌 위대하지 않겠는가? ……

아! 대사께서는 나라가 어지러울 때 의병을 일으키고 나라가 위태하고 어려울 때 힘을 다한 것은 언뜻 불가의 자비적멸의 법문과는 서로 맞지 않는 것으로 보인다. 그러나 부처가 세상에 나타나 널리 중생을 제도함에는 도가 아닌 것이 없으니, 어찌 진여정법[34]을 해치는 것이겠는가. 남쪽에서 돌아와서는 조정에서 벼슬을 내리려고 하였지만, 끝내 옷자락을 뿌리치고 가야산 속으로 자취를 감추고 말았다. 이는 공명과 영리로 그 계율을 변질시키지 않은 것이니, 소동파[35]가 말한 "부처님의 마음 법을 얻음"은 진실로 대사에게 있다고 하겠다.

釋迦者流, 棄君親而逃人世, 外典禮而貴空寂, 得其法彌精, 而背於吾道者益深, 儒家所以深抵而力排者. 然雲師, 當倭寇滔天之日, 以眇然一緇禿, 挺身山林, 倡法討賊已,. 又陰受朝旨入賊陣, 調得虛實. 逮夫大難甫定, 祇奉君命, 遠涉鯨海, 抵掌立談, 制伏驕蠻, 俾能革心

---

34 진여와 같은 말로서 불교에서 말하는 최고의 진리치, 혹은 붓다가 제시한 깨달음의 세계를 말한다.

35 당송팔대가의 한 사람인 소식(蘇軾, 1036-1101).

斁, 邊輯寧邦家, 其忠與功, 豈不甚偉也哉? …… 噫! 師之起義, 於搶攘之際, 勉力於危難之日者, 似若相戾於渠家慈悲寂滅之法門. 而現佛在世, 普濟生靈, 無往而非道, 則終亦何害, 於眞如正法也. 及其自南還, 朝廷欲賞之以官, 遂拂衣長歸泯跡於伽倻山中. 不以功名營利, 而變其戒律, 坡翁所謂"得佛心法"者, 師實有之矣.

『松雲大師奮忠舒難錄』「奮忠舒難錄序」(金仲禮). 한불8:79상-중

5. 경헌(敬軒)

경헌(敬軒, 1544-1633)의 법호는 순명(順命)이고 자호하기를 허한거사(虛閑居士)라 하였다. 혹은 그가 거처하던 곳을 따라 당호를 제월당(霽月堂)이라고도 하였다. 호남인(湖南人)으로서 속성은 조씨이며, 10세에 양친을 잃고 15세에 출가하였다고 한다. 천관사(天冠寺)에서 옥주선사(玉珠禪師)로부터 구족계를 받고, 처음에는 명유(名儒)를 따라 사서(四書)를 배웠다고 한다. 그러나 유가의 사상이 세간의 도일뿐 출세간의 가르침이 될 수 없음을 깨닫고, 출가사문의 본분사를 해결하고자 원철대사(圓哲大師)를 따라 지리산으로 들어가 선지식을 찾아 가르침을 받고 스스로 삼장을 널리 섭렵하였다.

그가 묘향산으로 가서 청허 휴정(淸虛休靜, 1520-1604)을 만난 것은 그의 나이 30세가 되던 해였다. 청허가 철퇴를 치며 불법의 대의를 묻자 교학에 얽매인 그의 미혹한 소견이 일시에 사라지고, 이후 그가 발하는 언구가 모두 조사들의 언구에 합당하게 되었다고 한다. 그가 학인들을 가르칠 때는 "먼저 『도서(都序)』와 『절요(節要)』로 불법에 대한 지견을 결택함으로써 근본을 굳건히 하고, 『선요(禪要)』와 『서장(書狀)』으로 알음알이의 병을 치유하여 가슴을 쇄락하게 한 연후에 『법어육단(法語六段)』을 참구의 요체로 삼으라"고 하였다.

그는 자호와 같이 성품이 맑고 깨끗하여 세사에 초연하였으나, 임진왜란을 당하여 스승인 휴정의 요청에 따라 진중에 거하게 되었다. 전해지는 바에 따르면, 진중에서 관음기도를 며칠 함으로써 적의 기운을 멸하였다 한다. 이에 선조가 선교양판(禪敎兩判)의 직책을 내렸으나 굳이 사양하고 물러나 일생 동안 제자들을 가르치며 산간에 노닐었다.

경헌의 선사상은 직접적으로는 휴정의 영향을 받았지만, 휴정 스스로 「벽송행적」에서 밝힌 법통으로 본다면 궁극적으로는 육조 혜능에 연원을 두고 있으며, 그중에서도 임제종의 법을 이은 대혜(임제의 17대손)와 고봉(18대손)의 법맥에 이어져 있다고 할 수 있다. 이러한 맥락에서 볼 때 그의 선사상은 청허 및 동시대의 선사들과 크게 다르지 않다고 볼 수 있다. 따라서 각 단편 자료에 대한 해제를 따로 붙일 필요를 느끼지 않으므로 전체 해제에 간단히 부기한다.

그의 문집으로는 『제월당대사집(霽月堂大師集)』 상·하 두 권이 있다. 내용상으로는 시와 선게가 각각 47편과 17편이 수록되어 있으며, 그중에서 사상사적 의미를 가진 것은 수 편에 불과하다. 여기에 수록한 두 편의 시는 공히 화두선이 가장 뛰어난 수행법이라는 점을 강조하고 있다. 한편, 문사(文辭)는 불사(佛事)에 관련된 것과 서간문이 대부분이다. 그중에 밀월대사(密月大師, ?-?)에게 보낸 서간문(「시밀월대사[示密月大師]」)은 그의 선사상을 어느 정도 체계적으로 보여 주는 거의 유일한 자료라고 할 수 있다. 그 밖에 「제월당대사행적(霽月堂大師行蹟)」은 사료적 가치와 함께 그의 사상 동향을 가늠해 볼 수 있는 자료라고 판단되어 함께 수록한다.

| 자료 1 | 간화선이 수행의 으뜸

> 이 시의 원제는 「새선덕안택(賽禪德安宅)」으로서 중국 송대에 들면서 강조된 간화선 우위의 선 수행론을 답습하고 있음을 볼 수 있다. 이는 오늘날의 한국 선승들에게서 볼 수 있는 태도와 대동소이한 것이다.

유가의 가르침은 통달해도 쓸모가 없고
석가의 경전을 읊조려도 마음만 미혹하게 할 뿐,
오직 조사들의 활구가 의단을 깨뜨리니
이것을 일러 대장부라 한다.

儒教貫通無用處 釋經能誦轉心迷 祖師活句疑團破 是卽名爲大丈夫

『霽月堂大師集』 卷上 「賽禪德安宅」, 한불8:118상

| 자료 2 | 격외의 도리는 조사선으로 뚫는다

> 원제는 『시월화도인(示月華道人)』이다. 칠언율시를 곁들인 이 서간문 역시 조사선, 즉 간화선법의 참구를 강조하고 있다. 특히 '한 물건'으로 불리는 불법의 당체에 대한 묘사는 육조 혜능 이래 오늘에 이르기까지 그 어법이나 표현 양식이 구태의연함을 보여 주고 있다. 이것은 경헌이 간화선 전통에 충실하였음을 보여 주는 것이지만, 한편으로 새로운 착안처를 갖지 못하였다는 사실 또한 동시에 알려주는 것이기도 하다.

불법은 지극히 미묘해서 이렇다저렇다 추량할 수가 없다. 이치를 봄이 번갯불과 같이 빠르고, 일을 다스리는 방편은 쇠털과 같이 많다. 깨달음과 닦음이 지극히 어렵고 지극히 어렵다. 부디 속히 오시어 한 말씀 일러주시지요.

한 물건이 있되 코도 없고 잡을 곳도 없으나[1]
언제나 중생의 일상 씀씀이 가운데 있네.
부처와 조사도 여기에 이르러선 말이 미치지 못하고
팔만 장경도 그것을 거두어들일 수 없네.
만약 누가 이 일을 알려고 한다면
고요함과 움직임 사이에 모름지기 조사관을 참구해야 한다.
느끼지 못하는 가운데 전신이 일제히 놓여나면
구천의 구름이 흩어지고 달이 드러나리라.

1 본서 제2장 5절 각주 88 참조. 원문의 "무비역무파(無鼻亦無巴)"에 나온 '파(巴)'와 '비(鼻)'를 결합한 단어인 '파비'는 파악할 수 있는 실마리[可把持之處] 또는 근거(根據)를 뜻한다. 이 구절은 "나에게 한 물건이 있는데, 머리도 없고 꼬리도 없으며, 이름도 없고 글자도 없으며, 뒤도 없고 앞도 없다. 여러분은 알겠는가?[吾有一物, 無頭無尾, 無名無字, 無背無面. 諸人還識否?]"라는 육조 혜능의 『육조단경』의 문장을 연상시키는데, 이것은 소위 "이뭣고[是甚麼]" 화두의 원형이라고 할 수 있다. 후에 이와 유사한 문구가 여럿 나타나지만 대개 그 의취는 같다.

佛法至妙, 不可伊麼商量. 見理如電光, 治事若牛毛. 悟修至難至難. 須速枉駕, 道將一句來.

有物無鼻亦無巴　常在勞生日用中 佛祖當頭[2]說不及 八萬大藏收不得

若人欲識這箇事 動靜須叅祖師關 不覺全身都放下 九霄雲散月當天[3]

『霽月堂大師集』 卷上 「示月華道人并序」, 한불8:119하

| 자료 3 | "이것이 무엇인가[是甚麽]?"

원제는 「시밀운대사(示密雲大師)」이다. 이 글은 문인들에게 보낸 서간문 형식의 법문으로서 그의 불교사상을 비교적 체계적으로 보여 주는 자료이다. 이 역시 중국의 임제 등 제 조사들의 어록이나 선적(禪籍)에 있는 어구를 인용하고 그 의미를 부연하는 것으로 자신의 뜻을 대신하고 있다는 점에서 한계를 드러내고 있다. 인용 어구가 상당 부분 지눌(知訥, 1158-1210)이 『수심결(修心訣)』에서 인용한 부분과 일치하고 있다는 점에서 더욱 그러하다. 천태나 화엄 등 대승불교의 교상판석을 그대로 수용하고 있다는 점에서나, 대승의 일승 사상을 최상승선으로 귀결시키는 점에서 중국 송대 이래의 선사상의 충실한 계승자로서의 면모를 그대로 보여 준다고 할 수 있다.

오직 이 하나의 신령스럽게 밝은 [실상은] 원만하기가 태허와 같아 모자람과 남음이 없다. 위로는 이마가 없고, 아래로는 바닥이 없으며, 옆으로는 가없다. 언설을 떠난 상이요, 문자를 떠난 상이며, 마음과의 관련을 떠난 상이다. 모든 부처님의 말씀도 미치지 못하고, 수많은 경전도 그것을 다 거두어들이지 못하니, 억지로 일컬어 '한 물건'이라 한다. 이것은 사람마다 갖춘 보배의 창고이며, 또한 달마대사가 전한 불교의 근본 진리이다. 온몸의 뼈는 썩어 흩어져 불로 돌아가고 바람으로 돌아가지만, 이 한 물건은 길이 신령하여 하늘을 덮고 땅을 덮는다. 천지보다 앞서되 그 시작이 없고, 천지보다 뒤에 있되 그 끝이 없다. 천겁을 거쳐 왔으되 오래이지 않고, 만년에 뻗쳐 있되 언제나

---

2 '당두(當頭)'는 1) 머리 위, 2) 맞닥뜨리다, 3) 제일로 하다 등의 뜻이 있다.

3 선가에서 흔히 회자되고 있는 비유이다. 모든 생명체가 불성을 본래적으로 갖추고 있다는 "일체중생 개유불성(一切衆生 皆有佛性)"의 선적 표현으로서 단지 그 불성(달)의 가림(구름)을 제거할 뿐, 달리 더 얻을 것이 없다는 선사상의 요체를 가리키는 것이다.

지금이다. 최초의 한 마디이니 모든 부처들이 보고 안 것이며, 사람의 신묘한 마음이며, 현상계의 실상이며, 천지의 근원이다.

只這一點靈明, 圓同太虛, 無欠無餘. 上而無頂, 下而無底, 傍無邊際. 離言說相, 離文字相, 離心緣相.諸佛說不及, 萬藏收不得, 强稱曰'一物'. 此是人人之寶藏, 亦是西來之法印. 百骸潰散, 歸火歸風, 此一物長靈, 盖天盖地. 先天地而無其始, 後天地而無其終. 歷千劫而不古, 亘萬歲而長今. 最初一句, 無位眞人, 諸佛知見, 當人妙心, 萬法實相, 天地根源.[4]

육도의 중생이 나날이 쓰고 있는 것이라 성인이라고 해서 더 많이 가진 것이 아니며, 범부라고 해서 덜 가진 것이 아니다. 허공도 높이와 넓이를 양보하고, 해와 달도 그 밝기를 부끄러워한다. 물고기는 연못을 그리는 마음이 있고, 새는 나무를 가려 앉는 성품이 있다. 입을 벌려 말하고자 하나 말을 잃고, 마음으로 생각하고자 하나 생각을 잊는다. 참된 부처는 입이 없으니, 누가 있어 법을 설할 것인가? 참된 청법은 귀 없이 듣는 것이니, 누가 법을 듣겠는가? 사대는 지각이 없어 법을 설할 줄도 모르고 법을 들을 줄도 모르며, 허공 또한 지각이 없어 법을 설할 줄도 모르고 법을 들을 줄도 모르지만, 오직 이 역력하게 홀로 밝고 모양을 그려낼 수 없는 것만이 법을 설할 줄 알고 법을 들을 줄 아는 것이다.[5]

六道衆生日用, 處聖不增, 處凡不減. 虛空讓其高廣, 日月慚其光明. 魚有慕潭之情, 鳥有擇木之性. 口欲談而辭喪, 心欲思而忘慮. 眞佛無口, 其誰說法? 眞聽無耳, 其誰聞法乎? 四大無知, 不解說法聽法. 虛空亦無知, 不解說法聽法. 只這歷歷孤明勿形段者, 能解說法聽法.

이 한 물건은 진상의 꾸밈없는 드러남이요, 맑고 깨끗하여 잡을 수도 없고 측량할 수도 없다. 존재와 비존재로 파악할 수도 없고, 언어로써 규명할 수도 없으며, [그렇다

---

4 선사상이 적어도 외양에 있어서 노장사상의 영향을 강하게 받았다는 것은 주지의 사실이지만, 이상에서 보이는 '일물(一物)'에 대한 묘사는 도가의 형이상학을 거의 그대로 수용하고 있다(물론 '태허(太虛)'라는 개념도 쓰고 있다). 불교가 본질적으로 여하한 형태의 형이상학적 실체도 거부하고 있다는 것을 십분 인정하면서 이루어지는 이러한 문화습합 현상은 항상 논란의 여지를 남기는 것이다.

5 『임제록(臨濟錄)』으로부터의 인용이다. 지눌의 『수심결』에도 같은 내용이 인용되어 있다.

고 해서] 침묵으로 얻을 수도 없다. 높아서 쳐다볼 수가 없기 때문에 선행을 쌓는 보살도 용문에서 아가미와 비늘을 말리고,[6] 너무 깊어서 들여다 볼 수 없기 때문에 성문 장로는 법회에서 듣지도 보지도 못하였다.[7] 이것이 바로 삼세제불이 사목(四目)[8]으로 서로 보고 역대의 조사들이 서로 법거량을 한 까닭이다.

這一著子, 淨裸裸赤洒洒, 沒可把, 難窺測. 不可以有無求, 不可以語言造, 不可以寂默通. 高不可仰, 則積行菩薩, 曝腮[9]鱗於龍門. 深不可窺, 則上德聲聞, 杜視聽於嘉會. 所以道三世諸佛, 四目相觀. 歷代祖師, 手垂雙履.

이러한 즉, 이것이 무엇인가? 꾀꼬리와 제비의 지저귐이 서로 비슷하다고 하나, 그대를 위하여 널리 권하여 힘을 얻게 하리라. 삼세제불이 세상에 출현하여 중생을 제도하고 방편을 보이는 까닭은 나로 하여금 깨달음에 들게 하기 위함이다. 갠지스강의 모래같이 많은 조사가 교화를 세우는 문[建化門]에서 생각의 자취가 끊어지고 이치가 마음의 근원에서 드러나는 까닭이며, 석가 세존이 처음 『화엄경』으로 법계가 한 모양임을 곧바로 보이신 까닭이다. 숙세의 상근기들은 깨달아 들어 곧 기별(記莂)[10]을 받았고, 중·하의 근기로 화엄에 참여치 않은 자들은 구슬을 쥔 거지와 같았다.[11] 부처가 황궁에 내려 삼승을 설하여 중생을 인도하시다가 드디어 영취산의 마지막 법회에서 삼승을 회통하여 일승으로 돌아가게 하셨다. 삼승의 말은 치우치고 일승의 이치는 원만하나, [그 동안] 치우친 말을 하고 원만한 이치를 설하지 않으셨다. 오직 일대사인연이 되기 위한 까닭에 세상에 출현하신 것이니, 일승 외엔 다시 다른 것은 없는 것이다.

---

6 본서 제2장 4절 주석 18 참조.

7 『법화경(法華經)』에 따르면 보수적인 장로들은 석가모니의 대승 설법을 이해하지 못해서 퇴장하였다고 한다.

8 오안(五眼) 중 불안(佛眼)을 제외한 사안(四眼)으로서 육안(肉眼, 육신의 눈), 천안(天眼, 중생의 미래의 생사를 아는 색계 천인의 눈), 혜안(慧眼, 공을 직관하는 지혜의 눈), 법안(法眼, 보살이 일체의 중생을 구제하기 위하여 일체의 법문을 조견하는 눈)을 말한다. 불안(佛眼)은 앞의 네 눈을 모두 갖춘 것을 가리킨다.

9 '시(顋)'의 속자로서 아가미, 뺨을 의미한다.

10 불가에서 승려들이 만든 글.

11 『법화경』의 비유. 자기의 옷소매에 구슬이 감춰져 있는 것을 모르고 걸식을 하다가 나중에야 그 사실을 알게 되었다는 얘기. 즉 중생은 스스로 불성을 갖고 있음에도 불구하고 그것을 믿지 않고 스스로를 비하하여 불도에 뜻을 두지 못함을 개탄한 것.

伊麽則是箇什麽? 鷺吟鸞語皆相似. 爲汝普勸須着力. 所以三世諸佛, 出世度生, 方便開示, 使自悟入. 恒沙祖師, 立建化門中, 迹絶於意地, 理現於心源. 所以吾佛世尊, 最初華嚴直示法界一相. 宿世上根悟入, 卽受記莂. 中下根未叅華嚴, 持珠乞丐. 佛降王宮, 桝(酬?)說三乘, 引導衆生, 遂於靈鷲山末後會, 會三歸一. 三乘言偏, 一乘理圓, 言偏之言, 未說理圓之理. 唯爲一大事因緣故, 出現於世, 一外更無餘乘.

말을 통하여 말을 버리니 [상·중·하의] 삼근이 일시에 모두 무생을 깨달았고, 부처는 각자에게 수기를 주셨다. 숙세에 [부처님의 가르침을] 들어 [진리에] 훈습된 부류는 곧 기별을 받았고, 현세에 [부처님의 가르침을] 들어 [진리에] 훈습된 부류는 미래세의 중생으로서 아직 수기를 받지는 못하였으나, 마침내 「법사품」에서 [부처님은] 눈앞의 천룡팔부로서 미래에 경을 듣고 따라 기뻐하는 자에게는 모두 수기를 주셨다. 수기법이 이미 두루하고 중생 제도를 이미 마치시고 원만히 아시고 원만히 증득하셨으며, 다시 열반에 드셨다. 이것이 부처가 세상에 나와 중생을 제도하시는 강령(綱領)인데, 산승이 대략 열어 보일 것이니 너희들은 모름지기 착안하여 보아야 할 것이다.

因言遣言, 三根一時, 咸悟無生, 佛各與授記. 宿世聞熏類, 卽受記莂, 現世聞熏類, 未來衆生, 未蒙授記, 遂於「法師品」現前天龍八部, 未來聞經隨喜者, 皆與授記. 授記法已周, 度生已畢, 圓會圓證, 還入涅槃. 此是佛祖出世度生綱領, 山僧略將開示, 汝等須着眼看.

『霽月堂大師集』 卷上 「示密雲大師」, 한불8:119상-하

| 자료 4 | 제월당대사의 삶과 사상

원제는 「제월당대사행적(霽月堂大師行蹟)」으로서 송암도인(松巖道人) 홍택(洪澤, ?-?)이 기록한 것이다. 여느 전기류의 글과 같은 서술 방식을 취하고 있으나, 득도를 전후한 배경과 득도 후의 수행을 언급하는 데 그치지 않고 제자들에게 제접할 때 사용한 문헌 등 교선의 수업과정을 비교적 소상히 전해 준다는 점에서 사상사적으로 중요한 자료이다. 유려하게 표현된 만년의 행장을 통하여 선사로서의 소쇄한 인품을 엿볼 수 있다.

해동의 작은 땅에 대선사가 있었으니, 선사의 휘는 경헌이요 법호는 순명이었다. 거처하던 곳을 따라 '제월'이라 하였는데, 변함없이 비고 한가로운 것으로써 스스로 칭한 것이다. 선사의 속성은 조씨이고 호남 사람이다. 부친은 예창이라 하고 모친은 이씨인데, 이씨의 꿈에 한 범승(梵僧)이 찾아와 아뢰길 원컨대 그대의 아들이 되길 바란다고 하였다. 깨어나니 아이를 가졌는데 갑신 정월 14일 선사를 낳았으며 가정 23년이었다. 선사의 사람됨은 골상이 매우 수려하였고 성품이 뛰어났다. 여러 아이를 이끌고 유희하는데 불사(佛事)로 놀이를 하였으니, 인근 마을에서 모두 칭하기를 "기이하도다! 보통 아이들과 다르구나"라고 하였다.

海東微區, 有大禪師, 師之諱敬軒, 法號順命. 所居堂曰'霽月', 以如如虛閑自稱焉. 師俗姓曺氏, 湖南人也. 父曰芮昌, 母曰李氏, 李夢有一梵僧來謁, 願爲阿孾之子. 覺而有娠, 甲辰正月十四日生焉, 嘉靖二十三年也. 師之爲人, 骨相奇秀, 性稟超羣, 率群童其遊戲, 以佛事爲戲, 隣里皆稱, "奇哉! 異於常童焉."

나이 겨우 열 살에 양친이 모두 돌아가셨고 오직 조부가 살아 계셨다. 선사가 장차 출가하려는 뜻이 있자 조부가 훈계하며 이르길, "너의 아버지가 먼저 갔으니 나는 의지할 곳이 없거늘 너는 어찌 나를 버릴 정을 가지고 있느냐?"라고 하며 단호히 불허하였으나, 선사는 그 훈계를 따르지 않고 나이 열다섯 살에 이르러 천관사에 숨어들어 옥주선사를 따라 중이 되었으며 천관사에서 구족계를 받았다. 마음 가운데 오직 도를 배우려는 뜻이 있어 애초에는 명유(名儒)를 찾아 시(詩)·서(書)를 부지런히 배웠고 고금의 사물의 이치를 통달한 이후에 탄식하며 이르기를, "이것은 세간의 도일 뿐 출세간의 자항(慈航)은 아니다"라고 하였다.

年纔十歲, 兩親俱沒, 唯有祖父存焉. 師將有出家之志, 祖誡曰, "汝父先去, 吾無所賴, 汝何有弃我之情?" 堅固不許, 師不從其誡, 年至十五, 潛入天冠, 從玉珠禪師爲僧, 受具於天冠寺焉. 心中唯有學道之志, 初訪名儒, 勤學詩書, 通古今事物之理而後, 喟然嘆曰, "此是世間之道耳, 非出世之慈航也."

이때 세속의 도덕[12]으로부터 멀리 물러나 출가할 것을 결심하고, 원철대사의 인도로 처음 지리산에 들어가 현운중덕을 알현하고 여러 경전을 섭렵하여 삼장의 가르침의 바다에 놀았다. 다음으로 희·열 양 교사를 알현하고 견문을 넓힘으로써 한 귀퉁이에 막히지 않게 하였다. 나이 삼십에 이르러 곧바로 묘향산에 들어가 청허대사를 알현하였는데, 그때가 만력 4년 병자해였다. 청허대사는 쇠로 종아리를 치며 [달마가] 서쪽에서 온 비밀스러운 뜻을 격발시켰고, 선사의 교에 옹체된 정해는 일시에 단박 잊게 되었다. 이렇게 조사의 영역에 마음을 머무르게 한 뒤로부터는 발하는 언구가 조사들의 선풍에 합당하게 되었다.

於是遠挹風猷, 决判出家之事, 以圓哲大師爲導, 初入智異山, 叅玄雲中德, 涉盡群經, 遊三藏之敎海. 次叅熙悅兩敎師, 以廣見聞, 勿滯於一隅矣. 年至三十, 直入妙香山, 叅淸虛大師, 其時, 萬曆四年丙子歲也. 淸虛以金搥擊西來之密旨, 師之滯敎情解, 一時頓忘. 從此留心祖域, 所發言句, 當合祖風矣.

무인년 봄에 금강산 내원동에 들어가 한 해 동안 침묵하였다. 이러한 까닭에 배우는 자에게 [가르침을] 열어 보일 때는 먼저 『도서』·『절요』로 불법의 지견을 결택함으로써 그 기본을 굳게 하고, 다음으로 『선요』·『서장』으로 불법(佛法)을 알음알이로 헤아리는 병을 쳐부숨으로써 그 가슴속을 쇄락하게 한 연후에 법어 6단을 참구의 요점으로 삼았다. 평소 거처하는 가운데 사람들을 인도하는 법도가 이와 같았다. 선사의 절개와 지조는 서리 낀 소나무 같았고, 허심하기는 물에 뜬 달과 같았다. 검소하고 소박한 생활로 일생을 보냈으며, 삼학(三學)을 정밀히 궁구하고, 세간을 벗어나는 살아나는 계책이 되는 까닭에 옷 한 벌, 발우 하나 외에는 영영 세간사에 힘쓰지 않았다. 부유함이 일곱 가지 보배를 넘어도 그것을 오히려 초개와 같이 버렸으며, 존귀하기가 일품이어도 그것을 어찌 연기와 구름 정도로만 보였겠는가? 무상을 지극히 싫어함은 깊이 궁구함이 근본에 있었기 때문이었다.

戊寅之春, 入金剛山內院洞, 杜口有年矣. 是故開示學者之際, 先以『都序』·『節要』決擇佛

12 원문의 '풍유(風猷)'는 풍속을 도덕으로써 교화하는 것[風敎]을 의미한다.

法之知見, 以固其基本, 次以『禪要』·『書狀』擊碎佛法知解之病, 洒落其胸中, 然後法語六段, 以爲叅句之要節也. 居常室中, 導人之制, 若此者也. 師之節操似霜松, 虛襟如水月. 布衣蔬食, 作一生之生涯, 精窮三學, 爲出世之活計故, 一衣一鉢之外, 永不以務世也. 富溢七珍, 弃之猶同於草芥, 貴尊一品, 示之何啻於烟雲? 極厭無常, 深窮有本故.

만력 20년(1592) 임진왜란에 선조께서는 좌영장의 임무로 친히 직책을 주셨으나, 선사는 굳게 사양하고 돌아보지 않으셨으며 누추한 곳에 숨어드셨다. 청허대사가 편지로 선사를 부르자 선사는 부득이 진중에 이르게 되었다. 청허대사는 선사를 유나(維那)로 삼았고, [선사는] 납승 약간을 거느리고 경건히 정연을 설치하여 관음기도를 며칠 함으로써 가만히 성스러운 힘을 빌려 적의 기운을 모두 소멸시켰다. 청허대사는 선사를 가상히 여겨 계를 올렸고, 선조 또한 그를 가상히 여겨 선교양판의 임무를 사사하셨으나, 선사는 굳게 사양하고 물리치며 말하길, "만 리 양자강의 물로 악명을 씻어도 제거되지 않는다"고 하며 즉시 그 임명장을 돌려보내고 묘향산으로 자취와 광채를 감춘 지 여러 해가 되었다. 명성이 퍼지고 문채가 드러나 사방의 배우는 무리가 구름처럼 모여들어 순식간에 법석을 이루었다.

萬歷二十年壬辰之倭變, 宣廟以左營將之任, 親授職帖, 師堅讓不顧, 逃遁於陋巷之間. 淸虛以書招之, 師不得已, 詣於陣中. 淸虛以師爲維那, 領衲僧若干輩, 虔設淨筵, 以觀音祈禱累日, 潛借聖力, 悉消其賊氣. 淸虛嘉之入啓, 上亦嘉之, 以禪敎兩判之任賜之, 堅讓以却之曰, "萬理長江水, 惡名洗不去." 卽時還輸其帖, 晦跡韜光於妙香之洞, 累年矣. 聲名腥薌, 文綵發露, 四方學徒, 集之如雲, 俄成法席.

이때로부터 혹은 풍악산에 혹은 오대산에 혹은 치악산에 혹은 보개산에 가는 등 여러 산에 유희하며 일정한 처소에 거처함이 없이 그 뜻을 방임하였으나, 여러 산 중 금강산을 가장 좋아하여 앞뒤로 30여 년을 거하여 머물렀다. 만력 46년 무오 봄에 다시 은선동을 찾아 몇 칸의 암자를 짓고 7년 동안 결제하며 '제월'이라 현판을 내걸었다. 천계 3년 계해 봄에 선사가 산을 떠나려 하자 제자 등이 그것을 반대하였다. 선사가 시 한 절로 답하여 이르길, "금강산에 있는 것이 좋으나, 길이 푸름이 구름을 일으키지 않는다. 소박한 살림으로 일찍이 떠나야 하니, 바람에 날리는 눈이 밤에는 응당 분분하리라"라고 하였다.

從此或之楓嶽, 或之五臺, 或之鵠嶽, 或之寶盖云云, 遊戲諸山, 居無定處, 放任其志, 然而諸山中, 寂好金剛, 前後居止三十餘年. 萬曆四十六年, 戊午之春, 更探隱仙洞, 結庵數間, 結于七夏, 以'霽月'額之. 天啓三年, 癸亥之春, 師將欲出山之計, 弟子等止之. 師以詩一絶答之曰, "好在金剛山, 長靑不起雲, 單瓢宜早去, 風雪夜應紛."

용기(容器)와 석장을 오대산으로 옮기자 그 후의 일이 과연 그 말과 같았다. 선사가 대중을 이끌어 40여 년 법을 설하는 것이 마치 구름과 같고 비와 같았으며, 언구가 천하에 가득 찼으니 대략 그것을 말하자면 "오랫동안 교의 바다에 앉아 있으니 풍파가 넓고 컸으나, 항상 선풍을 진작시키니 조사의 뜻이 깊고 깊다"고 할 수 있다. 이때 선교를 배우는 무리는 허황되나 찾아오고, 진실되나 물러가는 자가 이루 다 셀 수가 없었다. 법의 바다가 이미 차고 제도하는 인연이 이미 두루하니, 선사는 이에 문인 등에게 명하여 나의 썩은 바탕을 연이 있는 산에 두라고 하였다.

甁錫移于五臺, 其後事驗, 果如其言矣. 師之領衆, 四十餘年說法如雲如雨, 言句滿天下, 以大略言之, "長踞教海, 波瀾浩浩, 恒振禪風, 祖意深深." 於是禪教學徒, 虛而來, 實而往者, 不可勝數也. 法海已滿, 度緣旣周, 師於是命門人等, 吾之朽質, 置於有緣之山.

숭정 5년 임신 여름에 치악산으로부터 가마에 올라 영주의 영은암에서 두 해를 결제하였는데, 작은 질환을 보이다 마침내 입적할 형세가 있게 되었다. 문인 등이 임종게를 청하자 선사는 그것을 꾸짖고 침묵하다가 재삼 청하자 오랜 침묵 끝에 우연히 한 절을 읊조림으로써 문인들에게 보이셨으니 때는 계유 시월이었다. 섣달 26일 해시 고요히 먼 길을 가셨다. 이때 상서로운 빛이 하늘을 꿰뚫었으며, 삼나무와 전나무가 흰색으로 변하여 닷새에 이르렀다. 문인 등이 육신을 심원사 서쪽 고개에서 받들어 화장할 때 신령한 뼈가 소리를 지어 재삼 서쪽에서 나왔고, 승려와 속인 수천 명 중에서 보고 들은 자가 반을 넘었다. 이때 문인 등은 정밀하고 부지런히 열나흘을 보내는 가운데 맑은 빛이 여러 번 오도(五道)로 둥근 달을 꿰뚫었고, 큰바람이 나무를 뽑았으며, 상서로운 기운이 천공을 맴돌았고, 태양에 빛이 없었다.

崇禎五年壬申之夏, 自雉嶽, 乘輿于靈珠之靈隱, 結二夏, 示有微疾, 遂有歸寂之勢. 門人等, 請臨終偈, 師叱之杜默, 再三請之, 良久而偶吟一絶, 以示門人, 時癸酉之孟冬也. 未幾臘月二十六日亥時, 寂然長往焉. 于時祥光洞天, 杉栝變白, 及至五日. 門人等, 奉色身于深源之西嶺, 闍維[13]之際, 靈骨作聲, 數三出于西邊, 緇白數千有見聞者, 過半矣. 於是門人等, 精懃二七日中, 淸光數五道貫月輪, 大風拔樹, 瑞氣盤空, 日色無光.

맑은 하늘에 비가 내린 연후에 사리 세 개를 거두어 한 개는 문인 설경이 심원사 동쪽 모퉁이 정광여래의 석경(石磬) 곁에 탑을 세웠고, 또 하나는 문인 설현(雪玄, ?-?)이 금강산 표훈사 남쪽 산기슭 청허대사의 탑묘 곁에 부도를 세웠고, 다른 하나는 문인 응화(應和, ?-?)가 지리산 천관사 서쪽 산기슭인 대해산에 부도를 계획하였다. 또한 문인 담원(曇元, ?-?), 행준(行俊, ?-?) 등도 역시 경건히 기도하고 사리 두 개를 거두어 하나는 묘희암 동쪽 산기슭에 석경을 세웠고, 다른 하나는 문인 명의(明義, ?-?)가 성흥산 향림사의 북쪽 산기슭에 탑을 세웠다.

白日雨注然後, 收舍利三箇, 一箇門人雪冏, 樹塔于深源寺之東隅, 定光如來石鐘之側. 一箇門人雪玄, 建浮圖於金剛山表訓寺之南, 麓淸虛大師塔廟之側. 一箇門人應和, 樹浮圖於支提山天冠寺之西, 麓大海山. 亦有門人曇元行俊等, 亦虔禱, 收舍利二箇, 一箇建石鍾於妙喜庵之東麓. 一箇門人明義, 建塔于聖興山香林寺之北麓.

아, 우리 선사의 말후의 광명이 신령스럽게 응하는 것은 한 정신이 경험하는 것이 아니라 자못 많으니, 천만리 밖에서도 들음이 있는 자는 경악하지 않음이 없었다. 미연(靡然)히 앙모하며 탄하여 이르길, "진짜 부처가 세상에 나왔다"고 칭찬하는 자가 무수하였으니, 가히 "전세의 기적이 빛난 것이요, 만세에 짝이 없는 신령함"이라고 할 만하다! 대사의 세수는 91세이고 법랍은 76세였다. 아, 슬프다! 대사가 적멸한 빈 골짜기엔

---

13 '도유(闍維)'는 빨리어 'jhāpita'를 음사한 것으로 '야순(耶旬)', '야유(耶維)', '도비(闍毘)', '도비다(闍鼻多)', '다비(茶毘)' 등으로도 표기한다.

오직 '제월'이라는 이름만이 남았구나.

숭정 팔년 을해 삼월 모일 송암도인 홍택, 삼가 쓰다.

吁! 吾師末後之光, 靈應非一神驗頗多, 千萬里之外, 有聞之者, 無不驚愕. 靡然向慕而嘆曰, "眞佛出世," 稱讚者無數, 可謂"光前世之奇跡, 絶萬世之靈"乎! 大師壽九十一, 法臘七十六也. 嗚呼哀哉! 師寂滅兮空谷, 唯留霽月之名而已. 崇禎八年乙亥 三月 日 松巖道人洪澤謹撰.

『霽月堂大師集』 卷下 「霽月堂大師行蹟」, 한불8:126중-127중

6. 법견(法堅)

법견(法堅, ?-?)의 호는 기암(奇巖)이며 생몰연대와 행적은 자세히 알려져 있지 않다. 다만 서산대사의 제자로서 임진왜란에 참여하였고 선조 27년(1594)에 입암산성(笠巖山城)을 쌓았다는 기록이 전해질 뿐이다. 그의 저술은 입적 후 제자들에 의해 『기암집(奇巖集)』이라는 이름으로 엮어졌는데, 이 문집의 서문은 인조 25년(1647)에 쓰인 것으로 되어 있고, 그다음 해인 인조 26년에 문집 전체가 간행되었다고 기록되어 있다.

『기암집』은 총 3권으로 구성되어 있으며, 시(詩) 105편과 문(文) 32편이 그 내용을 이루고 있다. 그의 시는 선미(禪味)를 드러내는 것은 별로 보이지 않고, 서산대사와 사명대사를 칭송하고 존경하는 마음을 담은 시들이 자주 보인다. 그리고 산문 가운데에는 권선문(勸善文)[1] 종류가 주를 이루고 있다. 이상과 같은 문집의 내용을 염두에 둘 때, 법견은 선사로서보다는 남다른 애국충절로 자신을 스스로 자리매김함으로써 조선시대 불교의 한 특징을 대표적으로 보여 주고 있는 사례라고 하겠다.

1 권선문(勸善文)이란 불가에서 크게 불사(佛事)를 일으키거나 혹은 대중적인 사업을 일으킬 때, 불자들의 동참을 유도하고자 발표하는 일종의 '호소문'이다.

| 자료 1 | 보시는 유교와 불교의 훌륭한 덕목이다

> 이 자료는 구체적으로 어떤 목적으로 지어진 것인지 밝혀져 있지는 않지만, 법견이 대중으로 하여금 보시하는 선행을 유도하기 위해서 지은 것으로 보인다. 『주역』과 『맹자』를 비롯한 유가의 전적들을 다양하게 이용하고 있는 점이 조선 불교의 특징을 보여 준다.

금과 은, 그리고 칠보 따위의 보석들은 세상 사람들이 소중히 여기는 것들이고, 널리 보시를 베풀어 중생을 구제하는 것은 성현들도 어렵게 여기는 바이다. [그런데 지금] 세상 사람들이 소중히 여기는 것들을 가지고서 성현들이 어렵게 여기는 바를 행하니, 이는 곧 어진 사람이나 군자라 할 것이다. 『주역』에서 이르기를, "선(善)을 쌓은 집안은 반드시 넘치고 남을 만한 경사스러움이 있고 불선(不善)을 쌓은 집안은 반드시 넘치고 남을 만한 재앙이 있다"고 하였다.[2] 여기서 '쌓는다'는 말은 하루아침 동안을 뜻하는 것이 아니며, 근본을 단단히 심어서 흘러나오는 근원이 깊고도 깊다는 것이다.

유가에서 말하는 '명(命)'이란 불가에서 말하는 '업(業)'에 해당된다. 명은 궁달함에 통하고 업은 삼세를 포괄한다. 유가에서 이르기를, "인간이 가난하거나 부자거나 혹은 귀하거나 천하거나 그리고 기쁘거나 슬프거나 그리고 요절하고 장수하는 것이 모두 명(命)이며 이것은 곧 하늘에 있으니 하늘의 명을 기다리는 것이다."[3] 이른바 '하늘'이라

---

2 『주역』「곤괘(坤卦)」 가운데 나오는 말이다. "積善之家, 必有余慶, 積不善之家, 必有余殃. 臣弑其君, 子弑其父, 非一朝一夕之故, 其所由來者漸矣, 由辯之不早辯也."

3 본문과 일치하는 구절은 보이지 않고 맥락상 『맹자』의 다음 부분을 적절히 조합한 것으로 보인다. 『맹자』「진심상(盡心上)」, "맹자가 말하였다. '그 마음을 다하는 자는 그 본성을 아는 것이다. 그 본성을 알면 하늘을 안다. 그 마음을 보존하고 그 본성을 기르는 것은 하늘을 섬기기 위함이다. 목숨이 짧고 긴 것에 마음을 쓰지 않고, 몸을 닦아 기다리는 것은 천명을 세우기 위함이다[孟子曰, '盡其心者, 知其性也. 知其性, 則知天矣. 存其心, 養其性, 所以事天也. 夭壽不貳, 脩身以俟之, 所以立命也']."; "맹자가 말하였다. '목숨 아님이 없으니, 그 바른 것을 순순히 받아야 한다'[孟子曰, '莫非命也, 順受其正']."; 「만장상(萬章上)」, "만장이 말하였다. '하늘이 그에게 주었다는 것은 또박또박 그것을 명령하는 것입니까?' [맹자가] 말하였다. '아니다. 하늘은 말하지 않는다. 행실과 사건으로써 보여 줄 뿐이다.' '행실과 사건으로써 보여 준다는 것은 어떠한 것입니까?' '천자가 하늘에 사람을 추천할 수는 있지만 하늘로 하여금 천하를 주도록 할 수 없으며, 제후가 천자에 사람을 추천할 수는 있지만 천자로 하여금 제후에게 주도록 할 수 없으며, 대부가 제후에 사람을 추천할 수는 있지만 제후로 하여금 대부에게 주도록 할 수 없다. 옛적에 요임금이 순을 하늘에 추천하니 하늘이 수용하였고 백성에게 드러내니 백성이 수용하였다. 그래서 '하늘은 말하지 않는다. 행실과 사건으로 보여 줄 뿐이다'라고 말한 것이다'[萬章曰, '天與之者, 諄諄然命之乎?' 曰, '否. 天不言, 以行與事, 示之而已矣.' 曰, '以行與事示之者, 如之何?' 曰, '天子能薦人於

는 것은 리(理)요, '명'이라는 것은 사람이나 만물이 생겨날 때 부여한 것이니, 그것으로 하여금 사람의 심성이 되게 하여 날마다 쓰게 하는 것이다.

伏以金銀七寶, 世人之所重, 博施濟衆, 聖賢之所難. 以人世之所重, 行聖賢之所難, 則庶幾入於仁人君子之域矣. 故傳曰, "積善之家, 必有餘慶, 積不善之家, 必有餘殃." 此之一'積'字, 非朝夕之謂也, 乃植本固而發源深深者也. 儒之所謂'命', 釋之所謂'業'也. 命者通乎窮達, 業者該乎三世也. 儒之言曰, "人之貧富貴賤, 苦樂夭壽皆命, 乃在天, 俟命於天." 所謂'天'者理而已, '命'者賦於人物, 有生之初, 而使之爲人心性而日用者也.

『奇巖集』 卷3 「勸善文」, 한불8:176하

| 자료 2 | 염불을 통한 공덕 완성

극락당 앞에는 보름달이 둥글고
옥빛 수염에 금빛 얼굴을 한 [불상은] 허공을 비추네.
한 생각으로 부처님을 부른다면
한순간에도 헤아릴 수 없는 공덕을 원만히 이루리라.

極樂堂前滿月容 玉毫金相照虛空 若能一念稱名號 頃刻圓成無量功

『奇巖集』 卷1 「念佛觀」, 한불8:161상

| 자료 3 | 사명대사를 일본으로 떠나 보내면서

사랑하는 사람을 멀리 구름과 바다 사이로 보내니
몇 년이 지나도 다시 얼굴 마주하기를 기약지 못해.
이 몸이 쌀을 찧어 지키려 하지만

天, 不能使天, 與之天下. 諸侯能薦人於天子, 不能使天子, 與之諸侯. 大夫能薦人於諸侯, 不能使諸侯, 與之大夫. 昔者堯薦舜於天而天受之, 暴之於民而民受之, 故曰天不言, 以行與事, 示之而已矣']."

물러난 동쪽 어둠이 걸어서 되돌아오네.

遠別佳人雲海間 經年無計可承顔 此身欲作千精衛 塡却東溟步往還

이별이 수염을 쇠게 하여 명주실이 되어도
마음속에 둔 바를 감히 펼치지 못하겠는데,
새끼 제비들이 쌍쌍이 날아오르는 고요한 봄날
꽃잎 떨어지는 루(樓)에서 홀로 안절부절못하겠네.

別離衰髮盡成絲 不敢明言有所思 乳燕雙飛春寂寂 落花樓上獨移時

종일토록 그대를 생각해도 볼 수는 없으니
루(樓)에 기댄 영혼만이 바다와 하늘 사이의 구름을 가르고,
낙엽 지는 가을날의 바람을 밖에서 어이 견딜까
한밤중에 종소리만 드문드문 달빛 아래서 들리네.

終日思君不見君 倚樓魂斷海天雲 那堪落葉秋風外 半夜疎鐘月下聞

『奇巖集』 卷1 「送松雲之日本國」, 한불8:161중

7. 태능(太能)

태능(太能, 1562-1649)은 법명이며, 호는 소요(逍遙)이다. 명종 17년(1562, 壬戌年) 담양에서 출생하여 13세에 백양사(白羊寺)에서 진대사(眞大師, ?-?)에게 출가하여 경률(經律)을 배웠다. 그 후 부휴(浮休, 1543-1615)에게서 대장경의 교학을 배우고, 서산에게서 3년간 선을 배웠다. 서산이 "그림자 없는 나무를 베어다가 물속 거품 다 태우네. 우습구나, 소 탄 이여! 소 타고 소를 찾는다네"[1]라는 게송을 숙제로 주자, 남쪽으로 여행하며 뜻을 알려 하였으나 알지 못하고, 다시 묘향산으로 가 서산에게 물어 '일으키지 않음[無生]'의 뜻을 알았다. 임진왜란 시기에는 승리를 기원하는 재(齋)를 올렸고 전투에 참가하기도 하였다. 병자호란 시기에는 왕명을 받아 남한산성을 축조하였다. 그리고 지리산 신흥사와 연곡사를 세웠다.[2] 인조 27년(1649)에 법랍 75년, 속세 나이 88세로 입적하였다.[3] 효종(1649-1659 재위)이 소요에게 '혜감국사(慧鑑國師)'라는 시호를 내렸다.[4]

---

1 "斫來無影樹 燋盡水中漚 可笑騎牛者 騎牛更覓牛."(『逍遙堂集』「逍遙大禪師行狀」, 한불8:199상)

2 『逍遙堂集』「題燕谷寺香閣」, 한불8:188상-중.

3 임종게(臨終偈)는 "해탈도 해탈이 아니거니 열반이 어찌 고향이랴? 취모검(吹毛劍)이 번쩍번쩍 빛나니, 한 마디라도 말하였다간 그 칼날 맞으리"이다.(『逍遙堂集』「臨終偈」 한불8:198상)

4 「소요집서(逍遙集序)」(한불8:186상)에는 "13세에 백양사(白羊寺)에서 머리를 깎은 뒤, 평생 한 생각으로 황벽(黃蘗=希運, ?-850)을 섬기며 마음의 본성을 살폈다. …… 국토의 남쪽을 다니다가 부휴로부터 대장경을 배우고, 서산을 찾아가서 청정한 본성의 오묘한 이치를 깨달았다. …… 임진왜란를 만나서는 나라를 걱정하였다"라고 적혀 있다.

서산 문하 중에서 편양 언기(鞭羊彦機, 1581-1644)와 함께 양대 제자로 불렸고, 그의 문하는 소요파(逍遙派)로 일컫는다. 문하 중 침굉 현변(枕肱懸辯, 1616-1684)이 선을 이었다 하고, 해운 경열(海運敬悅, 1580-1646)이 교학을 이었다고 한다. 부휴에게 교학을 배우고 나서 서산에게 선을 배웠다는 기록처럼, 소요의 불교관은 "교학을 방편적으로 배우고 궁극에는 선으로 들어간다[捨教入禪]"라는 말로 정리할 수 있다. 그런 만큼 그의 문집인 『소요당집(逍遙堂集)』에는 선종의 대선사인 마조(馬祖=道一, 709-788), 황벽(黃檗=希運, ?-850), 임제(臨濟=義玄, ?-867), 덕산(德山=宣監, 780-865) 등이 거론되고, 교학과 선을 아우르는 종밀(宗密, 780-841)이 등장하며, 『화엄경』,[5] 『능엄경(楞嚴經)』, 『원각경(圓覺經)』,[6] 『원각경대소초(圓覺經大疏鈔)』 등 교학 경론이 거론된다. 저술로 『소요당집』 1권이 있다.

| 자료 1 | 경전은 내 마음속에

> 임제 의현의 경구인 "수처작주 입처개진(隨處作主 立處皆眞)"과 고려 후기 이래 조선 선불교의 모토인 사교입선(捨教入禪)의 태도를 보이고 있다.

대지와 산하가 모두 내 집이거늘
또다시 어디 가서 내 고향 찾을 건가?
산만 보고 길을 잃어 미처 헤매는 나그네여
종일토록 가도 가도 집에 닿지 못하리.
……
도(道)를 배우려면 먼저 경전을 탐구하나니
경전이란 내 마음속에 있을 뿐이다.
곧장 나아가 집 가는 길 밟아 보아라.

---

5 『逍遙堂集』「贊華嚴佛法二寶」 및 「讀華嚴一部偶題」, 한불8:191하.

6 『逍遙堂集』「詠圓覺伽藍」, 한불8:191중.

고개 들면 먼 하늘 보니 기러기 나는 가을이려니.

大地山河是我家 更於何處覓鄉家 見山忘道狂迷客 終日行行不到家

……

學道先須究聖經 聖經只在我心頭 驀然踏著家中路 回首長空落雁秋

『逍遙堂集』「無題」, 한불8:197중

| 자료 2 | 경전에 대한 두 생각

〈자료 2-1〉에서는 태능이 선승으로서 교학 이론서도 중시하였음을 알 수 있다. 〈자료 2-2〉에서 그는 경전은 방편일 뿐이라고 주장한다. 위에 제시된 〈자료 1〉에서도 그는 교학을 방편으로 공부하지만 경전은 내 마음에 있다고 말한다.

| 자료 2-1 | 규봉의 교학 칭송

「규봉의 『원각경대소초(圓覺經大疏鈔)』에 감격하며」

규봉대사의 크나큰 자비와 은혜여!

금선(金仙)[7]의 석가세존보다 못하지 않구나.

뜻을 해석하고 마음의 본성을 봄이 촛불처럼 환할지니

얼마나 많은 후학을 깨쳐 일으키는가?

圭山大士大悲恩 不下金仙釋世尊 釋義入觀明若燭 幾多鞭起後兒孫

『逍遙堂集』「感圭峯圓覺疏鈔」, 한불8:191하

| 자료 2-2 | 경전은 도구

백 권, 천 권의 경전은 달 가리키는 손가락과 같나니

7 부처를 지칭. 부처는 생사를 초월한다는 의미에서 '금선'이라 한다.

손가락 따라 하늘의 달을 보아야 한다.
달지고 손가락 잊으면 아무 일도 없거늘
배고프면 잠들고 노곤하면 잠드네.

百千經卷如標指 因指當觀月在天 月落指忘無一事 飢來喫飯困來眠

『逍遙堂集』「題燕谷寺香閣」, 한불8:188중

8. 편양(鞭羊)

편양(鞭羊, 1581-1644)은 법호로서 휘호(諱號)는 언기(彦機)이다. 서산에게 법인을 얻었고, 서산 법맥 4대 문파 중 가장 많은 제자를 배출하였다.[1] 선조 14년(1581)에 태어났다. 속성은 장(張)씨이고, 경기도 안성군 죽산(竹山) 출생이다. 11세인 1591년에 청허의 제자인 현빈 인영(玄賓印英, ?-?)에게 출가하여 계를 받았다. 22세에 청허의 입실제자가 되어 청허의 법통을 이었다. 일정한 곳에 머물지 않고 여러 곳을 돌아다니며 가르침을 구하다 금강산 천덕사(天德寺), 구룡산 대승사(大乘寺), 묘향산 천수암(天授庵)에서 선과 교를 강의하였다. 인조 22년(1644) 64세(법랍 53세)에 묘향산 내원암(內院庵)에서 입적하였다.[2]

---

1 이와 관련하여 김영태는 『한국불교 고전명저의 세계』(서울: 민족사, 1994), p. 356에서 "근래 한국불교 스님들은 대부분 편양 언기의 문손이라 할 수 있다"고 말하고 있다.

2 동주산인(東州山人)이 쓴 서문에는 다음과 같이 기록되어 있다.
"…… 불교가 중국에 들어와 우리나라에 들어오기까지 수천 년 동안 뛰어난 사람이 [많았다]. 불교가 번성하였을 때에 활동하였던 태고화상은 하무산의 석실에 들어가 임제종의 도를 이어받았다. [그 도가] 여덟 번 전해져 서산대사에 이어졌다. [서산대사는 선풍을] 크게 휘날렸고 [그가] 남긴 글은 현존한다. 그 도가 편양에게 전해졌는데, [편양은] 실로 서산의 적자(嫡子)이다. 편양의 속성은 장씨이고 호는 언기이다. …… 어려서 현빈장로에게서 계를 받았고, 자라서는 서산대사로부터 인증을 받았다. …… 일찍이 금강산 천덕사, 구룡산 대승암, 묘향산 대수암에 거처하다가, 갑신(甲申, 1644) 5월 묘향산 내원암에서 나이 64세, 법랍 53세로 입적하였다. 문하에 수백 명의 제자가 있었다. …… 편양의 언행은 석가의 언행이니, 편양의 말을 전하려 노력함은 석가의 말을 전함과 같다. …… […… 自佛法入中國流, 而被於東土, 且數千年, 豪傑之士. …… 勝國時, 有太古和尙者, 入霞霧山石室, 得臨濟眞宗. 八傳而至西山大師, 大暢玄風, 遺文具在. 又傳而得鞭羊子, 實爲西山嫡嗣. 鞭羊子, 俗性張氏, 號彦機. …… 幼受戒於玄賓長老, 長證印於西山大師. …… 嘗住錫於楓岳之天德寺, 九龍山之大乘庵, 妙

편양의 뛰어난 제자로는 풍담 의심(楓潭義諶, 1592-1665), 청엄 석민(淸嚴釋敏, ?-?), 회경 홍변(回敬弘辯, ?-?), 함영 계진(涵影契眞, ?-?), 환적 의천(幻寂義天, 1603-1690), 적상 혜상(寂常惠常, ?-?) 등이 있다. 편양이 제자가 많았던 이유는 편양이 일정한 곳에 머무르지 않고 돌아다니며 대중교화에 힘썼기 때문이다. 그리고 이 점은 '양을 친다[鞭羊]'라는 법명에 어울린다. 편양은 풍담 의심에게 법통을 전하였고, 풍담은 월담 설제(月潭雪霽, 1632-1704)[3]에게, 월담은 환성 지안(喚惺志安, 1664-1729)에게 법통을 전하였다. 이렇게 이어진 계파는 한국 선불교의 대부분을 차지한다.[4]

그의 불교관은 서산의 영향을 많이 받았다. 서산과 같이 남종선의 면모를 견지하면서도(〈자료 4-1〉「윤순사에게 답함[答尹巡使]」, 〈자료 4-2〉「동양위에게 주는 글[次東陽尉]」 참조), 교학에도 깊은 이해를 지니고 있었다. 그는 선과 교에 본질적인 차이가 없고 단지 근기에 따른 교화의 방편의 차이에 따라 달리 나타난 것일 뿐이라고 주상하여, 종밀(宗密, 780-841)[5] 이래 지눌·서산을 거쳐 이어진 선교일치 이론을 근기론(根機論)에 연결시켜 발전시켰다. 특히 가르침에는 차이가 없고 중생의 근기에만 차이만 있을 뿐이라고 한 점은 교학의 교판 전통과는 어긋나지만, 혜능이 "가르침에는 돈점의 차이가 없고 중생의 근기에 차이가 있다"[6]고 주장한 것과 완전히 일치한다(〈자료 1〉「선교원류심일설(禪敎源流尋釰說)」, 〈자료 2〉「상고성(上高城)」 참조). 직접 편찬한 저술은 없고, 제자들이 언기의 글을 모아 『편양당집』을 편찬하였다.

香山之天授庵, 竟以甲申五月, 示寂于西岳內院, 筭壽僅六十四, 計臘爲十三. 門徒數百人. …… 鞭羊子之言行, 則釋迦氏之言行. 而徒之傳鞭羊子之言, 亦猶傳釋迦氏之言也. ……]."(『鞭羊堂集』「鞭羊堂集序」, 한불8:244상-하)

3 인조 10년에 태어나 숙종 30년에 입적하였다. 13세에 출가하여 16세에 비구계를 받았다. 풍담에게서 선의 종지를 이어받으면서도 『화엄경』, 『선문염송』 등의 경전에도 조예가 있었다.

4 청허 4대 문파(사명, 소요, 정관, 편양) 중 편양파가 가장 번성하여 현대 한국 불교 승려의 95%를 차지한다는 연구가 있다. 송백운, 「편양선사」, 『한국불교인물사상사』(서울: 민족사, 1990), p.337 참조.

5 호는 규봉(圭峯). 스스로 화엄 5조, 하택 5조라 칭하였다. 당말(唐末)의 문화해체기에 그때까지의 불교 이론을 정리하여 남종선(특히 하택종)과 화엄종을 중심으로 한 불교 경전과 각 종파를 분류하고 우열을 매겨 체계화하였다. 대표적인 이론은 선교일치론, 돈오점수론이다. 저술로는 『선원제전집도서』, 『원인론(原人論)』, 『원각경대소·초(圓覺經大疏·鈔)』 등이 있다. 특히 『원인론』에서 그는 한유(韓愈, 768-824)의 『원도(原道)』에 대응하여 불교의 우월성을 주장하였다.

6 『육조단경』「돈점품(頓漸品)」, "法無頓漸 人有利鈍."

| 자료 1 | 돈오선(頓悟禪) 중심의 선교관: 선과 교학의 원류에 관한 글

이 글은 편양의 불교관을 정리한 문건인데, 『편양당집』의 다른 문건이나 비슷한 시대에 쓰인 다른 불교 문건과 비교할 때, 논리성이나 이론의 풍부함으로 보아서 당대의 불교이론을 대표할 만하다. 편양은 이 문건에서 교학의 차별을 인정하지 않고 중생의 근기에 따라 방편으로 교화한 것이라 하여 "가르침에는 돈점의 차이가 없고 중생의 근기에 차이가 있다"라고 한 혜능의 교지를 그대로 이어받고 있다. 그리고 이 글에서는 편양이 『화엄경』, 『아함경』, 『방등경』, 『법화경』 등 대표적인 불교 경전에 대해서 나름의 일견을 지니고 있음을 알 수 있다.

그리고 선은 핵심을 찌르는 길로서 교보다 우위라고 주장하였으면서도["禪旨所謂徑截門也"], 선과 교학 간에는 근기에 따른 방편적 차이만 있을 뿐이라고 주장한다.

| 자료 1-1 | 선은 경절문(徑截門: 핵심을 관통하는 길)이다

옛날에 마조[7]가 소리 한번 지르자 백장[8]이 귀가 멀어 버렸고 황벽[9]은 혀를 토하였나니, 이 한 구절이 염화소식[10]이며 또한 달마가 인도에서 중국으로 온 참뜻[11]이니, 아

7 마조 도일(馬祖道一, 709-788)은 남악 회양(南嶽懷讓, 677-744)에게서 심인을 받고 강서(江西) 종릉(種陵)의 개원사(開元寺)에서 선풍을 드높였다. 제자로 백장(百丈=懷海, 720-814), 대매(大梅=法常, 741-808), 남전(南泉=普願, 748-834) 등이 있다. "마음이 그대로 부처다[卽心卽佛]"라는 선가의 명언을 남겼다.

8 백장 회해(百丈懷海, 720-814)는 마조의 제자로 선가의 윤리서라 할 수 있는 「백장청규(百丈清規)」를 지었고, "하루 일하지 않으면 하루 안 먹는다[一日不作一日不食]"는 경구를 남겼다.

9 황벽 희운(黃蘗希運, ?-850)은 백장 회해의 제자로서 상국(相國) 배휴(裵休, 791-864)의 청으로 개원사에서 선을 가르쳤다. 저서로 『전법심요(傳法心要)』가 있다.

10 선종이 교종에 맞서면서 선종의 유래와 본의를 설명하기 위하여 지어낸 이야기로서 고타마 부다가 영산회상(靈山會上)에서 말없이 꽃 한 송이를 들어 보이니 마하가섭만이 미소로 답하였다는 내용. '이심전심(以心傳心)'이란 용어의 유래.

11 "조사서래의(祖師西來意)"라는 화두. 『벽암록(碧巖錄)』 20거(擧)의 다음 공안과 관련된다.
"龍牙問翠微, '如何是祖師西來意?' 微云, '與我過禪板來.' 牙過, 禪板與翠微, 微接得便打. 牙云, '打卽任打, 要且無祖師西來意.' 牙又問臨濟, '如何是祖師西來意?'"
이 역시 선종이 석존의 최고 가르침이라는 주장을 하기 위하여 지어낸 창작이다. 이에 따르면 선종의 시조는 석존이고, 석존은 가섭에게, 가섭은 아난에게 선을 전하였으며, 28대 제자인 달마가 선종을 전할 목적으로 중국에 와서 중국 선종의 1조가 되었으며, 달마는 혜가(慧可, 487-593)에게, 혜가는 승찬(僧燦, ?-606)에게, 승찬은 도신(道信, 580-651)에게, 도신은 홍인(弘忍, 602-675)에게, 홍인은 혜능(慧能, 638-713)에게 선을 전하였다고 한다.

주 오랜 옛날에 부모님도 아직 태어나지 않은 때[12]에 있었던 한 소식[13]이다. 부처와 조사의 상식적으로 이해하기 어렵지만 핵심을 찌르는 듯한 말과 방과 할,[14] 수많은 공안,[15] 그리고 여러 가지 방편[16]이 다 이로부터 나왔다. 은산철벽[17]이라 [앞이 꽉 막히어] 발을 움직여 나아가도 [나갈 수 있는] 문이 없고, 빠르디 빠른 순간이라 따져보기조차 어렵다. 이것이 교학을 넘어서 따로 전하신 선의 취지이니, 이른바 '핵심을 관통하는 길[徑截門]'이다.

昔馬祖一喝也, 百丈耳聾, 黃蘗吐舌. 此一喝便是拈花消息, 亦是達摩初來底面目. 卽空刦已前, 父母未生時消息. 諸佛諸祖, 奇言妙句, 良久捧喝, 百千公案, 種種方便, 皆從斯出. 銀山鐵壁, 措足無門, 石火電光, 難容思議者也. 此教外別傳禪旨, 所謂'徑截門'也.

『鞭羊堂集』 卷2 「禪教源流尋釰說」, 한불8:256하

| 자료 1-2 | 교학의 4등급

교학에는 4등급의 차별이 있다. 부처님이 처음 성도(成道)하시어 수행이 성숙한 보살과 상근기의 범부에게는 이돈(二頓)[18]의 화엄을 설파하셨다. [그리고] 성문(聲聞)[19]

---

12 자기 본래 면목을 의미한다. 『육조단경』 「기연품(機緣品)」 7의 다음 문장 참조. "策(玄策)云, '威音王以前卽得, 威音王以後無師自悟, 盡是天然外道.'"

13 선가에서 깨침을 표현하는 용어.

14 본서 제2장 4절 주석 50 참조.

15 간화선(看話禪)에서 공부의 방편으로 쓰기 위한 문답으로서 그 핵심이 되는 말을 '화두(話頭)'라고 한다. '공안'의 원래 뜻은 관청의 공문서로서 옳고 그름의 기준이 되는데, 선가에서는 깨침의 방편과 기준의 의미로 차용한 용어이다.

16 본서 제2장 1절 주석 10 참조.

17 은과 철처럼 뚫기 어렵고, 산과 벽처럼 넘어가기 어려움을 상징하는 선가의 상투어로서 『벽암록』 「보조서(普照序)」의 다음 문장 참조. "銀山鐵壁, 孰敢鑽研? 蚊咬鐵牛, 難爲下口."

18 징관은 『대방광불화엄경수소연의초』 권7(大正36:50상)에서 천태 지의(天台智顗, 538-597)가 세운 돈(頓)·점(漸)·비밀(祕密)·부정(不定)의 화의사교(化儀四教)와 장(藏)·통(通)·별(別)·원(圓)의 화법사교(化法四教)의 교판을 소개한 후, 다시 '점원(漸圓=漸中之圓)'과 '돈원(頓圓=頓中之圓)', '점돈(漸頓)'과 '돈돈(頓頓)'의 구별을 제시한다. 그에 따르면 교화의 방법[化儀] 중 하나인 돈교의 가르침은 교화의 내용[化法]상 분류 중 별교와 원교에 대응하고, 나머지 점교·비밀교·부정교는 각각 장교·통교·별교·원교의 요소를 겸비하고 있다. 그는 나아가 『화엄경』과 『법화경』 모두 가르침의 내용상 원교에 해당하며, 교화의 방법에서 차이가 있다

에게는 사제(四諦),[20] 연각(緣覺)[21]에게는 12인연[22]의 아함(阿含)[23]을 설파하셨다. [그리고] 보살에게는 육도(六度)[24]의 방등(方等)[25]을 설파하셨다. [그리고] 앞의 삼승(三乘)[26]에게 마지막으로 아뇩다라삼막삼보리[27]의 법화(法華)[28]를 설파하셨다. 이것이 사교(四敎)이다.

敎有四等差別. 佛初成道, 爲緣熟菩薩上根凡夫, 說二頓華嚴也. 爲聲聞, 說四諦, 爲緣覺, 說十二因緣阿含也. 爲菩薩, 說六度方等也. 爲前三乘, 究竟說阿耨多羅三藐三菩提法華也. 是爲四敎也.

『鞭羊堂集』 卷2 「禪敎源流尋釰說」, 한불8:256하

| 자료 1-3 | 근기에는 차별이 있지만 법(法)에는 차별이 없다

그러나 근기에는 차별이 있지만 법에는 차별이 없다. 수왕(樹王)[29]에서 일어나지 않

고 보고서 『화엄경』을 '돈원'으로, 『법화경』은 '점원'으로 평가한다. 또한 그는 '원돈지관(圓頓止觀)'이라는 말에서 알 수 있듯이 '돈교'는 '원교'에 대한 또 다른 이름이므로 『화엄경』은 '돈돈'으로, 『법화경』을 '점돈'으로 부를 수 있다고 한다. 본문의 '이돈'이란 따라서 '돈원'과 '돈돈'을 가리키는 것으로 보인다.

19 산스크리트어 'śrāvaka'를 번역한 것으로서 스승의 가르침을 직접 듣거나 경전을 탐구해야만 깨칠 수 있는 수행자로서 고집멸도(苦集滅道)의 사성제(四聖諦)를 배운다.

20 '사제(四諦)'는 '사성제(四聖諦)'의 준말로서 번뇌[苦], 망상과 괴로움의 발생[集]과 해소[滅], 그리고 깨달음에 이르는 길[道]을 수행 주체의 입장에서 정리한 초기불교 이론을 가리킨다.

21 산스크리트어 'pratyekabuddha'를 번역한 것으로서 '벽지불(辟支佛)' 또는 '독각(獨覺)'이라고도 한다. 이들은 12연기를 관찰하여 홀로 깨닫는다고 한다.

22 무명(無明), 행(行), 식(識), 명색(名色), 육입처(六入處), 촉(觸), 수(受), 애(愛), 취(取), 유(有), 생(生), 노사(老死). 초기불교에서 고통(苦)의 발생과 그 해소를 설명하는 인과 과정.

23 산스크리트어 'āgama'를 음사한 것으로서 여기서는 『아함경(阿含經)』을 의미한다. 한역 『아함경』은 경문의 길이나 구성상의 특징에 따라 장아함(長阿含經), 중아함경(中阿含經), 잡아함경(雜阿含), 증일아함(增一阿含)으로 구분된다.

24 대승불교의 '육바라밀(六波羅密)'과 같은 말로서 보시(布施), 지계(持戒), 인욕(忍辱), 정진(精進), 선정(禪定), 지혜(智慧)의 여섯 가지 수행 덕목을 가리킨다. 본서 제2장 주석 35 참조.

25 『화엄경』, 『반야경』, 『법화경』, 『열반경』을 제외한 대승의 모든 경전.

26 성문승, 연각승, 보살승.

27 산스크리트어 'anuttarāsamyaksaṃbodhi'를 한문으로 번역하여 '무상정등각(無上正等覺)'이라고 하는데, '아뇩다라(anuttarā)'는 '무상(無上)'으로, '삼막삼보리(samyaksaṃbodhi)'는 '정등각(正等覺)'으로 번역한 것이다.

28 일불승(一佛乘), 회삼귀일(會三歸一), 제법실상(諸法實相)을 주제로 하는 『묘법연화경(妙法蓮華經)』을 가리킨다.

29 보리수(菩提樹)를 말하는 듯하다.

고 녹야원(綠野苑)[30]에서 놀며, 돈교의 가르침에서 사성제를 말한다. 그러므로 신선의 정원과 깨닫는 장소가 같은 자리이며, 화엄과 사성제가 같은 가르침이다. 화엄이 반드시 사성제 보다 의미가 깊은 것도 아니고, 사성제가 반드시 화엄보다 의미가 얕은 것도 아니다. 단지 근기에 따라 크고 작은 차별이 있을 뿐이다. 마치 비가 와서 초목이 비를 머금으면 초목끼리는 길고 짧음이 있[는 것처럼 보이]지만 그렇게 한 비는 똑같은 비인 것처럼, 부처님의 가르침도 마찬가지이어서 가르침이 근기에 따라 차별이 있[는 것처럼 보이]지만 사실은 똑같은 가르침이다. 화엄에서 말하는 '마음이 곧 부처[卽心卽佛]'라는 말은 삼승교(三乘敎)에서 말하는 [인식]주관과 [인식]객관대상을 포함한 모든 존재[에 대한 가르침]인 것이다. 마음 밖에 존재물이 없고 존재물 밖에 마음이 없어서 마음과 존재물이 하나이고 진제(眞諦)와 속제(俗諦)가 막힘이 없는 것이다. 화엄을 공부하면 지혜를 증득한다는 것은 근기가 뛰어나기 때문이지 [화엄의] 가르침이 뛰어나기 때문인 것은 아니다. [마찬가지로] 아함을 공부하면 단지 공(空)만을 깨닫는 것은 근기가 열등하기 때문이지 가르침이 천박하기 때문인 것은 아니다.

然當機自有差別, 法無差別. 不起樹王而遊鹿菀, 而於頓說卽說四諦. 然則仙苑覺場一座也, 華嚴四諦一說也. 華嚴不必玄於四諦, 四諦不必淺於華嚴也. 但隨機而有大小差別. 如天降雨, 草木受閏, 草木自有長短, 其雨一味也. 佛說亦爾, 敎隨機異, 其實皆一法也. 華嚴所示, 卽心卽佛, 卽三乘敎所說, 根境諸法也. 心外無境, 境外無心, 心境一如, 眞俗無礙. 華嚴卽得菩提, 其機之利也, 非敎之勝也. 阿含但悟偏空, 其機之鈍也., 非敎之淺也.

『鞭羊堂集』 卷2 「禪敎源流尋釰說」, 한불8:256하-257상

| 자료 1-4 | 교학은 선의 방편(方便)이지만, 선교의 차등도 근기에 따른 것이다

선문에서는 최하근기자(最下根機者)를 위하여 교학을 빌려 가르침을 밝히는데, 이

30 산스크리트어 'mṛgadava'를 번역한 것으로서 석가가 깨달은 지 삼칠일 후에 처음으로 법륜(法輪)을 굴려 다섯 비구에게 불교의 진리를 설파한 곳. 지금의 베나레스시 북쪽의 사르나아드 유적이 있는 곳이며, '선인원(仙人園)', '선인녹야원(仙人鹿野苑)'이라고도 쓴다.

른바 '성(性), 상(相), 공(空)'의 삼종(三宗)이다. 이치에 따른 길과 언어를 활용하는 길이 있는데, [말을] 듣고 이해하고 생각하기 때문에 원돈문[31]의 죽은 말[死句][32]이 되니, 이(교학)는 의리선(義理禪)이고 앞에서 말한 격외선[33]은 아니다. 그러나 이 두 가지(격외선과 교학, 곧 의리선)도 정해진 뜻이 있는 것은 아니고, 다만 수행하는 사람의 근기의 차이에 따른 것이다. 만일 수행하는 사람이 언어에 얽매이면 염화미소(拈花微笑)도 진부한 언어에 떨어지고 말 것이며, 마음으로 얻으면 거친 말, 정밀한 말이 모두 [세계의] 실상을 표현한다.

禪門爲最下根者, 借敎明宗, 所謂'性相空'三宗也. 有理路語路, 聞解思想故, 爲圓頓門死句, 此義理禪也, 非前格外禪也. 雖然之二者 亦無㝎[34]意, 只在當人機變. 若人失之於口, 則拈花微笑, 盡落陳言, 若得之於心, 則麁[35]言細語, 皆談實相也.

『鞭羊堂集』 卷2 「禪敎源流尋釼說」, 한불8:257상

| 자료 1-5 | 수행의 세 가지 방법: 경절문, 원돈문, 염불문(念佛門)

경절문 공부는 조사의 공안(公案)[36]을 시시때때로 붙잡아 의심을 일으켜 마음을 늘 깨어 있게 하면서, 조급하지도 느슨하게도 하지 않아 혼침(昏沈)과 산란(散亂)에 떨어지지 않게 하여 간절한 마음으로 잊지 않아, 마치 신생아가 어미를 기억하듯 결국에는 눈 깜짝할 사이에 한꺼번에 열리는 생명력 있는 경지를 알게 될 것이다. ……

원돈문 공부는 '한 [개체마다 단 하나만 있는, 하나뿐인] 마음의 본성[心性]은 본래

31 원교(圓敎)이면서 돈교(頓敎)의 수행 방법. 천태의 교상판석(敎相判釋)에 따르면, 화의(化儀) 4교 중의 돈교이면서 화법(化法) 4교의 원교인 『화엄경』의 수행 이론을 말한다. 고려의 보조 지눌은 『원돈성불론(圓頓成佛論)』을 써서 원돈신해문(圓頓信解門), 즉 '본래청정심을 한꺼번에 완전히 믿어 이해하는 방법'을 제시하였다.

32 선가에서는 교학불교의 가르침, 즉 경전의 언어를 방편적으로 공부할 뿐, 궁극적으로는 언어를 버려야 한다는 취지에서 이를 '사구(死句)'라고 한다.

33 언어로 따질 수 있는 이치를 초월한 선. 달마가 전한 최상승선.

34 '정(㝎)'은 '정(定)'의 약자(略字)이다.

35 '추(麁)'는 '추(麤)'의 약자이다.

36 화두(話頭). 간화선(看話禪)에서 수행할 때 사용하는 방편.

부처 자체로 청정하여(번뇌망상이 조금도 없어) 원래 번뇌 따위는 조금도 없다'는 것을 마음으로 비춘다(스스로에게서 살펴본다). 만일 대상 사물에 대하여 분별하는 마음이 생기면, 이 분별이 일어나기 전을 향해, 이 [분별하는] 마음이 어디서부터 생겼는가를 추궁하라. 만일 그 분별하는 마음이 발생한 곳을 알아내지 못하면 마음이 고민에 빠질 터인데, 이는 좋은 징조이다. 이 문제를 놓아 버리면 안 된다.

염불문 공부는 걸어 다니거나, 뛰어다니거나, 앉았거나, 누웠거나, 늘 서쪽을 향하여 [아미타불의] 존안(尊顔)을 바라보고 생각하면서 가슴속에 품고 잊지 않으면, 목숨이 다할 때는 아미타불이 상연대(上蓮臺)로 내려올 것이다.

徑截門工夫, 於祖師公案上, 時時擧覺起疑惺惺, 不徐不疾, 不落昏散 切心不忘, 如兒憶母, 終見憤地, 一發妙也. 圓頓門工夫, 返照一靈心性, 本自淸淨, 元無煩惱. 若當於對境分別之時, 便向此分別未起之前, 推窮此心從何處起. 若窮起處不得, 則心頭熱悶, 此好消息也. 不得放捨. 念佛門工夫, 行住坐臥常向西方, 瞻想尊顔, 憶持不忘, 則命終時, 陀佛來迎, 接上蓮臺也.

『鞭羊堂集』 卷2 「禪敎源流尋釰說」, 한불8:257중–하

| 자료 1-6 | 마음이 부처, 마음이 세계

이 마음이 곧 부처요, 세상의 모든 존재이다. 그러므로 마음을 떠나 따로 부처가 있지 않으며, 마음을 떠나 중생의 육도[37] 세상에서 일어날 수 있는 선하고 악한 일이 있지 않다. 목숨이 끝날 때에 부처가 눈앞에 현전(現前)하는 것을 보더라도 마음이 놀라지 않고, 지옥 세상이 눈앞에 나타나더라도 마음이 두려워하지 않으면, 마음과 세상이 한 몸이 되니, 이것이 '둘이 아님[不二]'이다. 이 불이(不二) 법문에 어찌 평범함과 성스러움, 선함과 악함의 차별이 있겠는가? 이렇게 살펴서 미혹에 휩싸이지 않으면, 살아 있는 마구니나 죽은 마구니가 어디서 그를 붙잡을 것인가? 이 역시 도인이 마구니를 제어하는 중요한 분기점이니, 공부하는 이들은 여기에 주목해야 한다.

37 본서 제3장 1절 주석 31 참조.

여기서는 단지 선교 법문의 핵심 고리와 공부하는 이가 일상생활에서 마음 써야 할 곳을 뽑아 적었다. 그 으뜸 가르침을 널리 보이는 것으로는 『인천안목강요집(人天眼目綱要集)』[38]이 있고, 배우는 순서와 돈점(頓漸) 수행과 선교일치에 관한 것으로는 『천태사교의(天台四教儀)』[39]와 『원각경(圓覺經)』,[40] 그리고 『선원제전집도서』[41]가 있다.

此心卽佛, 此心卽六道萬法. 故離心別, 無佛也, 離心別無六道善惡諸境也. 命終時, 若見佛境界現前, 無驚動心, 若見地獄境界現前, 無悕[42]畏心, 心境一體, 是爲不二. 於此不二法門中, 何有凡聖善惡差別乎? 如此觀察不惑, 則生死魔何處摸摖? 此亦是道人制魔之要節也, 學者須着眼看. 此但鈔禪教法門關節, 及學者日用中用心處. 其廣現宗風, 在『人天眼目綱要集』. 其入教次第頓漸修證禪教和會, 在『天台四教』, 『圓覺』懸判, 『禪源諸詮』.

『鞭羊堂集』 卷2 「禪教源流尋釰說」, 한불8:257중–하

| 자료 2 | 근기에는 세 가지가 있지만, 법은 하나이다

삼문의 귀결점은 하나이다. 불교의 수행 방법은 선과 교학, 그리고 염불 세 가지가 있는데, 최상근기자에게는 격외의 선이 해당하고, 중하근기자에게는 교학이 해당한다고 주장하여 교학에 대한 선의 우월을 주장한다. 그리고 중생의 현실적 구복을 위하여 염불도 수행의 한 방법이라고 주장한다. 이로 보면 언기의 삼문에 대한 관점은 지눌 이래 전형적인 수행

---

38 남송 회암 지소(晦庵智昭, ?-?)의 저술. 당시까지의 중국 선종 5가의 강요(綱要)와 선사들의 유고(遺稿)를 모은 책.

39 천태의 5교 8시에 관해 고려 제관(諦觀, ?-970)의 저술.

40 『대방광원각수다라요의경(大方廣圓覺修多羅了義經)』으로서 당나라의 불타다라(佛陀多羅, ?-?)가 번역하였다고 하지만, 종밀(宗密)이 위경으로 제작하였다는 설도 있다. 주석서로는 종밀의 『원각경대소(圓覺經大疏)』, 『원각경대소초(圓覺經大疏鈔)』, 『원각경대소과문(圓覺經大疏科文)』 등이 있고, 조선의 승려들도 여러 차례 주석하였다.

41 당나라 종밀의 저술로서 조선시대부터 우리나라 선종의 사집과(四集科)의 하나로서 선종의 중요 교재로 채택되었다. 남종선(특히 하택종) 중심의 선교일치가 핵심 논리이다.

42 원전의 주석에 '희(悕)' 자는 '포(怖)' 자가 아닌가 의심된다고 되어 있다.

관과 같다고 할 수 있다. 또한 한편으로는 교학에 대한 선의 우월을 주장하면서도, 삼문의 귀결은 하나여서 근기에 차이가 있을 뿐, 법에는 차이가 없다고 주장하는 등 전형적인 선가의 종지를 따르고 있다.

[부처님께서는] 집안의 보물창고(누구나 가지고 있는 불성)를 보이기 위하여 말로 가르치고 이치를 세워 49년 동안 이곳저곳에서 설교하셨다. [이에] 구름이 하늘을 덮듯 자비가 널리 퍼지고, 비가 쏟아지듯 불교의 진리는 온 누리를 적셨다. 이에 어리석고 메마른 중생은 그 은택을 입고 번성하였다. 이 중에서 중근기와 하근기는 말씀을 받아들여 뜻을 이해하였으니, 이를 '교학의 문[教門]'이라 부른다.

조사들이 보인 수단은 교학과는 달라서, 말을 하기 전에 직접 사람의 마음을 가리킨다. 그러므로 한참 동안 말없이 있기도 하고, 기대앉아 발을 뻗기도 하고, 눈썹을 치켜들고 눈을 깜박이기도 하고, 불자(拂子)[43]를 치켜세우고서 지팡이를 짚고 서 있기도 한다.

은산철벽이라 [앞이 꽉 막히어] 발을 움직여 나아가도 [나갈 수 있는] 문이 없고, 빠르디빠른 순간이라 따져보기조차 어렵다. 만일 누가 여기서 빠르디빠른 순간에 발을 움직여 은산철벽을 한번 뚫으면, 이는 뛰어난 상근기이어서 좋은 말이 채찍 그림자만 보아도 달리는 것과 같게 되니, 이것이 이른바 격외선이다. 부처는 말세 중생으로서 부처님의 가르침을 직접 듣지 못한 이를 위하여 16관문을 따로 세웠다. 열심히 아미타불을 외우고 연화정토에 왕생하기를 염원하면서, 다시 관음보살이 32응신(應身)과 천수천안(千手千眼)과 팔만사천의 손과 눈으로 괴로움을 겪는 육취(六趣)[44] 중생을 구제함을 찬탄하고, 또 물에 빠지고 불에 타거나 감옥과 도적과 호랑이와 그 외의 어려움에 처하였을 때 정성을 다하여 아미타불을 부르고 염원하면, [어떤 어려움도] 벗어나지 못할 게 없다. 만일 기도해야 하는 일에 처하거나, 과거에 급제하여 관직을 구하거나, 복(福)과 장수(長壽)를 구하거나, 단정한 남녀 배필감을 구하거나, 높은 직책과 문무 관리가 되려고 하거나, 다음 생에 불국정토(佛國淨土)에 태어나기를 기원하는 사람

---

43 고승이 지니는 막대기로, 원래는 파리나 곤충을 쫓아내기 위하여 막대기 끝에 털을 달아 놓은 것이다.

44 육도(六道).

은 아미타불을 부르며 간절히 청하면, 보살은 살아 있는 지혜의 힘으로 밝은 거울이 대상사물을 비추듯이 어떤 소원도 다 들어준다. 이것을 염불문이라 한다. ……

근기에는 세 가지가 있지만, 법은 하나이다. 문에는 세 가지가 있지만 귀결점은 둘도 없다(하나이다). 그러므로 참선이 염불이고, 염불이 참선이다.

欲示宅中寶藏, 垂言敎立義理, 而四十九年, 東說西說. 慈雲廣布, 法雨遐沾. 於是, 聾騃枯槁, 咸蒙其澤而滋榮. 此中才下根, 承言會意者, 是謂'敎門'也. 祖師所示機關, 逈異於前, 未嘗開口, 直指人心. 故但良久黙然, 或據坐垂足, 或揚眉瞬目, 或擧拂子, 卓柱杖而已. 銀山鐵壁, 措足無門, 石火電光, 難容思議. 若人於此, 石火電光, 一捉便捉, 銀山鐵壁, 一透便透, 則此超倫上智, 如良馬見鞭影而行, 是謂格外禪風也. 佛爲末世衆生未得親聞法音者, 別立十六觀門. 懃念阿彌陀佛, 往生蓮花淨土, 復讚歎觀音菩薩, 以三十二應千手千眼八萬四千手眼, 救濟六趣衆生之苦, 若水火漂焚, 或遭獄賊虎狼兇險諸難, 至誠稱名念之, 則無不脫免. 若應祈禱之事, 或求登科祿位, 或求福壽, 或求端正男女, 或求公侯將相, 或求往生佛國之人, 稱名乞請, 則菩薩妙智力, 如明鏡照物, 無願不遂. 是謂念佛門也. …… 機雖有三, 法則一也. 門雖設三, 所造之地無二也. 然則叅禪則念佛, 念佛則叅禪.

『鞭羊堂集』 卷3 「上高城」, 한불8:262상-중

| 자료 3 | 편양 언기와 서산, 선교일치

언기가 서산의 문파임을 자임하는 글인데, 청량·규봉·영명·서산의 불교적 특징이 '선교일치'라는 점에서 언기가 선교일치의 불교관을 가지고 있음을 알 수 있다.

이른바 '도덕심이 높고 문장이 좋은 분'은 옛날로 말하면 청량(淸凉),[45] 규봉(圭峰),[46]

45 본서 제2장 4절 주석 2 참조.

46 본서 제3장 8절 주석 5 참조.

영명(永明),[47] 영가(永嘉)[48] 등이고, 지금으로 말하면 서산(西山), 송운(松雲)[49] 등이니, 거기 어찌 내가 들겠습니까? 나는 비록 서산 문중 출신이지만 학문이 서산에 훨씬 못 미칩니다. 하물며 서산의 재주와 덕망에 견주겠습니까? 말도 안 됩니다.

其所謂'道德高文章妙'者, 以古言之, 淸凉·圭峰·永明·永嘉之類也. 以今言之, 西山松雲之類是也, 豈機云乎哉? 若機者雖出西山, 而猶未及學於西山者遠矣. 況望於西山之材與德也? 萬萬無此理.

『鞭羊堂集』 卷3 「謝南陽處士書」, 한불8:261중

| 자료 4 | 남종선

이하의 시에서 언기는 자신을 세속에 얽매이지 않는 남종선 수행자로 그리고 있고, 선과 화엄의 세계관을 연결하고 있다.

| 자료 4-1 | 선사의 자부심, 서산문하

순찰사로 추측되는 윤순사(尹巡使, ?-?)에게 지어 준 시인데, 이 시에서 언기는 유학이나 도교에는 관심이 없고 오직 남종선에만 관심이 있음을 말하고 있다. 그리고 언기가 서산의 제자라는 사실도 알 수 있다.

「윤순사에게 답함」
공자의 가르침도 배우지 않았는데
어찌 노자의 현묘함을 들었겠는가.

---

47 영명 연수(永明延壽, 904-975). 법안종 3조로서 북송 시대에 활약하였고, 독특한 삼교일치론을 펼쳤다. 수행 방법으로 염불도 채택하였고 정토사상에도 관심이 많았다. 저술로 『종경록(宗鏡錄)』, 『만선동귀집(萬善同歸集)』 등이 있다.

48 영가 원각(永嘉元覺, 665-712). 저서로 『선종영가집(禪宗永嘉集)』이 있다.

49 유정(惟政), 곧 사명당(四溟堂, 1544-1610)을 가리킨다.

일찍이 서산의 문하에 들어왔으니

오로지 육조선(남종선)이나 전하려 하네.

不學宣王敎 寧聞柱史玄 早入西山室 唯傳六祖禪

『鞭羊堂集』 卷1 「答尹巡使」, 한불8:246상-중

| 자료 4-2 | 조주의 화두: 뜰 앞의 잣나무[庭前栢樹子]

> 조주 종심(趙州從諗, 778-897)의 "뜰 앞의 잣나무"라는 화두를 인용하여 세속의 현상(먼지)에 집착하지 말 것을 충고하고 있다.

「동양위(東陽尉)[50]에게 주는 글」

먼지 같은 세상 멀리하고 돌문을 두드려서

구름 속의 선방에 높이 누워 진리의 말씀 들어 볼 텐가?

달마가 서쪽에서 온 뜻을 알고 싶은가?

뜰 앞의 잣나무[51]는 푸르기만 하다네.

遠謝塵紛扣石扃 雲房高臥聽眞經 欲知格外西來旨 又有庭前栢樹靑

『鞭羊堂集』 卷1 「次東陽尉」, 한불8:249중

50 '동양위'는 신익성(申翊聖, 1588[선조 21년]-1644[인조 22년])을 가리킨다. 자는 군석(君奭), 호는 낙전당(樂全堂), 선조의 사위로 척화오신(斥和五臣)의 한 사람이다. 12세 때 선조의 딸 정숙옹주(貞淑翁主)와 결혼하여 동양위에 봉해졌고, 선조 39년(1606) 부총관(副摠管)이 되었다. 인조 14년(1636) 병자호란 때 남한산성에서 왕을 모시면서 싸울 것을 주장하였다. 화의가 성립된 후 삼전도비사자관(三田渡碑寫字官)에 임명되었으나 거부하고, 계속 척화를 주장하다 1643년 청나라 심양(瀋陽)으로 붙잡혀 갔다. 문장과 글씨에 뛰어나 「휴정대사비(休靜大師碑)」를 썼다.

51 세계의 실상[眞如]은 일상 세계(뜰 앞의 잣나무)에 있다는 의미로서 다음의 선문답에 "뜰 앞의 잣나무"란 표현이 나온다. 『趙州錄』 卷上3, "時有僧問, '如何是祖師西來意?' 師云, '庭前栢樹子'"; 『無門關』 37, "趙州因僧問, '何是祖師西來意?' 州云, '庭前栢樹子.'"

| 자료 4-3 | 남종선의 철학적 기반: 화엄과 중관

> 선은 화엄의 염주알에 비유되는 중중무진연기(重重無盡緣起)와 주인과 객의 비유로 제시된 중관철학(中觀哲學)의 진속불이(眞俗不二)·자타불이(自他不二)의 세계관을 전제하고 있음을 알 수 있다.

「염주알을 꿰면서」

한 가닥 붉은 실로 염주알을 꿰나니
억겁 인연 세계,[52] 이 손안에 있도다.
그대여! 주인과 객을 나누지 말지어다.
한 알, 두 알 꿰면서 스스로 고개 끄덕인다.

半尺紅絲錯貫珠 重重刹海掌中收 傍人且莫分賓主 一二相衆自點頭

『鞭羊堂集』 卷1 「彦師貫短珠韻」, 한불8:247하

52 중중찰해(重重刹海), 곧 화엄의 중중무진연기를 가리킨다.

| 제4장 |

의궤(儀軌)의 정립을 위한 노력

1. 각성(覺性)

2. 진일(眞一)

1. 각성(覺性)

각성(覺性, 1575-1660)의 호는 벽암(碧巖), 자는 징원(澄圓)이다. 20여 년간 부휴(浮休, 1543-1615)를 스승으로 삼았으며, 1593년에는 그와 함께 전장(戰場)에 나아가기도 하였다. 그리고 부휴가 모함으로 인해 한양으로 압송될 당시 따라갔다가 봉은사에 머물면서 판선교도총섭(判禪敎都總攝)이 되었다. 또한 인조(1623-1649 재위) 때는 팔도도총섭(八道都總攝)이 되어 승려들을 이끌고 남한산성 축조에 참여하였다. 그리고 병자호란으로 인조가 남한산성으로 파천하였다는 소식을 듣고 승려 수천 명을 모아 '항마군(降魔軍)'을 조직하여 진군하던 도중 화의가 이루어졌다. 이후 86세를 일기로 생을 마쳤다.

각성의 저서로는 『선원집도중결의(禪源集圖中決疑)』 1권과 『간화결의(看話決疑)』 1권이 있었다고 전해지며, 여기서 살펴보게 될 문건인 『석문상의초(釋門喪儀抄)』 1권이 있다. 각성의 행적을 통하여 유추해 볼 때, 그가 『석문상의초』를 편집한 이유는 승려 집단의 사회화를 도모하기 위한 것이었다고 할 수 있다. 다시 말해서 승려 집단이 사회와 유리된 그룹이 아니라 유가적 사회질서와 소통될 수 있다는 사실을 문헌으로 증명해 보이려는 노력이었던 것이다. 특히 인조 원년(1623)에는 승려가 경성에 들어오는 것과 시정(市井)에서 말 타는 것이 금지되었다. 그리고 여러 차례에 걸쳐 국가적 노역에 승려들이 무자비하게 동원되었다. 이러한 사실을 고려할 때, 각성의 노력은 조선 사회에서 승려들의 존재성을 확고히 함으로써 정치적 박해를 피해 가려는 의도였다고 일환이었다고 할 것이다.

| 자료 1 | 승가의 예절과 법도를 새롭게 정립함

여기에서 각성은 승가 내에 일정하게 규정된 예의 절차가 없어서 세속의 경우와 다를 바가 없음을 개탄하고 있다. 특히 상례(喪禮)의 경우를 중심으로 말하고 있는데, 이는 유가의 예송논쟁을 통해서 짐작할 수 있는 것처럼 상례가 예절에 있어서 가장 중요하고도 엄격한 규율이었기 때문이었던 것으로 보인다. 그래서 뜻한 바 있어 중국 승가의 예법을 소개하기는 하지만, 우리의 실정에 맞춰져야 한다는 점도 잊지 않고 있다.

무릇 경사스러운 예는 가볍게 하더라도 흉한 예는 더욱 중하게 한다고 하였는데, 사람의 모습을 하고서 어찌 정을 잊어버리고 그 예를 끊을 것인가? 비록 우리 불가에서는 고요함[寂滅]을 즐거움으로 삼아 왔지만, 태어나고 죽는 문제에 있어서는 항상 각 지역의 계율을 따른 이후에야 그 타당함에 부합하였다. 그런데 불가에서 상례의 경우에 우리나라에는 그 뿌리가 없어서 큰 스승이 열반에 들면 예에 많은 잘못됨이 있어서, 죽은 스승을 모시는 무덤이 일반 무덤과 같고 슬퍼하는 것도 세속의 경우와 같아서 좋은 선업을 낳는 바가 없었다. 그뿐만 아니라 옛 도와 관례를 따르지도 않으니 진실로 가슴 아픈 일이다. ……

나는 이러한 사실들을 가슴에만 품고 있다가 최근에 자각(慈覺=長蘆=宗賾, ?-?) 대사의 『선원청규』와 응지(應之, ?-?) 대사의 『오삼집』, 『석씨요람』을 구해서 읽었는데, 그 가운데 가장 귀감이 될 만한 것들은 상례의 한 예절이 매우 자세하다는 점이었다. 그러나 이는 다만 중국에서 숭상하는 예법일 뿐 우리나라의 예법에는 적합하지 않으므로, 중요한 부분만을 골라 상·하 두 편으로 나누어 처음 배우는 데 의지하고자 한다.

夫吉禮且輕, 凶禮尤重, 旣含齒戴髮,[1] 豈可一槩忘情而絶其禮哉? 雖我宗以寂滅爲樂, 生死是常隨方毘尼,[2] 後合其則. 如釋氏喪儀, 東國素無其本, 釋門上德歸寂, 凶禮多違, 龕室當

1 글자 그대로 풀면 입속에 치아가 나고 머리에는 머리카락을 이고 있다는 뜻이며, 사람의 모습을 갖춘다는 의미이다. 『위서(魏書)』, 「한자희전(韓子熙傳)」의 다음 문장에서 따온 말이다. "遂乃擅廢太后, 離隔二宮, 拷掠胡定, 誣王行毒, 含齒戴髮, 莫不悲惋."

2 '비니(毘尼)'는 산스크리트어 'vinaya'의 음역으로 '비내야(毘奈耶)'라고도 쓰며, 부처가 제자들을 위하여 마련한 계율을 총칭하는 말이다.

堂, 哀泣同俗, 旣無生善之路.[3] 且虧遵古之道, 迺相沿襲,[4] 實所堪傷. …… 余每以介懷, 近得慈覺大師禪院淸規, 應之大師五杉集, 釋氏要覽, 讀之. 其中最爲龜鑑者, 喪禮一儀甚詳, 而但是中國所尙之法, 不合東方之禮故, 抄出其要, 分爲上下篇, 以寄初學云.

『釋門喪儀抄』「序」, 한불8:237상

| 자료 2 | 상(喪)을 당하였을 때 상주(喪主)가 지팡이를 짚는 것에 대하여

상주가 지팡이 짚는 예법을 두고 불가의 입장을 설명한 글이다. 별로 중요하지 않은 사실로 치부할 수도 있겠지만, 적어도 당시에는 무척 중요한 논란거리였다는 점을 방증한다. 어쨌든 여기서 드러나는 불가의 입장은 불가에서는 세간의 경우처럼 상주가 지팡이를 짚지 않지만, 그렇다고 해서 예를 소홀히 하는 것은 아니라는 점을 역설하고 있다.

효자가 부모를 잃음에 슬픔에 젖어 곡하고 울면서 사흘 동안 음식을 먹지 않으니, 그 몸이 약해져 병이 드는 까닭에 지팡이에 몸을 의지한다. 이는 죽음이 삶을 손상시키지 않도록 함이다. 하지만 아이와 여자들은 지팡이를 짚지 않는데, 음식을 먹지 못하여 그 몸이 병들지 않기 때문이다. 지금 승려들은 마음과 육신이 세속의 경우와는 달라서 무상을 깨달으니, 비록 그 부모와 스승을 잃어도 비통하여 병을 키우는 일이 없으니 반드시 지팡이가 필요하다고 하겠는가? 이는 불효함이 아니다. 그리고 여자와 아이들의 경우에도 불가의 종지[宗致]는 유가의 예절[律禮]과 같지 않으므로 그들이 지팡이를 사용하지 않는 것 또한 잘못된 것은 아니다.

孝子失親, 悲哀哭泣, 三日不食, 身體羸病故, 以杖扶身. 明不以死傷生也. 童子婦女不杖, 以其不能病也. 今釋子, 心形異俗, 達了無常, 雖喪其親與師, 未有絶漿而成病者也, 何必杖

3 '생선지로(生善之路)'란 덕 높은 승려들의 부도탑이나 다른 기념물들이 중생으로 하여금 깨달음을 향한 신심(信心)을 돋구게 한다는 의미이다. 여기서는 간단히 "좋은 선업을 낳는 바가 없었다"로 풀었다.

4 원문의 '연(沿)'은 '연(沿)'과 같다. '연습(沿襲)'이란 옛 습관을 따름, 혹은 관례에 의한다는 뜻으로 '도습(蹈襲)'이라도 쓴다. 『예기(禮記)』의 다음 문장에서 나온 말이다. "五帝殊時, 不相沿樂, 三王異世, 不相襲禮."

乎? 非是不孝, 婦人及童子等, 盖律禮宗致不同故, 其杖不用, 亦無過失也.

『釋門喪儀抄』上篇「杖」, 한불8:238하

| 자료 3 | 소(疏)를 짓는 까닭과 방법

> 여기서는 불가에서 스승이 죽었을 때 그를 기리는 소(疏)를 작성하는 데 있어서 지켜져야 할 점을 지적하고 있다. 그것은 다름이 아니라 죽은 이를 존칭하지 말아야 한다는 것이다. 그리고 그 증거로 사리불의 죽음에 이르러 그의 제자가 죽은 스승을 '사리불'이라고 지칭하였던 점을 든다. 특히 유가의 경전인 『예기』에서도 증거를 찾는 점은 인상적이다. 그리고 끝으로 죽은 후 영혼의 존재에 대해서는 불가 특유의 부정도 긍정도 아닌 논법을 구사함으로써 죽음을 대하는 불가의 입장을 설명하고 있다.

'소(疏)'라고 하는 것은 부처에게 고하는 말인데, 대개 재계[齋]한다는 뜻과 통한다. 돌아가신 스승이 비록 존귀하지만 부처 앞에서 반드시 그 이름을 불러야 한다. 『예기』에 이르기를, "임금 앞에서는 아비의 이름을 기피하지 않고, 아비 앞에서는 자식의 이름을 기피하지 않는다"고 하였듯이, 스승과 부모의 이름이라 할지라도 귀한 사람 앞에서 감히 기피하지 않는다. [이러한 예는 『사분율』과 『아함경』에서 보인다.] 『사분율(四分律)』에서는 "제자인 사미 균제(均堤)가 와서 부처에게 '나의 스승인 사리불의 수명이 다하였는데, 무덤 속에 그의 정신이 있는 것입니까?'라고 물었다"고 한다. 그리고 『아함경』에서는 "아난이 부처에게 '만일 사람의 목숨이 다하여 무덤을 만들면 이 사람의 혼령이 그 가운데 있는 것입니까?'라고 묻자 부처는 '있기도 하며 없기도 하다'고 하였다"고 한다. 왜 그랬는가? 만일 사람이 살아생전에 좋은 근기(根機)를 만들어 놓지 않아 삼보(三寶)를 알지 못하면, 복(福)을 받을 선(善)도 없고 재앙을 받을 악(惡)도 없으며 복을 닦는 데 도움을 줄 사람도 없으니 혼령이 무덤 속에 있게 되는데, 아직 태어날 곳이 없기 때문이다. 그리고 태어나기 전에 복 받을 선을 크게 닦았거나 천상에 태어나거나 인간으로 태어나는 경우가 있으므로, 부처는 [무덤 속에는 혼령이] "없다"고 한 것이다. 그리고 태어나기 전에 정진(正眞)을 믿지 않고 의심하여 사람을 속이고 기만하여 악업을 지으면 사악취(四惡趣)[5]에 떨어지게 되므로 또한 [무덤 속에는 혼령이] "없다"고 한 것이다. 경에서 이르기를, "지극히 선하거나 지극히 악하게 되면 중음이 없다"고 하였는데, 바로 이를 두고 한 말이다. (이상의 내용은 『석씨요람초』에서 따온 것이다.)

'疏'者, 白佛之詞, 盖疏通'齋'意也. 亡師雖尊, 對佛必須呼名. 禮云, "君前不諱父名, 父前不諱子名,"[6] 師及父母之名, 不敢諱於尊前也. 如『律』中, "舍利弗滅度後, 有其弟子沙彌均堤來, 白佛言, '我和尙舍利弗命過, 問, 墳間精神在否?'" 『經』云, "阿難白佛言, '若人命終, 造立墳塔, 是人精魄在中否?' 佛言, '亦在, 亦不在'." 何以故? 若人生時, 不造善根, 不識三寶, 無善受福, 無惡受殃, 無善知識爲修福, 是其精魄在墳中, 未有生處故. 或生前大修福善, 或生天上人間, 故言"不在." 或生前不信正眞, 諂誑欺人, 造作惡業, 卽墮四惡趣故, 亦"不在" 也. 經云, "極善極惡, 無中陰"是也. (此上出『釋氏要覽抄』)

『釋門家禮抄』 上篇 「疏子」, 한불8:240하-241상

---

5 사악도(四惡道)'라고도 하는데, 지옥 · 아귀 · 축생 · 아수라를 일컫는다.

6 『예기(禮記)』에서 원문과 동일한 구절은 발견되지 않는다. 다만 그 맥락상 다음의 내용을 집약해서 기술해 놓은 것으로 보인다. 『禮記』 「曲禮上」, "卒哭乃諱. 禮不諱嫌名, 二名不偏諱. 逮事父母, 則諱王父母, 不逮事父母, 則不諱王父母. 君所無私諱, 大夫之所有公諱. 『詩』『書』不諱, 臨文不諱, 廟中不諱. 夫人諱, 雖質君之前, 臣不諱也. 婦諱不出門, 大功小功不諱. 入竟而問禁, 入國而問俗, 入門而問諱.

2. 진일(眞一)

『석문가례초(釋門家禮抄)』는 벽암 각성(碧巖覺性, 1575-1660)이 지었다고 전해지는 『석문가례(釋門家禮)』의 축약본으로, 조선 인조 때 나암 진일(懶庵眞一, ?-?)이 중국 자각(慈覺, ?-?) 대사의 『선원청규(禪苑淸規)』와 응지(應之, ?-?) 대사의 『오삼집(五杉集)』과 『석씨요람(釋氏要覽)』 가운데 중요 항목을 발췌 편집하여 효종 10년(1659)에 간행하였다. 편집자인 진일이라는 인물에 대해서는 자세한 내용이 전해지지 않고 있다. 이 책은 상·하 두 편으로 구성되어 있고, 출가하여 불가(佛家)에서 맺어진 관계를 친인척관계에 비추어 설명하고 있으며, 장례의식과 절차 등에 대하여 자세히 기술하고 있다. 특히 주목되는 사실은 이 문헌 가운데 서문과 본문의 내용이 각성의 『석문상의초(釋門喪儀抄)』와 일치한다는 점이다. 따라서 여기서는 이 문헌의 말미에 적힌 발문을 자료로 제시하여 『석문가례초』의 저술 배경과 목적만 짐작해 보기로 한다.

이러한 내용이 기술되어 널리 알려진 것은, 이 글의 말미에 『백장화상청규법(百丈和尙淸規法)』이 부록으로 덧붙여져 있는 사실을 고려해 볼 때, 불가 내의 규율을 엄격히 하기 위함으로 보인다. 그리고 이 책이 불가의 규율을 유가의 가례와 비교해서 설명하고 있는 것은 불가에서도 내부적인 규율의 정립이나 인간관계와 각종 예절에 있어서 유가의 경우를 모범적인 것으로 인정하고 있었다는 사실을 보여 준다. 그리고 한편으로는 각성의 경우와 마찬가지로, 당시 지배적 가치관이었던 유가 이론과의 격절(隔絶)을 무마하고 그 유사성을 확보함으로써 불가의 사회적 지위를 정당화하기 위한 포석이었던 것으로 추정할 수도 있겠다.

| 자료 1 | 승가의 장례 예법을 다시 세움

> 여기서 진일은 불가와 유가가 그 지향하는 바는 다르지만 '효(孝)'라는 가례의 한 덕목에 있어서는 이견이 있을 수 없음을 말하고 있다. 그리고 특히 불가에서 이러한 덕목이 전승되지 못함을 개탄하면서, 『주가가례』까지 참조하여 불가의 예법을 다시 세우게 되었다는 배경을 설명하고 있다.

아! 석가의 학문은 비록 적멸에 근원을 두고 있지만, 태어난 것은 곧 없어지기 마련이다. 그런데 그 살아 있을 때는 법도가 있다가 죽음에 이르러서는 한 가지로 아무 의례도 없다면, 어찌 옳다고 하겠는가? 맹자가 이르기를, "살아서 봉양하고 죽어 장사 지냄에 유감이 없도록 한다"고 하였다. 그런데 지금 그 부모와 스승이 살아 있을 때 봉양하지도 않고 죽어서는 애달파하지 않아서 금수에 가까우니, 어찌 도 있는 자가 참을 수 있겠는가? 내가 해동 땅 승려들의 옛 상례가 없어짐을 애석히 여겼다. 내가 깊이 생각해 보아도 기이하구나. 예전에 [상례가] 있었는데 점점 사라져 전하지 않는 것인가, 아니면 나의 보고 들음이 넓지 않아서인가? 그래서 당나라 승려들이 지어놓은 『오삼집』과 『선원청규』 등의 글들을 구하여 읽고, 그 가운데 상례에 대한 부분을 자세히 살펴 없어지고 가려진 부분을 나누어 규명하면서 책을 손에서 놓지 않았다. 그리고 함께 주자가 편집한 속례[1]를 참조하여 그 빠진 부분을 두루 견주고 그 구절을 취하여 스스로 알게 되었다.

噫! 釋氏之學, 雖原於寂滅, 既有生則有滅矣. 其生也有度, 其死也一向無儀, 如之何其可也? 孟子曰, "養生葬死無憾."[2] 今其有父母師尊者, 生從而不養, 死從而不哀, 則是幾乎禽獸

---

1 『주자가례(朱子家禮)』를 뜻한다.

2 『맹자』의 다음 문장 참조.
「양혜왕상(梁惠王上)」, "백성으로 하여금 농사철을 놓치지 않게 하면 곡식을 이루 다 먹을 수 없으며, 촘촘한 그물을 웅덩이와 연못에 넣지 않게 하면 물고기와 자라를 이루 다 먹을 수 없으며, 알맞은 때에 산림을 베게 하면 재목을 이루 다 쓸 수 없을 것입니다. 곡식과 물고기와 자라를 이루 다 먹을 수 없고, 재목을 이루 다 쓸 수 없으면, 이는 백성으로 하여금 산 사람을 봉양하고 죽은 사람을 장사 지내는 데 유감이 없게 하는 것이니, 산 사람을 봉양하고 죽은 사람을 장사 지내는 데 유감이 없게 하는 것이 왕도정치의 시작입니다[不違農時, 穀不可勝食也. 數罟不入洿池, 漁鼈不可勝食也. 斧斤以時入山林, 材木不可勝用也. 穀與漁鼈不可勝食, 材木不可勝

矣, 豈有道者之所可忍也? 余惜其無東僧之古喪禮者, 深自窃異, 恐未知有所作而淪沒不傳耶, 抑未知余見聞之未所慱[3]耶? 於是就求唐僧之所述, 『五杉集』及『禪苑淸規』等文而讀之, 其中喪禮甚詳, 披究亡斁, 卷不釋手. 兼取朱文公所編俗禮者, 旁准其所闕處, 取其節而自識.

『釋門家禮抄』 下篇 「跋」, 한불8:288중

用, 是使民養生喪死無憾也. 養生喪死無憾, 王道之始也]."

「등문공상(滕文公上)」, "연우가 추 땅에 가서 맹자에게 묻자 맹자가 말하였다. '좋지 않습니까? 부모의 상은 진실로 스스로 정성을 다해야 하는 것입니다. 증자께서 말씀하시기를 '부모가 살아 계실 때는 섬기기를 예로써 하며, 돌아가셨을 때는 장례하기를 예로써 하면 효라고 이를 수 있다'고 하셨습니다. 제후의 예는 제가 아직 배운 적이 없으나 제가 일찍이 들은 적이 있으니, 삼년상에 거친 베로 만든 상복을 입고 미음과 죽을 먹는 것은 천자로부터 서인에 이르기까지 하, 은, 주 삼대가 공통이었습니다[然友之鄒, 問於孟子. 孟子曰, '不亦善乎? 親喪固所自盡也. 曾子曰, '生事之以禮, 事葬之以禮, 祭之以禮, 可謂孝矣.' 諸侯之禮, 吾未之學也, 雖然吾嘗聞之矣. 三年之喪, 齊疏之服, 飦粥之食, 自天子達於庶人, 三代共之']."

「이루하(離婁下)」, "맹자가 말하였다. '살아 계신 부모를 봉양하는 것은 큰일에 해당될 수 없고, 오직 죽은 부모를 정성껏 장례 지내는 것이라야 큰일에 해당될 수 있다[孟子曰, '養生者, 不足以當大事, 惟送死, 可以當大事']."

3 『한국불교전서』에는 '단(慱)'으로 표기되어 있는데, 의미가 통하지 않아 '박(愽)' 자로 바꾸어 번역한 것이다.

| 제5장 |

선문의 정체성 확립을 위한 노력

1. 취미(翠微)
2. 성총(性聰)
3. 책헌(策憲)
4. 자수(子秀)
5. 수연(秀演)
6. 해원(海源)
7. 비은(費隱)

1. 취미(翠微)

취미(翠微, 1590-1668)는 부휴(浮休, 1543-1615)의 법통을 이은 벽암(碧巖, 1575-1660)의 문도이다. 법휘는 수초(守初)이고, 자는 태혼(太昏) 또는 태일(太一)이다. 15세쯤에 경헌(敬軒, 1544-1633)에게 출가하여 돈(頓)·점(漸)을 겸한 선(禪)과 성(性)·상(相)을 겸한 교의(敎義)를 함께 갖추었고, 유가의 경전류와 사서(史書)류 그리고 제가백가 등의 문집도 두루 섭렵하였다. 그가 40세 되던 1629년에는 당시 재상이었던 장유(張維, 1587-1638)가 희고 상인(希古上人, ?-?)을 시켜 대사로 하여금 강석의 자리를 마련하였으나 사양하여 나가지 않았다. 1632년에는 관북지방에서 강석(講席)을 열어 선풍을 진작시켰고, 1644년에는 진주목사로 있던 이소한(李昭漢, 1598-1645)의 요청에 의해 칠불암으로 옮겨가니 문도가 300여 명이 넘었다고 한다. 1656년에는 왕의 사위였던 동양위(東陽尉) 신익성(申翊聖, 1588-1644)의 아들인 신최(申最, 1619-1658)가 관북절도사로 있으면서 대사에게 문안을 드리며 제자의 인연을 요청하였다고 전한다. 이후 취미대사는 당시 사대부였던 조중여(趙重呂, 1603-1650), 이안눌(李安訥, 1571-1637), 이식(李植, 1584-1647), 김육(金堉, 1580-1658), 임유후(任有後, 1601-1637) 등과 두터운 사이를 유지하다가 79세로 입적하였다.

현재 남아 있는 『취미대사시집(翠微大師詩集)』(한불8:289-306)은 거의 대부분 시(詩)로 이루어져 있어 정확한 그의 사상적 추이를 가늠하기는 어렵다. 간단히 그 구성을 살펴보면, 오언·칠언고풍(古風)이 20편, 오언·칠언절구가 69편, 오언·칠언율시가 75편이 있으며, 마지막으로 『잡저(雜著)』에 5편의 산문이 수록되어 있다. 취미의 종풍

(宗風)은 선(禪)과 교(敎)의 융합이며 성도(聖道)와 정토(淨土)의 합일이었다. 그러므로 임제를 이었다고 말할 수 있지만 그가 믿고 따르는 바는 왕생정토(往生淨土)에 있었다. 그러면서도 오로지 타력(他力)을 믿는 것으로 일관하는 것이 아니라 순선(純善)을 왕생의 원인으로 삼았다.[1]

| 자료 1 | 선사(禪社) 결사를 거절하고 수행에 힘쓸 것을 피력함

당시의 재상이었던 장유가 희고 상인을 통하여 선사(禪社)를 열고 취미대사를 초청한 데에 대한 취미대사의 답장이다. 유가의 선비들과 깊은 우정을 유지하면서도 출가자의 본분인 선(禪)수행에 주력하려 하였던 그의 면모가 엿보인다.

내가 평소에 그대와 더불어 뜻을 같이하였으나 각자 일에 끄달려 함께하지 못한 지가 수년이나 되었습니다. 요즘 들어 우두커니 기다리는 마음이 지극하였는데, 가까운 시일에 불교를 옹호하는 큰 시주자인 재상께서 북산에서 새로이 선사(禪社)를 맺고 명령하여 사람을 보내 나를 초청하여 법석(法席)을 열었으면 한다는 소식을 멀리서 주셨습니다. 이는 가히 말세 가운데 융성한 것이라 할 수 있습니다. 그렇지만 백장대지선사[2]께서 처음 총림(叢林)[3]을 세우고 규제를 만든 까닭은 말법시대의 바르지 못한 폐단을 구하고자 함이었으니, 리(理)와 성(性)을 밝히고 덕행을 실천하려면 반드시 산문(山門)의 주인이어야 할 것입니다. 무릇 도(道)와 덕(德)이 있어야 산문이 다스려지고 오묘한 교화도 떨치는 것이오, 도와 덕이 없이 이름을 훔치고 법규를 없애면 총림은 반드시 무

1 누카리야 가이텐(忽滑谷快天) 저, 정호경 역, 『조선선교사』(서울: 보련각, 1992), p. 549; 이종찬, 『한국불가 시문학사론』(서울: 불광출판부, 1993); 다카하시 도루(高橋亨), 『李朝佛教』(大坂: 寶文館, 1929) 등을 참조할 수 있다.

2 회해(懷海, 720-814)는 당나라 대의 승려로서 마조(馬祖, 709-788) 선사에게서 6년 동안 배워 인가를 받았다. 이후 수많은 납자가 모여들어 선풍을 진작시키면서 '백장(百丈) 선사'로 불렸다. 저서로 『백장청규(百丈淸規)』가 있으며, 대지(大智) 선사' 혹은 '각조(覺照) 선사'는 그의 시호(諡號)이다.

3 산스크리트어 'vindhyavana'가 어원이며, '빈다바나(貧陀婆那)' 혹은 '단림(檀林)'이라고도 음역하였다. 여러 승려가 회합하고 수행하는 곳을 총칭한다.

너질 것입니다.

余素與師同志, 而各以事牽, 不得合幷者, 積有年矣. 傾念懸佇之極, 忽辱遠示, 近得外護相國大檀越,[4] 新結禪社於北山, 特以其命, 專使來招, 余開法席. 此可謂叔世[5]中盛事也. 然百丈大智禪師, 始建叢林立規制, 欲捄末法不正之弊, 而使明理性負德行者, 必主山門焉. 夫道德之所存, 山門治矣, 玄化振矣. 道德之所不存, 窃名哭[6]而巇規矩, 破叢林必矣.

『翠微大師詩集』「答希古上人書」, 한불8:304하

| 자료 2 | 방외(方外)의 학문을 익히자

[취미대사는] 일찍이 탄식하여 말하기를, "옛날에 덕을 쌓고 도를 행하는 사람들은 모두 다른 종교와 다른 학문을 섭렵하여, 유가를 만나면 유학을 말하고 노장을 만나면 노장을 얘기하였다. 그래서 업신여기고 비방함을 막아 부처의 교화함을 일으켰으니, 어찌 오늘날 마음을 닫고 담에 얼굴을 대고 있는 것과 같겠는가?" 하였다.

嘗歎曰, "古之抱德行道者, 率皆漁獵, 他宗異學, 對儒談儒, 逢老談老. 禦其侮誚, 俾昌熾佛聖之化, 豈若今之蓬心[7]墻面[8]者哉?" 『翠微大師詩集』「翠微大師行狀」, 한불8:305중

---

4 단월(檀越)'은 산스크리트어 'dānapati'의 음역으로서 시주(施主) 혹은 보시(布施)를 행하는 사람을 지칭한다.

5 숙세(叔世)'란 '말세(末世)'의 다른 표현이다.

6 『한국불교전서』에 나온 생소하게 조합된 한자(漢字) '곡(哭)'은 '기(器)'의 오자(誤字)로 보인다.

7 '봉심(蓬心)'은 『장자』「소요유」 편의 "그대는 여전히 쑥 포기 같은 마음을 가지고 있네[夫子猶有蓬之心也夫]"라는 문장에 나온 말로서 소심한 마음, 또는 잘고 좀스러운 마음을 뜻한다.

8 『논어』「양화(陽貨)」 10의 다음 문장 참조. "공자가 백어에게 말하였다. '너는 「주남」과 「소남」을 배웠느냐? 사람으로서 「주남」과 「소남」을 배우지 않으면 담장을 정면으로 마주하고 서 있는 것과 같으니라'[子謂伯魚曰, '女爲「周南」·「召南」矣乎? 人而不爲「周南」·「召南」, 其猶正牆面而立也與']." 곧 '장면(牆面)'은 어리석고 무능함을 비유한 것이다.

| 자료 3 | 현실의 소임과 불법 공부를 병행하기를 권유함

재상으로 있었던 이식(李植, 1584-1647)에게 띄운 이 시는 취미대사와 당시 유가 지식인과의 깊은 우정을 대변해 준다.

용문(龍門)[9]의 선경(仙境)이 맑다 하여
재상께서는 세간의 보잘것없는 집을 염려하시고,
세속의 영욕 다툼이 부끄러워
숲속의 편안한 삶을 따르기로 맹세하네.
선(禪)으로 나아가면 산안개와 저녁놀에 흠뻑 젖으니
오직 공자와 맹자의 글에 전념하기를.
다른 날 천둥소리도 이겨내는 참계(參契)[10]에 참여하면
흰 연꽃 피는 곳, 달도 처음 둥글겠지.

龍門仙境最淸虛 相國關懷問弊廬 恥向世間爭寵辱 誓從林下共安居
逃禪剩得煙霞趣 做業唯專孔孟書 他日劉雷參契處 白蓮華發月圓初

『翠微大師詩集』「敬次澤堂李先生植韻」, 한불8:301상-중

| 자료 4 | 마음 밖에서 주인공을 찾지 말 것

대상[境][11]은 마음 밖에 있는 것이 아니니

9 출세간을 뜻한다.

10 참동계(參同契)를 의미한다. 참동계는 당나라 석두 희천(石頭希遷, 700-790)이 지은 5언 44구 220자로 된 장편의 고시(古詩)로서 아침마다 불전에서 독송한다. 그 내용은 현상이 곧 실재라는 이치이며, '참(參)'은 만법차별의 현상을, '동(同)'은 만법 평등의 본체를, 그리고 '계(契)'는 차별이 곧 평등이며 평등이 곧 차별인 묘용(妙用)을 뜻한다.

11 '경(境)'은 산스크리트어로 'viṣaya', 'artha', 'gocara'에 해당되며 '경계(境界)'로도 번역된다. 안·이·비·설·신·의(眼·耳·鼻·舌·身·意) 등 여섯 가지의 인식주관에 의해 인식된 대상을 뜻한다.

주인공 가운데의 손님[主中賓][12] 찾기를 그만둘 일이요,
도를 배우려는 것은 도리어 망령된 것이니
깨달음을 추구하면 이미 참됨을 해친다네.
흰 구름 가득하고 드문드문 비 내리는 저녁나절
둑에서는 풀잎이 돋고 꽃잎 떨어지는 봄,
이것들이 모두 우리의 일이니
어찌 번거롭게 따로 사람을 찾는가.

境非心外有 休覓主中賓 學道還爲妄 攻玄已害眞
白雲疎雨夕 芳草落花春 此乃吾家業 何煩問別人

『翠微大師詩集』「示敏宗師」, 한불8:297중

| 자료 5 | 교리의 차이에 집착하지 말고 자신을 스스로 되돌아볼 것

하나의 신령한 빛이 온 누리에 뻗치고
인연을 따라 변화하여 진실로 그윽해지며,

---

12 '주중빈(主中賓)'은 선문(禪門)의 대표적인 교설 중 하나인 '사빈주(四賓主)'에 나오는 것으로 임제종의 설과 조동종의 설이 있다. 임제종에서 말하는 사빈주는 1) 수행자는 역량이 있지만 스승은 역량이 없는 것을 일컫는 '객간주(客看主)', 2) 스승은 역량이 있지만 수행자는 역량이 없는 것을 일컫는 '주간객(主看客)', 3) 수행자와 스승 모두가 역량이 있는 것을 일컫는 '주간주(主看主)', 4) 수행자와 스승 모두가 역량이 없는 것을 일컫는 '객간객(客看客)'의 네 가지이다. 여기에서 '간(看)'과 '객(客)' 자는 후일 풍혈 연소(風穴延沼, 896-973) 선사가 각각 '중(中)'과 '빈(賓)' 자로 바꾸어 불렀다.
다음으로 조동종에서 말하는 사빈주는 1) 주중빈(主中賓), 2) 빈중주(賓中主), 3) 주중주(主中主), 4) 빈중빈(賓中賓)으로 되어 있는데, 여기에서 '주(主)'는 정(正, 이치 또는 본체)으로, '빈(賓)'은 편(偏, 현상 또는 작용)으로 이해된다. 이에 따라 이 네 가지는 순서대로 정중편(正中偏, 이치의 본체가 일상의 현상과 작용에 드러남), 편중정(偏中正, 일상의 현상으로부터 이치의 본체로 나아감), 정중래(正中來, 절대적인 이치의 본체가 일상의 현상과 작용에 드러나지 않음), 겸중도(兼中到, 그윽한 이치가 온갖 사물에 조응하는 것)로 해석된다.
한편 백파 긍선(白坡亘璇, 1767-1852)은 『선문수경(禪文手鏡)』에서 이 사빈주를 임제 3구에 연결하는데, 먼저 제1구를 조사선(祖師禪)에, 제2구를 여래선(如來禪)에, 그리고 제3구를 의리선(義理禪)에 각각 배대한다. 그는 이어 그 내용을 설명하면서 세 가지를 각각 주중빈, 빈중주, 그리고 빈중빈으로 특징짓는다. 이어서 주중빈은 임제종(臨濟宗)과 운문종(雲門宗)으로, 빈중주는 법안종(法眼宗)과 위앙종(潙仰宗)으로, 그리고 빈중빈은 하택종(荷澤宗)으로 이어졌다고 설명한다. 결국 그에 따르면, 주중빈이란 임제종의 종지를 가리키는 것이다.

뭇 중생의 조화는 도랑을 건널 만한 힘이지만
뭇 성인들의 신통함이 쌓여 자유롭구나.
북종과 남종이 비록 그 이해가 다르나
흐린 물과 맑은 물[涇渭][13]은 본래 같은 흐름이고,
배고프면 밥 먹고 피곤하면 잠자는 경지를 아는 이 없으니
애석하다, 소를 타고서 도리어 소를 찾고 있으니.

一道靈光觸處周 隨緣變轉實能幽 群生造化資渠力 諸聖神通籍自由
北祖南禪雖異解 濁涇淸渭是同流 飢飡困睡無人會 可惜騎牛更覓牛

『翠微大師詩集』「示性安老一師」, 한불8:300중

13 '경위(涇渭)'는 경수(涇水)와 위수(渭水)를 가리키는데, 경수는 탁류(濁流)이고 위수는 청류(淸流)인 데에서 '사물의 구별이 확실함'을 비유해서 이르는 말이다. 이 말은 『시경(詩經)』의 "경수의 탁한 흐름과 위수의 맑은 흐름은 그 수원(水源)이 반드시 같아야 한다는 법이 없다[涇渭未必同源]"라는 말에서 유래하고, '일의 청탁(淸濁), 선악(善惡), 사정(邪正)은 반드시 구별되어야 한다'는 뜻으로 쓰이게 되었다.

2. 성총(性聰)

백암 성총(栢庵性聰, 1631-1700)은 13세에 전라도 순창의 취산(鷲山)의 취암사(鷲庵寺)에서 출가하여 18세에는 취미(翠微, 1590-1668)에게서 9년 동안 수학하였다. 이후 30세부터는 송광사와 쌍계사 등 전국의 사찰을 돌며 줄곧 경전 강의에 주력하였는데, 불경은 물론 시문(詩文)과 외전(外典) 등에도 상당한 식견을 지니고 있었던 것으로 보인다. 숙종 7년(1682)에는 불경을 가득 실은 명나라의 배 한 척이 호남의 임자도에 좌초되었는데, 흩어진 불전들을 6년여 만에 수집하여 9년 만인 숙종 21년에 5천 판으로 새겨 간행 작업을 완수하였다. 제4의 대장경 조성이라고 할 만한 이러한 업적을 기려서 당시 사람들이 "동방에서 최고로 불법을 편 공로[栢庵先祖以東方第一弘法之功]"라고 추앙하였다고 전한다. 성총은 이후 숙종 26년에 쌍계사에서 70세의 나이로 입적하였으며, 제자로는 무용 수연(無用秀演, 1651-1719), 석실 명안(石室明眼, 1646-1710), 서암 만훈(瑞嵓萬訓, ?-?) 등 20여 명이 있었다고 전한다. 이 가운데 무용은 그의 법제자로서 성총의 강석을 이어받아 임제선종을 이어갔다. 그의 저술을 통해서도 알 수 있듯이, 성총은 불교에 대한 자신의 독창적인 사상을 전개하기보다는 주로 불교 관계 문헌을 수집 정리하고 후진을 양성하는 데 주력했던 것으로 보인다.

성총의 저술로는 그의 제자 무용이 편집한 『백암집(栢庵集)』 2권과 성총이 찬집한 『정토보서(淨土寶書)』 1권, 『사경지험기(四經持驗記)』 4권, 『정토찬백가(淨土讚百歌)』, 『치문경훈주(緇門警訓註)』 3권, 『대승기신론필삭기회편(大乘起信論筆削記會編)』 4권 등이 있다. 이 가운데 『백암집』은 285편의 시로 이루어진 상권과 70편의 산문으로 이루어진 하권으로 구성되어 있는데, 불교사상적인 면에서 특별한 것을 찾아보기는 어렵다. 그리고 『정토보서』는 임자도에 좌초한 배에 실려 있었던 것을 성총이 수집하고 서문을 더하여 판각하였던 것으로 그의 독창적인 저술이라고 보기는 어렵다. 내용은 주로 올바른 염불 방법과 그 공덕에 대하여 소개하고 있다. 또 『사경지험기』는 일종의 영험담을 『금강경』과 『화엄경』, 그리고 『법화경』과 『관세음경』 등 네 가지 경전과 관련해서 모아 놓은 것이다. 『치문경훈주』는 그가 승려들에게 강의할 때 기본 교재로 사용하였던 『치문경훈(緇門警訓)』에 관한 주석서가 없음을 안타깝게 여기고 본문에 주석을 가한 것이다. 그리고 『대승기신론필삭기회편』은 성총의 말년에 저술한 것으로 『대승기신론』에 대한 상세한 주석서이다. 서문에 의하면 송대의 승려였던 자선(子璿=長水, 956-1038)이 법장(法藏, 643-710)과 석벽(石壁=宗密, 780-841)의 『대승기신론』에 대한 소를 필삭(筆削)한 기록을 회편(會編)하여 숙종 21년(1695)에 적는다고 쓰고 있다. 정작 성총 자신의 해석은 없이 다만 『대승기신론』 대표적인 해석을 집대성해 놓은 것에 불과하다.

이상의 저술을 통해서 알 수 있듯이, 성총은 조선 후기에 정토사상을 전파하는 데 큰 역할을 하였던 것으로 보인다. 그는 『정토보서』의 서문에서 많은 방편 중 일념으로 정토를 구하는 것만 한 것이 없다고 진술하고 있을 뿐만 아니라, 『사경지험기』의 편집 역시 이러한 관점의 연장선상에서 그 의도를 이해할 수 있을 것이다. 이 자료집에서는 불교 이론은 물론 외전에 대한 성총의 해박한 지식이 드러나는 『치문경훈주』[1]와 『백암집』을 중심으로 자료를 소개하기로 한다.

1 '치(緇)'란 승려의 옷 빛깔이 검은 것을 가리키는 말이며, 이에 승려들을 일러 '치류(緇流)' 혹은 '치도(緇徒)'라고 한다. 따라서 '치문(緇門)'이란 곧 불문(佛門)을 가리킨다. 그리고 『치문경훈(緇門警訓)』은 원대(元代)의 임제종 승려인 영중(永中, ?-?)이 송대(宋代)에 편집된 『치림보훈(緇林寶訓)』 1권을 증보하여 『치문경훈(緇門警訓)』이라 개칭하였고, 명대의 임제종 승려인 여근(如巹, 1425-?)이 보충하여 편집한 승가의 기초 교재이며, 승려들의 수행에 지침이 되는 역대 승려들의 말을 기록한 책이다.

| 자료 1 | 출가의 의미와 본분

다음의 내용은 「위산대원선사경책(潙山大圓禪師警策)」이다. 성총의 원전과 외전(外典)에 근거한 치밀한 각주가 돋보이는 부분이다. 아울러 출가의 의미를 셋으로 나누어 설명한 첫 부분과 "스스로를 도와 인(仁)할 수 없다"고 한 끝부분은 성총의 독자성이 보이고, 당시에 유교와 불교 간에 상당한 언어상의 회통(會通)이 있었음도 알려준다. 다음에 소개하는 자료에서 괄호 속에 묶인 부분이 성총의 주석이고, 나머지는 『치문』의 경문이다.

무릇 출가란 〈출가에는 세 가지 의미가 있으니, 하나는 부모와의 이별이니 속세의 집을 벗어나는 것이요, 두 번째는 도를 깨달음이니 오온(五蘊)의 집에서 벗어나는 것이다. 그리고 세 번째는 과(果)를 증득함이니 세 가지 과보에서 벗어나는 것이다. 이상은 처음에 해당된다〉 발을 들어 방(方)을 넘어서서[2] 마음과 모습이 세속과는 달리하는 것이며, 성인의 법을 더욱 왕성하게 하여 마구니의 군대[3]를 위협하며〈구역의 경론에서는 '마(磨)'라는 글자로 썼으나, 양무제 이래로 '마(魔)'가 사람에게 번민을 일으키므로 '마(魔)'로 썼다〉, 네 가지 은혜[4]에 보답하고 세 가지 유(有)를 뽑아버리는 것이다. 만일 이와 같이 하지 않으면 외람되게 승려들의 무리에 끼어드는 것이다〈『위서(魏書)』에 "어떤 한 사람 사이에도 섞이지 않는다[無一人間厠其間]"라는 말이 있는데 여기에 주석하기를, '측(厠)'은 섞임[雜]이니, 외람되게 섞인다는 것은 번잡하다는 것이다〉. 말이 거칠고 행동이 서투르며〈'말'은 행동의 실(實)이요 '행동'은 말의 드러남이니, 말이 거칠고 행동이 서투르다고 한 것이다〉, 헛되이 시줏물을 받고 옛날에 하던 버릇을 조금도 바꾸지 못하니, 멍하니 평생을 보내면 장차 어디에 의지할 것인가? 하물며 당당한 중들의 모습이 가관이로다〈'당당하다'는 것은 스스로 자만하는 모습이며 또 용모가 성성

---

2 세간을 '방(方)'이라 하므로 걸음을 옮겨 세간 밖으로 나가는 것이다.

3 '마(魔)'는 산스크리트어 'māra'의 음역으로 '장애자(障礙者)', '살자(殺者)', '악자(惡子)' 등으로도 번역된다. 부처가 성도할 때 6천의 마왕이 그 무리를 거느리고 와서 성도를 방해함에 부처가 신통력으로 이들을 모두 굴복시켰다고 한다.

4 『정법염처경(正法念處經)』에 의하면 아버지와 어머니, 그리고 여래와 법사의 은혜를 가리킨다 하고, 『대승본심지관경(大乘本心地觀經)』에서는 부모의 은혜, 중생의 은혜, 국왕의 은혜, 삼보(三寶)의 은혜를 가리킨다고 한다. 그리고 조금 다르게 말하는 경우도 있다.

한 것이다. 말이 겉으로 드러나는 것에만 힘써서 자신을 자랑할 뿐 스스로를 도와서 인(仁)할 수 없다〉.

夫出家者〈出家有三, 一辭親出世俗家, 二悟道出五蘊家, 三證果出三界家, 此卽初也〉, 發足超方〈世間曰'方,' 發步而超出方之外〉, 心形異俗, 紹隆聖種, 震懾魔軍〈古譯經論, '魔'字皆從'石,' 自梁武以來, 謂魔能惱人, 字宜從'鬼'〉, 用報四恩, 拔濟三有. 若不如此, 濫厠僧倫〈『魏書』, "無一人間厠," 其間註'雜'也. '濫厠'言泛雜也〉. 言行荒踈[5]〈'言'乃行之實, '行'乃言之表, 謂言踈濶行荒弊者也〉, 虛霑[6]信施 昔年行處, 寸步不移, 恍惚一生, 將何憑恃? 况乃堂堂僧相, 容貌可觀〈'堂堂,' 自高貌, 又容貌之盛, 言務外而自高, 不可輔而爲仁〉.

『緇門警訓註』, 한불8:555하

| 자료 2 | 불법을 배우는 데 있어서 기초학의 중요성

성총이 쓴 『치문경훈』의 서문이다. 불법을 배우는 데 있어서 초학(初學)의 중요성을 강조하고 있는데, "허망한 생각을 막고 삿된 행동을 경계"할 것을 강조하고 있다. 아마도 성총은 깨달음과 해탈만을 귀하게 여기던 당시의 선종 일색의 분위기 속에서 초학자들조차 선불리 이러한 조류에 말려드는 것을 경계하였던 것으로 보인다.

부처의 가르침이 동쪽으로 점점 전파됨에 그 가르침을 설명한 주석과 소(疏)가 많으니, 『금강경』과 『능엄경』은 수백 수십이었고 그 나머지 기술도 두세 가지는 되었다. 그런데 『치문경훈』만이 오직 해석이 없으니 무슨 까닭인가? 어찌 우리나라가 바다 건너 한쪽으로 치우쳐 있어서 듣고 볼 수 없어서이겠으며, 그렇지 않으면 해석하는 것을 일삼지 않아서이겠는가? 총림 가운데서 스승의 가르침을 배운 지가 이미 오래인데 그 대강은 모두 일상의 아주 가까운 가르침이라 허망한 생각을 막고 삿된 행동을 경계하여 정도를 본받게 함이니, 이것이 부처의 가르침을 배우는 시작이며 자비로운 가르침

5 말이 거칠고 행동이 서툴다는 말, 즉 '황당생소(荒唐生疎)'라는 뜻이다.

6 '점피(霑被)'라는 뜻으로 은혜를 입는 것을 가리킨다.

의 은혜를 입도록 함이다.

무릇 부처님의 제자가 된 사람은 외우고 익히고 의지하여 행하지 않을 수 없으리니, 바로 아홉 길의 산을 만드는 데는 반드시 한 삼태기에서 시작하고 천 리 길을 감에 진실로 첫걸음에서 시작하는 것과 같다. 한 삼태기와 한 발자국을 버리고 아홉 길을 바라고 천 리를 논한다면, 비록 삼척동자라도 또한 그 불가능함을 알 수 있다. 이 책은 비록 도에 들어가는 첫 번째 문이라고는 하지만 뜻이 높은 여러 현인이 각각 손과 눈을 내밀고 많이 인용하였으니, 책을 많이 읽은 사람이 아니면 진실로 능수능란하지는 못할 것이다.

釋敎東漸, 每多註疏, 如『金剛』·『楞嚴』, 動輒[7]百十,[8] 其餘紀述, 亦或二三. 『警訓』獨無解, 何哉? 豈海外褊邦, 未及聞見耶? 抑亦無事解釋也耶? 叢林[9]中, 傳習[10]旣久, 大略皆日用切近之誨, 不過遏浮情誡邪業, 以軌乎正道, 是學佛之發軔,[11] 迪蒙之慈訓也. 凡爲釋子者, 不可不誦習依行, 正如爲山九仞, 必俶乎一簣,[12] 行詣千里, 實昉乎初步. 舍一簣初步, 望九仞論千里, 雖三尺, 亦知其無能爲也. 此書雖曰“入道初門,” 矯矯群賢, 各出手眼, 多有引用, 若不博涉, 固難游刃.[13]

『緇門警訓註』「敍註緇門警訓」, 한불8:552중

---

7 ‘동첩(動輒)’에서 ‘동(動)’도 ‘첩(輒)’이라는 뜻이며 합해서 ‘걸핏하면 곧’이라는 뜻이다.

8 『금강경』에 8백여 가지의 주석이 있고 『능엄경』에 60여 가지의 주석이 있다.

9 본서 제5장 1절 주석 3 참조.

10 『논어』「학이」 편에 “증자가 말하였다. ‘나는 하루에 세 번 자신을 돌이켜 본다. 사람들을 위해서 충성을 다하지 않았던가? 벗과 더불어 사귐에 믿음직스럽지 않았던가? 전하고 익히지 않았던가?’[曾子曰, ‘吾日三省吾身, 爲人謀而不忠乎? 與朋友交而不信乎? 傳不習乎?’]”라는 구절이 있고, 여기에 해당하는 주희의 주석 가운데 “‘전한다’는 말은 스승에게서 받는다는 것이요, ‘익힌다’는 말은 자기에게 익숙하게 한다는 것이다[‘傳,’ 謂受之於師. ‘習,’ 謂熟之於己]”라는 구절이 있다. ‘전습(傳習)’은 여기서 유래된 말이다.

11 ‘인(軔)’은 수레를 정지시키는 나무로서 이것을 떼면 수레가 움직이므로, ‘발인(發軔)’은 ‘수레를 떠나게 하다’, ‘어떤 일을 시작하다’라는 뜻이다.

12 『서경(書經)』「여오(旅獒)」 편에 “사소한 일이라도 조심하지 않으면 마침내 큰 덕에 누를 끼치게 될 것이다. 아홉 길 높이의 산을 만드는 데 한 삼태기의 흙이 모자라도 일을 다 이루지 못하는 것과 같다[不矜細行, 終累大德. 爲山九仞, 功虧一簣]”라는 구절이 있다. 여기에서는 높이가 9인(仞), 즉 72척이나 되는 산을 쌓는 데 한 삼태기의 흙만 더 올려다 쌓으면 다 될 것을 그만둔다는 뜻으로 오랜 세월 공을 들인 일도 한 번의 실수로 말미암아 허사로 돌아간다는 뜻이다. 이 자료에서의 뜻은 반대로 무슨 일이든 처음이 중요하다는 뜻으로 쓰이고 있다.

13 ‘유인유여(遊刃有餘)’의 준말이다. 고기를 저미는 칼을 자유롭게 놀린다는 말로 일을 처리하는 데 여유가 있음을 비유하고, 기술의 미묘함을 찬미하는 뜻이며, 『장자』「양생주(養生主)」 편의 “넓고 넓도다! 그 칼을 움직임에 반드시 여유가 있네[恢恢乎! 其於遊刃, 必有餘地矣]”라는 구절에서 유래한 말이다.

| 자료 3 | '계수(稽首)'의 의미 그리고 스승의 칭호와 역할

> 다음의 내용은 「대당자은법사출가잠(大唐慈恩法師出家箴)」이다. 성총은 무심코 지나치기 쉬운 불교의 개념들을 고대 중국의 사료를 동원하여 그 기원과 의미에 대하여 자세를 밝히고 있다. 성총의 박학다식함과 아울러 그가 불교 이론의 기초 지식에 상당한 비중을 두고 있었음을 시사한다. 자료에서 '〈 〉' 속에 묶인 부분이 성총의 주석이고, 나머지는 『치문경훈』의 경문이다.

집을 버리고 출가하는 것은 무슨 까닭인가? 부처[14]에게 머리를 숙이고 세간에서 벗어나기를 구하는 때문이다〈'계수'란 『주례』에 기록된 아홉 가지의 절하는 방법 가운데 하나이다. 그 첫 번째가 계수이니, 아래로 머리를 숙여 땅에 닿았다가 잠시 머무른 후에 일어나는 것이다. 두 번째는 '돈수'이니, 아래로 머리를 숙여 땅에 닿았다가 곧 일어나고 또다시 머리를 숙여 땅을 향해 조아리는 것이다. 세 번째는 '공수'인데 아래로 머리를 숙여 손에 닿는 것이니 이른바 배수이다. ……〉. 세 사람의 스승과 일곱 사람의 덕 높은 스님들[15]이 첫 근기를 정하고〈세 사람의 스승이란 계화상[16]과 갈마사,[17] 그리고 교수사[18]이다. '화상'은 '근독'이라고도 하는데 가까이 일을 계승하여 독경하는 법을 배우는 때문이고, '역생'이라고도 하는데 스승의 힘으로 법신을 생장시키기 때문이다. '갈마'란 '변사'라고 하는데 능히 비구와 비구니의 일을 구분하기 때문이니, 수계사이다. '교수'는 계를 받을 때 의식을 가르치는 사람이다. ……〉 머리를 깎이고 옷을 물들여 넓은 서원을 세우되, "탐욕을 없애고 어리석고 인색함을 버려서 종일토록 삼가라. 참된

---

14 원문에는 '공왕(空王)'으로 되어 있는데, 부처를 부르는 명칭 가운데 하나이다.

15 비구계를 받을 때 계화상(戒和尙), 갈마사(羯磨師), 교수사(敎授師) 등 세 사람과 높은 덕을 지닌 승려 일곱 명을 증인으로 계를 주는 것을 일컫는다. 그래서 '삼사칠증(三師七證)'이라고 하는 것이다. 하지만 원돈계(圓頓戒)에서는 삼사칠증을 청하지 않고 석가모니 부처만을 청하여 계화상으로 하므로 '전계사(傳戒師)'라고 한다.

16 '계화상(戒和尙)'은 계를 주는 승려를 일컫는다.

17 '갈마사(羯磨師)'는 '갈마아사리(羯磨阿闍梨)'라고도 한다. 범어 'karmācārya'의 음역이다. 계를 받는 이에게 지침이 되는 승려로서 소승계에서는 학덕과 법랍을 갖춘 승려를 선정하고, 원돈교(圓頓敎)에서는 문수를 갈마아사리로 한다.

18 '교수아사리(敎授阿闍梨)'라고도 쓴다. 계를 받게 되는 이를 인도하여 수계하는 계단(戒壇)에 대한 여러 가지 작법과 규모를 가르쳐 주는 승려를 가리킨다.

성품을 연마하기를 허공과 같이 하면 마구니의 군대를 물리칠 것이다. 힘써 배우고 스승을 익히고 찾아 함께하는 사람들과 더불어 의지할지언정 마음의 바탕이 삼처럼 어지럽게 하여 백 년의 세월을 허송하지 말아야 한다. 옛 현인을 잇고 성인을 본받아서〈『상서』에 "백성을 가르친다"고 하였으니 '효(斅)'의 음은 효(效)이고 가르친다는 것이며 본받아 가르친다는 것이다〉 듣고 보고 수행[19]〈세 가지 지혜이다〉이 다하면 깨달음을 얻게 되리니, 모든 행동에 오직 오롯이 하고 생각마다 착오가 없으면 비로소 상응[20]하게 되느니라.

捨家出家何所以? 稽首空王求出離〈'稽首'者, 『周禮』有九拜. 一曰'稽首', 謂下首至地, 稽留乃起. 二'頓首', 謂下首至地卽起, 又下首叩地. 三'空首', 謂頭至手, 所謂'拜手'. ……〉. 三師七證定初機〈'三師'和尙, 竭磨, 敎授也. '和尙'此云'近讀', 謂親近承事, 受讀經法. 又云'力生', 由師之力, 生長法身. '竭磨'此云'辨事', 由玆能成, 辨比丘比丘尼事故, 卽受戒師. '敎授'卽授戒時, 敎威儀者. ……〉, 剃髮染衣發弘誓, "去貪嗔除鄙悋, 十二時中, 常謹愼. 鍊磨眞性若虛空, 自然戰退魔軍陣. 勤學習尋師匠, 說與同人堪倚仗, 莫敎心地亂如麻, 百歲光陰等閑喪. 踵前賢斅先聖〈『尙書』, "斅于民." 音效, 敎也. 又法效也〉, 盡假聞思修〈三慧也〉得證, 行住坐臥要精專, 念念無差始相應.

『緇門警訓註』 卷上, 한불8:573중-하

| 자료 4 | 불교는 의지할 곳을 찾는 백성에게 절실한 것이다

여기서는 조선 후기의 배불(排佛) 분위기에 맞서서 불교를 변호하는 성총의 입장이 나타나 있다. 주된 요지는 삶에 지친 백성에게는 뭔가 의지할 곳이 필요하며, 이것은 결코 세상을 살아가는 일과 무관하지 않다는 내용이다. 비록 치밀한 불교 이론에 근거한 반박

---

19 문혜(聞慧, 보고 들어서 얻는 지혜)와 사혜(思慧, 고찰하여 얻는 지혜), 그리고 수혜(修慧, 고찰을 마치고 입정[入定]한 뒤에 수행하여 얻는 지혜)를 일컫는다. 앞의 두 가지는 산지(散智)로서 다만 세 번째 지혜를 일어나게 하는 인연이 될 뿐이고, 세 번째 지혜인 수혜만이 정지(定智)로서 미혹을 끊고 진리를 증득케 하는 용(用)이 된다고 한다.

20 '상응(相應)'에 해당하는 산스크리트어는 'saṃprayukta'이며 존재와 존재 간에, 인식과 인식의 대상 간에, 그리고 나아가서 세간과 출세간이 서로 평등하게 화합하여 떨어질 수 없는 관계를 맺는다는 뜻이다.

은 아니지만, 당시 성총이 정토신앙의 중요성에 대하여 깊이 인식하고 있었던 점을 염두에 둘 때 도출 가능한 반박이었다고 볼 수 있겠다.

아! 세상 사람들이 저마다 어찌하여 부처를 배격하는 것으로 말하는 재미를 삼아, "석가의 무리는 놀고먹으며 백성의 재산을 갉아먹고, 큰 사찰을 지어 아름답게 장식하는 것으로 백성의 힘을 토목공사에 노력동원하고 그 재산을 빼앗는다. 그리하여 재물이 금방 고갈되고 풍속이 쉽게 경박해지니 석가의 무리를 쓸어 내어 더는 번성해지는 것을 막아야 한다"고 반드시 떠들어대곤 한다. 청하여 시험 삼아 말해 보기로 하겠다. 우리 불교의 도는 깨끗하고 무엇인가를 애써 도모하지 않는 것으로 종지를 삼으며, 자비롭게 남을 해치지 않는 것으로 가르침을 삼는다. 비록 세상을 다스리는 데는 그렇게 절실하지 못하지만 진실로 이러한 마음을 미루어 세상 사람으로 하여금 좋은 것을 좋아하고 싫은 것을 싫어할 줄 알도록[21] 함으로써 세간의 바람직한 영역으로 오르게 한다면 어찌 그 보탬이 작겠는가?

지금 무릇 중생은 고난의 바다에서 부침을 거듭하면서도 나루터와 물가를 알지 못하고 있는데, 부처로써 피안을 삼아 사람들이 모두 부처의 무리를 섬겨서 사찰을 늘리고 불상을 장식하는 것은 옳지 않은가? 비유하자면 의사가 병을 다스리되 반드시 병에 따라서 약을 처방하는 것과 같다. 한기가 든 사람에게는 단사(丹砂)[22]와 오훼(烏喙)[23]를 투약하고 기침을 하는 자에게는 백출(白朮)[24]과 자단(紫團)[25]을 준다. 그리고 병이 사라

21 여기에 해당하는 원문은 아래서 보는 바와 같이 '선선오오(善善惡惡)'이다. 이 말은 간단해 보이지만 상당히 중요한 불교 이론의 윤리적 맥락을 함축하고 있는 것으로 보인다. 물론 '선한 것을 좋아하고 악한 것을 싫어한다'는 의미(선선오악)로 읽을 수도 있겠지만, 이렇게 되면 사실 유가의 윤리적 맥락과 별반 다를 것이 없어지고 만다. 불교에서 말하는 선악은 유가철학, 특히 주자학에 비하여 형이상학적 색채가 진하지 않다. 불교에서도 물론 선악의 구분이 있고 수행자의 행동지침이 되는 계율이 있기는 하지만, 엄격히 말해서 이것들은 형이상학적 원리를 배경으로 가지고 있지도 않고 윤리적 맥락도 없이 제출된 경우가 대부분이다. 따라서 여기에서는 '선선오오(善善惡惡)'를 '좋은 것을 좋아하고 싫은 것을 싫어한다'로 풀었다.

22 '진사(辰砂)' 혹은 '주사(朱砂)'라고도 하며, 수은과 유황의 화합물로써 채색의 재료로도 사용된다.

23 '오두(烏頭)'라고도 한다. 성탄꽃과에 속하는 숙근초(宿根草)로서 바곳의 뿌리이다. 유독하여 마취제로도 사용한다. '부자(附子)'라고도 한다.

24 엉거시과에 속하는 다년초(多年草)이다. 뿌리가 이뇨작용을 돕고 위장을 튼튼하게 한다고 알려져 있다.

25 콩과에 속하는 열대지방에서 나는 교목이다. 재목이 아름다워 가구용으로 많이 사용된다고 한다.

진 다음에야 약도 쓰지 않는다. 그런데 한기가 가시지 않고 기침도 낫지 않았는데 먼저 단사와 백출을 쓰지 않으려고 한다면 나는 그것이 옳은 짓인지 모르겠다.

嗚呼! 世之縫掖,[26] 爭以攘釋氏爲侈談, 必曰, "釋氏徒, 遊手遊食, 耗蠹民財, 招提梵刹,[27] 宏敞美麗, 勞民力於土木, 奪資産於金帛. 財用易竭, 風俗易澆, 宜乎掃除不得滋." 請試言之, 吾佛之道, 以淸淨無爲爲宗, 慈悲不殺爲敎. 雖若不切於世治, 苟能推是心, 使一世人, 皆知善善惡惡, 以躋仁壽[28]之域, 則豈小補哉? 今夫衆生, 苦海沉浮, 莫知津涘, 而以佛爲彼岸, 則圓肚方服[29]者, 皆奉佛之徒, 殿宇堂寮之壯, 像設金碧之嚴, 其可已乎? 譬如醫師治病, 必應病與藥. 其於病寒者, 投以丹砂烏喙, 病喘者, 授以白朮紫團. 旣無病則毋用藥餌. 寒疾未瘳, 喘疾未去, 而欲先除其丹砂白朮者, 吾未知其可也.

『栢庵集』 卷下 「湖南潭陽法雲山玉泉寺事蹟」, 한불8:479상

| 자료 5 | 진상(眞相)은 가상(假相) 가운데 있다

불교에서 '강에 비친 달'은 모든 중생이 부처가 될 수 있는 자질, 즉 불성을 지니고 있다고 보는 불성론을 정당화하는 비유로 흔히 사용된다. 하늘에 떠 있는 달이 부처의 불성을 가리킨다면, 강에 비친 달은 뭇 중생에게 있는 불성이다. 그런데 여기서 달의 비유가 사용되

---

26 『예기(禮記)』 「유행(儒行)」 편에 공자는 어려서 노나라에 머물 때 "겨드랑이를 꿰맨 옷[逢掖之衣]," 곧 소매가 긴 옷을 입었다는 말이 나온다. 또한 『장자』 「도척(盜跖)」 편에는 유자들이 "꿰맨 옷과 얇은 띠[縫衣淺帶]"를 두루고 있다는 말이 나온다. 이로부터 '봉액(逢掖)'은 선비 또는 선비들이 입는 옷을 가리키게 되었다.

27 '초제(招提)'는 산스크리트어 'caturdiśa'를 음사한 '초투제사(招鬪提奢)'의 약칭으로서 사방(四方) 내지 사방에 모인 승려[四方僧物], 곧 사원을 의미한다. '범찰(梵刹)' 역시 산스크리트어 'brahmakṣetra'를 번역한 것으로서 청정한 땅, 곧 승려들이 머무는 곳을 의미한다.

28 '인수(仁壽)'는 사전상의 의미로는 인자하고 수명이 길다는 정도만 나온다. 그러나 이 글의 맥락상 앞부분의 '세상의 다스림[世治]'과 관련해서 생각해 볼 때, '세상을 살아가는 데 바람직하고 이롭다'는 정도의 의미로 이해한다면 별 무리가 없을 듯싶다.

29 '두(肚)' 자는 '두(肚)'로도 쓰는데, 배부른 모양을 나타낸다. 그러나 여기에 쓰인 '원두방복(圓肚方服)'은 '원려방지(圓顱方趾)'을 잘못 쓴 것으로 보인다. '원려방지'로 읽으면 둥근 머리와 네모난 발[圓頭方足]을 지닌 존재, 곧 사람들을 의미한다.

는 맥락은 조사들의 영전(影殿)이 결코 그림 조각에 불과한 것이 아니라는 점을 보이기 위하여 사용된 것이다. 장자(莊子)의 논리를 빌려 진상과 가상이라는 이원적 구분을 해소하는 것이 주된 논법이다.

오직 그림자는 가상일 뿐, 그 자체로 진상은 아니다. 그러나 일찍이 가상은 있는데 그 진상이 없었던 적은 없다. 장주가 이르기를, "가다가는 멈추고 일어섰다가는 앉는 것이 어찌 그렇게 지조가 없는가? 의지하는 바가 있어서 그렇게 되는 것일 테지?"[30]라고 하였다. 진상으로 가상을 구분하고 가상을 쫓아 진상을 구하는 데는 이 또한 충분하다. 비유하자면 하늘에 뜬 달이 천 개의 강에 나누어 비치는 것과 같다. 오로지 각각의 강에 비친 달의 그림자만 가지고 달이라고 하면 이는 미혹한 것이다. 달이 하늘에 뜬 이후에야 강에 그 그림자가 나누어 비치는 것이니 하늘에 떠 있는 달을 일러 달이 아니라고 하면 어찌 이치에 닿는 것이겠는가? 강에 나누어 비친 달의 그림자에서 나누어지지 않은 본체를 구하면 곧 진상의 달은 곧 나누어진 가운데에 있으니 [달의 본체와 그림자는] 따로 있는 것이 아니다. 강에 나누어 비친 그림자를 떠나서는 진실로 달의 진상을 얻을 수 없음이 분명한데, 어찌 진상과 가상의 구분이 그 가운데 있겠는가?

惟影者假也, 非其眞也. 然未有有其假, 而無其眞者也. 莊周曰, "行止起坐, 其無特操者, 有所待而然者耶?" 以眞卞假, 從假求眞, 斯亦足矣. 譬如一月在天, 而分照千江. 獨指其分

30 이해를 돕기 위하여 『장자』「제물론」에 있는 내용을 소개한다.
망량이 그림자에게 물었다. "아까는 가고 있더니 지금은 멈추어 있고 아까는 앉아 있더니 지금은 서 있으니 어찌 그렇게 지조가 없는가?" 그림자가 대답하였다. "내가 의지하는 바가 있어서일 테지? 그리고 내가 의지하는 것은 또 다른 의지하는 것이 있을 테지? 내가 의지하고 있는 것은 뱀의 발이나 매미의 날개와 같다고나 할까? 어찌 그렇지 않은 까닭을 알겠는가! 어찌 그렇지 않은 까닭을 알겠는가!"[罔兩問景曰, "曩子行, 今子止, 曩子坐, 今子起, 何其无特操與?" 景曰, "吾有待而然者邪? 吾所待又有待而然者邪? 吾待蛇蚹蜩翼邪? 惡識所以然! 惡識所以不然!"]
이 내용은 그림자가 형체의 소산이므로 그림자는 가상(假想)이고 형체가 진상(眞相)이라는 일반적인 상식에 일격을 가하는 것이다. 장자는 다시 형체가 의지하는 것은 또 무엇이냐고 의문을 던짐으로써 진상 찾기가 결국 무한소급으로 빠지게 됨을 보여 주고 있다. 그러므로 일체의 만상이 생멸변화하는 세계에서 형체나 그림자는 인과관계가 성립되지 않는다는 것을 보여 주고 있다. 이러한 논리의 연속선상에서 유명한 장자의 '호접몽(胡蝶夢)'이 바로 뒷부분에서 이어지는 것이다. 그런데 이 자료에서는 장자의 이 구절을 취하는 맥락이 조금 다르다. 성총은 진상과 가상의 이원적 구분을 해소하고 있다는 점에서는 장자의 입장과 같지만, 이 구절을 궁극의 진상을 찾아가는 것으로 이해하고 있다는 점에서 장자의 맥락과는 차이를 보인다.

江之影, 而謂之'月', 卽是惑矣. 旣有在天者而後, 乃有分江之影, 則抑謂之'非月'也, 亦豈理也哉? 就分照之中, 求其不分之體, 則眞月卽在分之中, 非有二也. 離分照之影, 固不得眞月也明矣. 然則奚以眞假之辨於其間哉?

『栢庵集』 卷下 「新影堂記」, 한불8:461상-중

| 자료 6 | 정토의 여부는 마음의 깨끗함에 있다

> 백암이 정토신앙에 대하여 상당한 식견과 안목을 가지고 있었다는 점을 염두에 두고 주의해서 살펴볼 필요가 있는 내용이다. 여기에서 서방정토가 아니라 차안(此岸)에서 정토를 구하려고 하였던 조선후기 불교계의 단면을 읽을 수 있겠다. 아울러 선(禪)과 정토신앙이라는 이론상으로 함께하기 어려운 불교의 흐름이 어떻게 습합(習合)될 수 있었는지, 특히 선이 어떻게 자신의 이론적 곡절을 거치지 않고 정토신앙을 수용할 수 있었는지 짐작할 수 있는 자료이다.

무릇 세상[土]에는 맑은 곳과 더러운 곳이 있는데, 불경에서 칭하는 극락은 가장 맑은 세상이고 사바는 더러운 세상 중에서도 가장 심하지만 똑같이 부처의 땅이다. 그런데 편벽되이 '정토와 예토'라고 칭하는 것은 어째서인가? 대개 맑고 더러운 것이 어찌 땅으로 말미암아 그러하겠는가? 진실로 사람의 마음이 깨끗한가, 그렇지 못한가에 따른 것이다. 시험 삼아 얘기해 보면, 의심하고 기만하고 편벽되고 질투하는 마음은 이 세상에 사는 중생이 느끼는 더러움이요, 고르고 곧고 착하고 부드러운 마음은 저 세상의 중생이 느끼는 깨끗함이다. 오로지 한 생각으로 마음이 깨끗하면 땅이 깨끗하지 않을 수 없으니, 마음이 깨끗한데도 땅이 깨끗하지 않은 경우는 일찍이 없었으며, 마음이 깨끗하지 않은데 땅이 깨끗한 경우도 또한 없었다. 그러므로 정토가 십만 억이나 되는 바깥의 서방에 있겠는가? 눈으로 볼 수 있고, 역력히 손가락으로 가리킬 수 있고, 걸어서 갈 수 있다. 이렇게 보는 사람이 만일 사바세계에 있다면 사바가 곧 정토가 되며, 극락에 있다면 극락이 곧 정토가 된다. 이것은 마땅히 모두 사람의 마음속에 있으니, 이것과 저것으로 나누어 정토와 예토를 논할 수 없음이 분명하다. 한 사람이라도 이 세상에 있으면서도 마음에 때가 끼지 않았다면 이는 더러운 곳에서 청정함이며, 많은 사람이 청정한 곳에 있고 그곳 또한 청정하다면 이는 청정함 속의 청정함이니 대충 볼 일이 아니다.

凡爲土有淨焉有穢焉, 經稱極樂爲淨土最, 娑婆爲穢土甚, 同一佛土也. 而偏指淨若穢而稱者奚? 盖謂'淨穢'者, 豈端土之所使然哉? 實係乎人者之心之淨不淨如何耳. 請試言之, 諂誑詖諂嫉妬心, 此界衆生之所以感穢也, 平易質直善軟心, 彼土衆生之所以感淨也. 倘能一念心淨, 則土不得不淨, 心淨而土不淨者, 未之有也. 然則淨土, 豈遠在西方十萬億之外? 卽不出於眉睫間, 而歷歷可指可步矣. 繇是觀之, 若有人在娑婆, 則娑婆爲淨土, 在極樂, 則極樂爲淨土. 此在當人方寸中, 不可以此彼, 分淨穢而論者明矣. 能有一人, 於此而心無垢, 則是穢中淨, 有多人, 於彼而土盡淨, 則是淨中淨, 非可以槩視[31]之也.

『栢庵集』 卷下 「淨土社記」, 한불8:477중

---

31 개관(槪觀) 혹은 개견(槪見)과 같은 의미로 파악해서 별로 집중해서 보거나 생각지 않고 건성으로 보고 생각한다는 의미로 이해할 수 있겠다.

3. 책헌(策憲)

책헌(策憲, 1623-?)은 무주(無住)라고도 하며, 호는 월봉(月峯)이다. 경상도 성주 사람으로서 1634년 가야산 해인사에 출가하였고, 1637년 득도하였다. 이후 벽암 각성(碧巖覺性, 1575-1660), 풍담 의심(楓潭義諶, 1592-1665)에게 배웠으며 취암 해란(翠巖海瀾, ?-?)의 법을 이어받았다. 이후 전국의 여러 절을 돌아다니며 후학과 대중을 가르쳤다. 저서로 『월봉집(月峯集)』이 있다.

| 자료 1 | 대각은 정혜와 무심으로 이룰 수 있다

『월봉집』에는 책헌의 사상을 알 수 있는 글들이 여러 편 실려 있는데, 그 내용은 선종에서 밝힌바 자기 마음의 본성을 깨닫는 것에서 벗어나지 않는다. 여기에서는 대각(大覺)과 정혜(定慧)의 관계를 『주역』의 개념과 더불어 논의하고 있는 부분을 가려 뽑았다.

만물의 근원을 살펴보면 오행[1]에서 생겨났고, 오행은 두 기[2]에서 생겨났으며, 두 기는 태극에서 생겨났고, 태극은 무극에서 생겨났으며, 무극은 태허에서 생겨났으며, 태

1 토, 금, 수, 목, 화의 다섯 가지 요소를 말한다.
2 음기와 양기를 말한다.

허는 대각에서 생겨났다. '대각'이라고 하는 것은 위로는 부처에서 아래로는 땅강아지나 개미에 이르기까지 본래 가지고 있는 신령스러운 깨달음의 참된 성품이다. ……

이 마음을 증득한 성현들은 각자 이해하는 바에 따라 혹은 믿고 이해하는 이치를 설하기도 하고, 혹은 닦아 증득하는 뜻을 설하기도 하고, 혹은 성상(性相)·공유(空有)·돈점(頓漸)을 말하기도 하여 무수한 방편으로 언어적인 가르침을 널리 펴는 데에 이른다. 만일 미혹되고 길을 잃어버린 이로 하여금 심왕(心王)을 스스로 깨닫게 하고자 한다면 비록 이와 같이 잘 말하였다 할 만하여도, 만일 일을 요달(了達)하여 그 국량(局量)을 넘어선 사람에게는 이와 같은 허다한 설법이 귀하게 여기기에 족하지 않다. 대각의 마음을 믿고 이해한 이가 닦아 증득하고자 한다면 먼저 정혜로써 닦고 뒤에 무심(無心)으로 증득하여야 한다. 그런데 지금 마음공부를 한다고 하는 대부분 사람들은 혹은 "참된 마음은 텅 비고 고요하여 변하지 않는다"고 하면서 다만 본체만을 지키니 이는 [구리거울에서] 구리라고 하는 본질만을 보고 거울에 나타나는 분명한 그림자를 보지 못하는 것이다. 혹은 "참된 마음은 영명한 앎[知]으로서 조건[緣]에 따른다"고 하면서 오로지 속성과 작용[相用]에만 집착하니, 이는 거울의 밝게 비추는 성품은 알면서도 구리라는 본질은 알지 못하는 것이다. 그리하여 대각의 본래 마음에 대한 바른 이해를 원증하고자 하는 이로 하여금 요점을 빗나가 왜곡됨을 면치 못하게 하고 삿된 견해의 굴속에 떨어지게 하면서 스스로 말하기를 '바르다'고 하니 어찌 그것이 삿됨을 알겠는가? 그러니 어떻게 해야 옳은가?

만일 이 근육과 뼈를 갖춘 선비라면 처음 선지식을 만났을 때 한마디 말에 원각의 본심이 원래 청정하고 본래 해탈해 있으며, 공도 아니고 유도 아니고, 치우치지도 않고 바르지도 않고, 갠지스강의 모래와 같이 많은 공덕과 한량이 없이 많은 묘한 작용을 본래 다 갖추고 있음을 단박에 깨닫고 난 위에 때마다 망념을 깨어 관찰하여 은밀히 본성의 바다에 들어맞게 된다. 『수능엄경』의 큰 선정으로 비록 마음에서 대상에 대한 인식작용을 끊어도 어리석은 공에 집착하지 않고, 『반야경』의 큰 지혜로써 마음이 혼몽한 것을 보내버려도 어지러운 데 구속되지 않아서, 공적한 자리에 있으면서도 깨어 어둡지 않으며, 깨어 있을 때도 고요하여 미혹되지 않아 깨어 있음과 고요함을 동등하게 지니고 정[3]과 혜[4]가 원만하게 밝을 때 비로소 '대각의 본래 마음'이라 할 수 있다.

原夫萬物, 生於五行, 五行生於二氣, 二氣生於太極, 太極生於無極, 無極生於太虛, 太虛生於大覺. '大覺'者. 上自諸佛, 下至螻蟻, 本有靈覺之眞性也. …… 悟證此心之賢聖, 各隨所解, 或說信解之理, 或說修證之義, 或說性相空有頓漸, 乃至無數方便, 廣演言教. 若使迷之失之者, 自覺心王, 雖可如是善說, 若於了事過量漢, 如許支說, 不足爲貴也. 夫信解大覺心者, 若欲修證, 先以定慧爲修, 後以無心爲證. 今時泛學心法者, 或以謂"眞心空寂不變," 但守本體, 則如見銅之本質, 而不見鏡之明像也. 或以謂"眞心靈知隨緣," 惟執相用, 則如識鏡之明性, 而不識銅之本質. 遂令圓證大覺本心之正解者, 未免紆曲, 墮於邪見窟中, 自謂爲正, 豈知是邪? 然則如之何而可也? 若是筋骨之士, 其初遇善知識, 一言之下, 頓悟圓覺本心, 元淸淨本解脫, 非空非有, 不偏不正, 恒沙功德無量妙用, 自在具足, 然後時時覺察妄念, 冥符性海之中. 以『首楞』大定, 雖絶心之緣慮, 不着於頑空, 以『般若』大慧, 雖遣心之昏住, 不拘於狂亂寂寂處, 惺惺不昧, 惺惺時, 寂寂不迷, 惺寂等持, 定慧圓明, 方是'大覺本心'也.

『月峯集』 卷1 「大覺定慧說」, 한불9:22하-23상

---

3 산스크리트어 'samādhi'의 의역으로서 마음을 한 곳에 집중하여 움직임이 없는 상태를 말한다.

4 산스크리트어 'prajñā'의 의역으로서 진리에 대한 인식인 지혜를 뜻한다.

4. 자수(子秀)

자수(子秀, 1664-1737)의 자는 고송(孤松), 호는 무경(無竟)이다. 전라도 전주 사람으로 1675년 출가하였고 1679년에 득도하였다. 이후 여러 선지식을 찾아 수행하였으며, 운문사의 추계 유문(秋溪有文, 1614-1689)의 법을 이었다. 숙종(1674-1720 재위) 대에 전국의 고승대석 49인을 뽑아 사나사(舍那寺)에서 대법회를 열었는데, 여기에 참여하여 법을 설하였다. 제자로 설영(雪瑛, ?-?), 처우(處愚, ?-?), 영봉(靈峰, ?-?) 등이 있으며, 탑은 전주 송광사에 있다. 저술로 『무경집(無竟集)』과 『불조선격(佛祖禪格)』이 있다.

| 자료 1 | 삼교의 가르침은 궁극적으로 하나이다

조선 불교에서 가장 큰 논의 주제 가운데 하나는 불교와 유교, 도교(도가)의 관계를 다루는 삼교론이다. 자수의 이 글은 조선 후기의 불교계에서 삼교에 대한 논의가 어떻게 전개되었는지를 보여 주고 있는 매우 중요한 자료이기 때문에 가려 뽑았다.

가르침은 비록 셋이지만 그 속에 담긴 이치는 하나이다. 그러므로 이병산[1]이 말하기

---

1 1185-1231. 이름은 순보(純甫), 자는 지순(之純). 금나라의 관리로서 처음에는 불교를 비판하였으나, 뒤에 『수

를, "세 성인이 주시대에 함께 태어난 것은 황하와 한수가 미려(尾閭)에서 함께 모이는 것과 같다"고 하였고, 장무진[2]이 말하기를, "세 가르침이 세속을 착하게 연마하는 것은 마치 솥발과 같아서 하나라도 뺄 수 없다"고 하였다. 그런데 어찌하여 요즘 사람들은 세 가르침은 그 체가 다르다고 하여 각자 익힌 바만을 고집하는가? ……

세 가르침이 걸음이 시작한 곳은 비록 다르지만, 그 돌아가는 곳은 하나의 이치이다. …… 그 자취로 보자면 유교에서는 인의를 받들고, 도가에서는 자연을 받들며, 불교에서는 적멸을 받들어 받드는 바가 같지 않고, 익힌 바가 각자 다르다. 이는 마치 세 빛의 숨고 나타남이 같지 않아서 그 비춤이 각각 다른 것과 같다. [그러나] 그 이치로 보자면 저 세 빛[3]이 다 같이 하나의 하늘에서 나와서 하늘 밖에 따로 세 빛이 없는 것과 같이 세 가르침이 다 같이 하나의 이치에서 나왔으니, 어찌 이치 밖에 따로 세 가르침이 있겠는가? 인의와 자연과 적멸은 셋이면서 하나이고 하나이면서 셋이어서, 서로 나란히 가며 서로 어그러지지 않는 것이니, 세 가르침이 발걸음 시작은 서로 다르지만 그 돌아가는 곳은 같다는 것을 알 수 있다. 그러니 어찌 견백의 논리로 왁자지껄 떠들면서 하루 내내 손가락이니 손가락이 아니니 하고 있겠는가?

教雖三, 理則一也. 故李屏山曰, "三聖之同出於周, 如河漢之同滙於尾閭." 張無盡曰, "三教之善世礪俗, 猶鼎足之不可缺一." 胡今之人謂三教異體, 而各權其所習也? …… 三教之發跡雖殊, 所歸一理也. …… 蓋以其跡而觀之, 儒教崇仁義, 老教崇自然, 釋教崇寂滅, 雖其所崇不同, 所習各異也, 猶彼三光之隱現不同, 而照曜各異也. 以其理而觀之, 猶彼三光之同出於一天, 不有天外別有三光, 則三教同出於一理, 豈有理外別有三教哉? 其仁義也, 自然也, 寂滅也, 三而一, 一而三, 相如竝行, 而不相悖, 則三教之發跡雖殊, 而所歸同于焉可見. 豈可堅白, 而呶呶然終日指非指哉?

『無竟集文稿』 卷2 「三教說」, 한불9:392하-393중

능엄경』, 『원각경』, 『유마경』, 『화엄경』 등을 읽고서 불교에 귀의하였으며, 삼교일치론을 주창하였다. 저서로는 『명도집설(鳴道集說)』이 남아 있으며, 이 밖에도 『금강경해(金剛經解)』, 『노자집해(老子集解)』, 『장자집해(莊子集解)』 등이 있다 하나 전하지 않는다.

2 1043-1121. 이름은 상영(商英), 자는 천각(天覺). 북송의 관리로서 불교에 심취하여 동림사(東林寺)의 상총(常總, 1025-1091) 선사에게 인가를 받았으며, 유교 지식인들의 공격으로부터 불교를 옹호하기 위하여 『호법론(護法論)』을 저술하여 삼교일치론을 주장하였다.

3 햇빛과 달빛, 그리고 별빛을 말한다.

5. 수연(秀演)

무용 수연(無用秀演, 1651-1719)은 19세에 송광사 혜관(惠寬, ?-?)에게로 출가하였다. 22세에는 침굉(枕肱=懸辯, 1616-1684)의 문하로 들어가 선교(禪敎)를 함께 공부하였으며, 다시 백암 성총(栢庵性聰, 1631-1700)의 입실제자가 되었다. 이후 학식이 높아 선암사와 송광사 등지에서 강의하였으며, 특히 희양산(曦陽山) 백운암(白雲菴)에 오래도록 머물면서 주석(住錫)하고 백암 성총을 수행하며 그로부터 화엄과 정토 등을 공부하였다. 그리고 성총이 입적(1700)하자 그의 뒤를 이어 강석(講席)을 이어받아 남방 불교계의 대종장(大宗匠)이 되었다. 그리고 숙종 30년(1704)에 강석을 사퇴하고 은거하다가 송광사 대중의 여러 차례의 간청에 마지못해 송광사로 거처를 옮겨갔으며, 숙종 45년에 『선문염송』 등을 강의하다가 그해 10월에 69세의 나이로 입적하였다. 그의 제자로는 영해 약탄(影海若坦, 1668-1754) 등이 있었다. 수연의 법어(法語) 등을 모은 『무용당유고(無用堂遺稿)』는 상·하 2권으로 구성되어 있으며, 먼저 95편의 시(詩)와 44편의 문(文), 그리고 행장(行狀)을 담고 있으며, 그 내용이 상당히 문학적이고 구체적이지만 불교사상적인 면에서 중요한 기록은 별로 보이지 않는다.

| 자료 1 | 말과 글은 도의 찌꺼기가 아니다

다음의 자료는 수연이 가까이서 스승으로 모셨던 백암 성총의 유문(遺文)을 모아 묶으면서 서문으로 쓴 것이다. 비록 평이해 보이기는 하지만 교외별전(敎外別傳)을 종지로 하였던 조선 후기의 선가에서 문집을 엮는 일을 어떻게 정당화하였는지 살펴볼 수 있는 단초가 된다. 여기에는 이사무애(理事無礙)의 연장선상에서 내외(內外)와 본말(本末)을 둘로 나누지 않으려 하였던 불교적 세계관이 있었던 것이다.

옛사람들은 글[書]을 술 찌꺼기로 여겼으니, 글은 귀하게 여길 만한 것이 못 되는 것임이 분명하다. 아! 마음이야말로 한 육신의 주인이요 만물의 근원이면서도, 온 바에 시작이 없고 그 몸은 형상조차 없구나. 무릇 형상을 가진 것들은 모두 형상이 없는 것들의 그림자이니, 글도 역시도 그러하다. 하지만 그 흐름을 더듬어 근원을 찾고 싹을 통하여 뿌리를 알게 되는 것을 꺼리지 않으면 우주 사이에 없을 수 없는 것이 또한 글이다. 이러한 까닭으로 삼교(三敎)[1]의 성인들이 형상이 없는 몸으로 말이 없는 가르침을 설하여 인간 세상에 남겨주어 지금에 이르도록 없어지지 않은 것이다. 세상에는 세 가지 표준으로 삼는 것이 있으니 덕을 세웠는가, 공을 세웠는가, 그리고 말을 세웠는가 하는 것이다. 덕을 세운 사람은 반드시 공과 말도 세운 것이므로, 이 세 가지를 모두 세운 사람은 성인이 아니면 불가능할 것이다. ……

아! 옛사람들은 글[文]과 말[言]을 도의 서여(緖餘)[2]로 삼았으니, 그렇다면 그것을 막고 금해도 좋을 것이다. 하지만 그렇게 하지 않은 것은 무엇 때문인가? 조박이 비록 술 찌꺼기이지마는 술만 있고 찌꺼기가 없는 경우는 없다. 그러므로 정밀하고 거칠거나 내(內)와 외(外) 그리고 본(本)과 말(末)은 사물마다 다 있는 것이다. 거친 데에서 정밀한 데 이르고, 밖에서 안으로 이르며, 이 정밀함과 내(內)가 있음으로 해서 거친 것과 외(外)가 따르는 것을 어떻게 버릴 수가 있겠는가? 옛사람들이 거칠다는 것을 알면서도 버리지 않고 선사들도 또한 그러하였는데, 나에게 이르러 그것을 끊고 전하지 않는다면 옛사람들에 어긋나고 선사들을 배반하는 것이니, 옛사람들에 어긋나고 선사들을 배반하고서 어찌 하늘을 이고 땅을 밟을 수 있겠는가?

古人以書爲糟粕, 然則書之不足貴也, 必矣. 噫! 心也, 一身之主, 萬類之源, 而其來無始,

1 유·불·도(儒佛道) 삼교를 가리킨다.

2 본업 이외에 하는 일.

其體沒形. 凡有相者, 皆無相之影, 書亦相類也. 不妨尋流而得源, 因苗而識根, 則宇宙間不可無者, 亦書也. 是以三教聖人, 以無相之身, 說無言之敎, 留與人間, 至今不衰. 世有標準三, 曰立德, 曰立功, 曰立言. 有德者, 必有功與言也, 則兼三而有之者, 非聖莫能. …… 噫! 古之人, 以文言爲道之緖餘, 則杜之絶之可也, 而未者何哉? 糟粕雖酒麻之餘, 而獨有酒麻無糟粕, 理之必無也. 然則精粗內外本末, 物物皆然. 自粗而及精, 由外而之內, 有此精內粗外隨之, 其可舍之? 古人知粗而不去, 先師亦然, 至於余絶而不傳, 是違古背師. 違古背師, 而頂天足地乎?

『無用堂遺稿』 卷下 「栢庵和尙文序」, 한불9:354중–355상

| 자료 2 | 유교와 불교는 그 지향하는 바가 다르다

> 여기에 소개하는 자료는 불교를 천대하고 박해하던 당대의 상황에 맞서 관련자에게 이해를 부탁하는 글이다. 일반적으로 조선 초기의 삼교회통론에서 전개하였던 논지와는 적지 않는 차이를 보인다. 기화나 유정 등의 삼교회통론이 유불의 상통성을 역설하였다고 한다면, 수연은 비록 모두 한마음에서 나왔다는 것을 말하고 있기는 하지만 그 역할의 차이를 강조하고 있다.

풀명자나무의 열매[3]와 배[梨], 귤과 유자는 그 맛이 같지 않지만 여러 사람의 입에 다 맛이 있고, 공자(孔子)와 석가(釋迦), 양주(楊朱)와 묵적(墨翟)의 도는 상반되지만[4] 모두 한마음이니 어찌 이것을 공격하여 해롭다고 하겠습니까? …… 학이 창공에서 세 번 우니 만 가닥의 맑은 바람이 불고, 용이 차가운 연못에서 한 번 읊조리니 둥글고 밝은 달이 떠오릅니다. 세상의 근심은 구름과 더불어 흩어지고, 선의 마음은 흐르는 물과 더불어 나란히 맑습니다. 덧없이 생겼다가 사라지는 인생에서 별일이 없는 것이 좋은 일입니다. 자벌레에게서 굽히는 것을 배우니 어찌 다른 날의 폄이 없겠으며, 용과 뱀에게서 숨는 것을 배우는 것은 다만 이 몸을 보존하고자 해서입니다. …… 도의 갈래

---

3 원문의 '사(柤)'를 조박(糟粕)으로 해석하는 경우도 있는데, 여기서는 거친 술 찌꺼기라는 뜻이 아니라 배[梨]와 비슷하게 신맛이 나는 열매가 열리는 능금나무과의 낙엽 관목인 풀명자 나무를 가리킨다. '사(樝)'로도 쓴다.

4 『맹자』, 「진심상(盡心上)」에는 다음과 같은 구절이 있다. "맹자가 말하였다. '양자는 자신을 위함을 취하였으니,

가 각기 달라 비록 "창과 방패처럼 서로 등진다"라고 해도 같은 때에 나온 것이니, "나무와 돌이 함께 단을 하였다"고 할 것입니다. 형상이 있는 것과 형상이 없는 것이 각각 태극을 갖추었고, 하나의 발[足]과 백 개의 발이 천기(天機)를 고르게 움직이게 하므로 통달한 자는 물결과 더불어 하나가 되고 성인에게는 모난 구석이 없는 것입니다. 내가 천지를 보니 역시 시비(是非)가 있어 검기도 하고 누렇기도 하지만 어찌 하늘의 빛깔이 각각 다르다고 할 것이며, 하늘은 덮었고 땅을 받치고 있지만 어찌 그 공로가 온전하지 않다고 하겠습니까? 어찌 이것뿐이겠습니까? 사물이 모두 그러합니다. 다르다는 측면에서 보면 수많은 수레가 있지만 정작 똑같은[5] 수레는 없고, 같다는 측면에서 보면 만물이 하나인 것입니다.

相梨橘柚之味不同, 皆可衆口. 孔釋楊墨之道相反, 都是一心. 何以攻爲斯害也已? …… 鶴三聲於碧落, 萬縷清風, 龍一吟於寒潭, 一輪明月. 世慮與浮雲俱散, 禪心共流水齊清. 浮生此生, 無事好事. 屈學尺蠖, 豈無他日之伸哉? 蟄斆龍蛇, 只圖此身之存也. …… 道分殊歧, 雖云"矛盾相背," 生同一歲, 可謂"木石同壇." 有形無形, 各具太極, 一足百足, 均動天機. 是以達士同波, 聖人無角. 吾觀天地, 亦有是非. 或玄或黃, 何其色之各異? 一覆一載, 胡厥功之不全? 豈獨此哉? 物皆然矣. 自其異者而視, 數車無車, 自其同者而觀, 萬物一物.

『無用堂遺稿』 卷下 「上江南府伯啓」, 한불9:364중-하

| 자료 3 | 죽은 스승을 기리며

> 스승인 백암 성총의 위패를 모시면서 지은 시(詩) 형식의 글이다. 진한 안타까움과 더불어 상당히 진솔하고 구체적으로 선미(禪味)가 드러난다. 특히 글의 마지막 부분에서는 스승에 대한 그리움이 선가의 전통적인 화두로 바뀌면서 깊은 선기(禪機)를 느끼게 한다.

하나의 털을 뽑아서 천하가 이롭더라도 하지 않았다. 묵자를 겸애를 하였으니, 이마를 갈아 발꿈치에 이르더라도 천하에 이로우면 하였다'[孟子曰, '楊子取爲我, 拔一毛利而天下, 不爲也. 墨子兼愛, 摩頂放踵, 利天下, 爲之']."

5 원문에 '같은'이라는 표현은 없지만, "같은 수레는 없다"라고 풀어야 의미가 통한다.

나를 낳은 이는 부모이고
내 마음을 이끈 이는 스승과 벗들이구나.
곁에서 시봉한 지 여러 해 동안
미처 듣지 못하였던 바를 들었으니,
그 은혜는 바다보다 깊으나
갚음은 티끌에도 미치지 못하였네.
인생 칠십이 비록 드물다고는 하지만
불현듯 말씀[6]을 마치시니
나는 이제 어디로 돌아갈꼬.
이렇게 석감(石龕)을 만들어
삼가 유골을 받들기는 하였지만
혼령이 어찌 여기에 남아 있거나 떠나 갔으리.
남아 있지도 떠나지도 않은 이것은
진정 어떤 면목[7]인고.

生身父母 導心師友 執侍多年 聞所未聞
恩深巨海 報未微塵 人生七十 古雖云稀
奄藏狂言 我安適歸 敢造石龕 敬奉遺骨
靈豈卽此 亦旣離此 不卽不離 是何面目 『無用堂遺稿』 卷下 「栢庵堂」, 한불9:365상

6 원문에는 '광언(狂言)'으로 되어 있다. 하지만 상식에는 어긋나는 듯이 보이지만 도리에 계합한다는 의미를 담고 있다.

7 선불교에서 쓰는 '면목(面目)'이란 용어는 산스크리트어로는 'mukha'인데, 생물학적인 의미보다는 자기 본래의 심성을 가리키는 경우가 대부분이다. 육신(혹은 형상)으로 생멸하는 자신의 모습과는 다른 자신의 본성을 가리킨다.

6. 해원(海源)

천경 해원(天鏡海源, 1691-1770)은 14세에 출가하여 능허 영지(凌虛英智, ?-?) 대사에게서 구족계를 받았으며, 이후 수학의 과정을 겪으면서 특히 화엄학과 『선문염송』에 정통하였다. 해원의 일대기를 기록한 성안(聖岸, ?-?)의 「행적」(한불9:631하-632중)에 따르면, 해원은 청허(淸虛, 1520-1604)와 편양(鞭羊, 1581-1644) 그리고 풍담(楓潭, 1592-1665)과 월담(月潭, 1632-1704), 환성(喚醒, 1664-1729)으로 이어지는 계보를 따르고 있다고 기록되어 있다. 그리고 그는 선과 교학에 능통하였을 뿐만 아니라 빈민구제에도 앞장섰으며 80세의 나이로 입적하였다.[1]

해원의 문집인 『천경집(天鏡集)』은 해원의 제자인 뇌묵 등린(雷黙等麟, ?-?), 성안 등이 3권으로 편집하여 간행한 것으로 201편의 시(詩)와 44편의 문(文)이 기록되어 있다. 그리고 말미에는 성안의 「행적」과 해원의 문인으로 등재된 사람들의 명단이 있고, 화악 지탁(華嶽知濯, 1750-1839)의 발문이 이어진다.

1 해원의 임종게는 다음과 같다. "육신은 흰 구름과 더불어 꿈과 같은 세상에 왔는데, 마음은 밝은 달을 따라 어디를 향하고 있는가. 태어나고 죽어 돌아가는 것이 구름 속의 달과 같은데, 구름이 스스로 흩어지니 달이 절로 밝구나[身與白雲來幻界 心隨明月向何方 生來死去惟雲月 雲自散兮月自明]."(한불9:632중)

| 자료 1 | 선에는 여래선과 조사선 두 가지가 있을 뿐이다

> 여기서는 이종선·삼종선 논쟁[2]과 관련해서 해원의 입장이 선명하게 드러난다. 그는 기본적으로 백파 긍선보다는 초의 의순이나 서진하와 같은 입장을 전개하고 있다.

두 가지 선이란 여래선과 조사선이다. …… 지금 총림에서는 여기에 의거하여 말하기를, "격외선 가운데 조사선과 여래선이 있고, 원돈문[3]이 곧 의리선"이라고 한다. 이 주장은 비록 의거하는 바가 있는 말이기는 하지만 그 뜻이 합당하지 않다. 선의 이름에 네 가지가 있는 것처럼 선의 체에도 반드시 네 가지가 있어야 한다. 의리선과 격외선의 체는 진실로 알 수 있지만, 여래선과 조사선은 무엇으로 체를 삼는가? 내 생각으로는 이는 아주 그렇지가 않다. 무릇 여래선과 조사선은 불법을 설하는 주체에 의거하여 세운 명칭이고, 의리선과 격외선은 설해진 불법의 내용에 의거하여 세워진 명칭이다. …… 대개 선과 교는 그 현상적인 모습[事體]이 구별된다는 입장에서 보면 얼음과 숯이 같지 않음과 같고, 그 본체적인 모습[法體]이 같다는 점에서 보면 파도와 물이 서로 구별되지 않는 것과 같다. 청량(淸涼)[4]은 후자의 입장에서 선의 종지를 합해서 밝혀 말하기를, "달마의 이심전심의 소식도 원교에서 말하는 [보고 듣는 단계인 견문(見聞)의 생(生), 이해하고 실천하는 단계인 해행(解行)의 생 다음에 오는 완전히 깨닫는 증입[證入]의 생에서 벗어나지 않는다"고 하였다. 원교(圓敎)의 학자들은 실속이 없이 뽐내기만 하는 병에 걸려 선과 교의 높고 낮음을 알지 못하였으므로, 보조 지눌은 원교의 '증입의 생'의 이론이 아직도 말의 길과 뜻의 길에서 벗어나지 못하였다고 비판하였다. 이러한 정황으로 봐서 격외선 가운데 여래선은 속하지 않는다는 것을 진실로 알 수 있겠다. …… 또 격외선 가운데 조사선이 있다고 하는데, 조사선은 또 어떻게 격외선이겠는가? 법을 설하는 주체와 설하는 법의 내용에 따라 [선의 종류가] 구분되어 달라진다는 것을 너무도 모르는 발상이다.

---

2 이 논쟁에 관련된 대강의 내용과 낯선 개념들에 대해서는 본서 가운데 「7장 1절 긍선」 편과 「7장 2절 의순」 편에 자세히 소개되어 있다.

3 교외별전인 선불교와 비교해 볼 때, 열세를 면치 못한다고 보는 화엄학을 지칭한다.

4 본서 제2장 4절 주석 2 참조.

二禪者, 如來禪, 祖師禪也. …… 今叢林家, 據此而議曰, "格外禪中, 有如來禪祖師禪, 圓頓門卽是義理禪." 此說雖有所據, 義無攸當. 禪名旣然有四, 禪體亦必有四. 義理禪格外禪, 體固可知矣. 如來禪祖師禪, 以何爲體乎? 以愚料之, 是大不然. 夫如來禪祖師禪者, 約能說之人而立名也. 義理禪格外禪者, 約所說之法而立名也. …… 盖禪敎事體之別, 則氷炭之不同. 禪敎法體之同, 則波水之無異. 故淸凉據法體之同, 而合明禪旨云, "達摩以心傳心之消息, 不出乎圓敎中證入生也." 圓敎學者, 落虛驕之病, 而不知禪敎高下, 故牧牛子, 破圓敎之證入生, 未免語路義路之跡, 以現格外徑截門. 則固知格外禪中, 不有如來禪也. …… 格外禪中, 又有祖師禪, 祖師禪如何格外禪? 甚不知能說所說之異也.

『天鏡集』卷下「二禪涇渭錄」, 한불9:625상-하

| 자료 2 | 구중현·현중현은 여래선이 아니다

여기서는 임제가 말한 삼현 가운데 체중현을 의리선에 배당하고, 구중현과 현중현을 여래선에 배당하고, 또 다른 일구를 조사선에 배당하여 의리선·여래선·조사선의 세 가지 선법을 내세우는 주장을 비판하고 있다.

어떤 경우[5]는 체중현을 의리선과 짝짓고 구중현과 현중현을 여래선에 짝지으며 따로 또 한 구(句)를 두어 조사선에 짝짓기도 하는데, 어떤 근거에서 이렇게 하는 것인지 알지 못하겠다. 체중현을 의리선에 짝짓는 것은 진실로 그럴싸하다. 그런데 구중현을 경절의 언구 등이며 현중현을 양구[6]·봉할[7] 등이라고 하는데, 여래선 가운데 어느 곳에

---

5 백파 긍선의 삼종선 이론을 가리킨다.

6 '양구(良久)'란 말없이 시간을 끈다는 뜻이다. 스승이 제자를 만났을 때, 제자는 의문 나는 사항을 물으면서 자신의 견해를 말하거나 스승의 질문 사항을 되풀이해서 답하는 경우가 있다. 이때 스승은 침묵이라는 방법을 통하여 제자를 인가하거나 그의 깨달음을 부정하게 된다.

7 '할(喝)'은 꾸짖고 질타하는 소리를 나타내는 의성어이다. 선사들은 항상 크게 소리를 지름으로써 학인들이 잘못된 견해에 집착하는 것을 경계하도록 하였다. 『고존숙어록(古尊宿語錄)』에 의하면 백장(百丈, 720-814)이 마조(馬祖, 709-788)로부터 한마디 외침[一喝]을 들었던 데에서 기인한다고 한다. 그리고 황벽(黃檗, ?-850)은 몽둥이로 내려쳐 깨우쳐 주는 방법인 봉(棒)을 교육방법으로 채택하였고, 임제(臨濟, ?-867)는 이 두 가지를 병용하였다고 한다.

"마당에 있는 잣나무" 등의 말과 양구·봉할의 작용이 있는가? 이러한 주장은 근거가 없는 것으로서 들을 만한 것이 못 된다. 대개 세 가지의 현묘함과 한마디의 말은 조사선의 경절문 가운데 병을 없애려는 말인데, 어째서 여래선에 짝짓겠는가? 사람마다 진실로 남에게 속지 않는 눈을 가지고 있으니, 오직 편벽되지 않은 사람만이 사람으로 말미암아 말을 버리지 않으니[8] 시험 삼아 그 옳고 그름을 살펴볼 일이다.

有以體中玄, 配義理禪, 句中玄玄中玄, 配如來禪, 別置一句, 配祖師禪, 未知何據而有此語? 體中玄, 配義理, 固可然矣. 句中玄, 徑截言句等, 玄中玄, 良久捧喝等, 何處如來禪中, 有庭前栢樹子等之言句, 良久捧喝之作用乎 此無稽之談, 未敢聞命. 盖三玄及一句, 祖師徑截門中, 破病之談, 豈以如來禪, 配看乎? 不受人瞞底眼, 人固有之, 惟通人不以人癈言, 試校其當否.

『天鏡集』「二禪涇渭錄」, 한불9:625하

| 자료 3 | 『금강경』에 대한 종밀의 이해가 가장 뛰어나다

해원은 조선 후기의 선가에서 중요시되었던 경전들의 편집과 간행에 깊이 참여하였던 것으로 보인다. 『천경집』에는 그가 『금강경』을 두 번에 걸쳐 편집 간행하였으며, 이 밖에 『기신론』과 환성지안의 『선문오종강요』, 그리고 종밀의 『도서법집과해』와 『능엄경』 등의 간행에 참여하여 기록한 서문이 실려 있다. 여기서 소개되는 「신편소금강경서」에서는 『금강경』에 대한 해석 가운데 규봉종밀의 해석을 높이 평가하고 있다는 점이 눈에 띈다.

경전에 이르기를, "모든 현인과 성인은 무위법으로 차별을 두었다"라고 하였는데, '무위'는 곧 원인과 결과, 그리고 범부와 성인[의 구분]이 없다는 것이며, '차별'이란 원인과 결과, 오염됨과 깨끗함이 역력하다는 것이다. 게송에서는 "모든 단계에 나아가 이

8 『논어』「위령공(衛靈公)」편에 나오는 말이다. "공자가 이르기를, '군자는 말을 잘한다고 해서 그를 들여 쓰지 않으며, 사람이 나쁘다고 해서 그의 좋은 말조차 버리지는 않는다[子曰, '君子, 不以言擧人, 不以人廢言].' 같은 편에 동일한 문맥의 말이 또 있다. "더불어 말할 만한데도 더불어 말하지 않으면 사람을 잃는 것이요, 더불어 말할 만하지 못한데도 더불어 말한다면 말을 잃는 것이니, 생각이 있는 사람이라면 사람도 잃지 않고 말도 또한 잃지 않으리라[可與言而不與之言, 失人. 不可與言而與之言, 失言. 知者不失人, 亦不失言]."

루어 갖가지 의심을 끊는다"라고 하였는데, 무착(無着)[9]은 모든 단계에 근거하여 삼지(三地) 오위(五位)를 열었으니 무위 가운데 차별의 뜻이며, 천친(天親)[10]은 갖가지 의심에 근거하여 27단(段)을 끊었으니 이는 차별 가운데 무위법이다. 이 두 보살은 각자 한쪽 면에 근거하여 중도를 드러내고 늘 그러해서 움직임이 없는 곳에 곧바로 이르렀던 것이니, 경전 가운데 역시 벗어난 것은 없다. 또 『금강경』을 해석한 오가(五家)[11] 가운데 …… 사가(四家)는 그 성격이 실(實)을 칭송하고 드날려 사람들로 하여금 집착을 풀고 결박을 벗어 던지게는 하였지만, 『금강경』을 관통하는 맥락과 큰 주제는 논하지 못하였다. 오직 규봉 종밀만이 논석(論釋)에 깊이 계합하고 경의 취지를 관통하여 비춰보는 지혜와 실상의 이치가 마음의 눈에 환히 드러나게 하였다.

經曰, "一切賢聖, 皆以無爲法, 而有差別," '無爲'卽無因果凡聖也, '差別'則因果染淨歷然也. 偈云, "成就一切位, 及斷種種疑," 無着據一切位, 而開三地五位, 卽無爲中差別義也. 天親據種種疑, 而斷二十七段, 是顯差別中無爲法也. 二菩薩各據一邊, 顯出中道, 直至如如不動處也. 經中旨趣, 無出於是也. 且五家解中, …… 四家, 性是稱實發揚, 令人解粘去縛, 不論其貫脉大節也. 惟圭山大師, 深契論釋貫通經旨, 觀照之智, 實相之理, 昭然心目間矣.

『天鏡集』 卷中 「新篇疏金剛經序」. 한불9:619중

---

9 산스크리트어로는 Asaṅga. 부처가 멸한 후 1000년경의 사람으로 고대 인도 대승불교의 가운데 유가행파(瑜伽行派)의 창시자 가운데 한 사람이다. 저술로는 『금강반야론(金剛般若論)』, 『순중론(順中論)』, 『섭대승론(攝大乘論)』, 『대승아비달마잡집론(大乘阿毘達磨雜集論)』, 『현양성교론송(顯揚聖教論頌)』, 『육문교수습정론송(六門教授習定論頌)』 등이 있다.

10 세친(世親)이라고 하며 산스크리트어로는 Vasubandhu. 그의 형인 무착(無着)과 더불어 고대 인도 대승불교 유가행파의 창시가 가운데 한 사람이다. 다량의 논서와 주석서가 전해지는데 대표적으로 『구사론(俱舍論)』, 『섭대승론석(攝大乘論釋)』, 『십지경론(十地經論)』, 『유식삼십론송(唯識三十論頌)』, 『대승백법명문론(大乘百法明門論)』, 『무량수경우바제사(無量壽經優波提舍)』 등 40여 종이 현존한다.

11 『금강경오가해설의(金剛經五家解說誼)』는 『금강경』에 대한 대표적인 다섯 종류의 주석을 득통 기화(得通己和, 1376-1433)가 모아 지은 것으로서 조선 세조 2년(1457)에 왕이 신미(信眉, ?-?)와 홍준(弘濬, ?-?) 등에게 명하여 교정·편집한 것이다. 여기에는 1) 야부(冶父, 자료의 원문에는 '도천[道川]'이라고 되어 있다. 도천은 송대의 임제종 계열의 승려로서 야부산의 실제선원(實際禪院)에서 주지를 지낸 경력이 있었으므로 일반적으로 '야부선사'라고 칭한다)의 송(頌), 2) 종경(宗鏡)의 제강(提綱), 3) 육조 혜능의 구결(口訣), 4) 부대사(傅大士, 자료의 원문에는 '쌍림(雙林)'이라고 되어 있다. 부대사는 송산의 쌍도수(雙檮樹) 사이에 암자를 짓고 스스로 이름하여 '쌍수림하당래해탈선혜대사(雙樹林下當來解脫善慧大士)'라고 칭하였다고 한다), 그리고 5) 규봉 종밀(자료의 원문에는 '규산(圭山)'이라고 되어 있다. 종밀은 화엄종 제5조로서 '규봉선사' 혹은 '규산대사'라고 칭해졌다)의 『금강반야경소론찬요(金剛般若經疏論纂要)』 2권 등 다섯 가지가 포함되어 있다.

| 자료 4 | 선의 분류 체계는 가치의 우열이 아니다

> 여기서는 중국 선문의 5종이 어느 정도의 차이를 보인다고 해도, 그것은 모두 부처에 연원을 두고 있으므로 사실상 다를 것이 없다는 내용을 적고 있다. 아울러 이 자료에서는 삼처전심설(三處傳心說)과 관련해서 이종선·삼종선 논쟁에 대한 해원의 입장을 짐작할 수 있다.

대개 근본이 없는 가지는 없고 근원이 없는 갈래도 없다. 하나의 법이 나누어져 양종이 되었고 양종이 또다시 다섯 개의 갈래가 되었으니, 이 다섯 갈래가 근원을 두고 있으리라는 것을 진실로 알 만하다. 무릇 석가 세존이 다자탑 앞에서 [가섭과] 자리를 나누어 앉은 것이 첫 번째로 마음을 전한 것이니 살인검(殺人劒)이다. 그리고 영산회상에서 꽃을 든 것이 두 번째로 마음을 전한 것이니 활인도(活人刀)이고, 사라쌍수 사이의 관(棺)에서 두 발을 내보인 것이 세 번째로 마음을 전한 것이니 살활(殺活)을 동시에 한 것이다.[12]

蓋枝無無本之枝, 派無無源之派. 一法分爲兩宗, 兩宗亦爲五派, 其枝派有本源, 固可知也. 夫大覺世尊, 多子塔前分半座, 是第一處傳心, 殺人劒也. 靈山會上擧拈花, 是第二處傳心, 活人刀也. 沙羅雙樹間槨示雙趺, 是第三處傳心, 殺活同時也.

『天鏡集』 卷中 「禪門五宗綱要序」, 한불9:620중-하

12 참고로 백파 긍선은 반분좌(半分座)를 살인도(殺人刀), 염화(拈花)를 활인검(活人劒)이라고 하고 곽시쌍부(槨示雙趺)에 대해서는 언급이 없었다. 그리고 염화가 살활(殺活)을 겸하였다고 진술하였다. 여기서 보이는 해원의 주장은 초의 의순의 주장과 맥락을 같이한다.

7. 비은(費隱)

월성 비은(月城費隱, 1710-1778)의 생애에 대한 자료는 호서관찰사를 지낸 동해자(東海子, ?-?)가 비은의 제자였던 홍준(鴻俊, ?-?)의 얘기를 비당으로 쓴 『월성집(月城集)』「서문」(한불10:390상-중)이 전부이다. 이 기록에 따르면 비은은 1722년(경종 2년)에 출가하여 27세 되던 1736년(영조 12년)에 깨달음을 얻었다. 특히 계율의 준수와 무소유로 삶의 철칙을 삼아 생활하였으며 69세에 입적하였다. 그의 저술인 『월성집』은 번암(樊巖) 채상국(蔡相國=濟恭, 1720-1799)과 동해자의 서문이 먼저 실려 있고, 각종 시와 문이 주류를 이루고 있다. 그 내용을 보면 표면적으로 자연과 선의 합일을 노래하고 있지만, 그 이면에는 조선 후기의 쇠락한 불교계에 대한 안타까움이 배어 있고, 아울러 불교 중흥을 위한 수행자들의 노력과 중생구제에 대한 염원 등이 내포되어 있다.

채상국은 『월성집』 서문에서 애초에 불교의 도(道)를 허무적멸의 도리로 여겼지만 『월성집』을 읽고 난 후 그 생각이 바뀌었음을 다음과 같이 술회하고 있다. "무릇 유학의 척불(斥佛)은 [불교가] 마음으로 마음을 보는 데 주력한다는 사실 때문인데, [이는 불교에도 역시] 직내(直內)와 방외(方外)라는 [유학의 도리와 같은 것이] 있다는 사실을 모르는 것이다. 그윽이 지금의 세태를 보면 '유학자'라는 이름을 가진 자들은 다만 말하고 듣는 데에서 그칠 뿐 '직(直)'과 '방(方)'이라는 두 글자에서 진실로 얻는 것이 있음을 알지 못하고 있다. …… 유학과 불가의 도는 하나로 통하니 어찌 [불교를] 이단이라고 걱정할 것이며, 어찌 [불교의] 말이 날로 새롭고 달로 융성해지는 것을 걱정하겠는가?"[1]

| 자료 1 | 이름과 실체의 관계에서 마음을 보다

> 여기서는 조선 후기의 불교가 도가사상과 상당 부분 습합되어 있었음을 짐작할 수 있다. 특히 명칭과 실재의 관계와 '나를 잃는다[喪我]'는 문맥은 전형적인 도가의 것이며, 이를 다시 마음[心]의 문제로 돌리는 것은 선불교의 전형이다.

무릇 형체를 지닌 사물은 이름은 있되 그 실체가 없는 있는가 하면, 실체는 있되 그 이름이 없는 것이 있다. 이름과 실체가 서로 균형을 이룬 이후에야 비로소 세상에 전해져야 터무니없는 허망한 것으로 돌아가는 것을 면하게 된다. …… 훗날 이 누각에 올라 ['청류'라는] 이름을 좇아 그 실체를 요구하는 자는 단지 맑은 물이 흐르는 누각으로써만 볼 일이 아니라 돌이켜 제 마음의 청류를 구하면 누각의 맑음이 마음의 맑음이요 마음의 흐름이 누각의 흐름이리니, 누각과 나 사이에 어찌 간극이 있겠는가? 이른바 "하늘과 땅이 손가락 하나이고 만물이 한 필의 말이다"[2]라고 한 것과 같다. 이러하므로 당신이 누각의 이름을 ['청류'라고 붙인 것은] 누각에서 맑음을 취하려는 것이 아니라 사람의 마음에서 맑음을 취하려는 것이며, 누각에서 흐름을 취하려는 것이 아니라 사람의 마음에서 흐름을 취하려는 것이다. 이로써 누각을 깨끗이 하는 것이 내 마음을 깨끗이 하느니만 못하고 누각에 [맑은 물이] 흐르는 것이 내 마음에 흐르는 것만 못하다는 것을 알겠다. 나의 마음이 맑아진 이후에야 누각의 맑음이 나에게 있으니, 내가 또한 누각이 된다. 내 마음이 흐른 이후에야 누각의 흐름이 나에게 있으니, 내가 또한 누각

---

1 "夫儒之斥佛, 以其用工於以心觀心, 不知有直內方外也. 窃觀今之世, 以'儒名'者, 徒口耳而止, 未聞於'直'·'方'二字, 有眞見得. …… 儒與佛道, 通于一, 何憂乎異端? 何患乎其說之日新月盛乎?"(『月城集』「月城集序」, 한불10:389하-390상)

2 『장자』「제물론」에 나오는 이야기이다. "손가락으로 손가락의 아님을 깨우치는 것은 손가락 아닌 것으로 손가락의 손가락 아님을 깨우치는 것만 못하며, 말[馬]로써 말의 말 아님을 깨우치는 것은 말 아닌 것으로 말 아님을 깨우치는 것만 못하다. 이는 천지가 한 손가락이며 만물이 한 필의 말인 까닭이다[以指喩指之非指, 不若以非指喩指之非指也, 以馬喩馬之非馬, 不若以非馬喩馬之非馬也. 天地一指也, 萬物一馬也]." 이 대목은 공손룡(公孫龍, 기원전 320-250)의 '백마비마론(白馬非馬論, 만물의 같고 다름은 보는 사람의 관점에 따라 다르다는 주장)'과 '지물론(指物論, 명칭은 거짓된 가리킴이니 실상과 반드시 합치되는 것은 아니라는 주장)'을 비판한 것으로 보인다.

이 된다. 훗날 이 누각에 오르는 사람은 반드시 자기를 버린 사람[3]일 것이니, 나는 눈을 비비고 기다릴 것이다.

夫物之有形者, 有有名而無其實者, 有有實而無其名者. 名實相稱, 然後乃傳於世, 而免乎其誕妄之歸歟. …… 後之登斯閣, 而循名責實者, 不但以淸流閣視之, 反求於吾心之淸流, 則閣之淸, 心之淸, 心之流, 閣之流, 閣與吾, 豈有間然也哉? 所謂"天地一指, 萬物一馬"者也. 若然則公之名閣者, 非閣之取淸, 欲人心之淸也, 非閣之取流, 欲人心之流也. 是知淸吾閣, 不若淸吾心, 流吾閣, 不若流吾心. 吾心淸, 然後閣之淸在我, 而我亦閣矣. 吾心流, 然後閣之流在我, 而我亦閣矣. 後之登斯閣者, 必有其喪我者乎, 吾拭眸以俟.

『月城集』「淸流閣記」, 한불10:395상-중

| 자료 2 | 삼교는 서로 통한다

> 조선 후기 유불도의 습합을 확인할 수 있는 자료이다. 역으로 이러한 논의의 등장이 당시까지도 삼교 간의 불협화음이 여전하였음을 말하는 것일 수도 있다. 어쨌든 당시 불교계 내부에서 삼교회통을 통하여 불교 중흥을 모색하려는 염원이 있었던 것만은 분명하다고 하겠다.

하나의 이치를 세 가지 현상으로 나누니 참으로 현묘한데,
'유(儒)'라 하고 '불(佛)'이라 하고 다시 또 '선(仙)'이라 하네.
나고 또 나는 것은 모두 흐르는 기(氣)이니[4]

---

3 원문에는 '상아(喪我)'라고 되어 있는데 '무아(無我)'와 같은 뜻이며, 노장사상의 영향으로 보인다. 『장자』「제물론」에서 '상아'가 나타나는 맥락은 다음과 같다. "남곽자기가 말하기를, '언아, 좋지 않은가? 너의 물음이여! 이제 나는 나를 잃었는데 너는 알겠는가? 너는 사람의 소리는 들으면서도 땅의 소리는 듣지 못하고 땅의 소리는 들으면서도 하늘의 소리는 듣지 못하는구나!'[子綦曰, '偃, 不亦善乎? 而問之也! 今者吾喪我, 汝知之乎? 汝聞人籟 而未聞地籟., 汝聞地籟而, 未聞天籟夫!']."

4 주돈이(周敦頤, 1017-1073)의 『태극도설(太極圖說)』에 보이는 관련 구절은 다음과 같다. "태극이 있어 한 번 움직이고 한 번 고요하여 양의가 나누어지니, 음과 양이 있다. 곧이어 한 번 변하고 한 번 합하니, 오행이 갖추어진다. 그런데 '오행'이란 땅에 그 질이 갖추어져서 기운이 하늘에서 운행하는 것이다. …… 기운이 모여서 형

사물마다 스스로 하늘에서 얻지 않은 것이 없구나.
양주는 터럭 하나 뽑는 것도 아꼈으니 이 때문이고,
묵적은 능히 모든 것을 아꼈으니 어찌 그냥 되는 것이겠는가?[5]
걸림 없이 원만히 통하여 본다면
공자와 안자만을 일러 성현이랄 수는 없으리라.

一理分三事可玄 稱儒稱佛更稱仙 生生盡是流行氣 物物無非自得天
朱恪拔毛良有以 墨能兼愛豈徒然 若將無碍圓通見 未必孔顔但聖賢

『月城集』「次金生韻」, 한불10:392중

태를 이루면 형태가 교차하고 기운이 느껴지니, 곧 형태가 바뀌어 사람과 사물이 생겨나 변화가 끝이 없게 된다[有太極, 則一動一靜而兩儀分, 有陰陽, 則一變一合, 而五行具. 然'五行'者, 質具於地, 而氣行於天者也. …… 氣聚成形, 則形交氣感, 遂以形化, 而人物生生, 變化無窮矣]."

5 『맹자』「고자상」에 나오는 관련 구절은 다음가 같다. "양자는 취함이 나를 위한 것이었으니, 한 터럭을 뽑아 천하를 이롭게 한다고 하더라도 하지 않았다. 묵자는 두루 사랑하여 정수리에서 종아리에 이르기까지 다 갈아 천하를 이롭게 할 수 있다면 그것을 하였다[楊子取爲我, 拔一毛利而天下, 不爲也. 墨子兼愛, 摩頂放踵, 利天下, 爲之]."

| 제6장 |

폐불정책에 대한 선문의 대응과 유교화

1. 처능(處能)
2. 유일(有一)
3. 혜장(慧藏)
4. 의첨(義沾)
5. 대지(大智)

1. 처능(處能)

호는 백곡(百谷), 법명은 처능(處能, 1617-1680), 자는 신수(愼守), 속성은 김(金)이다. 1619년(광해군 9년)에 출생하였고 15세에 출가하여 속리산에서 살았나. 17, 18세에 서울로 올라와 동양위(東陽尉) 신익성(申翊聖, 1588-1644) 집에 머물면서 유학 경전과 제자백가(諸子百家), 그리고 사서(史書)를 읽었다. 그 후 지리산 쌍계사에 가서 벽암 각성(碧巖覺性, 1575-1660)의 제자가 되어 23년간 공부한 후 각성의 법을 이어받았다. 1661년(현종 2년) 폐불정책을 거둘 것을 청하는 「간폐석교소(諫廢釋敎疏)」를 올렸다(〈자료 1〉). 1674년(현종 15년) 남한 수어사(南漢守禦使) 김좌명(金佐明, 1616-1671)의 주청으로 팔도선교십육종 도총섭(八道禪敎十六宗都摠攝)이 되어 남한산성에 3개월 머물다 사직하였다. 이후 여기저기를 다니며 속리산, 성주산, 청룡산, 계룡산 등지에서 법회를 열었다. 1680년(숙종 6년) 금산사에서 큰 법회를 열었다. 그해 7월 2일 법랍 49년, 속세 나이 64세로 입적하였다.

백곡은 벽암 각성의 법을 이었고, 벽암 각성은 부휴 선수(浮休善修, 1543-1615)의 법을 이었으므로, 백곡은 선수의 법손이다. 선수는 지엄과 영관을 거쳐 임제선을 이어받았으므로, 백곡도 당연히 임제선맥이다. 그래서 그의 시에는 임제선의 정신이 강하게 나타난다(〈자료 2〉「근정편양대사(謹呈鞭羊大士)」 참조). 그의 선교관은 전형적인 선교일치론으로서 선과 교학은 다르면서 다르지 않다는 것이다. 다르지 않다는 주장의 논거는 부처의 말과 의도가 다를 수 없다는 것이고, 다르다는 주장의 논거는 선은 최상승(最上乘) 근기자를 위한 것이며, 교학은 중하(中下)의 근기자를 위하여 방편적으로 말한 것이라는 것이다(〈자료 3〉「선교설증륵상사서(禪教說贈勒上士序)」).

백곡의 저술 중 가장 특이한 주제를 다룬 것은「인의설(仁義說)」이다. 여기서는 유가의 주장을 받아들여 "인과 의가 모두 내 내부에 있다"고 말하면서, 불교에도 인의가 있는데 사무량심(四無量心) 중 자비(慈悲)가 인이고 희사(喜捨)가 의라고 주장한다. 문하에는 구암 승각(龜巖勝覺, ?-?), 식영 진명(息影眞明, ?-?)이 있다. 저술로는『대각등계집(大覺登階集)』2권과「임성당대사행장(任性大師行狀)」이 있다.

| 자료 1 | 불교 탄압의 부당함과 불교 보존의 당위성

현종이 도성 내의 비구니 사찰을 폐지하고, 비구니를 환속시키고, 비구를 환속시키려 하는 등 불교 탄압을 구체화하자, 처능이 그 부당함을 일곱 가지로 조목조목 반박한 글이다. 조선 개국 초기의 호불론(護佛論)이 "불교도 유가의 충효가 있다", "불교의 도(道)와 유가의 도는 궁극적으로는 같다"라는 궁핍한 변론에 치중한 데 비하여, 이 글은 불교 탄압의 논지를 현실적 논리로 풀어냈다는 점에서 이전의 호불론과는 차별성이 있다. 그리고 이 글의 또 다른 특징은 처능이 유가나 도가를 포함한 다른 중국 고전과 고사(故事)를 놀라울 정도로 많이 인용하면서 고의적으로 오역하거나 왜곡·변형시켰다는 점이다. 이는 아마도 처능이 유학 학습을 받은 왕과 사대부에게 불교를 변론하기 위해서였다고 해석할 수 있겠다.

| 자료 1-1 | 부당성에 대한 개설

저는 이렇게 들었습니다. "공자께서 말씀하시기를, '더불어 말할 만한데 더불어 말하지 않으면 사람을 잃고, 더불어 말해서는 안 될 것을 더불어 말하면 말을 잃는다.'"[1] 이 말이 이치에 맞다면 성의로 들어주시길 바라옵니다. 이러한 까닭에 요임금은 윤수[2]

1 『논어』「위령공(衛靈公)」7의 다음 문장 참조. "공자가 말하였다. '더불어 이야기할 만한 사람에게 이야기를 않으면 사람을 잃고, 이야기해서 안 될 사람에게 이야기하면 말을 잃는다. 지혜로운 사람은 사람도 잃지 않고 말도 잃지 않는다'[子曰, '可與言而不與言, 失人, 不可與言而與言, 失言. 知者, 不失人, 不失言']."

2 요임금과 순임금에게『도덕경』의 무위(無爲)를 가르쳤다고 하는 전설적인 인물. 여기서는 유가의 이상적인 군

에게 물었고 순임금은 무성[3]을 방문하여 성인이 되는 바탕으로 삼았습니다. ……

그러므로 공자는 노담[4]에게서 배웠으니, 요순과 같은 사람이라야만 사람 됨됨이를 갖춘 것은 아닙니다. 그러므로 서백[5]은 여망[6]을 스승으로 삼았습니다. 이러한 이치로 [출신] 지역이 다르다 해서 [가까이하길] 꺼리면서 언로를 막아 버리면 말을 잃는 것이며, 시대를 의심하여 사람을 버리면 사람을 잃는 것입니다. [어찌] 살피고 밝히지 않을 수 있겠습니까? ……

조심스레 조보[7]에 따라 전하의 교지를 따른다면, 남승과 여승을 무더기로 자격을 박탈하여 여승은 이미 환속시켰고 남승 역시 없애기로 논의하라 합니다. 저는 실로 지혜롭지 못하여 전하께서 무슨 말씀을 하시는지 알지 못하겠습니다.

전하께서는 부처님이 저쪽 서방에서 태어나 이쪽 중국에 들어왔으므로 [태어난] 지역이 다르다고 해서 그러시는 것입니까? 아니면 삼대 이후에 [불교가] 나와서 상고시대의 법이 아니므로 시대의 차이가 있으므로 그러시는 것입니까? 아니면 인과법을 거짓으로 말하고 인과응보를 잘못 주장하여 사실과 다르게도 윤회를 주장하므로 그러시는 것입니까? 아니면 농사에 종사하지 않고 직물을 짜지 않는 등 [생산 활동을 하지 않으면서] 놀고먹으니 재화를 소모한다고 해서 그러시는 것입니까? 아니면 망령되게도 머리를 깎아서 [하는 일마다] 법을 어기니 정치와 교화를 어긴다 해서 그러시는 것입니까? 아니면 부처를 빙자하여 요역을 회피하므로 군사력의 손실을 유발한다고 해서 그러시는 것입니까?

신은 먼저 불교가 흥성하게 된 내력을 말하고, 이어서 앞서 말한 조목들에 대해서 말씀드리겠습니다. 간절히 호소하오니 살펴 주시길 바랍니다.

臣聞, "孔子曰, '可與言而不與言, 失人, 不可與言而與言 失言.'" 言或可以有中, 聽不可

주의 전형인 요임금과 순임금도 유가 사상가가 아닌 다른 사상가에게 배웠다는 점을 강조하기 위하여 언급하였다.

3 무성자(務成子). 요임금과 순임금의 스승이었다.

4 노담(老聃). 즉 노자(老子)를 말한다.

5 서방제후의 우두머리인 주(周)나라 문왕(文王).

6 강태공(姜太公). 주나라 문왕의 스승으로 태공망(太公望) 여상(呂尙). 주나라의 동해안 변방에 살았다.

7 '조보(朝報)'는 조선시대에 승정원(承政院)에서 처리한 일을 기록하여 아침에 널리 알리던 문서를 말한다.

以無誠. 故堯咨尹壽, 舜訪務成, 彼以至聖之資. …… 故仲尼學於老聃, 人不必堯舜之人. 故西伯師於呂望. 是故若以邦域爲嫌而廢言, 失言, 若以時代爲訝而棄人, 失人. 可不察哉! 可不明哉! …… 謹因朝報, 伏奉聖旨, 遂令僧尼, 並從沙汰, 尼已還俗, 僧亦議廢. 臣實闇斷, 未窺聖慮之何謂也. 聖慮必以佛氏生彼西方, 入此華夏, 有異邦域而然歟? 抑出三代後, 非上古法, 有殊時代而然歟? 抑僞啓因果, 謬暢報應, 有誣輪廻而然歟? 抑不畊不蠶, 遊手遊食, 有耗財帛而然歟? 抑妄爲剃落, 每罹憲網, 有傷政教而然歟? 抑托號浮啚,[8] 苟避徭役, 有失偏伍而然歟? 臣請先言佛興之始終, 後陳右列之條目. 仰愬宸襟, 乞垂睿覽.

『大覺登階集』 卷2 「諫廢釋敎疏」, 한불8:335중–336상

| 자료 1-2 | 부처가 중국 출신이 아니기 때문에 배척해야 한다는 논리에 대한 반박

신은 사적을 열람하여 지난 시대를 상고하여 보았습니다. 『주서(周書)』[9]에는 다음과 같이 나와 있습니다. "부처는 소왕(昭王)[10] 24년 갑인년에 세상에 태어났다. 밤에 오색의 광명이 청홍색이 되자 왕이 태사(太史)[11] 소유(蘇由)에게 '이게 무슨 징조냐?'라고 물으셨다. [이에 태사가] '서방에 큰 성인이 나셨습니다'라고 대답하였다." ……

전하께서 "지역이 다르므로 불교를 폐하겠다"고 말씀하신다면, 공자가 탄 수레는 노(魯)나라 영역 내에서만 다녀야만 하였고 진(陳)나라와 채(蔡)나라 사이를 돌아다닐 필요는 없었을 것입니다.[12] [또한] 맹자는 추(鄒)나라에서만 혀를 사용해야 하였지(유세해야 하였지) 제(齊)나라와 양(梁)나라에서까지 혀를 사용할 필요는 없었을 것입니다.[13] ……

---

8 '더러울 비(啚)' 자는 '그림 도(圖)'의 속자로도 쓰이며, '부도(浮圖 또는 浮屠)'는 부처나 승려를 의미한다.

9 『서경(書經)』의 편명.

10 기원전 1052-1002 재위.

11 천문과 천시(天時), 그리고 제사(祭祀)를 주관하던 벼슬.

12 이에 대한 고사는 『논어』 「위령공(衛靈公)」 1, 2와 『사기(史記)』 「공자세가(孔子世家)」에 나와 있다.

13 맹자는 양나라에서 양혜왕(梁惠王)과 양양왕(梁襄王)과 대화하였고(『맹자』 「양혜왕상(梁惠王上)」 1-5 및 6), 제나라에서 제선왕(齊宣王)과 대화하였다(「양혜왕상(梁惠王上)」 7-「양혜왕하(梁惠王下)」 12). 맹자는 이들

[같은 논리로] 어찌 동이(東夷) 땅에서 태어난 순임금과 서강(西羌) 땅에서 태어난 우임금을 성인이 아니라 할 수 있겠으며, 중원(황하 유역)에서 태어난 걸(桀)을 성인이라 할 수 있겠습니까?

臣逖覽前史, 詳考歷代. 『周書』曰, "佛, 昭王二十四年甲寅出世. 夜有五色光氣, 作青紅色. 王問太史蘇由曰, '是何祥也?' 對曰, '西方有大聖人生也.'" …… 殿下若曰, "有異邦域而廢之," 則孔聖之轍, 止於魯而不必環於陳蔡. 孟賢之舌, 藏於鄒而不必棹[14]於齊梁. …… 豈以舜生於東夷, 禹出於西羌, 爲不聖, 而聖中國之桀紂乎?

『大覺登階集』 卷2 「諫廢釋敎疏」, 한불8 : 336상-중

| 자료 1-3 | 불교가 상고시대의 법이 아니므로 폐지해야 한다는 논리에 대한 반박

전하께서 "시대가 다르므로 [불교를] 폐지해야 한다"고 하신다면, 문자 기록을 수록한 전적이 새끼줄 매듭으로 표시한 법령(法令)[15]을 대신할 필요는 없을 것이며, 안락하게 집에서 거주함이 위태롭게 나무 위에서 거주함을 대신할 필요는 없었을 것입니다.

殿下若曰, "有殊時代而廢之," 則書契之籍, 不必代結繩之政, 屋宇之安, 不必易居巢之危.

『大覺登階集』 卷2 「諫廢釋敎疏」, 한불8 : 336하

| 자료 1-4 | 불교가 거짓으로 윤회를 주장하므로 폐지해야 한다는 논리에 대한 반박

전하께서 "[불교는] 사실과 다르게도 윤회(輪回)를 말하므로 폐지해야 한다"고 하

왕에게 전쟁을 피하고 왕도정치(王道政治)를 실시할 것을 권유하였다.

14 '도(棹)' 자는 '도(掉)' 자의 오자인 듯하다.

15 중국에서는 문자가 없던 시대에 문자를 대신하여 새끼줄 매듭으로 정치 훈령이나 법령을 표시하였다. '결승지정(結繩之政)'이란 이 시절의 법령이나 정치를 의미한다.

신다면, 당(唐)나라 천자의 옥퉁소는 승려의 힘을 빌려 전해질 필요가 없었을 것입니다. …… 이렇게 생각하시는 것은 강물로 떨어지는 해는 내일 다시 떠오르지 못하고, 절벽으로 떨어지는 꽃잎은 다음 해 봄에도 활짝 피어나지 못하는 것[으로 생각하시는 것]과 같습니다.

殿下若曰, "有誑輪回而廢之," 則唐天子之玉簫, 不必假道僧而傳. …… 其猶落煇沉江, 應無來日之再繼, 殘花墜岸 必無明春之重敷.

『大覺登階集』 卷2 「諫廢釋敎疏」, 한불8:336하-337상

| 자료 1-5 | 불교가 재화를 소모하므로 폐지해야 한다는 논리에 대한 반박

전하께서 "[불교가] 재화를 소모하므로 폐지해야 한다"고 하신다면, 순(舜)임금은 역산(歷山)[16]에서 쟁기를 잡아야(농사를 지어야) 하였지 임금이 되어 정사를 다스릴 필요는 없었을 것이며, 이윤(伊尹)[17]은 유신(有莘)에서 낫으로 풀을 베어야 하였지[18] 신하가 되어 왕을 보필할 필요는 없었을 것입니다. ……

---

16 『맹자』「진심상(盡心上)」16의 다음 문장과 『맹자집주』의 주석 참조. "맹자가 말하였다. '순임금이 깊은 산에 살면서 돌과 나무와 함께 지내고 사슴과 돼지와 함께 노닌 것은 깊은 산속 야인과 다른 점이 거의 없었다. 그가 선한 말 한마디를 듣고 하나의 선행을 볼 때면, 장강과 황하를 터놓은 것 같이 쏟아져 내려 막을 수 없었던 것이다'[孟子曰, '舜之居深山之中, 與木石居, 與鹿豕遊, 其所以異於深山之野人者, 幾希. 及其聞一善言, 見一善行, 若決江河, 沛然莫之能禦也']."(『孟子集註』「盡心章句」上, "'居深山,' 謂耕歷山時也")

17 은(殷)나라 탕왕(湯王)을 도와 하(夏)나라 걸(桀)왕을 쳐서 천하를 평정하였다. 『맹자』「공손추하(公孫丑下)」8, 9의 다음 문장 참조. "그러므로 탕왕은 이윤에게 배운 뒤에 그를 신하로 삼았으니 수고롭지 않게 왕노릇하였다. 환공은 관중에게 배운 뒤에 그를 신하로 삼았으니 수고롭지 않게 패업을 이루었다[故湯之於伊尹, 學焉而後臣之, 故不勞而王. 桓公之於觀衆, 學焉而後臣之, 故不勞而霸]."; "지금 천하가 토지가 비슷하고 덕이 비슷하여 서로 뛰어날 수 없는 것은 다름이 아니다. 자신이 가르칠 수 있는 이를 신하로 삼기를 좋아하고 자신이 가르침을 받을 만한 이를 신하로 삼기를 좋아하지 않기 때문이다[今天下地醜德齊, 莫能相尙, 無他. 好臣其所敎而不好臣其所受敎]." 전설에 따르면, 이수(伊水) 가에 사는 여인이 임신하였는데, 마을에 홍수가 나자 이 여인의 몸이 뽕나무로 변하여 홍수를 막았다. 홍수가 끝난 후 뽕나무 속에서 어린아이가 발견되었는데, 이 아이를 이윤(伊尹)이라 불렀다. 주방장이 이 아이를 길러 아이는 요리사가 되었다. 이윤은 훌륭한 요리 솜씨를 무기로 하여, 탕왕의 요리사가 되는 한편 국정에 대한 자문역을 하는 신하가 되었다. 위앤 커(袁珂) 저, 전인초·김선자 역, 『중국신화전설1』(서울: 민음사, 1999), pp. 628-632 참조.

어찌 공자가 나이 든 농부보다 [농사짓는 법을] 모른다고 해서 세상의 이치를 모른다 할 수 있으며, 농사를 짓는 법을 물었던 번지(樊遲)[19]가 세상의 이치를 통달하였다고 할 수 있겠습니까? 어찌 맹자가 농사짓는 이들로부터 양식을 받는다고 하여 [맹자가 그들보다] 검약하지 않다고 할 수 있으며, 신발을 직접 삼는 허행(許行)[20]을 검약하다고 할 수 있겠습니까?

殿下若曰, "有耗財帛而廢之," 則舜虞操耒於歷山, 而不必南面爲君, 伊尹揮鏹於莘野, 而不必北面爲臣. …… 豈以孔丘不如老農爲不達, 而達問稼之樊須乎? 豈以孟軻養於野人爲不儉, 而儉屨之許行乎?

『大覺登階集』 卷2 「諫廢釋敎疏」, 한불8:337상

| 자료 1-6 | 불교가 정치와 교화를 손상시키므로 폐지해야 한다는 논리에 대한 반박

전하께서 "[불교가] 정치와 교화를 손상시키므로 폐지해야 한다"고 하십니다. ……

---

18 『맹자』 「진심상(盡心上) 7의 다음 문장 참조. "맹자가 말하였다. '아니다, 옳지 않다. 이윤은 유신의 들에서 농사를 지으면서 요순의 도를 즐기고 있었다. 의가 아니며 그 도가 아니면 천하를 녹(祿)으로 준다고 해도 돌아다보지 아니하며, 말 4천 필을 준다고 해도 돌아다보지 않았다. 의가 아니며 그 도가 아니면 한 오라기의 풀을 남에게 주지 않으며, 한 오라기의 풀을 남에게서 받지도 아니하였다'[孟子曰, '否, 不然. 伊尹耕於有莘之野, 而樂堯舜之道焉. 非其義也, 非其道也, 祿之以天下, 弗顧也, 繫馬千駟, 弗視也. 非其義也, 非其道也, 一介, 不以與人, 一介, 不以取諸人']."

19 『논어』 「자로(子路)」 4의 다음 문장 참조. "번지가 농사일 배우기를 청하자 공자가 말하였다. '나는 늙은 농부만 못하다.' 채소 가꾸는 일을 청하자 공자가 말하였다. '나는 늙은 농부만 못하다.' 번지가 나가자 공자가 말하였다. '소인이구나, 번수여! 윗사람이 예를 좋아하면 백성이 감히 공경하지 않음이 없고, 윗사람이 의를 좋아하면 백성이 감히 복종하지 않음이 없으며, 윗사람이 믿음을 좋아하면 백성이 감히 사실대로 하지 않음이 없다. 이렇게 되면 사방의 백성이 자식을 포대기에 업고 올 것이니, 어찌 농사일을 배울 필요가 있겠는가?'[樊遲請學稼, 子曰, '吾不如老農.' 請學爲圃, 曰, '吾不如老農.' 樊遲出, 子曰, '小人哉! 樊須也. 上好禮則民莫敢不敬, 上好義則民莫敢不服, 上好信則民莫敢不用情. 夫如是則四方之民, 襁負其子而至矣, 焉用稼?']"

20 『맹자』 「등문공상(滕文公上)」 4의 다음 문장 참조. "신농씨의 학설을 주장하는 자인 허행이 초나라에서 등나라에 와서 궁궐 문에 이르러 문공에게 말하였다. '먼 지방 사람이 군주께서 어진 정치를 한다는 말을 듣고, 살 곳을 받아 이 나라 백성이 되기를 바랍니다.' 문공은 그에게 거처할 곳을 주었다. 그를 따르는 무리 수십 명이 모두 갈옷을 입고 신을 두드려 만들고 자리를 짜서 이것을 팔아 양식을 마련하였다[有爲神農之言者, 許行, 自楚之縢, 踵門而告文公曰, '遠方之人, 聞君行仁政, 願受一廛而爲氓.' 文公與之處, 其徒數十人, 皆衣褐, 捆屨織席, 以爲食]."

승려가 나라의 법을 어기면 묵형(墨刑)에 처해 얼굴에 글씨를 새겨 넣어도 되고 사형에 처해도 됩니다. 여승이 현실의 법을 어기면 코를 베는 형벌에 처해도 되고 목을 베어 죽여도 됩니다. [그런데] 어찌 승려의 허물을 찾고 그들을 미워하면서, 불교를 폐지하려 하십니까?

殿下若曰, "有傷政教而廢之," …… 僧干朝憲, 則黥之可也, 殺之亦可也. 尼犯俗刑, 則劓之可也, 誅之亦可也. 寧咎釋而惡之, 幷與佛而廢哉?

『大覺登階集』 卷2 「諫廢釋教疏」. 한불8:337중

| 자료 1-7 | 불교가 군사력에 손실을 일으켜 폐지해야 한다는 논리에 대한 반박

전하께서 "[불교가] 군사력에 손실을 일으켜 폐지해야 한다"고 하신다면, 전하가 계신 서울[21]에 꾸며서 청탁하여 세금을 내지 않는 집이 얼마나 많으며, 지방의 호족 중에 간사히 속여 군역을 하지 않는 자가 얼마나 많습니까? 그런데 불교는 쇠약한데 승려에게 부과된 부역은 너무도 많으니, 호적을 가진 양민과 다를 바 없습니다. 황해도와 평안도에는 군적을 가진 승려가 많고, 삼남(三南)에는 관청의 부역에 응하는 승려가 많습니다.

殿下若曰, "有失偏伍而廢之," 則矯托於輦轂之下, 而戶不出稅者, 幾多? 詐欺於蕃鎭之間, 而名不添丁者, 何限? 而佛道陵遲, 僧役浩穰, 有同編戶, 無異齊民. 兩西則占軍籍者多, 三南則應官徵者衆.

『大覺登階集』 卷2 「諫廢釋教疏」. 한불8:337중-하

---

21 '연곡(輦轂)'은 천자가 타는 수레이므로 '연곡지하(輦轂之下)'는 천자의 수레가 있는 서울을 말한다.

| 자료 1-8 | 불교가 통치에 해로우므로 폐지해야 한다는 논리에 대한 반박

이 밖에 통치에 해만 있고 도움이 안 되어서 그러시는 것입니까? 신은 진실로 말씀드립니다. 이전 시대에 불교를 숭봉하고 옹호한 임금과 신하를 살펴보겠습니다. 임금부터 말씀드리자면, 불교를 숭봉한 임금은 천 명, 만 명도 넘을 것입니다. …… 신하로 말씀드리자면, 불교를 옹호한 신하가 천 명, 만 명도 넘을 것입니다. …… 정명도(程明道)[22]는 불상을 배척하지 않았고 주희(朱熹)[23]도 불교 경전을 즐겨 보았습니다. 다만 유희삼아 논쟁할 때 문자로 배척한 데 불과하였습니다. …… 이러한 논지로 말씀드리자면, 불교를 숭봉한 임금과 신하가 천 명도 만 명도 넘는데, 만일 불교가 무익한 것이라면 그때의 임금과 신하가 모두 잘못이란 말씀입니까? 불교를 배척한 임금과 신하는 몇 분 안 되는데, 불교가 해로운 것이라면 그때의 임금과 신하는 모두 옳다는 말씀입니까?

莫是此六之外, 別有所害, 無補於治平而然歟? 臣誠言, 前代崇奉之君, 護持之臣, 而質之, 以君言之, 則崇奉之君, 不翅千萬. …… 以臣言之, 劓護持之臣 不翅千萬. …… 程明道, 不背塑像, 朱晦菴, 喜看佛書. 爭戱之間, 只以文字斥之不過. …… 由是論之, 崇奉君臣, 不翅千萬, 而佛若無補, 則當時君臣 盡皆非乎? 廢斥君臣, 不過數三, 而佛若有害, 則當時君臣, 盡皆是乎?

『大覺登階集』 卷2 「諫廢釋敎疏」, 한불8:337하-339중

| 자료 1-9 | 불교 보존의 당위성: 불교의 흥망성쇠는 국가의 흥망성쇠에 달려 있다

요즘은 황당하게도 지혜롭고 덕망 있는 인물이 연기처럼 사라지고 개척심 있는 선비가 거품처럼 사라져 인물의 맥이 끊어졌으며, 도통(道統)이 꽉 막히고 선가(禪家)가

---

22 정호(程顥, 1032-1085). 자는 백순(伯淳)으로 '명도선생(明道先生)'이라 불렸다. 아우 이(頤)와 함께 '이정(二程)'이라 불렸다. 저서로 『식인편(識仁篇)』, 『정성서(定性書)』 등이 있다.

23 주희(朱熹, 1130-1200). 자는 원회(元晦) 또는 중회(仲晦)이며, 호는 회암(晦菴)이다. 성리학의 집대성자, 완성자. 저서로 『사서집주(四書集註)』, 『자치통감강목(資治通鑑綱目)』, 『근사록(近思錄)』 등이 있다.

황폐해졌으니, 불교가 쇠퇴한다고 나라는 번성하겠습니까? 그러나 기록을 바탕으로 전망한다면, 능력 있는 승려가 나타나고 사라지는 것은 국가의 흥망성쇠와 관계있다고 하니, 신은 항상 나라를 위하여 개탄하고 슬퍼하는 것입니다. ……

아! 이렇게 미루어 본다면, 양원(兩院)[24]사찰을 보존하는 것은 있어야 할 곳의 이치에 순응하는 것이며, 여승을 내쫓는 것은 있어야 할 곳의 이치에 어긋나는 것입니다. 정치가 이치에 순응하고 어긋나는 것도 마찬가지인데, 어찌하여 꼭 "양원사찰을 없애고 여승을 축출해야만 인정(仁政)을 실현할 수 있다"고 하십니까?

近世荒唐, 碩德煙消, 開士漚滅, 又爲斗絶, 道統陻塞, 禪林蕪穢, 佛將衰耶, 國將盛耶? 雖然以記觀之, 神僧之出沒, 有則國家之盛衰係焉,[25] 臣常爲國慨然, 爲國愀然. …… 噫! 推而觀之, 存院則在所順矣, 放尼則在所背矣. 政體之順背, 亦與乎其間, 而何必曰, "罷院黜尼, 然後爲仁政者"哉?

『大覺登階集』 卷2 「諫廢釋敎疏」, 한불8:341중-342상

| 자료 2 | 남종선: 백곡과 마조, 편양

「삼가 편양대사께」

근래 나아가 뵙지 못하여
부질없이 나아가 호계(虎溪)의 꿈[26]만 꾸는구나.
눈 속 산봉우리를 오르내리는데
구름 밖 저 길은 오르락내리락하네.

진리란 본데 여러 말 필요 없거늘

24 자수원(慈壽院)과 인수원(仁壽院). 서울에 소재하였고, 여승이 있었다.

25 아마도 '유(有)'가 '즉(則)' 다음에 들어가야 할 듯함.

26 혜원(慧遠, 334-416)은 동진(東晋)시대의 승려로서 강서성 여산(廬山) 동림사(東林寺)에서 수도하면서 절 앞의 호계를 넘어간 적이 있었는데, 하루는 옛 친구인 도연명(陶淵明, 365-427)과 육수정(陸修靜, 406-477)의 방문을 받고 두 사람을 전송하면서 말을 주고받다가 모르는 사이에 호계를 넘고 말았다. 이때 호랑이 으르렁거리는 소리에 놀라 안거금족(安居禁足)을 범한 것을 깨달은 세 사람이 웃었다는 이야기. 이를 '호계삼소(虎溪三笑)'라고 하여 두터운 정을 의미한다.

선에 무슨 단계가 있겠는가?
오래도록 들었나니, 남악(南嶽)[27]의 말[馬][28]은
한번 뛰면 강서(江西) 땅을 밟는다네.[29]

近不重叅問 徒然夢虎溪 雪中峯上下 雲外路高低
法本無多字 禪何有幾階 久聞南岳馬 騰躍踏江西

『大覺登階集』卷1「謹呈鞭羊大士」, 한불8:312상

| 자료 3 | 선과 교학은 다르면서 다르지 않고, 다르지 않으면서 다르다

선과 교학은 다르면서 다르지 않고, 다르지 않으면서 다르다고 주장한다. 이 주장의 논거는 "교학(경)은 부처의 말이고, 선은 부처의 본뜻이다"라는 명제와 '염화미소'와 관련한 석존과 가섭, 아난이 선을 전하였다는 고사이다. 흥미로운 부분은 가섭과 아난이 각각 선과 교학을 대표한다는 이야기를 믿을 수 없다고 주장한 대목이다.

큰 가르침(불교)이 동쪽으로 [우리나라에] 유입되면서부터 선과 교학이 병행하였으니, 선은 마음으로 전해지고 교학은 언어를 빌려 널리 퍼졌다.[30] 선을 [마음으로] 전하고 교학을 [언어로] 퍼뜨렸으니, 불교의 도(道)는 흥성하였다. [그런데] 근원에서 다른 흐름이 흘러나와 선과 교학으로 갈라져 흐르다가, 선은 [수행 방법에 있어] 돈(頓)과 점(漸)으로 모습이 나뉘었고 교학은 [중심 주제에 있어] 성(性, 본성)을 중시하는 학파

27 호남성 형산(衡山). 여기에서는 남악 반야사(般若寺)에 있었던 회양(懷讓, 677-744)을 말한다. 회양은 혜능의 시자로 있으면서 혜능에게서 법을 이어받아 마조에게 남종선의 가르침을 전하였다. 시호는 대혜선사(大慧禪師)이다.

28 본서 제3장 8절 주석 7 참조.

29 마조 도일이 남악에서 남악 회양에게서 법을 이어받아 강서 북부에서 활동하여, '남악-마조-백장(百丈)-황벽(黃檗)-임제(臨濟)'로 이어지는 홍주종-임제종의 발전을 열었음을 말한다.

30 종밀은『선원제전집도서』에서 "경은 부처의 말씀이고, 선은 부처의 마음이다[經是佛語, 禪是佛意]"라고 주장하였다(大正48:400중). 이후로 이 구절은 중국과 한국의 선승들의 선과 교학에 대한 기본 이해의 논거로 사용되었다.

와 상(相, 본성의 성질)을 중시하는 학파로 나뉘었다. 그리하여 성과 상을 공부하는 사람(교학파)들은 공(空)[31]과 유(有)[32]를 서로 고집하고, 돈과 점의 수행법을 주장하는 사람들은 이(理, 원리)와 사(事, 현상 또는 사태)를 판별하지 못하여, 각각 처해 있는 위치에 따라 감정을 품고 생각하며[33] 그들의 가르침은 서로 모순되어[34] 스스로 잘못을 범하는 이가 많다. 심하게는 허공을 가로질러 뚫으면서 잘못을 따지고 허위를 지어내면서 각기 자기네 것 하나만을 주장하여 마구 논쟁하고 비방한다. 이러한 무리는 진실로 자신만 잘못을 범하는 것이 아니라 다른 사람에게도 잘못을 범함이 많다.

마음으로 전하는 것을 '선'이라 하고 입으로 말하는 것을 '교'라고 한다. 선과 교학은 다르지 않으면서 다르고, 다르면서 다르지 않다. 왜냐하면 세존(世尊)이 꽃을 들 때 가섭이 미소를 띠었으니 이는 선이 전하는 방법이고, 세존이 가르침을 펼치신 것을 아난이 모아 엮었으니 이는 교학이 전하는 방법이기 때문이다.

自大法東流, 禪教並行, 禪以心傳, 教藉言弘. 傳禪弘教, 斯道蔚興. 至於源派異流, 禪教分門, 禪異頓漸, 教分性相. 性相之徒, 空有互執, 頓漸之輩, 理事難辨, 情隨函矢, 法逐矛楯, 而自誤者多矣. 甚者, 架空鑿虛, 踵訛成僞, 各專門戶, 爭興訪讟. 若此之類, 不亶自誤, 誤人多矣. …… 傳於心之謂'禪', 騰於口之謂'教'. 禪之與教, 不異而異, 異而不異. 何者? 世尊拈花, 迦葉微笑, 此禪之所以傳也. 世尊演說, 阿難結集, 此教之所以傳也.

사실에 근거해서 말하자면, 선은 최상 근기자에게 저절로 전해지는 것이며, 교학은 하근기자에게 어쩔 수 없이 설명하여지는 것이다. [마음으로 저절로] 전해지는 것은

---

31 '공(空)'은 산스크리트어 'śūnya'를 번역한 것으로 존재가 고정불변한 실체성이 없음을 의미한다. 인식 주체가 자기와 세계가 고정불변한 실체성을 가지고 있다고 생각하는 것은 실은 그가 인식 오류를 일으켜, 곧 망념에 휩싸여 자기와 세계를 애착하기 때문[貪愛]이라는 것이다.

32 여기서는 유식학파(唯識學派)를 말하는 듯하다. 존재가 실체성을 가지고 있다는 의미가 아니고, 유식학파가 주장하는 자기와 세계의 인식과 발생의 근거로서 알라야식이 있음을 의미한다.

33 『맹자』「공손추상」 7의 다음 문장 참조. "화살 만드는 사람이 어찌 갑옷 만드는 사람보다 인(仁)하지 않겠느냐만, 화살 만드는 사람은 행여 사람을 다치게 하지 못할까를 걱정하고, 갑옷 만드는 사람은 행여 사람이 다칠까를 걱정하니, 무당과 장의사도 역시 그렇다. 그러므로 직업을 선택할 때는 신중하지 않으면 안 된다[矢人, 豈不仁於函人哉? 矢人惟恐不傷人, 函人惟恐傷人, 巫匠亦然, 故術不可不愼也]."

34 '창과 방패[矛盾]'의 비유는 『한비자(韓非子)』「난세(難勢)」 편에 나온다.

선이고, [말로] 설명하는 것은 교학이다. 마음과 입이 비록 다르지만 이치는 근원이 같으니, 다르면서 다르지 않다고 말할 수 있지 않겠는가?

만일 마음과 말을 각각 고집하여 선과 교학이 다른 파벌이고 이치 역시 각기 다르다고 한다면, 옛날 세존이 [선을] 가섭에게 전하고 가섭은 [이어받은 선을] 아난에게 전하였는데, 세상 사람들은 가섭은 선을 전하였고 아난은 교학을 전하였다 하니, 이 말과 전기(傳記)는 서로 크게 어긋나 믿을 수가 없다. 만일 세상 사람들의 말을 따른다면, 가섭은 다만 선일 뿐이니 교학을 전한 아난에게 선을 전할 수가 없다. 또 아난은 다만 교학일 뿐이니 선을 전한 가섭에게서 선을 전해 받을 수 없다. 다만 선뿐이라면 주고받는 사람이 모두 선이어야지 교학은 아니어야 하며, 다만 교학뿐이라면 주고받는 사람이 모두 교학이어야지 선은 아니어야 한다.

若據擧實而言之, 則禪者, 爲根勝者, 自其然而傳者也. 教者, 爲根劣者, 不得已而說也. 傳之則禪也, 說之則教也. 心口雖異, 理則一源, 可不謂異而不異者乎? 若固執胸談, 謂禪教分門, 理亦各異, 則昔世尊傳之迦葉, 迦葉傳之阿難, 而世皆稱迦葉傳禪, 阿難傳教, 此與傳記所載, 大相徑庭,[35] 不足信也. 若從世論, 則迦葉但禪, 不可傳禪於傳教之阿難也. 阿難但教, 不可受禪於傳禪之迦葉也. 但禪則受授者, 皆禪非教也., 但教則受授者, 皆教非禪也. ……

그러므로 선과 교학의 같고 다름은 사실은 좁은 구멍으로 보아서는[36] 안 되고, 쉽게 말할 수 있는 것이 아니다. 다만 활로를 뚫은 후 집에 돌아가 편히 앉아 있으면, 온갖 경전의 가르침(교학)이 모두 선의 취지[임을 알게 될 것]이다. 내가 말한 "교학을 떠나 따로 선이 있는 것이 아니고, 선을 떠나 따로 교학이 있는 것이 아니다"라는 것이 바로 이것이다.

是故禪教之同異, 實非管窺所覩, 而不可容易言也. 但透得活路, 歸家穩坐, 則一大藏教,

35 '경정(徑庭)'은 좁은 길과 넓은 뜰을 말하는데, 여기에서는 현격하게 다르다는 뜻으로 쓰였다.

36 '관규(管窺)'는 『진서(晋書)』의 "대롱 구멍으로 표범을 보면 표범을 보지 못하고 표범의 얼룩점 하나밖에 볼 수 없다[管中窺豹時見一斑]"라는 말에서 유래하는데, 좁은 견식을 의미한다.

盡是禪旨也. 吾所謂, "非離教而別有禪也, 非離禪而別有敎也"者, 是也.

『大覺登階集』卷2「禪敎說贈勒上士序」, 한불8:325상-중

| 자료 4 | 인(仁=慈悲)도 내 내부에 있고, 의(義=喜捨)도 내 내부에 있다

> 여기에서 처능은 유가의 인의가 각각 불교의 자비와 희사에 해당한다고 정리하였다. 각 학파(유가, 묵가, 양주, 고자)마다 인의에 대해서 다르게 정의한다는 것을 문헌을 인용하여 제시한 후 인의에 대한 불교의 이해를 명제화하였다. 특기할 만한 점은 맹자의 '인내의내(仁內義內)'를 지지하였다는 점이다.

사람을 사랑하고 사물을 이롭게 함을 '인(仁)'이라 하고, 마땅함을 따라 사태를 제어함을 '의(義)'라 한다. 인과 의는 모두 나의 본성에 있어서 당연한 이치이다. 대개 인은 사랑을 주로 하고 의는 의로움을 주로 하는데, 중요하고 중요하지 않음의 차이는 없다. 왜냐하면 인은 의의 머리이고, 의는 인에서 나오는 것이기 때문이다.

공자의 학문(유학)은 인을 구함을 요체로 여기기 때문에 고기를 낚되 그물을 쓰지 않았고 주살질은 하되 자는 새는 쏘아 잡지는 않았으니,[37] [이러한 것이] 성인(聖人)의 인심(仁心)이다. 그러므로 "식사하는 도중에도 인을 멀리하지 않는다"[38]라고 하였고, "인이 멀리 있는가? 내가 인을 하고자 하면 인이 당장 이르는 것이다"[39]라고 하였다. ……

그런데 옛날 제자백가가 논의한 인의는 [뜻이] 같지 않다. 묵자(墨子)는 겸애(兼愛, 평등한 사랑)가 인이라고 생각하였고, 양주(楊朱)는 나를 아낌(爲我, 나의 생명을 온전

37 『논어』「술이(述而)」26의 다음 문장 참조. "공자는 낚시질은 하되 그물은 쓰지 않았고, 사냥은 하되 잠자는 새는 쏘지 않았다[子, 釣而不網 弋不射宿]."

38 『논어』「이인(里仁)」5의 다음 문장 참조. "군자는 한 끼 식사를 마치는 동안에도 인에 어긋나지 않고, 경황이 없을 때도 반드시 그렇고, 넘어졌을 때도 반드시 그러하다[君子, 無終食之間違仁. 造次, 必於是, 顚沛, 必於是]."

39 『논어』「술이」29의 다음 문장 참조. "공자가 말하였다. '인이 멀리 있는가? 내가 인하고자 하면 인은 이르게 된다'[子曰, '仁遠乎哉? 我欲仁, 斯仁至矣']."

히 보존함)을 의라고 생각하였으니,[40] 둘 다 유가가 말하는 '인'과 '의'는 아니다.[41] 고자(告子)는 인은 "[본성] 내부에 있지 외부에 있지 않으며 의는 외부에 있지 내부에 있지 않다"고 하였으니, 이것이 '인은 내부에 있고 의는 외부에 있다[仁內義外]'[42]는 논변이다. 노자(老子)는 "인을 끊어 버리고 의를 폐기해야 백성이 다시 자애로워지고 효성스러워진다"[43]고 하였고, 장자(莊子)는 "거짓으로 인을 말하고 가탁하여 의에 머문다"[44]고 하였으니, 이들이 말하는 인과 의는 모두 외도(外道, 유가 이외의 학파)가 주장하는 논지이다. 그러므로 그가 말하기를 "인과 의는 선왕(先王)이 하룻밤 잠시 머물 여인숙 같은 곳이지, 오래 머물 곳이 아니다"[45]라고 하였다. 부처는 자비(慈悲)[46]를 인으로 삼고, 희사(喜捨)를 의로 삼는다. 이 말은 "인과 의가 모두 내 내부에 있음"을 말한 것이다.

愛人利物之謂'仁', 隨宜制事之謂'義'. 皆在我之性, 而當然之理也. 盖仁主於愛, 義主於義, 而不無輕重焉. 何者? 仁爲義之首, 義從仁而生者也. 孔門之學, 以求仁爲要故, 釣而不綱, 弋不射宿者, 聖人之仁心也. 故曰, "無終食之間違仁." 又曰, "仁遠乎哉! 我欲仁, 斯仁至矣." …… 然古之諸家論仁義不同. 墨氏以兼愛爲仁, 楊氏以爲我爲義, 皆非孔門之所謂'仁義'者也. 告子曰, "仁內也非外也, 義外也非內也." 此是'內仁外義'之論也. 老子曰, "絶仁棄義, 民復慈孝." 莊子曰, "假道於仁, 托宿於義." 此是仁義, 皆外之之論也. 故其言曰,

40 주희는 『맹자집주』「등문공하(滕文公下)」 9에서 "아마도 양씨는 나를 위하면서 의에 의심을 품었고, 묵씨는 두루 사랑하면서 인에 의심을 품었을 것이다[蓋楊氏, 爲我, 疑於義., 墨氏, 兼愛, 疑於仁]"라고 풀이한다.

41 『맹자』「진심하(盡心下)」 26의 다음 문장 참조. "맹자가 말하였다. '묵적의 학문에서 도피하면 반드시 양주의 학문으로 돌아가고, 양주의 학문에서 도피하면 반드시 유학으로 돌아간다. 돌아오면 받아들일 뿐이다. 오늘날 양주·묵적과 논의하는 자들은 뛰쳐나간 돼지를 쫓는 것과 같으니, 이미 우리로 들어왔는데도 또 따라서 그를 묶어 놓는다'[孟子曰, '逃墨必歸於楊, 逃楊必歸於儒, 歸, 斯受之而已. 今之與楊墨辯者, 如追放豚, 既入其苙又從而招之']."

42 『맹자』「고자상(告子上)」 4 참조.

43 『도덕경』 19, "성스러움을 끊고 지혜를 버려라. 백성이 백 배는 이익을 얻을 것이다. 인을 끊고 의를 버려라. 백성이 다시 효순스럽고 자애로워질 것이다. 교묘함을 끊고 이익을 버려라. 도적들이 없어질 것이다. 이 세 가지는 억지로 꾸민 것이기에 부족한 것이다. 따라서 소속할 것이 있게 하면 소박함을 보고 끌어안고 사사로움을 줄이고 욕심을 적게 할 것이다[絶聖棄智, 民利百倍. 絶仁棄義, 民復孝慈. 絶巧棄利, 盜賊無有. 此三者, 以爲文不足, 故令有所屬, 見素抱樸, 少私寡欲]."

44 『장자』「천운(天運)」 편의 다음 문장 참조. "옛날의 지극한 이들은 도를 인에서 빌리고 의를 주막 삼아 얽매임 없는 경지에서 놀았고, 남는 것이 없는 작은 밭에 의지해서 먹고, 빌려줄 것이 없는 작은 채소밭에 서 있었다[古之至人, 假道於仁, 託宿於義, 以遊逍遙之墟, 食於苟簡之田, 立於不貸之圃]."

"仁義先王之蘧廬也. 止可以一宿, 不可以久處也." 佛氏以慈悲爲仁, 喜捨爲義. 此是"仁義皆在我"之謂也. 『大覺登階集』 卷2 「仁義說」, 한불8:327중-328상

45 『장자』 「천운(天運)」 편의 다음 문장 참조. "도를 알려줄 수 있는 것이라면 사람들은 누구나 그것을 형제들에게 알려줄 것이다. 도를 줄 수 있는 것이라면 사람들은 누구나 그것을 자손들에게 줄 것이다. 그러나 그렇게 할 수 없는 것은 다름이 아니라 마음속에 주인이 없으면 그 사람에게 머물지 않고, 밖이 올바르지 않으면 행해지지 않기 때문이다. 마음에서 나온 것이 밖에서 받아들여지지 않으면 성인은 그것을 내놓지 않는다. 밖에서 들어온 것에 대하여 마음속에서 주인 노릇 하지 않으면 성인은 그것을 따르지 않는다. 명예란 함께 쓰는 그릇 같아서 혼자 많이 취해서는 안 된다. 인의란 옛 임금의 여관과 같아서 하루 저녁 묵는 것은 괜찮지만 오래 머물 곳은 못 된다[使道而可以告人, 則人莫不告其兄弟. 使道而可以與人, 則人莫不與其子孫. 然而不可者, 無他也, 中無主而不止, 外无正而不行. 由中出者, 不受於外, 聖人不出. 由外入者, 無主於中, 聖人不隱. 名公器也, 不可多取. 仁義, 先王之蘧廬也, 止可以一宿, 而不可久處]."

46 '자비희사(慈悲喜捨)'를 사무량심(四無量心)이라고 하는데, 이 중 자무량심은 자기의 즐거움을 다른 중생에게 주려는 한없는 마음이고, 비무량심은 중생의 고통을 함께 느끼고 없애 주려는 마음이다. 희무량심은 다른 중생에게 고통을 없애고 즐거움을 주려는 마음이고, 사무량심은 다른 중생을 나와 같이 보아 친하고 미워하는 분별을 없애려는 마음이다.

2. 유일(有一)

유일(有一, 1720-1799)의 자는 무이(無二), 법호는 연담(蓮潭)이며, 속성은 천(千)씨이다. 전라도 화순에서 태어나 5세 때부터 글을 배우기 시작하였다. 7세 때 아버지가, 13세 때 어머니가 죽은 뒤 숙부의 보살핌을 받았다. 『대학』·『중용』 등의 유가 경전을 공부한 뒤, 18세 때 승달산 법천사(法泉寺)의 성철(性哲, ?-?)을 따라 출가하였고, 19세 때 안빈(安賓, ?-?)으로부터 구족계(具足戒)를 받았다.

출가한 뒤로는 보흥사(普興寺)에서 사집(四集)을 배운 뒤 두루 종장들을 찾아다니며 공부하였는데, 22세 때는 해인사의 체정(體淨, 1687-1748) 밑에서 3년 동안 공부하여 선리(禪理)를 터득하였고, 상언(尙彦, 1707-1790)에게서 『화엄경』을 배우면서 28세까지 시봉(侍奉)하는 등 선과 교에 걸쳐 두루 통달하였다. 법맥으로 볼 때는 체정의 제자이며, 서산의 의발(衣鉢)을 전수함으로써 선교(禪敎)의 총본산인 해남 대흥사(大興寺)의 12대종사(大宗師) 중 1인이 되었다.

저서로는 『도서과목병입사기(都序科目幷入私記)』 1권, 『법집별행론절요과목병입사기(法集別行錄節要科目幷入私記)』 1권, 『석전유해(釋典類解)』 1권, 『연담대사임하록(蓮潭大師林下錄)』 4권 등이 지금까지 전해 오고 있다.

| 자료 1 | 깨달음이란 꿈을 깨는 일이다

> 돌아가신 스승의 제일을 맞아 천도재를 지내기 전에 설법한 내용이다. 요지는 일체 중생이 모두 불성을 가지고 있고, 그리하여 본래 깨달은 존재이지만 무명(無明)의 혹업(惑業) 때문에 육도를 윤회하고 있다는 내용이다. 따라서 근본적인 관점에서는 다시 천도할 것도 없다. 다만 꿈속에서 꿈이 꿈인 줄 모르고 있기 때문에 꿈을 깨우면 족하다. 그리고 이를 위해서는 오직 잡념을 제거해야 한다는 내용이다.

이제 영가는 일체 중생과 마찬가지로 육도의 예토를 윤회하는 중에 비록 괴로움과 즐거운 경험은 같더라도 하나의 참된 마음은 언제나 변함없이 깨끗하고 물들지 않음이 모든 부처와 조사들과 조금도 많거나 적지 않다. 이것이 이른바 "연꽃이 더러움에 처해도 항상 깨끗하다"는 의미이다. 또한 이 영가는 탐욕과 성냄의 번뇌 가운데에서 덕상(德相)과 신통을 모든 부처님의 과덕과 똑같이 온전히 갖추고 있어 터럭만큼도 틀림이 없으니, 이것이 이른바 "연꽃이 꽃이 피면서 동시에 열매를 맺는다"는 뜻이다.

今靈駕, 與一切衆生, 同一輪廻於六道染土之中, 其間雖有苦樂之不同, 而一眞心性, 常不變易, 淸淨無染, 與諸佛諸祖, 小無增減. 此所謂"蓮花之處染常淨"也. 又此靈駕, 貪嗔煩惱之中, 德相神通, 宛然具足, 與諸佛果德, 分毫不謬. 此所謂"蓮花之方花卽果"也.

그러므로 영가는 오랜 옛날에 수행을 이미 마쳤고 성불 또한 성취하였다. 어찌 반드시 오늘에 억지로 제사를 갖추어 기도하고 천도할 필요가 있겠는가? 그러나 이치란 외곬이 아니며, 세상사 역시 그러하다. 영가가 비록 본래 청정하고 본래 [지혜와 덕상이] 모두 갖추어져 있지만, 맑고 평등한 세계를 다투매 무명의 바람이 홀연히 불어 삼세(三細)와 육추(六麤), 삼독(三毒)과 사상(四相)이 다투어 일어나 업을 따라 윤회하기를 육도를 왕래하며 삼도를 기어다니니, 그 아프고 괴로움이 형언할 수가 없다. 앞에서 말한 '청정본연의 마음'과 '모든 부처님네의 과덕'이 과연 어디에 있는가! 이는 마치 단정하고 부귀한 사람이 자기의 집에서 홀연히 잠에 빠져 꿈을 꾸되, 꿈속에서 타향을 전전하며 가난하고 비천한 고통을 겪으면서도 자기가 단정하고 부귀한 사람이라는 것을 모르는 것과 같다.

然則靈駕, 塵點劫前, 修行亦竟, 成佛亦竟. 何必今日, 强爲設齋, 以祈追薦乎? 然理無獨行, 事非一向, 靈駕雖本自淸淨, 本自具足, 爭奈淸平世界, 無明風忽起, 三細六麤, 三毒四相, 紛然競起, 隨業輪廻, 往返六道, 匍匐三途, 其爲痛苦, 不可形言. 向之所謂'淸淨本然,' '諸佛果德,' 果安在哉? 比如端正富貴之人, 在自家室中, 忽然而睡, 睡故有夢, 夢中流離他鄕, 見貧賤極苦等事, 而自不知端正富貴也.

오늘 영가도 본래 청정하며 본래 부처님의 덕을 갖추고 있는 것이 저 단정한 부귀인과 같다. 오늘 무명·혹업으로 인하여 괴로운 과보를 받는 것이 저 부귀인과 같으니, 꿈속에서 빈천한 괴로움 등의 일을 는 것과 같다. 그러한즉 오늘 재계를 시설하여 추모하고 천도함으로써 영가로 하여금 꿈을 깨게 하려 하는 것이다.

今日靈駕, 本自淸淨, 本具佛德, 如彼端正富貴人也. 今日因無明惑業, 枉受苦報, 如彼富貴之人, 夢中見貧賤極苦等事也. 然則今日設齋追薦之事, 欲爲靈駕覺悟睡夢也.

원컨대, 모든 재관이 생각을 가다듬고 정성을 다하여 위로는 모든 부처를 공양하고 아래로는 중생에까지 미치는 때에, 미처 단번에 잡념을 비우고 주관과 객관의 망령된 생각을 하나하나 소멸시킨 연후에 모든 부처님이 감응하리니, 모든 부처님이 감응한 연후에 영가가 가히 천도되어 무명의 꿈으로부터 영원히 깨어나 부귀한 본가로 돌아가 앉게 될 것이다. 알겠는가? 사람들이 만약 모든 부처님의 경지를 알고자 한다면, 마땅히 그 생각을 깨끗하게 하기를 허공과 같이 하고 망상과 모든 집착을 멀리 여의고 마음의 작용으로 하여금 걸림이 없게 하라.

願諸齋者, 克念盡誠, 上供諸佛, 下及衆生之時, 一空雜念, 能所妄想, 一一寂滅, 然後諸佛感應. 諸佛感應, 然後靈駕可薦, 令其永覺無明之睡夢, 歸坐富貴之本家. 還會麽? 若人欲識諸佛境界, 當淨其意如虛空, 遠離妄想及諸取, 令心所向皆無礙.

『蓮潭大師林下錄』 卷4 「靈山法語」, 한불10:272하-273중

| 자료 2 | 일체가 부처님의 몸이다

> 이 글 또한 스승의 천도재에 설법한 내용이다. 여기서는 주로 반야 공사상에 입각해서 이미 설법 이전에 제법은 그대로 실상이며 참된 실재라는 점을 강조하고 있다. 그리고 중생이 살아 있을 적에는 육근과 육경에 얽매여 미망 속에서 헤매지만 육신을 벗어나면 오직 신령한 의식만이 남아 일체가 부처님의 몸이며, 소리라는 것을 알게 된다는 것이다.

큰 도는 형상이 없고
마음은 허공과 같다.
참된 법은 본래 이와 같으니
말하고 듣는 가운데 알게 되리라.

大道無形相 自心等虛空 眞法本如是 肯落說聞中

옛날 수보리존자가 바위 속에 앉아 있을 때 제석천이 공중에 꽃을 뿌렸다. 존자가 말하기를, "꽃을 뿌리는 자가 누구입니까?" 제석천이 대답하였다. "저는 제석천입니다. 존자께서 반야지혜를 훌륭하게 설하시기에 꽃을 뿌려 찬탄하는 것입니다." 존자가 말하였다. "나는 본래 아무 말도 하지 않았습니다. 그런데 어째서 반야를 잘 설하였다고 하십니까?" 제석천이 말하였다. "존자께서 설하시지 않으셨지만, 설하지 않으신 것이 훌륭히 설하신 것입니다. 저 역시 들은 것이 없는 것이 참으로 들은 것이기 때문에 [존자께서] 반야를 훌륭하게 설하였다고 하는 것입니다."

昔須菩提尊者, 岩中宴坐, 天帝釋空中散花. 尊者曰, "散花者誰也?" 帝釋曰, "我帝釋也. 見尊者善說般若, 散花贊歎也." 尊者曰, "我本無說, 何謂善說般若?" 帝釋曰, "尊者無說, 無說眞說, 我亦無聞, 無聞眞聞, 故云, '善說般若'."

그렇기 때문에 오늘 회주는 설하지 않은 연후에 비로소 참되게 설하는 것이 될 것이고, 오늘 재계는 들음이 없는 연후에 비로소 참되게 듣는 것이 될 것이다. 어찌 반드시 입으로 구차히 소리를 내어 함곡관을 벗어나겠는가? 거짓 닭의 울음소리가 지지배배

하니, 막된 얘기와 망령된 말이 있은 연후에 바야흐로 설법을 할 수 있으리라. 그러나 도에 밝은 이들이 만나면 글 밖에서 서로 보게 되니, 이심전심의 묘한 가르침이다.

然則今日會主, 無說然後方爲眞說. 今日齋者, 無聞然後方爲眞聞. 何必鼓驢唇而發函關?[1] 假鷄之聲, 喃喃忉忉, 狂談妄說, 然後方爲說法也. 然此乃達者相逢, 文外相見, 以心傳心之妙旨也.

오늘 산승은 설법함이 없는 참 설법을 하지 못하고 오늘의 제관들은 또한 들음이 없는 참 들음을 하지 못하니, 말 삼매에 의지함으로써 설법과 문법을 할 수 있으리라. 그래서 『능엄경』에서 말하기를, "이는 바야흐로 참된 가르침의 본체이니, 청정함이란 소리로써 듣는 데 있다"고 함이라. 그러나 한번 설함이라도 나의 설법은 도저히 부처님의 설법에 미치지 못한다. 이제 『법화경』 가운데 불세존과 문수 미륵 등 여러 대보살과 성문제자 수보리 사리불 등은 사람마다 본래 갖추고 있는 일승의 묘법을 설한다고 하였으니, 금일 영가는 본래 자수용(自受用)의 집안일이다.

今日山僧, 不能以無說爲眞說. 今日齋者, 亦不能以無聞爲眞聞. 必假語言三昧, 然後方可有說有聞也. 故『楞嚴經』云, "此方眞敎體, 淸淨在音聞也." 然有一說, 我之有說, 萬不及於佛說, 今『法華經』中, 吾佛世尊, 與文殊彌勒諸大菩薩及聲聞弟子須菩提舍利弗等, 說人人本具之一乘妙法, 則今日靈駕, 本自受用之家事也.

이제 대중이 이구동음으로 『법화경』 1권을 함께 독송하였으니, 그 속의 문구가 모두 세존께서 얼굴을 가리고 베푼 것인데 어찌 금일 산승의 야간 설법과 나란히 그 고하(高下)를 논할 수 있겠는가! 이제 영가는 살아 있었을 때는 육근과 육진에 얽매인 바 되어, 비록 묘법을 듣고도 전혀 듣지 않은 듯하고 보지 않은 듯하였으나 이제 사대가 각기 흩어져 근과 경을 벗어났으니, 오직 하나의 참되고 신령스러운 지각만이 있어 홀로 형해의 밖에 드러나 능히 일체 색이 부처님의 몸이며 일체의 소리가 부처님의 설법이라는

---

1 맹상군의 식객 중의 한 사람이 닭의 울음소리를 잘 내어서 함곡관을 지키던 관원이 새벽이 된 줄 알고 성문을 열어서 무사히 사지를 벗어날 수 있었다는 고사에서 유래.

것을 알리라. 그러한즉, 오늘 대중이 경을 읽은 것을 두고 범부들의 눈으로 볼작시면 시끄럽고 아무 뜻 없는 소리 같지만, 영가의 드러난 혜안으로 보면 부처님의 설법 아님이 없으리라. 반드시 한 구절 한 자에서 일승의 묘법을 꿰뚫어 보아서 길이 흰 소가 끄는 큰 수레를 몰아 쾌히 열반의 집에 도달해야 하리라. 오늘 베푼 재계가 어찌 크지 않으리오! 원컨대 대중은 맑은 마음으로 경을 독송하여 제관들은 마음을 비우고 들을지니라.

今大衆異口同音, 共讀法華一卷, 則其中文句, 皆世尊覆面之所演. 豈與今日山僧之野干說同日而論其高下哉? 今靈駕, 生時爲六根塵所拘, 雖聞妙法, 而宛如不聞, 雖見佛身, 而宛如不見. 今則四大各離, 逈脫根塵, 唯有一眞靈覺, 獨露於形骸之外, 能知一切色是佛身, 一切聲是佛說. 則今日大衆之讀經, 以凡眼觀之, 則似乎喧雜無意味, 而靈駕之獨露慧眼, 無非是佛說也. 必于一句一字下, 覰破一乘之妙法, 長御白牛之大車, 快到涅槃之家鄕, 今日設齋, 豈不大哉? 願大衆澄心讀經, 齋者虛心聽受.

『蓮潭大師林下錄』 卷4 「靈山法語」, 한불10:273중-하

| 자료 3 | 염불도 수행이다

먼저 염불과 참선이 본질적으로는 다른 것이 아님을 분명히 밝히고 있다. 다만 염불을 하되 입으로만 떠들고 마음으로는 망상을 하는 경우가 많음을 들어 그 잘못을 비판하고 있다. 염불의 요체는 그 소리에 있지 않고 마음을 닦는 데 있기 때문에 일심으로 몸과 마음이 한 덩어리가 되어 염불삼매에 이르면 깨달음을 성취할 수 있는 것이 다른 수행과 조금의 차이가 없다는 것이다.

선지식들이 사람들에게 염불을 권한 것은 마음으로 [부처님을] 생각하고 입으로는 [부처님의] 명호를 부르게 해서 그 마음이 [부처님을] 잊지 않게 하기 위함이다. 그러한즉, 입으로 부르는 것은 보조적인 것이요 마음에 생각을 두는 것이 본질적인 것이다. 요즈음 염불하는 무리는 모두 입으로 떠들어댈 뿐이다. 입으로 부르면서도 마음은 천 갈래, 만 갈래 생각이 치성하게 일어나고 또 사라지니 혹은 명리를 생각하고, 혹

은 재물과 여색을 생각하고, 혹은 거처를 생각하고, 혹은 의식을 생각하고, 혹은 사사로운 은혜를 갚을 생각을 하고, 혹은 원한을 갚을 생각을 하니 옆에서 보기에는 염불하는 것 같지만 스스로는 잡념에 시달리어 한순간도 부처님을 생각할 수가 없는 것이다. 정토에 왕생한다는 것도 처음에는 논할 것이 아니며, 지금에는 꽃이 피는 것과 같은 과보[華報]의 훌륭함도 얻을 수 없다.

先聖勸人念佛者, 以心念之, 口則呼名, 令其心不忘也. 則口誦助緣, 心念正因也. 今之念佛者, 類皆口誦而已. 當口誦之時, 心則千思萬想, 熾然起滅, 或念名利, 或念財色, 惑念居處, 或念衣食, 或念絲恩而欲酬, 或念髮怨而欲報, 使傍人觀之, 似乎念佛, 而自己則只是雜念紛亂, 未得一念念佛也. 往生淨土, 初不假論, 而現今華報之善, 不可得也.

대저 부처님을 부르는 입은 죽은 후에는 불에 들어가 재가 되고 말뿐이다. 부처님을 생각하는 마음은 죽은 후에도 초연히 홀로 드러나 생사윤회를 따르지 않는다. 이미 부처님을 생각하는 마음인 고로 곧바로 부처님의 국토를 향하는 것이다. [이 사실을] 단연코 의심하지 않으면 지금 마음을 밝혀 성품을 보는 것도 바랄 수 있는 일이다.

蓋誦佛之口, 死後入火成灰而已. 念佛之心, 死後超然獨露, 不隨生死. 旣是念佛之心, 故卽向佛國. 斷然無疑, 而現在明心見性, 亦可庶幾也.

어째서 그러한가? 참선하는 사람은 화두를 굳게 잡고 터럭만큼도 잡념이 없기 때문에 한 기틀, 한 상황에서 문득 깨치게 된다. 염불하는 사람도 입과 입, 마음과 마음이 오직 아미타불이어서 조금도 잡생각이 없으면 역시 마음이 장벽과 같이 된다. 이와 같이 20년이나 30년 동안 한날한시도 이와 같지 않은 날이 없다면 문득 어느 기연(機緣), 어느 상황에 의해 '자기 마음의 정토', '자기 성품의 아미타불'이 밝게 드러나 마지막 순간에는 서방의 모든 선지식이 금수레를 타고 맞이할 것이니 [이 모든 것은] 자기 내면의 사건인 것이라 어찌 쉬지 않게 되겠는가?

何者? 參禪之人, 但堅凝話頭, 無一毫雜念, 心如墻壁, 故一機一境上, 忽然透得. 念佛之人, 口口心心, 惟是彌陁, 無一毫雜想, 亦心如墻壁. 如是三十年二十年來, 無一日無一時不如是, 故忽於一機一境上, 自心淨土, 自性彌陁, 朗然現前, 最後剎那, 西方諸聖, 金轎來迎. 自是分內也, 豈不休哉?

바라건대, 모든 염불선객은 마땅히 입으로 부를 적에 잡념이 어지러이 일어나면 힘써 그것을 없애고 잡념을 돌이켜 정념으로 돌아오게 하라. 처음에는 잡념과 정념이 서로 다투게 되지만 오래도록 순일하게 공부가 익어가면 잡념은 줄고 정념은 늘어나 마침내 정념만 남고 잡념은 사라지게 된다. 노력하고 또 노력할지니라.

願諸念佛禪客, 當於口誦之時, 雜念紛起, 力戰勦除, 回雜念歸淨念. 初則雜淨相爭, 久久純熟, 雜小淨多, 以至於純淨無雜, 勉之勉之.

『蓮潭大師林下錄』 卷4 「示念佛人」, 한불10:276하-277상

| 자료 4 | 본래 가고 옴이 없다

한 해의 마지막 날 설법한 내용으로서 관습적인 의미에서 '가고 온다'는 표현을 쓰긴 하지만, 대승 공사상에 입각하여 제법이 본래 오고 감이 없다는 것을 밝히고 있다. 그리고 불법은 일상성과 전혀 괴리되지 않음을 선문답의 형태로 제시하고 있다.

오늘은 바로 묵은해의 마지막 날이고 내일은 바로 새해의 첫날이다. 묵은해의 마지막 날에 묵은해가 가는 것을 보지 못하고, 새해의 첫날에 새해가 오는 것을 보지 못한다. 그럼에도 불구하고 세상 사람들이 모두 말하기를, "묵은해는 오늘 밤에 가고 새해는 내일 아침에 온다"고 하여 집집마다 복숭아 가지로 만든 부적을 새로 바꾸고 집집마다 폭죽을 터뜨려 묵은해를 보낸다.

今日正是舊年尾, 明日正是新年頭. 舊年尾下, 不見舊年之去. 新年頭上, 不見新年之來. 然而世人皆云, "舊年今夜去, 新年明晨來." 戶戶桃符換新, 家家爆竹送舊.

나는 이 속에서 북을 치고 종을 울리며, 향을 사르고 초를 밝혀 삼보에 공양한다. 아

래로는 육도에 베풀어 묵은 재앙을 소진시키고 새로운 복을 맞이하게 한다. 이것이 일상적으로 하는 일로서 달리 특별한 이치가 있는 것은 아니다. 왜냐하면 옛날에 어떤 객승이 선지식에게 묻기를, "해가 다 갈 때는 어떠합니까?" 하니 선지식이 대답하기를 "동촌에 사는 왕노인이 밤에 지전을 태운다"고 하였다. 이 또한 당시에 사람들이 보통 하는 일을 가지고 대답을 한 것이다. 오늘 노승은 그 얘기를 다시 꺼내겠다. "동촌의 왕노인이 밤에 지전을 태울 때 세상의 세월인들 어떻게 바뀌는가?" 불법은 현묘한 해석에 있지 않다. 입술에 붙은 말을 가져오라!

我這裡伐鼓撞鐘, 焚香點燭上供三寶, 下施六道, 消盡舊灾, 迎來新福. 此乃平常本分事也, 別無奇特道理. 所以古者有僧問古德, "歲盡年窮時如何?" 德云, "東村王老夜燒錢." 此亦擧當時適有之平常事以答也. 今者老僧特爲諸人, 敷衍頌出也. 東村王老夜燒錢, 那管人間歲月遷. 佛法不存玄妙解, 拈來只在口脣邊.

『蓮潭大師林下錄』 卷4 「除夜示衆」, 한불10:277상-중

| 자료 5 | 같고 다름을 일러라

> 이 글은 법좌에 올라 참선수좌들에게 화두를 던진 것이다. 먼저 옛 선지식의 선어를 소개하고 이 선어와 배치되는 언명을 발하면서 두 개의 선어가 같은지 다른지를 묻고 있다. 이는 전형적인 선문답의 형식으로서 제자의 수행 정도를 시험하는 것이다.

옛사람이 말하기를,

남들이 머무는 곳에 나는 머물지 않고,
남들이 가는 곳에 나는 가지 않는다.
남들과 섞이기가 어렵다는 것이 아니니
대체로 검고 흰 것을 분명히 할 뿐.

古人道

他人住處我不住 他人行處我不行
不是與人難共聚 大都緇素要分明

[그러나] 이 늙은이의 생각은 그렇지 않다.

남들이 머무는 곳에 나 또한 머물고
남들이 가는 곳에 나 또한 간다.
갑자기 웃다가 화내어 헤아릴 수 없나니
남주의 한 밤에 해가 밝고나.

말하라. 옛사람과 같은가 다른가. 시험 삼아 말해 보라.

老漢卽不然,
他人住處我亦住 他人行處我亦行
瞥喜瞥嗔無理會 南洲夜半日頭明,
且道 與古人同別 試道看.

『蓮潭大師林下錄』 卷4 「示衆」, 한불10:277중

| 자료 6 | 승려의 용기는 무엇인가?

대중에게 주는 말로서 결제나 해제 때에 수좌들의 득력 정도를 타진한 것이다.

물에 들면 교룡을 피하지 않는 것은 어부의 용기이다. 산길을 가면서 호랑이와 표범을 피하지 않는 것이 사냥꾼의 용기이다. 뭇 칼날이 난무하는 가운데 죽음을 보기를 삶과 같이 보는 것이 장군의 용기이다. [그렇다면] 무엇이 나의 용기인가? 대담할 때는 어가를 부딪치며 지나가고, 소담할 때는 슬피 그 사연을 고한다.

入水不避蛟龍, 漁父之勇也. 山行不避虎豹, 獵士之勇也. 白刃當前, 視死若生, 將軍之勇也. 如何是衲僧之勇也? 大膽駕頭衝突過, 小膽哀明告所由.

『蓮潭大師林下錄』 卷4 「示衆」, 한불10:277중-하

| 자료 7 | 참선수좌들에게 고함

이 글은 참선수좌들을 경책한 내용이다. 예나 지금이나 참선은 수승한 행법이면서도 수행하는 이가 많지 않고, 간혹 있다고 해도 제대로 수행하는 경우가 드물다. 참선에서 긴요한 것은 마음이 산란되지 않고 한 덩어리가 되어[打成一片] 깊은 삼매를 이루는 중에 시절인연을 만나 견성하게 되는 것이다. 그 때문에 당대의 수좌들에게 지혜의 칼로 반연을 끊어 내외의 경계에 물들지 않는 태세를 갖추기를 거듭 당부하고 있다.

아아! 선의 숲에 가을이 깊었으니, 사람 뿌리가 말라가는구나. 곳곳의 총림에 참선하는 이가 매우 적고, 혹여 있다고 해도 큰 생각과 확고한 뜻을 분별하지 못하고 한가롭게 세월만 보내거나 [도를 향한 마음이] 뜨겁기를 한 번 하면 식기는 열 번을 한다. 이와 같다면 득력처(得力處)를 얻는 이가 몇이나 있을 수 있겠는가? 옛사람이 말하기를, "큰일이 밝지 못하니 부모를 잃은 것과 같다. 큰일이 이미 밝혀져도 부모를 잃은 것과 같다. 12시 중에 전전긍긍하여 마치 깊은 연못에 다가간 듯하고, 엷은 얼음을 밟은 듯하니, 용천이 40년 동안 한 덩어리의 삼매를 지키고 조주가 30년 동안 잡된 마음을 쓰지 않은 것은 그 때문이다." 어찌 오늘날과 같이 쉽게 공부하였겠는가?

嗚呼! 禪林秋晩, 人根斯下. 處處叢林, 叅禪之人甚小. 雖或有之, 不辦長遠心, 決定志, 悠悠泛泛, 一暴十寒, 如是而豈有些子得力處乎? 古人云, "大事未明, 如喪考妣, 大事已明, 如喪考妣, 二六時中, 戰戰兢兢, 如臨深淵, 如履薄氷." 所以湧泉四十年, 方成一片, 趙州三十年, 不雜用心. 豈似如今容易?

수행자들은 모름지기 몸가짐을 이렇게 하라. 허둥대지도 말고 지혜의 칼을 들고 온갖 반연을 끊어서, 백화가 난만한 곳을 지나도 꽃잎 한 장이 몸에 붙지 않아야 비로소 어느 정도 상응한 경지에 도달하리라. 모름지기 알라. 진흙 소가 안개를 뿜는 것이 바

야흐로 장하고, 고목이 꽃을 피우는 것이 기이하도다. 또 말한다. 큰 도가 밝혀지지 않았을 때 부모를 잃은 것 같은데, 큰 도가 밝혀졌는데도 어째서 다시 부모를 잃은 것 같은가? 앞길이 다시 멀어지는구나.

行者當須體容. 不可草草, 提起智慧刀, 萬緣俱勦絶, 百花林裡過, 一葉不沾身, 方可有小分相應處也. 須知. 泥牛吐霧方爲美, 枯木生花始是奇. 且道, 大道未明, 如喪考妣, 大道已明, 爲甚麼如喪考妣? 前頭路更賒. 『蓮潭大師林下錄』 卷4 「示參禪人」, 한불10:278중

3. 혜장(惠藏)

아암 혜장(兒菴惠藏, 1772-1811)은 해남의 대둔사(大芚寺)로 출가하여 월송 재관(月松再觀, ?-?)에게 구족계를 받고, 이어 춘계 천묵(春溪天黙, ?-?)에게서 불교와 유교 경전을 배웠다. 그리고 이어 연담 유일(蓮潭有一, 1720-1799)과 설담 자우(雪潭自優, ?-?)와 운담 정일(雲潭鼎馹, 1678-1738)에게서 불전을 연구하였으며 27세에 정암 즉원(晶巖卽圓, 1738-1794)의 법을 받았다. 1801년 30세에 대둔사의 강석을 맡다가 1805년 강진의 만덕사 주지가 되었다. 혜장은 『능엄경』과 『대승기신론』에 밝았으며, 유교 경전 가운데는 『주역』과 『논어』를 좋아하였다. 1805년 혜장은 만덕사 주지가 되면서 그곳에 귀양 온 정약용(丁若鏞, 1762-1836)과 교유를 맺었다. 이때 정약용과 『주역』에 대하여 논의하였으며 그로부터 많은 영향을 받았다. 1811년 40세로 요절하였는데, 이때 정약용은 혜장을 위한 제문을 지었다. 저서로 『아암유집(兒菴遺集)』이 있는데, 권3의 제목은 '아암화상시문약초(兒菴和尙詩文略鈔)'로 되어 있다.

| 자료 1 | 만물의 조화가 공이다

만물이 조화롭게 전개되어 가는 것이 공의 의미라고 주장하는 글로서, 공을 기의 운동으로 해석하려고 하는 기철학적인 관점이 특징적이다.

지·수·화·풍(地水火風)은 서로 조화를 이루고 서로 변화하면서 만물을 발생하는 것이다. [그러나] 그 본체는 스스로 그러한 본성에서 유래하고, 서로 생(生)을 받지 않고서도 뒤섞여 녹거나 덩어리가 엉키며, 널리 퍼진 것이 마치 떼를 지어 날아다니는 초파리[肦蠁] 같다. [이것들은] 하늘이 이루어준 것을 풍부하게 가지고 있으므로 스스로 [외부에서] 그것을 구하지 않는다. 화(火)는 본디 습기를 싫어하는 것이지만 습열(濕熱)의 증발에 의해서 화가 발생되며, 수(水)는 본디 차가운 것이지만 열이 축적됨으로써 수증기가 오르게 되어 이에 수가 형성된다. 이것을 이름하여 '변화'라 하는데, 이는 본상(本相)이 아니다. 변화가 서로 들어감으로써 만물이 생육[化醇]하며, 왕성한 기운으로[絪蘊] 길러내니[亭育], 거듭 태어나고 소멸하게 되는 것이다. 올해의 풀은 다음해에 거름이 되고, 거름에 의해서 빛이 더욱 아름답게 되며, 썩은 것은 더욱 새롭게 되는 것이다. 번갈아 가며 서로 흥성하고 멸망하니, "색(色)이 공(空)이다"라는 것은 바로 이를 두고 말하는 것이다.

地水火風, 相和相變, 以生萬物. 若其本體, 由自然性, 不相受生, 渾融結聚, 布寫肦蠁, 富有天成, 不自求丐. 火本惡濕, 濕熱所蒸, 火乃生之, 水本稟冷, 積熱蒸鬱, 乃成爲水. 是名變化, 非是本相. 變化相入, 萬物化醇, 絪蘊亭育, 生生死死. 今年之草, 明年爲糞, 糞之所滋, 光色鮮好, 臭腐新奇, 遞相興滅. "色卽是空," 斯之謂矣.

『兒菴遺集』 卷3 「楞嚴緖言」, 한불10:707중

| 자료 2 | 보리심(菩堤心)

"보리심이 생하면 생멸심이 멸하니 이것은 단지 생멸과 멸생이 모두 다한 것이다[菩堤心生, 生滅心滅, 此但生滅, 滅生俱盡]"라는 구절에 대한 해석으로서 성리학의 이기론(理氣論)을 끌어다 설명하는 것이 특이하다.

이 보리심은 생(生)과 멸(滅)을 여의어 유(有)와 무(無)가 없다. 무시(無始) 이래로 청정(淸淨)하고 자재(自在)하다. [그러나] '자재(自在)'라고 말하자마자 곧 유(有)가 생겨나게 되는 것이다. 유(有)가 생겨났으니, "유가 없다[無有]"라고 하지 않는다. 그리고 만일 '무시(無始)'라 한다면 어떻게 갓난아이처럼 어릴[嬰穉] 수 있겠는가? 글자를 배우고 문자를 통하는 것은 하나하나가 어려우니, 마치 고기를 낚아 올리는 것과 같다. 이 마음은 어느 한 모퉁이를 떠난다고 하지만, 이치와 기운[理氣]이 미묘하게 화합하여[妙合] 서로를 버리지 않아서, 기운을 1분(分) 자라게 하면 이치가 1분 사무치게 됨[透]을 알아야 한다. 만일 무시로부터 광명에 걸림이 없다면, 배우는 사람은 한 푼 한 푼 쌓아 나가고, 한 치 한 치 쌓아 나가야만 진보가 있는 것은 아니다.

這菩堤心, 離生離滅, 無有有無, 自無始來, 淸淨自在. 纔言自在, 便是有生, 旣是有生, 不云'無有.' 若云'無始', 云何嬰穉? 學字通文, 步步艱苦, 如魚上竿. 當知此心, 雖則離隅, 理氣妙合, 不能相捨. 氣長一分, 理透一分, 若自無始, 光明無礙, 不應學子, 銖累寸積, 乃進厥步.

『兒菴遺集』 卷3 「楞嚴緖言」, 한불10:707중-하

| 자료 3 | 『주역』의 '정'은 '사'이다

이 글에서 혜장은 '정(貞)'을 '바를 정(正)'으로 해석하는 종래의 해석을 비판하고 '사(事)'로 해석하여야 한다고 주장하면서, 이것을 정약용에게서 들었다고 밝히고 있다.

군자의 도는 정도를 지켜 다시는 흔들림이 없어야 하며 성패(成敗)와 이둔(利鈍)의 결과에 대해서는 헤아리지 않는다. 어떻게 점을 쳐서 '정(貞)'과 '흉(凶)'의 점을 만났다고 하여 바른길을 버리고 왜곡된 길을 따라갈 수 있겠는가? 비록 그렇지만 '정(貞)'이란 일[事]을 가리킨다. 『주례(周禮)』 「태복」 편에서 "국가의 큰일에는 거북으로 점을 치고, 작은 일[小事]은 복(卜)으로 점을 본다"라고 하였다. 또 「소종백(小宗伯)」 편에서는 "무릇 나라의 큰일에는 옥백(玉帛)을 받든다"라고 하였다. [그 주석에서] 정현(鄭玄, 127-200)은 "군주를 세우고 나라를 옮기는 것"을 '대정(大貞)'이라고 하였다. '대정'은 대사(大事)이다. 이러한 해석은 내가 일찍이 자하산방(紫霞山房)[1]에서 들었다.

君子之道, 守正不搖, 其成敗利鈍, 所不計焉. 豈可以筮遇'貞'·'凶', 以棄正趨曲乎? 雖然'貞'者, 事也. 『周禮』「太卜」, "凡國大貞則作龜, 小事則涖卜," 又「小宗伯」, "凡國大貞, 則奉玉帛." 鄭玄以"立君遷國"爲'大貞', '大貞'者, 大事也. 斯義也, 余昔聞之於紫霞山房.

『兒菴遺集』 卷3 「鍾鳴錄」, 한불10:704하

| 자료 4 | 『논어』의 '습'은 실천의 의미이다

『논어』 「학이」 편의 '습(習)'에 관한 해석으로서 혜장은 '습'이란 배우는 것을 복습하는 것이 아니라 구체적인 일에서 실행하는 것이라고 말하고 있다.

옛날의 태학(太學)에서 예와 악을 익히는 것은 모두가 이러한 뜻[2]이 있었다. 그러나 오늘날 유학자들이란 아랫사람들은 배우지를 않고 윗사람들은 배우고서도 실행하지 않는다. 배우고서 익히지 않는 것은 알기만 하고 행하지 않는 것이니, 무슨 이익이 있겠는가? 우리 불가에서도 청정무위법(淸淨無爲法)을 공부하고는 강학이 끝나면 신을 삼고 국수를 만들며 성을 내고 이익을 다투니, 이것도 또한 배우고서 익히지 않는 것이라고 하겠다.

古者太學, 習禮習樂, 皆此義也. 今之儒者, 下焉者不學, 上焉者學而不習. 學而不習者, 知而不行也, 亦何益之有? 吾家也, 學淸淨無爲, 講旣輟, 捆屨壓麪, 嗔恚以爭利, 是亦學而不習者.

『兒菴遺集』 卷3 「鍾鳴錄」, 한불10:704하-705상

일찍이 「주자연보(朱子年譜)」를 살펴보니, 주자(朱子)가 육상산(陸象山, 1139-1193)과 아호(鵝湖)의 회합에서 이 장을 강론하였는데 그 자리에 모인 사람들이 모두 그의 말에 눈물을 흘렸다고 한다. 이는 세존께서 이원(泥洹, 열반)의 대법회에서 진망(眞妄)의 두 가지 의제(義諦)를 강론할 적에 아라한이 모두 눈물을 흘리며 사체(四體)

---

1 정약용은 강진 유배 시 혜장의 주선으로 만덕사의 속암인 보은산방(寶恩山房, 오늘날의 고성사(高聲寺))에 머무른 적이 있었다. 이 보은산방을 '자하산방'이라고 부른 것 같다. 따라서 자하산방에서 들었다는 것은 정약용에게서 들었다는 것으로 해석된다.

2 '이러한 뜻[此義]'이란 투호(投壺)의 예(禮)를 배웠으면 그날로 투호의 예를 익히고, 향사례(鄕射禮)의 예를 배웠으면 그날로 그 예를 실행하는 등 '실제로 행함'을 말한다. 곧 '습'의 의미가 행하는 데에 중점이 있다는 것이다.

를 투지(投地)하지 않는 사람이 없었던 고사와 같다. 그것은 강론한 의리가 모두 서로 같기 때문이다.

무엇 때문인가? '의(義)'란 나의 진성(眞性)에서 나오며, '이(利)'란 나의 망념(妄念)에서 계산되어 나온 것이다. 저(유학자)들이 말하는 '성인을 이룬다'는 것은 우리 불가의 '부처가 된다[成佛]'는 말과 같다. 아! 어찌 '의리(義利)'의 두 글자가 다를 수 있겠는가? '유(喩)'는 비유를 말한다. 우리에게 있어서는 '정각(正覺)'이며 '돈오(頓悟)'라고 한다. 이는 8만 4천 바라밀(波羅密)이 모두 '유어의(喩於義)' 세 글자에서 처음부터 끝까지 일관되어 있는 것이지, 다른 일이 있을 수 있겠는가?[3]

嘗見「朱子年譜」, 朱子與陸象山, 於鵝湖之會, 講此章, 四座爲之流涕. 如我世尊, 於泥洹大會, 講眞妄二義, 諸阿羅漢, 無不流淚悲泣, 四體投地. 以其所講義理, 彼此相同也. 何以故? '義'也者, 從吾眞性中出來, '利'也者, 從吾妄念上筭去. 彼家'成聖', 吾家'成佛', 皆爭'義利'二字, 有他事乎? '喩'者, 譬曉也, 在吾家, 爲之'正覺,' 爲之'頓悟', 卽八萬四千波羅密, 皆從'喩於義'三字, 作頭作尾, 有他事乎? 『兒菴遺集』 卷3 「鍾鳴錄」, 한불10:706상

3 이것은 "군자는 의에 밝고 소인은 이에 밝다"는 구절에 대한 해석으로서 불교와 유교를 일치시켜 설명하고 있다.

4. 의첨(義沾)

인악 의첨(仁岳義沾, 1746-1796)은 어려서부터 『시경』과 『서경』, 그리고 『주역』 등 유가의 경전을 탐독하고 문장에 능하였는데, 18세에 가선 헌공(嘉善軒公, ?-?)에게 출가하였고, 벽봉(碧峯, ?-?)에게서 구족계를 받고 『금강경』과 『능엄경』 등을 배웠다. 그리고 23세의 나이에 법석(法席)에 오를 만큼 촉망받는 승려였다. 이후에는 당시에 화엄학으로 이름이 높았던 설파 상언(雪坡尙彦, 1707-1791)으로부터 『화엄경』과 『선문염송』을 배웠다. 그리고 특히 가르치고 배우는 일에 열의를 보여서 심지어 외전(外典)을 가지고 와서 배우는 사람도 있었다고 한다. 또 의첨은 『화엄경』과 『원각경』, 그리고 『대승기신론』 등 주요 경서에 사기(私記)를 쓰기도 해서 연담 유일(蓮潭有一, 1720-1799)의 사기(私記)와 더불어 오늘날까지도 강원의 주요 교재로 사용되고 있다.

의첨의 저술 중 『인악집(仁岳集=仁嶽集)』이 대표적인데, 정조 21년(1797)에 제자인 성안(聖岸, ?-?)에 의해 3권 1책으로 편집되었으며 주로 시(詩)와 각종 문(文)을 싣고 있다. 권두에 홍직필(洪直弼, 1776-1852)이 쓴 「서문」이 있고, 말미에는 우재악(禹載岳, 1734-1814)이 쓴 「발문」이 실려 있다. 그리고 의첨에 대한 약력은 이 저술의 말미에 「행장」으로 소개되어 있다. 그의 「행장」에 따르면, 조정에서 용주사를 짓고 불상을 만드는 사업을 벌였는데 의첨이 이를 주관하였던 것으로 보인다. 이로 말미암아 의첨은 국왕은 물론 당시의 정·관계 인사와 인연을 맺었던 것으로 보인다. 『인악집』 가운데 여러 차례에 걸쳐 꿈에 임금을 뵙게 되어 감격스러웠다는 기록과 왕실의 평안을 비는 축원이 발견되는 점, 그리고 상당한 분량의 사찰 중창기와 상량문이 실려 있는 점과 재산 헌납에 감사하는 글들이 보이는 것을 보면, 의첨이 왕실을 비롯한 당시의 상류층으로부터 인심을 얻기 위하여 힘썼고 소기의 성과도 있었음을 짐작할 수 있다.

| 자료 1 | 마음[心]은 자연이며, 본성이나 이치와도 다를 바가 없다

> 여기서는 도가의 자연관과 맹자의 심성론(心性論)이 불교의 심론(心論)과 서로 뒤섞이는 양상을 보인다. 외전(外典)에 해박하였던 의첨이 불교의 심론을 중심으로 제가(諸家)의 이론을 효과적으로 설명하려는 노력의 일환이거나 혹은 삼교회통의 흔적이라고 볼 수도 있겠다.

일상에서 이리저리 왔다 갔다 하는 것에도 지극한 이치가 아닌 것이 없으며, 나가거나 들어오고 말하거나 말 없는 것도 모두 미묘한 도이다. 이 모두가 도리의 본래 모습이니, 그 사이에 추호의 사사로운 뜻도 개입될 수 없다. 그래서 '스스로 그러하다[自然]'고 하는 것이니, 스스로 그러한 이외에 따로 그렇게 되는 까닭이 있어서 그렇게 되는 것이 아니다. 스스로 그러한 것이 이미 의(義)에 있으므로 '이치[理]'라 부르고 하늘에 있으므로 '운명[命]'이라 부르며, 사람에게 있으므로 '본성[性]'이라 부르고 몸에 있어 주인이 되므로 '마음[心]'이라 부른다. 그러므로 마음과 이치를 두 가지로 나누어서는 아니 된다.

以至日用之間, 動容周旋, 無非至理, 出入語默, 摠是妙道. 此皆道理之本, 然不容一毫私意於其間. 故謂之'自然'. 則非自然之然以外, 又有所以然之然也. 此旣在義, 故曰'理', 而在天曰'命', 在人曰'性', 主於身曰'心'. 則心與理, 不可分作二物看.

『仁嶽集』 卷3 「答訥村書」, 한불10:416하

| 자료 2 | 모든 존재는 한마음의 여러 가지 양상이다

> 여기서는 유가와 도가의 우주론과 인간론이 불교의 일심설(一心說)로 자연스럽게 귀납되고 있다. 하지만 불교가 갖는 차이점도 어느 정도 지적하고 있는데, 유가의 경우에는 이기(理氣)로써 존재를 설명하는 데 비하여 불교는 마음에 비중에 두고 있다는 점이다. 그리고 이것이 바로 돈오설의 입각처라고 설명하고 있다.

우리 불가에서는 이기(理氣)에 대하여 말하지 않고 오로지 마음에 대해서만 말한다. 대개 '마음'이란 모두가 공유하는 물건이라 나 혼자서 사사롭게 가질 수 있는 것이 아니다. 이 마음은 둥글고 가득 차고 깨끗하여 태허의 텅 빈 모습과 닮았고, 물결이 치는 바다와도 닮았다. 본성이 곧 일체의 모든 것은 아니지만, 일체의 모습이 될 수 있다. 저 천지와 일월, 사람과 산천 그리고 삼라만상이 모두 마음의 모습인 것이다. 통틀어서 말하면 모든 존재가 한마음이요, 나누어서 말하면 모든 존재가 각각 하나씩의 마음을 갖추고 있는 것이다. …… 따오기가 흰 것을 두고 그것이 왜 흰색인지 그 까닭을 찾을 필요가 없고, 까마귀가 검을 것을 두고 왜 검은지 그 까닭을 찾을 필요도 없다. 한마디로 말하면, 따오기가 흰 것도 마음이며 까마귀가 검은 것도 마음이다. 한마음이 이미 밝아지면 모든 존재가 스스로 드러나는 것이니, 이것이 바로 '돈오(頓悟)'라는 말이 있게 된 까닭이다. 모든 존재는 공하여 한마음으로 되돌아가는데, '한마음'이라는 명칭도 또한 억지로 세운 것일 뿐이다. 그 실제를 말하면 까마득하고도 까마득해서 이름 붙이려고 해도 그럴 수 없고 설명하려고 해도 할 수 없다.[1]

至於吾佛氏, 則不言理氣, 而專言心. 盖'心'者, 一公共底物事, 非我得而私之也. 是心圓滿淸淨, 如太虛空焉, 如大溟渤焉. 性則雖非一切相, 而得爲一切, 彼天地日月, 人物山川, 萬

1 『도덕경』의 맥락을 그대로 따르고 있는 것으로 보아서, 당시에 불교의 돈오설이 노장사상의 맥락에서 이해되고 있었음을 짐작할 수 있다. 『도덕경』 1장의 다음 문장 참조. "도를 '도'라고 하면 늘 그러한 도가 아니고, 이름을 '이름'이라고 하면 늘 그러한 이름이 아니다. 이름 없는 것이 천지의 처음이요, 이름 있는 것이 만물의 어머니다. 그러므로 항상 하고자 하지 않음으로써 그 미묘함을 보고, 하고자 함으로써 그 가장자리를 본다. 이 두 가지는 함께 나왔지만 이름이 다르니, 함께 일러서 '현묘하다'고 하니, 현묘하고 또 현묘하며 온갖 미묘함의 문인 것이다[道可'道,' 非常道, 名可'名,' 非常名. 無名天地之始, 有名萬物之母, 故常無欲以觀其妙, 常有欲以觀其徼, 此兩者, 同出而異名, 同謂之'玄,' 玄之又玄, 衆妙之門]."

像森羅, 皆心之相也. 合異言之, 萬法皆一心, 分而言之, 法法上各具一心矣. …… 不必就鵠白上, 推鵠之所以白, 就烏黑上, 推烏之所以黑. 而一言斷之曰, 鵠白心也, 烏黑心也. 一心旣明, 萬法自彰, 此所以有'頓悟'之說也. 萬法皆空, 歸於一心, '一心'之稱, 亦强立耳. 語其實際, 則玄之又玄, 名不可名, 說不可說.

『仁嶽集』 卷3 「答訥村書」, 한불10:417상

| 자료 3 | 모든 것은 마음으로 귀결된다

> 여기에 소개된 세 편의 시는 모든 것을 마음[心]으로 귀일시키는 의첨의 불교에 대한 이해가 유려한 문체로 나타난 것이다. 아울러 불립문자로 대표되는 선가의 종지 또한 유감없이 발휘되는 것 또한 확인할 수 있다.

소림사의 마음 법은 문사(文辭)를 배척하여
책상 위의 『능가경』 또한 읽지 않는다네.
도를 향해 가는 길 가운데서 허송하지 말고
돌아가 마땅히 다른 스승 구하시기를.

小林心法黜文辭 案上楞伽亦不治 莫向途中消日月 歸求當復有餘師

『仁嶽集』 卷1 「送旻上人歸松京(并小序)」, 한불10:403하-404상

첩첩산중 여명에 쇠북이 울려
그 소리 냉랭하게 소나무에 걸렸네.
다시는 여러 사람을 가르치지 않고
종일토록 말없이 청산만 바라보리라.

千山曙色赴晨鐘 浮響冷冷在半松 不復朋徒來講法 終朝無語對青峯

『仁嶽集』 卷1 「廢講」, 한불10:404상

면벽에는 여섯 창[2]을 닫는 것이 요긴한데
세존께서만 어찌 홀로 뛰어나신가?
마음속에 한 물건도 오지 않으면
마음의 근원은 강처럼 맑으리.

面壁要先閉六窓 世尊何必獨無雙 莫教一物來肝腑 然後心源淨似江

『仁嶽集』卷1「參禪」, 한불10:404상

| 자료 4 | 의첨의 선기(禪機)

> 의첨이 꿈의 형식을 빌려 자신의 법기(法器)를 표현한 것이다. 그 뒷부분(한불10:406상-중)에도 역시 꿈의 형식을 빌려 임금을 만난 감격을 표현하고 있는 것으로 보아서 의첨이 자신의 의사(意思)를 자연스럽게 드러내려고 하였던 그 나름대로의 독특한 글쓰기 양식이 아닌가 싶다.

갑인년 정월 7일 꿈에 무차회를 열었는데 맑은 청중이 운집하였다. 그 가운데 한 노승려가 짙은 눈썹과 흰 수염을 하고서 송나라 때 참정(參政) 이한로(李漢老, ?-?)의 본분송을 거론하면서 말하기를, "눈꺼풀[3]은 삼천세계를 덮었고 콧구멍[4]은 백억의 몸을 기르네"라고 하였다. 내가 말하기를, "내가 보건대 당신의 눈꺼풀은 얼굴조차 가리지 못하는데, 어찌 삼천세계를 들먹이는가? 그리고 당신의 콧구멍은 한주먹의 크기도 되지 않는데, 어찌 백억 사람을 들먹이는가?"라고 하였다. 그가 갑자기 앞으로 나와서 절을 하기에 내가 주장자를 내리치면서 소리쳤다. "이 애꾸눈아!" 그가 무릎을 꿇으며 "대사께서는 한마디 해 주십시오." 하고 청하기에 나는 다음과 같이 말하였다. "눈꺼풀은 삼천세계를 덮었고 콧구멍은 백억의 몸을 기르네." 그가 "그 말은 제가 한 말입

2 안·이·비·설·신·의(眼·耳·鼻·舌·身·意) 등 육근(六根)을 말한다.
3 자신의 진면목 혹은 불성을 뜻한다.
4 코가 얼굴의 중앙에 위치하고 있음을 비유하여, 콧구멍도 역시 눈꺼풀처럼 자기 자신의 본래 면목을 뜻한다.

니다."라고 하기에 내가 다시 이르기를, "달 속의 계수나무를 베어내면 밝은 빛이 마땅히 더해지리라. 부처님의 가르침 중에도 '육근이 법계에 두루 가득 차 있다'고 하지 않았던가?" 그는 말이 없었고 나 또한 놀라서 잠에서 깨어나 창가에 팔을 괴고 누워서 게(偈)를 읊었다.

예나 지금이나 기운은 너무 거칠고
마음을 한 번 붙잡고 한 번 놓는 것이 나에게 달렸네.
깨어나 부처의 꿈을 크게 웃으니
뜰의 매화 한 그루는 달에 서렸네.

甲寅正月人日[5]夜夢, 設無遮會, 淸衆多集. 座上有一老僧, 尨眉雪髮, 姿貌魁梧, 擧宋朝李參政漢老本分頌云, "眼皮盖盡三千界, 鼻孔成長百億身." 余厲聲曰, "以吾觀汝眼皮, 盖一面不得, 誰言三千界乎? 鼻孔容一拳不得, 誰言百億身乎?" 僧遽出拜, 余以柱杖打之曰, "這瞎眼漢!" 僧跽曰, "乞師下一轉語." 余曰, "眼皮盖盡三千界, 鼻孔成長百億身." 僧曰, "老僧道底." 余曰, "斫却月中桂, 淸光應更多, 敎中亦云, '六根遍滿法界'." 僧無語, 余亦警寤, 乃曲肱窓下爾, 遂吟一喝曰, 超古超今氣太粗 一操一縱摠由吾 覺來大笑空王夢 月上庭梅第一株

『仁嶽集』 卷1 「甲寅正月人日夜夢」, 한불10:402하-403상

5 인일(人日)은 음력 정월 초이레의 아칭(雅稱)이다. 고대에는 이날의 기후(氣候) 여하로 그 해의 길흉을 점쳤다고 한다.

5. 대지(大智)

대지(大智, ?-?)의 호는 운봉(雲峰)이다. 청허 휴정의 후손인 우화(雨花, ?-?)의 상수(上首) 제자로서 17세기에서 18세기 초반에 걸쳐 살았다는 것밖에는 자세한 행적을 알 수 없다. 저서로 『심성론(心性論)』이 남아 있다.

| 자료 1 | 심성은 규정되지 않는다

> 불교의 주요 개념 가운데 하나인 '심성'에 대한 논의를 담고 있는 문헌으로서 조선 후기 불교의 심성론이 어떠한 양상을 띠고 전개되었는가를 알려주는 매우 중요한 자료로 평가된다. 여기에서는 심성에 대한 전체적인 규정을 담고 있는 「서문」과 불교 교리와 주역을 결합시켜 설명하고 있는 부분을 가려 뽑았다.

사람마다 완전하고 텅 비어 고요한 마음의 본체가 있는데, 보고 들을 수 없으나 태허를 품고 있다. 사람마다 넓고 크고 신령스럽게 통하는 본성의 작용이 있는데, 공간에 구속되지 않으면서도 온 우주에 두루 퍼져 있다. 쓸쓸하니 텅 비어 고요하며 맑게 비어 있다. 부를 수 있는 이름이 없으며, 볼 수 있는 모습이 없다. 본체의 크기는 매우 넓고 넓어 갠지스강의 모래알과 같이 많은 본성적인 덕과 한량없이 많은 묘한 작용을 본래 갖추고 있다. 허공 세계는 모두 본각[1]의 안에 있으며, 삼계와 육도는 모두 참된 본성의 모습이다. 커서 갠지스강의 모래와 같은 많은 세계를 다 갖추고 있으며, 작아서 조그만 티끌 속에도 들어간다. 감도 없고 옴도 없어 천 겁[2]의 오랜 세월을 지나더라도 오래지 않으며, 속에 있는 것도 아니고 밖에 있는 것도 아니어서 온 누리 어디에나 있어 다함이 없다. 빠른 천둥이 어찌 [이것보다도] 빠르다고 할 것인가? 빠른 번개도 이에 비하면 밝지 않다. 일상의 작용에서 떠나지 않아 목마르면 마시고 배고프면 먹는 가운데 항상 마주하고 있으며, 항상 움직이는 작용 가운데 있어, 일어나고 앉고 서로 붙들어 주는 가운데 오랜 세월 함께 있다. 희미하고 황홀하여 멀리 생각하고 말할 수 있는 범위를 벗어나 있다.

人有圓滿空寂之心體, 絶視聽而含太虛, 人有廣大靈通之性用, 離方處而周法界. 簫焉空寂, 湛而沖虛, 無名可名, 無相可睹. 體量恢恢, 恒沙性德, 無量妙用, 元自具足. 虛空世界, 皆在本覺之內, 三界六道, 悉是眞性之相. 能大而俱該沙界, 能小而在一微塵. 無去無來, 歷千劫而不古, 非中非外, 徧十方而無窮. 疾雷何大急? 迅電亦非光. 不離日用, 渴飮飢飡常對面. 常在動用, 起坐相將歲月長. 希夷然, 恍惚焉, 逈出思議之表也.

『雲峯禪師心性論』「心性論序」, 한불9:1중-하

| 자료 2 | 『주역』의 원리는 불교의 가르침과 같다

이것은 『주역』의 구성 원리가 불교의 가르침과 같다고 주장하는 글로, 그 내용은 『유석질의론』에 보이는 것과 똑같다.

공자께서 말하기를, "도가 사람을 멀리하는 것이 아니라, 사람이 스스로 멀리한다"라고 하였는데, 바로 우리 석가모니께서 가르치신 뜻과 똑같다. 그러므로 "역(易)은 연기이니, 본성적인 깨달음에서 비롯된 것이다"라고 하였으니, 대개 우리 가르침과 서로

1 수행을 통하여 얻은 깨달음이 아니라 본래부터 지니고 있는 깨달음을 가리킨다. 선불교에서는 모든 중생이 본래부터 완전한 부처의 깨달음을 지니고 있으나, 이를 알지 못하고 있을 뿐이라고 하였는데, 그것이 바로 이것이다.

2 '겁(劫)'은 산스크리트어 'kalpa'의 음역으로서 헤아릴 수 없이 오랜 시간을 뜻한다.

겉과 속이 되는 것으로서, 또한 근원으로 돌아가 진리의 세계에 들어가는 처음 문이니 밝히지 않을 수 없다. 역이 도가 된 것은 태극에서 비롯된 것이고, 태극은 무극에서 비롯된 것이다. '무극'은 맑고 고요하고 텅 비고 밝으며 온 우주를 포괄하고 있는 것을 말하니 바로 부처님의 법신[3]이다. 무극을 다하여 영묘한 것이 일어나려고 하는 이것을 '태극'이라 한다. '태극'이란 하나의 참된 것을 품어 온 우주에 가득한 것이다. 영묘한 것은 일어나고 하나의 기가 성하게 되는 것을 '태초(太初)'라고 한다. 기가 빙빙 도는 것을 '태시(太始)'라고 한다. 영묘하여 순수하고 참된 것을 '태소(太素)'라고 한다. 두 기가 갈라져 맑음과 흐림이 나뉜 것을 '양의(兩儀)'라고 한다. 맑아서 위로 올라간 기를 '양'이라고 하고, 흐려서 아래로 내려간 것을 '음'이라고 하니 바로 부처님의 보신[4]이다. 음양이 각자 나뉘어 이육(二六, 12)이 24기(氣)가 되고, 사육(四六, 24)이 서로 뒤섞여 오행이 그 가운데 생겨난다. 마치 한 알의 씨앗 같은 것이니, 처음 뒤섞인 것이 아직 나뉘지 않았지만 온갖 묘한 것들이 모두 그 안에 들어 있을 때는 바로 법신 태극의 본체이다. 싹이 틈에 이르러 뿌리는 아래로 서리고 싹은 위로 솟으니, 바로 보신 양의의 모습이다. 위아래의 뿌리와 가지가 이리저리 나뉘어 하나의 모습을 이루고 기맥이 서로 엇갈려 가지와 잎과 꽃과 열매가 생겨나니, 바로 부처님의 화신[5] 조화의 작용이다. 이로써 24기가 구궁(九宮)에서 서로 엇갈려 뒤섞여 오행이 생겨나는 법수를 손바닥을 가리키듯이 분명하게 알 수 있으며, 복희씨, 문왕, 주공, 공자 네 성인이 발휘한 바가 모두 하나의 마음에서 나왔음을 충분히 알 수 있으며, 조화가 낳고 낳는 묘한 이치 또한 드러난다. 역을 공부하는 이들은 마땅히 잘 참구하여야 할 것이나, 하나의 기가 아직 일어나기 이전으로 빛을 되돌려 한번 보면 곧 자기의 태극을 보는 것이고, 자기의 태극을 보면 곧 자기의 건곤(乾坤)을 보는 것이며, 자기의 건곤을 보면 곧 자기의 조화를 보는 것이고, 자기의 조화를 보면 곧 천지와 함께할 수 있을 것이다.

---

3 진리의 몸인 부처라는 뜻으로서 진리 그 자체로서의 부처를 뜻한다. 진리가 어디에나 있으나 볼 수 있는 특정의 모습이 없으며 변화하지 않고 영원한 것처럼 법신 또한 그러하다고 한다.

4 수행의 과보로서 된 부처라는 뜻으로서 대승불교에서는 온 우주에 헤아릴 수도 없이 많은 부처의 세계가 있고, 그 세계마다 각각 부처가 있다고 하여 무수히 많은 부처가 있다고 보는데, 이들 가운데 지구의 인간들 세계에 나타난 부처를 제외하고는 모두 보신이다.

5 중생을 교화하기 위하여 화현(化現)한 부처라는 뜻으로서 인간 세계에 나타난 부처를 뜻하며, 과거에 석가모니불을 포함하여 모두 7명의 부처가 있었고, 미래에는 미륵불이 화신불로서 이 세계에 온다고 한다.

夫子云, “道不遠人, 人自遠矣.” 正同我迦文之教義也. 故曰, “易也者, 緣起, 原乎性覺之中, 蓋與吾教相爲表裏.” 是亦還源入法之初門, 不可不明也. 夫易之爲道, 原於太極, 而太極又本乎無極. ‘無極’者, 湛寂虛明, 包括十虛之謂也, 卽佛之法身, 是也. 極乎無極之中, 靈妙將發, 謂之‘太極’. ‘太極’者, 含畜一眞, 充塞六合之謂也. 靈妙發矣, 一氣盛矣, 謂之‘太初’. 氣之轉旋, 謂之‘太始’. 靈妙純眞, 謂之‘太素’. 二氣判而淸濁分, 謂之‘兩儀’. 氣淸而上者, 謂之‘陽’, 氣濁而下者, 謂之‘陰’, 卽佛之報身, 是也. 陰陽各分, 二六爲二十四氣, 四六錯綜, 而五行生乎其中矣. 如有一顆種子, 初若混沌未分, 然衆妙摠在裏許, 卽法身太極之體也. 及其萌動也, 根盤于下, 芽屮于上, 卽報身兩儀之相也. 上下根枝, 分擺一狀, 氣脈錯綜, 而枝葉花果生焉, 卽佛之化身造化之用也. 此以二十四氣 錯綜於九宮, 而五行生成之數, 了如指掌. 足以見羲文周孔四聖人之發揮, 同出一心. 造化生生之妙, 而亦現矣. 學易者, 宜善叅詳, 向一氣未發已前, 回光一覽, 便見自己太極. 見自己太極, 則便見自己乾坤. 見自己乾坤, 則便見自己造化. 見自己造化, 則可以與天地參矣. 『雲峯禪師心性論』「心性論序」, 한불9:3상-중

| 제7장 |

조선 후기의 선이론 논쟁과 발전

1. 긍선(亘璇)
2. 의순(意恂)

1. 긍선(亘璇)

백파 긍선(白坡亘璇, 1767-1852)은 호남의 무장현(현재의 무주와 장수 지역) 출신으로 12세에 출가하여 선운사(禪雲寺)와 평안도 등지를 떠돌며 공부하다가 지리산 영원암(靈源庵)에서 설파상언(雪坡尙彦, 1707-1791)으로부터 선의 종지를 받았다. 그리고 전라남도 남원의 구엄사(龜嚴寺)로 돌아가 설봉 거일(雪峰巨日, ?-?) 화상의 법통을 계승하고 26세 때 백양산 운문암(雲門庵)에서 설법을 시작하자 백수십 명의 학승들이 모여들었다고 한다.

백파가 강백(講伯) 생활을 갑자기 접고 수행 정진을 시작한 때는 49세경으로 이때부터 55세까지 7년 동안 정읍(井邑)의 용문정사(龍門精舍)에서 참선 수행을 하였다. 그리고 56세 때는 다시 운문암으로 되돌아와 63세까지 8년간 『수선결사문(修禪結社文)』을 지어 참선 수행을 계속한다. 그리고 63세 되던 1830년 이후로는 구엄사로 돌아가 사찰을 중창하고 선강법회(禪講法會)를 열자 전국의 선승들이 모여들었다고 전한다. 백파는 1852년(철종 3년)에 86세를 일기로 입적하였다.

백파의 저술로는 여러 가지가 있으나 그의 선사상의 전모가 드러나는 『선문수경(禪文手鏡)』과 『수선결사문』[1]이 대표적이다. 『선문수경』은 구엄사로 돌아온 후에 지은 것

---

1 「수선결사문」은 『한국불교전서』 제10책에 '수선결사문과석(修禪結社文科釋)'이라는 명칭으로 올라 있다. 하지만 이 명칭은 틀린 것으로 '과석(科釋)' 두 글자를 떼버려야 한다. 이어서 부록으로 수록된 「식지변설(識智辨說)」과 「태고암가입과(太古庵歌入科)」도 백파의 저술이다. 김윤수, 「박치유의 방각본 불전과 백파대사의 『필삭기』」, 『한국문헌정보학회지』 25집(1993), pp. 427-428 참조.

으로 보인다. 그리고 『수선결사문』의 내용은 「참학요재안목진정」(參學要在眼目眞正)에서 「약술비회결권동수(略述鄙懷結勸同修)」까지 총 19조목으로 나누어져 있으며, 「사중규승(社中規繩)」이라 하여 일종의 결사의 계율 등 여러 문건이 부록 되어 있다.[2] 이 결사의 성격은 부록 되어 있는 「사중규승」의 일곱 가지 가운데 첫 번째 부분에서 뚜렷하다. 여기서는 돈오(頓悟) 이외 일체의 수행법은 유루(有漏)를 일으키는 데 불과하고 예불 등도 집착할 것이 못 된다고 말하고 있다. 또 걸식을 기본으로 하고 계율을 어기는 자는 제명한다는 조목도 보인다.

백파의 사상과 관련된 중요한 주제는 조선 후기에 있었던 이종선(二種禪)·삼종선(三種禪) 논쟁이다. 한 세기 가까이 진행되었지만 이후의 내용은 백파와 초의 의순(艸衣意恂, 1786-1866), 그리고 추사(秋史) 김정희(金正喜, 1786-1856) 사이에 오간 논쟁의 내용을 보충하는 정도로 파악된다. 그간 학계에서는 조선 후기의 선논쟁이 별로 주목받지 못하였을 뿐만 아니라, 얼마간의 연구 성과 역시 편향된 시각을 적지 않게 노출하고 있다. 그 결과 백파를 임제선(臨濟禪) 지상주의자 혹은 엉뚱한 선 이론을 제창하여 괜한 논란만 일으킨 장본인으로 평가하는 한편, 초의와 추사는 상대적으로 객관적이며 합리적이었다는 평가가 일반적이었다.[3]

---

2 이외에도 『수선결사문』의 말미에는 태고 보우와 관련된 문건이 부록되어 있어 눈길을 끈다. 「태고암가」에 대한 과석(科釋)에 이어 세 편의 짧은 글이 실려 있다. 이것들은 대부분 『태고록』에 실려 있는 것들인데, 이 가운데 「염불요지」는 『태고록』에서 「시낙암거사염불약요(示樂庵居士念佛略要)」(한불6:679하)이라는 제목을 취하고 있고 여기서 약간 추가된 부분도 있다. 또 「삼근염불변(三根念佛辨)」은 현전하는 『태고록』에는 실려 있지 않다. 마지막으로 「백충신 거사에게 주는 법어[示白忠信居士法語]」는 현전하는 『태고록』에는 '백충신 거사에게 줌[示白忠居士]'(한불6:680상)이라는 제목으로 법어만 실려 있지만 여기서는 말미에 염불이 추가되어 있다.

3 조선 후기의 선논쟁에 대한 기존의 평가는 그리 긍정적이지 않다. 대체적인 이유는 그것이 선불교 내부에만 국한된 논의로서 당시 조선 불교계 전반의 모습을 반영하지 못하였을 뿐만 아니라, 당시의 사회 상황에 대한 현실 의식도 결여되어 있기 때문이라고 한다. 김종명, 「이종선과 삼종선 논쟁」, 『논쟁으로 보는 불교철학』(서울: 예문서원, 1998), p. 246 참조.
특히 백파의 저술 어디에서도 당시의 시대 상황에 대한 언급이 보이지 않는다는 점에 주목하기도 한다. 최일범, 「백파선사」, 『한국불교인물사상사』(서울: 민족사, 1990), p. 379 참조.
또한 논쟁의 중심이 대국적 개안(開眼)이 되지 못하고 문자 의리의 지해(知解)에 머무르고 말아 새로운 방향제시에 미치지 못하였다는 점을 들기도 한다. 정병삼, 「추사의 불교학」, 『간송문화』 24집(1983), p. 45; 이능화, 『조선불교통사(下篇)』(서울: 민속원, 1992), p. 895; 高橋亨, 『李朝佛敎』(大坂: 寶文館, 1929), p. 845; 한기두, 「백파와 초의시대 선의 논쟁점」, 『숭산박길진박사화갑기념 한국불교사상사』(익산: 원광대학교출판국, 1976), p. 1043 참조.
또 선불교의 실천방법과 방향제시를 위한 선론이 아닌 논쟁의 쟁점만 유발시키고 시비의 분위기만을 조장하초의와 추사의 이론이 백파의 그것에 비하여 합리적이고 객관적이며 고증적이고 실학적이라는 점은 분명해 보인다. 또 그 변증 방식이 당시 사대부를 중심으로 한 지식계층에 새롭게 대두되었던 실사구시의 실학적 기풍과 청조(淸朝)에서 풍미한 학문적 사조인 고증학의 방법이었으며, 이는 보수적 입장에 서서 자의적 해석을 시도한 백파와는 다른 비판적이고 진보적인 사상을 견지하고 있었다고 평가[4]할 수도 있다. 하지만 백파가 『선문수경』에서 왜 기존의 선이론과 다른 입장을 일부러 표명하였는지와 초의와 추사와는 다른 조선선문에서의 그가 차지하는 위상과 역할은 어떠하였는지에 대해서도 다시 생각해 볼 필요가 있을 것이다.

| 자료 1 | 의리선·격외선의 구분[義理禪格外禪辨]

> 다음의 자료는 『선문수경』 가운데서도 가장 핵심적인 부분에 해당되므로 좀 길지만 전문(全文)을 싣는다. 백파는 먼저 전통적인 선 분류에 따르면 '여래선=의리선'이라는 오해를 불러일으킬 소지가 있고, 그리고 이와 관련된 이견(異見)들 역시 명쾌한 해결책이 될 수 없었음을 밝히고 있다. 그래서 백파는 우선 선을 의리선과 격외선으로 크게 구분하고, 격외선 내에 다시 조사선과 여래선으로 세분하는 방식, 이른바 삼선설(三禪說)을 제시하고 있다. 이 자료에서는 백파가 여래선과 조사선을 구분한 이유와 함께 그것들을 '격외'라는 큰 범주에 함께 넣은 이유를 동시에 주의해서 살펴볼 필요가 있다. 왜냐하면 백파의 선이론을 정면으로 반박하고 있는 의순은 조사선만을 격외선으로 봐야 한다는 입장을 취하고 있기 때문이다.

| 자료 1-1 | 선의 종류와 관련된 각종 이견

옛날부터 흔히 "법(法)에 의거하여 '의리선'과 '격외선'이라고 부르고, 사람에 의거

였다는 지적도 한몫을 한다. 성본, 「초의스님이 제시한 선불교의 본질」, 『다보』 19호(1996), p. 301 참조.

4 이영호, 「초의(艸衣)의 선(禪) 사상과 특징」, 『한국종교연구』 2집(2000) 참조.

하여 '여래선'과 '조사선'이라고 부른다"라고 하였다. [이렇게 본다면] 의리선은 곧 여래선이고, 격외선은 곧 조사선이 된다. [그런데 삼처 가운데 하나인] 분반좌에 해당되는 여래선을 '의리선'으로 부른다면, 어떻게 삼처를 모두 '격외'라고 할 수 있겠는가?[5] 또 의리선이 [감히] 외람되게도 '격외'라는 이름을 얻게 되고, 여래선이 오히려 '의리[선]'에 불과하다는 누명을 쓰게 되니 이치가 자연스럽지 못하다.

용담(龍潭, ?-?)은 "모든 선의 글들이 격외이므로 『도서』와 『절요』 역시 격외이다"라고 하였는데, 그렇다면 의리선은 짝지을 것이 없다. 만약 『금강경』이나 『능가경』을 가리켜 저런 것들이 바로 교의 글들이라고 한다면, 과연 무엇을 '선'이라고 부르겠는가?"라고 하였다. 그리고 혜암(惠庵, ?-?)은 "삼현(三玄)[6] 가운데 첫 번째 것은 여래선이고, 그다음 두 개는 조사선이다"라고 하였다. 그렇다면 삼현으로 이미 [여래선과 조사선 등] 두 가지 선을 모두 다 한 것인데, 본분(本分)과 향상(向上),[7] 그리고 제일구(第一句)와 삼요 및 향상 등 이러한 것들은 도대체 뭐 하는 것들인가?[8] 연노(蓮老, ?-?)는 비록 일우(一愚, ?-?)[의 입장에] 근거하고 있었지만 다음과 같이 말하고 있다. "'의리'라는 개념은 포괄적[寬]이지만 '여래'라는 개념은 한정적[局]이다. 왜냐하면 여래선은 해(解)를 귀하게 치므로 영지(靈知)[9]에 가깝기 때문에 [여래선을] 의리선이라고 부를

---

5 선종에서는 석가모니가 세 곳에서 마하가섭에게 법을 전하였다고 하는데, 영산(靈山)에서의 염화미소(拈花微笑), 다자탑(多子塔) 앞에서의 분반좌(分半座), 사라쌍수 아래서의 곽시쌍부(槨示雙趺)가 그것이다. 이를 통칭해서 '삼처전심(三處傳心)'이라고 한다. 이를 두고 백파는 곽씨상부와 염화미소는 조사선에, 분반좌는 여래선에 속하며, 의리선은 아직 삼처전심의 경지에 들어가지 못한 것으로 보았다.

6 임제 의현(臨濟義玄)이 수행자를 지도할 때 사용한 방법 가운데 하나가 삼현이다. '삼현'은 글자 그대로 체중현(體中玄)과 구중현(句中玄), 그리고 현중현(玄中玄)의 세 가지로 구성되어 있는데, 그 구체적인 내용이 어떠한지는 사실 명확하지 않다.

7 '향상(向上)'은 '향하(向下)'와 대칭되는 용어로 아래에서 위로[由下至上], 말에서 본으로[從末至本]으로의 의미를 갖는다. 선종에서는 미망에서 깨달음의 경지로 직입(直入)하는 것을 의미하며, 위로 보리(菩提)를 구한다는 뜻을 담고 있다. 하지만 향상과 향하 둘을 동시에 갖추지 못하면 참된 깨달음이 아니라는 것이 선문의 공통된 입장이다.

8 임제선의 주요 개념들인 '본분', '향상', '제일구'(第一句), '삼요(三要)' 등이 한꺼번에 쏟아져 나오고 있다. 이들 각각의 개념들이 내포하는 대강의 의미는 『선학사전』 등의 사전류에 나오지만, 삼현과 마찬가지로 그 뜻이 불분명하다. 다만 여기서는 삼현만으로 여래선과 조사선을 모두 표현할 수 있다면, 본분 등의 개념들은 왜 생겨났겠느냐고 비판하는 맥락이다.

9 '공적영지(空寂靈知)'라는 주요 개념이다. 일종의 지적 작용이지만 일반적인 지적 작용이 분별지인 것과 달리 영지(靈知)는 무분별지에 가깝다. 그래서 하택 신회(荷澤神會, 670-762)-규봉 종밀(780-841)-보조 지눌(1158-1210)로 이어지는 계보에서는 영지의 가치를 인정한다.

수 있지만, 의리선은 어디까지나 의리일 뿐이므로 [의리선을] 여래선이라고 부르지는 못한다." 포괄적이고 한정적이라는 입장도 역시 천착한 것이다. 또 여래선이 바로 격외인데 어떻게 의리선이라는 누명을 쓸 수 있겠는가? 그래서 감히 명을 받들지 못하는 것이다.

古來通談曰, "約法名'義理禪'·'格外禪', 約人名'如來禪'·'祖師禪'." 此則義理禪則如來禪, 格外禪則祖師禪也. 旣已分座如來禪, 亦名'義理禪', 何云三處, 皆是格外也? 且義理禪, 得'格外'之濫名, 如來禪, 還得'義理'之累名, 理自不然. 龍潭曰, "一切禪門, 皆是格外故, 『都序』·『節要』, 亦是格外." 然則義理禪無配處. 若指『金剛』·『楞伽』則彼是敎門, 何名'禪'也? 惠庵曰, "三玄中, 初玄如來禪, 後二禪祖師禪." 然則三玄已盡二禪, 本分及向上, 與第一句三要及向上, 更是何法也? 蓮老雖依一愚亦云, "'義理'之言寬, '如來'之言局, 以如來禪尊貴解, 近於靈知故, 亦名'義理禪', 義理禪完有義理故, 不得名'如來禪'." 寬局之說, 亦是穿鑿. 且如來禪, 正是格外, 安得'義理'之累名也? 故皆未敢聞命.

| 자료 1-2 | 백파의 삼선설(三禪說)

의리선은 [임제삼구 가운데] 세 번째 구(句)[10]로서 새롭게 훈습하여 깨달아 수행하는 것[新熏悟修]이니, 의리의 모습이 온전히 있다. 이러한 까닭에 범부들은 깨닫고 수행해야 부처가 될 수 있음을 당연한 의리로 여기기 때문에 '의리선'이라고 한다. 현상에만 집착하는 하근기의 중생이 삿된 견해에 빠져들고 고집불통으로 교화되기 어려우므로 부처와 조사들이 노파심에서 방편이 없는 가운데서도 방편을 보여 주어 교화의 문을 드나들 수 있도록 여덟 가지의 성도한 모습[11]을 보여 주어 깨달아 수행하여 성불

---

10 백파는 이른바 임제삼구 가운데 제1구는 조사선에, 제2구는 여래선에, 제3구는 의리선에 각각 해당되는 것으로 보았다.

11 '팔상성도'는 '팔종의상(八種儀相)'이나 '석가팔상(釋迦八相)' 혹은 '여래팔상(如來八相)'으로도 칭해지는데, 석가모니 붓다의 일생을 여덟 가지 그림으로 나타낸 것이다. 구체적으로는 강도솔상(降兜率相), 탁태상(託胎相), 강생상(降生相), 출가상(出家相), 항마상(降魔相), 성도상(成道相), 설법상(說法相), 열반상(涅槃相)으로 구성되어 있다.

하는 방법을 널리 펼치지만, 깨닫고 수행함이 없는 본래의 불성을 드러내지는 못한다. 그래서 중생은 단지 깨달아 수행하는 큰 꼭두각시[傀儡]만을 알 뿐, 본래 타고난 적나라한 본성은 알지 못한다.

격외선은 "마음이 곧 부처"라는 여래선의 말과 "산은 산이요, 물은 물"이라는 조사선의 말이 딛고 일어설 발판을 완전히 없애 버려 의리의 격을 벗어났으므로 '격(格)[12]〈원주: 의리〉 밖의 선'이라고 하는 것이다. 이것은 교외별전의 한 가지 맛인 선인데, 중생의 알음알이의 사나움에도 불구하고 곧바로 승당(承當)할 수 있도록 하기 위하여 최상승(最上乘)을 직접 보여 준다. 이 격외에 또 두 가지 종류가 있는데, 먼저 여래선은 중근기의 중생이 삼현이라는 방편의 문에서 본분(本分)과 향상(向上)[13]을 깨치는 것이니, 이것 역시 조사문 가운데의 일이다. 왜냐하면 그 깨달은 바가 온 천하를 다 망라한 하나의 금덩이 같은 말이므로, 여래께서 만법을 통괄하여 일심을 밝힌 가르침의 흔적과 완전히 부합하기 때문이다. [그런데도] 겸손하게 '여래선'이라고 칭하였으니, 그 존귀한 면을 드러내기 위한 것이다. 이 분좌〈원주: 법이 공한 자리〉의 소식은 법안종과 위앙종과 조동종 세 종파의 종지가 된다.

두 번째는 조사선인데, 상근기의 중생이 삼요문에서 진공(眞空)과 묘유(妙有)를 [동시에] 깨닫는 것이다. 이것은 정확히 조사문의 현상이므로 바로 '조사선'이라고 한다. 그리고 곧 염화〈원주: '묘유'에 해당한다〉의 소식이며, 운문종과 임제종의 종지가 된다. [삼처전심 가운데 세 번째인] 곽시쌍부〈원주: '살활(殺活)'에 해당한다〉의 소식은 육조(六祖) 이하로는 전해지지 않았으므로 '선사'라고만 부르고 '조사'라고는 하지 않는데, 이것 역시 아직 결정짓지 못하였다.

蓋義理禪, 以第三句, 但新熏悟修之說, 完有義路理路之標格. 則以是凡夫, 必須悟修成佛, 義理當然, 故名'義理禪'. 以下根着相衆生, 沒溺邪見, 强剛難化, 故佛祖老婆心切, 無方便中, 施設方便, 出來化門, 示八相成道, 廣演悟修成佛之法, 而未顯無悟修之本有佛性, 故

---

12 '격'은 유효한 '범위'를 의미하는 것으로 『장자』의 '방(方)'이라는 개념과 유사하다.

13 본분(本分)과 향상(向上)은 중생이라는 미완전한 현상보다는 본래성불(本來成佛)이라는 원리적 완결성에 무게중심을 둔 의미이다. 『대승기신론』의 용어로 설명한다면 진여문(眞如門)과 생멸문(生滅門) 가운데 전자에 해당된다고 하겠다.

衆生但認悟修之傀儡, 未見本有之裡豆性也. 格外禪, 以如來禪"卽心是佛", 祖師禪"山是山水是水"之說, 了沒巴鼻, 逈出義理之格故, 名'格〈義理〉外禪'. 是爲校外別傳一味禪, 以衆生知見猛利, 可以直截承當故, 直示最上乘也. 此格外中, 又有二種, 一如來禪, 以中根衆生, 則於三玄權門, 透得本分及向上也. 此亦祖門中事, 以其所悟盡大地一挺金之說, 完同如來, 統萬法明一心之敎迹故, 貶之曰'如來禪', 以有尊貴頭角故也. 則分座〈法空座〉消息, 而爲法眼·潙仰·曹洞三宗旨也. 二祖師禪, 以上根衆生, 則於三要門, 透得向上眞空妙有也. 正視祖門中行色故, 直名'祖師禪', 則拈華〈妙有〉消息而爲雲門·臨濟二宗旨也. 第三示趺〈殺活〉消息, 想必六祖下未傳故, 但名'禪師', 未名'祖師', 而亦未敢決定.

『禪文手鏡』「義理禪格外禪辨」, 한불10:519중-하

| 자료 2 | 신훈(新熏)과 본분(本分)의 틀로 본 선의 차이

> 신훈(新熏)은 본래성불(本來成佛)에 대한 깨침 없이, 즉 현상적 불완전성을 전제로 수행을 통하여 깨달음에 이르기를 기도(企圖)하는 점수(漸修)적 수행론이다. 이에 비하여 본분(本分) 혹은 진여(眞如)는 본래성불이라는 원리적 완결성 전제를 깨달음을 지향한다는 점에서 돈오(頓悟)적 수행론이라고 할 수 있다. 여기서 백파는 먼저 본래성불에 대한 통찰 여부를 기준으로 얼자(의리선)와 적자(여래선과 조사선)를 구분한다. 그리고 이어서 원리적 완결성[眞空, 곧 暗]과 현상적 불완전성[妙有, 곧 明]에 대하여 균형 잡힌 태도를 취하고 있는가를 기준으로 여래선과 조사선을 구분한다. 여래선이 조사선에 못 미치는 이유는 여래선이 의리선과 반대되는 방향으로 지나치게 많이 나갔기 때문이라는 것이 백파의 통찰이다.

의리선은 단지 깨달아 수행하여 성불하는 것만 밝히고 있으니, 신훈(新熏)만 있고 본분(本分)이 없는 관계로 진여자성(眞如自性)을 드러내지 못하였으므로 부처와 조사의 얼자(孼子)가 된다. [그리고] 여래선 가운데 위앙종과 법안종은 삼현(三玄)의 권(權)으로 신훈을 삼고 일구(一句)의 실(實)로 본분을 삼는다. 또 조동종은 공겁(空劫)을 완전히 초탈하여 금시에 떨어지지 않고 위로 진공(眞空)만을 바로 보여 주므로 신훈도 아니고 본분도 아니다. 이상의 세 종파는 모두 본분인 자성을 깨달았으므로 [부처와 조사의] 적자가 된다. [그리고] 조사선에 속하는 두 종파(임제종과 운문종)는 아래로는 삼요(三要)를 신훈으로 삼고 위로는 진여를 본분으로 삼는다.

이상과 같이 여래선의 본분과 향상은 불변(不變)의 진여일 뿐이므로 진공의 아득함[暗]에만 집착하고 있는 반면에, 조사선의 향상과 본분(本分)의 진여는 불변과 수연(隨緣)의 두 가지 뜻을 모두 갖추어 진공과 묘유(妙有)를 원만히 갖추고 있으므로 이는 아득함과 분명함[明]을 함께하는 것이다. [여래선과 조사선] 이 두 가지 선에 깊고 얕은 차이는 있지만 본분의 진여를 깨달은 것이므로 모두 부처와 조사의 적자이다. [하지만] 의리선은 아직 본분을 알지 못하였으므로 얼자가 되는 것인데, 의리선을 여래선으로 삼는 말은 스스로를 부수는 것에 다름 아니다.

義理禪, 但明悟修成佛, 則但新無本, 未明眞如自性, 故爲佛祖孼子也. 如來禪中, 潙法二宗, 以三玄權爲新, 以一句實爲本也. 曺洞宗, 全起空劫, 不落今時, 直示向上眞空故, 非新非本也. 以三宗皆悟本分自性, 故爲嫡子也. 祖師禪二宗, 以向下三要爲新, 以向上眞如爲本也. 然則如來禪本分及向上, 但是不變眞如故, 唯是眞空暗一着也, 祖師禪向上本分眞如, 具足不變隨緣二義故, 圓具眞空妙有, 是爲雙暗雙明也. 以此二禪, 深淺雖殊, 皆悟本分眞如故, 俱爲佛祖嫡子. 義理禪, 未見本分, 故爲孼子也. 以義理禪, 爲如來禪之言, 不攻自破也.

『禪文手鏡』「新熏本分辨」, 한불10:520상~중

| 자료 3 | 『수선결사문(修禪結社文)』에 나타난 의리선의 위상

선불교의 흐름 가운데 의리선으로 공인되다시피 한 것이 하택 신회(荷澤神會, 670-762)와 규봉 종밀(圭峰宗密, 780-841), 그리고 보조 지눌(普照知訥, 1158-1210)로 이어지는 이른바 지해선(知解禪)의 계보이다. 이에 대하여 백파가 어떤 평가를 하고 있었는지 살펴볼 수 있는 자료들을 소개한다. 백파는 이들이 모두 지해종도(知解宗徒)임을 분명히 하고 있지만, 결코 무의미하거나 하열(下劣)하다는 배타적인 평가는 내리지 않고 있다. 이 흐름을 선의 한 부분으로 인정하고 있을 뿐만 아니라 오히려 적극적으로 자리매김하려는 경향까지 보인다.[14]

『수선결사문』은 [모두] 19장[으로 되어 있는데] 그 가운데 제3장, 제4장, 제5장, 제6장 등 총 네 개의 장은 간혹 의리를 건너뛰어 아무 맛 없는[沒滋味][15] 격외선의 종지를 주로 밝히고 있으니 『선요』나 『서장』과 바로 일치하며, 천칠백 칙[의 공안]이라고 해서 다시 별다른 궤적이 있는 것이 아니다. 그 나머지 열다섯 개의 장은 중간중간에 격외선지를 두고 있기는 하지만 여실언교(如實言敎)인 원돈신해(圓頓信解)의 의리를 주로 밝히고 있으니, 『도서』나 『절요』와 바로 일치한다. [석가모니] 일대의 각종 교설(敎說)은 변함없이 온전한 의미를 갖는[決定了義][16] 여실하고 미묘한 도리이니 모조리 포괄하지 않는 바가 없다.

文中十九章內, 第三四五六四章, 或涉義理, 而多分發明沒滋味格外禪旨, 故如『禪要』·『書狀』正同也, 千七百則, 更無異轍也. 其餘十五章, 則間有格外禪旨, 而多分發明如實言敎圓頓信解義理禪, 故如『都序』·『節要』正同也. 一代時敎中, 決定了義之如實妙理, 無不括盡也.

『修禪結社文』, 한불10:530상

이 [하택 신회] 선사는 불성의 지해(知解)가 남아 있는 것에 근본을 두고 있으니, 사구를 통하여 깨달아 들어가는 것이며 의리선의 종주이고 육조[혜능]의 얼자가 된다. 그러나 깨달아 이해함이 고명(高明)하고 그 해결함도 완벽하여 '공적영지'라는 네 글자로 모든 선교의 종취를 포괄하였다. [그 내용은 보조 지눌이] 『도서』와 『절요』에서 보여 주고 있는 체중현(體中玄)의 이치가 그것이다. 말세의 중생은 대부분 의리를 통하

---

14 백파는 총 19조목으로 구성된 『수선결사문』 가운데 여덟 번째 조목인 「요간염불결권수심(料簡念佛結勸修心)」이라는 제목 아래에서 그 이하의 내용 가운데 많은 부분을 목우자의 말에서 빌려 왔음[此下多抄牧牛語]을 밝히고 있다(한불10:538하).

15 '아무 맛없음[沒滋味]'이라는 표현은 간화선 수행법을 가리키는 대표적인 수식어 가운데 하나이다. 아무 맛이 없다는 말이 내포하는 것은 잡을 곳, 즉 단서가 없다는 뜻이다. 간화선 이전의 공안선이 화두에 대한 각종 해석에 근거하여 그것을 단서로 수행하였던 데 반하여, 간화선에서는 공안에 대한 기존의 해석을 지양하고 공안과 선수행자가 직접 아무런 선입견 없이 마주치도록 독려한다. 그래서 이때의 공안은 아무런 단서도 없다고 하는 것이다.

16 '결정(決定)'과 '요의(了義)' 둘 다 우리말로 표현하기 쉽지 않은 개념이다. 산스크리트어로는 각각 'niścaya'와 'nītārtha'이다. '결정'이란 간단히 '정(定)'으로 쓰기도 하는데, 일정불변하다는 뜻이며 '결정신(決定信)', '결정업(決定業)', '결정성(決定性)' 등의 용례가 있다. 또 '요의'는 붓다의 가르침이 직접 온전하게 드러났다는 의미로서, 반대말은 '불료의(不了義)'이다. 예를 들면, 생사와 열반이 다르지 않다고 말하는 경전류를 '요의경'이라 하고, 생사를 벗어나 열반을 구한다는 내용을 말하는 경전류를 '불료의경'이라고 하기도 한다.

여 깨달음에 들어가게 되니 규봉 종밀과 보조 지눌의 서술도 마땅하다.

此師本源佛性之知解未亡, 故爲死句悟入, 卽義理禪宗主, 而爲六祖之孼子也. 然悟解高明, 決擇了然, 以'空寂靈知'四字, 括盡一藏禪敎之宗趣. 如『都序』·『節要』中所明, 卽上體中玄道理是也. 末世衆生, 多種義理中悟入, 圭峯牧牛之敍述, 卽其宜也.

『修禪結社文』, 한불10:534상

| 자료 4 | 『수선결사문』에 나타난 여래선과 조사선의 관계

[남악 회양(677-744)] 선사는 지해(知解)를 존귀하게 여기면서도 또한 [그것을] 없애 부처와 조사를 완전히 깨닫고 기(機)와 용(用)의 청정한 심체를 [동시에] 갖추어 [그것을] 활구로 삼아 깨달아 들어가므로 조사선의 종주이자 육조의 적자이다. …… 그리고 [청원 행사(?-741)] 선사는 향상의 한 가지 길을 확철대오하여 번뇌가 일어나지 않고 조금의 잡초도 생겨나지 않는데, 마찬가지로 그것을 활구로 삼아 깨달아 들어가니 여래선의 종주이다. [남악과 청원] 두 선사는 똑같이 격외선이다.

청원에 대하여 알고 싶은가? 이래도 안 되고 저래도 안 되니, 이것저것이 다 안 된다. …… [이것을] '여래선'이라고 한다. 그리고 회양에 대해서도 알고 싶은가? 이것도 되고〈원주: 큰 쓰임[大用]을 말한다〉와 저것도 되니〈원주: 큰 기틀[大機]을 말한다〉 이것저것이 다 된다〈원주: 기틀과 쓰임이 고르게 베풀어진다〉. …… [이것을] '조사선'이라고 한다. …… [여래선과 조사선]이 두 가지 선이 합하여 니련하 옆에서 있었던 곽시쌍부의 소식이 된다. [남악과 청원] 두 선사가 얻은 바가 이처럼 원만하고 지극하므로 다섯 종파로 나누어져 널리 이롭게 함이 끝이 없었는데, 배우는 이들이 [이러한 이치를] 알지 못해 어리둥절한[莽鹵] 것이다. ……

이 두 가지 선은 배우는 이들이 깨달음에 들어가는 측면에서 보면 깊고 얕음이 있지만, 종사들이 다루는 측면에서 보면 깊고 얕음이 없다. 또 이 두 가지 선은 함께 모두 격외선이고 조사문중의 일이지만, 청원은 법마다 온전히 참됨이 여래의 만법일심이라는 말과 부합하므로 겸손하게 '여래선'이라고 한 것이다. 이른바 '격외'도 여래의 말씀하신 바와 같지만 의리에 한정되지는 않으므로 지해를 남겨두는 하택의 의리선과는 다르니 배우는 이들은 꼼꼼히 살펴야 한다.

此師尊貴知解亦亡, 徹悟佛祖, 具足機用之淸淨心體, 故爲活句悟入, 卽祖師禪宗主, 而爲六祖之嫡子也. …… 此師徹悟千聖不傳之向上一路, 纖塵不立, 寸草不生故, 亦爲活句悟入, 卽如來禪宗主也. 此上二師, 同時格外禪也. 要識靑原麽? 伊麽也不得, 不伊麽也不得, 伊麽不伊麽總不得, 名曰'如來禪'. …… 要識讓師麽, 伊麽也得〈大用〉, 不伊麽也得〈大機〉, 伊麽不伊麽總得〈機用齊施〉 …… 名曰'祖師禪.' …… 二禪合爲泥蓮河側, 槨示雙趺消息也. 二師所得, 如是圓極故, 五派分芳, 菩提無窮也, 學者不得莽鹵也. …… 又此二禪, 在學人得入邊, 有淺深, 在宗師拈弄邊, 無淺深也, 又此二禪, 同時格外禪, 祖門中事, 而靑原, 法法全眞之言, 完同如來所說萬法一心之言, 故貶之云'如來禪'也. 謂'格外', 亦有同如來之說也, 然非滯義理故, 亦非荷澤知解未亡之義理禪也, 學者詳之. 『修禪結社文』, 한불10:534상-하

| 자료 5 | 백파의 선교회통적 입장

> 다음의 자료는 백파의 글이 아니라 추사의 '백파망증(白坡妄證)' 가운데 일곱 번째에 해당하는 내용이다. 추사가 지적한 내용의 타당성 검토는 논외로 하고, 여기서 확인할 수 있는 중요한 사실은 백파가 염화미소로 상징되는 선문의 배타성을 극복하고 다양한 깨달음의 가능성을 용인하고자 하였다는 것이다. 조사선이 자신의 정통성을 확립하는 과정에서 행한 핵심적인 작업 가운데 하나가 바로 가섭을 선양하는 것이었는데, 백파는 이와 같은 조사선의 문맥에서 벗어나 있을 뿐만 아니라, 그의 태도에서 규봉 종밀이나 보조 지눌의 선사상이 강하게 느껴진다.

[세존께서] 꽃을 드시니 가섭(迦葉)만 홀로 미소 지었다는 것은 고금에 다 아는 바이다. [그런데] 백파는 지금 "[세존께서] 꽃을 들었을 때, 아난(阿難)과 대중이 교(敎)로써 이해하였고 가섭 한 사람만 선(禪)으로 깨달았으며, 중생까지도 다 근기에 따라 제 나름대로 이해를 하였다"고 하면서, "부처님은 일음(一音)으로써 설법하셨지만 중생이 그 근기에 따라 제각기 나름대로 이해하였다"[17]는 『화엄경』의 구절을 원용(援用)하여 이에 대한 명명백백한 증거로 삼고 있으니, 이것은 무슨 소리인가? 부처가 일음으로

설법하였다고 한 『화엄경』의 구절은 언설상(言說相)이므로 중생이 제 나름대로 이해하였다는 것은 당연하다. 그렇지만 부처가 꽃을 든 것도 언설상이라는 말인가? 전혀 어울리지 않는다. 또 "선으로 깨달았든 교로 이해하였든 간에 모두 꽃을 든 데서 기인한 것이다. 선은 부처님의 마음이요, 교는 부처님의 말씀이니, 부처님 같은 큰 성인께서 어찌 마음과 말씀에 다름이 있겠는가?"라고 말한 것은 반드시 꽃을 들어 깨닫게 된 상황에 아난도 끼워 넣으려는 것이다. 이는 모든 조사의 어록 가운데 어디에 있는 것인가? 아니면 스승도 없이 혼자서 깨달은 것인가? 이것이 대사의 일곱 번째 망증(妄證)이다.

拈花之迦葉獨破顔, 古今之所共聞之也. 今乃云"拈花之時, 阿難大衆以教解, 迦葉一人以禪悟, 以至衆生, 隨類各解," 仍擧『華嚴』句之"佛以一音演說法, 衆生隨類各具解"者, 爲明明的的之證, 此何說乎? 『華嚴』句之佛以一音演說, 是音說相故, 衆生隨類各具解者爲當, 以拈花是音說相耶? 全不襯倒着矣. 此以爲"禪悟教解, 皆因拈華, 禪是佛心, 教是佛口, 佛之大聖, 豈心口之異同?"云者, 必欲幷擧阿難拈花之悟, 此諸師語錄中說也? 抑師之獨解, 無師自悟者耶? 妄證七也.

『栢悅錄』「錦溟編」, 한불12:512하

| 자료 6 | 혜심(慧諶)의 『구자무불성화간병론』을 나누고 해석하다

'선병(禪病)'은 원래 간화선에서 제기한 중국 선종의 자기 비판적 성격을 갖는 내용이다. 대혜 종고(大慧宗杲, 1089-1163)가 적극적으로 제기한 이 문제를 보조 지눌이 받아들여 소개하였으며, 진각 혜심(眞覺慧諶, 1178-1234)이 다시 열 가지로 정리하여 「구자무불성화간병론(狗子無佛性話揀病論)」이라는 글로 체계화하였는데, 이 글은 고려 말 이래로 간화선 수행의 지침으로 자리매김되었다. 여기서 소개되는 자료를 통하여 조선 후기의 선승이었던 백파가 간화선을 정통으로 하였던 조선 선문의 수행지침 격인 이 글을 어떻게 새롭게 이해하려 하였는지 짐작할 수 있다.[18]

17 『大方廣佛華嚴經』 권2 「世主妙嚴品」(大正10:7중), "諸佛圓音等世間, 衆生隨類各得解."

18 최성열, 「「간화십종선병」의 체계분석」, 『불교학보』 28집(1991) 참조.

〈6-1〉 무(無) 자 화두와 대기대용(大機大用)

> 주제인 구자무불성(狗子無佛性) 화두 소개와 그에 대한 백파의 해석이다. 백파는 이 화두 역시 대기와 대용의 두 가지 측면을 각각 밝힌 것일 뿐, 결코 상치되는 것이 아니라는 점을 부각시키고 있다. 이는 그가 조사선의 정체성이 대기와 대용을 함께하는 데 있는 것이라고 주장하는 맥락과 일치한다.

【『구자무불성화간병론』 원문】 천동 정각(天童正覺, 1091-1157)이 [다음과 같은 화두를] 들었다. 한 승려가 조주(趙州, 778-897) 선사에게 물었다. "개에게도 불성이 있는가?" "있다." "있다면 어찌하여 가죽 부대 속에 들어 있습니까?" "알면서도 범하였기 때문이다." 또 어떤 승려가 물었다. "개에게도 불성이 있는가?" "없다." "중생에게는 모두 불성이 있다고 하였는데 이제서 개에게는 없는가?" "개는 업식(業識)이 있기 때문이다."[19]

【백파의 해석】 …… 불성이 있다는 것은 대용(大用)이요 불성이 없다는 것은 대기(大機)이니, 조사선의 향하(向下)[20]의 삼요(三要)[21]이다. 비록 '있음'과 '없음'이라는 말을 하고는 있지만 의미가 여기에 한정된 것은 아니고, 향상(向上)을 갖추고 있다. 따라서 진공과 묘유가 둘이 아니고 원융하여 [손잡이를 꽂을] 구멍도 없는 쇠망치[22]가 문득

19 백파는 여기까지를 '거화(擧話)'라는 명칭으로 분과(分科)하고 있다.

20 '향하'는 '향상'과 반대되는 것으로 본에서 말로[從本至末], 위에서 아래로[由上至下]를 의미하는 선가의 용어이다. 대오(大悟)의 경계를 돌이켜 세간에 응(應)하여서도 자재(自在)로운 묘용(妙用)을 나타내는 것을 말한다.

21 보통 '삼현삼요(三玄三要)'라는 말로 사용된다. 『임제록』의 「상당(上堂)」 부분(大正47:497상)에 "스승이 또 말하였다. '한 구의 말은 삼현문을 갖추어야 하며, 하나의 현문은 삼요를 갖추어야만 방편과 쓰임이 있는 것이다'[師又云, '一句語須具三玄門, 一玄門須具三要, 有權有用']"는 구절이 있다. 하지만 임제 자신은 삼현과 삼요의 내용이 무엇인지 더는 밝히고 있지 않다. 그래서 후대의 선수행자들이 이를 각자 해석하였는데, 분양 선소(汾陽善昭, 947-1024)는 『인천안목(人天眼目)』에서 삼요 가운데 제1요(要)는 말 가운데 분별조작이 없는 것[言語中無分別造作], 제2요는 천 명의 성인이 곧바로 그윽한 경지에 들어가는 것[千聖直入玄奧], 제3요는 말의 길이 끊어진 것[言語道斷]이라고 소개하고 있다.

22 '무공철퇴(無孔鐵槌)'라고도 쓴다. 원래는 단순히 자루가 없는 철퇴[無柄之鐵槌]라는 뜻인데, 선에서는 중생을 교화하는 데에는 일정한 방법이 정해진 바가 없다는 의미나 혹은 말에 얽매여 깨달음의 기연을 잃어버린다는 의미로도 쓰인다. 『벽암록』 14칙에는 다음과 같은 내용이 보인다. "상황에 맞게 하신 말씀, 너무나 고절하다. 구멍 없는 철추로 쐐기를 박았구나[對一說, 太孤絶, 無孔鐵鎚重下楔]"(大正48:154하); 『벽암록』(上), 선림고경총서 35(합천: 장경각, 1993), p. 140 참조. 이 예는 학인들이 선배 조사들의 말에 집착하여 상황의 변

여러 사람 앞에 던져진 것이다.

天童擧僧問趙州, “狗子還有佛性也無?” 州云, “有.” 僧云“爲什麽撞入這箇皮袋?” 州云, “他知而故犯.” 又僧問趙州, “狗子還有佛性也無?” 州云, “無.” 僧云, “一切衆生, 皆有佛性, 爲什麽狗子却無?” 州云, “爲他有業識在.” // …… 有佛性大用, 無佛性大機, 卽示祖師禪向下三要也. 雖云‘有無,’ 意不在此限故, 亦具向上. 則眞空妙有, 無二圓融之無孔鐵鎚, 頓放諸人面前.

『禪文手鏡』「無字揀病論科解」, 한불10:524중

〈6-2〉 열 가지 선병

> 열 번째 가장 심각한 선병으로 지목된 것은 조사선문에서도 여전히 중생(혹은 미망)이라는 현상을 실재로 인정하는 태도이다. 백파의 해석은 혜심의 그것보다 상대적으로 배타적이지 않다는 점이 특징이다. 백파는 혜심이 비판한 태도를 의리선의 계통으로 자리매김함으로써, 중생이라는 현상을 인정하는 의리선의 태도가 문제가 아니라, 의리선과 여래선을 모두 포괄하는 조사선문에서 의리선에 국한된 입장을 취하는 것이 문제라고 해석하고 있는 것이다.
> 그리고 선병은 유심(有心)과 무심(無心), 언어와 침묵, 생각할 수 있는 것과 생각할 수 없는 것 사이에서 균형을 잡지 못하고 한쪽으로 치우치기 때문에 생긴다는 것이 혜심과 백파가 공유하는 최종적인 결론이다. 그러나 미묘한 차이도 있다. 혜심의 말에는 양자 모두를 ‘지양’하라는 의미가 강한 데 반하여, 긍선의 경우는 이것들을 모두 대기와 대용의 범주 속에 넣음으로써 양자 모두를 ‘지향’하라는 의미가 강함을 짐작할 수 있다.

【『구자무불성화간병론』 원문】 열 번째는 [지금 현재를] 미망이라고 [전제하고] 장차 깨달음을 얻기를 기대하는 식의 이해를 [병으로] 가려낸다. 이미 ‘어떤 것’이라고 정할 수 없다고 하였는데, 어떻게 ‘없음’이 ‘어떤 것’이 될 수 있겠는가? 스스로 마음대로 생각하기를, 지금은 [비록] 미망이지만 언젠가는 깨닫게 되리라고 여기는 것이 [바로] 미망에 집착하여 깨침을 기대하는 것이다. 그래서 그 병을 가려내어 말하기를, “미

화에 둔감한 것을 질책한 것이다. 유사한 비유로 ‘무공적(無孔笛)’이 있다.

망에서 장차 깨달음을 얻기를 기대해서는 안 된다"고 하는 것이다. 지금까지 열거한 열 가지 선병(禪病) 가운데 눈을 부릅뜨고 자세히 살펴보면, 미망을 전제로 하고 장차 깨닫게 되기를 기대하는 [열 번째 병이] 요즘 사람들의 가장 심각한 병이다.

【백파의 해석】 만약 격외에 근거한다면 마음이 곧 부처요, 미망과 깨침이 본래 공한 것이다. [그런데] 지금 도리어 [현재를] 미망의 상태라고 [전제하고] 장차 깨달음을 얻기를 기대하는 것은 도리어 의리선으로 떨어지는 것이다. [열 가지 선병 가운데] 앞의 네 가지는 [의리선과 여래선의] 두 가지 선의 이해이므로 쉽게 고칠 수 있지만, 그 다음 여섯 가지 병은 원래 조사선으로서 부처와 조사의 정맥이므로 참으로 벗어나기 어렵다.

【『구자무불성화간병론』 원문】 확대해서 말하면 열 가지 병이지만, 간단하게 말하게 유심(有心)과 무심(無心), 언어와 침묵[의 사이 혹은 양쪽 모두]에서 벗어나지 않는다. 그래서 옛사람들이 이르기를, "유심에서 구하려고 해서도 안 되고 무심에서 얻으려고 해서도 안 되며, 언어로 조장하려고 해서도 안 되고, 침묵으로 [한꺼번에] 꿰뚫으려고 해서도 안 된다"고 한 것이다. [또] 간략히 말하면 '생각할 수 있는 것'과 '생각할 수 없는 것'[의 사이 혹은 양쪽 모두]에서 벗어나지 않는다. 그래서 "이쪽도 옳지 않고 저쪽도 옳지 않다"고 하고, "이래도 안 되고 저래도 안 되며, 이것저것이 다 안 된다"고도 하는 것이다.

【백파의 해석】 … 유심과 언어는 생각할 수 있는 것의 대용(大用)이고, 무심과 침묵은 생각할 수 없는 것의 대기(大機)이다. 그리고 생각할 수 있는 것은 곧 향상의 묘유이고, 생각할 수 없는 향상의 진공인데, [그러나] 또한 얻게 되면 이것으로도 병으로 삼기 때문에 위와 같이 가려내어 부순 것이다.

十揀將迷待悟解. 旣不許伊麼定, 無可奈何. 自生難想, 謂卽今迷, 幾時悟得, 執迷待悟. 故揀云不得將迷待悟. 如上諸病中, 從揚眉瞬目, 至將迷待悟, 是時人難離之病.

// 若據格外, 卽卽心是佛, 迷悟本空. 今還將迷待悟, 還墮義理禪. 前四病, 是前二禪解故, 或有易亂, 後六病 元是祖師禪佛祖正脉故, 實爲難離也.

廣而言之, 則有十種病, 略而言之, 則不出有心無心語言寂默. 故古人云, "不可以有心求, 不可以無心得, 不可以語言造, 不可以寂默通." 略而言之, 則不出思議不思議, 所以道"左來也不是, 右來也不是." 又道"伊麼也不得, 不伊麼也不得, 伊麼不伊麼總不得."

// …… 有心語言, 爲思議大用也, 無心寂默, 爲不思議大機也. 又思議卽向上妙有, 不思議卽向上眞空, 亦得, 以此亦爲病故, 如上揀破之言.

『禪文手鏡』「無字揀病論科解」, 한불10:526하

| 자료 7 | 추사의 백파 비판

백파에 대한 추사의 비판은 「백파망증십오조(白坡妄證十五條)」라는 명칭으로 널리 알려져 있다. 이것은 추사가 제주도에 유배되어 있던 1843년 4월에 당시 영구산(靈龜山)에 주석하고 있던 76세의 백파에게 보낸 편지의 내용으로, 백파의 선이론을 15조목에 걸쳐 성토하는 방식을 취하고 있다. 하지만 백파에 대한 추사의 비판은 단지 백파라는 인물에 대한 개인적 비판이 아니라, 대혜 종고에서 비롯된 간화선, 선문화에 대한 비판의 성격을 띠고 있었던 것이다. 그리고 추사와 백파 간에 오간 대화 내용은 선에 대한 심도 있는 비판적 토론이었다기보다는 인신공격적 성격이 강하므로 백파의 반응에 대해서는 따로 소개하지 않는다. 자세한 내용은 봉기록(奉琪錄, ?-?)의 『소림통방정안(少林通方正眼)』에서 살펴볼 수 있다.[23]

간화와 설화를 이처럼 구구절절이 서술한 것을 보면 더욱 아는 것 없이 엮어놓아 말이 안 된다는 사실이 드러난다. 어록 가운데서 눈에 띄는 문자를 아무렇게나 가져다가 구별함도 없이 밑도 끝도 없이 보이는 대로 말한 데 불과하다. …… 그중에 "고양이가 쥐를 노리듯〈원주: 심안상속을 의미〉하고, 암탉이 계란을 품듯〈원주: 난기상속을 의미〉하다"[24]라는 두 구절에서는 더더욱 아무 논증도 없는 입으로만 선을 한다는 것을 알겠

23 백파의 답장 내용 가운데 두어 군데만 간략히 살펴보면 다음과 같다. "일찍이 이르기를 아는 것을 안다고 하고 모르는 것을 모른다고 하는 것이 바로 아는 것이라고 하였습니다. 그런데 지금 [합하께서는] 교안(敎眼)이 밝지 못해 스스로 대사자후를 청하시면서도 방약무인하십니다. 눈 밝은 사람에게도 삼척(三尺)의 어둠은 있다고 하더니 과연 빈말이 아니었구나 싶습니다."(『少林通方正眼』「答金叅判正喜」, 한불10:638중); "어찌 반딧불로 수미산을 태우려 드십니까."(『少林通方正眼』「答金叅判正喜」, 한불10:638하)

24 "고양이가 쥐를 노리는 듯하고, 암탉이 계란을 품는 듯하다"라는 비유는 대혜 종고가 즐겨 사용하였고 휴정도 『선가귀감』에서 인용하였던 문구로서 간화선에서 공안을 참구하는 모습을 묘사한 것이다.

다. 도대체 이 두 구절에 무슨 뜻이 있어 간화 문중에서 시끄럽게 구는가? …… 이것이 스님의 열두 번째 망증이다.

看話說話之, 如是歷歷具陳, 益見其掇拾無識, 不成說之. 如干語錄, 凡所目中所見之文字, 無所揀擇, 無有頭尾, 隨見卽說. …… 今於如猫捕鼠〈心眼相續〉, 如鷄抱卵〈煖氣相續〉兩句, 益知其無所心得. 只作口頭禪. 荒雜說來也. …… 師之妄證十二也.

『栢悅錄』「錦溟編」, 한불12:514상–중

대사의 선문에도 자고로 지혜로운 식견이 있는 사람이 간혹 없지는 않았지만, 대체로 유식한 사람이 없어 끝끝내 이것(잘못)를 바로잡는 자를 보지 못하였다. 더군다나 상앙(商鞅, 기원전 390-338)과 이사(李斯, 기원전 284-208)의 술책도 부족하다 하여 여불위(呂不韋, ?-기원전 235)의 수단까지 동원한다. 음흉망측하기가 대혜(大慧)와 같은 자가 없거늘, 대사와 같이 식견이 얕고 아는 것이 적은 사람은 대혜에게 농락당하여 깜깜한 칠통(漆桶) 속에 떨어져 있을 따름이니, 이것이 스님의 열세 번째 망증이다.

師之禪門, 自古昔, 雖或有慧識, 而一切無有識之人, 竟不見一人刑正者. 又於鞅斯之外, 並用如不韋手段. 陰譎罔測, 未有如大慧者, 如師之小小識見, 只爲大慧籠罩, 墮在漆桶而已, 師之妄證十三也.

『栢悅錄』「錦溟編」, 한불12:514하

2. 의순(意恂)

초의 의순(草衣意恂, 1786-1866)은 전남 무안군 출신으로, 자는 중부(中孚), 재호(齋號)는 일지암(一枝庵)이다. 15세에 운흥사에 입산하여 벽봉 민성(碧峯敏性, ?-?)에게 출가하였다가 19세에 해남 대흥사의 완호 윤우(玩虎尹祐, 1720-1799)로부터 구족계를 받고 삼장(三藏)을 수학하여 21세에는 대교(大敎)를 졸업하였다. 이후 화순 쌍봉사에서 금담선사(金潭禪師, ?-?)로부터 선을 배우고 24세에 다시 대흥사로 돌아와 연담 유일(蓮潭有一, 1720-1799)에게 건당하여 '초의'라는 당호를 얻었으며, 이 당시에 전남 강진에서 유배 생활을 하던 다산 정약용(丁若鏞, 1762-1836)과 친분을 맺었다.

30세를 넘어서면서 김정희(金正喜, 1786-1856)를 포함한 당대의 대표적인 인물들과 교류를 가졌으며, 특히 김정희가 9년 동안 제주도에서 유배 생활을 하는 동안 다섯 차례나 다녀왔다고 한다. 그리고 32세에는 불국사에서 크게 깨친 바가 있었는데, 바로 이 무렵에 의순과 백파(白坡, 1762-1852)의 선논쟁이 있었던 것으로 보인다. 41세에는 대흥사 뒤편에 일지암(一枝庵)을 짓고 40여 년간 참선에 전념하였다. 그리고 김정희가 세상을 떠나자 73세에 그의 영전에 조문하고서 일지암에서 두문불출하다가 고종 3년(1866)에 입적하였다. 제자로는 선기(善機, ?-?)와 범운(梵雲, ?-?) 등이 있다.

의순의 선사상을 가늠해 보기 위해서는 그의 저술을 살펴보기에 앞서 조선 말기에 불교계에서 진행된 두 논쟁을 일별해 볼 필요가 있다. 먼저 초의보다 앞서 연담과 묵암 최눌(黙庵最訥, 1714-1790) 사이에 심성(心性)에 관한 논쟁이 있었다. 그리고 다른 하나는 의순이 참여하였고 백파 긍선에 의하여 야기되었던 이종선(二種禪)·삼종선(三種

禪) 논쟁이 있었다. 먼저 백파는 『선문수경(禪文手鏡)』에서 임제의 현요구(玄要句)를 인용하여 선에는 선승(禪僧)의 근기에 따라 조사선(祖師禪)과 여래선(如來禪), 그리고 의리선(義理禪) 등의 세 가지 종류가 있으며 이 가운데 조사선이 가장 뛰어나다는 주장을 폈다.

이는 총림(叢林)에서 전통적으로 내려오던 선문의 이론을 파격하는 돌풍을 일으켰다. 이에 의순은 『선문사변만어(禪門四辨漫語)』를 통하여 선에는 격외선(格外禪)인 조사선과 의리선의 두 종류만이 있을 뿐이며, 벽파가 상정한 여래선은 의리선에 해당한다고 백파의 설을 반박하였고, 여기에 송광사의 우담(優曇, 1822-1880)도 『선문증정록(禪門證正錄)』을 통해서 의순의 주장을 옹호하였다. 그러자 백파의 문인이었던 설두유형(雪竇有炯, 1824-1889)이 『선원소류(禪源溯流)』를 지어 의순과 우담의 설을 반박하면서 백파의 주장을 다시 옹호하고 나섰다. 다성(茶聖)으로 이름 높은 의순은 이처럼 조선 말기 선문논쟁의 한 중앙에 서 있었던 것이다.

의순의 저술로 남아 있는 것은 『선문사변만어』, 『초의시고(艸衣詩藁)』 2권, 『동다송(東茶頌)』,[1] 『진묵조사유적고(震默祖師遺蹟攷)』 2권, 『일지암문집(一枝庵文集)』 2권 등이 있다. 이 가운데 『선문사변만어』는 위에서 설명한 이종선·삼종선 논쟁과 관련해서 선(禪)에 대한 의순의 입장을 피력한 것이다. 체제를 보면 1책 22장으로 되어 있으며 계축년(1913) 6월에 벽담(碧潭, ?-?)과 경연(鏡淵, ?-?) 두 사람이 주관하여 간행하였다는 기록이 보인다. 그리고 의순의 문학성을 두드러지게 나타내는 것으로 『초의시고(艸衣詩藁)』와 『일지암문집(一枝庵文集)』을 들 수 있다.[2]

여기에는 주로 초의가 생전에 작성한 시와 편지글 등이 수록되어 있다. 『초의시고』에는 의순이 입적한지 40년 뒤인 병오년(1906)에 그의 법손(法孫)인 응혜(應惠, ?-?)와 법제(法弟)인 일한(一閒, ?-?)이 목판본으로 간행하였다는 기록이 있다. 그리고 『동

---

1 의순의 다서(茶書)인 『동다송』과 『다신전(茶神傳)』에 대해서는 저자와 저술동기, 방식, 출전, 필사본의 오류 유무 등에 관하여 서로 엇갈리는 의견이 많다. 이 문제에 대해서는 김명배, 『한국의 다서』(서울: 탐구당, 1998; 4판)에서 자세히 소개하고 있다.

2 초의의 문학성을 드러내는 저술은 『한국불교전서』에는 『일지암문집』(한불12)과 『초의시고』(한불10)로 편집되어 있으나, 이는 필사하고 편집되는 과정에서 발생한 자의적인 것이다. 『초의시고』 가운데 몇 편은 『일지암문집』에 수록되는 것이 옳다.

다송』은 정조대왕(1776-1800 재위)의 사위가 된 홍현주(洪顯周, ?-?)의 부탁을 받고 의순의 나이 52세(1837)에 지은 것으로 다도(茶道)의 경서(經書)라고 일컬어지며, 모두 31송(頌)으로 되어 있는데 각 송마다 주(註)를 달아 설명하고 있다. 다도계의 고전인 『다경(茶經)』과 청나라 모환문(毛煥文, ?-?)이 쓴 『만보전서(萬寶全書)』 등을 수차례 인용하고 있는 것이 특징이다.

아울러 의순이 45세에 정서한 『다신전(茶神傳)』은 그의 창작이 아니라 『만보전서』에서 다(茶)와 관련된 내용을 가려 뽑은 것이다. 『동다송』은 신라 이후로 한반도에서 재배된 차에 대하여 기록한 것으로 정약용의 『동다기(東茶記)』에 비견되며 조선 차의 재배 현황과 방법 그리고 맛 등에 대한 설명을 주요 내용으로 하고 있다. 이 자료집에서는 이 가운데 선사상과 관련된 문헌에 치중하여 자료를 인용하며, 다도와 관련된 내용[3]은 소개하는 정도에 그치기로 한다.

| 자료 1 | 차[茶]를 마시는 법도와 중정(中正)의 묘미

의순의 『동다송』[4]은 『다신전』[5]과 더불어 제다법(製茶法)과 그 흥취에 대해서 자세히 적고 있다. 여기서 먼저 소개하는 부분은 '차를 마시는 법도'에 대한 내용이다. 한적하고 고요함 속에서 그윽한 묘미를 느끼는 다도의 경지가 물씬 배어나는 부분이다. 불교사상과 직접적인 연관성은 보이지 않지만, '다성(茶聖)'으로 일컬어지는 의순의 다도관을 잠시나마 엿볼 수 있는 대목이다. 아울러 이어서 소개하는 내용에서는 '중정(中正)'을 귀하게 여기는 그의 입장이 뚜렷이 나타나는데, 이를 유추해 볼 때 선문(禪門)을 애써 세 가지로 구분 지은 삼종선에 대하여 그가 비판적일 수밖에 없었을 것이리라는 짐작 또한 가능하겠다. 이러한 관점은 세 번째로 인용하는 선시에서 더욱 두드러지게 드러난다.

(송) 밝은 달은 촛불로 겸하여 벗이 되고 흰 구름은 방석이고 또 병풍이 된다. 대바

3 다도와 관련된 의순의 사상을 일별해 볼 수 있는 책으로는 다음과 같은 것이 있다. 김명배, 『한국의 다서』(서울: 탐구당, 1998: 4판); 최범술, 『한국의 다도』(서울: 보련각, 1975).

4 동국(東國), 즉 우리나라의 차를 칭송한다는 뜻이다.

5 『다신전』(한불10:871-873은 청나라의 모환문이 엮은 백과전서인 『만보전서』의 초록(抄錄)이다.

람 소리와 파도처럼 일렁이는 소나무는 시원함에 맑고 찬 기운이 뼈와 가슴속에 스며들어 정신을 깨우는구나. 오직 흰 구름과 밝은 달만 두 손님으로 허락하니 도인은 이 자리에 앉는 것을 좋게 여긴다네.

(평) 차를 마시는 법도는 [손님이 적은 것을 귀하게 여긴다].[6] 손님이 많으면 시끄러워 청아한 흥취가 없어진다. 혼자 마시는 것을 일러 '신령스럽고 그윽하다[神]'고 하며, 두 손님과 마시는 것을 일러 '좋다[勝]'고 하고, 서너 명과 마시는 것을 일러 '즐겁고 유쾌하다[趣]'고 하며, 대여섯 명과 마시는 것을 '속되고 일상적[泛]'이라 하고, 칠팔 명과 마시는 것을 '음식을 나누어 먹는[施]' 것과 같다고 한다.

(頌) 明月爲燭兼爲友, 白雲鋪席因作屛. 竹籟松濤俱蕭凉, 淸寒瑩骨心肝惺. 唯許白雲明月爲二客, 道人座上此爲勝. (評)飮茶之法, [以客少爲貴]. 衆客則喧, 喧則雅趣索然. 獨啜曰'神', 二客曰'勝', 三四曰'趣,' 五六曰'泛', 七八曰'施也. 『東茶頌』, 한불10:876중

(송) [차] 속에 있는 현묘함은 미묘하여 나타내기 어렵고, 참된 정유(精腴)는 바탕[體]과 신기[神]가 분리되면 나타나지 않는다.[7] …… 바탕과 신기가 비록 온전하다 해도 오히려 중정(中正)을 넘을까 두려우니, 중정을 넘지 않으면 건실함[健]과 영기[靈]가 어우러진다.

(평) 찻잎을 딸 때는 그 현묘함을 다하고 만들 때는 그 정성을 다하며, 물은 제대로 된 물을 얻어야 하고, 물을 끓일 때는 그 중정을 얻어야 한다. [이렇게 하면] 바탕과 신기가 서로 조화하고 건실함과 영기가 서로 어우러진, 이에 이르러야만 다도를 다하였다고 할 것이다.

(頌) 中有玄微妙難顯, 眞精莫敎體神分. …… 體神雖全, 猶恐過中正, 中正不過, 健靈倂. (評) 採盡其妙, 造盡其精, 水得其眞, 泡得其中. 體與神相和, 健與靈相倂, 至此而茶道盡.
『東茶頌』, 한불10:876상

6 『다신전』에 있는 구절("以客少爲貴")이 본 『동다송』에는 없으므로 채워 넣었다.

7 『한국불교전서』의 해당 부분(한불10:876상)에는 '교(敎)' 자로 되어 있지만 의미가 통하지 않는다. 이 대목은 『만보전서』의 「품천」 편에 적힌 "제대로 된 물이 아니면 그 신기함을 드러내지 못한다[非眞水莫顯其神]"라는 구절의 인용이므로 '현(顯)'으로 쓰는 것이 옳을 듯싶다.

한 칸 초가집에 반 칸은 구름이고
두 벗이 서로 찾는데 가운데 한 벗은 저 달이어라.
구름은 저 달과 더불어 서로 정겹게 깃드는데
청풍은 때로 와서 고요함을 두드리네.
역력히 홀로 밝아 모습도 없는 것이여!
태어날 때부터 그와 더불어 함께하였으며,
맑고 맑아 텅 빈 마음속의 눈이여!
티끌 한 올 바람 없는 이 누리어라.
안과 밖 중간에서도 도무지 찾을 수 없으니
없는 가운데 크게 있는 것, 이 무엇인고?
아래위를 갈라놓고 눈여겨보면
이 누리 낱낱 것이 스스로의 본성을 갖추었네.
그대 만일 이 이치를 깨달아 오면
옳지도 않고 옳지 않음도 아닌, 그것 허락하리라.

一間茅屋半間雲 二友相尋一是月 雲隣相將月友居 清風時來扣寂滅
歷歷孤明勿形段 生來與伊爲所依 淸灑灑空心中眼 赤條條[8]落體上衣
內外中間[9]覓總無 無中大有是甚麼[10] 分手上下曾指出 物物上具獨尊我[11]
若人理會遮般我 許君無可無不可

『艸衣詩藁』 卷下 「晚蘇以五古一首見贈 次韻奉呈并衍爲七言一首以寄二首」, 한불10:853중-하

8 '적나라(赤裸裸)'의 뜻이다.

9 여기서 '중간(中間)'은 앞에서 살펴본 '중정(中正)'의 뜻이 아님에 유의해야 한다. 여기에 쓰인 '중간'은 내(內)와 외(外)가 상대적인 구분인 것처럼 '주변'과 상대적으로 구분된 의미로서의 '중간'을 뜻한다.

10 "이것이 무엇인가[是甚麼]"는 선가의 대표적인 화두로서 "나의 진면목은 과연 무엇인가" 하는 의심을 품고 이로써 개달음에 이르도록 촉발하는 계기로 쓰인다.

11 각자가 스스로의 존귀함을 갖추었고, 모두가 또 그러하다면 이것이 바로 "모든 중생이 불성을 가지고 있다[一切衆生 悉有佛性]"는 뜻이 된다.

| 자료 2 | 불교를 불교답게 하는 것은 계율[戒]의 준수에 있다

> 이 자료에서는 의순이 계율 준수에 대하여 상당히 비중을 두고 있었다는 사실이 드러난다. 여기서 소개되는 「대승비니계안(大乘毘尼契案)」뿐만 아니라 「대승계안(大乘戒案)」, 「대법당창호계안(大法堂窓糊契案)」, 「만일암선등계안(挽日庵禪燈契案)」, 「범해회중학계(梵海會中學契)」 등 여러 편의 계안에 서문을 작성하고 있고, 또 번번이 계율 준수의 중요성을 강조하고 있는 것으로 보아서 의순은 승가(僧家)의 결속력을 공고히 하는 데에 있어서 계율의 준수가 필수적인 것으로 판단하고 있었음을 짐작할 수 있다. 아울러 당시 승가 내에서 계(契) 조직이 성행하고 있었다는 사회사적 현상도 여기서 확인할 수 있다.

유교는 예로써 인의를 세우니 이것이 없으면 무너지고, 불교는 계율로써 정혜(定慧)를 유지하니 이것을 버리면 곧 불교는 망한다. 그러므로 인의에서 예를 버린 사람과는 더불어 유교에 대하여 얘기할 수 없고, 정혜에서 계율을 지키지 않는 자와는 더불어 불교를 말할 수 없는 것이다. 따라서 이러한 도리를 깨달아 그것을 행하는 사람은 잠시도 계율에서 어긋날 수 없다. 그런데 계율에는 여러 가지가 있으니, 재가신도에 해당되는 것과 막 출가한 사미에게 해당되는 것, 그리고 비구니에게 해당되는 것과 비구에게 해당되는 것, 그리고 보살에게 해당되는 계율 등이 있는데, 여러 종류의 계율을 총괄하여 삼학(三學)[12]이라는 강령으로 삼고 나누어서 대승의 계율과 소승의 계율로 구분한다.

소승은 현상[事]에 따라 드러나는 모습[相]을 논하므로 상계(相戒)이고, 대승은 원리[理]에 근거하여 이면의 본성[性]을 말하므로 성계(性戒)인데, 이 두 가지가 모두 내가 짓는 것이다. 이 두 가지는 진실로 함께할 수 없으니 상계를 버리고 성계를 취해야 한다. 현상과 모습은 모두 유위법(有爲法)[13]인데, 유위법의 이치를 제대로 알지 못하는 자는 존재하는 모든 것이 영원할 것이라고 생각하는 병통에 빠지게 된다. 그리고 본성과 이치는 모두 공한데, 이 공[의 가르침]을 제대로 알지 못하는 자는 존재하는 모든

12 불교의 전통적인 공부 내용을 세 가지로 크게 나눈 것으로 계(戒)·정(定)·혜(慧)가 그것이다.

13 '유위(有爲)'란 산스크리트어로는 'saṃskṛta'이다. 작위(作爲)적이고 조작한다는 뜻을 담고 있다. 그래서 여러 인연(因緣)이 조합하여 만들어 낸 현상을 가리키기도 하고, 좁은 의미로는 사람의 조작 행위로서 생멸변화하는 현상을 뜻한다. 여기에 상대되는 의미를 담고 있는 개념이 '무위법(無爲法)'이다.

것이 오직 찰나일 뿐이라고 생각하는 병통에 빠진다. 현상도 유위법이고 모습도 유위법이므로 유위법으로 유위법에 집착하게 되니 모든 것이 영원하리라는 병통이 더욱 깊어지지만, 본성도 공이고 이치도 역시 공이므로 공으로서 공을 깨닫게 되니 모든 것이 찰나일 뿐이라는 병통이 어찌 붙어 있겠는가? 이것이 바로 대승의 실상에 대한 계율이 [유위법과 무위법[14]]이라는 두 극단을 떠나고 중도까지 버려 부처의 땅에 오르는 지름길이 되는 까닭이다. 『범망경』에서 "중생의 부처의 계율을 얻으면 곧 부처의 지위에 들어간다"라고 한 것은 이를 두고 한 말이다.

儒以禮立仁義, 無之則壞, 佛以律持定慧, 去之則喪. 是以離禮於仁義者, 不可與之言儒, 異律於定慧者, 不可與之言佛. 達是道而行之者, 不可斯須離戒也. 然戒有多種, 有居士戒, 沙彌戒, 比丘戒, 菩薩戒. 總之爲三學之綱領, 別則爲大小之二乘. 小乘從事而論相, 相戒也, 大乘據理而言性, 性戒也. 相戒我所爲也, 性戒我所爲也. 二者苟不得兼, 捨相而取性戒也. 事與相皆有也, 而其不善於有者, 病于常. 性與理皆空也, 而其不善於空者, 病于斷. 事亦有相亦有, 以有著有, 常病轉深, 性亦空理亦空, 以空悟空, 斷病奚着. 此大乘性戒之所以離二邊捨中道, 而徑登於佛之者也. 梵網經云, "衆生受佛戒, 卽入諸佛位, 其此之謂也."

『一枝庵文集』 卷1 「大乘毘尼戒案序」. 한불12:264상–중

| 자료 3 | 정(情)에 미혹되지 않은 성(性)에 말미암은 말[言]의 뛰어남

생전에 긴밀한 유대 관계를 가졌던 홍현주의 시집 말미에 붙인 발문이다. 성정(性情)에 대한 설명이 『맹자』를 연상시킨다. 상대가 유자이기 때문에 이렇게 설명한 것일 수도 있

14 '무위(無爲)'의 산스크리트어는 'asaṃskṛta'이다. 조작함이 없다는 뜻으로 여러 가지 인연(因緣)으로 말마암아 생멸변화하지 않는다는 것이다. 원래는 '열반(涅槃)'의 이명(異名)으로 쓰이다가 후에 다시 열반이 6무위나 9무위 등 여러 가지 무위를 세운다는 뜻을 담게 되었다. 설일체유뷰(說一切有部)에서는 택멸무위(擇滅無爲)와 비택멸무위(非擇滅無爲), 그리고 허공무위(虛空無爲) 등 3무위를 말하고, 대중부(大衆部)에서는 이 3무위 외에 공무변처(空無邊處), 식무변처(識無邊處), 무소유처(無所有處), 비상비비상처(非想非非想處) 등의 4무색처에 연기지성(緣起支性, 十二緣起之理), 성도지성(聖道支性, 八聖道之理) 등을 합하여 총 9무위가 있다고 한다.

지만, 의순 자신도 맹자의 성론(性論)에 충분히 공감하고 있었음을 알 수 있다. 그리고 물과 물결의 비유는 『대승기신론』에서 보이는 것으로서 유교와 불교 간에 모종의 이론적 합의가 당시 승가 내부에 있었음을 알 수 있게 한다. 이는 의순이 당시의 유자들과 긴밀한 관계를 유지하고 있었을 뿐만 아니라, 유교 경전에도 상당한 식견을 가지고 있었다는 것을 의미하고, 이로부터 당시에 유교적 가치관이 승가 내부에까지 넓게 퍼져 있었음을 짐작할 수 있다.

사람이 성인이 될 수 있는 까닭은 성(性) 때문이니, 그렇게 되지 못하는 것은 정(情)이 성을 미혹하게 하는 때문이다. 기쁨과 노여움, 슬픔과 두려움, 사랑과 미움, 그리고 욕심 등 일곱 가지가 바로 정이 그렇게 하는 것이다. 정이 이미 어둡게 하면 성은 곧 숨어버리니, 마치 물에 물결이 일면 연못이 맑지 못하고 불에 연기가 오르면 불빛이 밝지 못한 것과 같다. 그러므로 물결이 일지 않으면 연못은 곧 맑아지고 연기가 짙지 않으면 빛은 곧 밝아지듯이, 정이 미혹되게 하지 않으면 성은 이에 오롯하게 된다.

성은 천명(天命)이니 그것을 좇아 닦으면 정에 미혹되지 않을 것이니, 오직 군자만이 할 수 있는 것이다. 그러므로 군자가 성으로 삼는 인의예지는 마음에 뿌리를 두고 충만해지면, 이내 밖으로 드러나 말에 통달하게 된다. [그리고 그 말이] 온화하고 윤택하여 자유자재로 구사되면서도 속되지 않으며, 모여서 시가 되고 가락이 빛나고 무성하며 음운이 맑게 드날리고, 유창하여 저절로 천연의 멋에 들어맞게 되는 것이다.

人所以爲聖人者, 性也, 所不能者, 情以之惑之也. 喜怒哀惧愛惡欲七者, 情所爲也. 情既昏, 性斯匿矣, 其猶水之波也, 淵不澄, 火之烟也, 光不明. 波不作, 淵斯澄矣, 烟不鬱, 光斯明矣, 情不惑, 性斯傳矣. 性者, 天之命也, 其率而修之, 不被情惑者, 唯君子爲能故. 君子所性, 仁義禮智, 根於心充然者, 著外其達於言也. 芬和溫潤, 煒然含吐不俗, 聯而爲詩, 藻彩彬蔚, 音韻清楊, 藹然自合於天趣矣. 『艸衣詩藁』 卷下 「海居道人詩集跋」, 한불10:866하-867상

| 자료 4 | 깨달음과 미혹됨은 모두 마음의 문제이다

불교에 각별한 관심을 가지고 있는 유자에게 보낸 편지이다. 대승불교의 골자인 불이법(不二法)에 대한 질문과 그 답변을 주요 내용으로 하고 있다. 여기서 의순은 불이(不二)는 '한마음'의 문제일 뿐이라고 주장함으로써 원효의 '일심(一心)' 설과 그 맥락을 같이하고 있다. 그뿐만 아니라 전통적인 선불교의 주요 테제인 '마음[心]'을 통하여 무차별지(無差別智)로 유도하는 선가의 종지도 유지하고 있다.

이번에 다시 편지를 주셨는데, 먼저 묻기를 "어떻게 하면 삼매에 들어가 세상을 고르게 볼 수 있으며, 공과 색은 둘도 아니고 하나도 아니라고 하는데, 어떻게 해서 차별을 두면서도 차별이 없는 데에 들어갈 수 있는가?"라고 어리석은 저에게 물어왔습니다. 이에 대하여 저는 기다렸다는 듯이 내놓을 말도 없고 펼칠 만한 이치도 없는데, 그렇다고 해서 입 다물고 있을 수만도 없습니다.

가만히 생각해 보건대, 부처님의 가르침 가운데는 총체적인 것과 개별적인 것의 두 가지가 있습니다. '총체적인 것'이라 하면 여러 부처가 이룬 '한마음'이며, '개별적인 것'이란 여러 부처가 상황에 따라서 베푼 방편입니다. 그러므로 모름지기 총체적인 것이 개별적인 것과 다르지 않은 것은 곧 한마음이 나타낸 세계인 때문이고, 개별적인 것이 총체적인 것과 다르지 않은 것은 세계가 모두 일심인 때문임을 알아야 합니다. 세계는 마음 밖에 따로 있지 않고 마음 또한 세계 밖에 따로 있는 것이 아닌데, 다만 어리석음과 깨달음을 스스로 나눈 것에 불과합니다. 마음이 깨달으면 산이 푸르고 물이 파랗고 까치가 지저귀고 까마귀가 우는 것이 모두 부처님의 법 아님이 없습니다. 하지만 마음이 미혹되면 연꽃이 핀 연못과 좋은 나무, 그리고 깨끗한 전각과 구슬 같은 누각도 모두 세간법에 불과합니다.

再辱匀械, 先垂示疑, "得何三昧, 作平等觀? 空色不二, 不二非一, 以何差別, 入無差別?" 承教瞢騃. 直得無言可待, 無理可伸, 亦不可以守拙含默. 伏念教中有總別[15]二義. '總'者, 諸

---

15 교학을 총별(總別)로 나누어서 설명하는 방식은 화엄학에서 비롯된 것이다. 특히 의상이 『화엄일승법계도기(華嚴一乘法界圖記)』를 설명하는 부분에 구체적으로 보인다. "이른바 '총상'은 그 뜻이 원만한 가르침[圓教]

佛所致之一心也, '別'者, 諸佛隨宜演唱方便事也. 須知總不異別, 卽一心現乃法, 別不離總, 惟萬法皆一心也. 法無心外之法, 心非法外之心, 但迷悟之自分耳. 心悟故, 山靑水綠, 鵲噪鴉鳴, 更無一點不是佛法. 心迷故, 花池寶樹, 玉殿瓊樓, 更無一點不是世間法.

『艸衣詩藁』 卷下 「上一味先生書」, 한불10:868하

| 자료 5 | 백파의 삼종선 이론을 조목조목 논파함

여기서 인용되는 자료는 의순의 선불교관이 백파 긍선(白坡亘璇, 1767-1852)의 삼종선에 대한 비판을 통하여 집약적으로 서술된 『선문사변만어』이다. 서두에 보면 이 글을 짓게 된 동기가 나오는데, 영남에서 찾아 온 객승이 스스로 백파의 법제자라 하고 열흘쯤 머물면서 백파의 선에 관한 논지를 장황하게 말하였는데, 선가에서 전통적으로 내려오던 선에 대한 이해와는 다른 바가 있어 바로잡는다고 적고 있다(한불10:820하). 이 글은 백파의 견해를 하나씩 소개하고 그 각각에 대하여 조목조목 반박하는 형식을 취하고 있다. 여기에서는 벽파의 주장에 대한 의순의 반박만을 주로 소개하기로 한다.

| 자료 5-1 | 근기에 따른 부처의 설법은 말[言句]의 문제가 아니라 기틀[機]의 문제이다

『선문수경』에서 긍선은 임제삼구(臨濟三句)[16]를 기준으로 선문의 여러 전통을 판석(判釋)하고자 하였다. 그는 임제삼구를 '모든 법을 빠짐없이 포괄하는 세 구절[蘊總三句]'로 정

에 해당하며, '별상'은 그 뜻이 삼승의 가르침에 해당한다. [존재 세계에서] 총(總)·별(別)·성(成)·괴(壞) 등의 특징[相]은 똑같은 것도 뚜렷이 구별되는 것도 아니며, 하나인 것도 전혀 다른 것도 아니어서 항상 중도에 있게 된다. 일승과 삼승도 이처럼 중심이 되는 것과 보조적인 것이 서로 도와서 똑같은 것도 뚜렷이 구별되는 것도 아니며, 하나인 것도 전혀 다른 것도 아니다. 비록 [일승과 삼승이 모두] 중생에게 이익되게 하지만, 오직 중도에 있을 따름이다. 주가 되는 것과 보조적인 것이 서로를 이루어지게 함으로써 존재 세계가 이와 같음을 나타낸다[所謂'總相'者, 義當圓敎, '別相'者 義當三乘敎. 如總相別相成相壞相等, 不卽不離, 不一不異, 常在中道. 一乘三乘, 亦復如是, 主伴相資, 不卽不離, 不一不異. 雖利益衆生, 而唯在中道, 主伴相成, 顯法如是]." 좀 더 자세한 내용은 『한국철학자료집: 불교편 1—삼국과 통일신라의 불교사상』 제II부 제3장 2. 의상편 참조할 것.

의하고 이를 떠난 모든 논의는 망령된 주장일 뿐이라고 단정하였던 것이다. 그리고 조사선·여래선·의리선의 삼종선을 임제삼구에 차례로 배당하였을 뿐만 아니라 중국의 선문 5종을 임제삼구에 의거하여 그 우열과 심천(淺深)을 분별하였으며, 여래삼처전심설(如來三處傳心說), 수행자의 근기, 『금강경』의 사구게(四句偈)[17] 등을 모두 임제삼구를 기준으로 설명하였다. 다음의 내용은 벽파가 선문을 조사선과 여래선, 그리고 의리선으로 우열을 가려 차등화한 데 대한 의순의 반박이다.

대개 부처와 조사의 상근기를 접함에 말로 하지 않고 다만 하나의 기틀을 보여서 곧바로 그것에 응하고 다시 머뭇거리지 않도록 한다. 그런데 지금 말하기를, "상근기를 대하므로 낱낱의 말이 허공에 도장을 찍는 것과 같다"고 하니, 진실로 말로써 근기를 대한다면 이 근기는 상근기가 아닌 것이다. 또 '허공에 도장을 찍는 것과 같다'는 비유는 말로써 말을 하는 것이 아니겠는가? 또 말하기를, "어떤 말은 바로 조사문 중에 있는 말이므로 '조사선'이라고 한다"고 하였는데, 그렇다면 조사선은 본래 말로써 얻어진 이름이란 말인가? 또 "'모든 존재가 온전히 참되다'는 말도 역시 조사문 중의 일인데, 여래의 말과 완전히 같으므로 조사선을 폄하하여 '여래선'이라고 한다"고 하는데, 예로부터 여래를 폄하하여 이와 같은 이름을 세운 적이 있는가? 또 여래선을 격외선에 짝짓고 그렇게 자리를 나누는 것을 구곡(龜谷)[18]의 뜻이라고 하였는데, 구곡의 말 중에서 자리를 나누는 것이 여래선을 가리킨다는 말이 어디에 있는가?

大凡佛祖之接上根, 不以言句, 但示一機, 直捷應機, 更不擬議. 今言"對上根故, 一一言句, 如印印空," 苟以言句對機, 機非上根. 且如'印印空'之喩, 其以言句爲言耶? 又曰, "某某

---

16 '임제삼구'란 『임제록』에 등장하는 다음과 같은 문장에서 유래한다. "스승이 당에 오르자 한 스님이 물었다. '무엇이 제1구입니까?' 스승이 대답했다. '삼요(三要)의 도장을 찍었다가 떼니 붉은 무늬가 선명하다. 이처럼 이러저러한 의론(議論)을 거치지 않고도 주관과 객관이 이미 분명하다.' 스님이 물었다. '무엇이 제2구입니까?' 스승이 대답했다. '현묘한 깨달음이 무착(無著)의 질문을 어찌 용납하겠는가? 그러나 그 현묘한 깨달음이 방편을 통해 펼쳐진다면 물의 흐름을 끊는 칼과 같이 훌륭한 작용을 보여주는 것이다.' 스님이 '무엇이 제3구입니까?' 하고 물었다. 스승이 대답했다. '인형이 활동하는 무대를 잘 보라. 인형이 움직이는 것은 무대 속에 있는 사람이 그 인형을 조작하기 때문이다. 그 사람을 잘 보라'"(大正74:497상)

17 '사구게'란 『금강경』 가운데 "무릇 있는 듯이 보이는 모든 것은 허망하나니, 일체의 있는 듯한 것을 있는 듯이 보지 않으면 곧 여래를 볼 것이다[凡所有相, 皆是虛妄, 若見諸相非相, 卽見如來]"라는 네 구절을 이른다.

18 이름은 각운(覺雲)이며 고려시대의 승려이다. 생몰년 미상.

等言句, 是祖門中所有之言句, 名曰'祖師禪'," 然則祖師禪, 本以言句得名耶? 又"以'法法全眞'之言, 亦是祖門中事, 完同如來說, 故貶之云'如來禪'," 從古以來, 孰敢貶之如來以立此名乎? 又以如來禪, 爲格外禪配之, 分座謂之龜谷義, 龜谷說中, 有以分座, 指爲如來禪之言乎?

『禪門四辨漫語』, 한불10:821중-하

| 자료 5-2 | 선문 오종(五宗)의 배열과 우열에 대한 반박

> 다음의 내용은 선문의 오종(五宗) 가운데 임제종과 운문종을 조사선에 배당하고, 조동종과 위앙종, 그리고 법안종을 여래선에 배당한 백파의 주장에 대한 의순의 반박이다. 백파에 따르면 임제종은 기(機)와 용(用)을 모두 갖추었으므로 조사선의 정맥이 되지만, 운문종은 절단(截斷)을 밝혔을 뿐 기와 용을 나타내 말하지 못하였으므로 임제종에 미치지 못한다. 그리고 조동종은 향상(向上)의 도리를 밝혀 진금포(眞金鋪)를 다하였기 때문에 여래선의 정맥이 되지만, 위앙종은 체용(體用)을 밝혔을 뿐 향상의 도리를 밝히지 못하기 때문에 조동종에 미치지 못하고, 법안종은 유심(唯心)만을 밝히기 때문에 위앙종과 조동종에 미치지 못한다. 이러한 백파의 주장에 대하여 초의는 살활(殺活), 기용(機用), 절단(截斷), 수파(隨波) 등은 서로 분리되는 것이 아니라고 한다. 또한 초의는 기용을 나타내 말하지 않았다 하더라도 기용이 없다는 것은 아니라고 하여 백파의 구분을 부정한다. 초의에 의하면 살(殺)과 활(活)은 서로 분리할 수 없는 체와 용의 관계와 같은 것이다.

백파는 "조사선과 여래선 등 두 가지 선을 오종에 짝짓는다면, 임제종은 기용(機用)을 갖추고 있기 때문에 조사선의 정맥이 되고, 운문종은 절단(截斷)을 밝혔을 뿐 기용을 나타내지 못하였기 때문에 임제종에 미치지 못한다"고 말하고 있다. 그렇다면 기용을 떠난 외에 따로 다시 절단과 수파(隨波)가 있고, 절단과 수파를 떠난 외에 따로 다시 기용이 있다는 것인가? 이는 진실로 말에 집착하여 뜻을 알지 못한 것이다.

또 기용을 나타내서 말하면 있는 것이고, 나타내서 말하지 않으면 없다는 것인가? 그렇다면 세존께서는 일찍이 한 번도 기용을 드러내어 말하지 않았으니 세존에게는 기용이 없는 것이며, 33명의 조사[19]도 일찍이 기용을 드러내어 말하지 않았으니 조사에

---

19 선종의 법계상에서 마하 가섭에서부터 이어진 불법(佛法)이 중국의 육조 혜능에 이르는 전법상승의 순서를

게도 기용이 없는 것이 된다. 그리고 부처와 조사 모두에게 이미 기용이 없다면, 선가에서 전수한 종지는 무엇을 법인으로 삼은 것인가? 만일 "운문종에는 기용을 드러내어 말하지 않았으므로 기용이 없는 것이며, 따라서 임제종에는 미치지 못한다"라고 한다면 부처와 조사들도 역시 임제종에는 미치지 못하게 되므로 조종이 되기에는 부족하다는 결론에 이르고 만다.

"言以二禪配五宗, 則臨濟宗具足機用故, 爲祖師禪正脉, 雲門但明截斷, 而未能現說機用故, 未及臨濟宗." 然則離機用外, 別有截斷隨波, 離截斷隨波外, 別有機用乎? 是誠執言而迷義者也. 且機用現說則有之, 不現說則不有乎? 然卽世尊, 未曾現說機用, 是世尊無機用也, 卅三諸祖, 未曾現說機用, 是祖師無機用也. 旣皆無之, 所傳宗旨, 以何爲法印乎? 若言"雲門未曾無乎機用, 以其不現說故, 不及於臨濟"云, 則是佛與祖師, 皆不及於臨濟, 而不足爲祖宗也.

『禪門四辨漫語』, 한불10:824상

| 자료 5-3 | 여래선과 조사선의 유래와 정의

> 다음은 여래선과 조사선의 유래와 그 의미 범주에 대한 의순의 설명이다. 여래선에는 의리가 있는 데 반하여 조사선에는 의리가 없으며, 그래서 격외의 선이라고 밝히고 있다. 그리고 이러한 구분은 불법을 전하는 방법상의 차이일 뿐이지 선의 우열을 나타내는 것은 아니라는 것이 기본적인 논지이다.

옛사람이 "명수(名數)[20]로 들어가면 묘한 본체가 일그러지고, 언설로 나타내면 참된 종지가 숨어 버린다"라고 하였으니, 말에서 벗어나 홀로 깨달은 이후에야 참된 종지가 전해질 수 있고 이름을 떠나 곧바로 깨친 이후에야 묘한 본체가 스스로 드러난다. 부처가 눈을 깜빡인 것과 가섭존자가 미소 지은 것을 어떤 이름과 말로 혀끝에서 용납할 수

총칭한 것이다. 인도의 28조와 중국의 5조를 더하면 33조사가 되는 것이다.

20 '명수(名數)'는 '명목(名目)'이나 '법수(法數)', 혹은 '사수(事數)'라고도 쓴다. 수를 가진 불교의 명사, 즉 삼계(三界), 사제(四諦), 오온(五蘊), 육도(六度) 등을 가리킨다.

있겠는가? 명수와 언설이 있다면 이는 곧 교(敎)의 자취일 뿐이니, 이른바 '교외별전'의 종지를 지금 어떻게 얻어들을 수 있겠는가?

…… 부처가 깨달음을 얻은 이후에 스스로 증득한 것처럼 또 그렇게 남을 가르쳤는데, 만일 의리(義理)가 없다면 어떻게 깨닫고 가르칠 수 있었겠는가? 이는 여래선에 의리가 있고 또 그것을 말과 이름으로 나타낸 것이다. 조사선의 경우는 그렇지가 않아 자리를 나누어 앉게 하자 아무 말 없이 깨달았으며, 꽃을 들어 보이자 말없이 깨달았고, 두 발을 드러내자 또 말없이 깨달았다.[21] …… 이는 모두 말로써 가르치는 것에 말미암지 않고 말없이 비밀스럽게 전한 것이다. 그러나 이렇게 말없이 전한 것 또한 어찌 의리가 없을 수 있겠는가? 이미 말을 용납하지 않고서 마음을 전하였다고 한다면 어찌 의리로서 ['조사선'이라는] 이름을 세우는가? 그러므로 이 조사선은 다만 비밀스럽게 전한 약속일 뿐임을 알 수 있는 것이다. 세존은 일찍이 이름과 글자에 집착하지 않았고 조사와 고덕(古德) 그리고 종사들도 또한 이름과 글자에 집착하지 않았다. 이름에도 집착하지 않았거늘 하물며 의리를 말할 수 있겠는가. 이것이 바로 교외별전이 된 까닭이며 조사선 하나만 격외(格外)라고 칭하는 이유이다.

昔人云, "名數入而妙本乖, 言說出而眞宗隱." 離言獨了然後, 眞宗可傳, 離名直荷然後, 妙本自任. 夫靑蓮目之高瞬, 紫金顔之微哂, 有何名可容於舌頭哉? 如有名數言說, 便是敎迹也. 其所謂'敎外別傳'之旨, 豈有聞於今日哉? …… 佛旣自證, 如證敎人, 若其無義無理, 其亦何證何敎歟? 此如來禪之所以有義理, 而現說名字者也. 若祖師禪則不然, 分半座而令坐, 黙無言而承當, 擧拈花而顧視, 黙無言而承當, 露雙趺而示之, 黙無言而承當. …… 此皆不因言敎, 而黙授密契者也. 然此黙傳密契, 亦豈無義理哉? 旣不容于語言而傳心, 又安得以義理, 而立名乎? 故知此禪, 但有密契而已. 世尊也, 未曾安着名字, 祖師也, 未曾安着名字, 古德宗師也, 未曾安着名字. 名且不可得而安著, 況其有說於義理哉? 此其所以 別傳於敎外, 而獨得格外之稱焉者也.

『禪門四辨漫語』「二禪來義」, 한불10:826하-827중

---

21 이를 '여래삼처전심설'이라 한다. 1) 다자탑(多子塔) 앞에서 부처가 설법을 펼 때 늦게 도착한 가섭을 부처의 자리에 같이 앉힌 것[半分座], 2) 부처가 영산회상에서 꽃을 들어 보였을 때 가섭이 미소를 지은 것[拈花微笑], 3) 부처가 열반에 든 후 그 시신을 넣은 관을 쌍림(雙林)에 두었는데, 그 관 속에서 가섭에게 두 발을 내밀어 보인 것[槨示雙趺]을 말한다. 본서 제7장 1절 주석 5 참조. 백파는 의리선에는 삼처전심설이 적용되지 않으며, 여래선에는 반분좌만 해당되고 조사선에는 염화미소와 곽시쌍부가 모두 해당된다고 하였다.

| 자료 5-4 | ‘격외’만 있을 뿐이지 ‘격외선’은 없고, ‘의리’만 있을 뿐이지 ‘의리선’은 없다

다음에 소개되는 내용 역시 격외와 의리의 차이를 가치우열로 본 백파의 논지에 대한 반박이다. 격외와 의리는 애당초 선문을 지칭하는 것이 아니었고, 설법의 주체와 내용에 따라 지칭하는 말이 있을 뿐이었다. 따라서 의리선, 여래선, 조사선은 가치우열을 함축하지 않으며 선문에 이렇게 세 종류의 선이 있었던 것도 아니라는 주장이 아래에 소개된 의순의 반박이다. 그런데 조사선만을 격외선으로 보고 여래선과 의리선을 언어 속의 선[教格]으로 보는 의순의 주장을 교선의 가치우열을 배격한 것이라는 평가가 일반적이지만, 오히려 조사선의 절대성을 주장하려는 의도가 내포되어 있었으리라는 점 역시 무시할 수 없을 것이다.

옛날에는 다만 ‘격외’라는 말만 있었을 뿐 ‘격외선’이라는 명칭은 없었고, ‘의리’라는 말만 있었을 뿐 ‘의리선’이라는 명칭도 없었다. 그런데 옛날과 근래의 스승들이 학자들을 깨우치고자 비로소 그렇게 말하기 시작한 것이다. 대개 언교에 말미암지 않고 마음에서 마음으로 전한 것을 일러 ‘조사선’이라고 하는데, 이 주고받음은 언교라는 격의 바깥에 멀리 벗어나 있기 때문에 또 ‘격외의 선’이라고 이름한다. 무릇 입을 열어 의(義)를 설하고 말로써 리(理)를 증득하는 것을 ‘여래선’이라 하는데, 이는 언교와 의리로 말미암아 깨우치기 때문에 또한 ‘의리선’이라고도 부른다. 이것이 바로 ‘격외선’과 ‘의리선’이라는 명칭이 생긴 까닭이다. 그러므로 불법을 전한 주체에 근거하여 ‘여래선’과 ‘조사선’이라 부르고, 전해진 불법의 형식에 근거하여 ‘의리선’과 ‘격외선’이라고 부른 것이다. 이는 곧 옛 총림으로부터 전해져 온 공통된 얘기이므로 그 뜻과 이치가 부족함이 없다.

古者但有‘格外’之言, 未有‘格外禪’之名, 但有‘義理’之言, 未有‘義理禪’之名. 中古師家欲曉學者, 而始言之曰. “凡不由言敎, 以心傳心, 謂之‘祖師禪’, 此之傳受, 逈出敎格之外, 亦可名‘格外禪’. 凡開言而說義, 因言而證理, 謂之‘如來禪’, 是由言敎義理而悟入, 亦可名‘義理禪’. 此‘格外禪’·‘義理禪’之所以立名之始也. 故約人名‘如來禪’·‘祖師禪’, 約法名‘義理禪’·‘格外禪’. 此內古叢林, 傳來之通談, 其於義理, 穩涉無欠.

『禪門四辨漫語』「格外義理辨」, 한불10:827하-828상

| 자료 5-5 | 없애고 살리는 것은 독립된 것이 아니라 본체[體]와 작용[用]의 관계이다

> 긍선은 '없애다', 곧 '죽이다[殺]'와 '살리다[活]'라고 하는 임제선사가 제시한 개념을 각각 독립된 것으로 보았다. 그래서 부처가 마하가섭과 자리를 나누어 앉은 데는 살(殺)만 있고 활(活)이 없으므로 여래선에 해당되고, 염화미소는 활과 살을 함께하였기 때문에 조사선에 해당된다고 주장하였다. 아래는 의순이 두 개념의 유래를 설명하면서 긍선의 논지를 반박하는 내용이다.

'없앤다[殺]'는 말은 본체에 의거하여 세운 것이고, '살린다[活]'는 말은 활용에 의거하여 세운 것이다. …… 그리고 닦고 끊는 것으로 말한다면 지(智)가 미혹을 끊을 수 있는 것을 일러 '없앤다'고 하고, 혜(慧)가 능히 참된 것을 관조할 수 있는 것을 일러 '살린다'고 한다. …… 내가 본래 부처인데도 부처가 될 수 없는 이유는 알음알이의 분별이 본성의 바다에 파도를 일으키고 문자에 얽매여 마음의 밭에 얽혀 있기 때문이다. …… 여기에 이르러서는 사람과 귀신, 그리고 조사와 부처가 원래 나에게 있는 것이고 참되고 항상된 집[眞常家] 속에서는 본체가 같고 각자의 활용이 없다. 이러한 까닭으로 사람과 귀신, 그리고 조사와 부처가 모두 편안하니 이러하므로 능히 사람을 살리는 곳[活人處]일 수 있으며 '사람을 살리는 칼[活人劍]'이라고 이름할 수 있다. 그런데 요즘 사람들은 '없애고 살린다'는 두 글자로 가는 곳마다 적용하지만, 그 유래하는 뜻을 알지 못하므로 뒤섞이고 어긋난 것이 많다.

'殺'之言, 依體而立, '活'之言 依用而立. …… 又以修斷而言之慧, 能斷惑之謂'殺.' 智能照眞之謂'活.' …… 我本佛也, 所以不得爲佛者, 以其情識之分別, 波騰於性海, 文字之葛藤, 羅繞於心田. …… 到這裏, 人鬼祖佛元在我, 眞常家裡, 同體而無異用. 是則人也安, 鬼也安, 佛也安, 祖也安, 此其所亦能活人處, 便可名'活人劒'也. 今有人以'殺活'二字, 觸處配之, 而不知其所自來義故, 便多錯雜違越處. 『禪門四辨漫語』「殺活」, 한불10:828하-829하

| 자료 5-6 | 진공(眞空)과 묘유(妙有)는 존재의 독립된 두 가지 측면이 아니다

> 긍선은 마음에는 변하지 않는 측면과 인연에 따라 변하는 두 가지 측면이 있다고 본다. 그리고 변하지 않는 면은 현상을 없애고 마침내 공에 이르는 과정이며, 인연에 따르는 측면은 세계를 만들어 나가는 것이므로 '묘유'라고 주장한다. 아래의 내용은 이러한 주장에 대한 의순의 반박이다.

무릇 실상이 아닌 세계는 이름만 있고 본체가 없으므로 거북이에게 털이 있는 것과 같다고 비유하고, 참된 세계는 이름과 본체를 모두 가지고 있으므로 거울이 형상을 비추는 것에 비유한다. 그러므로 이름과 본체를 궁구해서 미루어 나가면 헛된 것과 실제적인 것이 스스로 밝아질 것이며, 따라서 모든 세계가 인연을 말미암아 생기는 것일 뿐 원래에는 스스로의 본체가 없는 것임을 알게 될 것이다. 이러한 까닭에 인연이 모여서 있는 것은 있으면서도 있지 아니하며, 본성이 공하여 없는 것은 없으면서도 또한 없지 않은 것이다.

…… 논에 이르기를, "삼계의 허망한 거짓됨〈주산이 이르기를, "이 마음이 훈습되어 나타난 것 같은 것을 '텅 비었다[虛]'고 하고, 그 텅 빈 본체를 숨기고 속여서 실상을 드러내는 것을 '거짓[僞]'이라 한다. 텅 비고 거짓된 모습이 비록 여러 가지 모습이지만, 인연이 없어지면 스스로 서지는 못하게 된다〉은 오직 마음이 지은 것이므로 마음을 떠나면 온갖 대상이 없어진다. 일체의 존재는 거울에 비친 형상과 같아서 그 본체를 얻을 수 없으니, 다만 허망할 뿐이다"라고 하였다. 그런데 최근에 긍선은 인연에 따라 존재하는 허망하고 거짓되어 이름과 순간적인 드러남일 뿐인 것을 따로 구분해서 묘유로 삼으니 어찌 옳다고 하겠는가? 내가 일직이 들으니 참된 공은 공하지 않으며 미묘하게 있는 것은 있지 않은 것이다. 그러므로 있는 것에 나아가 공한 것이 진실한 공이며, 공에 나아가 있는 것이 미묘하게 있는 것이다.

夫妄法有名而無體, 況之龜毛, 眞法有名而有體故, 喩之鏡像. 究名體而推之, 虛實自明, 故知萬法從緣, 元無自體, 是以緣會之有, 有而非有, 性空之無, 無而非無. …… 論云, "三界虛僞〈主山曰, "此心隨熏現似曰'虛', 隱其虛體, 詐現實相曰'僞'. 虛僞之相, 雖有種種, 捨緣

不自立”〉唯心所作, 離心卽無. 六塵境界, 以一切法, 如鏡中像, 無體可得. 唯是虛妄.” 近有六隱老人, 以隨緣所有, 虛僞名相, 獨辨之爲妙有, 烏乎可哉? 嘗聞眞空不空, 妙有不有, 卽有之空, 方是眞空, 卽空之有, 方是妙有. 『禪門四辨漫語』「眞空妙有辨」, 한불10:829하-830상

참고문헌

〈원전〉

『한국불교전서(韓國佛敎全書)』 제7-10책, 동국대학교출판부, 1990-1992.

기화, 『金剛經五家解說誼』

_____, 『圓覺經說誼』

_____, 『涵虛堂得通和尙語錄』

_____, 『禪宗永嘉集說誼』

_____, 『顯正論』

『儒釋質疑論』

지은, 『寂滅示衆論』

김시습, 『華嚴釋題』

_____, 『梅月堂全集』

보우, 『懶庵雜著』

_____, 『虛應堂集』

휴정, 『三家龜鑑』

_____, 『禪敎釋』

_____, 『禪敎訣』

_____, 『淸虛集』

_____, 『三老行蹟』

선수, 『浮休堂大師集』

일선,『靜觀集』
유정,『松雲大師奮忠紓難錄』
______,『四溟堂大師集』
『朝鮮王朝實錄』
경헌,『霽月堂大師集』
법견,『奇巖集』
태능,『逍遙堂集』
언기,『鞭羊堂集』
각성,『釋門喪儀抄』
진일,『釋門家禮抄』
취미,『翠微大師詩集』
성총,『緇門警訓註』
______,『栢庵集』
책헌,『月峯集』
자수,『無竟集文稿』
수연,『無用堂遺稿』
해원,『天鏡集』
비은,『月城集』
처능,『大覺登階集』
유일,『蓮潭大師林下錄』
혜장,『兒菴遺集』
의첨,『仁嶽集』
대지,『雲峯禪師心性論』
긍선,『禪文手鏡』
______,『修禪結社文』
______,『栢悅錄』
의순,『東茶頌』
______,『禪門四辨漫語』
______,『艸衣詩藁』
______,『一枝庵文集』

〈2차 문헌〉

고영섭,「벽암 각성의 생애와 사상: 李景奭 撰『華嚴寺 碧巖堂 覺性大師碑文』을 중심으로」,『강좌미술사』52, 2019.

______,「浮休善修系의 禪사상과 法統인식」,『한국불교사연구』4, 2014.

______,「淸虛 休靜의 禪敎 이해」,『불교학보』79, 2017.

권동순,「鞭羊彦機의 禪詩 硏究」,『禪學』38, 2014.

권동순(원법),「靜觀一禪의 禪詩 연구」,『禪學』42, 2015.

______,「四溟惟政의 禪詩 연구」,『禪學』50, 2018.

권성희 · 백원기,「靜觀一禪의 사상과 그 시적 형상화의 의미」,『한국사상과 문화』95, 2018.

김갑주,『조선시대 사원경제사연구』, 경인문화사, 2007.

김경태,「임진왜란 시기 西山大師 淸虛堂 休靜의 義僧軍 활동과 평가」,『국학연구론총』25, 2020.

______,『월인천강지곡의 저경과 문학적 성격』, 보고사, 2010.

김기종,『불교와 한글』, 동국대학교출판부, 2015.

김문기,「「기우목동가」연구」,『어문학』, 1980.

김방룡,「부휴 선수의 사상과 그의 법통관」,『禪學』22, 2009.

______,「유불교섭사의 맥락에서 바라본 조선 전기 불교 심성론의 변용」,『동서철학연구』87, 2018.

______,「조선시대 불교계의 유불교섭과 철학적 담론」,『유학연구』25, 2011.

김보혜,「백파의 삼종선에 관한 초의의 비판에 대한 고찰」,『동서철학연구』90, 2018.

김석태,「兒菴 惠藏의 사상적 지향과 시문학의 양상」,『한국시가문화연구(구 한국고시가문화연구)』18, 2006.

김성욱,「三處傳心에 대한 논의 연구」,『불교학연구』46, 2016.

김용조,「백곡처능의 간폐석교소에 관한 연구」,『한국불교학』4, 1979.

______,『조선전기의 국행기양불사연구』, 동국대학교 박사학위논문, 1990.

김용태,『朝鮮後期 佛敎의 臨濟法統과 敎學傳統』, 서울대학교 박사학위논문, 2008.

______,「임진왜란 의승군 활동과 그 불교사적 의미」,『보조사상』37, 2012.

______,「19세기 초의 의순의 사상과 호남의 불교학 전통」,『한국사연구』160, 2013.

______,「청허 휴정과 조선후기 선과 화엄」,『불교학보』73, 2015.

김윤경,「청허 휴정의 수행관에 나타난 불성 인식」,『한국불교학』94, 2020.

김윤섭,「雪岑 金時習 佛敎詩에 대한 一考察: 無生에 관한 논의를 중심으로」,『인문학연구』

35-1, 2008.
김종진, 「경기체가 〈騎牛牧童歌〉의 구조와 문학사적 위상」, 『한국시가연구』 25, 2008.
김진현, 「仁嶽 義沾의 一心觀 硏究」, 『불교학연구』 30, 2011.
김혜원, 「起信論疏筆削記의 전승과 전래」, 『불교연구』 48, 2018.
김호귀, 「雲門三句의 전승에 대한 白坡亘璇의 해석 고찰」, 『禪學』 33, 2012.
_____, 「한국 선에서 선교차별의 전개와 그 변용」, 『禪學』 36, 2013.
_____, 「조선중기 선교관의 변천과 특징 고찰」, 『동아시아불교문화』 30, 2017.
박문기, 「초의의순의 수행법과 선의 본질」, 『한국불교학』 36, 2004.
박은경, 『조선전기 불화 연구』, 시공아트, 2008.
박재현, 『깨달음의 신화 : 원형과 모방의 선불교사』, 푸른역사, 2002.
_____, 「조선후기의 禪논쟁에 내포된 원형지향성」, 『불교학연구』 7, 2003.
_____, 『한국불교의 看話禪 전통과 正統性 형성에 관한 연구』, 서울대학교 박사학위논문, 2005.
_____, 「조선전기 불교의 이념적 변화 과정 연구 : 義僧兵을 중심으로」, 『불교학연구』 26, 2010.
박정미, 『조선시대 불교식 상 · 제례의 설행양상』, 숙명여자대학교 박사학위논문, 2015.
박정원, 『조선 초 · 중기 유교와 불교의 심성론과 상호인식 연구』, 이화여자대학교 박사학위논문, 2018.
박해당, 『기화의 불교사상 연구』, 서울대학교 박사학위논문, 1996.
_____, 「『현정론』과 『유석질의론』의 삼교론」, 『불교학연구』 10, 2005.
_____, 「15세기 불교계의 동향과 기화에 의한 지눌 사상의 계승」, 『普照思想』 45, 2016.
박현주, 「조선후기 운봉 대지의 『심성론』에 나타난 종밀의 영향」, 『불교학연구』 53, 2017.
서왕모, 「백파긍선의 『선문수경』에 나타난 선종의 분류 고찰, 『한국사상과 문화』 90, 2017.
손성필, 「허응 보우의 불교사적 위상 재검토」, 『한국사상사학』 46, 2014.
_____, 『16 · 17세기 불교정책과 불교계의 동향』, 동국대학교 박사학위논문, 2013.
_____, 「17세기 浮休系 僧徒의 碑 건립과 門派 정체성의 형성」, 『조선시대사학보』 83, 2017.
손홍철, 「涵虛 得通의 儒佛會通論淺析」, 『동서철학연구』 69, 2013.
신규탁, 「함허득통에 나타난 불교윤리와 유교윤리의 충돌」, 『동방학지』 95, 1997.
양혜원, 『조선초기 법전의 僧 연구』, 서울대학교 박사학위논문, 2017.
엄연석, 「김시습의 '성즉리'설에 내포된 수양론적 특징」, 『인문논총』 68, 2012.
오경후, 「朝鮮後期 佛教政策과 對應論: 白谷 處能의 「諫廢釋教疏」를 中心으로」, 『역사민속학』 31, 2009.
_____, 「여말선초 臨濟禪의 법통형성과 조선후기 논쟁」, 『신라문화』 45, 2015.
_____, 「朝鮮後期 佛教界의 正體性 確立과 禪教兼修: 淸虛 休靜과 鞭羊 彦機를 중심으로」, 『지

방사와 지방문화』 21-1, 2018.
우정상, 『조선전기 불교사상연구』, 동국대학교출판부, 1985.
이규리, 「〈霽月堂大師碑〉로 본 敬軒의 생애와 활동」, 『사학연구』 123, 2016.
이대형, 「17세기 승려 奇巖 法堅의 산문 연구」, 『열상고전연구』 31, 2010.
______, 「조선시대 승려 문집의 『莊子』 수용과 활용: 『枕肱集』을 중심으로」, 『불교학연구』 48, 2016.
이병욱, 「천태의 십승관법의 관점에서 재구성한 간화선: 『선가귀감』을 중심으로」, 『보조사상』 42, 2014.
이봉춘, 『조선초기 배불사 연구: 왕조실록을 중심으로』, 동국대학교 박사학위논문, 1991.
______, 「惟政의 구국활동과 교단내의 평가」, 『불교학보』 56, 2010.
______, 「普雨의 불교사상과 佛 · 儒 融合調和論」, 『한국불교학』 56, 2010.
______, 『조선시대 불교사 연구』, 민족사, 2015.
이서련, 「백암 성총의 보살사상 연구: 백암 성총의 『四經持驗紀』를 중심으로」, 『한국불교사연구』 17, 2020.
이종수, 「조선후기 三門修學과 禪 논쟁의 전개」, 『한국불교학』 63, 2012.
______, 「조선후기 화엄학의 유행과 그 배경」, 『불교학연구』 42, 2015.
이진영, 「蓮潭有一의 선사상: 연담의 『法集別行錄節要科目幷入私記』를 중심으로」, 『禪學』 30, 2011.
이진월, 「艸衣 意恂의 茶禪思想」, 『불교학연구』 9, 2004.
______, 「11세기 한국불교계의 선종 상황과 특징」, 『불교학보』 56, 2010.
이철헌, 「淸虛系의 禪思想과 法統認識」, 『한국불교사연구』 4, 2014.
전준모, 「得通 己和의 회통론 연구」, 『한국불교사연구』 7, 2015.
정병삼, 「몽산 저술의 간행과 16세기 조선불교」, 『불교학연구』 18, 2007.
______, 「조선시대의 호남불교 연구의 성과와 전망」, 『불교학보』 59, 2011.
______, 『한국 불교사』, 푸른역사, 2020.
정수동, 「함허당 기화의 호불론과 유교인식」, 『동아시아불교문화』 14, 2013.
정연수, 「『十玄談要解』에 드러난 金時習의 經典 및 禪語錄에 관한 理解」, 『한국선학』 15, 2006.
정영식, 「한국 불교에 있어서의 돈점논의와 雲峰大智 선사」, 『한국사상과 문화』 68, 2013.
______, 「浮休善修의 선사상: 淸虛休靜과의 비교를 통해서」, 『한국불교사연구』 12, 2017.
조명제, 「朝鮮後期 浮休門派의 사상과 문파의식」, 『禪學』 24, 2009.
조수동, 「휴정의 회통사상」, 『동아시아불교문화』 8, 2011.
조은수, 「율곡의 이통기국은 화엄의 법계관에서 유래하는가」, 『세계와 인간에 대한 동양의 사유』, 도서출판 천지, 2003.
조평환, 「景幾體歌의 불교문화 수용양상 연구」, 『동방학』 21, 2011.
채용복, 「逍遙 太能의 詩世界」, 『동방한문학』 4, 1988.
최연식, 「聖과 俗의 대립: 조선 초기의 유불논쟁」, 『정치사상연구』 11-1, 2005.
_____, 「완주 송광사의 창건 배경 및 조선후기 불교 문파와의 관계」, 『보조사상』 47, 2017.
최재복, 『조선초기 왕실불교 연구』, 한국학중앙연구원 박사학위논문, 2011.
최종진, 『조선 중기의 선사상사 연구』, 원광대학교 박사학위논문, 2004.
_____, 「鞭羊彦機의 선교관 연구」, 『한국종교사연구』 12, 2004.
최형우, 「〈기우목동가〉, 〈진여자성가〉의 十牛圖 문화 수용과 문학적 변용 연구」, 『어문논총』 74, 2017.
탁효정, 『원당, 조선왕실의 간절한 기도처』, 은행나무, 2017.
하미경, 「白坡亘璇의 三種禪 考察」, 『禪學』 10, 2005.
韓普光(泰植), 「朝鮮,涵虛得通の念佛禪について」, 『印度學佛教學研究』 55-1, 2006.
한태식(보광), 「靜觀一禪의 생애와 정토사상 연구」, 『정토학연구』 21, 2014.
한우근, 『유교정치와 불교: 여말선초 대불교시책』, 일조각, 1993.
한종만. 「조선조 초기의 曹洞禪: 설잠의 십현담요해를 중심으로」, 『한국불교학』 16, 1991.
황금연, 「백암성총의 정토수행에 대한 연구」, 『정토학연구』 29, 2018.
황인규, 『무학대사연구』, 혜안, 1999.

Cho, Eunsu, "Re-thinking Late 19th Century Chosŏn Buddhist Society," *Acta Koreana* 6-2, 2003.
Cho, Eun-su, ed., *Korean Buddhist Nuns and Laywomen: Hidden Histories, Enduring Vitality*, Albany: SUNY Press, 2011.
Hyon Gak & Beop Jeong, *The Mirror of Zen: The Classic Guide to Buddhist Practice by Zen Master So Sahn*, Shambhala, 2006.
Jorgensen, John, *A Handbook of Korean Zen Practice: A Mirror on the Sŏn School of Buddhism* (*Sŏn'ga Kwigam*), translation and introduction, Korean Classics Library, Honolulu: University of Hawai'i Press, 2015.
Kaplan, Uri, *Buddhist Apologetics in East Asia: Countering the Neo-Confucian Critiques in the* Hufa lun *and the* Yusŏk chirŭi non, Leiden Boston: BRILL, 2019.
Muller, A. Charles, "Philosophical Aspects of the Goryeo-Joseon Confucian- Buddhist Confrontation: Focusing on the Works of Jeong Dojeon (Sambong) and Hamheo

Deuktong (Gihwa)," in Min, Anselm, ed., *Korean Religions in Relation*, Albany: SUNY Press, 2016.

______, "Philosophical Bases of the Goryeo-Joseon Confucian-Buddhist Confrontation: The Works of Jeong Dojeon (Sambong) and Hamheo Deuktong (Gihwa)," in Ro, Young-chan, ed., *Dao Companion to Korean Confucian Philosophy*, Dordrecht: Springer, 2019.

______, *The Sutra of Perfect Enlightenment: Korean Buddhism's Guide to Meditation; With the Commentary by the Sŏn Monk Kihwa*, SUNY Press, 1999.

찾아보기

[ㄷ]

[ㄹ]

[ㅁ]

[ㅈ]

[ㅊ]

Abstract

Sourcebook of Korean Philosophy: Buddhism in Joseon

Translated and Edited by Jae-ryong Shim

With Hee-wook Byun, Eun-su Cho, Won-jae Jung, Jung-hee Kim, Seung-hak Ko, Hae-dang Park, Jae-hyeon Park, and Jung-hyung Suh (in alphabetical order)

Sourcebook of Korean Philosophy: Buddhism in Joseon is an anthology of Korean Buddhist writings from the Joseon period. The writings, selected for particular philosophical meaning or relevance, are drawn from volumes 7-10 of *The Collected Works of Korean Buddhism*, and have been comprehensively translated into Korean with extensive annotations and footnote commentary. It is the third in a trilogy of such anthologies on Korean Buddhist philosophy, alongside *Sourcebook of Korean Philosophy: Buddhism in the Three Kingdoms and Unified Silla* (2005) and *Buddhism in Goryeo* (2006). This anthology is the culmination of a project originally led by the late Professor Jae-ryong Shim, who began directing the research for the book in 2003. The book was planned to be completed in 2004, but due to Professor Shim's passing, the project was left incomplete until 2020, when Eun-su Cho took over its completion.

This anthology contains selections of writings from 28 authors, organized into seven chapters. Each excerpt has been translated into Korean, many for the first time, and are also printed with the original classical Chinese text. They have been numbered and titled, and are annotated with brief commentaries to provide context and analysis. Finally, they are accompanied by an extensive index, in the hopes that it will serve as a valuable and lasting tool for further research. This volume is dedicated to the cherished memory of Professor Jae-ryong Shim, who illuminated the importance of Korean Buddhist research and showed us a new methodological perspective.

발간사

'한국학'에 대한 관심과 요구가 국내외에서 높아지고 있다. 한국학을 전공으로 하는 학과도 생겨나고 한국학 연구자들의 국제학술대회도 종종 접하게 된다. 한국사회가 짧은 시기에 보여 준 역동적인 변화에 대한 학문적 관심이 나라 안팎으로 증대된 결과일 것이다. 한국의 역사와 문화, 사회적 경험에 점점 더 많은 연구자들의 관심대상으로 되고 있다는 사실은 매우 반가운 일이다.

한국학이란 고정된 분과학문 체계 내의 한 부분 영역이 아니라 다양한 분과학문들이 함께 참여하는 학제적 연구의 성격을 지닌다. 한국학은 과거의 전통에 깊은 관심을 갖지만 현재의 문제들에도 주목하며 미래의 전망을 모색하는 작업도 포함한다. 인문학적 논의와 사회과학적 관심은 물론이고 자연과학적 문제의식과 예술적 시각이 함께 어우러지는 곳이다. 당연히 한국학은 국내의 연구자들이 자신의 특수성만을 부각시키는 폐쇄적인 장이 아니라 전 세계의 학자들이 자유롭게 참여하는 지적 토론의 공간이다. 한국을 대상으로 한 다양한 연구를 지원하며 진지한 논의와 지적 실험을 뒷받침하는 것이야말로 한국학의 가장 중요한 역할이라 할 것이다.

이런 의미에서 한국학은 한국의 문화와 역사적 경험을 전 인류의 문화유산과 역사적 경험의 한 부분으로 바라보는 전 지구적 시각을 요구받고 있다. 한국학은 한국사회의 경험을 연구하되, 그것을 21세기 세계사적 과제들과 더불어 사고함으로써 새로운 문명적 대안을 모색하는 전 지구적 논의에 적극적으로 동참하는 작업이 되어야 한다. 이런 종합적이고 개방적인 연구의 집적을 통해서만 한국의 특수성만을 절대화하는 오류에서 벗어나면서 동시에 서구의 눈으로 한국을 대상화, 타자화하는 오리엔탈리즘적 지역학의 한계도 극복할 수 있는 길이 열릴 것이다.

한국의 학문 발전에 큰 책임을 지고 있는 서울대학교는 한국학의 바람직한 발전을 위해 적극적인 역할을 하고자 한다. 이를 위해 별도의 연구기금을 마련하여 '한국학 장기기초연구 지원사업'을 추진하고, 이 사업의 결과물들을 모아 연구총서, 자료총서, 모노그래프를 출간하기로 했다. 서울대학교 교수진의 연구역량과 진지한 문제의식들이 결집됨으로써 한국학의 연구 수준이 더욱 높아지고 내용이 보다 풍부해질 것을 믿고 있다. 이 연구사업이 해를 거듭할수록 한국사회에 대한 이해가 깊어짐은 물론이고 한국의 경험을 통해 세계 학계의 시각과 논의도 더욱 풍성해질 것을 기대해 마지않는다.

2003년 8월

서울대학교 규장각한국학연구원 한국학연구사업위원회

편역자

심재룡

서울대학교 철학과 졸업. University of Hawaii 석·박사. 서울대학교 철학과 교수 역임. 2004년 10월 별세. 저서로 『지눌연구』(서울대학교출판부, 2004), 『동양의 지혜와 禪』(세계사, 1990), *Korean Buddhism: Tradition and Transformation*(Jimoondang, 1999) 등이 있으며, 역서로 『있는 그대로의 자유』(세계사, 1991), 『연꽃 속의 보석이여: 티벳 불교 길잡이』(불일출판사, 1989), 『달라이 라마 자서전: 유배된 자유를 넘어서』(정신세계사, 2003) 등이 있다. 박사학위논문인 "The Philosophical Foundation of Korean Zen (Sŏn) Buddhism: The Integration of Sŏn and Kyo by Pojo Chinul (1158-1210)"(University of Hawaii, Manoa, 1979) 외에 다수의 연구논문이 있다.

〈가나다순〉

고승학

서울대학교 철학과 졸업. University of California, Los Angeles 박사. 현재 금강대학교 불교인문학부 교수. 공저로 『다원주의의 철학적 관점』(전남대학교출판문화원, 2018), 『테마 한국불교』 I-III(동국대학교출판부, 2012-2015) 등이 있고, 공역서로 *Ilseung beopgye-do Wontong-gi: Master Gyunyeo's Commentary on the Dharma Realm Diagram of the One Vehicle*(Dongguk University Press, 2013), 『동아시아 한국불교사료: 중국문헌편』(동국대학교출판부, 2014) 등이 있다. 박사학위논문인 "Li Tongxuan's (635-730) Thought and His Place in the Huayan Tradition of Chinese Buddhism"(University of California, Los Angeles, 2011) 외에 화엄사상을 다룬 다수의 연구논문이 있다.

김정희

서울대학교 영어영문학과·철학과 졸업. 서울대학교 대학원 철학과 석사·박사. 현재 서울대학교 철학사상연구소 선임연구원. 번역서로 폴 스완슨의 『천태불교의 철학적 토대: 이제론의 중국적 전개』(씨아이알, 2015)가 있다. 주요 연구물로 『지의, 마하지관』(서울대학교 철학사상연구소 편, 2006) 등이 있으며, 『天台智顗의 불교수행론 연구』(서울대학교 철학과 박사학위논문, 2002), 「백용성의 대각교의 근대성에 대한 소고: 마음[覺]을 중심으로」(『불교학연구』, 2007), 「담연의 무정불성론연구」(『불교학연구』, 2016) 외에 다수의 연구논문이 있다.

박재현

경희대학교 무역학과 졸업. 서울대학교 대학원 철학과 석·박사. 현재 동명대학교 禪명상치유학과 교수. 저서로 『깨달음의 신화』(푸른역사, 2002), 『한국 근대불교의 타자들』(푸른역사, 2009), 제12회 불교출판문화상 대상을 수상한 『만해 그날들: 한용운 평전』(푸른역사, 2015)과 『화두, 나를 부르는 소리』(불광출판사, 2018) 등이 있으며, 『한국불교의 看話禪 전통과 정통성 형성에 관한 연구』(서울대학교 철학과 박사학위논문, 2005) 외에 조선시대 불교와 선에 대한 다수의 연구논문이 있다.

박해당

서울대학교 농경제학과 졸업. 서울대학교 대학원 철학과 석·박사. 임창순 선생님의 태동고전연구소 지곡서당에서 3년의 한문연수과정을 마친 뒤 월운스님의 봉선사 불경서당에서 1년 동안 공부하였다. 서울대학교를 비롯한 여러 대학에서 강의하였고, 서울대학교 규장각한국학연구원과 동국대학교 불교학술원 불교한문아카데미에서 불교한문 강좌를 담당하는 한편, 현재 구화불교한문연구소 소장으로 구화서당에서 불교한문을 가르치고 있다. 『기화의 불교사상연구』(서울대학교 철학과 박사학위논문, 1996)를 비롯한 다수의 논문과 학술번역서 『중국불교』(상·하)(민족사, 1994)가 있으며, 『함허당득통화상어록』(동국대학교출판부, 2017)을 비롯한 여러 한문 문헌을 단독 또는 공동으로 번역하였다.

변희욱

서울대학교 치의학과 졸업. 서울대학교 대학원 철학과 석·박사. 현재 조계종 수좌회 禪연구원 책임연구원. 『간화선 수행의 성찰과 과제』(조계종출판사, 2007), 『몸, 마음공부의 기반인가 장애인가』(운주사, 2009), 『마음과 철학: 불교편』(서울대학교출판문화원, 2013) 등을 공저하였다. 번역서로 『평화의 씨앗』(정토출판, 2001)이 있다. 『大慧 看話禪 연구』(서울대학교 철학과 박사학위논문, 2005), 「看話의 철학: 실제와 원리」(『보조사상』, 2010), 「교학 이후, 교외별전 이후: 교외별전의 해석학」(『철학사상』, 2015), 「'拈花微笑'의 재발견」(『동양철학』, 2017), 「선, 낯설게 다가가기: 대혜의 질문으로 되물어보기」(『禪學』, 2018) 외에 다수의 연구논문이 있다.

서정형

서울대학교 철학과 졸업. 미국 위스콘신대학교에서 『중국 화엄철학의 형성에 관한 연구』로 박사학위 취득. 현재 서울대학교 철학사상연구소 선임연구원. 서울대학교 철학과 강사로 불교철학을 강의하였고(2007-2015), 별책 『밀린다팡하』(철학사상연구소, 2003), 『중론』(철학사상연구소, 2004), 『대승기신론』(철학사상연구소, 2005), 『금강삼매경론』(철학사상연구소, 2006)이 있다. 지눌의 『정혜결사문』(풀빛, 2007)을 풀어썼고, 용성의 『각해일륜』(조계종출판부, 2017)을 영역하였다. 「禪과 있는 그대로의 세계」(『민족문화』, 2005) 외에 다수의 연구논문이 있다.

정원재

서울대학교 철학과 졸업. 서울대학교 대학원 석·박사. 현재 서울대학교 철학과 교수. 저서로 『조선 전기 수양론』(철학사상연구소, 2004)이 있고, 공저로 『인간에 대한 철학적 성찰』(문예출판사, 2005)과 『마음과 철학: 유학편』(서울대학교출판문화원, 2013)이 있다. 『지각설에 입각한 이이 철학의 해석』(서울대학교 철학과 박사학위논문, 2001), 「조식이 본 김굉필」(『남명학보』, 2003), 「이황의 칠정 이해」(『퇴계학보』, 2015), 「7정과 성악설」(『철학사상』, 2015), 「신유학 3파의 이름과 대안의 모색」(『철학』, 2016), 「이황 호발설의 연원은 홍치(洪治)인가?」(『퇴계학보』, 2016), 「「논4단7정제3서」(論四端七情第三書)의 재구성」(『퇴계학보』, 2016) 외에 다수의 연구논문이 있다.

조은수

서울대학교 철학과 석사. 미국 버클리대학교 박사. 현재 서울대학교 철학과 교수. 저서 *Language and Meaning: Buddhist Interpretations of "The Buddha's Word" in Indian and East Asian Perspectives*(IBS and BDK America, 2020), 편저 *Korean Buddhist Nuns and Laywomen*(SUNY Press, 2011), 『직지심경』 영문 공역(조계종출판부, 2005), *Buddhist Feminism(s) and Femininities*(SUNY Press, 2019), 『불교과문집』(씨아이알, 2018), 『21세기의 동양철학』(을유문화사, 2005) 등 다수의 공저가 있다. 「원효에 있어서 진리의 존재론적 지위」(한국철학회, 2007), 「불교의 경전 주해 전통과 그 방법론적 특징」(『철학사상』, 2007), 「범망경 이본을 통한 고려대장경과 돈황유서 비교연구」(『보조사상』, 2009), "Repentance as a Bodhisattva Practice"(*Philosophy East & West*, 2013) 외에 다수의 연구논문이 있다.

서울대학교 규장각한국학연구원 한국학자료총서

古代國語 語彙表記 漢字의 字別 用例 硏究 | 송기중

한국철학자료집: 불교편1-삼국과 통일신라의 불교사상 | 허남진 외 편역

한국철학자료집: 불교편2-고려시대의 불교사상 | 심재룡 외 편역

한국철학자료집: 불교편3-조선시대의 불교사상 | 심재룡 외 편역

서울대학교 중앙도서관 고문헌자료실 소장 『경제문고』 해제집 | 권태억 외

한글본 이언 연구 | 민현식

원문 교주 구운몽 | 김만중 원작, 김병국 교주

현대역 구운몽 | 김만중 원작, 김병국 옮김

해방 이후 한국기업의 진화 I: 1976-2005년간의 통계의 구축과 기초분석 | 이근 외

해방 이후 한국기업의 진화II: 1956-1977년간의 통계의 구축과 기초분석 | 이근 외

서울대학교박물관 소장 식민지시기 유리건판 | 이문웅·강정원·선일 편

풍자 우화 그리고 계몽담론 | 권영민

한국근현대문학의 프랑스문학수용 | 이건우·이규현·김용기·박성창·김종웅·문혜원

한국 근대도면의 원점: 서울대학교 규장각한국학연구원 소장 근대 측량도와 건축도 1861-1910 | 전봉희·이규철·서영희

유원총보역주 1 | 허성도·김창환·강성위 역주

유원총보역주 2 | 허성도·김창환·강성위 역주

유원총보역주 4 | 이영주·허성도·김창환 역주

유원총보역주 5 | 이영주·김창환·이남종 역주

식민권력과 근대지식: 경성제국대학 연구 | 정근식·정진성·박명규·정준영·조정우·김미정

근대한국 국제정치관 자료집: 제1권 개항·대한제국기 | 장인성·김현철·김종학 엮음

근대한국 국제정치관 자료집: 제2권 제국-식민지기 | 장인성·김태진·이경미 엮음

1880년대 조선-청 국경회담 관련 자료 선역 | 김형종 편역

한국 근대문학의 러시아 문학 수용 | 권영민·박종소·오원교·이지연

18세기 통신사 필담 1: 1711·1719년 | 박희병·이효원 외

韓國 書誌學의 先鞭: 마에마 교사쿠의 작업을 중심으로 | 한재영·이현희·가와사키 케이고

사도세자의 죽음과 그 후의 기억: 『현고기(玄皐記)』 번역과 주해 | 김용흠·원재린·김정신·정두영·최성환 역주

손와만록(巽窩謾錄): 조선후기 향리 출신 선비 김경천의 인생이야기 | 김경천 지음, 이대형·이미라·박상석 역주

충역의 시비를 정하다: 『정변록(定辨錄)』 역주 | 김용흠·원재린·김정신·정두영 역주

금오헌록(金吾憲錄) 역주 | 박명양·이의현 편, 김영석 역주

교점역해(校點譯解) 정원고사(政院故事) | 김태웅·이강욱 감수·해설, 진현·하명준 교열·해제, 조은미 외 표점·번역

혜빈궁일기: 현전 유일의 궁궐 여성처소 일지 | 정병설 역주

육주약선·육고수권: 조선 정조가 편정한 당 재상 육지의 국가 경영책 | 당윤희·오수형·장유승 역주

서울대학교 규장각한국학연구원 한국학연구총서

지방문학사: 연구의 방향과 과제 | 조동일

한국 근대과학 형성과정 자료 | 문만용·김영식

목석의 울음: 손창섭 문학의 정신분석 | 조두영

통일한국의 농업 | 김완배 외

현대 한국사회의 철학적 문제: 사회운영원리 | 백종현

한국유교의 과제 | 금장태

韓國 古代·中世初期 土地制度史: 古朝鮮~新羅·渤海 | 이경식

『무과총요』 연구 | 나영일

북한 주요 산업지역의 토지이용 변화와 개방지역에 관한 연구 | 황만익·이기석

재벌체제와 다국적기업: 경제개발의 두 가지 유형 | 이승훈

붉은악마와 월드컵 | 이순형

『조선왕조실록』 보존을 위한 기초 조사연구(1) | 송기중·신병주·박지선·이인성

한국 근대의 사회복지 | 안상훈·조성은·길현종

한국어 체언의 음변화 연구 | 이상억

조선 중기 무예서 연구 | 나영일·노영구·양정호·최복규

1950년대 사회주의 건설기의 북한 보건의료 | 황상익

후발 산업화와 국가의 동학: 탈관료화와 강성국가의 공동화 | 하용출

조선 후기의 기술도: 서양 과학의 도입과 미술의 변화 | 정형민·김영식

韓國 中世 土地制度史: 朝鮮前期 | 이경식

남북 언어의 문법 표준화 | 권재일

50권본 『화엄경』 연구 | 이승재

한·중 소화의 비교 | 서대식

고려전기의 전시과 | 이경식

개항기 전후 경상도의 육상교통 | 허우긍·도도로키 히로시

한국어의 주제와 통사 분석: 주제 개념의 새로운 전개 | 임홍빈

한국적 패션 디자인의 제다움 찾기: 전통미와 현대적 활용을 중심으로 | 김민자

한국 근대문학교육사 연구 | 우한용

『조선왕조실록』의 여진족 족명과 인명 | 김주원

중앙아시아 고려말의 문법 | 권재일

삼국통일전쟁사 | 노태돈

한국의 사회운동과 진보정당 | 임현진

한국 행락문화의 변천과정 | 황기원

노래의 상상계: '수사'와 존재생태 기호학 | 신범순

한국의 언어 민속지: 전라남북도편 | 왕한석

주시경의 언어이론과 표기법 | 송철의

일제강점기의 철도 수송 | 허우긍

인권으로 읽는 동아시아: 한국과 일본의 인권 개선조건 | 정진성·공석기·구정우

정조와 정조시대 | 김인걸 외

문화의 정치와 지역사회의 권력구조: 안동과 안동김씨 | 김광억

한국어 명사구의 의미론: 한정성/특정성, 총칭성, 복수성 | 전영철

한국의 건강 불평등 | 김창엽·김명희·이태진·손정인

한국어의 재구조화 1·2 | 임홍빈

서울대학교 규장각한국학연구원 한국학모노그래프

예빈도에 보인 고구려: 당 이현묘 예빈도의 조우관을 쓴 사절에 대하여 | 노태돈

현대 한국유교와 전통 | 금장태

살인의 진화심리학 | 최재천·한영우·김호·황희선·홍승효·장대익

무협소설의 문화적 의미 | 전형준

정조시대의 무예 | 나영일

벼락도끼와 돌도끼: 고고자료에 대한 전통적 인식 연구 | 이선복

한국 옛 경관 속의 생태지혜 | 이도원

식민권력과 통계: 조선총독부의 통계체계와 센서스 | 박명규·서호철

한국의 천연염료: 전통염료와 천연염색기술 | 김재필·이정진

북한의 의학교육 | 박재형·김옥주·황상익

국문 글쓰기의 재탄생 | 권영민

사할린 귀환자 | 이순형

조선시대의 간척지 개발: 국토 확장과정과 이용의 문제 | 박영한·오상학

3칸×3칸: 한국 건축의 유형학적 접근 | 전봉희·이강민

위성영상을 이용한 북한지역의 해안습지연구: 평안남도를 사례로 | 유근배

한국 구비문학에 수용된 재담 연구 | 서대석

한국 자본자유화와 금융자유화의 근년변화 | 이천표

구어 한국어의 의향법 실현방법 | 권재일

조선시대 복식에 나타난 적색계 색명의 의미 | 남윤자·김순영·박성실

우리나라 인체기생충 및 의용절지동물의 동물상과 개요 | 채종일

경제개방이 우리나라 노동시장에 미친 효과 | 김대일

한국 고소설에 나타난 오이디푸스 콤플렉스: 〈심청전〉·〈콩쥐팥쥐전〉 | 류인균

남북한 경제의 이질성: 경제통합에 관한 함의 | 이지순

한국에서 마르크스주의 경제학의 도입과 전개과정 | 김수행

한국 장수인의 개체적 특성과 사회환경적 요인 | 박상철·이미숙·이정재·한경혜

전통마을 경관요소들의 생태적 의미 | 이도원

한국의 중산층 | 홍두승

한국 여성의 건강증진행위 | 윤순녕·김숙영·이지윤

心과 性: 茶山의 『孟子』 해석 | 금장태

20세기 초기 국어의 문법 | 권재일

한국의 고령노동: 경제활동과 고용구조의 장기적 변화 | 이철희

웃음으로 눈물 닦기: 한국 언어문화의 한 특질 | 김대행

한국의 좌파 경제학자들 | 김수행·김공회

온돌과 한국인의 수면 생활: 침상 기후를 중심으로 | 최정화·김문숙

한국 고대의 온돌: 북옥저, 고구려, 발해 | 송기호

한국 시민단체의 내부의사결정과정에 관한 연구 | 김준기

한국문화를 쓴다: 강용흘의 『초당』과 이미륵의 『압록강은 흐른다』 비교연구 | 최윤영

정약용 사상 속의 과학기술: 유가 전통, 실용성, 과학기술 | 김영식

仁과 禮: 다산의 『논어』 해석 | 금장태

서양인의 한국 종교 연구 | 김종서

韓國詩話에 보이는 杜詩 | 이영주

한국의 소득불평등과 빈곤: 소득분배 악화와 사회보장정책의 과제 | 구인회

한국인 치매환자의 행동 및 심리 증상의 횡문화적 특성 | 조맹제·김진영

한국사회복지 네트워크의 구성과 효과성: 지역종합사회복지관의 네트워크 구성과 조직 효과성을 중심으로 | 김준기

근대한국의 국제관념에 나타난 도덕과 권력 | 장인성

한국의 의료체제: 제도와 지배구조 | 송호근

몽골제국과 고려: 쿠빌라이 정권의 탄생과 고려의 정치적 위상 | 김호동

한국무협소설의 작가와 작품 | 전형준

한국 근대소설에 나타난 오이디푸스 콤플렉스의 이해: 이광수, 김동인, 염상섭, 이상을 중심으로 | 류인균

한국의 하구역: 하구둑 건설 이후의 지형변화 | 유근배·김성환·신영호

한국의 신용평가제도 | 이인호

전통 마을숲의 생태계 서비스 | 이도원·고인수·박찬열

두 개의 예외적인 복제체제 비교 연구: 한국 복지국가 모형의 탐색 | 김태성

박정희 체제의 성립과 전개 및 몰락: 국제적·국내적 계급관계의 관점 | 김수행·박승호

한국 서해안의 해안사구: 지형학적 관점을 중심으로 | 유근배·류호상

『기우제등록』과 기후의례: 기우제, 기청제, 기설제 | 최종성

한국어 술어의 사건 구조와 논항 구조 | 남승호

舊韓末의 韓獨 外交文書 '德案' 硏究 | 권오현

현대 한국어의 공시 형태론: 경주지역어를 실례로 | 최명옥

서양문화를 쓴다: 강용흘의 〈동양 서양에 가다〉와 이미륵의 〈압록강에서 이자르강까지〉 | 최윤영

시장발전과 경제개발 | 이승훈

고려국가와 집단의식 | 노명호

근현대 한국미술과 '동양' 개념 | 정형민

현대 한국복지국가의 제도적 전환 | 안상훈

순응과 저항을 넘어서: 이승만과 박정희의 대미정책 | 신욱희

생태서식처로서 한국 서해안 해안사구 | 유근배·신영호·김대현·김성환

한국 정신보건서비스의 전개 과정: 사회서비스의 관점에서 | 강상경

일제의 한국 식민지화와 문명화(1904-1919) | 권태억

이즈미 세이이치와 군속인류학: 뉴기니 조사를 중심으로 | 전경수

조선후기 공론정치의 새로운 전개: 18, 19세기 향회, 민회를 중심으로 | 김인걸